Martin Opitz (1597–1639)

Frühe Neuzeit

Studien und Dokumente zur deutschen Literatur
und Kultur im europäischen Kontext

Herausgegeben von
Achim Aurnhammer, Wilhelm Kühlmann,
Jan-Dirk Müller, Martin Mulsow und Friedrich Vollhardt

Band 230

Martin Opitz (1597–1639)

Autorschaft, Konstellationen, Netzwerke

Herausgegeben von
Stefanie Arend und Johann Anselm Steiger

DE GRUYTER

ISBN 978-3-11-076367-6
e-ISBN (PDF) 978-3-11-066496-6
e-ISBN (EPUB) 978-3-11-066344-0
ISSN 0934-5531

Library of Congress Control Number: 2019947568

Bibliografische Information der Deutschen Nationalbibliothek
Die Deutsche Nationalbibliothek verzeichnet diese Publikation in der Deutschen
Nationalbibliografie; detaillierte bibliografische Daten sind im Internet über
http://dnb.dnb.de abrufbar.

© 2021 Walter de Gruyter GmbH, Berlin/Boston
Dieser Band ist text- und seitenidentisch mit der 2020 erschienenen
gebundenen Ausgabe.
Satz: Stefan von der Lieth, Hamburg
Druck und Bindung: CPI books GmbH, Leck

www.degruyter.com

Inhalt

Stefanie Arend
Vorwort —— 7

Achim Aurnhammer
„Mihi et musis" oder „exegi monumentum"? Die konkurrierenden Autorschaftskonzepte in Martin Opitz' Poemata-Ausgaben von 1624 und 1625 —— 13

Barbara Becker-Cantarino
Zu Martin Opitz' niederländischem Netzwerk —— 47

Marie-Thérèse Mourey
Martin Opitz und das Pariser Netzwerk (1629–1630). Neues zu alten Konstellationen —— 63

Rudolf Drux
Wirksame Topik oder hilfreiches Netzwerk? Zur Aufnahme des Bürgers Martin Opitz in die Fruchtbringende Gesellschaft —— 77

Dirk Niefanger
Martin Opitz und Karl Hannibal von Dohna. Ein Beispiel für Intersektionalität im Opitz-Netzwerk zwischen 1626 und 1632 —— 91

Klaus Garber
Martin Opitz und die Piasten —— 107

Victoria Gutsche
„Sint Moecenates, non deerunt forte Marones." Strategien der Positionierung in Martin Opitz' Widmungen —— 137

Jost Eickmeyer
Martin Opitzens Prosa-Panegyrici im Netzwerk —— 157

Robert Seidel
Martin Opitz, Schlesien und das Königreich Polen. Panegyrik und Paränese in den lateinischen Schriften 1636–1639 —— 181

Johann Anselm Steiger
„Diß donnerwort heißt Ewigkeit". Lyrisch-eschatologische Strategien gegen die Prokrastination bei Martin Opitz und Johann Rist und deren interkonfessionelle Tragweite —— 203

Stefanie Arend
Netzherrschaft und Autorschaft. Martin Opitz und Andreas Tscherning im brieflichen Netzwerk —— 221

Jörg Robert
Netzwerk, Gender, Intertextualität. Opitz übersetzt Veronica Gambara —— 237

Astrid Dröse
Intermediale Netzwerke. Opitz-Vertonungen im Umfeld von Heinrich Schütz —— 261

Michael Belotti
„Wol dem der weit von hohen dingen". Textfassungen und Melodien eines Lieds von Martin Opitz —— 283

Uwe Maximilian Korn, Joana van de Löcht, Dirk Werle
Gottfried Finckelthaus und das Netzwerk mitteldeutscher Dichtung nach Martin Opitz —— 323

Gudrun Bamberger
Netzwerk und Werkpolitik. Martin Opitz und der Zürcher Literaturstreit (Gottsched – Bodmer/Breitinger – Triller) —— 343

Siglenliste —— 367

Bildnachweise —— 369

Namenverzeichnis —— 371

Vorwort

Unsere Gegenwart wird immer stärker durch das Agieren in Netzwerken bestimmt: Seit einiger Zeit reagiert die Forschung in verschiedenen Disziplinen auf eine in hohem Grade technisierte und digitale Lebenswelt. Beispielsweise widmet sich die medienwissenschaftliche Netzwerkforschung den Herausforderungen, vor welche das Internet und die multimedialen Kommunikationsmöglichkeiten stellen.[1] Daneben hat sich auch eine kulturwissenschaftliche Netzwerkforschung etabliert, die nach Archäologie und Genealogie der modernen Netzwerkideen fragt.[2] Topographische Strukturen stehen hier im Vordergrund. Der Beginn des operativen Netzwerkdenkens wird in Christian Friedrich von Lüders erstem umfassenden Wegeplan für Deutschland 1779 und in der ersten groß angelegten Konzeption eines deutschen Schienennetzes 1835 gesehen.[3] Als man sah, wie „technische Netzwerke" geplant werden konnten und materiell sichtbar wurden,[4] sei man sich bewußt geworden, daß auch personale Netze und Netzwerke erzeugt werden konnten. Schließlich sei es der „Reflexivitätsschub" um 1800 gewesen, der erst deutlich gemacht habe, in welcher Weise Netze herstellbar sind, kontrolliert und beobachtet werden können.[5] Ausgangspunkt für komplexe soziologische Ansätze im Hinblick auf das Handeln in Netzwerken sind vornehmlich jene literarischen Produktions- und Kommunikationsweisen sowie Praktiken der Autorinszenierung, die sich seit der Aufklärung im immer komplexer werdenden Geflecht zwischen Autor, Drucker, Verleger und Kritikern besonders in den neuen Medien abzeichnen.[6]

---

1 Vgl. etwa Knoten und Kanten 2.0. Soziale Netzwerkanalyse in Medienforschung und Kulturanthropologie. Hg. von Markus Gamper, Linda Reschke und Michael Schönhuth. Bielefeld 2012. Andreas Hepp: Konnektivität, Netzwerk und Fluss. Perspektiven einer an den Cultural Studies orientierten Medien- und Kommunikationsforschung. In: Kultur. Medien. Macht. Cultural Studies und Medienanalyse. Hg. von Andreas Hepp und Rainer Winter. Wiesbaden 2008, S. 155–174. Manuel Castells: Das Informationszeitalter. Bd. 1: Die Netzwerkgesellschaft. Opladen 2001.
2 Sebastian Gießmann: Netze und Netzwerke. Archäologie einer Kulturtechnik, 1740–1840. Bielefeld 2006. Vgl. auch Das Netz: Sinn und Sinnlichkeit vernetzter Systeme [anläßlich der Ausstellung „Das Netz: Sinn und Sinnlichkeit vernetzter Systeme" im Museum für Kommunikation (28. Februar bis 1. September 2002)]. Hg. von Klaus Beyrer. Heidelberg 2002.
3 Hartmut Böhme: Einführung: Netzwerke. Zur Theorie und Geschichte einer Konstruktion. In: Netzwerke. Eine Kulturtechnik der Moderne. Hg. von Jürgen Barkhoff, Hartmut Böhme und Jeanne Riou. Köln u. a. 2004 (Literatur – Kultur – Geschlecht 29), S. 17–36, hier S. 28.
4 Ebd.
5 Ebd., S. 31.
6 Vgl. den Überblick bei: Erika Thomalla, Carlos Spoerhase und Steffen Martus: Werke in Relationen. Netzwerktheoretische Ansätze in der Literaturwissenschaft. In: Zeitschrift für Germanistik NF 29 (2019), S. 7–23.

In der Geschichtswissenschaft ist betont worden, wie sehr der „moderne Staat" und die „moderne Wissenschaft" im Humanismus und seiner gelehrten Kultur verwurzelt sind,[7] ja, in welch hohem Maße das System des frühneuzeitlichen „Kommunikationsnetzwerkes" Vorbilder für die Herausbildung der modernen Diplomatie lieferte.[8] Man hat gesehen, eine welch große Bedeutung dabei „einzelnen Gelehrten" zukam, die zwischen unterschiedlichen Bereichen – Wissenschaft, Kunst und Politik – vermittelten, eine Brückenfunktion einnahmen, Personen miteinander in Kontakt brachten und Grenzen öffnen oder gegebenenfalls auch wieder schließen halfen.[9] Daß Netzwerke schon weit vor dem vermeintlichen Modernisierungs- und Reflexivitätsschub im 18. Jahrhundert als zentrale Metapher auf das Agieren in personalen Konstellationen im Rahmen bestimmter Ordnungen erkannt wurden, zeigt eindrucksvoll die barocke Emblematik: Hier finden sich Beispiele, in denen das Spinnennetz als *pictura* auf das Zentrum der Herrschaftsausübung oder als Metapher für die oft fragile Ordnung der Gesetze verweist.[10] Insgesamt ist sich die Barockforschung bewußt, wie bedeutsam ‚Vernetzung' für den einzelnen war, im Hinblick sowohl auf die eigene, leibliche und berufliche Existenz als auch auf die Entwicklung von Autorschaft.[11] Interpretationen zu Leben und Werk sind geleitet von einem aufmerksamen und detaillierten Blick auf Kontexte und Zusammenhänge, Verbindungen und Verflechtungen, die auch aufgrund der stets sich verbessernden digitalen Verfügbarkeit von Quellen

---

[7] Sven Externbrink: Humanismus, Gelehrtenrepublik und Diplomatie. Überlegungen zu ihren Beziehungen in der Frühen Neuzeit. In: Akteure der Außenbeziehungen. Netzwerke und Interkulturalität im historischen Wandel. Hg. von Hillard von Thiessen und Christian Windler. Köln u. a. 2010 (Externa 1), S. 133–149, hier S. 133.
[8] Ebd., S. 134.
[9] Ebd., S. 140.
[10] Vgl. Emblemata. Handbuch zur Sinnbildkunst des XVI. und XVII. Jahrhunderts. Hg. von Arthur Henkel und Albrecht Schöne. Stuttgart, Weimar 1996, Sp. 938–940. Vgl. Stefanie Arend: Spielräume und Netze. Räume des Emblems als Metatexte: Ein Beitrag zur Gattungsästhetik. In: Die Erschließung des Raumes. Konstruktion, Imagination und Darstellung von Räumen und Grenzen im Barockzeitalter. Hg. von Karin Friedrich. Wiesbaden 2014 (Wolfenbütteler Arbeiten zur Barockforschung 51), S. 799–817.
[11] Vgl. Res publica litteraria. Die Institutionen der Gelehrsamkeit in der frühen Neuzeit. Hg. von Sebastian Neumeister und Conrad Wiedemann. 3 Bde. Wiesbaden 1987. Axel E. Walter: Späthumanismus und Konfessionspolitik. Die europäische Gelehrtenrepublik um 1600 im Spiegel der Korrespondenz Georg Michael Lingelsheims. Tübingen 2004 (Frühe Neuzeit 95). Wilhelm Kühlmann: Gelehrtenrepublik und Fürstenstaat. Entwicklung und Kritik des deutschen Späthumanismus in der Literatur des Barockzeitalters. Tübingen 1982 (Studien und Texte zur Sozialgeschichte der Literatur 3). Sven Limbeck: Netzwerke intellektueller und politischer Eliten in der frühen Neuzeit. Die Mitglieder der Fruchtbringenden Gesellschaft im Stammbuch des Konrad Kiesewetter. In: Wolfenbütteler Barock-Nachrichten 36 (2010), S. 115–136.

immer gründlicher erforscht werden können.[12] Entstehung und Entwicklung von Autorschaft in der Frühen Neuzeit sind nicht denkbar ohne die Verankerung in einem Netzwerk. Diese kann nur beschrieben werden unter der Berücksichtigung von Konstellationen im weitesten Sinne: Sie können personaler Natur sein oder die Zusammenstellung oder Neuordnung von Werken betreffen.

An Martin Opitz (1597–1639)[13] zeigt sich exemplarisch, daß sich Denken und Handeln in Netzwerken nicht auf die Moderne beschränkt und daß Netzwerke schon vor der Aufklärung für die literarische Produktion eine maßgebliche Rolle spielten. Heute funktionieren Autorschaften und Netzwerke im Zeichen der Globalisierung und des Internets auf andere Weise, aber Vernetzung sowohl von Personen als auch von Texten ist damals wie heute, wenngleich nun im Zeichen grenzenlos anmutender Kommunikationsmöglichkeiten, zentrale kulturelle Praxis. In der Frühen Neuzeit waren die Mitglieder der internationalen, sogenannten ‚Gelehrtenrepublik' häufig in Sprachgesellschaften, Sprachorden und Akademien miteinander vernetzt. Die Verknüpfung untereinander bewies man auch durch Sammelausgaben, Ehren- und Widmungsgedichte. Nicht zuletzt war man durch brieflichen Austausch miteinander verbunden. Für die europaweite Vernetzung kam auch Übersetzungen eine wichtige Funktion zu: Man suchte auf diese Weise den Anschluß und den Austausch mit anderen Literaturen und ließ sich von diesen inspirieren. Wohl kaum ein Autor wußte nicht um die Bedeutung von Bekanntschaften und Freundschaften für den Erfolg des eigenen Werks, das nicht selten auch im Hinblick auf neue soziale Konstellationen neu herausgebracht und bearbeitet wurde. All dieser Faktoren scheint sich gerade Opitz sehr bewußt gewesen zu sein. An seiner Person und an seinem Werk läßt sich hervorragend ablesen, welche Tragweite sozialen, kommunikativen und diskursiven Netzwerken im Barockzeitalter zukam.

Opitz ist als äußerst umtriebiger Netzwerker in die Literaturgeschichte eingegangen. Von ihm zu erzählen, bedeutet zum einen, seine Beziehungen zu relevanten Personen an bestimmten Wegkreuzungen und auf seinen zahlreichen Reisen auszuleuchten, mit denen er manchmal kurz, manchmal über Jahre verbunden war und die in vielerlei Hinsicht Einfluß auf sein Schaffen nahmen und Entscheidungen vorantrieben. Zum anderen bilden Opitz' Texte selbst Netze und Netzwerke, indem sie sich mit anderen Texten verflechten. Bearbeitungen, Über-

---

12 Vgl. etwa den Sammelband: Johann Rist (1607–1667). Profil und Netzwerke eines Pastors, Dichters und Gelehrten. Hg. von Johann Anselm Steiger und Bernhard Jahn. Berlin u. a. 2015 (Frühe Neuzeit 195).
13 Vgl. nun Klaus Garber: Der Reformator und Aufklärer Martin Opitz (1597–1639). Ein Humanist im Zeitalter der Krisis. Berlin u. a. 2018.

setzungen oder Vertonungen sind Momente intertextueller Netzwerkbildung, die im hohen Grade zu Opitz' nachhaltiger und prominenter Stellung in der Literaturgeschichte bis in die Gegenwart beigetragen haben. Nicht zuletzt begründeten Neuauflagen seiner Werke Opitz' Autorschaft in hohem Grade.

Opitz' Leben und Werk bieten folglich exemplarisch den Ausgangspunkt für variantenreiche frühneuzeitliche Netzwerkfallstudien, die viele Aspekte berücksichtigen müssen und zunächst jenseits eines vorgegebenen festgefügten Theoriedesigns Fragen vor folgenden Problemhorizonten zu klären haben: Wie agierte Opitz selbst als ein umtriebiger Akteur in seinem Netzwerk, in dem er offenbar geschickt seine eigene Autorschaft begründete und je nach Konstellation seine Werke überarbeitete und wieder auflegen ließ, Übersetzungen anfertigte und sich auch durch Kontakte mit anderen außerhalb des deutschsprachigen Raums in das europäische Literaturgeflecht einwob? Wie entwickelte sich sein persönliches Netzwerk, welche Rolle spielten Ehrengedichte, Widmungen, Vorreden und Panegyrici, und wie leistete Opitz den Spagat in einer komplizierten Lebenswelt, die von politischen und konfessionellen Spannungen nicht unerheblich geprägt war? Welche Rezeptionsphänomene lassen sich beobachten etwa im Hinblick auf musikalische Bearbeitungen oder den Bemühungen der Nachwelt um sein Werk?

Die Beiträge im vorliegenden Sammelband widmen sich diesen und anderen Aspekten aus unterschiedlicher Perspektive. Im Zentrum stehen zunächst wichtige biobibliographische Stationen und Phasen, anhand deren gezeigt wird, wie eng Opitz' Leben und Werk zusammengehören und von welchen Strategien seine Bemühungen um eine nachhaltige Autorschaft geprägt waren. Sodann werden spezielle personale und intertextuelle Konstellationen sowie besondere Rezeptionsereignisse in den Blick genommen, Opitz als Übersetzer profiliert, musikalische Aneignungen diskutiert und erörtert, wie Opitz sich in jene Netzwerke einschrieb, die sich nach seinem Tod etablierten.

Die Beiträge profitieren in hohem Maße von Meilensteinen der Opitz-Forschung, die in den letzten Jahren erarbeitet wurden und die sich als außerordentlich hilfreich, wenn nicht als unabdingbar erwiesen haben: Erstmals im Rahmen eines Sammelbandes zu Opitz kann auf unschätzbare Quelleneditionen neueren Datums zurückgegriffen werden. Die jeweils kommentierten Ausgaben *Briefwechsel und Lebenzeugnisse* und *Lateinische Werke* bilden reichhaltige Fundgruben, um die Voraussetzungen und die Umstände so mancher Konstellationen in Opitz' persönlichen und literarischen Netzwerken zu eruieren.[14] Sie sind auch

---

14 Vgl. Martin Opitz: Briefwechsel und Lebenszeugnisse. Kritische Edition mit Übersetzung. An der Herzog August Bibliothek zu Wolfenbüttel hg. von Klaus Conermann unter Mitarbeit von Harald Bollbuck. 3 Bde. Berlin, New York 2009 (BW). Martin Opitz: Lateinische Werke. In Zusammenarbeit mit Wilhelm Kühlmann, Hans-Gert Roloff und zahlreichen Fachgelehrten hg.,

eine unverzichtbare Grundlage, um zu erkunden, welche Probleme oder atmosphärischen Störungen sich im Netzwerk eines Literaten ergeben konnten, der schon früh begann, Fäden zu knüpfen und das Fundament für Nachruhm zu legen. Trotz der ausgezeichneten Quellengrundlage ist es freilich, auch bei aller sorgfältigen Analyse, nicht möglich, im komplexen Opitzianischen Kosmos alles abschließend zu klären. Dieser kann immer nur in Ausschnitten beschrieben und damit zugleich konstruiert werden, wodurch sich der zukünftigen Forschung neue Fragen und Problemhorizonte eröffnen.

Die Aufsätze in diesem Band gehen zum großen Teil zurück auf Vorträge, die im Rahmen eines Arbeitsgesprächs an der Herzog August Bibliothek Wolfenbüttel gehalten wurden (16.–18. März 2016). Allen Beiträgerinnen und Beiträgern sei hiermit für ihr Engagement herzlich gedankt wie auch der Herzog August Bibliothek für die großzügig gewährte finanzielle Unterstützung. Ebenso zu danken ist Prof. Dr. Jörg Robert (Tübingen), der an der Leitung des Arbeitsgesprächs mitgewirkt hat.

Rostock und Hamburg im April 2019   Stefanie Arend

übersetzt und kommentiert von Veronika Marschall und Robert Seidel. 3 Bde. Berlin, New York 2009–2015 (Ausgaben deutscher Literatur des XV. bis XVIII. Jahrhunderts) (LW).

Achim Aurnhammer
„Mihi et musis" oder „exegi monumentum"?
Die konkurrierenden Autorschaftskonzepte in Martin Opitz'
Poemata-Ausgaben von 1624 und 1625

Zu den wichtigsten Netzwerken des jungen Martin Opitz gehört zweifellos die späthumanistische Dichtergruppe in Heidelberg, die in Georg Michael Lingelsheim ihr Zentrum und ihren Förderer hatte. Während die Beziehungen von Opitz zu Lingelsheim und den Heidelberger Studienfreunden, vor allem Balthasar Venator und Julius Wilhelm Zincgref, mittlerweile recht gut erforscht sind,[1] ist die Rolle dieses Freundeskreises für Opitz in der Nach-Heidelberger Zeit umstritten. Streitpunkt ist vor allem die Rolle der Straßburger Edition der *Teutschen Poemata* durch Zincgref im Jahre 1624, die Opitz, der sich bekanntermaßen gegen deren Nachdruck verwahrte,[2] als unautorisiert, ungeordnet, falsch amplifiziert und fehlerhaft abtat. Die Forschung hat den Zincgrefschen *Anhang* mittlerweile genauer analysiert und die aemulative Beziehung zu den *Teutschen Poemata* in formaler, motivlicher und struktureller Hinsicht erhellt.[3]

Um das Verhältnis von Opitz zu Zincgref und zu seinem Heidelberger ‚Netzwerk' zu klären, werde ich im Folgenden vergleichend den von Opitz autorisierten Breslauer Druck seiner *Acht Bücher Deutscher Poematum* aus dem Jahr 1625 heranziehen, das „opus novum", welches die Straßburger Ausgabe ersetzen sollte.[4]

---

[1] Vgl. resümierend Hans-Gert Roloff: Martin Opitz – 400 Jahre! Ein Festvortrag. In: Martin Opitz (1597–1639). Nachahmungspoetik und Lebenswelt. Hg. von Thomas Borgstedt und Walter Schmitz. Tübingen 2002, S. 7–37, bes. S. 18–20.
[2] Martin Opitz (Liegnitz) an Augustus Buchner (o. O.) vom 5.10.1624. In: BW I, Nr. 241005, S. 345–350, bes. S. 346f. Opitz betont, „Germanicorum Poëmatum editione*m* [...] â manu Zingreifij esse" (S. 346). Nicht nur präsentiere die Edition Gedichte in einem Büchlein, das er „ante aliquot annos Heidelbergæ" zusammengestellt hatte (ebd.), darüber hinaus hätte Zincgref eigenmächtig vieles hinzugefügt („plurima sine discrimine adjecit" [ebd.]).
[3] Vgl. Achim Aurnhammer: Zincgref, Opitz und die sogenannte Zincgref'sche Gedichtsammlung. In: Julius Wilhelm Zincgref und der Heidelberger Späthumanismus. Zur Blüte- und Kampfzeit der calvinistischen Kurpfalz. Hg. von Wilhelm Kühlmann. Ubstadt-Weiher 2011, S. 263–283. Erläutert wurde auch das unterschiedliche Verhältnis beider Autoren zur Tradition; vgl. ebd. Eine Doppelbiographie Zincgrefs und Opitzens findet sich bei Theodor Verweyen: Parallel Lives. Martin Opitz and Julius Wilhelm Zincgref. In: Early Modern German Literature 1350–1700. Hg. von Max Reinhart. Rochester, NY 2007 (The Camden House History of German Literature 4), S. 823–852.
[4] Vgl. den Brief von Martin Opitz (Liegnitz) an Julius Wilhelm Zincgref (Straßburg) vom 6.11.1624. In: BW I, Nr. 241106, S. 356–361. Eine vornehmlich auf die von Zincgref herausgegebene Sammlung abhebende, knapp vergleichende Sichtung der beiden Gedichtsammlungen findet sich bis-

Mit Hilfe dieses erweiterten Vergleichs sollen die unterschiedlichen Autorschaftskonzepte, die Opitz in Zincgrefs Edition und in seiner eigenen Ausgabe repräsentiert, genauer bestimmt werden.

1 Werkstruktur

Nach dem Weggang aus Heidelberg suchte Opitz seine frühen Gedichte zu unterdrücken, die er noch nach der silbenzählenden Methode der Romania verfasst hatte. Zudem distanziert er sich öffentlich und in scharfem Ton im *Buch von der Deutschen Poeterey* (1624) von dem noch nicht durchgängig alternierend regulierten Frühwerk und von der Straßburger Ausgabe (1624):

> So sind jhrer [scil. Echo-Gedichte] auch zwey in meinen deutschen *Poematis*, die vnlengst zue Straßburg auß gegangen/ zue finden. Welchen buches halben/ das zum theil vor etlichen jahren von mir selber/ zum theil in meinem abwesen von andern vngeordnet vnd vnvbersehen zuesammen gelesen ist worden/ ich alle die bitte denen es zue gesichte kommen ist/ sie wollen die vielfältigen mängel vnd irrungen so darinnen sich befinden/ beydes meiner jugend/ (angesehen das viel darunter ist/ welches ich/ da ich noch fast ein knabe gewesen/ geschrieben habe) vnnd dann denen zuerechnen/ die auß keiner bösen meinung meinen gueten namen dadurch zue erweitern bedacht gewesen sein. Ich verheiße hiermitt/ ehestes alle das jenige/ was ich von dergleichen sachen bey handen habe/ in gewiße bücher ab zue theilen/ vnd zue rettung meines gerüchtes/ welches wegen voriger vbereileten edition sich mercklich verletzt befindet/ durch offentlichen druck jederman gemeine zue machen.[5]

Tatsächlich unterscheidet sich die von Opitz autorisierte sogenannte Ausgabe B, die *Acht Bücher Deutscher Poematum*, die 1625 in Breslau erschienen, deutlich von Zincgrefs Edition. Opitz hat dafür die *Teutschen Poemata* nicht nur nach der

---

lang lediglich bei Günter Häntzschel: „Die Keusche Venus mit den gelerten Musis". Martin Opitz in Heidelberg. In: Heidelberg im poetischen Augenblick. Die Stadt in Dichtung und bildender Kunst. Hg. von Klaus Manger und Gerhard vom Hofe. Heidelberg 1987, S. 45–63. Häntzschel betont den „patriotisch-politischen Charakter" (S. 50) der Straßburger Sammlung, außerdem sei diese deutlicher als die Breslauer „geprägt von der Spannung zwischen Gelehrsamkeit und Erotik" (S. 52). Im Jahre 1629 gab Opitz in Breslau, wieder bei David Müller, eine neue Ausgabe seiner *Deütschen Poemata* heraus, die hier jedoch nicht näher besprochen wird. Bei der zweibändigen Ausgabe („Breslauer Sammelausgabe C" bei Dünnhaupt) handelt es sich um eine weitere Überarbeitung durch Opitz, ein vergrößerter Nachstich der Ausgabe von 1625 bildet das Frontispiz des ersten Teils.
5 GW II,1, S. 331–416, hier S. 367f. Vgl. dazu auch den Brief von Opitz (Liegnitz) an Augustus Buchner (o. O.) vom 5.10.1624. In: BW I, Nr. 241005, S. 345f.

alternierenden Metrik neu reguliert und verbessert, er hat darüber hinaus 44 Gedichte aus den insgesamt 149 Dichtungen der Straßburger Sammlung ausgeschieden und nicht mehr in die neue Ausgabe aufgenommen, darunter auch den *Aristarchus, sive De contemptu linguae Teutonicae*. Das lateinische Plädoyer für das Dichten in deutscher Sprache aus dem Jahre 1617 war zum einen mit dem poetologischen Hauptwerk im Jahre 1624 obsolet geworden, zum anderen entsprachen die Beispieltexte, mit denen Opitz die Eignung des Deutschen als konkurrenzfähiger Literatursprache illustrieren und beweisen wollte, d. h. eigene Gedichte sowie Gedichte des mysteriösen Ernst Schwabe von der Heyde,[6] noch nicht der akzentuierenden Metrik.

Zudem hat Opitz die Breslauer Ausgabe von 1625, die er selbst als „Poetische Wälder" – nach dem lateinischen Gattungsbegriff ‚Silva' für ein literarisches ‚Mischwerk' – bezeichnet, nach Büchern gegliedert.[7] Die acht Bücher teilen sich in *Geistliche Sachen* („Erstes Buch"), Kleinepen [Buch 2] und Personalschrifttum („allerhand Sachen") [Buch 3], *Hochzeitgetichte* [Buch 4], *Amatoria und Weltliche Getichte* [Buch 5], *Oden oder Gesänge* [Buch 6], *Sonnete* [Buch 7] sowie *Deutsche Epigrammata* [Buch 8]. Mit der Einteilung in Bücher knüpft Opitz an die klassische Tradition eines Horaz oder Ovid an, die ihre Dichtungen ebenfalls zu Büchern ordneten, und beansprucht so mittelbar für sich Klassizität.[8] Eine solche antikisierende Ordnung nach Büchern findet sich weder in Zincgrefs Edition der *Teutschen Poemata* noch in dem von ihm redigierten Anhang, den *Auserlesenen Gedichten Deutscher Poeten*. Zincgrefs Anordnung lässt allenfalls eine Ringkom-

---

6 Zu Ernst Schwabe von der Heyde vgl. Achim Aurnhammer: Neues vom alten Ernst Schwabe von der Heyde. Drei Sonette auf die Krönung des Kaisers Matthias (1612). In: Daphnis 31 (2002), S. 279–298.

7 Diese neu konzipierte Bucheinteilung („in certos silvarum, carminum et epigrammatum libros") hatte Opitz seinem Freund Zincgref als Grund genannt, um von einer Neuauflage des Straßburger Drucks abzusehen. Brief von Martin Opitz (Liegnitz) an Julius Wilhelm Zincgref (Straßburg) vom 6.11.1624. In: BW I, Nr. 241106, S. 356–361, hier S. 356. Zum Begriff ‚Wald/Wäldchen' für Gelegenheitsdichtungen vgl. Wolfgang Adam: Poetische und Kritische Wälder. Untersuchungen zu Geschichte und Formen des Schreibens „bei Gelegenheit". Heidelberg 1988 (Beihefte zum Euphorion 22).

8 Eine Analogie zur Römischen Klassik bekundet auch das Horaz-Motto im *Buch von der Deutschen Poeterey* (1624): „Horatius ad Pisones: | Descriptas servare vices operumque colores | Cur ego si nequeo ignoroque poeta salutor? | Cur nescire pudens prave quam discere malo?" (Hor. Epist. II 3, 86–88) [(Horaz an die Pisonen): Kann ich den Wechsel in Form und Tönung der Werke, der festliegt, | Weil sie mir fremd, nicht beachten, was laß ich mich Dichter dann nennen? | Warum in falscher Scham Unkenntnis lieber als Lernen?] Zit. nach der Ausgabe: Quintus Horatius Flaccus: Über die Dichtkunst. Brief an die Pisonen. In: Ders.: Satiren und Briefe. Lateinisch und Deutsch. Eingeleitet und übersetzt von Rudolf Helm. Zürich, Stuttgart 1962, S. 348–391, hier S. 357 (V. 86–88).

position mit jeweils einem programmatischen Eingangs- und Schlussgedicht erkennen.[9]

Opitz tauscht überdies die Proömial- und Schlussgedichte aus. Der Straßburger Druck *A* setzt ein mit dem Gedicht *An die Teutsche Nation* (A1, S. 1f.), in dem Opitz das strukturell dominante Liebesthema als transitorische Phase seiner dichterischen Schaffensphase deklariert.[10] Darin bittet der Dichter das „werthe[] Vatterlandt" (ebd. S. 1, V. 3) um günstige Aufnahme seiner Liebesdichtung („der Liebe sach", ebd., V. 4), die er in einer Ovids *Amores* (I, 1 und II, 1) abgeborgten, ebenso ironischen wie topischen Apologie erklärt: Er habe sein ambitioniertes poetisches Unterfangen einer nationalen heroischen Dichtung abbrechen müssen, weil Cupido, „der Venus Kindt" (A1, S. 1, V. 13), ihn in einen Liebeslyriker verwandelt habe:

> Mein Sinn flog vber hoch: Ich wolte dir vermelden
> Durch der *Poesis* kunst den lauff der grossen Helden/
> Die sich vor dieser Zeit den Römern widersetzt/
> Vnd jhrer Schwerter schärff in jhrem Blut genetzt.
> [...]
> [...] Ich war nun gantz bereit
> Mit meines Geistes frucht zu brechen durch die Zeit.
> Da kam der Venus Kindt/ bracht eine Kron von Myrten
> Vor meinen Lorbeerkrantz [...] (ebd., V. 5–14).

Der Schluss des Proömialgedichts appelliert an die „Teutsche Nation" (ebd., S. 2, V. 33), seine jugendliche Liebesdichtung gut aufzunehmen, „Biß daß ich höher steig vnd deiner Thaten zahl | Werd vnablässiglich verkünden vberal" (ebd., V. 35f.), und verspricht ihr ein „ander besser Werck" (ebd., V. 38).[11] Als Schlussge-

---

9 Allerdings wirkt Zincgrefs eigene Anthologie, der *Anhang*, viel lockerer als die kompositionell stärker zusammenhängenden Opitzischen *Teutschen Poemata*. Eine gegenüberstellende Übersicht der beiden Gedichtsammlungen findet sich im Anhang zu diesem Beitrag. Die nachfolgend zitierten Gedichte entsprechen der Straßburger Ausgabe: Martin Opitz: Teutsche Poemata und Aristarchus. Straßburg 1624 (Sammlung *A*) sowie der von Opitz autorisierten Breslauer Ausgabe (1625), in GW II,2, S. 524–748 (Sammlung *B*). Die Klammerungen im Fließtext zeigen die jeweilige Ausgabe (Sammlung *A* oder Sammlung *B*), die Position, die Seitenangabe der jeweiligen Ausgabe sowie die zitierten Verse an.
10 Zu den Rahmungsgedichten der Straßburger Sammlung vgl. Achim Aurnhammer: Zincgref, Opitz und die sogenannte Zincgref'sche Gedichtsammlung (Anm. 3), bes. S. 270–274.
11 Du Teutsche Nation voll Freyheit Ehr vnd Tugendt/
  Nimb an diß kleine Buch/ die früchte meiner Jugendt/
  Biß daß ich höher steig vnd deiner Thaten zahl
  Werd vnablässiglich verkünden vberal (A1, S. 2, V. 33–36).

dicht der Straßburger Sammlung sollte wohl die *Beschluß Elegie* (A145, S. 103f.) fungieren, die in ihrer harschen Absage an Venus und den paganen Götterapparat das Versprechen *An die Teutsche Nation* (A1, S. 1f.) aufgreift und zu einem programmatischen Bekenntnis forciert.

> Ich laß es alles stehen: das ende meiner Jugent/
> Die frucht der liebes lust beschließ ich gantz hierein/
> Ein ander höher Werck/ der anfang meiner Tugent.
> Wo dieses vndergeht/ soll nimmer sterblich sein (A145, S. 104, V. 37–40).

Beide Gedichte weisen die gleiche Verszahl auf (jeweils 40 Verse) und beziehen sich sowohl in Lexik wie Incipit eindeutig aufeinander. Doch auch wenn die *Beschluß Elegie* intratextuell klar auf das Proömialgedicht *An die Teutsche Nation* referiert, beschließt sie nicht die Straßburger Opitz-Ausgabe: Letztes Gedicht der *Teutschen Poemata* ist *Ein Gebet/ daß Gott die Spanier widerumb vom Rheinstrom wolle treiben* (A146, S. 104). Die Wahl mag wohl auf den Herausgeber Zincgref zurückgehen, denn dieses ausdrücklich politische Sonett passt weder thematisch zur Gedichtsammlung noch rekurriert es – anders als die *Beschluß Elegie* – auf das Proömialgedicht. Vor allem aber kontrastiert der eindeutige konfessionspolemische Habitus des Sprechers mit dem Liebesdiskurs. Opitz ruft Gott in den militärischen Antonomasien „du starcker Heldt" (A146, S. 104, V. 1) und „Du grosser Capitain" (ebd., V. 6) an, er möge die „Scheußlichen Maranen" (ebd., V. 1) vertreiben, die „jetzt in Teutschlandt [...]/ an vnsern schönen Rhein" (ebd., V. 3) gekommen seien. Indem Opitz die spanischen Soldaten als ‚Maranen', als unter Zwang zum Christentum konvertierte Juden, bezeichnet, nimmt er eine ethnozentrische Perspektive ein, aus der die Alterität der Besatzungsarmee betont und deren vorgebliches Christentum diskreditiert wird.

Es verwundert daher nicht, dass Opitz für die Breslauer Sammlung den Abgesang änderte und das konfessionspolemische Sonett nicht mehr berücksichtigte und strich. Stattdessen hat er mit der Übersetzung von Horaz' carmen III, 30 („Exegi monumentum aere perennius") einen ambitionierten Schlussstein gewählt: Zum einen gleicht es die eigene Sammlung Horazens Liedern an, zum andern verbürgt es eine antikisch-humanistische Dichterauffassung, die das eigene Genie als überzeitliche Leistung feiert und selbst verewigt. Auch der Anspruch des Lorbeerkranzes, der im Proömialgedicht der Straßburger Sammlung noch als verfrüht zurückgestellt und durch die transitorische Myrtenkrone der Liebesdichtung ersetzt wurde, wird nun als Anspruch bekräftigt.

Schwieriger zu erklären ist die Wahl des *Lobgesangs Vber den Frewdenreichen Geburtstag Vnsers HErren vnd Heylandes JEsu Christi* (B1, S. 549) als neues Proömialgedicht der Breslauer Sammlung. Zum einen erweist Opitz damit seine poetische Selbständigkeit, indem er seiner vorgängigen Übersetzung von Daniel

Heinsius' themengleichem *Lofsanck* aus dem Jahre 1621 nun ein eigenes Weihnachtsepyllion zur Seite stellt.[12] Zum andern betont er die epochale Bedeutung der Breslauer Sammlung, die wie Weihnachten heilsgeschichtlich, nun literaturgeschichtlich eine neue Zeitrechnung inauguriert. Zum dritten huldigt Opitz der Instanz, vor der er sich als Dichter rechtfertigt. War der Adressat der Straßburger Sammlung noch die *Teutsche Nation*, apostrophiert er nun Jesus Christus. Dass sich Opitz an ihn nicht nur als Christenmensch, sondern auch als Dichter wendet, bekundet der autofiktionale erste Teil. Darin stilisiert er sich zum Konkurrenten ungenannter ‚Pegasus-Reiter', denen er gegenüber insofern im Nachteil sei, als er im kalten Siebenbürgen erkrankt und sprachlich vereinsamt sei. Den Tausch des Adressaten markiert Opitz durch eine intertextuelle Bezugnahme, eine rhetorisch wie habituell ähnliche Du-Apostrophe. Bittet er im Eingangsgedicht der Straßburger Ausgabe die deutsche Nation um günstige Annahme seines poetischen Erstlings:

> Du Teutsche Nation voll Freyheit Ehr vnd Tugendt/
> Nimb an diß kleine Buch/ die früchte meiner Jugendt (A1, S. 2, V. 33f.)

ist es nun Christus, an den er sich demütig wendet:

> Drumb nim/ O JEsu/ an/ nim an mit dem gesichte
> Das Erd' vnd Meer erquickt/ mein niedriges getichte (B1, Bd. 2.1, S. 130, V. 37f.).

Während die Straßburger Gedicht-Sammlung mit einem antiligistischen Kampf-*Gebet* endete, gipfelt das neue Einleitungsgedicht in einer irenisch-christlichen Einheitsvision. Im letzten Teil der programmatischen Weihnachtsdichtung, in dem er vom Dichter-Ich in ein einvernehmliches Wir wechselt, entwirft Opitz eine überkonfessionelle Zukunft:

> Verleih' vns einigkeit/ hilff das wir deine Glieder/
> Du Haupt der Christenheit/ als ware trewe Brüder/
> Der zwietracht abgethan/ behertzt zusammen stehn/
> Vnd deiner Feinde trutz frey vnter Augen gehn (ebd., V. 293–296).

Doch steht das neue Proömialgedicht in einer unverkennbaren Diskrepanz zu dem neuen Beschluss-Gedicht, der Selbstverewigung, wie sie die Übersetzung

---

12 Zum Vergleich der Heinsius-Übersetzung und der eigenen Weihnachtsdichtung siehe Hugo Max: Opitz als geistlicher Dichter. Heidelberg 1931, S. 84–92, sowie Paul Böckmann: Der Lobgesang auf die Geburt Jesu Christi von Martin Opitz und das Stilproblem der deutschen Barocklyrik. In: Archiv für Reformationsgeschichte 57 (1966), S. 182–207.

von Horazens „Exegi monumentum" ausdrückt. Der christlich-humanistischen Spannung von Anfangs- und Schlussgedicht liegen zwei unterschiedliche Autorschaftskonzepte zugrunde. Die Anordnung legt aber nahe, diese Spannung dynamisch aufzuheben und miteinander zu versöhnen. Indem Opitz die geistliche Dichtung an den Anfang seiner *Acht Bücher Deutscher Poematum* rückt, verbürgt sie nicht nur den christlichen Glauben des Autors, sondern auch seine göttliche Inspiration und begründet damit seinen Ruhm.

2 Paratexte

Die poetologischen Paratexte bestätigen die Differenz der Autorschaftskonzepte von Zincgref und Opitz. So unterscheiden sich die Widmungsvorreden beider Opitz-Ausgaben beträchtlich.

2.1 Die Widmungen

2.1.1 Zincgrefs *Dedicatio* an Eberhard von Rappoltstein (*Teutsche Poemata*, Straßburg 1624)

Die Straßburger Edition enthält lediglich eine einzige Widmungsvorrede Zincgrefs, die sich sowohl auf die Opitzischen *Poemata* wie auf den *Anhang* bezieht.[13] Zincgrefs *Dedicatio* an den elsässischen Adligen Eberhard von Rappoltstein (1570–1637) ist zweigeteilt: Zum einen charakterisiert sie die kulturgeschichtliche Bedeutung der *Teutschen Poemata*, zum andern würdigt sie den Widmungsempfänger. Zincgref nennt drei Zielgruppen der Publikation: erstens „Außländer" [Bl.):(2r], denen die Konkurrenzfähigkeit der deutschen Sprache im europäischen Vergleich bewiesen wird, zweitens „Inländer[] vnd Landtsleute[]" (ebd.), denen die poetische Leistungsfähigkeit der „Muttersprache" (ebd.) zum Zweck der *imitatio* vorgeführt wird, und drittens „die gewelschte Teutschen" (ebd.), die aus kulturpatriotischen Gründen zu einem Sprachpurismus angehalten werden. In einem kulturvergleichenden Exkurs parallelisiert Zincgref dann die Status-

---

13 Zincgref: Dedicatio dem Hochgebornen Herrn/ Herrn Eberharden/ Herrn zu Rappolt- | stein [...] Meinem | Gnedigen Herrn. In: Opitz: Teutsche Poemata. Straßburg 1624 (Sammlung *A*, Anm. 9), hier Bl.):(2r–):(4v. Die folgenden Paginierungen im Fließtext beziehen sich auf diese Ausgabe.

konkurrenz von Latein und Deutsch in Deutschland mit analogen Übergangsepochen, in denen jeweils eine Zweitsprache eine bis dahin prestigeträchtigere Literatursprache ablöste: Homer habe nicht in Hebräisch, sondern in Griechisch gedichtet, Cicero und Virgilius hätten ihrerseits statt des Griechischen in Latein geschrieben, Petrarca wiederum habe sich nicht nur auf Latein beschränkt. Diese *Translatio litterarum* führt zu „vns Teutschen" [Bl.):(3r], die den Musen eine neue Heimstatt bieten sollten, nachdem diese „andere nunmehr Barbarisirte Länder verlassen vnd zu vns eingekehret" (ebd.).

Opitz wird in Zincgrefs *Dedicatio* nur in einem einzigen Absatz namentlich genannt. Mit dem einvernehmlichen Possessivpronomen als „[v]nser *Opitius*" (ebd.) gewürdigt, habe er den „grosse[n] vnderschied zwischen einem Poeten vnd einem Reimenmacher oder *Versificator*en" (ebd.) gezeigt, da er „es gewagt/ das Eiß gebrochen/ vnd den uew [sic!] ankommenden Göttinen die Furth mitten durch den vngestümmen Strom Menschlicher Vrtheil vorgebahnet" (ebd.) habe. Zincgrefs Lob greift zwar Opitzens Selbststilisierung als ‚Bahnbrecher' auf,[14] verliert jedoch an Prägnanz, da dieser Passus einerseits isoliert und andererseits in einen größeren kulturpatriotischen Kontext integriert ist. Denn im Anschluss an Opitzens angebliche Pionierfunktion beruft sich Zincgref ausführlich – nach dem Zeugnis Melchior Goldasts – auf die mittelalterliche Tradition adliger Gelehrsamkeit in Deutschland durch literarische Prinzenerziehung. Die durch eine lange Namenliste belegte Tradition relativiert die epochale Bedeutung des Dichterfreundes Opitz.[15]

Auch der Schluss verkleinert den Autor Opitz und erhöht den Widmungsempfänger. Während die *Teutschen Poemata* mit dem Diminutiv „Wercklin" [Bl.):(4v] bezeichnet werden, wird an den elsässischen Edelmann appelliert, er möge als „ein anderer *Apollo*" (ebd.) „den *Authorn* vnd andere mehr noch verborgene *Ingenia* zu dergleichen Geistreichen löblichen sachen [...] vffmundern vnd behertzter machen" (ebd.).

---

14 Vgl. dazu Opitzens Selbststilisierung zum ‚Bahnbrecher' in seinem Vorwort zur Straßburger Ausgabe: „[...] bin ich die Bahn zu brechen/ vnd durch diesen anfang vnserer Sprache Glückseeligkeit zu erweisen bedacht gewesen" (Opitz: Teutsche Poemata und Aristarchus [...] Straßburg [...] 1624 [Anm. 9], Bl. A2r).

15 Bereits vor 500 Jahren wurden die Menschen „zu schärffung der Sinnen/ erhöhung deß Verstandts/ vnd also zu den Tugenden deß Gemüths/ durch mittel der Poeterey vnnd der Wohlredenheit ins gemein/ abgerichtet: also daß so wohl Adels/ als höheren standts Personen/ ja manchmahl Fürsten/ König vnd Keiser selbst/ offene Poetische Kämpff zuhalten gepflegt/ bey welchen nit weniger/ als bey den Thurnieren auch das Adeliche Frawenzimmer den Danck oder Preiß vnder den obsiegern außgetheilet" (ebd., Bl.):(4r).

2.1.2 Opitzens Widmung an Ludwig von Anhalt (*Deutsche Poemata*, Breslau 1625)

Die redigierten *Deutschen Poemata* widmet Opitz dem Fürsten Ludwig von Anhalt-Köthen, dem Gründer der *Fruchtbringenden Gesellschaft*. Die extensive, fünfzehnseitige Widmungsvorrede verbürgt mit historischer Gelehrsamkeit, dass eine kulturelle Blüte vom Mäzenatentum des Adels abhänge: „daß gelehrter Leute Zu- vnd Abnehmen auff hoher Häupter vnd Potentaten Gnade/ Mildigkeit vnnd Willen sonderlich beruhet".[16]

Die Widmung ist dreigegliedert: Zuerst illustriert Opitz seine These an der Geschichte des alten Rom, dessen „Keyser diese Wissenschafft […] in jhren Schutz vnd Förderung genommen" (531) hatten. Opitz wertet die „Poeterey" (ebd.) insofern deutlich auf, als er nun einen umfangreichen Querschnitt durch die Geschichte Römischer Kaiser und mit diesen verbundener Dichter bietet, während sich die Edition von 1624 in der Leserwidmung lediglich mit dem Hinweis begnügt hatte, Alexander habe des „*Homeri* gedichte allezeit vnder sein Haubtküssen gelegt".[17] Betont werden auch die Nachhaltigkeit des Geschriebenen und seine Bedeutung für den Nachruhm der Fürsten, wie etwa Licinius und Catull exemplarisch zeigten. Diese hatten

> wol so ehrenrührige vnnd schändliche Verse auff jhn [Julius Cäsar] geschrieben […]/ daß wir auch jetzund noch daraus nicht minder des grossen Heldens Vppigkeit/ als aus andern Schrifften seine fürtreffliche Thaten sehen können (531).

Das Ende der Römischen Herrschaft aber, als „aus Römischen Keysern Gottische Tyrannen" (538) geworden waren, habe auch das Ende der Römischen Dichtung besiegelt: „[A]us Lateinischen Poeten [waren] barbarische Reimenmacher vnd Bettler worden" (ebd.). Den Unterschied zwischen Poet und „Reimenmacher", wie ihn Zincgref auf Opitz angewandt hatte, stilisiert Opitz so zum epochalen Einschnitt.

Der zweite Teil der Vorrede und der Opitzischen Kultur- oder Literaturgeschichte setzt im deutschen Mittelalter ein, dessen Kronzeugen für einen gewissen „Stral der Wissenschafft" (539) sich ganz mit Zincgrefs Würdigung des deutschen Mittelalters decken. Doch bleibt Opitz nicht bei der deutschen Litera-

---

[16] Martin Opitz: Dem Durchleuchtigen […] Fürsten vnd Herren/ Herren | Ludwigen/ | | Fürsten zu Anhalt […] | Meinem gnädigen Fürsten vnd Herren. In: GW II,2, S. 530–545, hier S. 531. Die folgenden im Fließtext angegebenen Seitenzahlen beziehen sich auf diese Ausgabe.
[17] Martin Opitz: An den Leser. In: Teutsche Poemata (Anm. 9), Bl. Ar–A2v, hier Bl. Av.

turgeschichte stehen, sondern rühmt die mäzenatische Förderung durch kunstverständige Fürsten in der europäischen Renaissance, wie die Medici in Florenz, Franz I. in Frankreich und Matthias Corvin in Ungarn.[18]

Der Schlussteil wendet sich in kulturpatriotischer Absicht dem Widmungsempfänger zu: Opitz lobt Ludwig als neuen deutschen Mäzen, pocht auf seine eigene poetische Freiheit, erbittet sich „Schutz vnnd Förderung" (545) und erinnert daran, dass die „Begiehr der Vnsterbligkeit/ welcher die edelsten Geister nachhengen" (543), vor allem „durch sinnreiche Schrifften vnnd Zuthun der Poeten erhalten" (ebd.) würde.

Anders als Zincgref, der ganz kulturpatriotisch argumentiert, gibt sich Opitz international. Die drastischen Wendungen Zincgrefs, die „Außländer"[19] würden sich fälschlich „einbilden/ daß sie die Laiteren/ durch welche sie vff die Parnassische spitze gestiegen/ hernach gezogen/ vnd jhnen also niemandt folgen könne", kontrastieren mit Opitz' bescheidener Hoffnung, „[w]ir Deutschen" (542), die „wir [...] etwas später kommen sind", könnten den Rückstand der „eigenen Poeterey" (ebd.) zu den europäischen durch eine ähnliche mäzenatische Unterstützung aufholen.

2.2 Vorreden

2.2.1 Opitzens Vorrede zu den *Teutschen Poemata* (1624)

Im Unterschied zu der autorisierten Breslauer Ausgabe von 1625 ist dem Straßburger Druck der *Teutschen Poemata* eine undatierte Vorrede von Opitz vorgeschaltet.[20] Sie verfeinert zwar das ethnozentrische Konkurrenzargument aus dem *Aristarchus*, repräsentiert aber einen defensiven Standpunkt, den Opitz im Jahre 1625 längst aufgegeben hatte. So lobt er hier noch die weiter entwickelten Nationalliteraturen der europäischen Renaissance, indem er sich jeweils auf die modernen Nationaldichter bezieht: für Italien auf Petrarca und Sannazaro, für Frankreich auf Ronsard und Du Bartas, für England auf Sidney und für die Niederlande auf Daniel Heinsius. Dass solch eine literarische Blüte auch in Deutschland möglich sei, erläutert Opitz durch Rekurs auf die beachtlichen „Teutschen reimen"[21] „vor vilen hundert Jahren", denen gegenüber die deutsche Gegenwarts-

---

18 Vgl. Martin Opitz: Dem Durchleuchtigen (Anm. 16), S. 539–542.
19 Zincgref: Dedicatio (Anm. 13), Bl.):(2r; zum folgenden Zitat siehe ebd.
20 Opitz: An den Leser (Anm. 17).
21 Ebd., Bl. A[1]r, zum folgenden Zitat siehe ebd.

literatur abfalle. Indem Opitz an das hohe Sozialprestige erinnert, das literarischer Bildung als einer „wissenschafft"[22] in der Antike zukam, betont er seine eigene Leistung: „bin ich die Bahn zu brechen/ vnd durch diesen anfang vnserer Sprache Glückseeligkeit zu erweisen bedacht gewesen".[23] Der Pionierfunktion tut eine vierfache Salvatio keinen Abbruch: Zunächst rechtfertigt Opitz den Gebrauch paganer Mythologie, dann den starken Anteil an Übersetzungen als Nachweis für die Eignung des Deutschen als Literatursprache, weiter die Dominanz des Liebesthemas und schließlich die ästhetische Ungleichheit infolge der Aufnahme von Jugenddichtungen. Opitz behält den Modus der Rechtfertigung sogar für den selbstbewussten Schluss der Leservorrede bei, wonach etwaige Mängel mit der Intention zu „entschuldigen" seien, „weil ich vnserer Sprachen Würde vnd Lob wider auffzubawen mich vnderfangen".[24]

2.2.2 Zincgrefs Vorrede zum *Anhang*

Eine kulturpatriotische Tendenz bestimmt die Vorrede des *Anhangs*. So redet Zincgref den Leser als „liebe[n] Teutsche[n]" an und empfiehlt ihm den Anhang als ein „Muster vnnd Fürbilde/ wornach du dich in deiner Teutschen Poeterei hinfüro etlicher massen zu regulieren".[25] Zincgrefs kleine Geschichte der deutschen Poetiken integriert den *Aristarchus* „vnsers *Opitij*" in eine Reihe vorgängiger normativer Poetiken, an denen sich der nachahmende Leser orientieren solle:
- Julius Cäsar Scaliger: *Poetices libri septem* (Lyon 1561), die neulateinische Poetik war ein maßgebliches Vorbild für Martin Opitz' *Buch von der Deutschen Poeterey*;[26]

---

22 Ebd, Bl. A[1]v.
23 Ebd., Bl. A2r.
24 Ebd., Bl. A2v.
25 Julius Wilhelm Zincgref: [Vorrede zum] Anhange Vnderschiedlicher außgesuchter Getichten anderer mehr teutschen Poeten. In: Teutsche Poemata (Anm. 9), S. 161. Zum folgenden Zitat siehe ebd.
26 Vgl. die Vorrede Opitz' zum *Buch der Deutschen Poeterey*, in der er Scaliger und Marcus Hieronymus Vida (1485–1566) als poetologische Autoritäten angibt (GW II,1, S. 66). Zum Verhältnis von Opitz zu Scaliger vgl. etwa Stefan Trappen: Dialektischer und klassischer Gattungsbegriff bei Opitz. Ein übersehener Zusammenhang zwischen Aristoteles, Scaliger und der deutschen Barockpoetik. In: Martin Opitz (1597–1639). Nachahmungspoetik und Lebenswelt. Hg. von Thomas Borgstedt und Walter Schmitz. Tübingen 2002, S. 88–98.

- Johannes Clajus (1535–1592): *Grammatica Germanicae Linguae* (Leipzig 1578), die eine Prosodie des Deutschen enthält;[27]
- Johannes Engerd, *Teutsche Prosody* [*Prosodia Germanica*], „die ich zwar [...] noch nie zu gesicht bekommen";[28]
- Ernst Schwabe von der Heyde, dessen *Teutsche Poesien* Zincgref ebenfalls „noch nicht gesehen" hat.[29]

Als letzte voropitzische Autorität führt Zincgref Johann Fischart, von ihm zu „Fischer[]"[30] verballhornt, ins Feld. So sehr er ihm allerdings „Reichthumb Poetischer Geister/ artiger Einfäll/ schöner wort/ vnd merckwürdigen sprüchen" attestiert, so sehr ordnet er ihn „noch der alten Welt" zu. Diese Historisierung ermöglicht es Zincgref, Fischarts „Mangel [...] mehr der vnachtsamen gewohnheit seiner zeiten/ als jhme selbsten zu[zu]schreibe[n]" und mit ihm ein Vervollkommnungs- und Fortschrittsparadigma zu beglaubigen:

> Ich hab das mein gethan/ so vil mir Gott beschert:
> Ein ander thue das sein/ so wirdt die Kunst gemehrt.

Das alternierende Alexandriner-Reimpaar stammt allerdings nicht von Fischart, wie Zincgref angibt,[31] sondern repräsentiert – wie bisher nicht bekannt – die Devise von Johannes Paghenherdt, einem Hildesheimer Rechen- und Schreibmeister:

> Ich thu das meine, Soo viel mijr God bescheert,
> Ein ander thu das seine, Soo vvirdt die Const ghemheert.[32]

---

27 Vgl. dazu Fritz Peter Knapp: „Alle 600 Jahre kam der deutsche Geist sozusagen wieder dran". Deutsche Sprachgeschichte – Versgeschichte – Literaturgeschichte. In: Beiträge zur Geschichte der deutschen Sprache und Literatur 137.4 (2015), S. 599–622, bes. S. 617–620.
28 Zincgref: Anhange (Anm. 25), S. 161. Vgl. Jan-Dirk Müller: Volkssprachige Anakreontik vor Opitz? Johann Engerd und seine Experimente zur deutschen Metrik. In: Die Frühe Neuzeit. Revisionen einer Epoche. Hg. von Andreas Höfele, Jan-Dirk Müller und Wulf Oesterreicher. Berlin, Boston 2013 (Pluralisierung und Autorität 40), S. 303–329.
29 Zincgref: Anhange (Anm. 25), S. 161. Zu Ernst Schwabe von der Heyde vgl. Anm. 6.
30 Zincgref: Anhange (Anm. 25), S. 161. Zu den folgenden vier Zitaten siehe ebd.
31 Vgl. dazu Aurnhammer: Zincgref, Opitz und die sogenannte Zincgref'sche Gedichtsammlung (Anm. 3), S. 269f.
32 Mit diesen Versen soll Pag(h)enherdt, wie der deutsch-niederländische Mathematiker Ludolph van Ceulen überliefert, seine Bücher beschlossen haben (Ludolph van Ceulen: Van Den Circkel [...]. Delft 1596, Bl. 72v [1615: 102r]). Vgl. dazu Friedrich Katscher und Hans Schlotter: Der Mathematiker Ludolph van Ceulen (von Collen), *Hildesheim 28.1.1540, und die Zahl Pi. In: Norddeutsche Familienkunde 33 (1983/III), Bd. 13, S. 65–73, bes. S. 71.

Zincgrefs Vorrede zu seinem *Anhang* relativiert somit Opitzens epochale Leistung, indem sie ihn auf den überholten *Aristarchus* festlegt, in eine längere deutsche Dichtungstradition integriert und sogar eine nachopitzische Vervollkommnung andeutet. Diese Position Zincgrefs blieb keineswegs isoliert. Schon Tobias Hübner hatte kritisch angemerkt, dass sich Opitz „als Erfinder solcher deutschen, in festen Metren verfaßten Verse auf[]spiele".[33] Auch Jesaias Rompler von Löwenhalt hat später Opitzens Leistung dadurch nivelliert, dass er sie in eine poetische Ahnenreihe stellte:

> [...] (als ich dan weys/ daß dergleichen amm Haidelbergischen hof und anderstwo gewäsen) sie haben auch ebensolcherlei arten der reimen/ als ietzund bräuchlich gemacht; aber sie haben es nicht an den gemainen tag gegeben. Georg Rodolf Weckherlin hat ein groses stuck amm eiß gebrochen/ als er imm 1618.ten jar die 2. bücher seiner Oden und gesänge zu Stutgarten ausgehen lassen; derer lesung nachmals dem Martin Opitzen/ zur nachfolge/ gar wol bekommen. So ist das sinnreiche werck des Ernst Schwaben von der Haiden/ welcher sich zu Dantzig aufgehalten/ und in diser übung (als vil mir bewust) der nähste nach dem Weckherlin gewäsen/ sehr zubetauren/ daß es durch unglück ersitzen gebliben/ und nicht auch in den truck gegeben worden. Aber Got hat es gefügt/ daß nach benanten urhäberen bald von tag zu tag mehr andere gekomen/ durch die/ gewislich! unsere Teutsche Poësie beraits/ die wenige zeit über/ und mitten in dem unmännschlichen krieg/ in bässere richtigkeit gebracht worden/ weder die vor erwähnten ausländer in langen jaren zuthun vermöcht.[34]

3 Poetologische Lyrik

Die Straßburger Sammlung ist insofern unausgewogen, als Opitzens *Teutsche Poemata* viel stärker metapoetisch gestaltet sind als Zincgrefs *Anhang*, in dessen Anthologie nur Isaac Habrechts *Vberreime, an die Teutsche Musa* und Zincgrefs eigene acht Verse *An die Teutschen* als poetologische Gedichte gelten können.[35]

---

[33] Vgl. Tobias Hübner (Dessau) an Augustus Buchner (o. O.) – 10.1.1625. In: BW I, Nr. 250110, S. 368–372, hier S. 369. Vgl. außerdem den Brief von Martin Opitz (Liegnitz) an Julius Wilhelm Zincgref (Straßburg) vom 6.11.1624. In: BW I, Nr. 250110, S. 368–372. Es ist allerdings umstritten, ob Hübners Vorwurf auf einem Missverständnis beruht (vgl. ebd., Anm. 5).
[34] Jesaias Rompler von Löwenhalt: Erstes gebüsch seiner Reim-getichte. Ndr. hg. von Wilhelm Kühlmann und Walter E. Schäfer (Straßburg 1647). Tübingen 1988, Bl. ooo 2v–ooo 3r.
[35] Ansonsten finden sich im gesamten *Anhang* keine poetologischen Gedichte, selbst die berühmte *Vermanung zur Dapfferkeit* (S. 220–224) enthält – vom Titel abgesehen – keine poetologische Reflexion.

Die ausgeprägte metapoetische Tendenz der *Teutschen Poemata* zeigen schon entsprechende Gedichttitel wie: *Sonnet. An diß Buch* (A3, S. 6), *Vber des [...] Danielis Heinsij Niderländische Poemata* (A5, S. 9f.) oder *Daß die Poeterey vnsterblich sey* (A113, S. 88). Auch ist das lyrische Ich in der Opitzischen Lyrik sowohl quantitativ wie qualitativ viel präsenter als in Zincgrefs Anhang. Dies gilt etwa für das *Sonnet. Als jhm seine Asterie geschrieben* (A87, S. 70), in welchem die Ambiguität zwischen Bescheidenheit und Selbstanspruch hervortritt:

> Der künstlich Amadis ist nie so hoch gegangen.
> Glückseelig ist die Hand/ die diesen Brieff gemacht/
> Glückseelig ich die Dint vnd auch die Feder acht/
> Vnd mehr glückseelig mich/ der ich jhn hab empfangen (ebd., V. 11–14).[36]

Zudem wirkt die Sprecherinstanz durchweg autofiktional, weil immer unverkennbar ein Dichter, meist der Dichter Opitz spricht.

Im Druck von 1625 ist ein geändertes Autorschaftskonzept bei Opitz festzustellen. Den Wandel zeigen die Umstellungen und Streichungen, welche die Synopse im Anhang illustriert. So bleiben im Breslauer Druck nicht nur die frühen Gedichte unberücksichtigt, deren Metrum noch nicht dem alternierenden Verfahren entspricht, weggelassen hat Opitz auch etwa ein Dutzend petrarkistischer Gedichte – etwa *Sonnet von der Liebsten Augen* (A31, S. 33), *Elegie auß Dan. Heinsij Monobiblo* (A54, S. 51) oder *Von der Cynthia Thränen* (A94, S. 75). Dies darf als Zeichen der Emanzipation vom Einfluss Petrarcas verstanden werden. Dazu passt auch, dass in *B* das Proömialgedicht des Straßburger Drucks nur noch eines unter vielen ist. *An die Teutsche Nation* (B39, S. 599–601) und die darin beschworene exemplarische „bittersüsse Pein" (ebd., S. 600, V. 23), „[de]r blinden Venus Werck" (ebd., S. 599, V. 1) und „der Liebe Sach'" (ebd., S. 599, V. 4) stehen nicht mehr an erster Stelle in Funktion einer kulturpatriotischen Widmung an die Deutschen. Leiden durch Liebe und Krieg, wie das *Sonnet* (A74, S. 62) evoziert, will der selbstbewusste Opitz nicht mehr in der bisherigen Form erdulden. So ist es im Gedenken an Horaz auch konsequent, dass *Die Jagt deß Cupido* (A88, S. 70–72) keinen Platz mehr in der Sammlung von 1625 hat: Opitz lässt sich nicht länger von Cupido „in seine Netze bringen" (ebd., S. 71, V. 27).

Im Breslauer Druck meldet sich dementsprechend auch immer wieder eine emanzipierte Ich-Instanz zu Wort. So kann das erste, in *vers communs* verfasste, Epigramm *Aus dem Herrn von Pybrac* (B111, S. 721), welches das Buch VIII einleitet (in *A* noch nicht enthalten), sinnbildlich für den Neuanfang stehen, den Opitz mit der Breslauer Edition wagt. Er betont darin seine reziproke Verbindung mit

---

[36] Das Sonett wurde in die Sammlung *B* nicht mehr aufgenommen.

Gott: Dieser „heischet vnd begert ein starckes Hertz' allein; | Das hat man aber nicht wann er es nicht verehret" (ebd., S. 721, V. 3f.).

Das neue Selbstbewusstsein bekundet der Dichter bereits im zweiten Gedicht des Breslauer Drucks. In *Auff den Anfang des 1621. Jahres* (B2, S. 549–556) skizziert Opitz die Schöpfungsgeschichte und Ausschnitte des Alten Testaments. Der Aufforderung an den Leser („Es schwinge wer da wil die sterblichen Gedancken | Hoch vber seine Krafft" [ebd., S. 549, V. 5f.]) folgt die entsprechende programmatische Verpflichtung des Dichters: „ich wil mit nichten wancken | In dieser grossen Flut; wil preisen eyffers voll | Den/ dessen That kein Mensch ergründen kan noch soll" (ebd., V. 6–8). Denn schon immer hat

> Was nützlich ist von Gott vnd Erbarkeit zu wissen
> [...] der Poeten Volck mit dir [du edler Mundt (ebd., S. 552, V. 103)] erst kund gemacht/
> Vnd auch den Vnterricht von Weisheit auffgebracht (ebd., V. 110–112).

Auch der Bekenntnischarakter nimmt im Breslauer Druck von 1625 noch deutlich zu, wie die nur darin enthaltenen Gedichte zeigen. So ist das Abschlusssonett des VII. Buches mit dem Incipit „ICh machte diese Verß" (B110, S. 720, V. 1) nur als autobiographisches Bekenntnis seines Dichtens in Kriegszeiten zu verstehen: „Damit die böse Zeit nun würde hingebracht/ | Hab' ich sie wollen hier an leichte Reime wenden" (ebd., V. 9f.).

Zugleich macht Opitz aus seinem Anspruch eines poetischen Pioniers in Deutschland keinen Hehl, etwa wenn er selbstbewusst einer ungenannten „Hochfürstliche[n] Person" (B13, S. 571) verspricht:

> [...] ich wil euch edlen Printzen
> Groß machen vnd bekandt bey aller Welt Provintzen;
>   Die deutsche Poesie/ so ich in schwang gebracht/
>   Soll bloß vnd einig seyn auff ewer Lob bedacht (B13, S. 574, V. 73–76).

In einem Gedicht, das er erst kurz vor Drucklegung der Breslauer Ausgabe eingefügt haben muss, erwähnt Opitz sogar seine Dichterkrönung im Jahre 1625 und parallelisiert sich als *poeta laureatus* mit Petrarca:

> Was vor dieser Zeit Petrarchen/
> Den ich göttlich heissen mag/
> Kam vom Celtischen Monarchen
> Vnd von Rom auff einen Tag/

> Das wird mir anjetzt auch eben
> Der berühmbte Keyser geben (B64, S. 672, V. 61–66).[37]

Vermehrt sind im Breslauer Druck die zahlreichen Bezugnahmen auf antike Poeten sowie auf europäische Musterdichter der Moderne. Stellvertretend sei hier auf die neu hinzugekommene Ode *Galathee* (B57, S. 654–659) verwiesen, die sich als Beispiel intertextueller *aemulatio* mit Vergils *Georgica* erweist. Dies zeigt die Anleihe von Vergils poetologischer Schifffahrtsmetapher („vela dare" [‚absegeln'] für das Dichten [*Georgica* II, 41], als am Schluss die ‚Segel gerefft' werden: „vela trahere" [*Georgica* IV, 117]).[38] Indem Coridon, Opitzens autofiktionales Ich, sich in *Galathee* zum Jenseits als seinem wahren „Vaterland" (B57, S 659, V. 162) bekennt, stellt er sich als christlicher Dichter in eine Konkurrenz zum paganen Vorbild Vergil:

> Manches Land muß ich noch sehen/
> Vnd mich lassen hin vnd her
> Durch das weite wilde Meer
> Manche rauhe Winde wehen/
> Eh' ich/ reicht mir Gott die Hand/
> Schawen kan mein Vaterland (ebd., V. 157–162).

Unverändert beibehalten aus dem Straßburger Druck hat Opitz die Relativierung der eigenen Liebesdichtung als Übergangsphase[39] und den Anspruch seiner poetischen Inspiration, die ihn zum literarischen Pionier in Deutschland prädestiniere:

> Ich kenne den Weg auch; sehr offt' hab' ich gemessen
> Den grünen Helicon/ bin oben auff gesessen:

---

[37] Hier verkürzt Opitz den historischen Sachverhalt: Petrarca erhielt am 1. September 1340 sowohl von der Universität Paris als auch von der Stadt Rom das Angebot der Dichterkrönung. Nachdem sich Petrarca für die Ehrung in Rom entschieden hatte, ‚prüfte' ihn König Robert von Anjou („der Celtische Monarch'), bevor er am 8. April 1341 auf dem Kapitol gekrönt wurde. Allerdings hatte Opitz bereits in dem 1624 abgedruckten Gedicht *Daß die Poeterey vnsterblich sey* (A113) die Vision seiner eigenen Dichterkrönung entworfen; in der Gewissheit, sein „Lob vnd Name w[e]rd[e] erklingen weit vnd breit" (A113, S. 88, V. 4), sollen „[d]ie Nymphen" (ebd., V. 9) dem Dichter inmitten einer bukolischen Idylle, fern von städtischem Treiben, „den Lorbeerkrantz auffsetzen" (ebd.).
[38] Vgl. Ernst Robert Curtius: Europäische Literatur und lateinisches Mittelalter. 11. Aufl. Tübingen 1993, S. 138f.
[39] Vgl. etwa die poetologische *Beschluß Elegie* (A145 = B161), aber auch die *Palinodie oder widerruff deß vorigen Lieds* (A144 = B68) oder die Übertragung von Veronica Gambaras poetologischen Sonetten wie etwa *[W]arumb sie nicht mehr von Bulerey schreib* (A90 = B97).

> Durch mich wird jetzt das thun in Deutschland auffgebracht/
> Das künfftig trotzen kan der schönsten Sprachen Pracht (B47 [=A4], S. 628, V. 81–84).

Die Aufwertung des Dichtens als einer göttlichen Gabe und des Poeten als eines Propheten durchzieht leitmotivisch sowohl den Straßburger wie den Breslauer Druck: „die trefflichen Poeten | Sind viel mehr als man meynt: jhr hoher Sinn vnnd Geist | Ist von des Himmels Sitz' in sie herab gereist" (B51 [=A111], S. 636, V. 18–20).

Zentraler Gedanke ist der Verewigungstopos, dem 1625 ein höherer Stellenwert als zuvor eingeräumt wird. Er ist stets eng mit dem Bewusstsein weltlicher Vergänglichkeit verbunden, sichtbar etwa in der neu aufgenommenen *Weise des hundert vnd vierdten Psalms*:

> AVff/ auff mein Hertz'/ vnd du/ mein gantzer Sinn/
> Wirff alles das was Welt ist/ von dir hin;
> Im fall du wilt/ was göttlich ist erlangen/
> So laß den Leib/ in dem du bist gefangen (B6, S. 561, V. 1–4).

Der Verewigungstopos findet sich zwar auch schon im Straßburger Druck. Er begegnet etwa als Versprechen des Dichters, Personen wie Hans von Landskron poetisch zu erhöhen: „Ich hiebe dich sehr hoch/ du Kron' vnd Zierr der Jugend/ | Durch die Poeterey vnd jhre grosse Tugend" (B21 [=A136], S. 580, V. 17f.). Vor allem die Liebesdichtung gewinnt durch die Verheißung, die Geliebte poetisch der Vergänglichkeit zu entreißen, überzeitliche Bedeutung. So verspricht der Dichter seiner Geliebten an deren Geburtstag – das *Geburtgetichte* (B42, S. 615–617) bezieht sich aber auch doppeldeutig auf die Geburt im Gedicht: „ich wil dich einverleiben | Durch diese meine Faust der Vnvergänglichkeit" (ebd. [=A78], S. 616, V. 38f.). Doch im Breslauer Druck schlägt das Versprechen des ewigen Ruhms häufiger noch in eine Selbstverewigung um.

Im Sonett *XXXIII* (B107, 718) führt das Dichter-Ich die poetische Inspiration einmal mehr auf die Liebe zurück, da es diese, „die noch nie sich wollen von mir kehren" (ebd., V. 4), als notwendigen Bestandteil seines Lebens und Schreibens erkennt, „[w]iewol ich offte mich bedacht bin zu erwehren" (ebd., V. 5). Sein ambivalentes Verhältnis zur Liebe illustrieren drei Antithesen: „die freye Dienstbarkeit/ | Die sichere Gefahr/ das tröstliche Beschweren" (ebd., V. 7f.). Die Antithesen leiten durch Enjambement in das Sextett über, worin der Dichter resümiert, wie er die von Liebe hervorgerufenen Emotionen durch Reflexion – „[g]eflügelt mit Vernunfft vnd muthigen Gedancken" (ebd., V. 11) – in sein poetisches Schaffen integriert. In seiner Selbstkontrolle und stoischen Haltung („Drumb geh' es wie es wil/ vnd muß ich gleich darvon" [ebd., V. 12]) ist sich der Dichter seines selbst induzierten Nachruhms gewiss: „So vberschreit' ich doch des Lebens enge Schrancken: | Der Name der mir folgt ist meiner Sorgen Lohn" (ebd., V. 13f.).

In einem imaginären Dialog mit dem Freund Bernhard Wilhelm Nüßler über Dichterruhm wird die Selbstverewigung zunächst ungläubig relativiert, doch gerade durch den aufzählenden Vergleich mit einem Katalog griechischer Dichter bekräftigt:

> Doch wol/ laß meine Poesie/
> Vnd was ich sonsten möchte schreiben/
> Als zur Ergetzung meiner Müh/
> Ein hundert Jahr vnd lenger bleiben:
> Bin ich mehr als Anacreon/
> Als Stesichor/ vnnd Simonides/
> Als Antimachus/ vnd Bion/
> Als Philet/ oder Bacchylides? (B69, S. 681f., V. 33–40)

In einer poetischen Epistel an Nüßler, dem bevorzugten Adressaten seiner Liebeswirren mit Flavia, klagt Opitz, Amor/Cupido fahre ihm in die Parade. Wer, fragt das autofiktionale Ich, habe Amor,

> doch die Gewalt gegeben/
> Daß der Poeten Volck/ die sonst am Himmel schweben/
> Vnd fast nicht jrrdisch sind/ in deiner Dienstbarkeit
> Vor allen auff der Welt bestrickt ist jederzeit? (B56, S. 646, V. 9–12)

Ironisch orakelt der Dichter, Cupidos Macht sei „durch meine Poesie | Die nicht vergehen soll zu loben spat vnd vrü" (ebd., S. 648, V. 59f.). Anders als noch in der Liebesdichtung des Straßburger Drucks fühlt sich Opitz mit stärkerem Selbstbewusstsein nun als Herr der Lage, wenn Cupido ihn bedrängt.

Selbstbewusst rückt sich in Ode *XVI* (B73, S. 686f.) das Dichter-Ich in eine genealogische Reihe berühmter antiker Dichter, deren Nachruhm jegliche Nachrede überdauert, und deutet mit dem Selbstvergleich seine eigene Unsterblichkeit voraus:

> Homerus/ Sappho/ Pindarus/
> Anacreon/ Hesiodus/
> Vnd andere sind ohne Sorgen/
> Man red' jetzt auff sie was man wil:
> So/ sagt man nun gleich von mir viel/
> Wer weis geschieht es vbermorgen (ebd., S. 687, V. 31–36).

Ihren Höhepunkt erreicht die poetische Selbstverewigung in dem Schlussstein der Breslauer Ausgabe, der Übertragung des Horazischen *Exegi monumentum*

Abb. 1: Martin Opitz: Teutsche Poemata. Straßburg 1624, Frontispiz.

(B166, S. 748). Durch die prominente Stellung im autorisierten Gedichtband wirkt die Opitzische Version des „Exegi monumentum" wie eine Aneignung der darin beanspruchten Selbstverewigung: Es ist Opitz, der als deutscher Horaz seinen ewigen Ruhm auf die volkssprachige, deutsche Dichtung gründet.

4 Autorschaftskonzepte der Frontispize

Die Frontispize der beiden Editionen sind bislang noch nicht auf ihren poetologischen Gehalt hin befragt worden. George Schulz-Behrend hat die Ikonographie der Frontispize, die in der Werkausgabe nicht reproduziert sind, zwar beschrieben, aber nicht gedeutet.[40]

4.1 Frontispiz der *Teutschen Poemata* (Straßburg 1624)

Der anonyme Kupferstich der Straßburger Ausgabe (Abb. 1) ist als renaissancehaftes, symmetrisches Zierportal mit drei Bildebenen gestaltet. Zwischen zwei toskanischen Säulen, die jeweils eine Kugel mit mehreckiger Spitze ziert, ist auf einer Tafel der typographisch aufgelockerte Titulus zu sehen. Das Giebelfeld ziert eine blinde Amorfigur, kenntlich an den Attributen Köcher und Bogen. Sie reitet auf einem Adler und hält in der Rechten einen Lorbeerkranz.

Die Kartusche des Giebelfelds füllt ein Emblem aus: Die *pictura* zeigt – analog zu einem Emblem des Joachim Camerarius (II, 81) (Abb. 2) – unter dem Motto „Igni non Coeno" [‚dem Feuer, nicht dem Kot'] – ein Hermelin, das, von einem Ring aus Fäkalien umgeben, in die Flammen strebt. Das Piedestal ziert ebenfalls eine bildliche Darstellung: Es zeigt den lorbeerbekrönten Musagetes Apoll, der vor seinen neun Musen die Leier schlägt, im Hintergrund ist Pegasus zu sehen, der auf dem Helikon die Musenquelle Hippokrene lostritt.

Die poetologische Bedeutung des Frontispizes lässt sich leicht erschließen. Das Giebelfeld illustriert die Allgewalt Amors, der sich des Adlers Jupiters bemächtigt hat, und sinnbildlich die Liebesdichtung verkörpert, welche dem Dichter Opitz die Lorbeerkrone einträgt. Zugleich liefert das Emblem den Beweis dafür, dass die Liebe der moralischen Integrität des Dichters nicht schadet, im Gegenteil: Seine sittliche Reinheit wird im Bild des Hermelins symbolisiert, das

---

40 Vgl. GW II,1, S. 161f. (zum Straßburger Frontispiz) und GW II,2, S. 525f. (zum Breslauer Frontispiz). Die rein beschreibenden Passagen erörtern weder die Ikonographie noch die jeweilige Emblemtradition.

Abb. 2: Joachim Camerarius (Junior): Symbolorum et emblematum [...] centuria altera. Nürnberg 1595, Emblem Nr. 81.

wegen seines weißen Winterfells traditionell als Sinnbild des reinen Gewissens galt und angeblich lieber durch Feuer als durch Kot läuft.[41]

Der Titulus zwischen den Säulen nennt namentlich nur Opitz, stellt also den Bezug der ehrenhaften Liebesdichtung zu dem Verfasser her, auch wenn noch „andere[] Teutsche[] Poeten" als Kollektiv genannt sind. Die Illustration des Piedestals betont zwar mit Apollo und den Musen den Kunstanspruch der *Teutschen Poemata*, doch zugleich relativiert das Motto „Mihi et musis" den Anspruch auf große Geltung, indem es die Privatheit des Drucks akzentuiert.[42] Galt *sibi vivere* oder *sibi et Musis vivere* auch als Ideal des Gelehrtenlebens, so stand die beschauliche *vita contemplativa* spätestens seit Petrarcas *De vita solitaria* in Kontrast zu einer *vita activa* am Hof.[43] Bezeichnenderweise findet sich dieses privat-elitäre Motto im Frontispiz der autorisierten Ausgabe nicht mehr.

---

41 Vgl. Arthur Henkel und Albrecht Schöne (Hgg.): Emblemata. Handbuch zur Sinnbildkunst des XVI. und XVII. Jahrhunderts. Stuttgart 1978, Sp. 465. Die ganz ähnliche Pictura im naturkundlichen Emblembuch des Joachim Camerarius (junior), *Symbolorum et emblematum* [...] *centuria altera* [zweiter Teil (vierfüßige Tiere), ED Nürnberg 1595, Nr. 81] trägt als Motto die Devise des neapolitanischen Hermelinordens: „Malo mori quam foedari" [‚Lieber will ich sterben als besudelt werden'].

42 Die Verwendungen des Mottos „mihi et musis" in der Antike und in der Frühen Neuzeit bestätigen den privaten Anspruch. Vgl. die satirische Schrift *Misopogon* des Kaisers Julian (Übers. Wilmer Cave Wright): „For I think it is always the case that inferior musicians, though they annoy their audiences, give very great pleasure to themselves. And with this in mind I often say to myself, like Ismenias – for though my talents are not equal to his, I have as I persuade myself a similar independence of soul – I sing for the Muses and myself [ταῖς μούσαις ᾄδω καὶ ἐμαυτῷ]" (Julian. Misop. 338a). Cicero (Brut. 50) schrieb die Wendung „mihi cane et Musis" dem griechischen Flötenspieler Antigenidas zu – ein Exklusivitätsanspruch, der hier als Verachtung von Popularität zu sehen ist. Die Wendung wird, nunmehr weniger verachtend als apologetisch, in einem gegen Vitus gerichteten Epigramm des Humanisten Janus Pannonius aufgenommen: „Lector et auditor cum desit, Vite, requiris | Cur scribam; musis et mihi, Vite, cano." (Janus Pannonius: The epigrams. Ed. and translated by Anthony A. Barrett. [Budapest] 1985, Nr. 300 [In Vitum], S. 210). Justus Lipsius evoziert das kastalische Ideal in einem Brief an Saravia vom 30. Juli 1589 (vgl. Willem Nijenhuis: Adrianus Saravia. Leiden 1980, S. 324) im ähnlichen Sinn wie es Robert Burton im Vorwort zu seinem Hauptwerk *The Anatomy of Melancholy* (ED 1621) verwendet: „Yet thus much I will say of my selfe, and that I hope without all suspition of pride or selfe conceit, that I haue liu'd a silent, sedentary, solitary, priuate life, *mihi & musis* in the Vniuersity this twentie yeares, and more, penned vp most part in my study" (Democritus junior [d. i. Robert Burton]: Preface [Democritus to the Reader]. In: Ders.: The Anatomy of Melancholy [...]. Oxford 1621, S. 1–72, hier S. 3). Die dem Motto zugrundeliegende Einstellung oszilliert zwischen elitärer Verachtung des auf Breitenwirksamkeit ausgerichteten weltlichen Ruhms (insb. Cicero) und selbstzufriedener Bescheidenheit (Julian).

43 Vgl. dazu Dieter Mertens: Der Preis der Patronage. Humanismus und Höfe. In: Funktionen des Humanismus. Studien zum Nutzen des Neuen in der humanistischen Kultur. Hg. von Thomas Maissen und Gerrit Walther. Göttingen 2006, S. 125–154, bes. S. 139–144.

4.2 Frontispiz der *Deutschen Poemata* (Breslau 1625)

Das Titelkupfer des Breslauer Drucks (Abb. 3), dessen Erfinder und Stecher ebenfalls ungenannt bleiben, ist ikonographisch dem Frontispiz des Straßburger Drucks nachempfunden. Poetologisch umso aussagekräftiger sind die Abweichungen.

Auch der Breslauer Druck präsentiert ein Zierportal und rahmt den Titel zwischen zwei Pfeilern, auf denen jeweils eine steile Pyramide ruht. Über der Bildtafel im Giebelfeld thront Amor, der wieder mit denselben Attributen (Köcher und Bogen) auf Jupiters Adler reitet und in der Rechten dem Liebesdichter einen Lorbeerkranz offeriert. Doch hier ist Amor nicht blind, und ein Globus, der ihm zu Füßen liegt, bekundet, dass er die Welt regiert. Die Bildtafel im Giebelfeld zeigt einen nackten, schlafenden Jüngling in einer kultivierten Landschaft mit einem kunstvollen Brunnen. Die Darstellung verbildlicht die erläuternde *subscriptio*: „et secura quies et nescia fallere vita" [‚sorglose Ruhe und Leben in redlicher Einfalt'], ein prominentes Verszitat aus Vergils *Georgica* (II, V. 467). Damit idealisiert Vergil nicht nur das pastorale Leben, sondern leitet auch seine Berufung zum Dichter ein:

> Me vero primum dulces ante omnia Musae,
> Quarum sacra fero ingenti perculsus amore,
> Accipiant coelique vices et sidera monstrent.[44]

[Mich aber mögen vor allem zu Beginn die süßen Musen, deren Heiligtümer ich trage, ergriffen von gewaltiger Liebe, aufnehmen und die Bahnen und Sterne des Himmels zeigen.]

Mit dem Wechsel des Bildinhalts im Giebelfeld inszeniert das Breslauer Titelblatt Opitz, dessen Name durch die Antiqua-Type exklusiv hervorgehoben wird, als inspirierten Dichter in der Nachfolge der Römischen Klassik.[45]

Die Bildtafel auf dem Piedestal ersetzt Apollon Musagetes durch den Flussgott Viader (sonst auch Viadrus genannt) [‚Oder']. In der üblichen Flussikonographie als fast nackter Mann, mit einem Himation nur spärlich bekleidet, Schilfblättern

---

[44] Verg. Georg. II, V. 475–477.
[45] Dass das klassizistische Frontispiz in seinen semantischen Implikationen von Opitz wenn nicht angeregt, so doch gebilligt war, bezeugt die von ihm selbst redigierte „Breslauer Sammelausgabe C" von 1629. Denn sie übernimmt – für den ersten Teil – als Frontispiz einen vergröbernden Nachstich der Ausgabe von 1625. Die Nachfolge der römischen Klassik verdeutlicht zudem das Frontispiz zum zweiten Teil der Ausgabe C: Es zeigt links Athene mit Gorgonenhaupt und rechts Apoll mit Harfe, während am oberen Bildrand zwei Genien einen Lorbeerkranz tragen.

Abb. 3: Martin Opitz: Deutsche Poemata. Breslau 1625, Frontispiz.

im Haar und einer Quellvase, repräsentiert er den Schutzgott Schlesiens, und damit die Heimat des Dichters. Zugleich stellt er eine Analogie zum „Aufidus" dar, dem italischen Fluss, der Horazens Heimat bezeichnet und in *carmen* III, 30 („exegi monumentum aere perennius") neben dem Fluss Daunus als Zeuge des Dichterruhms genannt ist; in Opitzens Übersetzung heißt es: „Mein Lob soll Aufidus der starck mit rauschen fleußt/ | Vnd Daunus wissen auch" (B166, S. 748, V. 7f.). Da Opitz mit der deutschen Version *Horatii: Exegi monumentum* seine *Acht Bücher Deutscher Poematum* beschließt, liegt diese Analogie nahe, mittels deren Opitz erneut seine Klassizität bekundet.

Dem selbstbewussten Autorschaftsverständnis tragen auch die Statuen vor den Pfeilern Rechnung, Personifikationen, die durch Sockelinschriften bezeichnet sind: links „Germania", rechts „Fama". Ein Lorbeerkranz ziert Germanias Haupt. Er ersetzt als Zeichen der nunmehr in Deutschland florierenden Kunst und Literatur den Kriegshelm, den Germania in der Rechten hält. Die geflügelte Fama, der personifizierte Ruhm, hält mit der Linken, halb verborgen, die übliche Tuba und bläst einen Serpent, ein barockes Blechblasinstrument. Die Kombination beider Personifikationen auf dem Frontispiz weist Opitz als ruhmwürdigen Nationaldichter aus, der Deutschland wieder in den Rang einer konkurrenzfähigen Kulturnation gehoben hat. Erneut wäre an einen Verweis auf das Horazische „Exegi monumentum" zu denken, dessen deutsche Version Opitz mit folgendem Verspaar beschließt: „Setz'/ O Melpomene/ mir auff zu meinem Rhum | Den grünen Lorberkrantz/ mein rechtes Eigenthumb" (B166, S. 748, V. 11f.).[46]

5 Fazit

Im Vergleich der Paratexte, Widmungen und Vorreden zeigt sich, dass Zincgref auch nach der Flucht aus Heidelberg an der späthumanistischen Freundschaft der Heidelberger Sodalitas festhält und sie sowohl konfessionspolitisch als auch literarisch bekräftigt. So gelten einige Geleitgedichte der Straßburger Edition Zincgref und Opitz als gleichrangigen Dichtern. Auch wenn Zincgref das Dichten in der Muttersprache propagiert, relativiert er Opitzens Bedeutung. Er bezieht ihn auf den 1624 schon überholten *Aristarchus* und integriert ihn in eine voropitzische deutsche Dichtungstradition, obschon er die Gewährsleute selbst kaum kennt.

---

[46] Ausgerechnet dieser Schlussvers ist holprig und führt skandiert zu einer falschen Betonung des Namens Melpomene. Dabei wäre er ganz einfach zu korrigieren, platzierte man „setz'" nach „Melpomene" (O Melpomene/ setz' […]).

Opitz distanziert sich von der Gruppenveröffentlichung und deren Autorschaftskonzept. In seiner Breslauer Edition von 1625 tilgt er die frühen Gedichte, die noch nicht dem akzentuierenden Verfahren der Alternation entsprechen und inszeniert sich als deutscher Nationaldichter. So bezieht er sich einerseits durch die Einteilung seines Werks in Bücher und durch seine Version *Horatii: Exegi monumentum* auf die Antike, andererseits durch gezielte Übersetzungen auf die zeitgenössische europäische Literatur und reflektiert sein Dichten in einer autofiktionalen und metapoetischen Lyrik. Im forcierten Bündnis mit dem deutschen Adel stärkt Opitz seine eigene Rolle als Bahnbrecher und deutscher Nationaldichter. Der Wechsel vom Repräsentanten eines Heidelberger Humanistenkreises zum unverwechselbaren Nationaldichter vollzieht sich gegen 1624. Den deutschen Nationaldichter Opitz repräsentieren das *Buch von der Deutschen Poeterey* und die Breslauer Edition von 1625, während Zincgrefs Straßburger Edition von 1624 noch ein Autorschaftskonzept zugrunde liegt, von dem sich Opitz bereits verabschiedet hatte.

6 Anhang: Übersicht über die Anordnung der Gedichte in der „Straßburger Sammelausgabe A" (*Teutsche Poemata* [1624]) und in der „Breslauer Sammelausgabe B" (*Acht Bücher Deutscher Poematum* [1625])

Titel*	Position A (1624)	Seitenzahl A	Position B (1625)
An die Teutsche Nation.	1	S. 1	39
An die Jungfrawen in Teutschlandt. Auß dem Holändischen *Dan. Heinsij*.	2	S. 2	40
Sonnet. An diß Buch.	3	S. 6	75
Elegie. „DEr helle Vesper Stern […]"	4	S. 6	47
Vber des Hochgelehrten vnd weitberümbten *Danielis Heinsij* Niderländische Poemata.	5	S. 9	162
Die Lust deß Feldbawes.	6	S. 10	–
Antwort auff Herren Balthasaris Venatoris Teutsches Carmen an mich geschriben.	7	S. 14	163
Sylviana oder Hirtenklage.	8	S. 15	67
Epigramma an die Naturkündiger.	9	S. 16	–
Sonnet. Auß dem Italienischen der Edlen *Veronica Gambara* Sie redt die Augen jhres Buhlen an/ den sie vmbfangen.	10	S. 16	91
Echo oder Widerschall.	11	S. 17	46
Epigramma auß dem Mureto.	12	S. 18	–
Frülings Klag Gedichte.	13	S. 18	41
Epigramma. „MEin Lieb/ hat dein Gesicht […]"	14	S. 24	118
Sonnet an die Bienen.	15	S. 24	81
Epigramma. An die Nacht vnd das Gestirn.	16	S. 24	119
Hirtengesang.	17	S. 25	63
Epigramma. Daß er gezwungen würde in den Krieg zuziehen.	18	S. 26	120
Aliud. „WArumb wirdt Amor bloß […]"	19	S. 26	121
Sonnet. Auß dem Italienischen *Petrarchae*.	20	S. 26	90
Epigramma an die Sternen.	21	S. 27	122
Elegie. Von abwesen seiner Liebsten.	22	S. 27	43
Epigramma an die Asterien.	23	S. 28	123

* Sofern die Gedichte in beide Sammlungen aufgenommen sind, folgt der Wortlaut des Titels der Straßburger Ausgabe.

Titel	Position A (1624)	Seitenzahl A	Position B (1625)
Auff Leyd kompt Freud.	24	S. 28	–
Epigramma. „DIe Sonn/ der Pfeil/ der Wind [...]"	25	S. 29	124
An die Sternen/ daß sie jhm den Weg zeigen wollen.	26	S. 30	–
Sonnet. Auß dem Italienischen der gelehrten Veronica Gambara. Sie klagt vber abwesen jhres Buhlen.	27	S. 30	92
Auff Herrn Caspar Kirchners/ vnd Jungfraw Marthen Queisserin Hochzeit.	28	S. 30	27
Auff der Edlen Jungfrawen Annen Marien Gaislerinn Hochzeit.	29	S. 32	32
Epigramma. „WEil ich mein Lieb [...]"	30	S. 33	(vgl. 126)
Sonnet von der Liebsten Augen.	31	S. 33	–
Vber seiner Buhlschafft Bildnuß.	32	S. 33	142
Vber den Abschied einer Edlen Jungfrawen.	33	S. 33	20
Als er bey Nacht den Himmel ansahe.	34	S. 34	127
Sonnet an seine Thränen. Auß dem Lateinischen Hugonis Grotij.	35	S. 34	86
Epigramma auß dem Holändischen.	36	S. 35	–
Newjahr Gedicht.	37	S. 35	44
Epigramma. „ES streitte wer da will [...]"	38	S. 36	129
Chansonette. „MIt Liebes Brunst behafftet sein [...]"	39	S. 36	–
Begräbnuß Gedichte. Auff den tödtlichen abgang Ihr Fürstl. Gn. Hertzog Jörg Rudolffs in Schlesien vnd zur Lignitz Ehegemahlin.	40	S. 37	–
Auff Herren Matthei Ruttarti/ und Jungfraw Annae Namßlerin Hochzeit.	41	S. 42	–
Auff Herrn Doctor Johann Geissels Hochzeit.	42	S. 44	30
Epigramma. „WAnn deine grosse Macht [...]"	43	S. 46	130
Auff Herrn Sebastian Namßlers Hochzeit.	44	S. 46	29
Einer Jungfrawen Grab-vberschrifft.	45	S. 47	131
Sonnet vber den Thurn zu Straßburg.	46	S. 47	76
Epigramma. „ACh schicke mir doch zu [...]"	47	S. 48	–
Elegie an eine newe Liebe.	48	S. 48	52
Gottfriede von Künrath. Die Buchstaben versetzt: Kein Freund treu/ ohn Gott.	49	S. 49	–
Sonnet auß dem Italienischen Veronicae Gambarae. Sie redt sich selber an/ als sie jhren Buhlen wider versöhnet.	50	S. 49	93
Epigramma. Auß dem Lateinischen Petronij Afranij.	51	S. 50	132
Sonnet. An die Augen seiner Jungfrawen.	52	S. 50	82
An seine Buhlschafft.	53	S. 50	133
Elegie auß Dan. Heinsij Monobiblo.	54	S. 51	–
Sonnet an einen gewissen Berg.	55	S. 52	80
Epigramma. „DIe Vögel von dem Leim [...]"	56	S. 52	134

Titel	Position A (1624)	Seitenzahl A	Position B (1625)
Nachtklag. Auff die Melodey: Kehr vmb mein Seel/ etc.	57	S. 52	50
Epigramma. „FLeuch wo dir hingeliebt […]"	58	S. 55	–
Sonnet auß der Italienischen Poetin *Veronica Gambara.* Vber den Orth/ da sie jhren Adonis zum ersten vmbfangen.	59	S. 55	94
Epigramma. „ALs dich/ O werthe Kron […]"	60	S. 55	–
Sonnet auß Hugonis Grotij *Erotopaegniis.*	61	S. 55	87
An den Cupidinem. Auff die *Courante: Si c'est pour mon pucelage.*	62	S. 56	65
Vber seiner Liebsten Bildnuß. Auß dem Lateinischen Josephi Scaligeri.	63	S. 57	135
Sonnet. Klag einer Jungfrawen vber nahendes Alter.	64	S. 57	84
Auß dem Griechischen *Platonis lib. IV. tit.* apò gynaikōn.	65	S. 58	136
An eine Jungfraw.	66	S. 58	45
Auß dem Grichischen. „CVpido/ mustu ja […]"	67	S. 59	137
Sonnet Vber den Queckbrunnen zum Buntzlau in Schlesien.	68	S. 60	78
Epigramma, auff die Statt Breßlaw.	69	S. 60	–
Hochzeit Gedichte. Auß dem Niderländischen *Dan. Heinsij.*	70	S. 60	31
Epigramma. Von seiner Buhlschafft Winter Rosen.	71	S. 61	138
Sonnet auß dem Latein *Adeodati Sebae.*	72	S. 61	–
An die Liebste. Auß dem Grichischen.	73	S. 62	139
Sonnet. „DIe Liebe kränckt mein Hertz […]"	74	S. 62	–
Epigramma Ovveni. An die so sich schmincken.	75	S. 62	–
Sonnet *Veronicae Gambarae.* An jhres Bulen Augen/ als sie jhn küsset.	76	S. 63	95
Auff Herrn Johann Seylers Hochzeit.	77	S. 63	36
Geburt-gedichte.	78	S. 65	42
Epigramma. An eine vngestaltete Jungfraw.	79	S. 66	140
Sonnet. Auß dem Italienischen Gambarae. An den Westwind.	80	S. 66	96
Epigramma. Auß meinem Lateinischen an die *Asterien.*	81	S. 67	141
Sonnet. Auff Herrn Jonas Klimpken und Jungfraw Annen Rosinn Hochzeit.	82	S. 67	34
Epigramma. Vber der Liebsten Bildnuß.	83	S. 68	142
Sonnet. Vff einen Kuß.	84	S. 68	83
Elegia. „WEil daß die Sonne sich […]"	85	S. 68	48
Epigramma an den Rhein.	86	S. 69	143
Sonnet. Als jhm seine Asterie geschrieben.	87	S. 70	–
Die Jagt deß Cupido	88	S. 70	–
Epigramma. „ALs ich dir/ Delia […]"	89	S. 72	144

Titel	Position A (1624)	Seitenzahl A	Position B (1625)
Sonnet auß dem Italienischen der Veronica Gambara/ warumb sie nicht mehr von Bulerey schreib.	90	S. 72	97
Elegie auß dem ersten Buch *Propertij*. Haec certe deserta loca.	91	S. 73	49
Auß dem Latein Josephi Scaligeri.	92	S. 74	145
Sonnet, Bedeutung der Farben.	93	S. 74	–
Von der Cynthia Thränen.	94	S. 75	–
Sonnet Vom Wolffsbrunnen bey Heidelberg.	95	S. 75	77
Sonnet. Ex Gallico. „IHr kalten Wasserbäch […]"	96	S. 75	100
Epigramma an den Schlaf.	97	S. 76	–
An die Cynthia.	98	S. 76	–
Von der Asterie Ringe.	99	S. 76	–
Hochzeit Gedichte.	100	S. 76	–
An den Abendtstern.	101	S. 80	–
Antwort deß Abendtsterns.	102	S. 80	–
Sonnet An der Liebsten Vatterlandt.	103	S. 80	79
Die Augen der Asterie.	104	S. 80	–
Die gewaffnete Venus.	105	S. 81	146
Der gecreutzigte *Cupido*. Auß dem *Ausonio*.	106	S. 81	53
An seine Freundin.	107	S. 83	147
Sonnet. „CVpido sodu bist […]"	108	S. 83	88
Hirten-Lied.	109	S. 84	66
Epigramma. „IHr zarte Brüstelein […]"	110	S. 85	148
An die Asterien.	111	S. 85	51
Die Trunckene Venus. Auß dem Grichischen *Dan. Heinsij*.	112	S. 87	149
Daß die Poeterey vnsterblich sey.	113	S. 88	55
Epigramma. „OB du gleich/ Edles Bild […]"	114	S. 88	150
Hirten-Lied. Vff die Melodey/ *Aupres du bord de Seine*.	115	S. 89	58
Lied. „WOl dem der weit von hohen dingen […]"	116	S. 91	59
Ein Anders. „Itzundt kompt die nacht herbey […]"	117	S. 92	60
Ein anders/ auff die Melodey/ *Allons dans ce boccage*.	118	S. 92	61
Das Fieberliedlin.	119	S. 93	–
Folgen vnderschiedliche Grabschrifften.			
Eines Hundts.	120	S. 94	151
Eines Kochs.	121	S. 94	152
Eines Blaßbalckmachers.	122	S. 94	153
Eines Jägers.	123	S. 94	154
Eines Kauffmans.	124	S. 95	–
Eines Schmiedes.	125	S. 95	155
Eines Botten.	126	S. 95	156
Eins geilen Weibs.	127	S. 95	157
Eins ertrunckenen.	128	S. 95	–
Eines andern.	129	S. 95	–

Titel	Position A (1624)	Seitenzahl A	Position B (1625)
Eines andern.	130	S. 96	–
Sonnet. „WAs will ich vber Pusch [...]"	131	S. 96	89
Epigramma. „WAs lieb ich doch so sehr [...]"	132	S. 96	–
Aliud. Perieram nisi perijssem.	133	S. 96	–
Ein anders.	134	S. 97	–
Echo oder Widerschall.	135	S. 97	–
An den Edlen Johann von LandtsKron/ alß er von jhm verreiset.	136	S. 97	21
Katharina Emmrichen. Die Buchstaben versetzt. Ich kan jm arme rathen. An jhren Hochzeiter Herrn Gottfried Jacobi.	137	S. 99	33
Elisabethe geborene Kunradinne. Du bist Helena/ gar eben eine Krone.	138	S. 99	–
Sonnet Vff H. Michael Starcken Hochzeit.	139	S. 99	35
An das Armbandt.	140	S. 100	160
Liedt/ im thon: Ma belle je vous prie.	141	S. 100	62
Als er für der Liebsten Vatterlandt vberschiffte. Auß dem Grichischen Dan. Heinsij.	142	S. 100	159
An seine Bulschafft. Vff die weiße: Angelica die Edle.	143	S. 101	–
Palinodie oder widerruff deß vorigen Lieds.	144	S. 102	68
Beschluß Elegie.	145	S. 103	161
Ein Gebet/ daß Gott die Spanier widerumb vom Rheinstrom wolle treiben 1620.	146	S. 104	–
ARISTARCHUS, SIVE DE CONTEMPTU LINGUAE TEUTONICAE	147	S. 105	–
DAN. HEINSII Lobgesang Jesu Christi/ deß einigen vnd ewigen Sohnes Gottes	148	S. 118	7
Danielis Heinsij Hymnus Oder Lobgesang Bacchi	149	S. 143	10
Lobgesang vber den frewdenreichen Geburtstag [...] Jesu Christi.	–		1
Auff den Anfang des 1621. Jahres.	–		2
Auff den ersten Januarij/ 1625.	–		3
Klagelied bey dem Creutze vnsers Erlösers.	–		4
Auff das Creutze des HErrn.	–		5
Auff die Weise des hundert vnd vierdten Psalms.	–		6
Zlatna.	–		8
Lob des Feldtlebens.	–		9
Vber den Abschied [...] Carlens von Oesterreich Ihrer Keyserl. Majest. vbergeben.	–		11
„HOc CAROLUS tumulo, patriae spes magna, recumbit, [...]"	–		12
An eine Hochfürstliche Person/ vber den von deroselbten gestiffteten Orden oder Gesellschafft der Vertrewligkeit.	–		13

Titel	Position A (1624)	Seitenzahl A	Position B (1625)
Auff den seligen abschied der [...] Fürstin Dorotheen Sibyllen.	–		14
Auff den tödtlichen Abgang der [...] Fürstin Sophien Elisabethen.	–		15
Vber das Absterben [...] Adams von Bibran.	–		16
Herren David Reinisches [...] Grabeliedt.	–		17
Als Herr Elias Hoßmann [...] zwei Töchter innerhalb dreyen Tagen [...] bestattet.	–		18
An Herren *JOHANNEM VVESSELIUM*, Seinen Schwager/ Als derselbe nach auffgehörter langwiriger Pest zum Buntzlaw/ eine Dancksagung-Predigt gehalten.	–		19
An Herren Caspar Thilo: auff seinen Namenstag.	–		22
Als Herren Kirchnern seine Tochter Maria Theodora gebohren ward.	–		23
An seiner Freunde einen/ als derselbte zu Basel Doctor worden.	–		24
Vber [...] Hindenberges [...] Zehltisch.	–		25
Auff Herrn Johann Mayers vnd Jungfraw Margarethen Gierlachin Hochzeit.	–		26
Herren Valentin Sänfftleben/ vnd Frawen Elisabethen Queisserinn.	–		28
Herren [...] Nüßlern vnd Jungfrawen Justinen Gierlachin.	–		37
Nobiliss. Clarissimoque Viro CASPARO KIRCHNERO, *Sacrae Caesareae Majestati et Illustrissimo Principi Lignicensi a Consiliis, amitino suo, L. M.D. D.* MARTINUS OPITIUS.	–		38
Theocriti vnd *Heinsii Aites.*	–		54
An Nüßlern.	–		56
Ad Nobilissimum Virum, TOBIAM HÜBNERUM, *Consiliarium Dessaviensem, et Praefectum Aulae.*	–		56 a
Galathee.	–		57
An Herren Esaias Sperern/ Keyserlichen Majestet vnnd des Hochlöblichen Hauses von Oesterreich/ auch Fürstlichem Lignitschen Hofediener.	–		64
„Mein Nüßler/ vnd ist diß dein Rath [...]"	–		69
„Ich kann mich zwar zu dir begeben [...]"	–		70
„Ihr schwartzen Augen/ jhr [...]"	–		71
„Ich empfinde fast ein Grawen [...]"	–		72
„Derselbe welcher diese Nacht [...]"	–		73
„Tugend ist der beste Freundt [...]"	–		74
Einer Jungfrawen Klage vber nahendes Alter.	–		84
Fast aus dem Griechischen.	–		98
„ALs Momus gantz nicht kundt' [...]"	–		99
„AV weh! Ich bin [...]"	–		101

Titel	Position A (1624)	Seitenzahl A	Position B (1625)
„Ich muß bekennen nur […]"	–		102
„Ihr/ Himmel/ Lufft vnd Wind […]"	–		103
„Ich wil diß halbe mich […]"	–		104
„Inmitten Weh vnd Angst […]"	–		105
„Ich gleiche nicht mit dir […]"	–		106
„DV güldne Freyheit du […]"	–		107
„EIn jeder spricht zu mir […]"	–		108
„O Tonaw/ sey gegrüst […]"	–		109
„ICh machte diese Verß […]"	–		110
Aus dem Herrn von Pybrac.	–		111
Auch aus demselben.	–		112
Aus dem *Catone*. Zu wissen/ wie selbige schöne Sprüche gar leichtlich vmb zu setzen weren.	–		113
„Dich hette Jupiter […]"	–		114
Aus dem Anacreon.	–		115
„Du sagst/ es sey […]"	–		116
Aus dem Muretus.	–		117
„Ihr Fackeln dieser Welt […]"	–		125
„Sie lockt vnd jagt/ sie kömpt […]"	–		128
„Legt vns die Liebe gleich […]"	–		158
In ein Stammbuch.	–		164
Als er aus Siebenbürgen sich zurücke anheim begab.	–		165
Horatii: Exegi monumentum.	–		166

Barbara Becker-Cantarino
Zu Martin Opitz' niederländischem Netzwerk

1 Von Daniel Heinsius zu Hugo Grotius

Martin Opitz' Rezeption der niederländischen Dichtung ist seit Beginn der Opitz-Forschung philologisch immer wieder untersucht und traditionell mit den Stichworten „Anlehnung und Abgrenzung" gekennzeichnet worden.[1] Daniel Heinsius (1580–1655)[2] gilt mit seiner niederländischen Dichtung bis heute als der große Anreger für Opitz' Wendung zur Muttersprache, für dessen frühe Dichtung und metrische Reform in Anlehnung an die muttersprachlich-niederländische Poetik.[3] Immer wieder wird Opitz' Lobgedicht *Auff Danielis Heinsii Niederländische Poemata* zitiert, das bekanntlich mit den Versen schließt:

---

[1] Noch immer grundlegend: Ulrich Bornemann: Anlehnung und Abgrenzung. Untersuchungen zur Rezeption der niederländischen Literatur in der deutschen Dichtungsreform des siebzehnten Jahrhunderts. Amsterdam 1976 (Respublica Literaria Neerlandica 1) und Gustav Schönle: Deutsch-niederländische Beziehungen in der Literatur des 17. Jahrhunderts. Leiden 1968. Vgl. auch Barbara Becker-Cantarino: Das Literaturprogramm des Daniel Heinsius in der jungen Republik der Vereinigten Niederlande. In: Nation und Literatur im Europa der Frühen Neuzeit. Akten des ersten Internationalen Osnabrücker Kongresses zur Kulturgeschichte der Frühen Neuzeit. Hg. von Klaus Garber. Tübingen 1988 (Frühe Neuzeit 1), S. 640–671; Ferdinand van Ingen: Niederländische Leitbilder. Opitz – Grotius. In: Martin Opitz (1597–1639). Nachahmungspoetik und Lebenswelt. Hg. von Thomas Borgstedt und Walter Schmitz. Tübingen 2002 (Frühe Neuzeit 63), S. 169–190 und Achim Aurnhammer: Daniel Heinsius und die Anfänge der deutschen Barockdichtung. In: Daniel Heinsius. Neulateinischer Dichter und Klassischer Philologe. Hg. von Eckard Lefèvre und Eckart Schäfer. Tübingen 2008 (Neo Latina 13), S. 329–343.

[2] Vgl. Barbara Becker-Cantarino: Daniel Heinsius. Boston 1978 (Twayne World Authors Series 477). Das Kolloquium gibt mir die Gelegenheit, an meine Forschungen zu Daniel Heinsius vor mehr als 30 Jahren anzuknüpfen. Meine Beschäftigung in den 1970er Jahren als „beginning assistant professor" an der University of Texas wurde angeregt von meinem damaligen Kollegen George Schulz-Behrend, der seit den 1950er Jahren mit der Quellensammlung (einschließlich aller Briefe und Lebenszeugnisse) für seine historisch-kritische Opitz-Ausgabe voll engagiert war (Bd. 1 erschien 1968, weitere 7 Bde. bis 1990, vgl. GW). Es war ein großes Ein-Mann-Projekt in der ‚Auslandsgermanistik', das dankenswerterweise Jörg Robert im Rahmen eines DFG-Projekts nun zu Ende zu führen plant. – George Schulz-Behrend (1913–2012) war als erster Nachkriegs-Germanist zu Recherchen nach Polen gereist und hatte mit Marian Szyrocki Kontakt aufnehmen können – immerhin waren wir in den 1960er Jahren mitten im Kalten Krieg – und es gab weder Leihverkehr noch Kopiermöglichkeiten, noch Scan-Digitalisierung oder Internet.

[3] Nicola Kaminski betont nun die *metaphorische* Nähe von Opitz' Versreform zur oranischen Heeresreform und metrischem Exerzierstil als weitere Erklärung des linguistisch fundierten

> [...] jhr mir seyd im Schreiben vorgegangen/
> Was ich für Ehr' vnd Rhum durch Hochdeutsch werd' erlangen/
> Wil meinem Vaterland' eröffnen rund vnd frey/
> Daß ewre Poesie der meinen Mutter sey.[4]

Mit seinem programmatischen Bekenntnis reihte sich Opitz in eine prominente zeitgenössische Dichtungstradition ein, aber das war nur ein – wichtiger – Aspekt in seinem literarisch-politischen Netzwerk, das ihn von Daniel Heinsius' Werk zu Hugo Grotius und anderen Niederländern führte. Im Rahmen der Thematik dieses Opitz-Kolloquiums möchte ich mich auf Opitz' Beziehungen zu Heinsius und den Niederlanden als Teilaspekt seines literarisch-professionellen Netzwerks konzentrieren, d. h. aufgrund der vorhandenen Quellen auf Opitz' changierende Beziehung zu Heinsius, Grotius und deren Kreise eingehen.

Wie können (die selektiv überlieferten) Textzeugnisse gelesen, interpretiert oder dekonstruiert werden, um Netzwerke in der Frühen Neuzeit aufzuzeigen, um die Akteure in ihrer Vernetzung besser zu verstehen?[5] Opitz' persönlich-individuelles und intellektuelles Netzwerk ist traditionell über die (erhaltenen) Texte eruiert worden, über Schichten von Intertextualität und Architextualität, wie sie etwa Robert Seidel für Opitz' *Hipponax ad Asterien* (1618) gezeigt hat.[6] Zwar haben die nun vorliegenden Ausgaben der *Briefwechsel und Lebenszeugnisse* in chronologischer Abfolge (mit Kommentar) und der *Lateinischen Werke* dank ihrer verlässlichen Übersetzungen und des reichhaltigen, fundierten Kommentars unsere Kenntnisse über Opitz und sein Umfeld ungemein bereichert. Die hier versammelten Texte geben allerdings wenig Aufschluss über Opitz' Interaktion mit anderen Personen, über persönlichen Austausch, etwaige individuelle Züge oder

---

Shifts vom Wortakzent der romanischen Sprachen zum Wortakzent des Deutschen in der *Poeterey*. Wieweit die aufgeführten militärisch-kulturellen Quellen und Autoren zu Opitz' Netzwerk gehörten, ist nicht ersichtlich. Vgl. Nicola Kaminski: EX BELLO ARS oder Ursprung der „Deutschen Poeterey". Heidelberg 2004 (Beiträge zur Neueren Literaturgeschichte 201), S. 16–52.

4 GW II,2, S. 743.

5 Vgl. u. a. Charles Wetherell: Historical Social Network Analysis. In: International Social Network Analysis 43 (1998), Suppl., S. 125–144, hier S. 126–128. Vgl. journals.cambridge.org/action/displayFulltext?type=1&fid=7397612&jid=ISH&volumeId=43&issueId=S6&aid=7397604/ [Zugriff am 30.5.2017]. Carola Lipp: Struktur, Interaktion, räumliche Muster. Netzwerkanalyse als analytische Methode und Darstellungsmittel sozialer Komplexität. In: Komplexe Welt. Kulturelle Ordnungssysteme als Orientierung. Hg. von Silke Götsch und Christel Köhler-Hezinger. Münster 2003, S. 49–63.

6 Robert Seidel: Zwischen Architextualität und Intertextualität. Überlegungen zur Poetik neulateinischer Dichtung am Beispiel von Martin Opitzens *Hipponax ad Asterien*. In: ‚Parodia' und Parodie. Aspekte intertextuellen Schreibens in der lateinischen Literatur der Frühen Neuzeit. Hg. von Reinhold F. Glei und Robert Seidel. Tübingen 2006, S. 171–207.

gar Gefühle, Wünsche oder Aspirationen. Zugleich weist die Dürftigkeit der Überlieferung – etwa im Vergleich mit den vielbändigen Brief- und Werkausgaben von Lessing oder Wieland im 18. Jahrhundert – die Anwendung moderner quantitativer Netzwerktheorien in ihre Schranken.[7] Sie sind wenig geeignet, um das Umfeld der Texte und die geographische, sozio-politische und chronologische Vernetzung des Autors adäquat zu beleuchten. Die historische Forschung hat mit der soziologisch orientierten Akteur-Netzwerk-Theorie den Blick wieder auf den Handelnden, in vorliegendem Fall auf den Autor gelenkt, diesen nicht *nur* als aktiven Menschen im sozialen Gefüge gesehen, sondern auch relational zu anderen Personen *und* in Beziehung zu Dingen (etwa zu Waffen, Geld, Rohstoffen) und Ereignissen (etwa Katastrophen, Kriege, Migration, Hungersnot) angesehen, die auch als Aktanten oder Motoren wirken.[8] Alle Akteure werden nicht primär unabhängig („independent"), sondern eher als vernetzt („interdependent") betrachtet; die Verbindungen oder Beziehungen untereinander transportieren Informationen, Emotionen und kulturelles Kapital. Die Beziehungen können Akteure und Handlungen fördern oder auch behindern; die Beziehungsgeflechte beeinflussen ökonomische, politische und gesellschaftliche Strukturen. Netzwerke können so auch als semiotische Konstruktionen verstanden werden, die mit den Akteuren und Aktanten verbunden Bedeutung bzw. historisches Wissen erstehen lassen oder abbilden. Netzwerke sind aber auch in ständigem Wandel begriffen, nicht statisch oder konstant.[9] Mein Interesse fokussiert Opitz als Autor bzw. Akteur im Netzwerk historischer (d. h. nachweisbarer, nicht metaphorischer) Aktanten und Beziehungen seiner Zeit speziell in den Niederlanden.

---

[7] Jason Owen Smith: Network Theory. The Basics. www.oecd.org/sti/inno/41858618.pdf/ [Zugriff am 30.5.2017].
[8] Bruno Latour: Eine neue Soziologie für eine neue Gesellschaft. Einführung in die Akteur-Netzwerk-Theorie. Aus dem Emglischen von Gustav Roßler. Frankfurt a. M. 2007.
[9] Netzwerke sind eben nur *ein* wichtiger Aspekt neben gesellschaftlichen Stratifizierungen und Institutionen. Vgl. Claire Lemercier: Formal network methods in history: why and how. HAL archives-ouvertes, hal.archives-ouvertes.fr/halshs-00521527v1/document/ [Zugriff am 30.5.2017] sowie Georg Fertig: Social Networks, Political Institutions, and Rural Societies. Turnhout 2015, S. 281–304, hier S. 303f.

2 Opitz' früher Blick auf Daniel Heinsius und sein Begrüßungsgedicht für Heinsius in Leiden

Opitz begann schon als Schüler des Maria-Magdalena-Gymnasiums in Breslau (1615/16) und des Akademischen Gymnasiums in Beuthen (1617) mit dem Aufbau eines weitgespannten, literarisch-akademischen Kontaktnetzes, in dem er bald über Schlesien hinausgehend die protestantischen deutschen und niederländischen Literaten in Texten adressierte. Eine erste bewundernde Erwähnung von Heinsius, den er in eine Reihe mit den großen Vorbildern für die zeitgenössische Literatur wie Petrarca, Ariost, Tasso, Du Bartas und Ronsard stellt, findet sich in Opitz' früher poetologischer Programmschrift *Aristarchus* (1617),[10] die im Schönaichianum entstand, dem 1613 vom Freiherrn Georg von Schönaich geförderten protestantischen Gymnasium, das besonders adelige Schüler auf das Studium vorbereiten sollte. Der ‚hochmoderne' Heinsius gehörte nicht zum Schulkanon des Gymnasiums – Heinsius' *Nederduytsche Poemata* waren gerade erst (1616) erschienen. So wird Opitz' Cousin Kaspar Kirchner,[11] der sich schon am 30.6.1617 in die Leidener Matrikel eingeschrieben hatte und zum Kreis von Studenten um Heinsius gehörte, aus Leiden über literarische Novitäten berichtet haben. Opitz erwähnt in seinem *In Nuptias Casp. Kirchneri*, dass der große Heinsius die Gelehrsamkeit des Jünglings Kirchner anerkannt habe und spielt bewundernd auf Kirchners Aufenthalt in Leiden und auf dessen Bildungsreise (Heidelberg,

---

[10] „Extant enim praeter caetera [...] Danielis Heinsii, hominis ad miraculum usque eruditi, Poëmatia vernacula, quibus ille Latinorum suorum carminum elegantiam non aequavit modo, sed quadamtenus illa et seipsum fere exuperavit." LW I, S. 78. Robert Seidels These, Opitz sei im *Aristarchus* zu kritisch gegenüber der manieristischen Lateinkultur gewesen und damit gegen Bestrebungen Caspar Dornaus aufgetreten, eventuell auch in Konflikt mit Lehrern geraten, erscheint sehr plausibel. Opitz hat den *Aristarchus* nicht in die von ihm autorisierte Ausgabe seiner *Teutschen Poemata* (Breslau 1625) aufgenommen, aber in Zincgrefs Ausgabe der *Teutschen Poemata* von 1624 war er enthalten: „Erst in der *Poeterey*, nach der Bekanntheit mit Heinsius und dem Heidelberger Kreis sucht Opitz den Anschluss an die Hauptquellen der ‚internationalen' späthumanistischen Poetik." (Ebd., Kommentar, S. 322, Hervorhebung im Text). Vgl. auch Robert Seidel: Späthumanismus in Schlesien. Caspar Dornaus (1577–1631) Leben und Werk. Berlin 1994 (Frühe Neuzeit 20), S. 328–337.

[11] Caspar Kirchner (1592–1627) studierte 1615 in Straßburg, wurde nach seiner Rückkehr von einer Bildungsreise (Basel, Leiden 1618) Lehrer an der Lateinschule in Bunzlau, heiratete am 19. März 1619 und starb schon 1627 an den Folgen eines Unfalls. Heinsius hat einen der drei (oder wahrscheinlich auch mehr) Gedenkbände für die Hochzeit Kirchners (1619) mit einem Propemptikon eingeleitet. Im selben Band findet sich auch Opitz' lateinisches Hochzeitsgedicht (Opitz hat zwei lateinische und ein deutsches Hochzeitsgedicht für Kirchner verfasst – ein Zeichen einer besonderen Wertschätzung) sowie Hochzeitsgedichte anderer mit Leiden in Kontakt stehender Autoren.

Leiden, Basel) an. Auch wenn die näheren Umstände um Kirchners Beziehungsnetz unbekannt sind – er starb schon 1627 – so kann doch Kirchners Studium in Leiden als eine Art von Wunschtraum des nur fast gleichaltrigen aber weniger vermögenden Opitz angesehen werden. Kirchner war zugleich ein wichtiger Anreger und Vermittler für Leiden, Heinsius und die niederländische Literatur, denn Opitz widmete Kirchner auch den Einzeldruck seines *Dan. Heinsii Lobgesang Jesu Christi* (1621) mit den Worten: „Es ist auß dem Niederländischen vbersetzet: in welcher Sprachen jhr [Kirchner] beydes viel gelesen/ vnd zue zeiten auch selber geschrieben habet. Hierzu kömpt nicht allein vnsere höchste Blutsverwandtschafft; sondern auch die trewe vnd mehr als Brüderliche Liebe."[12] Opitz hatte, wie er in „An den Leser" schrieb, „vor wenig Jahren etliche Holländische Reime/ auff welcher art dieser Lobgesang gemacht ist/ zue handen"[13] bekommen. Zu den Mustern für Opitz' frühe literarische Produktion gehörten bekanntlich holländische wie auch lateinische Gedichte des Heinsius. Unter anderem verarbeitet das 1618 entstandene *Hipponax ad Asterien* Motive aus Heinsius' *Hipponax, ad Thaumantidem suavissimam puellam* und spielt in Hinkjamben versteckt auf Beuthener Verhältnisse an.[14]

Opitz konnte nicht wie sein Cousin Kirchner ein Studium bei dem bewunderten Gelehrten in Leiden realisieren, da ihm wohl die Mittel oder ein entsprechender Mäzen fehlten,[15] aber er konnte sich in Heidelberg (am 17. Juni 1619) immatrikulieren und sich dem Heidelberger Gelehrten-Kreis um Gruter und Lingelsheim anschließen, worauf Opitz gezielt hingearbeitet hatte. Gelehrte und Kommilitonen der Universität sowie Schule, Lehrer, Mitschüler und familiäre Beziehungen und Verhältnisse erwiesen sich als wichtige Faktoren für Opitz' Beziehungsnetz, in dem er nach Förderung und Mäzenen suchte, um seine geplante Karriere als Gelehrter und Literat nach humanistischem Vorbild aufzubauen.

Der wegen persönlicher und politischer Umstände abgebrochene Aufenthalt in Heidelberg gab Opitz dann auch die Chance, den lange gewünschten Besuch in Leiden zu realisieren und zwar als Reisebegleiter (eventuell als Hofmeister oder Freund) eines dänischen Adligen.[16] Schon Opitz' Propemptikon auf seine

---

12 GW I,1, S. 273. Der *Lobgesang* wurde dann in den *Teutschen Poemata* (1624) und später mit unterschiedlichen Widmungen und Beigaben gedruckt.
13 Ebd.
14 LW I, Kommentar, S. 351–359.
15 In seinem Geleitgedicht für den Kommilitonen Johannes von Landscron, der 1616–18 in Frankfurt an der Oder studierte und 1617 nach Heidelberg zum Studium abreiste, bedauert Opitz, dass das Schicksal ihm nicht dieselben Mittel gegeben habe: „Si tibi nec genere aut opibus formaeque decore | Fecerunt me fata parem [...]." Ebd., S. 139, V. 39f. und Kommentar S. 363–365.
16 Vgl. Vello Helk: Martin Opitz in Dänemark. In: Wolfenbütteler Barock-Nachrichten 5 (1978), S. 143–150.

Kommilitonen David von Schweinitz und Johannes von Landscron, die ihre Bildungsreise im März/April 1620 von Heidelberg aus fortsetzten, enthielt eine Huldigung an Heinsius. Opitz lobt Reiseweg und Reiseziel, den Rhein und das Land der Bataver, das im Zeichen von Mars, Merkur und Apollo (d. h. im Zeichen des Erfolgs in Krieg, Wirtschaft und Kunst) stehe, und verbindet sein Lob mit dem üblichen Wunsch nach günstiger Aufnahme und glücklicher Heimkehr der Adressaten. Dabei reflektiert der Sprecher des Gedichtes Opitz' eigene Situation, die räumliche Distanz, sein Verlangen, die Stadt Leiden zu sehen, verbunden mit einem hyperbolischen Lob auf Heinsius:

> [...] pulchra Leyda, gestimus
> Videre Musas, Heinsiumque maiorem
> (Ignosce verbis, diua,) teque, Musisque.[17]

Seine Huldigung des Leidener Philologen setzte Opitz mit einem lateinischen Begrüßungsgedicht auf Heinsius fort, das er – so lautet die Nachschrift der allerdings erst 1631 erstmals veröffentlichten gedruckten Fassung – im Oktober 1620 „in Rheno flumine" geschrieben habe.[18] Wieweit der gedruckte Text sich mit der ursprünglichen Fassung deckt, die Opitz wie üblich Heinsius wohl als eine Art Visitenkarte überreichte, wissen wir natürlich nicht. Das uns im Druck vorliegende Gedicht aus 46 elegischen Distichen ist höchst stilisiert, enthält zumindest eine anachronistische Anspielung und mündet in eine verschlüsselt-verhaltene Enttäuschung über die desolate Lage: „o fata aspera!", die wenig von dem wohl hoffnungsvollen Besuch in Leiden im Oktober 1620 verspüren lässt.[19]

Mit den Anfangsversen positioniert sich Opitz als über Sieg und Krieg erhaben, mit einem „zeitgeschichtlichen Klagegestus"[20] als Trauernder über das harte Schicksal der Deutschen (V. 1–4). Opitz verweist auf Böhmen, auf ‚sein Schlesien' und den Rhein (V. 5–10) und die Flucht der Gelehrten aus der Pfalz, die bald ‚spanisch' (d. h. katholisch) sein könnte:

---

17 LW II, S. 210, V. 15f., vgl. Kommentar, S. 524–526; in der Übersetzung von Fidel Rädle. Der Sprecher sehnt sich danach, die prächtigen Musen Leidens zu sehen, und Heinsius, der noch größer sei als die schöne Stadt und größer sogar als die Musen.
18 LW II, S. 176.
19 Ebd., S. 176, V. 43, vgl. Kommentar, S. 484–487.
20 Wilhelm Kühlmann: Von Heidelberg zurück nach Schlesien. Opitzens frühe Lebensstationen im Spiegel seiner lateinischen Lyrik. In: Regionaler Kulturraum und intellektuelle Kommunikation vom Humanismus bis in die Zeit des Internet. Festschrift für Klaus Garber. Hg. von Axel Walter. Amsterdam, New York 2005 (Chloe 36), S. 413–430, hier S. 418.

Chara Palatini, cras fortè Hispanica, tellus,
Moesto dicebat murmure turba, vale.²¹
[Liebe Erde der Pfalz, bald schon spanisch,
sprach in traurigem Murmeln die Schar, lebe wohl.]

Diese Verse greifen auf spätere, nach 1620 liegende Ereignisse vor – Gruter ging erst 1622 ins württembergische Exil, Lingelsheim verließ Heidelberg erst im Herbst 1621, die Einnahme der Stadt Heidelberg durch Tilly fand am 19. September 1622 statt –, deren Anachronismus auf eine spätere Überarbeitung des Gedichtes für den Druck hinweist. Opitz erwähnt die großen Heidelberger Persönlichkeiten Gruter und Lingelsheim – „Lingelshemii limina grata lares",²² bei dem er als Hauslehrer tätig war –, deren Empfehlungsbriefe er wahrscheinlich auch mitbrachte. Damit überreichte er zugleich seine akademisch-literarischen Referenzen, um nun in das Leidener akademische Netzwerk Einlass zu erlangen. Er reihte sich in die Fluchtsituation der Heidelberger Gelehrten ein und konnte so als würdiger, aber bedürftiger Flüchtling erscheinen (egal welche Gründe er für das ‚fluchtartige' Verlassen Heidelbergs gehabt hatte).

Nach diesem Exordium kommt Opitz (mit Vers 21) auf den Anlass seines Besuchs zu sprechen: „A teneris isthaec optauimus ora tueri",²³ von Kindheit an habe er Heinsius kennenlernen wollen, er sei aus Liebe („amore tui"²⁴) gekommen. Opitz huldigt dem Gelehrten, indem er ihn in einem hyperbolischen Vergleich mit Xenophon über diesen erhebt,²⁵ ein schmeichelnder Hinweis auf dessen Verdienste um die griechische Literatur *und* Geschichte: Heinsius war 1605 zum Professor Poetices, 1607 zum Professor für Griechisch (Griekse Taal en Staatskunde), 1612 zum Professor Politices und damit zum Inhaber des prestigeträchtigsten Lehrstuhls in Leiden außerhalb der Theologie berufen und 1617 zum Historiographen Schwedens ernannt worden.²⁶

---

21 LW II, S. 174, V. 17f.
22 Ebd., S. 174, V. 20.
23 Ebd., V. 23.
24 Ebd., V. 22.
25 „Ora tuis, Xenophon, anteferenda fauis" (ebd., V. 24). Mit der Anspielung auf die „Honigwaben" des Xenophon als Dichtung und Dichter greift Opitz die (gebräuchliche) Metapher des Bienengleichnisses auf, die auch Scriverius in der Einleitung zu seiner Ausgabe der *Nederduytschen Poemata* (1616) als „süßen Diebstahl" für das Werk des Heinsius gebraucht hatte. Vgl. Daniel Heinsius: Nederduytsche Poemata. Faksimiledruck nach der Erstausgabe von 1616. Hg. von Barbara Becker-Cantarino. Bern, Frankfurt a. M. 1983 (Nachdrucke Deutscher Literatur des 17. Jahrhunderts 31), Einleitung S. 7.
26 Die Verbindung mit Schweden brachte Heinsius später nur Schwierigkeiten, obwohl er mehrmals mit dem Gedanken spielte, eine Stellung am schwedischen Hof anzunehmen. Er erhielt

Opitz kommt dann als vom Schicksal geschlagener und zugleich dadurch begünstigter Bittsteller – die Flucht aus Heidelberg gab Gelegenheit zur Reise nach Leiden – auf das eigentliche Anliegen seines Besuches zu sprechen: „Aspice nos oculis, doctorum sidus, amicis".[27] Er bittet um gnädige Aufnahme, indem er Heinsius an dessen früheren Gönner erinnert,[28] mit Verweis auf die eigenen, im Gestus der Bescheidenheit als ‚unvollkommen' bezeichneten Verse, die unter Wind und Wellen entstanden seien.[29] Ob Opitz damit nur diese Verse auf Heinsius meinte oder auch Gedrucktes, eventuell den *Aristarchus* (1617) oder eine Kopie seiner Übersetzung von Heinsius' *Lofsanck van Jesus Christus*, die am 1. Januar 1620 in Heidelberg fertig vorlag und die er Heinsius überreichte,[30] kann nur vermutet werden. Mit dem Hinweis auf „ventus et vnda"[31] als Entstehungsort seines vorliegenden Gedichtes, der auch auf die Arbeitsbedingungen seiner gesamten Dichtung anspielt, beschreibt Opitz in einer Schifffahrtsmetapher seine eigene, schwierige Situation als eines Herumirrenden („Errandum"[32]). Er wird seine Augen auf den Verehrten (Heinsius) richten, in dem er ein rettendes Ufer sieht:

> Quò me cunque tamen fata (o fata aspera!) ducent,
> Reflectam ad vultum lumina nostra tuum.
> Tu gratum fesso littus, tu rursus eunti
> In mare Ledaei sideris instar eris.[33]

Im Schlussteil des Gedichtes präsentiert sich Opitz als bedürftiger Flüchtling mit rauhem Schicksal und unsicherem Ziel: „Errandum, et forsan nec Cimbria vasta, nec illa | Quae terris olim nunc mihi finis erit."[34] Er endet mit der Beschreibung seiner eigenen deprimierenden Situation als Dichter, jedoch ohne Hinweise auf

---

keinen Zugang zu den schwedischen Archiven, keine Bezahlung für seine Arbeit und konnte die Geschichte Schwedens nicht schreiben.

27 LW II, S. 174, V. 27.
28 Auch wenn Opitz hier Heinsius' Gönner Joseph Justus Scaliger (1540–1609) gemeint hat, so war Heinsius' wichtigster Mäzen der Staatsmann, Gelehrte und Dichter Janus Dousa (1545–1604). Vgl. Jan van Dam: Vroege gedichten van Daniel Heinsius voor Janus Dousa. In: In vriendschap en vertrouwen. Cultuurhistorische essays over confidentialiteit. Hg. von Jos Gabriëls, Ineke Huysman, Ton van Kalmthout und Ronald Sluijter. Hilversum 2014, S. 211–221.
29 Vgl. LW II, V. 33f.
30 Vgl. GW I, S. 270.
31 LW II, S. 174, V. 34.
32 Ebd., S. 176, V. 41.
33 Ebd., V. 43–46. Mit dem Schlussvers „in mare Ledaei sideris instar eris" bezieht sich Opitz auf das Sternbild Kastor und Pollux, der Söhne des Tyndareos und der Leda. Die Zwillinge werden als Retter in Seenot angerufen, eine von Opitz häufiger gebrauchte Metapher.
34 Ebd., V. 42.

religiös-politische Konstellationen oder Kontroversen der Zeit. Opitz scheint hier eine schwierige Zukunft schon zu ahnen oder vorauszusehen, die sich in den Folgejahren (in Jütland und bei der enttäuschenden Rückkehr nach Schlesien) auch tatsächlich einstellte. Denn in Leiden konnte Opitz nichts erreichen. Irgendeine Reaktion aus Leiden oder gar Förderung durch Heinsius ist nicht bekannt, weder ein Studium, eine Publikationshilfe noch gar eine Anstellung in Leiden. Opitz konnte sich weder als Protegée des Heinsius noch als Mitspieler im akademischen Netzwerk in Leiden etablieren, das auch gesellschaftlich und geographisch anders (zum protestantischen Schweden hin und nicht nach Schlesien) ausgerichtet war.

Opitz' Erfolglosigkeit in Leiden war u. a. gewiss auch der aktuellen Situation in den Niederlanden um 1620 geschuldet: An der erst 1575 gegründeten calvinistisch-protestantischen Universität Leiden tobte der Streit in der wichtigen theologischen Fakultät um die Ernennung des Nachfolgers für den 1609 verstorbenen Jacob Armenius. Geführt wurde eine Kontroverse um die Prädestinationslehre. Nach dem Sieg der Kontraremonstranten (Gomaristen) auf der Synode von Dordrecht wurde der prominente Remonstrant und Landesadvokat Oldenbarnevelt hingerichtet, die meisten Remonstranten (Nachfolger des Armenius) gingen in die Emigration. Hugo Grotius saß seit 1618 im Gefängnis (in der Festung Loevestein) und wurde erst 1621 durch den bekannten Bücherkorb-Trick seiner Frau herausgeschmuggelt. Er ging 1625 über Schweden ins Exil nach Paris.

Dagegen war der aus einer calvinistischen Migrantenfamilie aus Flandern stammende Heinsius um 1620 auf der Höhe seines Ruhms als Gelehrter und Literat. Glanzvoll hatte er in der humanistischen Tradition Karriere in Leiden gemacht.[35] Heinsius hatte sich aus dem religiösen Streit zunächst herausgehalten, erschien jedoch in seiner Funktion als Sekretär der Delegierten der Generalstaaten auf der Synode von Dordrecht (1619) als Parteigänger der Kontraremonstranten und ist seitdem deswegen bis heute umstritten.

Wieweit Opitz vor seinem Besuch in Leiden 1620 über diese Details der religiös-politischen Verhältnisse unterrichtet war, wissen wir nicht. Aber alles deutet darauf hin, dass Opitz zu einem sehr ungünstigen Zeitpunkt in Leiden erschien, und das erklärt wenigstens teilweise seine Enttäuschung über und Abwendung von Heinsius und Leiden. Seine Reaktion zeigte Opitz indirekt, indem er sein eingangs zitiertes Lobgedicht *Auff Danielis Heinsii Niederländische Poemata* in der von ihm selbst redigierten Ausgabe der *Teutschen Poemata* (1625) von

---

35 Vgl. Becker-Cantarino (Anm. 2), S. 9–23 und Jan H. Meter: The Literary Theories of Daniel Heinsius. A Study of the Development and Background of his Views on Literary Theory and Criticism During the Period from 1602 to 1612. Assen 1984, S. 23–38.

seiner prominenten Stellung ganz am Anfang in der (nicht autorisierten) Zincgrefschen Ausgabe von 1624 ganz nach hinten als Nr. 162 eher unauffällig platzierte. Es erscheint nun, gelesen mit der lateinischen Hommage an Heinsius, in einem anderen Licht: als eine überzeitliche literarische Hommage an Heinsius, aber nicht mehr als aktuelle Aussage über Opitz' Netzwerk seit dessen Leidener Besuch von 1620. Opitz hat im folgenden Jahrzehnt noch weitere literarische Referenzen auf Heinsius in seine Verse aufgenommen und ältere publiziert, etwa das Schäfergedicht *Galathee*.[36] Hier steht Daphnis für Heinsius, als eine literarische Hommage an den Niederländer, denn die poetische Anlehnung an ein prominentes Vorbild ist bekanntlich ein Schreibmuster gelehrter Dichtung im 17. Jahrhundert.[37] Doch kam nach 1620 nichts Neues von Heinsius mehr dazu. Opitz hat Heinsius selbst keine seiner weiteren Publikationen gewidmet, denn Heinsius kam als literarisches Vorbild und als Mäzen für ihn nach dem Leidener Besuch nicht mehr in Frage.

3 Opitz' Abwendung von Heinsius und Hinwendung zu Grotius' Netzwerk

Opitz blieb weiterhin an gelehrten Arbeiten von Heinsius und dessen Leidener Kreis interessiert, wandte sich jedoch in den späteren 1620er Jahren bevorzugt anderen Gelehrten und Vorbildern zu. Ein Grund für die Abwendung von Heinsius war sicher auch, dass dessen politischer und akademischer Stern zusehends in den 1620er Jahren verblasste. Die Beschuldigung der Remonstranten, Heinsius sei an dem intoleranten Ergebnis der Synode von Dordrecht mitverantwortlich gewesen, hat bis heute in liberalen Kreisen der Niederlande seinen Ruf beschädigt, etwa in der (wissenschaftlich guten, aber Heinsius gegenüber abwertenden) Leidener Dissertation von ter Horst (1934) bis hin zu den neuesten Arbeiten von Jan Meter.[38] Heinsius' philologische Tätigkeit ließ nach, sein lange erwarteter

---

[36] Vgl. auch Rudolf Drux: Die poetische Winterreise des Martin Opitz – *Coridon*. In: Martin Opitz (Anm. 1), S. 112–122. Dieses (deutschsprachige) Gedicht leitet die *Oden oder Gesänge* in den *Teutschen Poemata* (1625) ein und lehnt sich an Heinsius' Versekloge *Pastorel* an.
[37] Vgl. Rudolf Drux: „So singen wie der Boberschwan". Ein Argumentationsmuster gelehrter Kommunikation im 17. Jahrhundert. In: Res publica litteraria. Die Institutionen der Gelehrsamkeit in der frühen Neuzeit. Bd. 2. Hg. von Sebastian Neumeister und Conrad Wiedemann. Wiesbaden 1987, S. 399–408.
[38] Dirk Johannes Hendrik ter Horst: Daniel Heinsius (1580–1655). Utrecht 1934 und Meter (Anm. 35).

Aristarchus sacer (1627), der Anmerkungen zu Nonnus' Paraphrase des Johannes-Evangeliums enthält, enttäuschte viele Leser. 1629 bemerkte Opitz darüber privat in einem Brief an Buchner, er habe den umfangreichen, ganz mit Gelehrsamkeit vollgestopften Band durchstöbert: „perlustravi tamen antequam divenderetur volumen satis grande, omni doctrina refertissimum", das meiste sei jedoch in Chaldäisch, Syrisch und solchen Sprachen geschrieben, die er nicht verstehe.[39] Opitz lanciert eine vorsichtige Kritik an dem theologisch Position beziehenden Werk, das ihn nicht mehr interessierte. Heinsius' viel beachtetes neulateinisches Drama über den Bethlehemitischen Kindermord *Herodes Infanticida* (1632), das als Panegyricum auf den Tod Gustav Adolphs bestimmt war, wurde von Guez de Balzac wegen der Mischung antiker Mythologie und christlicher Bilder vernichtend angegriffen. Der einzige erhaltene Brief von Heinsius an Opitz aus dem Jahr 1638 geht auf diesen religions- und kulturpolitisch motivierten literarischen Streit ein, der u. a. auch das gelehrt-französische Pariser Netzwerk fördern und die Geltung des gelehrt-protestantischen Netzwerks der Hochburg Leiden beschädigen sollte.[40] In diesem Brief, der auch nur in einer partiellen Abschrift durch Opitz erhalten ist, beklagt Heinsius die literarischen Angriffe, die seinen Ruf geschädigt haben, und wünscht nebenbei einen weiteren Besuch des Freundes Opitz – Heinsius' allgemein gehaltener Klageton wirbt um Unterstützung und Anhänger, ein typischer Netzwerk-Brief, kein persönlicher. Im Umfeld dieses Briefes wird deutlich, dass Opitz aber noch immer vorsichtig taktiert, wenn er um die richtige briefliche Anrede an Heinsius und den Zeitpunkt seiner Briefsendung besorgt ist.

Heinsius' Kampf um seinen akademischen Ruf setzte ein mit der Berufung von Claudius Salmasius nach Leiden, der nun vielfach als Nachfolger Scaligers betrachtet wurde.[41] Salmasius wurde ohne Lehrverpflichtung und mit dem höchsten Professorengehalt im Sommer 1631 berufen und zog 1632 nach Leiden. An das bürgerliche Leben in den Niederlanden konnte er sich nicht gewöhnen und machte das rauhe Klima des Nordens für sein Kränkeln verantwortlich. Bald

---

39 BW II, S. 693–696, hier S. 693. Dieser Brief vom 31.3.1629 an Buchner erklärt: „Aristarchi Heinsij unicum saltem exemplar in Silesiam allatum est, quod inter libros Principis Bregensis, nisi fallor, delitescit"; er (Opitz) habe das einzige in Schlesien erhältliche Exemplar von Heinsius' *Aristarchus sacer* in der Hofbibliothek des Herzogs Johann Christian in Schlesien zu Brieg durchgesehen, bevor es verkauft werden sollte (ebd.).
40 Die Abschrift, die Opitz für Buchner von Heinsius' Brief an Opitz vom 20.7.1638 gemacht hat, ist das einzige (erhaltene) Zeugnis direkter Kommunikation der beiden; vgl. BW III, S. 1464–1467. Vgl. auch den Brief von Heinsius an Buchner über den Streit mit Balzac über *Herodes Infanticida* in BW III, S. 1468–1472.
41 Die exilierten Remonstranten Grotius, Andrè Rivet und Gerard Johannes Vossius unterstützten den prestigeträchtigen, französischen Gelehrten Salmasius von Paris aus. Grotius nannte ihn in einem Brief an Opitz vom 14.7.1631 „Salmasius noster"; BW II, S. 1050–1052, hier S. 1050.

war er mit den anderen Professoren verfeindet.[42] Über Salmasius' Streit mit Heinsius schrieb Grotius 1639 an Opitz:

> In Lugdunum wird nicht geruht [...]. Ich spreche von Heinsius und Salmasius. Ich glaube nämlich, Du hast dessen erstes Buch über die Zinsen gesehen. Er wird ihm noch zwei andere anhängen, die Heinsium widerlegen. Schon erwartet Salmasius auch Heinsius' Anmerkungen zum Neuen Testament wie der Netzfechter den gegnerischen Gladiator (murmillo). Beim Edieren des Epiktet von Simplicius wetteifern sie ebenso um die Siegespalme. Dies wird den vom Alter erschlafften Heinsius anstacheln, der im einst erworbenen Ruhm eingeschlafen ist.[43]

In den 1630er Jahren kursierte denn auch das Gerücht, dass Heinsius verstorben sei. Zu dem akademischen Rufmord kamen auch Heinsius' finanzielle und persönliche Schwierigkeiten (der Tod seines Schwagers verpflichtete Heinsius als schwedischen Gesandten zu kostspieligen und zeitaufwendigen Begräbniszeremonien und Gastereien); seine Gesundheit verschlechterte sich zu einer Altersdemenz; Heinsius wurde erst nach vielen Eingaben von seiner Lehrpflicht (1648), seinem Bibliotheksamt (1653) und als Senatsprotokollant (1654) befreit und starb einige Jahre nach Opitz (1655).

Opitz' Hinwendung zu Grotius, mit dessen Werk er spätestens bei Lingelsheim in Heidelberg bekannt gemacht wurde und dessen *Jonas*-Epos er 1628 ins Deutsche übertrug,[44] ist eng verknüpft mit den Religionsstreitigkeiten der 1620er Jahre und mit dem politischen Kalkül Dohnas, wie schon Szyrocki und van Ingen gezeigt haben. 1626 erhielt Opitz von seinem Mäzen Dohna den Auftrag zur Übersetzung von Grotius' *Bewijs van den waren godsdienst* (Mai 1622, lateinische Version August 1627 als *De veritate religionis Christianae*).[45] Grotius' apologetische Dichtung im Sinne des Glaubens endet mit der „Toleranzforderung auf der

---

42 Vgl. Henk J. M. Nellen: Hugo Grotius. A Lifelong Struggle for Peace in Church and State, 1583–1645. Leiden 2015, S. 418.

43 BW III, S. 1554–1560, hier S. 1556f. Brief von Grotius vom 11./21.5.1639. Dann wieder Grotius an Opitz am 22.8/1.9.1639 [Opitz war schon verstorben, als der Brief datiert wurde]: Ein neuer Krieg zwischen beiden (Salmasius und Heinsius) stehe vor der Tür: „indictum enim jam bellum est: neque inter eos pax facilior repertu quam inter Gallos et Hispanos, aut nos et imperatorem"; BW III, S. 1603–1605, hier S. 1604.

44 Opitz besaß ein Exemplar von Grotius' *Poemata Latina* (1616), das er mit Lesespuren, Anmerkungen und Gedichttexten versehen hatte. Vgl. Christian Gellinek: Hugo Grotius als erster Inspirator der frühen Dichtkunst des Martin Opitz. In: Opitz und seine Welt. Festschrift für George Schulz-Behrend. Hg. von Jörg-Ulrich Fechner und Barbara Becker-Cantarino. Amsterdam, Atlanta 1990 (Chloe 10), S. 185–200. Wann Opitz das Exemplar erhielt und benutzt hat, konnte allerdings nicht ermittelt werden.

45 Grotius' lateinische Version *De veritate* erschien nach Heinsius' *Aristarchus sacer*, der Konkurrenzschrift.

Grundlage der christlichen Liebe".[46] Dohna wollte bei Friedensverhandlungen mit Schweden darauf zurückgreifen, verlor aber bald sein Interesse daran. Opitz zeigte in einer Briefäußerung sein persönliches Gefallen an Grotius' Schrift und Standpunkt: „Grotii Apologeticus magnoperè mihi placet, ob libertatem imprimis; raram hoc secula virtutem."[47]

Schon 1629 erwähnte Opitz in einem Brief an Buchner, er habe einen Brief von Grotius erhalten, der mit Grüßen an ihn von den hochberühmten Männern Salmasius und Regaltius versehen war und ihm Unterstützung angeboten habe: „qui et ipsi [Grotius] unà cum illo, quicquid ipsorum est potestatis in usus meos offerunt".[48] Opitz scheint also aktiv von Grotius bzw. dem Kreis protestantisch-calvinistischer Gelehrter in Paris angeworben worden zu sein, als sein Übersetzungsprojekt der theologischen Verteidigungsschrift des Grotius bekannt wurde. Man konnte in Opitz (als Sekretär Dohnas) einen sympathisierenden Gelehrten sehen, der gegebenenfalls für das eigene Netzwerk geeignet war. Grotius lebte mit seiner Familie seit 1625 als Gelehrter und Exulant in Paris, schrieb und arbeitete pausenlos an seiner Rehabilitation in den Niederlanden, an seiner Rückkehr nach Holland und an der Restituierung seines Vermögens.[49]

Grotius und Heinsius hatten um 1600 ein freundschaftliches Verhältnis als Leidener Studenten gepflegt, das jedoch auch von Konkurrenzdenken und Neid belastet war.[50] Der Bruch kam mit der Synode von Dordrecht. In den 1620er Jahren lagen Welten zwischen dem erfolgreichen Patrizier, Juristen und hohen Verwaltungsbeamten Grotius und dem aus einer flämischen Immigrantenfamilie stammenden Altphilologen und Professor Heinsius. Grotius ließ alle Annäherungsversuche von Heinsius nach 1620 unbeachtet, wie aus Grotius' Instruktionen für seinen Bruder Willem und seine Frau bei ihren Leiden-Besuchen hervorgeht.[51]

---

46 van Ingen (Anm. 1), S. 179. Grotius verband mit dem Toleranzgedanken die Autorität der weltlichen Obrigkeit, der er eine wichtige Funktion zuwies, falls konfessioneller Streit die Gemeinschaft bedrohte.
47 BW II, Brief an Colerus vom 7.6.1629, S. 709f., hier S. 709. Zu Opitz' Übersetzung von Grotius' *De veritate* vgl. van Ingen (Anm. 1), S. 177–184 und besonders nun Nellen (Anm. 42), S. 423–430.
48 BW II, Brief an Buchner vom 22.5.1629, S. 706–708, hier S. 706.
49 Vgl. Nellen (Anm. 42), Kapitel 10: Exile. 1625–31, S. 313–380.
50 J. P. Heering: Kunstbroeders en Rivalen. Heinsius en Grotius. In: Voorbeldige vriendschap. Vrienden en vriendinnen in theologie en cultuur. Hg. von H. J. Adriaanse. Groningen 1993, S. 47–65. Aus dem umfangreichen Jugend-Briefwechsel Grotius-Heinsius haben sich nur 88 Briefe (angefangen mit dem Jahr 1602) von Grotius erhalten; vermutlich hat Grotius seine Heinsius-Briefe nicht aufgehoben. – Dousa, der mit Grotius' Vater befreundet war, Scaliger und der junge Grotius bildeten eine Gruppe von „ons sorte mensen" (Nellen [Anm. 42], S. 214). Grotius war der Favorit Scaligers, dessen Gunst Heinsius ebenfalls durch seine Begabung gewinnen konnte.
51 Ebd., S. 53–55.

Opitz traf bei seinem (kurzen) Aufenthalt in Paris von Ende April/Anfang Mai bis Ende August 1630 mit Grotius zusammen,[52] wie eine knappe briefliche Äußerung von diesem an Lingelsheim vom August 1630 vermuten lässt: „Opitii, quem mihi commendaveras, Lingelshemi optime, et ingenium et eruditio et mores mihi se probent [...]."[53] Erhalten hat sich jedoch aus der Zeit von Opitz' Pariser Aufenthalt nur sein Gedicht auf Cornelius Grotius, den 17-jährigen Sohn, datiert auf dessen Namenstag (6. Juli 1630).[54] Es enthält ein Lob auf die Niederlande und artikuliert damit verbunden eine Huldigung an Grotius. Es entwirft ein Bildungsprogramm für Grotius' Sohn, der nach seinem Studium in Leiden 1629 in Paris bei dem Vater studierte, und enthält die Ermahnung, dem großen Vater nachzueifern.[55] Das mit gelehrten Metaphern und Anspielungen verschlüsselte, artifiziell wirkende Gedicht ist eine Wegweisung zu den *fontes* der lateinischen und griechischen Dichtkunst. Opitz' Gedicht erinnert archetypisch an ein Grotius-Gedicht von 1621, in dem Grotius den Sohn des französischen Historikers François-Auguste de Thou adressiert und in das er ebenfalls eine Huldigung an den Vater und ein Bildungsprogramm für den Sohn integriert.[56] Opitz huldigt damit formell der Dichtung des Grotius, und er bedient auch ein gängiges Muster. Opitz' Gedicht gibt jedoch nichts von einer persönlichen Beziehung oder einem konkreten Ereignis während seiner „recht rätselhaften Parisreise"[57] preis. Opitz zeigt sich in dem Gedicht als gelehrter Humanist, erinnert mit Anspielungen an die Biographie von Vater Grotius und an dessen juristische, theologische und poetisch-philologische Leistung und wünscht dem Sohn Grotius baldige Rück-

---

52 Unter den zahlreichen Besuchern im Haus des Grotius in Paris, die in Grotius' Briefwechsel und dem seiner Frau erwähnt werden, findet sich Opitz nicht. Vgl. Briefwisseling van Hugo Grotius 1597–1645. Hg. von Philip C. Molhuysen, Bernardus L. Meulenbroek u. a. Den Haag 1928–2001; jetzt als Digitalisat: The Correspondence of Hugo Grotius. grotius.huygens.knaw.nl/years/ [Zugriff am 1.6.2017]. Vgl. hierzu den Beitrag von Marie-Thérèse Mourey in vorliegendem Band.
53 BW II, Brief von Grotius an Lingelsheim vom 12./22.8.1630, S. 847–849, hier S. 847. Vgl. Wilhelm Kühlmann: Opitz in Paris (1630). Zu Text, Praetext und Kontext eines lateinischen Gedichtes an Cornelius Grotius. In: Martin Opitz (Anm. 1), S. 191–221, hier S. 198.
54 Cornelius war das älteste Kind von drei Söhnen und drei Töchtern, hatte beim Großvater in Leiden studiert und war 1629 nach Paris zum Studium gekommen; Vater Grotius vermittelte ihn als lateinischen Sekretär an Oxenstierna; Cornelius verließ diese Stelle, ging zum Militär und starb auf dem Schlachtfeld.
55 Vgl. LW II, S. 150–159 und Kommentar S. 460–470.
56 Vgl. Monica J. M. van Oosterhout: Hugo Grotius' Occasional Poetry (1609–1645). Diss. Nijmegen 2009, S. 403–441.
57 Kühlmann (Anm. 53), S. 191. Kühlmann urteilt, es profiliere sich „der gelehrte Humanist mit wachem politischen Sinn" (ebd., S. 210). Ich sehe in diesem Gedicht eher gelehrte Verschlüsselung, politisch-religiöse Zurückhaltung und Bedecktheit; dagegen klingt Grotius' Lobgedicht auf Opitz von 1639 genuin und bewundernd.

kehr in sein Vaterland. Opitz schließt mit der Ungewissheit über seine Zukunft und Rückkehr nach Breslau.

Stilisiert, formell und eher knapp gehalten war auch der Briefwechsel zwischen Opitz und Grotius – erhalten sind allerdings lediglich sechs Briefe von Grotius an Opitz.[58] In diesen Briefen bedankt sich Grotius formell für Opitz' Übersetzungen, Buchsendungen, Informationen und philologische Auskünfte und beantwortet knapp Opitz' Anfragen. Grotius' mehrfache abschätzige Bemerkungen über Heinsius und den Kampf zwischen Salmasius und Heinsius sind vielleicht auch an die Adresse des früheren Heinsius-Bewunderers Opitz gerichtet. Der Briefwechsel der 1630er Jahre scheint ein Austausch gelehrter Informationen, Anfragen und Komplimente gewesen zu sein, berührte nichts Persönliches oder Politisch-Religiöses, äußerte höchstens Kriegsklagen und (sicher genuine) Trauer über den Zustand Deutschlands. Grotius verkehrte als Jurist und international bekannter Autor in anderen gesellschaftlich-geographischen Kreisen. Dennoch verbanden ihn Gelehrtheit, Philologie und Gelegenheitsdichtung (und Gelehrtenklatsch) mit Opitz im fernen Osten. Wie eine Ironie des Schicksals sollte Grotius dann nur wenige Jahre nach Opitz' Tod ausgerechnet in Rostock 1645 nach einem Schiffbruch sterben. Eine Gedenktafel in der Grossen Wasserstraße erinnert dort an den niederländischen Gelehrten.

4 Schluss: Opitz und das Leidener Netzwerk

Der Blick auf Opitz' Beziehung zu Heinsius und Grotius erhellt das Denk-, Handlungs- und Wahrnehmungsmuster eines Autors sowie Aspekte eines frühmodernen, akademischen Netzwerks, wie sie spezifisch für die Gruppierung der protestantischen Philologen in Heidelberg, Leiden und Paris um 1620 und 1630 waren. Grundlegende Anstöße und Aspirationen wurden zunächst durch die schulische Lektüre, Empfehlungen von Lehrern und Kommilitonen und Verwandten gegeben und durch Texte vermittelt. Für Opitz waren es nicht mehr vorwiegend die antiken Klassiker der Schullektüre, sondern die zeitgenössischen, ‚modischen' poetischen Sammlungen in der Muttersprache, die ihn stimulierten und seine Ausrichtung bestimmten. Der militärisch-politische Erfolg des jungen Staates der Niederlande (nach dem Sieg über Spanien und dem Waffenstillstand nach zehnjährigem Krieg für die Unabhängigkeit), die ökonomische Blüte der Kolonialmacht und der Ruf der Humanisten und der erst 1575 gegründeten, calvinistischen Universität erschienen vorbildlich für Opitz und für eine Generation

---

58 Vgl. zu Grotius' Briefwechsel Anm. 52.

großbürgerlicher (nicht-aristokratischer), protestantischer junger Männer, die eine Karriere in der (damals hochmodernen) klassischen Philologie und Altertumskunde anstrebten. Dieses Studium bot eine Alternative zur (politisch schwierigen) Theologie und dem Jurastudium, das den wohlhabenderen Studenten vorbehalten war. Heinsius' Werk verkörperte zunächst die Blüte der klassischen Philologie und war Leitbild für Opitz' literarische und berufliche Orientierung. Ein gemeinsamer Erfahrungs- und Erwartungsschatz wurde im humanistischen Kanon aufgebaut, besonders die neulateinische Gelegenheitsdichtung gab Opitz eine identifikatorische Zugehörigkeit zu der Gruppe der humanistischen Gelehrten. Dazu vermittelte Heinsius' muttersprachliche, ‚nederduytsche' Dichtung patriotische und kulturelle Werte. Opitz' spätere, vorsichtige Hinwendung zu Grotius erweiterte seinen Horizont mit theologischem und politischem Wissen.

Opitz' Weg über das Heidelberger akademische Netzwerk nach Leiden und dann nach Paris, stimuliert auch von konfessioneller Affinität, spiegelt sich in seinem Brief-Netzwerk und seiner intertextuellen literarischen Produktion. Sein an Heinsius adressiertes (lateinisches) Gedicht ist eine genuine, poetische Anerkennung und Hommage an seinen literarischen Vater und eine Reflexion seines eigenen Standpunktes in seiner Zeit. Nach dem Besuch in Leiden und den veränderten Zeitumständen musste Opitz sein Netzwerk anders ausrichten, in den 1630er Jahren tat er das in behutsamer Annäherung – was die Niederlande betrifft – an die intellektuell und kulturpolitisch überragende Gestalt des Grotius. Opitz' vorsichtiges Taktieren in seiner (nur fragmentarisch erhaltenen Korrespondenz) mit Grotius wirft auch ein Licht auf die desolate Lage in Schlesien und die Brüchigkeit eines akademischen Netzwerkes, wenn philologisch-historische Themen und Aspirationen im Vordergrund stehen. Opitz hatte weder die finanziellen Mittel noch das gesellschaftliche Prestige – trotz Ernennung zum *poeta laureatus* 1625 und Nobilitierung 1627 – geschweige denn das familiäre Netzwerk eines Grotius, sondern war eher dem Migrantensohn Heinsius verwandt. Wie dieser konnte er seine weniger günstige Stellung im sozialen, gesellschaftlichen Netzwerk mit der Publikation von literarisch-philologischen Werken kompensieren.

Marie-Thérèse Mourey
Martin Opitz und das Pariser Netzwerk (1629–1630)

Neues zu alten Konstellationen

Ansatzpunkt für die folgenden Ausführungen ist die kurze Reise, die Martin Opitz im Jahre 1630 im Auftrag seines Dienstherrn, des katholischen Grafen Karl Hannibal von Dohna, der kaiserlich-königlicher schlesischer Kammerpräsident war, von Schlesien nach Paris unternahm. Die äußeren Rahmenbedingungen dieser Reise (Auftraggeber, genaue Daten, Reiseroute und Etappen) sind dank der Ausgabe von Opitz' Briefwechsel und Lebenszeugnissen von Klaus Conermann und Harald Bollbuck und ihres akribischen Kommentars sehr gut abgesteckt.[1] Auch der genaue Zweck und die politisch-diplomatische Funktion dieser Reise haben inzwischen deutlichere Konturen erhalten, insbesondere in Bezug auf die ungewisse politische Situation in Deutschland, zwischen dem Abschluss des Lübecker Friedens (Juni 1629) und der soeben erfolgten Invasion schwedischer Truppen in Norddeutschland (Ende Juni 1630).[2] Auch in Italien wütete der Krieg, und französische Heere waren in Savoyen eingedrungen. In einem ausführlichen Brief an seinen Herrn Dohna (28.6.1630) berichtet Opitz mit übergroßer Deutlichkeit über die politischen Inhalte seiner Mission sowie über den ganzen europäischen Kontext.[3]

Dieser Beitrag möchte an frühere Forschungen anknüpfen und sie in Bezug auf die politisch-religiöse Konstellation um das Jahr 1630 (und etwas davor), die calvinistischen Kreise im Ausland (insbesondere die schlesischen) sowie auf die persönlichen Bindungen des Martin Opitz erweitern. Bekannt ist vor allem das Ergebnis von Opitz' erstmaliger Begegnung mit dem von ihm hochverehrten Gelehrten Hugo Grotius: Bereits während des Pariser Aufenthalts begann Opitz die Übersetzung von Grotius' Schrift *Bewijs van den waren Godsdienst* (1622), die nach seiner Rückkehr nach Schlesien abgeschlossen und 1631 gedruckt wurde.[4] Weniger bekannt ist eine kleine Schrift, ebenfalls eine Übertragung eines lateinischen Gedichts von Grotius, den Opitz zu diesem Zeitpunkt noch nicht persönlich kannte, über die Belagerung der französischen Hugenottenfestung La Rochelle.

---

1 BW I–III.
2 BW II, S. 840.
3 Ebd., S. 829–837.
4 Vgl. BW II, S. 925.

Opitz ließ den kleinen Druck mit dem Titel *De Capta rupella* 1629 in Breslau erscheinen, mit Autornamen, aber ohne deutschen Titel und vor allem ohne Vorrede bzw. Widmung, was angesichts seiner gezielten Widmungspolitik und seines ausgeprägten literarischen Selbstbewusstseins nicht wenig wundert. Über die politisch-religiöse Positionierung einiger reformierter Gelehrter in einem sehr instabilen und heiklen Umfeld hinaus soll auf den Funktionszusammenhang von Opitz' literarischer Tätigkeit eingegangen werden.[5] Das Beispiel der besonderen intellektuellen Konstellation in Paris und Frankreich könnte die Hintergründe des Grotius-Textes *De Capta Rupella* in ein neues Licht rücken und somit den Zusammenhang von Text, Prätext und Kontext erhellen.

1 Paris und Frankreich um 1630

Die Stationen von Opitz' Reise sowie die von ihm geknüpften Kontakte lassen sich nicht zuletzt dank der Angaben in Christoph Colers Lobrede gut rekonstruieren. Ende Februar 1630 macht er sich auf den Weg nach Dresden; über Leipzig, Frankfurt am Main und Straßburg kommt er im Mai 1630 in Paris an, aber bereits Ende Juli will er sich auf die Rückreise begeben. Nach einem Besuch bei Georg Michael Lingelsheim in Straßburg fährt er über Leipzig zurück (am 30. September trägt er sich in Paul Flemings Stammbuch ein). Am 8. November befindet er sich wieder in der schlesischen Heimat. Der Paris-Aufenthalt war daher nicht so lang wie früher behauptet,[6] sondern dauerte allenfalls ein paar Wochen.

Paris war damals nicht nur ein Ort „voller Wunder und Seltenheiten",[7] sondern auch eine wichtige Drehscheibe der gelehrten Netzwerke in Europa. Es war vor allem ein politischer Schauplatz sonder gleichen, auf dem Opitz sich „sehr genau"[8] umsah. Seit dem Tod (1610) des zum Katholizismus übergetre-

---

[5] Hans-Gert Roloff: Martin Opitz – 400 Jahre! In: Martin Opitz (1597–1639). Nachahmungspoetik und Lebenswelt. Hg. von Thomas Borgstedt und Walter Schmitz. Tübingen 2002, S. 28f.: „kein Gedanke, kein Text [ist] bei Opitz ohne Funktionsbezug [...]. In seinen Texten bleibt für uns noch vieles stumm [...], weil uns sein argumentatives Funktionsdenken [...] verschlossen bleibt. [...] [er] war kein Opportunist, sondern ein beschlagener Stratege der literarischen und sprachlichen Kommunikation."
[6] „mindestens 6 Monate", so Christian Gellinek: Wettlauf um die Wahrheit der christlichen Religion. Martin Opitz und Christoph Cöler als Vermittler zweier Schriften des Hugo Grotius über das Christentum (1631). In: Simpliciana 2 (1980), S. 71–89.
[7] Christoph Coler: Lobrede auf Opitzen. In: BW III, S. 1842. Zitiert wird hier nach der deutschen Übersetzung von Kaspar Gottlieb Lindner.
[8] Ebd., S. 1843.

tenen calvinistischen Königs Heinrich IV., der im Jahre 1598 das Toleranzedikt von Nantes erlassen hatte, erlebte die französische Monarchie wieder konfessionelle Unruhen, welche von den Katholiken geschürt wurden, die (zu Recht) die Bildung eines protestantischen Staates innerhalb des Nationalstaates fürchteten. Unter dem neuen König Ludwig XIII. zielten die politischen Bestrebungen auf ein Wiedererstarken der staatlichen Macht, die zur Entstehung einer absoluten Monarchie führen sollte. Als neuer Machthaber, der gegen die interne Partei der Italiener am Hof zu kämpfen hatte, spielte Richelieu eine zentrale Rolle. Gerade 1630 (am Ende des Jahres) gewann er in der „Journée des Dupes" einen entscheidenden Kampf und vermochte seine Autorität endgültig zu behaupten. Parallel dazu landete in diesem Sommer der von Frankreich inoffiziell unterstützte schwedische König in Norddeutschland und errang seine ersten Siege. Opitz befand sich daher bei seinem Pariser Aufenthalt „mitten im Zentrum der Macht"[9] und lernte, dass Frankreich eine Bündnispolitik auch mit Protestanten ins Auge fassen konnte, wenn sie nur gegen die Habsburger gerichtet war.

Treffpunkt aller intellektuellen Zirkel war das Haus des Hugo Grotius. In seiner Laudatio auf Opitz nennt es Christoph Coler ein „Delphisches Orakel, welches die Abgesandten der größten Könige und Fürsten, die Parlamentsherren, die königlichen Hof- und Reichsräthe beständig besuchten".[10] Den von Klaus Garber untersuchten gelehrten Zirkeln um Grotius, De Thou[11] und die Brüder Dupuy[12] gehörten ferner Jean Hotman, Claude Saumaise (Salmasius), Nicolas Rigault, Guillaume de Marescot u. a. an. Gleich bei seiner Ankunft in Paris durfte auch Opitz die Brüder Dupuy besuchen, die ihm „recht freundlich die Bibliothek de Thous zur Benutzung geöffnet haben", so sein Bericht an Lingelsheim am 2. Mai.[13] Im Hause der Brüder Dupuy fand fast täglich eine private Zusammenkunft von Gelehrten und Politikern statt; oft brachte Grotius Opitz als Gast mit. Der Briefwechsel erwähnt vor allem Besuche bei Grotius. Von Paris aus richtete Opitz

---

9 Klaus Garber: Wege in die Moderne. Historiographische, literarische und philosophische Studien aus dem Umkreis der alteuropäischen Arkadien-Utopie. Hg. von Stefan Anders und Axel Walter. Berlin u. a. 2012, hier das Kapitel „Im Zentrum der Macht. Martin Opitz im Paris Richelieus" (S. 183–222).
10 Lobrede auf Opitzen. In: BW III, S. 1846.
11 Frank Lestringant (Hg.): Jacques-Auguste de Thou. Écriture et condition robine. Paris 2007.
12 Klaus Garber: Paris, die Hauptstadt des europäischen Späthumanismus. Jacques Auguste De Thou und das Cabinet Dupuy. In: Res publica litteraria. Die Institutionen der Gelehrsamkeit in der frühen Neuzeit. Hg. von Sebastian Neumeister und Conrad Wiedemann. Wiesbaden 1987 (Wolfenbütteler Arbeiten zur Barockforschung 14), S. 71–92. Wiederabgedruckt in: Klaus Garber: Literatur und Kultur im Europa der Frühen Neuzeit. Gesammelte Studien. München 2009, S. 419–442.
13 BW II, S. 797, Brief an Lingelsheim.

am 6. Juli 1630 ein lateinisches Gedicht an Cornelius Grotius, den ältesten Sohn des großen Juristen – ein Ausdruck der Bewunderung und „freundschaftlichen Verehrung" für Grotius, der wichtige literarisch-politische Konstellationen zu erkennen gibt.[14] In Paris traf Opitz auch mit einem gewissen Tilenus zusammen, der ebenfalls aus Schlesien stammte. Dies bezeugt ein Brief, den er am 25. Juli an den reformierten Burggrafen Christoph von Dohna sandte, der seit 1619 Mitglied der Fruchtbringenden Gesellschaft war.[15] Wahrscheinlich lernte er Tilenus erst dort persönlich kennen; anzunehmen ist lediglich eine frühere Kenntnis von dessen Schriften sowie vielleicht ein Briefwechsel. Bereits 1629, noch vor der Paris-Reise, hatte sich Opitz sehr lobend über seinen Landsmann geäußert (er hatte ihn als „Zierde des Vaterlandes" [*ornamento patriae*] bezeichnet), ihm hatte er sogar über Lingelsheim ein Exemplar seiner Edition von *Catonis Disticha* zukommen lassen,[16] die er am 16.6.1629 den beiden Söhnen von Dohna gewidmet hatte.[17] Aus welchen Gründen Opitz es für nötig hielt, Tilenus ein solches Geschenk zu machen, bleibt offen.[18] Dennoch gehört Tilenus zu den prominenten Gelehrten, die von Coler in seiner Lobrede ausdrücklich erwähnt werden, sogar zweimal, als einer von Opitz' „vornehmsten Freunden außer Landes" und als „großer Gottesgelehrter".[19]

2 Daniel Tilenus, ein neuer Exponent der schlesisch-reformierten Intelligenz

In diesem Kreis späthumanistischer Gelehrter reformierten Bekenntnisses hat die Persönlichkeit des Daniel Tilenus die Aufmerksamkeit der Forschung (mit Ausnahme derjenigen Hartmut Kretzers[20]) wenig geweckt, trotz neuerer Untersu-

---

[14] Wilhelm Kühlmann: Martin Opitz in Paris (1630). Zu Text, Praetext und Kontext eines lateinischen Gedichtes an Cornelius Grotius. In: Martin Opitz (Anm. 5), S. 191–221.
[15] BW II, S. 837–844.
[16] Ebd., S. 739–743, Brief vom 19.7.1629.
[17] Ebd., S. 711.
[18] Der Kommentar zum Briefwechsel erwähnt lediglich, Opitz habe „mit dieser Gabe den aus Goldberg in Schlesien stammenden hzl. Rat [...] gewinnen" wollen. BW II, S. 742.
[19] Lobrede auf Opitzen. In: BW III, S. 1833 und 1848.
[20] Hartmut Kretzer: Calvinismus und französische Monarchie im 17. Jahrhundert. Die politische Lehre der Akademien Sedan und Saumur, mit besonderer Berücksichtigung von Pierre du Moulin, Moyse Amyraut und Pierre Jurieu. Berlin 1975, Kap. 4: „Die Akademie von Sedan und ihre politische Lehre", S. 61–193. Zu Tilenus, S. 105–130.

chungen zum Kontext.²¹ Eine Monographie steht noch aus. Deshalb sei ein kurzer Rückblick auf diese noch verkannte Figur erlaubt.

Daniel Tilenus (1563–1633) war gebürtig aus Goldberg in Schlesien, also ein Landsmann von Opitz, womöglich ein Verwandter von Georg Tilenus.²² Ungeklärt ist, wann er nach Frankreich kam und aus welchen Gründen. Seine erste Stelle erhielt er an der reformierten Akademie zu Sedan, die 1576 als „collège" von Françoise de Bourbon-La Marck gegründet, 1602 zur Akademie erhoben und 1685 aufgelöst wurde. Berufen wurde Tilenus 1604 durch den Herzog von Bouillon, Henri de la Tour d'Auvergne. Das Fürstentum Sedan gehörte damals weder zu Frankreich noch zum Heiligen Römischen Reich. Diese ‚Eigenstaatlichkeit' bedeutete in außenpolitischer Hinsicht eine relative Abhängigkeit von Frankreich – das Fürstentum stand seit 1486 unter dem Protektorat des französischen Königs. In inneren Angelegenheiten jedoch (Religion, Erziehung, Jurisdiktion) war eine absolute Autonomie des Fürsten gegeben, was zur Folge hatte, dass Sedan zum Zufluchtsort für die in Frankreich und in Europa verfolgten Hugenotten wurde.²³ In theologisch-ethischer Hinsicht vertrat die Akademie einen irenischen Calvinismus, der sich für die Einigung der Protestanten einsetzte, jedoch in der Praxis streng vorging. Tilenus lehrte dort bis 1619 als Theologieprofessor; er war der eigentliche Studienleiter des jungen Friedrich von der Pfalz, der ein Neffe von Henri de la Tour d'Auvergne war und zweimal in Sedan studierte (1604–1606, 1608–1610), sowie Erzieher des jungen Henri de Bouillon und späteren Maréchal de Turenne. In einer frühen anonymen Schrift in französischer Sprache wandte sich Tilenus vehement gegen die modernen Schauspiele. Der rigoristische Autor lehnt die These der *adiaphora* ab und verneint die moralische Zulässigkeit der Schauspiele für Christen.²⁴ Tilenus verwickelte sich auch in theologisch hochbrisante Streitigkeiten, so 1605 mit seinem in Rostock veröffentlichten Pamphlet

---

21 Axel E. Walter: Späthumanismus und Konfessionspolitik. Die europäische Gelehrtenrepublik um 1600 im Spiegel der Korrespondenzen Georg Michael Lingelsheims. Tübingen 2004 (Frühe Neuzeit 95), zu Tilenus bes. S. 56, 244, 246, 417f., 465. Vgl. ferner Tobias Sarx: Gelehrte schlesischer Herkunft im Kontext der reformierten Bekenntnisbildung in der Kurpfalz (1560–1620). In: Schlesien und der deutsche Südwesten um 1600. Späthumanismus – reformierte Konfessionalisierung – politische Formierung. Hg. von Joachim Bahlcke und Albrecht Ernst. Heidelberg 2012, S. 161–186, zu Tilenus S. 178f.
22 Johann Heinrich Zedler: Grosses vollständiges Universal-Lexikon Aller Wissenschaften und Künste [...]. Bd. 44. Leipzig, Halle 1743, Sp. 146f.
23 Kretzer (Anm. 20), S. 63.
24 Traité des jeux comiques et tragiques, contenant instruction et résolution de la Question: assavoir si esbats et passe temps sont permis aux chrestiens, Jacques Salesse. O. O. 1600. Dazu Marie-Thérèse Mourey: Kleine Funde. Eine frühe Schrift gegen das Theater und die Schauspiele. In: Wolfenbütteler Barocknachrichten 42 (2015), S. 3–12.

Speculum Anti-Christi, oder noch 1613 über die *unio hypostatica* mit Petrus Molineus (Pierre du Moulin), wovon Grotius in einem Brief an Lingelsheim berichtete.²⁵ Es folgte die Episode der Synode zu Dordrecht 1618/19. Als Vertreter der Akademie zu Sedan wurde Tilenus in die Kontroverse zwischen Arminianern und Gomaristen einbezogen, entwickelte sich aber erstaunlicherweise zum Remonstranten, sodass er schließlich seines Amtes enthoben wurde. Seine zweite Lebens- und Schaffensphase in Frankreich erlebte Tilenus im Zeichen einer zunehmend gemäßigten protestantischen Gesinnung. Er lebte hauptsächlich in Paris (bei ihm soll Grotius nach seiner Flucht aus den Niederlanden eine Bleibe gefunden haben²⁶), reiste auch nach Orléans (dort disputierte er mit dem schottischen Theologen John Cameron) und nach La Rochelle. Er publizierte viel unter durchsichtigen Pseudonymen bzw. Anagrammen. Im Mittelpunkt des dichten Netzwerkes von reformierten Gelehrten und niederländischen Arminianern in Paris verkehrte er mit dem Juristen Grotius sowie mit anderen großen Intellektuellen wie Jean Hotman, der ihn und seine Schriften sehr schätzte.²⁷ Mit Georg Michael Lingelsheim stand er auch in brieflicher Beziehung; im Dezember 1623 lobte er ihre zwanzigjährige Freundschaft und bedauerte gleichzeitig die „discrepantiam sententiarum in religionis negotio".²⁸ Tilenus, der 1633 in Paris starb, lebte keineswegs im Exil, sondern war als Franzose in Frankreich wohl etabliert, hatte er doch dank des Königs Heinrich IV. die französische Staatsangehörigkeit erhalten. In seiner Schrift *Examen d'un Escrit* wehrt er sich gegen die Anschuldigung seines Gegners Théophile Brachet de la Millétière, wonach er in einem osteuropäischen ‚Loch' geboren sei, und rühmt sich seiner französischen Identität, sowohl dem Titel als auch seinem Herz und Gemüt nach.²⁹

---

25 Alexander Reifferscheid (Hg.): Quellen zur Geschichte des geistigen Lebens in Deutschland während des siebzehnten Jahrhunderts. Mitteilungen aus Handschriften. Heilbronn 1880, Nr. 42, S. 56.
26 Jacques Pannier: L'Eglise Réformée de Paris sous Louis XIII. 1610–1621. Paris 1922, S. 454.
27 Mona Garloff: Irenik, Gelehrsamkeit und Politik. Jean Hotman und der europäische Religionskonflikt um 1600. Göttingen 2014, S. 136f. und 163.
28 Reifferscheid (Anm. 25), Nr. 134, S. 178f.
29 EXAMEN D'un Escrit intitulé Discours des vrayes raisons, pour lesquelles ceux de la Religion Pretenduë Reformée en France, peuuvent en bonne conscience resister par armes, à la persecution ouuerte que leur font les ennemis de leur Religion, & de l'Estat. Où est respondu à l'advertissement à l'Assemblée de La Rochelle par un des Deputez en ladite Assemblée. Fait par Daniel Tilenus. Paris 1622, S. 9: „non au fonds de la Silesie, où ce respondant m'obiecte d'estre né comme par forme d'opprobre; ignorant ou dißimulant que le feu Roy, de tres-glorieuse memoire, m'avoit honoré de lettres de naturalité, afin de me qualifier François, außi bien en tiltre, comme depuis trente ans & plus, ie l'ay esté d'affection."

3 Tilenus, die Calvinisten und die Belagerung von La Rochelle

Tilenus spielte auch eine nicht unbedeutende Rolle bei der Entstehung des kleinen Grotius-Gedichts über die Einnahme von La Rochelle. Die Waffenerhebung der Protestanten in La Rochelle an der Atlantikküste war die letzte, ernstzunehmende Krisensituation, mit der sich die französische Monarchie im 17. Jahrhundert konfrontiert sah.[30] Es handelt sich um mehr als um ein rein religiöses Problem, da ein Streit um die Privilegien der fast autonomen Stadt ausgefochten wurde. Zugleich war diese Erhebung von Anfang an von theoretischen Auseinandersetzungen um ihre Legitimität begleitet – selbst innerhalb des reformierten Lagers, war doch die durch das Edikt von Nantes garantierte Kultfreiheit durch den neuen König bzw. die Regentin nicht angetastet worden. Auf einer 1620/21 in La Rochelle tagenden protestantischen Generalversammlung war die grundsätzliche Frage der Autorität der weltlichen Gewalt und eines aktiven, auch militärisch wahrgenommenen Widerstandsrechts behandelt worden. Und in diese brisante Debatte griff gerade Tilenus ein. Unter dem Pseudonym Abraham Elintus veröffentlichte er einen *Advertissement à l'assemblée de La Rochelle*,[31] ganz im Sinne der königlichen *Declaration*, welche die Bewohner der Städte La Rochelle und Saint Jean d'Angély davor warnte, die eigenmächtig berufene „Assemblée" als rechtmäßig zu betrachten und an ihren Sitzungen teilzunehmen. Ein Jahr später widerlegte er einen Traktat, der sich für das aktive Widerstandsrecht der angeblich ‚verfolgten' französischen Calvinisten eingesetzt hatte.[32] In späteren Schriften erwies sich Tilenus „stets als unbeugsamer Verfechter des königlichen ius circa sacra", als „typischer Vertreter eines hyperloyalen Royalismus".[33] Diese Haltung entspricht derjenigen der irenischen Arminianer, die die Wiederherstellung des kirchlichen Friedens der alleinigen Autorität des Staates überantworteten. Sie entspricht auch der von Grotius in seiner Schrift *De veritate religionis christianae* vertretenen irenischen Linie.[34]

---

30 Jan-Friedrich Missfelder: Das Andere der Monarchie. La Rochelle und die Idee der „monarchie absolue" in Frankreich 1568–1630. München 2012 (Pariser Historische Studien 97).
31 Advertissement à l'assemblée de La Rochelle. O. O. 1621.
32 Examen d'un escrit (Anm. 29).
33 Missfelder (Anm. 30), S. 216.
34 Ferdinand van Ingen: Niederländische Leitbilder. Opitz – Grotius. In: Martin Opitz (Anm. 4), S. 169–190. Siehe auch Christian Gellinek: Politik und Literatur bei Grotius, Opitz und Milton. Ein Vergleich christlich-politischer Grundgedanken. In: Martin Opitz. Studien zu Werk und Person. Hg. von Barbara Becker-Cantarino. Amsterdam 1982 (Daphnis 11/3), S. 637–668.

Am 10. April 1628 sandte Tilenus einen Brief an Georg Michael Lingelsheim in Straßburg, der detaillierte Nachrichten über die verzweifelte Situation der durch den König bzw. den Kardinal Richelieu belagerten Festung enthielt.[35] Diese tragische Episode sollte das Ende der politisch-militärischen Hugenottenmacht in Frankreich herbeiführen. Frische Nachrichten zirkulierten übrigens auch über den jungen Robert Roberthin, der am 2./12. August desselben Jahres von Angers aus an Matthias Bernegger einen Brief über den Zustand von La Rochelle schrieb.[36] Auch Tilenus berichtete ausführlich über die jeweiligen politischen Strategien der Einwohner von La Rochelle, die vergeblich auf die Hilfe der britischen Schiffe hofften,[37] und des Königs, der den Hafen hatte zuschütten lassen, und äußerte sich sonst zur gespannten religiös-politischen Situation in Frankreich, etwa zum Konflikt zwischen dem Katholiken Condé und Henri de Rohan, dem Vertreter der hugenottischen Kriegspartei und deren militärischen Führer. Die Belagerung von La Rochelle (übrigens die dritte innerhalb von siebzig Jahren) wurde zum regelrechten Medienereignis, nicht zuletzt durch die Kupferstiche von Jacques Callot. Nachdem verbittert Widerstand geleistet worden war, musste sich jedoch die belagerte und ausgehungerte Stadt am 28. Oktober ergeben. Der König zog am 1. November feierlich in die besiegte Stadt ein. Dieser Sieg der allein legitimen königlichen Macht gegen die Rebellen und Häretiker wurde in Frankreich vielerorts verherrlicht, insbesondere in den Jesuitenkollegs.[38] Gelobt wurden nicht nur Stärke und politische Klugheit des Herrschers, sondern vor allem seine Milde, hatte er doch den Aufständischen Kultfreiheit gewährt.

Nach der Niederlage der Stadt verfasste auch Grotius, der von Tilenus direkt und bestens informiert war, ein lateinisches Gedicht mit dem Titel *De capta Rupella*.[39] Über seine Kontakte in Frankreich erhielt Opitz eine Kopie des „heroischen Gedichts", das er bewunderte, und übertrug es ins Deutsche. Der Originaltext und

---

35 Überliefert in Reifferscheid (Anm. 25), Nr. 261, S. 318f.
36 Ebd., Nr. 268, S. 327f.
37 Die englische Flotte, die im Juli 1627 (unter der Leitung des Duke of Buckingham) bei La Rochelle eingetroffen war, konnte keine Hilfe bieten, und das Unternehmen scheiterte kläglich, ebenso die folgenden Versuche.
38 Vgl. das Konvolut mit zahlreichen lateinischen wie auch französischen Schriften des Collège de Clermont über das Ereignis: LUDOVICI XIII. FRANCIAE, et NAVARRAE Regis Christianissimi TRIUMPHUS De RUPELLA CAPTA, Ab Alumnis Claromontani Collegij Societatis IESU vario carminum genere celebratus. Paris 1628.
39 In seiner Opitz-Edition erwähnt George Schulz-Behrend zwei Manuskriptfassungen, die im Grotius-Institut in Den Haag aufbewahrt seien: GW IV,2, S. 324–328. In der Bibliothèque Nationale de France befindet sich eine handschriftliche Kopie dieses Textes (mit einem kleinen Unterschied im Titel: *Rupella victa*) in einem Konvolut mit mehreren Texten zur damaligen politischen Situation in Europa, darunter ein französischsprachiges Gedicht über den schwedischen König:

die Übersetzung erschienen 1629 in Breslau, mit einem lateinischen Titelblatt versehen: *Hugonis GROTII De Capta Rupella. Carmen heroicum. Mart. Opitius versibus Germanicis redidit. An. MDCXXIX*.[40] Der schlichte unauffällige Druck von nur ein paar Seiten, in welchem die Verdienste des Autors um die deutsche ‚Poeterey' verschwiegen werden, enthält keinerlei Hinweis auf eine besondere Gelegenheit noch auf einen Adressaten. In einem Brief vom 24. März 1629 an Coler erwähnte Opitz bereits seine Übersetzung, die noch vor seinem Aufenthalt bei dem Fürsten Heinrich Wenzeslaus zu Münsterberg und Oels entstanden sein soll, denn Opitz kommentiert seine poetische Leistung folgendermaßen:

> Die majestätischen Verse auf Grotius' Rupella hat dieser Fürst zusammen mit meinem Mäzen, der auch in solch gelehrten Sachen der beste Kritiker ist, wie ein Wunder gepriesen. Sie wollten sogar, daß ich sie bei uns drucken ließe.[41]

Am 31. März schickte Opitz ein Exemplar des wohl inzwischen gedruckten *carmen heroicum* an seinen Freund August Buchner mit einem Kommentar über Stil und Ästhetik beider Gedichte („Da hast Du dieses elegante, bedeutende und geradezu heroische Gedicht über La Rochelle – meine Verse sind kaum mehr als ein Schatten davon"[42]), aber ohne näheren Hinweis auf Zeitbezug und konkrete Bedeutung. Am selben Tag widmet Opitz seinem Herrn und Mäzen Dohna den zweiten Teil seiner *Teutschen Poemata*.

Welche Interpretation der spezifischen Situation in La Rochelle lässt sich nun aus Grotius' Gedicht ablesen? Eine vergleichende Analyse der lateinischen Vorlage (36 Verse) und Opitz' deutscher Übersetzung (50 Verse) ergibt über die leichte *amplificatio* hinaus ein relativ präzises Bild: Mit seiner Übersetzungsarbeit hat Opitz die irenisch-loyalen Positionen des niederländischen Autors weitgehend getreu wiedergegeben. In der Ich-Form beklagt die allegorisierte Stadt ihr Schicksal: Sie war bis jetzt dafür berühmt, trotz aller listigen Pläne und Angriffe stets unbesiegt geblieben zu sein, nun wird sie als Gefangene gehalten. Doch ist diese bittere Niederlage nicht den Spaniern und nicht den Italienern zuzuschreiben. Auch vermochten es weder die Holländer (Batavia) noch die Tugend

---

NAL 1769 (69 Bl.). Ungeklärt ist, wer Autor der Abschrift ist und wann das Konvolut zusammengestellt wurde. Für ihre Hilfe bin ich Krisztina Goda zu Dank verpflichtet.
40 Das Werk wurde bei Baumann gedruckt, einige Exemplare erschienen jedoch ohne Druckernamen, so z. B. dasjenige in der HAB Wolfenbüttel (A. 176. 6 Quod [13]). Digitalisat: diglib.hab.de/drucke/173-6-quod-13/start.htm. Sowohl Grotius' Gedicht als Opitz' Übersetzung sind ediert in: GW IV,1, S. 326–328.
41 BW II, S. 684.
42 Ebd., S. 695.

des Fürsten von Guise (des Führers der katholischen Heere) bzw. des „Morantz" (damit ist wahrscheinlich der Großadmiral Montmorency gemeint, dem es gelungen war, 1625 die aufsässige Insel Ré, gegenüber von La Rochelle, zu unterwerfen), ihre Kraft zu brechen. Die Stadt ertrug unerschrocken die geistreichen Stricke des Richelieu („des Richels Kunst und Witz"). Ein einziger vermochte es, die Bürger zu erschrecken, die Mauern zu bedrohen, die Naturelemente zum Gehorsam zu zwingen: der König. Erstaunlicherweise mündet die poetische Betrachtung nicht in ein Lamento über die verhungerten Einwohner bzw. die Grausamkeit des Feindes, sondern in ein uneingeschränktes Lob des großen Königs und seiner „Klugheit" (der Begriff wird ausdrücklich benutzt), denn ihm sei es gelungen, den Teufelskreis der Gewalt zu durchbrechen.

Obwohl es von konkreten Berichten aus dem Krieg unterfüttert wird – es finden sich Anspielungen auf erhoffte Hilfen, Belagerung, ungünstige Witterung – und Namen von Heerführern erwähnt werden, kann man das Gedicht nicht als „veristisch" einstufen. Es umreißt auch keine biographische Situation, sondern eine politische Positionierung. Auffallend ist hier, dass der Bericht über die schmerzhafte Belagerung und die Niederlage von La Rochelle gerade nicht als „Chiffre einer protestantischen Leidensgeschichte"[43] wie in anderen Texten von Opitz fungiert. Die allegorisierte Stadt, die früher ein ihr vorteilhaftes Verhängnis erlebt hatte, sieht nun „ein anderes Verhängnis" auf sie zukommen (bei Grotius: „fata"), und insbesondere der französische König verkörpert dieses neue Verhängnis und somit das göttliche Gesetz. Das Gedicht spiegelt zugleich ein Phänomen des Umschlagens wider. Die Naturelemente haben die von ihnen erwartete Rolle nicht gespielt (die erhofften Winde hatten sich gelegt), vielmehr wusste der König, diese zu seinem Nutzen zu verwenden (Richelieu hatte die Bäume der umliegenden Gegend fällen lassen, um damit den Hafen zuzuschütten). Die Kunst der politischen Klugheit, die von Tilenus in seinem Brief erwähnten „saguntina fames/ consilia"[44] und die Unterwerfung der Naturelemente zu politischen Zwecken ergaben eine neue Situation, bei welcher die Niederlage der einen akzeptiert und die Macht des Königs als völlig legitimiert anerkannt werden musste. So erklärt sich das nüchterne Fazit, mit welchem das Gedicht schließt.

---

[43] So Harald Bollbuck: Literatur in Zeiten des Krieges. Martin Opitz' Poetik und Dichtung in ihrer gesellschaftlichen Programmatik. In: Erzählte Geschichte – Erinnerte Literatur. Betreut und bearb. von Ulrike Gleixner u. a. Frankfurt a. M. 2012 (Akten des XII. Internationalen Germanistenkongresses Warschau 11), S. 25–28, hier S. 26.

[44] Damit ist das Verhungernlassen der Zivilbevölkerung als Strategie gemeint, benannt nach Hannibals Sieg über die Stadt Sagunt im Jahre 219 v. Chr. In der *Schäfferey von der Nimfen Hercinie* (aus demselben Jahr 1630) wird diese Episode erwähnt: „Tortosa und Sagunt berhümbt vom hungerleiden" (GW IV,2, S. 551).

4 Deutsch-französische Zustände

Selbstverständlich ergeben sich aus der recht unsicheren politisch-militärischen Lage in Frankreich und in Deutschland von 1628 bis 1631 so viele Analogien wie auch tiefgreifende Differenzen. Im protestantischen Deutschland nahm man mit großer Besorgnis von der Situation der Glaubensgenossen im Nachbarland Kenntnis. Eine 1628 erschienene Schrift mit dem Titel *Wahrhaftiger Bericht [...] nach den Originalkonzepten* schilderte das tragische Los der verhungernden Stadt La Rochelle ausführlich.[45] Auch im Kreise der Fruchtbringenden Gesellschaft, in die Opitz so gerne aufgenommen werden wollte, waren die Geschicke der französischen Hugenotten aufmerksam registriert worden, nicht zuletzt von Ludwig von Anhalt-Köthen, von Christian II. von Anhalt-Bernburg sowie von weiteren der reformierten Konfession zugehörigen Mitgliedern, die sich insbesondere für Henri de Rohan interessierten. Christian II. von Anhalt-Bernburg hatte sich sogar mit dem Plan getragen, Rohan und dessen Bruder Benjamin im Krieg gegen die französische Krone ein von ihm (Christian) kommandiertes kaiserliches Unterstützungskorps zuzuführen und die Belagerten von La Rochelle zu entsetzen. „Die dazu getroffenen Absprachen mit Wallenstein wurden mit dem Fall der Seefeste und der Niederlage der Hugenotten gegenstandslos."[46]

In Nord- und Mitteldeutschland herrschten vergleichbar gespannte politisch-militärische Verhältnisse. Am 14. November 1628, also kaum zwei Wochen nach der Niederlage von La Rochelle, musste sich die seit sieben Monaten von Wallensteins Truppen belagerte Festung Krempe in der Nähe von Glückstadt im Holsteinischen ergeben.[47] Ein anonymer Druck aus diesem Jahr mit dem Titel *Zweyerley Vertragspuncten* zieht eine ausdrückliche Parallele zwischen den jeweiligen Verträgen, die dabei unterzeichnet wurden: In Krempe blieben die sich ergebenden Bürger unversehrt, ihre Religionsfreiheit wurde nicht angetastet, der Sieger bezeugte Milde und *clementia*.[48] Am 6. März 1629 hingegen wurde von Kaiser Fer-

---

[45] Waarhafftiger Bericht/ Wie inn die Funffzehen Tausendt Personen/ wehrenter Belägerung der Stadt Roschella/ Hungers gestorben [...] Auß den Original Concepten vleissigst verteutscht und nachgedruckt im Jahr 1628. O. O.
[46] Briefe der Fruchtbringenden Gesellschaft und Beilagen. Hg. von Klaus Conermann, Andreas Herz und Dieter Merzbacher. Reihe I, Abt. A, Bd. 2. Tübingen 1998, S. 193: „In der Tat hatte Christian am 30.10.1628 in seinem Tagebuch den Fall La Rochelles notiert." Andreas Herz bin ich für seine freundliche Hilfe sehr dankbar.
[47] Vgl. Eigendliche Relation wegen Krempe und Glückstadt [...]. O. O. 1628, mit Stichen der Wallanlagen.
[48] Zweyerley Vertragspuncten. Die Ersten/ der Festung Krempe/ [...] Die andern/ der Stadt Roschella [...] Gedruckt in diesem 1628. Jahr. O. O.

dinand II. das Restitutionsedikt erlassen, dessen unerbittliche Ausrichtung eine völlig andere war als der erhoffte friedliche Ausgleich. Und zwei Jahre später, im Mai 1631, endete die Belagerung Magdeburgs durch Tilly mit einer grauenvollen Katastrophe. Bei der Übersetzung von Grotius' Text *De Capta Rupella* war das Schicksal Magdeburgs jedoch noch nicht besiegelt, denn in diesem Jahr leistete die lutherische Stadt der Belagerung durch Wallensteins Truppen siegreich Widerstand; noch waren Hoffnungen möglich.[49]

5 Sinn und Funktionalität des Gedichts

Wie steht es nun mit der Frage nach Opitz' Autorschaft und mit der Funktionalität seiner Grotius-Übersetzung? Im spezifischen schlesischen Kommunikationskontext ist das Gedicht über die Einnahme von La Rochelle weit mehr als eine geschickte Stilübung. Es transportiert wichtige Einsichten und Stellungnahmen politischer Natur, welche einige Zeitgenossen schockiert und moderne Forscher verwirrt haben mögen. Wenn die Huldigung an Ludwig XIII. in Grotius' eigenem Interesse lag, wird Opitz' poetischer Gestus, der die Huldigung „im Deutschen getreulich" wiedergibt, als ein „unsentimentale[r] politische[r] Realismus" interpretiert, „der dem kaiserlichen Burghauptmann in Breslau gewiß zusagen, Opitz' Freunde aber genauso befremden konnte".[50] George Schulz-Behrend erwähnt eine aus dem Gedicht sprechende, bemerkenswerte „Teilnahmslosigkeit".[51] Die lapidare Feststellung, Opitz sei mit seiner Übersetzung den Interessen seines Dienstherrn und Gönners entgegen gekommen (wohl auf Grund seiner Tätigkeit als

---

49 Zum Vergleich zwischen dem Los der Hafenstadt La Rochelle 1628 und dem Magdeburgs 1631 vgl. Jan Friedrich Mißfelder: Krisenstadtrepublikanismus. Magdeburg und La Rochelle in der zweiten Hälfte des 16. Jahrhunderts. In: Stadt und Religion in der Frühen Neuzeit. Soziale Ordnungen und ihre Repräsentationen. Hg. von Vera Isaiasz u. a. Frankfurt a. M. 2007, S. 147–175. In La Rochelle hatte diese historische Wende „eine katalysatorische Funktion für die diskursive Etablierung der absoluten Monarchie" (S. 174). In Magdeburg jedoch blieb das allegorische Bild der unversehrten Jungfrau, aus dem der allegorische Komplex der ‚Bluthochzeit' in der Publizistik entstand, zentral. „Im Mittelpunkt dieser Allegorie stand die Deutung der Ereignisse vor einem heilsgeschichtlichen Horizont, in dem der Stadt eine Signalfunktion für die Errettung des Luthertums im Reich durch den ‚Löwen aus Mitternacht' Gustav Adolf von Schweden zugeschrieben wurde" (ebd.). Ein solches Deutungsmuster gab es bei der Eroberung von La Rochelle nicht, das Ereignis wurde vielmehr vor dem Hintergrund einer Autonomisierung der politischen Vernunft gelesen.
50 Kühlmann: Opitz in Paris (Anm. 14), S. 199.
51 GW IV,1, S. 325. Der Ausdruck ist einem Urteil Ludwig Geigers entnommen.

Diplomat),⁵² erklärt freilich weder die Tatsache der Publikation noch das Fehlen jedweder Widmung in dem Druck. Dass diese Publikation „von antikatholischer Aggression" nichts erkennen lässt,⁵³ darf angesichts der höchst exponierten Stellung des Dichters und seiner ambivalenten konfessionellen Positionierung nicht verwundern. Eine Hypothese sei hier gewagt: Opitz, der seine Grotius-Übersetzung wahrscheinlich in den ersten Monaten des Jahres 1629 abfasste, hatte sie indirekt (durch die Vermittlung Dohnas) und geheim Kaiser Ferdinand II. kurz vor Erlass des Restitutionsedikts zueignen wollen, um ihn zur Toleranz und zur Milde gegenüber den besiegten Protestanten zu bewegen – nach dem Vorbild des französischen Königs nach der Besiegung von La Rochelle. Ob die Schrift den Kaiser nun erreichte oder nicht, die Rechnung ging jedenfalls nicht auf.

Die jeweiligen Situationen in Frankreich und Deutschland sind daher nicht mit denselben Kategorien zu erfassen. In der französischen Monarchie konnte man – zumindest bis zum persönlichen Regiment Ludwigs XIV. (1661) und zur Aufhebung des Edikts von Nantes im Jahre 1685 – von einer primär religiös motivierten Verfolgung der Hugenotten durch die katholische Macht und daher von einem ‚Notwehrrecht' nicht sprechen. Im Heiligen Römischen Reich hingegen, zumal in Opitz' Vaterland Schlesien, konnten die Verfolgungen der Protestanten und die Fortschritte der gewaltsamen Rekatholisierung durch die Habsburger alltäglich beobachtet und konkret ermessen werden. Nach seiner Rückkehr nach Schlesien ließ Opitz 1631 seine Übersetzung von Grotius' Schrift *Bewijs van den waren Godsdienst (De veritate religionis christianae)* drucken. Obwohl sie im Auftrag Karl Hannibal von Dohnas entstanden war, widmete er sie nun den protestantischen Mitgliedern des Breslauer Rats – wohl weil die Schweden inzwischen in Deutschland eingedrungen waren und sich eine politisch-militärische Wende abzeichnete. Nach langem Zaudern entschloss sich Opitz 1633 zur Publikation seiner bis jetzt zurückgehaltenen *TrostGedichte in Widerwertigkeit des Krieges*, die er einem Führer des protestantischen Lagers widmete. Wiederum zwei Jahre darauf, 1635, entstand im Kontext des Prager Separatfriedens ein neues Werk, wieder eine Übersetzung, die *Judith*, wohl ein kaum camouflierter Appell zur aktiven Auflehnung gegen einen ungerechten Herrscher.

---

52 Wilhelm Kühlmann: Martin Opitz. Deutsche Literatur und deutsche Nation. Heidelberg 2001, S. 62.
53 Kühlmann: Opitz in Paris (Anm. 14), S. 199.

Rudolf Drux
Wirksame Topik oder hilfreiches Netzwerk?
Zur Aufnahme des Bürgers Martin Opitz in die Fruchtbringende Gesellschaft

Dass die Vorrede, mit der Martin Opitz seine *Acht Bücher Deutscher Poematum* (Breslau 1625) Fürst Ludwig von Anhalt-Köthen widmet, „ein oratorisches Meisterstück" darstellt, ist in der Barockforschung unumstritten und mit genauen Textanalysen seit den 1970er Jahren belegt worden.[1] Es ist nicht nur die nach dem lateinischen *Aristarchus* (1617) und dem *Buch von der deutschen Poeterey* (1624) dritte seiner programmatischen Schriften, deren präskriptive Virulenz die exemplarischen Werke der acht Bücher bezeugen, die nach einem genauen Dispositionsschema angeordnet sind. Darüber hinaus verfolgt die Widmungsrede mehr noch als ihre poetologischen Vorgänger, die vornehmlich die Aufwertung der deutschen Sprache sowie ihre Fähigkeit zur Hervorbringung einer eigenständigen und den anderen Nationalliteraturen ebenbürtigen Dichtung exponieren sowie die dazu nötigen Regeln aufführen, ein ganz konkretes Ziel, das mit dem Adressaten und über die Zueignungen einzelner Bände mit Personen aus dessen höfisch-gelehrtem Umfeld zusammenhängt.

1 Von der Argumentation einer Widmungsrede und ihrem Erfolg

Fürst Ludwig war damals Oberhaupt und Mittelpunkt der in ihren Anfängen stark aristokratisch ausgerichteten Fruchtbringenden Gesellschaft, des größten und wichtigsten Dichterordens im deutschen Reich, der seinen Mitgliedern über ihre

---

[1] So von Volker Sinemus: Poetik und Rhetorik im frühmodernen deutschen Staat. Sozialgeschichtliche Bedingungen des Normenwandels im 17. Jahrhundert. Göttingen 1978 (Palaestra 269), S. 18–22; Klaus Garber: Martin Opitz. In: Deutsche Dichter des 17. Jahrhunderts. Ihr Leben und Werk. Hg. von Harald Steinhagen und Benno von Wiese. Berlin 1984, S. 116–184, hier S. 144, oder Rudolf Drux: Die Dichtungsreform des Martin Opitz zwischen nationalem Anspruch und territorialer Ausrichtung. In: Dichter und ihre Nation. Hg. von Helmut Scheuer. Frankfurt a. M. 1993, S. 53–67, hier S. 57f. Bezeichnend ist das o. a. Prädikat, das Klaus Conermann: Ein Widmungsband der Sammlung Deutscher Drucke in der Herzog August Bibliothek. Opitz' Druckkorrekturen seiner *Acht Bücher Deutscher Poematum* (1625) als biographisches Zeugnis. In: Wolfen-

soziale Reputation zugleich ihren Bemühungen um die deutsche Sprache und Literatur ein hohes Maß an Akzeptanz verschaffte. Von daher war es für Opitz quasi unumgänglich, seine Aufnahme in den Palmenorden zu erwirken, wollte er seine Dichtungsreform überregional durchsetzen. Dazu greift er als Kernargument seiner *Vorrede* den schon im *Aristarchus* vorgebrachten Gedanken einer Korrelation zwischen geschichtlich-politischen und geistig-künstlerischen Prozessen auf, indem er zwischen den „Regimentern vnd Policeyen" und den „freyen Künsten" eine Art Schicksalsgemeinschaft ausmacht, würden sie doch „auff einmal miteinander entweder steigen oder zu Grunde gehen".[2] Und wie schon 1617 zieht er zum historischen Exempel die Römer heran, deren Kaiser die „Wissenschafft [d. h. die Poeterey][3] so lange in jhren Schutz vnd Förderung genommen/ so lange ihr Reich [...] bey seinen Würden verblieben ist".[4]

Was dieses Argument, das mit weiteren in der Frühen Neuzeit zur Legitimation des Dichterberufs aufgebotenen Topoi (bzw. gruppenspezifischen Stereotypen)[5] wie der Verewigung vergänglicher Herrscher und Helden im unvergänglichen

---

bütteler Barocknachrichten 36 (2009) Heft 1/2, S. 21–30, hier S. 28, noch im Umfeld seiner Edition des Opitz'schen Briefwechsels (2009) dessen „prächtige[r] Widmungsvorrede" erteilt hat: „ein oratorisches Meisterstück über das Verhältnis von Macht und Dichtertum".

2 GW II,2, S. 531. Zu seinem poetologischen Frühwerk vgl. Jörg Robert: Martin Opitz und die Konstitution der Deutschen Poetik. Norm, Tradition und Kontinuität zwischen ‚Aristarch' und ‚Buch von der Deutschen Poeterey'. In: Euphorion 98 (2004), S. 281–322.

3 Dass Opitz Dichtung und Poetik im Sinne des lateinischen Hendiadyoins *ars et scientia* als ‚Wissenschaft' bezeichnet, indiziert die damals vorherrschende Ansicht von ihrer planmäßigen Erlernung, Erfassung und Vermittlung.

4 GW II,2, S. 531. Vgl. zur Topik und Funktion der Widmungsvorrede und ihrer sozialen Bedingtheit auch Rudolf Drux: Der geadelte Dichter. Von der sozialen Grenzüberschreitung des Bürgers Opitz auf dem Weg zur deutschen Dichtung. In: Adel in Schlesien. Bd. 3: Adel in Schlesien und Mitteleuropa. Literatur und Kultur von der frühen Neuzeit bis zur Gegenwart. Hg. von Walter Schmitz. München 2013 (Schriften des Bundesinstituts für Kultur und Geschichte der Deutschen im östlichen Europa 48), S. 83–94. Einige der darin behandelten Aspekte werden hier erneut aufgegriffen.

5 Zur deutlichen Abgrenzung des Begriffs ‚Stereotyp' von ‚Topos', der auf der Ebene der Argumentation (*inventio*) angesiedelt ist (s. hier Anm. 7), und ‚Klischee', einem vornehmlich stilistischen Phänomen, vgl. Rudolf Drux: „Vom Paradiese bis hieher". Weiblichkeitsklischees als Gegenstand eines Hochzeitsgedichtes von Johann Christian Günther. In: Frühneuzeitliche Stereotype. Zur Produktivität und Restriktivität sozialer Vorstellungsmuster. Hg. von Mirosława Czarnecka, Thomas Borgstedt und Tomasz Jabłecki. Bern u. a. 2010 (Jahrbuch für Internationale Germanistik A99), S. 259–271, hier S. 264, Anm. 20: Mit ‚Stereotyp' wird „stärker die pragmatischfunktionale Dimension hervorgehoben, die Absicht, die der Zeichenbenutzer mit der Verwendung von Stereotypen verfolgt, bzw. die Wirkung, die sie bei den Rezipienten erzielen (sollen)". Vgl. auch Martin Reisigl: Stereotyp. In: Historisches Wörterbuch der Rhetorik. Hg. von Gert Ueding. Bd. 8. Tübingen 2007, Sp. 1368–1389, hier Sp. 1370f.

Dichterwort flankiert wird, – was diese Argumentation also rhetorisch wirksam im Sinne einer sozialen Aufwertung der Dichtung erscheinen lässt,⁶ ist die eigentlich auf einem nicht erlaubten Kehrschluss beruhende Ansicht, dass ein Engagement für die Künste Macht erhaltend wirkt, zumindest dem Staatsgebilde zu Ansehen verhilft. Immerhin kann der Adressat, Fürst Ludwig, den Herrschern zugeordnet werden, die Sprache und Dichtung pflegten, solange das von ihnen regierte Gemeinwesen blühte – auch wenn das Fürstentum Anhalt-Köthen höchstens im Analogon der topischen Struktur mit dem *imperium Romanum* zu vergleichen ist und seine Prosperität und Pracht sich in eher bescheidenen Grenzen hielten. Jedenfalls wird in der Logik der Opitz'schen Argumentation dem anhaltinischen Territorium ‚Würde' beschieden sein, da sich sein Fürst als Oberhaupt der Fruchtbringenden Gesellschaft für die deutsche Sprache und *Poeterey* einsetzt. Und demzufolge würde er auch ihrem hervorragendsten Vertreter, nämlich dem Autor, der ihm die musterhaften *Deutschen Poemata* dediziert und eine wie auch immer geartete Unterstützung als nationale Leistung aufzeigt, die erhoffte Förderung nicht versagen.

Aber die gewünschte Wirkung, die Opitz mit seiner wohl kalkulierten Topik⁷ zu erzielen trachtete, stellte sich nicht ein: Seine Aufnahme in den Palmenorden wurde durch den Fürsten keineswegs beschleunigt, ja, sie fand in zeitlicher Nähe zu der Ausgabe seiner Werke, die er diesem widmete, gar nicht statt. Und so machte sich der Bürger Opitz aus Bunzlau am Bober auf den, wie seinem Brief an Balthasar Venator vom 17. Februar 1626 zu entnehmen ist, für ihn durchaus heiklen, doch letztlich entscheidenden Weg. Das legt zumindest der Vergleich nahe, den Opitz im Rückblick zog: „Letzten Sommer wagte ich es auch, die Elbe gleich wie den Rubikon zu überschreiten, um zu den Anhaltiner Fürsten zu gelan-

---

6 Vgl. hierzu auch Wilhelm Kühlmann: Martin Opitz. Deutsche Literatur und Deutsche Nation. Heidelberg 2001, S. 24–29, und Herbert Jaumann: Nachwort. In: Martin Opitz: Buch von der Deutschen Poetery (1624). Studienausgabe. Hg. von dems. Stuttgart 2002, S. 191–213, hier S. 197–199.

7 So gewinnt er vornehmlich aus den *loci a circumstantiis temporis, ab effectis, a rebus gestis et a genere*, also aus Topoi, die die *inventio* für die Entscheidungsfindung im *genus deliberativum* vorsieht, als wirksam erachtete Argumente, indem er jene mit konkreten Ereignissen der Zeitgeschichte, aber auch sprachmetaphysischen Vorstellungen und kulturpatriotischen Postulaten aktualisiert. Der ‚Topos' als Kategorie der rhetorischen Inventionslehre ist im Sinne des Aristoteles: Rhetorik 1360b 1ff.; 1393a 22ff.; 1397a 1ff. u. ö. und seiner römischen und humanistischen Exegeten eine ‚Suchformel' zum Auffinden von Argumenten für die Beweisführung bzw. ein Strukturmuster für die „sinnreiche faßung" der Darstellungsgegenstände (*res*), wie Martin Opitz: Poeterey (Anm. 6), S. 26, unter Berufung auf das dritte Buch („Idea") der *Poetik* des Julius Caesar Scaliger (1561) „die erfindung der dinge" umschreibt. Eine minutiöse Zusammenstellung von Definitionen und Arten der tópoi/loci bietet Heinrich Lausberg: Handbuch der literarischen Rhetorik. Eine Grundlegung der Literaturwissenschaft. München 1960, S. 201–220 (§ 373–399).

gen, von denen ich ziemlich freundlich beurteilt worden bin"⁸ – deren huldvolle Einschätzung aber ebenso wenig wie seine durchdachte Widmungsrede in Hinsicht auf eine Frucht bringende Mitgliedschaft erfolgreich war. Noch zwei Jahre nach der Zusendung der *Poemata*, d. h. genauer am 1. Oktober 1627, musste der Bunzlauer seinem Kollegen August Buchner mitteilen, dass er „bis auf den heutigen Tag noch nichts Briefartiges aus dem anhaltinischen Lande gesehen" habe. „Dieses so beharrliche Stillschweigen" könne er zwar „dem Kriegsgewitter ankreiden, aber [fügt er nicht ohne Bitterkeit hinzu] ich wundere mich schon, dass die Erinnerung an mich ganz und gar beiseite geschoben worden ist".⁹ Das mag im Konkurrenzkampf um die Urheberschaft der deutschen Poesie begründet sein,¹⁰ nicht zuletzt mit Tobias Hübner, immerhin dem Sekretär des Palmenordens, der die Einführung des Alexandriners für sich reklamierte und in einem ebensolchen öffentlich behauptete, „dass in gebundner Redt/ Jch erst den weg gezeigt/ und Teutsch in maß geredt".¹¹ (Auch hieran wird, nebenbei bemerkt, sichtbar, dass die Beachtung des Versmaßes, mögen dabei auch die natürliche Wortstellung im Satz ebenso verkehrt wie morphologische Regeln gebrochen werden, als Kernindiz für die Fähigkeit, in der Muttersprache zu dichten, angesehen wird; schon in der *Poeterey* hat Opitz mit einer kaum zu überlesenden Anspielung die unmotivierte Elision unbetonter Endsilben kritisiert, die ja Hübner praktizierte, wie schon die wenigen oben zitierten Verse erkennen lassen.)¹² Allerdings kann

---

8 BW I, 260217 *ep*, S. 434–439, hier S. 434: „Superiori etiam aetate Albim, tamqu*am* Rubiconum, transire ausus fui, ad Principes Anhaltinos; â quibus satis benignè habitus sum." (Hervorhebung im Text).
9 BW 1. 271100 *ep*, S. 565–568, hier S. 566: „Ex Anhaltina provincia nihil hacte*nus* literarum vidi, ab eo tempore quo carmina mea ad Celsiss. Principem Ludovic*um* misi. Possum quidem hoc tam obstinatum silentium tempestati bellorum imputare, sed depositam mei memoriam porsus fuisse miror." (Hervorhebungen im Text).
10 Vgl. Harald Steinhagen: Dichtung, Poetik und Geschichte im 17. Jahrhundert. Versuch über die objektiven Bedingungen der Barockliteratur. In: Deutsche Dichter des 17. Jahrhunderts (Anm. 1), S. 9–48, hier S. 18f. und 33.
11 [Tobias Hübner:] Kurtze Vnd Jn Reime verfaste Erklärung Der Fruchtbringenden Gesellschafft Nahmen/ Wort und Gemählde (1624). Zit. nach Nicola Kaminski: EX BELLO ARS oder Ursprung der „Deutschen Poeterey". Heidelberg 2004 (Beiträge zur neueren Literaturgeschichte 205), S. 83.
12 Im „VII. Capitel (Von den reimen ...)" seiner *Poeterey* (Anm. 6), S. 46–69, legt Opitz zum einen fest, dass das „*e*/ wann es vor einem anderen selblautenden buchstaben zue ende des wortes vorher gehet/ es sey in wasserley versen es wolte/ [...] nicht geschrieben vnd außgesprochen" wird (S. 46f.) und außerdem (wegen der schweren Lesbarkeit) „zueweilen nicht auß der mitten der wörter gezogen werden" darf (S. 48). Zum andern postuliert er, dass das *e* nicht Wörtern angehängt werden darf, „zu welchen es nicht gehöret", wie dem Nominativ „*Der Venus Sohne. Item/ wie Melißus sagt:/ Ein wolerfahrner helde*" (S. 50, Hervorhebung im Text). Opitz führt also ganz gezielt fehlerhafte Bespiele in Form unsauberer Reime zur Abschreckung an: Wem diese

dieser Streit 1627 als verjährt gelten; schon auf der erwähnten ‚Rubicon'-Reise (im Sommer 1625) hat Opitz außer den Fürsten und den *Tasso*-Übersetzer Diederich von dem Werder eben Tobias Hübner, den *Praefectus Aulae*, getroffen, dem er die Oden seiner *Deutschen Poemata* zueignete. Dieser wiederum ließ ihm (über Buchner, der wohl auch den Kontakt mit der Fruchtbringenden Gesellschaft hergestellt hatte) die nachvollziehbare Empfehlung zukommen, deren Gesamtausgabe nur Fürst Ludwig zu dedizieren, der allein ihrer würdig sei. (Opitz wollte sie „auf Kirchners dringendem Rat hin" ursprünglich „dem ganzen Anhaltiner Haus" widmen[13] – und zwar „wegen des Eifers, den jene vortrefflichen Fürsten auf die Verherrlichung der schönen Künste verwenden, und wegen der Verwandtschaft und Freundschaft, in der sie unseren Fürsten verbunden sind".) Opitz griff Hübners Vorschlag auf, der aber wie alle anderen werbenden Maßnahmen und rhetorischen Bemühungen nicht zu seiner zeitnahen Aufnahme in den Palmenorden führte. Dazu kam es erst 1629.

Da war er längst vom Kaiser zum Dichter gekrönt (1625) und am 14. September 1627 nobilitiert worden. Dass gerade seine Erhebung in den Adelsstand seinen Einzug in die Fruchtbringende Gesellschaft befördert hat, ist nicht von der Hand zu weisen: Der Neffe des „Nährenden", Christian Baron de Ballenstädt, der spätere (II.) Fürst von Anhalt, hielt diesen Moment fest. In einem Brief an Christoph von Dohna teilt er mit,[14] dass dem „Herrn ‚Opitius'", der „ein sehr kleiner Mensch mit einem sehr häßlichen und faltenreichen Gesicht" sei, aufgrund

---

„nicht besser als so von statten gehen/ mag es künlich bleiben lassen: Denn er nur die vnschuldigen wörter/ den Leser vnd sich selbst darzue martert vnnd quelet" (S. 48). Der mit mehreren unkorrekten Versen präsente Paul Schede Melissus gilt ihm offensichtlich als Musterfall einer überholten und inzwischen nicht mehr praktikablen Dichtungsweise, womit er sich deutlich von seinen *Teutschen Poemata* abkehrt, die Julius Wilhelm Zincgref in Straßburg 1624 herausgab und in deren Anhang sich Melissus' Gedichte mit den kritisierten Versen finden. Vgl. hierzu und weiterführend in Hinsicht auf Opitz' poetologischen „Strategiewechsel" Kaminski (Anm. 11), S. 167–179. Hingegen hebt Stefanie Stockhorst (Die Normierung des heroischen Versepos im Deutschen. Anmerkungen zum Verhältnis von kodifizierter Poetik und poetologischen Paratexten im Zeichen der barocken Dichtungsreform. In: Wolfenbütteler Barock-Nachrichten 34 [2007] H. 2, S. 123–137, hier S. 130) auf die wechselseitige „poetologische Einflußnahme" ab. Nachdem Opitz im „Metrik-Kapitel" seiner *Poeterey* „den Alexandriner in fast wörtlicher Anlehnung an und unter explizitem Rückbezug auf Hübners Vorrede [zu *La Seconde SEPMAINE de Guillaume de Saluste Seigneur du Bartas*, 1622] normiert" habe, sei dieser beim Druck der *Ersten Woche* (1631) darauf bedacht gewesen, „bei der Gestaltung seiner Verse die jambische Alternation im Sinne der Opitzianischen Versreform konsequent zu realisieren".

13 Vgl. BW I, 250510 *ep*, Brief an Buchner vom 10. Mai 1625, S. 383–386, hier S. 383: „Inscripsi Dn. Hübnero librum Odarum in meis carminibus. [...] Ipsa Poëmata monitu Kirchneri toti domui Anhaltinae dedicabo".
14 Vgl. Marian Szyrocki: Martin Opitz. 2., überarb. Aufl. München 1974, S. 68.

seiner hohen „Reputation hinsichtlich der Invention und seiner neuen deutschen Poesie [...] die berühmten Dichter unserer Zeit und unserer Sprache [...] einstimmig und bereitwilligst die Palme überlassen" hätten.[15] Allerdings muss er ausdrücklich betonen (was das hohe Maß an ‚Bereitwilligkeit' von Seiten des Geburtsadels nicht unerheblich relativiert), dass erstens ihn, Opitz, die führenden deutschen Dichter der Zeit, Tobias Hübner, Diederich von dem Werder und Fürst Ludwig selbst, anerkannten, „obwohl sie vor ihm die Erfinder oder Erneuerer der deutschen Poesie waren".[16] Und zweitens habe schließlich „auch seine kaiserliche Majestät [...] ihn geadelt [...] und folglich [...] ihn der Herr Nährende nach dieser Adelserhebung aufgenommen"[17] – *und folglich*, d. h. doch wegen der kaiserlichen Nobilitierung bzw. in ihrer Folge wurde Fürst Ludwig aktiv. Ob er allerdings sein ‚langes Säumen' dadurch kompensiert, dass, wie Nicola Kaminski meint, dem einstigen Bürger und nunmehrigen Herrn Martin Opitz vom Boberfeld „ein höchsten Adel indizierender Gesellschaftsname (,Der Gekrönte')" zugewiesen wird,[18] sei dahingestellt. Eher klingt wohl in diesem an, dass der vom Kaiser „Gekrönte" und später auch noch Nobilitierte nicht mehr abzuweisen war, d. h., mit seinem Ordensnamen „der Gekrönte" lässt sich auch die notwendige Bedingung für den Vollzug seiner Aufnahme konnotieren. Im Juni 1629 allerdings, als er „von den Anhaltinern [...] eine in Kupfer gestochene Serie ihrer Embleme mit Namen" erhalten hatte, fand er sich noch nicht verzeichnet.[19] Erst in der auf 200 Namen erweiterten Ausgabe des Gesellschaftsbuches von 1630, das ihm Fürst Ludwig schenkte, sah er sich als das 200. und damit das Verzeichnis beschließende Mitglied ehrenvoll platziert. Im Sommer 1629 jedenfalls äußerte er sich Buchner gegenüber immer noch verbittert über die ausgebliebene Antwort auf die Dedikation seiner *Poemata* mit dem zornigen Ausruf: „Und das wollen Erhalter und Beschützer der Musen (Statores Musarum et Patroni) sein", dem er die fast schon modern anmutende Aufmunterung an den Freund folgen lässt: „Lass uns nur für uns singen, mein Bruder, [...] unbekümmert vom Urteil der anderen" (de aliorum judicio securi).[20] Nicht minder selbstbewusst fällt dann August Buchners Entgegnung auf das Vorgebrachte am 9. September 1629 aus: „Zu der Stelle, die Dir die Anhaltiner in der Gesellschaft eingeräumt haben, gratuliere ich Dir.

---

15 Zit. nach ebd., S. 69.
16 Ebd.
17 Ebd.
18 Kaminski: Ex bello ars (Anm. 11), S. 86.
19 BW II, 290629 *ep*, Brief an Buchner vom 29. Juni 1629, S. 712–715, hier S. 713.
20 Ebd.

Ich verstehe es so, dass sie selbst damit mehr für ihre als für Deine Ehre gesorgt haben".[21]

2 Über die Wirksamkeit von zwei unterschiedlichen Netzwerken

Freilich, Opitz' Mitgliedschaft in der Fruchtbringenden Gesellschaft wäre wohl ohne ein funktionierendes Netzwerk nicht zustande gekommen. Bevor diese Annahme mit einigen Texten belegt werden kann, ist eine heuristische Definition des heute in der Verkehrssprache zumeist auf die sogenannten ‚sozialen Medien' beschränkten, in metaphorischer Bedeutung aber geradezu inflationär verwendeten Begriffs vonnöten.[22] Dazu empfiehlt es sich, ein Lexikon der historischen Soziologie heranzuziehen, die sich mit gesellschaftlichen Phänomenen und Konstellationen der Vormoderne befasst.[23]

---

21 BW II, 290909 *ep*, S. 747–751, hier S. 749: „Quem tibi in corpore Sodaltij dederunt locum Anhaltini, eum congratulor & ita habeo, ipsos in eo, suo magis honori, quam tuo consuluisse."
22 Die „nahezu uferlose Ausweitung des Netzbegriffs, die seine terminologische Trennschärfe [heute] immer schwieriger macht", sieht Hartmut Böhme (Einführung: Netzwerke. Zur Theorie und Geschichte einer Konstruktion. In: Netzwerke. Eine Kulturtechnik der Moderne. Hg. von Jürgen Barkhoff, Hartmut Böhme und Jeanne Riou. Köln u. a. 2004, S. 17–36, hier S. 30 f.) im Zusammenhang „mit zwei durchaus normalen Phänomenen der Mentalitätsgeschichte [...]. Zum einen lässt sich oft beobachten, dass dasjenige, was man technisch beherrschen lernt, zum allgemeinen Modell des Wissens avanciert [...]". Zum andern „fällt der Beginn der Netz-Metapher in der Zeit um 1800 mit dem Reflexivitätsschub zusammen, der zur unhintergehbaren Bedingung von Modernisierung wurde. Wissen reorganisierte sich um 1800 in der Weise, dass gegenüber der Ebene des gegenständlichen Könnens die kognitiven Verfahren selbst ins Zentrum rückten, mit denen man Wissen und Können erzeugte".
23 Auch Werner Arnold (Die Entstehung der Bibliothek aus dem Netzwerk. Über den Aufbau der Bibliothek Herzog Augusts d. J. zu Braunschweig und Lüneburg im 17. Jahrhundert. Ein Projektbericht. In: Wolfenbütteler Barock-Nachrichten 38 (2011) H. 4, S. 1–35, hier S. 2 f.) ist der Meinung, dass „der Begriff des Netzwerks durch vielfältigen Gebrauch unscharf geworden" sei, hält jedoch an ihm fest, da er für das im Titel seines Berichtes genannte „Anliegen genau zutrifft [...]. Zu dem Netzwerk in der gemeinten [allerdings nicht explizierten] Definition gehören alle Personen, die an der Bibliotheksarbeit beteiligt waren, also der Herzog als Gründer und Finanzier, die Buchagenten und Buchhändler, Professoren und Gelehrte, die als Ratgeber gefragt wurden, Privatleute, deren Bücher in die Sammlung Hz. Augusts gelangt sind, ferner Verwaltungsbeamte, Bankiers und Kaufleute, die für die Bezahlung der Rechnungen sorgten und den Buchtransport organisierten". Das könne als ein „Modell der kooperativen Zusammenarbeit" (sic!) verstanden werden; im Grunde ist es aber nur ein empirisches Beispiel für eine solche. Auf jede begriffsanalytische Reflexion verzichtet Sven Limbeck: Netzwerke intellektueller und politischer Eliten in

> Ein Netzwerk ist eine abgegrenzte Menge von Menschen, die über soziale Beziehungen miteinander verbunden sind und ein Interaktionsgeflecht, das auf persönlichen Kontakten beruht, zum Zweck des (mündlichen oder schriftlichen) Informationsaustausches und/oder gegenseitiger Unterstützung (in materieller, kognitiver und/oder emotionaler Hinsicht) bilden.[24]

Zu ergänzen wäre im Kontext dieser Darstellung noch, dass es zwischen den Mitgliedern eines Netzwerks unterschiedlich starke Beziehungen gibt, die über die Qualität und Quantität des Austausches entscheiden. Idealerweise sollte ein ausgeglichenes Verhältnis von Geben und Nehmen vorliegen, wobei dieses auch durch eine Korrespondenz von materiellen Zuwendungen (Geld, Geschenken, Immobilien, Arbeitsplätzen) und immateriellen Leistungen (Zuspruch, Lob, Schutz, Ruhm) hergestellt werden kann. Darüber hinaus ist es möglich, dass die gleichen Personen in verschiedenen Netzwerken (miteinander) agieren.

In Opitz' Fall wird ein solches Netzwerk schon früh durch verwandtschaftliche und aus seiner Schulzeit herrührende Verbindungen geknüpft, etwa zu Bernhard Wilhelm Nüßler, Caspar Dornau, Caspar Cunrad, Tobias Scultetus u. a. Hervorzuheben ist aber vor allem der Mann, der quasi dessen Knotenpunkt bildete und ihm zugleich ständig neue Fäden zu Vertretern der gelehrten und höfischen Welt einzog. Das war Opitz' Cousin und Freund Caspar Kirchner (1592–1627), „hzl. liegnitz. und briegscher Rat und Bibliothekar", der seinen Vetter 1625 einlud, ihn auf einer Gesandtschaft der schlesischen Fürsten und Stände nach Wien zu begleiten.[25] Dort trafen zwei Ereignisse ein, die sich auf Opitz' Leben und Werk, wenn auch unterschiedlich stark, so doch entscheidend auswirken sollten: Zum einen krönte ihn Kaiser Ferdinand II. ‚eigenhändig' zum Dichter, was ihm, wie

---

der frühen Neuzeit. Die Mitglieder der Fruchtbringenden Gesellschaft im Stammbuch des Konrad Kisewetter. In: Wolfenbütteler Barock-Nachrichten 36 (2009) H. 1/2, S. 115–136 – vielleicht weil er den ‚Netzwerk'-Begriff durch die Studie von Andreas Herz (Der edle Palmenbaum und die kritische Mühle. Die Fruchtbringende Gesellschaft als Netzwerk höfisch-adeliger Wissenskultur der frühen Neuzeit. In: Denkströme 2 (2009), S. 152–191) für hinreichend definiert hält (Limbeck verweist auf diese Studie auf S. 123, Anm. 35).

24 Vgl. das Projekt: Die Entwicklung von sozialen Netzwerken. Modul ‚Informatik und Gesellschaft'. Department für Informatik, Fakultät II der Carl von Ossietzky Universität Oldenburg. www.informatik.uni-oldenburg.de/~iug10/sn/html/content/definition.html – (aufgerufen am 2.2.2016).

25 Vgl. BW I. 250510 *ep*, Brief an Venator vom 10. Mai 1625, S. 386–393, hier S. 386. Dazu führt Garber (Anm. 1), S. 127 f. aus: „Zu Anfang des Jahres 1625 hatte Opitz Gelegenheit, einer Gesandtschaft der schlesischen Fürsten und Stände anlässlich des Todes von Erzherzog Karl nach Wien beizuwohnen. Sie brachte Opitz die Würde eines kaiserlich gekrönten Poeten ein, der 1627 die Nobilitierung und 1629 die Aufnahme in die Fruchtbringende Gesellschaft folgt – wichtige Insignien für das Ansehen des gelehrten Dichters innerhalb der höfischen Ständegesellschaft."

er selbst schreibt, den „sein Ansehen vermehrenden Ehrentitel" eines *poeta Caesare laureatus* einbrachte und durchaus mit Freude erfüllte; doch warte er noch auf die „dazugehörige Urkunde", damit er „nicht umsonst durchdrehe".[26] Zum andern lernte er in Wien den kaiserlichen Kammerpräsidenten Karl Hannibal von Dohna, der die schlesische Delegation leitete, näher kennen.[27]

Der Eintritt in habsburgische Dienste führte, anfänglich jedenfalls, weder zu nennenswerten Konflikten in der höfischen Umgebung des katholischen Burggrafen von Dohna noch zu Unstimmigkeiten mit seinen bürgerlichen Jugendfreunden und den ihm freundschaftlich verbundenen reformierten Gelehrten, die Opitz im und über den Heidelberger Humanistenkreis kennengelernt hatte. Er agierte eben zugleich in zwei verschiedenen Netzwerken, indem er weiterhin Kontakte mit dem alten (reformiert-humanistischen) vornehmlich über einen umfangreichen (zumeist lateinischen) Briefwechsel unterhielt und das neue (katholisch-habsburgische) in erster Linie mit zahlreichen Kasualpoemen für seinen Dienstherrn und andere Adeligen in seiner Umgebung aufbaute, wobei ich mich hier auf die spezifischen Leistungen des Autors Opitz konzentriere und seine politisch-diplomatischen und administrativen Aufgaben außer Acht lasse. Opitz hat dieses Parallelgeflecht von Anfang an offensiv vertreten, z. B. wenn er August Buchner im November 1626 schreibt, dass ihm sein „Maecenas" (i. e. jetzt von Dohna) kurz vor seinem Aufbruch ins Feldlager auf seine Bitten hin gestattet habe, sich nach Breslau abzusondern: „Deshalb werde ich mich dank seiner Gnade und auf seine Kosten über hoffentlich einige Monate hinweg hier aufhalten und die Zeit mit meinen Büchlein und Freunden verbringen, von denen ich in dieser prächtigen Stadt sehr viele habe".[28] Explizit wird hier die doppelte Bezugsgruppe (Mäzen – Freunde) genannt und schon die Aussage formuliert, die sich in Opitz' Briefwechsel zwischen 1626 und 1631 zum vorherrschenden Stereotyp auswachsen wird, nämlich dass ihm sein katholischer Dienstherr trotz seiner eigenen militärischen Beanspruchung ungestörte und sorgenfreie poetische Studien ermögliche, die zumeist in einer kriegsfernen, friedlich anmutenden Enklave, etwa in Bibliotheken oder auf den Landgütern der Fürsten oder Personen hohen Standes, ausgeübt werden.[29] So heißt es in der viel zitierten Stelle des

---

26 BW I, ebd.: „cujus rei diploma expecto: ne gratis insaniam".
27 Vgl. Garber (Anm. 1), S. 126.
28 BW I, 261100 *ep*, Brief an Buchner im Nov. 1626, S. 501–503, hier S. 501: „Itaq*ue* indultu ejus et sumptib*us* per aliquot, spero, menses hic com*m*orabor, libellisq*ue* meis et amicis, quos in amplissima hac civitate plurimos habeo, temp*us* transigam." (Hervorhebungen im Text).
29 GW IV,1, S. 137, V. 10f. („tranquillum prorsusque felix Musarum contubernium"). Vgl. hierzu Rudolf Drux: Beschworene Mußestunden. Über ein zentrales Anliegen der Panegyrica des Martin Opitz auf Karl Hannibal von Dohna. In: Memoriae Silesiae. Leben und Tod, Kriegserlebnis und

Briefes, den Opitz am 20. November 1626 an den großen Humanisten Janus Gruterus schreibt, der seit der Besetzung Heidelbergs durch die Spanier im Herbst 1620 zurückgezogen im pfälzischen Bretten lebt:

> Ich habe den erlauchten Burggrafen Carl Hannibal von Dohna zum Patron, der zwar nicht unserer Religion anhängt, mich aber dennoch so gern hat, dass ich sein Wohlwollen nicht genug zu preisen vermag. Während er jetzt im Heerlager wegen der andringenden Truppen des Weimarers [i. e. Herzog Johann Ernst von Sachsen-Weimar] weilt, [...] gewährt er mir aus freien Stücken, dass ich die Zeit mit den Musen verbringe.[30]

In den *Panegyrica* auf den Burggrafen erhält dieser Gunsterweis den Status eines *locus classicus*, der in allen Gratulationsgedichten zu Neujahr aufgesucht, aber auch als alleiniger Gegenstand der *carmina laudativa* auf von Dohna gestaltet wird, etwa in folgendem undatierten Huldigungsgedicht, dessen erste Distichen lauten:[31]

> DVm tu bella geris, saeuos dum ferris in hostes,
>   Claßicaque, et rigidi proelia Martis amas,
> Nunc colimus faciles, heros fortißime, Musas,
>   Haec sunt militiae numina sola meae.
> Dî tibi dent quicquid, patriae spes prima, mereris;
>   Tu mihi, magne parens, otia tanta facis.

Die Gegenleistung des Dichters besteht im Wesentlichen darin, den Besoldung, militärischen Schutz und einen fruchtbaren Ort für künstlerische Tätigkeit Gewährenden vor der Mitwelt als tugendhaft darzustellen und dem kulturellen Gedächtnis ruhmvoll einzuverleiben. Sie vollzieht sich nach den Gesetzen des Warenaustausches, was u. a. der Begriff ‚merces' verrät, den Opitz in seinen lateinischen Kasualpoemen auf von Dohna gerne (ja geradezu leitmotivisch) verwen-

---

Friedenssehnsucht in der literarischen Kultur des Barock. Zum Gedenken an Marian Szyrocki (1928–1992). Hg. von Mirosława Czarnecka, Andreas Solbach u. a. Wrocław 2003, S. 259–269.
30 BW I, 261120A *ep*, Brief an Gruterus vom 20. Nov. 1626, S. 509–523, hier S. 509: „Patronum habeo Illustriss. Burggravium de Dhona Carolum Annibalem, auersum quidem à religione nostra, ita tamen mei amantem, vt benevolentiam eius praedicare satis non valeam."
31 LW II, S. 222, V. 1–6: „Während du Kriege führst, während du dich auf den wütenden Feind stürzt und die Trompetentöne und Schlachten des strengen Mars liebst, widme ich mich, tapferer Held, den leichten Musen; diese sind die einzigen Gottheiten, für die ich in den Krieg ziehe. Die Götter mögen dir all das geben, was du, des Vaterlandes erste Hoffnung, verdienst, gewährst du mir doch, großmütiger Vater, so viele Stunden der Muße" (Übers. R. D.). Auffallend ist die bis in den Wortlaut reichende Nähe dieses Poems zu den *Laudes Martis* von 1628 (ebd., S. 88–95), besonders der Widmungsrede (vgl. S. 94 f.); von daher könnte es ebenfalls 1628 entstanden sein.

det, z. B. in dem ‚Epigramm' „zum 1. Januar 1629".[32] Darin führt er die „Güte" des Burggrafen darauf zurück, dass dieser ihn „von unwürdigen Sorgen entbinde" und seine Degeneration zu einem bloßen „Nichts" verhindere.[33] Das ihm auf diese Weise entgegengebrachte Wohlwollen *verrechnet* Opitz zum pointierten Schluss des Gedichtes mit der freundlichen Erinnerung der Nachwelt an den Patron und Mäzen, die die ihm zugedachten Verse besorgen: „Dies soll dein *Lohn* sein, jeder beliebige Reiche kann Geld geben, Ruhm nur der Musensöhne Schar".[34]

Der Kammerpräsident steigert seinerseits nochmals den Einsatz für seinen Sekretär und Vertrauten, indem er in Wien dessen Nobilitierung betreibt, und in der Tat erhebt der Kaiser Opitz am 14. September 1627 in den Adelsstand – „auf Intercession des Burggraffen von Dohna",[35] wie die Urkunde ausdrücklich vermerkt. Während hier die Überschneidung der Netzwerke dem in beiden interagierenden schlesischen Dichter Martin Opitz insofern zugute kommt, als der katholische Kaiser mit seiner Nobilitierung eine wichtige Voraussetzung für seine Aufnahme in den von protestantischen Fürsten geleiteten Dichterorden schafft, bringt sie gerade im täglichen Umgang Konflikte hervor. Als ein ‚Diener zweier Herren' hat Opitz seinem alten Freund aus Heidelberger Tagen und Nachfolger als Hauslehrer bei Georg Michael Lingelsheim, Balthasar Venator, seine ambivalente Lage im Frühjahr 1628 verdeutlicht:

> Ich habe zwei Herren, den Fürsten von Liegnitz und den Burggrafen von Dohna, die in diesem Land die höchste Macht haben. Dennoch verkehre ich mit ihnen so, dass ich weder den einen beleidige, der als Förderer der Partei der Lutheraner erscheinen möchte, noch den anderen, der den Papisten seit zarter Jugend anhängt, und trotzdem meine eigene Gesinnung öffentlich und privat keinesfalls verheimliche.[36]

Das fällt zunehmend schwerer, weil ihm die anwachsende „Missgunst der Jesuiten und Mönche" psychosomatische Beschwerden verursacht: Diese „glauben",

---

32 LW II, S. 218.
33 Ebd., V. 13.
34 Ebd., V. 23f.: „Haec tua sit merces. Diues dare quilibet aurum, | Famam Pieridum non nisi turba potest."
35 BW I, 270904 *rel.* Adelsdiplom, S. 557–561, hier S. 557 (Hervorhebung im Text).
36 BW I, 280424 *ep*, Briefe an Venator vom 24. April/4. Mai 1628, S. 606–615, hier S. 606f. „Mihi duo Heri sunt, Princeps Lignicensis et Dohnae, burggravius, penes quos in hac provincia rerum summa est; ita tamen cum iis versor, ut neq*ue* illum, qui Lutheranas se partes fovere videri vult, neq*ue* hunc, qui pontificiis à teneris adhaesit, offendam, animi tamen mei sententiam publice et privatim nullatenus celem."

teilt er im Juni 1629 dem anderen engen Freund dieser Zeit, August Buchner,[37] mit, „dass sie, solange ich nicht aus meinem Wächteramt entfernt worden sei, den Hof hier kaum von Ketzern reinigen können". Doch er werde vor diesen Heuchlern nicht zurückweichen, vielmehr „gelobe er, noch irgendwie Ruhe zu bewahren – wegen der Zuneigung des Mäzens, der mich nach seinem Wissen und Gewissen nicht entlassen wird".[38]

Spätestens mit Dohnas Flucht aus der Breslauer Burg nach Böhmen im September 1632 hat sich dieses Beharren erübrigt. Opitz fiel nicht ins Bodenlose, vielmehr fing ihn, um die Metapher nochmals zu bemühen, das während seiner Dienstzeit bei den Habsburgern weiterhin gespannte Netz seiner protestantisch-humanistischen Beziehungen auf. Den gelehrten Kollegen hat die herr(schaft)-liche Ermöglichung eines ungestörten Verweilens in der dem Poeten ‚wesentlichen Wissenschaft' von „Feder vnd Papier"[39] als Grund für sein Engagement bei Dohna durchaus eingeleuchtet, obwohl dieser der Habsburger Statthalter in Breslau und gegenreformatorische Zwingherr Schlesiens war. Und nach dessen Flucht erschien ihnen Opitz' Rückkehr ins protestantische Lager nicht minder verständlich. Ohne nennenswerte Verzögerung vollzieht sich seine Bestallung bei den Piastenherzögen im April 1633. Das hat aber nicht nur an der Akzeptanz seines zentralen Anliegens sowie der Rolle eines redlichen Moderators zwischen den konfessionellen Parteien gelegen – seine protestantischen Freunde hätten ihm sogar einen mäßigenden Einfluss auf die Habsburger Exekutoren der Gegenreformation zugebilligt, wie etwa Marian Szyrocki annimmt.[40] Für die Herzöge von Liegnitz und Brieg war wohl eher ausschlaggebend, dass sie mit Opitz einen erfahrenen Diplomaten erhielten, der mit hochrangigen Staatsmännern zu verkehren und zu verhandeln wusste.[41] Und deshalb zögern sie nicht (im Gegensatz zu Opitz selbst[42] und seinen bürgerlichen Mitgelehrten), ihn mit seinem Adels-

---

[37] Die besondere Vertrautheit mit seinen Freunden Buchner, Venator und Nüßler spiegelt sich auch darin wider, dass Opitz sie als Dialogpartner in die *Schäfferey von der Nimfen Hercinie* (1630) einbaut.
[38] BW II, 290629 *ep*, Brief an Buchner vom 29. Juni 1629, S. 712–715, hier S. 712f. Die Wendung „ex animi sui sententia" (S. 713 „nach seinem Wissen und Gewissen") ist an die Eidformel angelehnt.
[39] GW IV,1, S. 58, V. 144. In dieser Stelle aus dem „Carmen panegyricum" von 1627 grenzt sich Opitz vom „Hofemann" ab, der „Rauch verkauffen" und „vnterthänig lauffen" könne (V. 141f.); sein „wesen/ gutt vnd Ziehr/ [hingegen] Ist lust zur wissenschafft/ ist Feder vnd Papier" (V. 143f.).
[40] Vgl. Szyrocki (Anm. 14), S. 95f.
[41] Das geht auch aus der Charakteristik des Barons von Ballenstädt hervor: Opitz „ist eine sehr gelehrte Persönlichkeit, kennt gut seine Sprachen, ist wohlbereist und unserer Religion hingegeben" (zit. nach Szyrocki [Anm. 14], S. 69).
[42] Vgl. die spöttische Unterzeichnung seines Briefes an Venator (Anm. 36, S. 608): „T. ex animo Martinus Opitius de Boberfeldt. (Sum enim, Caesare ita volente, eques ἄνιππος et nobilis sine

namen anzusprechen, sowohl in persönlichen Mitteilungen als vor allem auch in offiziellen, d. h. von „ihrer kanzlei ausgehenden schriftstücken".[43] Ein „Herr Martin Opitz von Boberfeldt" war im politischen und diplomatischen Diskurs nun einmal mit einem höheren Maß an Reputation ausgestattet. Und auch zur Durchsetzung seiner Dichtungsreform trug sein Titel bei; denn der Adelsbrief war die offizielle Festschreibung des programmatischen Anspruchs, den Poeten im höfischen Umkreis als „Fachmann für Repräsentationskultur" zu etablieren, der sich auf seine „gelehrte Professionalität" stützen kann.[44]

Zum Schluss möchte ich im Rückblick auf die im Titel gestellte Frage festhalten, dass bei der Aufnahme des Bürgers Opitz in die Fruchtbringende Gesellschaft Topik und Netzwerk zusammenwirken, indem jene seine Zielsetzung historisch verankert und kulturpatriotisch legitimiert, dieses ihre Verwirklichung im sozialen und politischen Raum besorgt. Es sollte allerdings nicht vergessen werden, dass im Zeitalter des Absolutismus alle diesbezüglichen Argumente und Verhaltensmuster zu bloßen Floskeln und Gesten verkommen, wenn sie bei Fürsten und ‚Hohen Herren' nicht verfangen. Und das bringt Opitz – schon bevor er als Realpolitiker permanent gefordert wurde – in der Vorrede zu seinen *Deutschen Poemata* auch deutlich zum Ausdruck, wenn er Fürst Ludwig „von denen Vrsachen/ die wir Menschen" für die parallele Entwicklung von Regierungen und Künsten „ergründen mögen", als „diese wol [...] fürnembste" anführt, „daß gelehrter Leute Zu- und Abnehmen auff hoher Häupter vnd Potentaten Gnade/ Mildigkeit vnnd Willen sonderlich beruhet".[45]

Mehr als 30 Jahre später (1657/58) wird der in der alten Hansestadt Königsberg unter reichen Kaufmannsfamilien ansässige Professor Poeseos Simon Dach dasselbe mit den nüchternen Versen seiner *Unterthänigste[n] letzte[n] Fleh-Schrifft* sagen, in denen er seinen Landesherrn um ein Stückchen Land ersucht und diese Bitte mit dem stereotypischen Argument eines ‚Korrosionsschutzes' durch das unvergängliche Dichterwort untermauert: Schließlich habe er dem Großen Kurfürsten und seinem Haus „mit berühmter Zungen [...] gesungen, | Was kein Rost

---

rusticis)" – („Ich bin nämlich nach dem Willen des Kaisers ein Ritter ohne Pferd und ein Adliger ohne Bauern").
43 Hermann Palm: Beiträge zur Geschichte der deutschen Literatur des XVI. und XVII. Jahrhunderts. Breslau 1877, S. 218.
44 Georg Braungart: Opitz und die höfische Welt. In: Martin Opitz (1597–1639). Nachahmungspoetik und Lebenswelt. Hg. von Thomas Borgstedt und Walter Schmitz. Tübingen 2002 (Frühe Neuzeit 63), S. 30–37, hier S. 33.
45 Opitz: Widmungsvorrede zu: Deutsche Poemata (1625). In: Ders.: Poeterey (Anm. 6). Anhang 3, S. 101–112, hier S. 101.

der Zeit verzehrt".[46] Dennoch ist er sich darüber im Klaren, dass die moralische ‚Verpflichtung auf Gegenseitigkeit' (*mutua obligatio*) nicht mehr als ein appellativer Sprechakt sein kann, denn:

> Fürsten schencken nach Behagen,
> Gnade treibet sie allein,
> Nicht Verdienst, das Sie thun sollen,
> Nein, Sie herrschen frey und wollen
> Hie auch ungebunden seyn.[47]

---

[46] Simon Dach: Unterthänigste letzte Fleh-Schrifft an Seine Churfürstl. Durchl. meinen gnädigsten Churfürsten und Herrn. In: Gedichte des Barock. Hg. von Ulrich Maché und Volker Meid. Stuttgart 1980, S. 88f., hier S. 88.
[47] Ebd., S. 89.

Dirk Niefanger
Martin Opitz und Karl Hannibal von Dohna
Ein Beispiel für Intersektionalität im Opitz-Netzwerk zwischen 1626 und 1632

Jede Beschäftigung mit Martin Opitz und seiner Beziehung zu Karl Hannibal von Dohna (1588–1633), seinem katholischen Dienstherrn zwischen 1626 und 1632, scheint geprägt von der Frage: Wie konnte ein bekennender Protestant wie Opitz während des Dreißigjährigen Krieges und zu Zeiten, in denen sich sein Vaterland in den Händen der Glaubens- und Kriegsgegner befand, in die Dienste einer Gallionsfigur des militanten Katholizismus in Schlesien treten? Schließlich war Dohna – wie Roloff vermerkt – „ein bekannt harter Protestantenverfolger".[1] Zwar berichtet Coler, „daß die schlesischen Herzöge die Tätigkeit des Literaten bei Dohna tolerierten, wenn auch stillschweigend",[2] doch radikalisierte sich während Opitz' Dienstzeit Dohnas gewaltsames Vorgehen gegen die evangelische Bevölkerung so, dass der „Belli Dux"[3] sich „durch die entsetzliche Härte und Grausamkeit" seiner Lichtensteiner Dragoner den wenig schmeichelhaften Beinamen des „Seligmachers" erwarb.[4] Das Literaturwissenschaftlern bekannteste Opfer dieser Säuberungsaktionen war 1628/29 der damals zwölfjährige Andreas Gryphius, dessen Pflegefamilie die Dragoner, weil sie nicht konvertieren wollte, aus Glogau vertrieb.[5] Aufnahmeland der Flüchtlinge um Gryphius war bekanntlich das wesentlich liberalere Polen.

Etwa zur gleichen Zeit widmete sich Opitz – vermutlich im Auftrag Dohnas – der Übersetzung des gegenreformatorischen Handbuchs *Aller dieser Zeit in der Religion Streitsachen* des Jesuiten Martin Becanus aus dem Lateinischen, trug also durchaus zur intellektuellen Rechtfertigung der gewaltsamen Rekatholisie-

---

[1] Hans-Gert Roloff: Martin Opitz – 400 Jahre! Ein Festvortrag. In: Thomas Borgstedt und Walter Schmitz (Hgg.): Martin Opitz (1597–1639). Tübingen 2002 (Frühe Neuzeit 63), S. 7–30, hier S. 25.
[2] Ebd., S. 25f.
[3] Martin Opitz: Ad Illustriss. Dnm. Dnm. CAROLUM ANNIBALEM [...]. In: LW II, S. 80.
[4] Hermann Palm: Dohna, Karl Hannibal Burggraf von. In: Allgemeine Deutsche Biographie 5 (1877), S. 309.
[5] Vgl. Wilhelm Kühlmann: Martin Opitz. Deutsche Literatur und deutsche Nation. Heidelberg 2001, S. 62 und Nicola Kaminski: Andreas Gryphius. Stuttgart 1998, S. 22. Zu den bekanntesten protestantischen spöttischen Flugschriften über den Tod Dohnas zählt: Ochsen-Küh und Kälber-Gespräch. Über den allzu langsamen und unfrüe zeitigen Ableiben des Küh Melkers und Kälber Verstossers. Carl Annibals von Dohna. O. O. 1633.

rung seiner Heimat bei. Auf dem vom lateinischen Original[6] deutlich abweichenden Titelblatt begründet Opitz seine Übersetzung mit missionarischem Eifer: Das Handbuch sei „Jetzo der gantzen Christenheit" – gemeint sind allein die katholischen Christen – „zum besten/ vornemblich aber zur Bekehrung der Irrenten/ in die Teutsche Spraach gebracht".[7] Ich glaube kaum, dass dieser Angriff speziell auf die Ireniker es zulässt, Opitz könne – wie Klaus Conermann vermutet – „im Dienst des gebildeten und freundschaftlichen Karl Hannibal zu Dohna irenische Neigungen entwickelt haben".[8] Kein Zweifel lässt das Titelblatt, wer die Ireniker sind, die missioniert werden sollen: Denn als schärfste Widersacher des rechten Glaubens macht Becanus – in den Worten von Opitz – eine Gruppe von „Calvinisten/ Lutheranern/ Wiedertäuffern/ vnd andern/ sonderlich den Weltleuten/ oder Politici" aus.[9] Als „Weltleuthe" versteht Becanus „theils die jenigen/ die mehr nach der Policey/ als nach dem Glauben vnnd der Religion fragen; theils die/ so fürnemblich von solchen Fragen disputiren/ welche zu der Policey etzlicher massen gehörig sindt."[10] Versteht man den im Titel zweimal verwendeten Terminus als ‚gute' Policey, also als rechtmäßiges Vorgehen der Obrigkeit zur Stabilisierung der Ordnung, dann erklärt die Opitz-Übersetzung durch ihre Policey-Kritik zumindest implizit das strenge Durchgreifen der Dragoner in Schlesien. Jedenfalls zeigt sich die hier vertretene Position als deutlich anti-lutherisch, da dem religiös gerechtfertigten Ordnungshandeln mehr Recht zugestanden wird als dem weltlichen. Referenzschriften sind Luthers *An den christlichen Adel deutscher Nation* und *Von der Freiheit eines Christenmenschen*, wo es unzweideutig heißt, dass die Christen prinzipiell „weltlicher Gewalt untertan" sein sollen.[11]

Auf dem Titelblatt werden die Protestanten zwar nicht zu den Nicht-Christen oder Heiden gezählt, aber zu denen, die sich vom wahren christlichen Glauben abgewandt haben oder bei denen dieser nicht alleinige Grundlage des Handelns

---

6 Vgl. Martin Becanus: Compendium manualis controversiarum Huius Temporis De Fide Ac Religione. Mainz 1624.
7 [Martin Opitz:] Becanus Redivivus. Das ist, Deß Wohl-Ehrwürdigen Hochgelehrten/ Herrn Martini Becani der Societät Jesu Theologen S. Handtbuch: Aller dieser Zeit in der Religion Streitsachen [...] in die Teutsche Spraach gebracht. Mainz 1631, Titelblatt.
8 Klaus Conermann: Martin Opitz: Patria – Nation – Europäische Renaissance. Neue biographische Forschungen zur Stellung des ‚Gekrönten' in der Literaturgeschichte. In: Abhandlungen der Braunschweigischen Wissenschaftlichen Gesellschaft 64 (2011), S. 37–62, hier S. 54.
9 [Opitz:] Becanus Redivivus (Anm. 7), Titelblatt.
10 Ebd., [unpag., S. 12].
11 Martin Luther: Von der Freiheit eines Christenmenschen. In: Ders.: An den christlichen Adel Deutscher Nation. Von der Freiheit eines Christenmenschen. Sendbrief vom Dolmetschen. Mit einer kurzen Biographie und einem Nachwort hg. von Ernst Kähler. Stuttgart ²1962, S. 124–150, hier S. 148.

ist. Diese Haltung von Becanus ist innerhalb der Kontroverstheologie indes eher konziliant oder gemäßigt. Trotzdem muss man festhalten, dass Opitz ein zentrales Werk der Gegenreformation übersetzt, während er miterlebt, wie seine Heimat gewaltsam katholisiert wird. Man ist tatsächlich geneigt, Gunter Grimm zuzustimmen, wenn er kritisch konstatiert: „Daß der Protestant Opitz unter diesen Bedingungen ein Amt übernahm, wirft ein etwas merkwürdiges Licht auf seinen Charakter. Verhielt Opitz sich als Opportunist, war er lediglich indifferent oder versuchte er diplomatisch zwischen den Parteien zu vermitteln?"[12]

Bei solch widerstreitenden Vermutungen hilft es wenig, wenn Roloff entschuldigend spekuliert, Opitz' Dienstherr Dohna sei ja als Machtpolitiker eigentlich „religiös [...] weitgehend indifferent gewesen".[13] Er bezieht sich vermutlich auf Arno Duch, der behauptet hat, Dohna sei „viel zu leichtlebig und weltlich gesinnt" gewesen, „um konfessioneller Fanatiker zu sein." Er habe zum Beispiel den „laxen Protestantismus seines ihm als Stilist unentbehrlichen Sekretärs Martin Opitz [...] unbeanstandet" gelassen.[14] Natürlich, aus katholischer Sicht hatte es Dohna mit den schlesischen Protestanten besonders schwer; seine militärischen Mittel schienen von daher gerechtfertigt. Auch bei der Beurteilung der Beziehung zwischen Dohna und Opitz kommt es auf die konfessionelle Perspektive an – auch heute noch.

Roloff selbst ist es denn auch, der beklagt, dass die Beziehung zwischen Opitz und Dohna „längst einer detaillierten biographischen Untersuchung" bedürfe und dass „vor allem das konfessionelle, politische und ideologische Geflecht, in das Opitz literarisch und kommunikativ integriert war", eine „systematische Modellanalyse" verdiene.[15] Dieser Einschätzung folgt der Kommentar zu *Briefwechsel und Lebenszeugnissen* von Klaus Conermann und Harald Bollbuck.[16] Nun, viele der greifbaren Fakten scheinen mir heute über die ausführlichen und sehr hilfreichen Kommentare hier und vor allem auch in der neuen Ausgabe der lateinischen Werke von Veronika Marschall und Robert Seidel relativ leicht zugänglich zu sein.[17] Daneben kann man inzwischen auf überzeugende Darstel-

---

12 Gunter E. Grimm: Martin Opitz. In: Ders. und Frank Rainer Max (Hgg.): Deutsche Dichter. Bd. 2: Reformation, Renaissance und Barock. Stuttgart 1990, S. 138–155, hier S. 141.
13 Roloff (Anm. 1), S. 25.
14 Arno Duch: Dohna, Karl Hannibal Burggraf von. In: Neue Deutsche Biographie 4 (1959), S. 51.
15 Roloff (Anm. 1), S. 26.
16 Vgl. BW I, S. 345f.
17 Vgl. LW II, S. 344–352 (Kommentar: Veronika Marschall).

lungen bei Becker-Cantarino,[18] Drux[19] und Garber[20] oder auch auf ältere Arbeiten von Palm[21] und Szyrocki[22] zurückgreifen.

Im Grunde könnte man also die in den letzten Jahren fleißig gesammelten Quellen nur zusammentragen, um das Verhältnis Opitz/Dohna resümierend beleuchten zu können. Ich gehe einen etwas anderen Weg, wenn ich versuche, einen wissenschaftlichen Mehrwert über einen attraktiven neueren methodischen Zugriff zu gewinnen, um so die anfangs gestellte Frage nach der spezifischen Qualität der Beziehung Opitz/Dohna zu beantworten. Die folgenden Ausführungen beziehen sich auf die Netzwerktheorie der Sozialwissenschaften und darauf aufbauend den Ansatz der so genannten Intersektionsforschung.

Was ist damit gemeint? „Netzwerkansätze und Netzwerkanalysen sind in den geisteswissenschaftlichen Disziplinen" zwar „‚en vogue'",[23] doch kann nicht von einer einheitlichen oder gar verbindlichen ‚Theorie' des sozialen oder kulturellen Netzwerkes gesprochen werden.[24] Als Konsens gilt aber, dass der Begriff ‚Netz-

---

18 Vgl. Barbara Becker-Cantarino: Opitz und der Dreißigjährige Krieg. In: Thomas Borgstedt und Walter Schmitz (Hgg.): Martin Opitz (1597–1639). Nachahmungspoetik und Lebenswelt. Tübingen 2002 (Frühe Neuzeit 63), S. 38–52.
19 Vgl. Rudolf Drux: Beschworene Mußestunden. Über ein zentrales Anliegen der Panegyrica des Martin Opitz auf Karl Hannibal von Dohna. In: Mirosława Czarnecka, Andreas Solbach u. a. (Hgg.): Memoria Silesiae. Leben und Tod, Kriegserlebnis und Friedenssehnsucht in der literarischen Kultur des Barock. Zum Gedenken an Marian Szyrocki (1928–1992). Wrocław 2003, S. 259–269.
20 Vgl. Klaus Garber: Martin Opitz. In: Harald Steinhagen und Benno von Wiese (Hgg.): Deutsche Dichter des 17. Jahrhunderts. Ihr Leben und Werk. Berlin 1984, S. 116–185.
21 Vgl. Hermann Palm: Beiträge zur Geschichte der deutschen Literatur des XVI. und XVII. Jahrhunderts. Breslau 1877 (ND Leipzig 1977), S. 129–260.
22 Vgl. Marian Szyrocki: Martin Opitz. München ²1974.
23 Vgl. Klaus Schubert: Netzwerke und Netzwerkansätze. Leistungen und Grenzen eines sozialwissenschaftlichen Konzepts. In: Manfred Kleinaltenkamp und Klaus Schubert (Hgg.): Netzwerkansätze im Business-to-Business-Marketing. Wiesbaden 1994, S. 8–49, hier S. 8 und Christian Stegbauer: Netzwerkanalyse und Netzwerktheorie. Einige Anmerkungen zu einem neuen Paradigma. In: Netzwerkanalyse und Netzwerktheorie. Ein neues Paradigma in den Sozialwissenschaften. Hg. von Christian Stegbauer. Wiesbaden 2008 (Netzwerkforschung 1), S. 11–19 und Lothar Krempel: Netzwerkanalyse. Ein wachsendes Paradigma. In: Ebd., S. 215–226. Innerhalb der Literaturwissenschaften vgl. etwa Márta Horvárth u. a. (Hgg.): Netz-Werk. 2. Symposion der ungarischen Nachwuchsgermanisten. Szeged 1999; Endre Hárs u. a. (Hgg.): Verflechtungsfiguren. Intertextualität und Intermedialität in der Kultur Österreich-Ungarns. Frankfurt a. M. 2003 und Gerhard Sauder: Netzwerk der Aufklärung. Mercks Briefe. In: Ulrike Leuschner und Matthias Luserke-Jaqui (Hgg.): Netzwerk der Aufklärung. Neue Lektüren zu Johann Heinrich Merck. Berlin u. a. 2003, S. 167–181.
24 So schon Michael Schenk: Soziale Netzwerke und Kommunikation. Tübingen 1984, S. 109. Vgl. Jessica Haas und Sophie Mützel: Netzwerkanalyse und Netzwerktheorie in Deutschland.

werk'[25] sowohl die Personen selbst, als auch ihr Handeln, insbesondere ihre sozialen Praxen,[26] erfasst; er drückt also eine konkrete Verbindung von Menschen und ihr aufeinander abgestimmtes soziales Agieren aus.[27] Nicht die Tatsache, dass Opitz bei Dohna, dem damals „einflußreichste[n] Mann des Landes",[28] in Diensten stand, ist demnach relevant, sondern wie er diesen Dienst durch Handlungen im Rahmen einer sozialen Praxis interpretierte oder gestalten musste. Die Übersetzung des Becanus und sein deutscher Titel ist eine solche Handlung; sie ist gebunden an die soziale Praxis einer inhaltsgerechten Übersetzung sowie an die Loyalität gegenüber dem Auftraggeber und Dienstherrn, lässt aber, wie wir es bei der Gestaltung des Titelblatts gesehen haben, durchaus Spielräume der Akzentsetzung zu.

Netzwerk-Modelle dienen in unserem Diskussionszusammenhang dazu, Formen von Soziabilität[29] in kulturellen Kontexten zu analysieren, die ihrerseits im 17. Jahrhundert notwendig auf die Sphären des Politischen und Religiösen bezogen sind. Netzwerke dienen unter dieser Voraussetzung

---

Eine empirische Übersicht und theoretische Entwicklungspotentiale. In: Netzwerkanalyse und Netzwerktheorie (Anm. 23), S. 49–62.
25 Obwohl das Netzwerk bislang „kein Standardaspekt zur Beschreibung von Gesellschaften" (Schenk [Anm. 24], S. 89) werden konnte, können einige Merkmale sozialer und kultureller Netzwerke bestimmt werden. So erscheint ein Netzwerk als eine Assoziation weitestgehend selbstständiger oder zumindest in Teilbereichen ihres Wirkens autonomer, durch gemeinsame Werte oder Interessen verbundener Individuen. Freilich kommen – denkt man das Netzwerk abstrakter – auch soziale Rollen und Gruppen als mögliche Aktanten in einem Netzwerk in Frage.
26 Vgl. Marian Füssel: Praktiken historisieren. Geschichtswissenschaft und Praxistheorie im Dialog. In: Franka Schäfer, Anna Daniel und Frank Hillebrandt (Hgg.): Methoden einer Soziologie der Praxis. Bielefeld 2015, S. 267–288.
27 Darauf weist schon Wolfgang Reinhard 1988 hin: „Soziale Beziehungen und Interaktionen [sind] weder bloße Indizien für Schichtzugehörigkeit noch als zufällige Eigenschaften und Aktivitäten von Individuen [aufzufassen], sondern menschliches Handeln wird durch sie geprägt oder erst ermöglicht." Wolfgang Reinhard: Oligarchische Verflechtung und Konfession in oberdeutschen Städten. In: Klientelsysteme im Europa der Frühen Neuzeit. Hg. von Antoni Maczak. München 1988, S. 47–62, hier S. 51. Indem sich ‚Netzwerk' auf beides bezieht, auf das Handeln und die Akteure, können komplexe Kooperationen, Parteinahmen, pragmatische Akzeptanzen, Synergieeffekte und Austauschprozesse modellhaft erfasst werden. Netzwerke dienen in diesem Sinn etwa der Informationsweitergabe, der (gemeinsamen) Einflussnahme und Machtausübung oder einfach der Veräußerung und dem Erwerb von Gütern und Diensten. In vielen Fällen begründen oder bekräftigen formelle und informelle Institutionen (Kompaternität, Konnubium, Gönnerschaft, Gefolgschaft, Rekommendation usw.) die jeweilige Netzwerkstruktur.
28 LW II, S. 345, Kommentar zu S. 80.
29 Vgl. Sauder (Anm. 23), S. 168.

(1) der affektiven Unterstützung,
(2) der instrumentellen Unterstützung,
(3) der kognitiven Unterstützung,
(4) der Aufrechterhaltung sozialer Identität und
(5) der Vermittlung sozialer Kontakte.[30]

Ein unübersehbares Problem bei der Analyse von Netzwerken stellt deren Komplexität dar, die eine umfassende Untersuchung unmöglich macht. Dies scheitert im Falle Opitz/Dohna schon an der verhältnismäßig prekären Quellenlage. Deshalb müssen „Netzwerkanalysen [...] sich auf partiale Netzwerke konzentrieren, die eine Extraktion aus dem totalen Netzwerk erfordern".[31] Dies führt zur methodischen Annahme überschaubarer ‚Netzwerktopologien'. Eine besonders gut analysierbare Form stellen ‚ego-zentrische' Netzwerke – auch: persönliche Netzwerke[32] – dar: Hierunter versteht man die sozialen Beziehungen einer bestimmten Person, die ins Zentrum der Analyse gesetzt wird, obwohl man weiß, dass die komplexe Vernetzung der Person tatsächlich so nicht vollständig abbildbar ist.

Dieser Ansatz rechtfertigt eine methodisch bedingte Konzentration auf Opitz. Erfasst dieser Netzwerk-Typ auch nicht annähernd die Komplexität sozialer Phänomene – schon weil die meisten Akteure selbst in verschiedenen Netzwerken unterschiedlich aktiv agieren[33] –, erleichtert er als heuristisches Konstrukt doch den Zugang zu sonst schwer analysierbaren gesellschaftlichen Vorgängen. Die Untersuchung ego-zentrischer Netzwerke wie das von Opitz stellt in der Regel eine erste Stufe umfangreicherer Studien zu komplexen Netzwerken dar (etwa zu Eliten, ökonomischen Verflechtungen, zum literarischen Leben usw.).

Den Ansatz des vorliegenden Sammelbandes verstehe ich genau in diesem Sinne: Indem wir Opitz modellhaft ins Zentrum von Netzwerkanalysen stellen, sind wir uns dessen bewusst, dass die Verflechtungen, in denen Intellektuelle wie Opitz standen, wesentlich komplexer sind, als wir sie in unseren Analysen und Modellen sichtbar machen können. Innerhalb des gemeinsamen Versuchs, das Opitz-Netzwerk zu rekonstruieren, legt mein Beitrag freilich nur einen kleinen, wenn auch aufschlussreichen Aspekt frei. Im Fokus erscheint die Betrachtung seiner zeitlich begrenzten Beziehung zu Dohna als zwar wichtiger, für den Milieubereich der katholischen Intelligenz Schlesiens aber auch exemplarischer Aspekt

---

30 Vgl. Heiner Keupp und Bernd Röhrle (Hgg.): Soziale Netzwerke. Frankfurt a. M. 1987.
31 Schenk (Anm. 24), S. 89.
32 Ebd., S. 90.
33 Vgl. Thomas Stamm-Kuhlmann: Zeitschriften und Almanache als Mittel der Netzwerkbildung. Eine Projektskizze. In: Rückert-Studien 13 (2000/2001), S. 139–155, hier S. 139.

des komplexen ego-zentrischen Netzwerks von Opitz. Schon die Einleitung zu meinen Ausführungen machte deutlich, dass wesentliche Lebenswerte bei Opitz und Dohna – wie Konfession, wie Herrschaft und wie Vorstellungen über den legitimen Einsatz militärischer Mittel bei Verwaltungs- und Befriedungsaufgaben – auf Anhieb wenig kompatibel erscheinen. Ihre Beziehung wäre insofern auf der einen Seite als Teil eines Netzwerkes – zumindest wenn dieses als Verbund von Individuen mit gemeinsamen Werten oder Interessen verstanden wird – diskutabel. Auf der anderen Seite zeigt die Beziehung – schon auf den ersten Blick – typische Merkmale eines frühneuzeitlichen Netzwerkes.

Auch wenn es unser Beispiel auf den ersten Blick nahe legt, dürfen Netzwerke nicht allein als Zweckbündnisse verstanden werden, sondern sollten stets als individuell nutzbare Ressourcen gewertet werden. Zwar mag der Dienst bei Dohna auch pragmatische, insbesondere ökonomische Gründe haben, doch gestalten Opitz und Dohna ihre Beziehung offenbar weit über dieses Zweckbündnis hinaus. Netzwerke bieten soziales Kapital, das – wenn nicht unmittelbar, so doch auf Umwegen – das ökonomische und symbolische Kapital (Prestige usw.) steigern oder mindern kann.[34] Sowohl die Ernennung zum *poeta laureatus* 1625 als auch die Nobilitierung zum *Opitz von Boberfeld* 1627 wären ohne das durch von Dohna erschlossene Netzwerk nicht möglich gewesen.

Opitz und Dohna stehen zwar in einem Patronage- und Dienstverhältnis; es gibt aber Indizien für eine gegenseitige Anerkennung: Sie wechseln Briefe, tauschen Informationen aus, sind in Verhandlungen mit imperativen Mandaten des jeweils anderen ausgestattet und unterstützen sich in ihrem beruflichen wie ideellen Handeln. Letzteres belegen recht eindeutig Opitz' Becanus-Übertragung und viele Briefe, in denen Opitz auf religiöse Belange zumindest mit allgemeineren Formulierungen zu sprechen kommt.[35] Anführbar sind zudem konkrete Handlungen, die die Beziehung festigen sollen, wie der in der Forschung gerne erwähnte Besuch eines katholischen Gottesdienstes im Jahr 1628 durch Opitz[36]

---

34 Vgl. Stefan Bernhard: Netzwerkanalyse und Feldtheorie. Grundriss einer Integration im Rahmen von Bourdieus Sozialtheorie. In: Netzwerkanalyse und Netzwerktheorie (Anm. 23), S. 121–130. Dazu vgl. Pierre Bourdieu: Zur Soziologie der symbolischen Formen. Übers. von Wolfgang Fietkau. Frankfurt a. M. 1974 und ders.: Die feinen Unterschiede. Kritik der gesellschaftlichen Urteilskraft. Übers. von Bernd Schwibs und Achim Russer. Frankfurt a. M. 1987.
35 Vgl. BW II, S. 680–688, 693–696, 829–844, 850–856.
36 Vgl. etwa Jan-Dirk Müller: Zeittafel. In: Martin Opitz: Gedichte. Hg. von Jan-Dirk Müller. Stuttgart 1970, S. 185–189, hier S. 187. Vgl. BW I, S. 656–659.

oder das Wohnrecht seines Vaters Sebastian in Bunzlau, das Dohna für ein Jahr gewähren konnte.[37]

Dem scheinbaren Widerspruch von Normkonflikt bzw. Wertedifferenz und Netzwerkbildung, der im Verhältnis von Opitz und Dohna evident wird, versuche ich mit einem Denkmodell nahe zu kommen, dass ursprünglich aus der Gender- und Diversity-Forschung kommt, jüngst aber seinen Weg in die Sozialgeschichte der Frühen Neuzeit gefunden hat. Ich meine die schon erwähnte Intersektionalitätsforschung und beziehe mich bei meinen kurzen Hinweisen vor allem auf einen Beitrag von Birgit Emich zur „unaufhebbaren Gleichzeitigkeit von Amt, Stand und Patronage".[38] Intersektionalität[39] bezeichnet ursprünglich die Überschneidung verschiedener Diskriminierungsformen in einer Person, klassischerweise etwa Geschlecht, Klasse und Ethnizität (*gender, class and race*) oder etwa körperliches Handicap und Armut. Diese „Achsen der Differenz"[40] würden in ihrer Wechselwirkung eine spezifische Identitätsbildung erzeugen. Emich zeigt, dass es solche Überschneidungsphänomene eben auch in Patronageverhältnissen gibt und hier zu Werte- und Normkonflikten führen können, etwa „wenn ein Mensch sich in einer bestimmten Situation gleich mehreren konfligierenden Verhaltenserwartungen ausgesetzt fühlt."[41] Mit Opitz' Eintritt in katholische Dienste liegt ein solcher Fall zweifellos vor. Ihn deshalb als Pragmatiker zu verurteilen, greift genauso zu kurz wie ihn als Irenikern zu sehen; der konfessionelle Bereich erscheint eben nur als *ein* Aspekt innerhalb eines intersektionalen Feldes, der sein Netzwerkhandeln bestimmt. Natürlich, seinem neuen Dienstherrn gegenüber muss er im Konfessionskonflikt innerhalb bestimmter Normen folgen, während seine Glaubensgenossen in Schlesien andere Erwartungen hegen. Anders ausgedrückt: Opitz muss in Diensten Dohnas unterschiedliche soziale Rollen mit je verschiedenen Verhaltenserwartungen bewältigen.[42]

---

37 Vgl. Conermann (Anm. 8), S. 54 mit den entsprechenden Verweisen auf die Briefe und Lebenszeugnisse.
38 Birgit Emich: Normen an der Kreuzung. Intersektionalität statt Konkurrenz oder: Die unaufhebbare Gleichzeitigkeit von Amt, Stand und Patronage. In: Zeitschrift für Historische Forschung 50 (2015), S. 83–100, hier S. 83.
39 Vgl. Gabriele Winker und Nina Degele: Intersektionalität. Zur Analyse sozialer Ungleichheiten. Bielefeld 2009.
40 Cornelia Klinger und Gudrun-Axeli Knapp: Achsen der Ungleichheit – Achsen der Differenz. Verhältnisbestimmung von Klasse, Geschlecht, „Rasse"/Ethnizität. In: Transit. Europäische Revue 29 (2005), Titel.
41 Emich (Anm. 38), S. 83.
42 Zum Begriff vgl. Heinrich Popitz: Der Begriff der sozialen Rolle als Element der soziologischen Theorie. Tübingen 1967.

Emich beobachtet, dass in Fällen, wo Normen unterschiedlicher Rollen eigentlich kollidieren müssten, sie als „normative Ambiguitäten" ausgehalten und zumindest öffentlich weitgehend akzeptiert werden.[43] Dohna nimmt Opitz trotz seiner abweichenden Konfession in seinen Dienst und zwingt ihn nicht zum Glaubenswechsel. In solchen Fällen ist Emich zufolge „mit Wechselwirkungen zu rechnen", auch mit „dauerhafte[n] Überlagerung[en] der Normsysteme".[44] Bei der Beziehung Opitz/Dohna wäre dann weniger der Normkonflikt einschlägig, wie man ihn vielleicht angesichts der starken Betonung konfessioneller Differenzen in der gängigen Barockforschung[45] erwarten würde, sondern die produktiven Effekte der Intersektionalität, die sich auch hinsichtlich religiöser Stellungnahmen und sozialer Praktiken zeigen. Denn überlagernde Erwartungen betreffen immer die ganze Person Opitz, die ihre sozialen Rollen nicht völlig getrennt voneinander spielen kann. Das *theatrum mundi* wäre in dieser Hinsicht auch im 17. Jahrhundert als eine weitestgehend idealisierte Vorstellung zu sehen, der die anthropologische Beobachtung einer gewissen Einheitlichkeit des einzelnen Menschen entgegensteht. Wie schwer sich der Mensch Opitz mit dem Rollenwechsel tut, zeigen etwa die Briefe, in denen der Dichter seinen Eintritt bei Dohna diskutiert. Dabei muss man allerdings bedenken, dass die Erwartungen des Adressaten die im Brief formulierten Überlegungen mitbestimmen. Zitiert sei ein Brief an Balthasar Venator, den Heidelberger Dichterfreund, vom 17. Februar 1626:

> Intra quatriduum etiam Illustrissimus Baro de Dhona, Catholicis additus, sed Vir rectissimi ingenii Lignicium veniet, quò me simul vocavit, acturus mecum, an suo convictu uti velim. Et hîc haereo, cum nulli ansam praebere debeam, male de me suspicandi.
>
> [Innerhalb von vier Tagen wird auch der Durchlauchtigste Herr zu Dohna – der den Katholischen zugetan, aber ein überaus geradsinniger Mann ist – nach Liegnitz kommen, wohin er mich auch gerufen hat, um mit mir zu verhandeln, ob ich in seinem Hause dienen möchte. Und hier stocke ich, weil ich keinem eine Handhabe geben darf, Übles von mir zu vermuten.][46]

Das Zögern wird mit einem deutlichen Hinweis auf die Normerwartungen Dritter begründet. Im bayerisch besetzten Heidelberg wird man auf mögliche Glaubenswechsel besonders sensibel reagiert haben. Opitz möchte insofern wohl vermei-

---

43 Emich (Anm. 38), S. 85.
44 Ebd.
45 Vgl. etwa Martin Heckel: Deutschland im konfessionellen Zeitalter. Göttingen 1983 (Deutsche Geschichte 5).
46 BW I, S. 434f. (lat.), S. 436 (dt.).

den, dass sein potentieller Dienstantritt beim konfessionspolitischen Gegner als pragmatisches Handeln ohne Werthintergrund, als eine Art Gewissenlosigkeit, interpretiert wird. Die Intersektionalitätstheorie[47] unterscheidet hier drei Ebenen: Während die *Identitätsebene* von Opitz (sein Wertehorizont und seine bislang eingeübten Praxen) kaum eine Rolle für seine Entscheidung für die Stelle bei Dohna zu spielen scheint, zeigen sich die *Strukturebene* (seine ökonomische und soziale Absicherung) und die *Repräsentationsebene* (die symbolischen Auswirkungen seines Dienstes) von erheblichem und vor allem auf den ersten Blick widerstreitendem Belang.

Verfolgt man die Forschungsidee, nicht nach dem Konflikt, sondern dem Mehrwert von Normüberlagerung zu fragen, dreht man den in der Regel auf Diskriminierung schauenden Intersektionalitätsansatz der Diversity-Forschung quasi um. Gefragt werden muss also: Inwiefern wirkt sich die Intersektionalität unterschiedlicher Normerwartungen konkurrierender sozialer Rollen bei Opitz, wie sie sich etwa im zitierten Brief an Venator zeigen, produktiv auf seine (sprachlichen) Handlungen aus? Seine Beziehung zu Dohna ist bei einem solchen Forschungsinteresse deshalb ein geeignetes Objekt, weil sich hier ganz offensichtlich unterschiedliche Erwartungen – im konfessionellen Bereich und in Bezug auf gewaltsames Ordnungshandeln – zeigen.

Einen gewichtigen Platz nehmen bei der Netzwerk-Kommunikation[48] natürlich sprachliche Ausdrucksmedien (Absprachen, Briefe, Widmungen, panegyrische Texte usw.) ein, die – wie bei Opitz – besonders gut analysiert werden können. Daher seien im Folgenden exemplarisch intersektionale Überlagerungen anhand eines Opitz-Textes erläutert. Gegenstand der Überlegungen ist der nicht ganz unbekannte *Panegyricus auf von Dohna* (1627). Bei dem „Druck handelt es sich wohl [...] um das erste literarische Zeugnis der Beziehung zwischen Opitz und seinem Mäzen."[49] Die durch den Text vollzogene Positionierung[50] setzt von

---

[47] Vgl. Nina Degele und Gabriele Winkler: Intersektionalität als Mehrebenenanalyse. Typoskript Juli 2007 (www.soziologie.uni-freiburg.de/personen/degele/dokumente-publikationen/intersektionalitaet-mehrebenen.pdf., eingesehen am 18.3.2017).
[48] Steffen Albrecht: Netzwerke und Kommunikation. Zum Verhältnis zweier sozialwissenschaftlicher Paradigmen. In: Netzwerkanalyse und Netzwerktheorie (Anm. 23), S. 165–178.
[49] LW II, S. 349, Kommentar zu S. 80.
[50] Vgl. Dirk Niefanger und Werner Wilhelm Schnabel: Positionierungen. Notwendiger Vorbericht zu einer pragmatischen Perspektive auf frühneuzeitliche Kultur. In: Positionierungen. Pragmatische Perspektiven auf frühneuzeitliche Literatur und Musik. Hg. von Dirk Niefanger und Werner Wilhelm Schnabel. Göttingen 2017, S. 9–30. Zum hier benutzten Begriff ‚Positionierung' vgl. auch Pierre Bourdieu: Die Regeln der Kunst. Genese und Struktur des literarischen Feldes. Übers. von Bernd Schwibs und Achim Russer. Frankfurt a. M. 2001, S. 365f.

Seiten des Dichters einen gewissen Rahmen für die Beziehung und für die Wahrnehmung der Beziehung in der Öffentlichkeit. Der Text besteht aus einem lateinischen Titel mit der Zuschreibung an Dohna, einleitenden lateinischen und darauf folgenden deutschen Versen, die das eigentliche Lob präsentieren.

Der Titel des *Carmen Panegyricum* an Karl Hannibal von Dohna – „Ad Illustriss. Dnm. Dnm. CAROLVM ANNIBALEM, Burggravium & Comitem Dohnae" – enthält eine erweiterte Autornennung, die nicht nur den Anlass, die Rückkehr von einer Gesandtschaftsreise nach Preußen („post Legationem Borussiacam") anführt, sondern auch der Beziehung von Opitz zu Dohna eine erste Qualität zuspricht. Der Burggraf und Kriegsfürst („Belli Dux") – wird als bester Mäzen und wohlverdienter Patron bezeichnet.[51] Dieses Lob bindet Opitz schon in den ersten panegyrischen Versen an die Verpflichtung zum Gemeinwohl:

> DUm tibi, magne virum, paucas concedit in horas
> Publica privatos visere cura lares [...].[52]

> [Während dir, großer Mann, es die Sorge um das Gemeinwohl gestattet, auf wenige Stunden die heimischen Gemächer zu erblicken.][53]

Der lateinische Einleitungstext beginnt also mit einer zumindest impliziten Ermahnung an die Verantwortung des schlesischen Kammerpräsidenten für alle Untertanen gleich welcher Konfession. Opitz selbst markiert anschließend seine Doppelaufgabe, in den Diensten Dohnas als Diplomat oder Begleiter diplomatischer Missionen und als Dichter, dem es obliegt, als Gedächtnis und Ruheanker des Gepriesenen zu dienen. Eine solche Positionierung kaschiert kaum die Intersektionalität seines Dienstes. Während Opitz als Dichter eine gewisse Autonomie der Gedankenführung und Selbstbezogenheit beanspruchen kann, verlangt die Tätigkeit als Sekretär und Leiter der Kanzlei Gehorsam gegenüber dem Dienstherrn und ein unbedingt imperatives Handeln. Mit der impliziten Ermahnung an das Mäzenatentum und die Verantwortung für das Gemeinwohl interpretiert Opitz seine Rolle als Panegyriker relativ weit: Fast möchte man sagen, er gibt seinem politischen Anliegen – dem maßvollen Umgang mit den Protestanten in Schlesien und Frieden – durchaus Raum. Man könnte fast behaupten, dass Aspekte des Fürstenspiegels durchscheinen.

Der deutsche Text setzt mit einem klassischen Heldenlob ein, das sich aber nicht – Becker-Cantarino betont es – auf Dohnas militärisches Handeln bezieht,

---

51 Martin Opitz: Panegyricus auf von Dohna. In: GW IV,1, S. 53–84, hier S. 53.
52 Ebd., S. 55.
53 Übersetzung und Kommentar: LW II, S. 80–82 und 345–352, hier S. 81.

sondern auf seine diplomatischen Mühen, konkret auf die Last des Reisens.[54] Damit schließen die deutschen Verse an die leise Parteinahme für die ganze Bevölkerung an. Den militärischen Erfolg besingt Opitz eben nicht, sondern erinnert – rhetorisch geschickt – an die Glaubensfestigkeit des Vaters, dessen Erhebung in den erblichen Reichsfürstenstand und seine diplomatische Mission in Moskau. Zu Beginn des Lobgedichts wirken die väterlichen Erfolge wie ein Anspruch an den Sohn, aber jedenfalls kaum panegyrisch. Auch wenn Opitz die Nachfolge Dohnas hervorhebt, bleibt eine Differenz von Wollen und Können unüberhörbar.

> Dem bist du nun gefolgt/ als wie ein junges Pferdt
> Von Adelicher schlacht/ das baldt hienauß begehrt
> In frische freye lufft/ will nicht beschlossen liegen/
> Springt/ wiegert/ schnaubt vnd schäumt/ lest seine haare fliegen
> Vmb beyde schultern her/ vnd zeigt schon damals an
> Wie schnell es werde sein [...].[55]

Von Besonnenheit und Affektbeherrschung des jungen Dohna kann also kaum die Rede sein. Erst nach einigen Verszeilen wird deutlich, dass Opitz die Bildung Dohnas als eine Art erzieherische Zucht beschreibt, an deren Ende der gelehrte und gut ausgebildete Diplomat und eben nicht der ungestüme und mutige Kriegsheld steht, als der er später übrigens durch das übereilte Abfeuern einer Kanone in Breslau bekannt wird.[56] Dass die Pferde-Metapher hier an die ungestüm agierenden Dragoner Dohnas in Schlesien anspielt, mag aber etwas weit hergeholt sein. Näherliegend dürfte es sein, einen Gegensatz zum gezügelten Pferd als Allegorie kluger Politik zu sehen, wie es durch das Reiterstandbild Marc Aurels auf dem Kapitol in Rom ikonisch geworden ist.

---

54 Vgl. Barbara Becker-Cantarino: Satyra in nostri belli levitatem. Opitz' Lob des Krieges Gottes Martis. In: Deutsche Vierteljahrsschrift für Literatur und Geistesgeschichte 48 (1974), S. 291–317, hier S. 316.
55 GW IV,1, S. 56.
56 Die Unbeherrschtheit könnte deshalb tatsächlich eine Eigenschaft Dohnas gewesen sein: Seine Vertreibung aus Breslau im Jahr 1632 ist in Anekdoten überliefert, die diese zu belegen scheinen: „da die schwedische und vereinigte sächsische Armee die Kaiserlichen verfolgte, schienen die erstern Lust zu haben, sich in Breslau zu werfen; weil aber die Stadt nicht dazu geneigt war, musten sie mittelst einer Schifbrücke die Oder paßiren. Unser Dohna sahe dem Marsch vom Walle zu, riß in der Unbesonnenheit einem Konstabel den Lunten aus der Hand, brannte eine Kanone gegen die Schifbrücke los, und tödtete damit 2 Mann. Die Schweden waren darüber aufgebracht, und forderten, da man [...] Neutralität versprochen, Genugthuung. Die Bürger tumultuirten, und wollten dem Dohna wegen seinem übel angebrachten Eifer zu Leibe; er entkam aber noch glücklich durch Vermittelung des Magistrats." Friedrich-Albert Zimmermann: Beyträge zur Beschreibung von Schlesien. Bd. 7. Brieg 1787, S. 119.

Es bedarf kaum der Erwähnung, dass aus Opitz' Sicht für einen guten Diplomaten genau die Fähigkeiten notwendig sind, die er selbst auch mitbringt: Gelehrtheit samt Lateinkenntnissen, Ausbildung in den sieben freien Künsten, geographische Kenntnisse und Verinnerlichung der „Tugendt schrancken".[57] So rückt Opitz als diplomatischer Mitarbeiter Dohnas unvermittelt auf Augenhöhe zu seinem Patron und legitimiert damit nicht nur seinen mitunter eigenwilligen panegyrischen Ton, sondern auch die leisen Ermahnungen sowie vor allem die Auslassung der militärischen Verdienste und der Erfolge um die konsequente Rekatholisierung Schlesiens und der Oberlausitz.

Die Selbstanhebung auf Augenhöhe zeigt sich nicht nur im Musen- und Gelehrtenlob, in der Hervorhebung des Lateinischen oder dem dezenten Hinweis, dass „mancher" mit poetischen Tätigkeiten „den Bauch [...] ernehren" muss.[58] Nein, Opitz lässt es sich nicht nehmen, auf sein *Buch von der Deutschen Poeterey* zu verweisen. Und er macht das auf eine Weise, dass man meinen könnte, die Augenhöhe verschiebe sich zu seinen Gunsten. Er argumentiert so:

> Frantzösisch steht dir an
> Als wie das Deutsche mir/ dem ich die erste bahn
> Zur Poesie gezeigt so nicht baldt ein wirdt gehen.
> Ein Welscher muß für dir ingleichen schamroth stehen/
> Muß weichen kömpt er schon vom alten Sena [= Siena] her;
> Du redest besser noch vnd reiner weder er.[59]

Dohna beherrscht die adeligen Sprachen Französisch und Italienisch wie Einheimische; das ist nützlich für Verhandlungen und den Kunstgenuss. Das Motiv des radebrechenden Italieners im Kulturvergleich mit dem Deutschen, der Latein und Hochitalienisch spricht, hat Opitz vielleicht aus Frischlins *Julius Redivivus*[60] übernommen und schließt an den alten humanistischen Wettstreit mit den ‚Welschen' an. Der Qualitätsunterschied zwischen Dohna und Opitz zeigt sich in der Nachhaltigkeit: Während die Französisch- und Italienischkenntnisse augenblicklichen Erfolg in diplomatischen Missionen erbringen und vielleicht auch manchen Einheimischen erstaunen, reformiert Opitz' Einsatz für die deutsche Sprache die Poesie auf lange Sicht. Nicht zuletzt geben die deutschen Verse auf Dohna von

---

57 GW IV,1, S. 57.
58 Ebd., S. 56.
59 Ebd., S. 57f.
60 Vgl. Nicodemus Frischlin: Julius Redivivus. Hg. von Walter Janell. Mit einer Einleitung von Walter Hauff, Gustav Roethe und Walter Janell. Berlin 1912 und Nicodemus Frischlin: Julius Redivivus. Comoedia. Übers. von Jacob Frischlin. Hg. von Richard E. Schade. Stuttgart 1983.

der Qualität der Reform ein Zeugnis ab und zeichnen, weil sie vom Erneuerer der Poesie stammen, diese als besondere aus.

Dann kommt eine ganz kurze Passage, in der Dohna in Anspielung an seinen zweiten Vornamen Hannibal auch militärisch gelobt wird, ohne allerdings auch hier das deutsche Volk als Sprach- und Kulturgemeinschaft und nicht seine konfessionelle Gespaltenheit hervorzuheben. Gelobt werden dann die diplomatischen Missionen in Wien als eigentliche Heldentaten, die bedeutender sind als militärische Siege. Opitz löst den Widerstreit zwischen panegyrischer Verpflichtung und konfessioneller Zugehörigkeit, die der militärisch gestützten Rekatholisierung entgegensteht, mit rhetorischer Brillanz: Er spielt Dohnas diplomatisch-rhetorische gegen seine militärischen Erfolge aus und erhebt so den impliziten Anspruch, Dohna solle sich auch in Schlesien auf die Gewalt des Wortes statt der Waffen verlassen:

> Der so des Reiches Schwerdt/ vnd der das Zepter tregt/
> Der Fürsten edles pär [= Teil]. mit der gelehrten Zungen
> Hat jetzt dein Adler fast die Hertzen mehr gezwungen
> Als mit der Waffen krafft; [...].[61]

Opitz löst die Konflikte seiner intersektionalen Situation, indem er seine Selbsterhebung nutzt, um die panegyrische Rhetorik in eine Ermahnung zu friedvollem Handeln im Sinne des Gemeinwohls umzudeuten. Die Nichtübereinstimmung wird dabei keineswegs getilgt, sondern durchaus betont. Dohnas diplomatischer Dienst stehe aber in der Sicherheitsverpflichtung „für vns alle", wie es heißt. Und diese Verpflichtung zu wachen lässt dann auch hier *Laudes Martis*[62] zu, die kaum in die hier vorgestellte Lektüre zu passen scheinen:

> Mit Krieg' vnd rawer Schlacht: also machst du dich frey
> Von deines kummers last. der Landtßknecht' jhr geschrey/
> Der Küriß' heller glantz/ das donnern der Cartaunen/
> Der kühnen Fahnen flug/ die stimme der Posaunen/
> Der Pferde grimmer schaum/ diß diß ist deine lust/[63]

Diese Charakterisierung schließt an die Metapher vom ungestümen Reiter an, die Opitz anfangs zur Darstellung seines Mäzens nutzte. Wie dort gibt es auch hier eine Wende zum anderen, zum besonnenen Dohna.

---

61 GW IV,1, S. 59.
62 Vgl. Martin Opitz: Laudes Martis. Poëma Germanicum. O. O. o. J. [Breslau 1628].
63 GW IV,1, S. 59.

> Dein' vnmuth-wenderin/ die jetzt dich macht bewust
> So weit sich das geschrey von vnserm Krieg' erstrecket/
> Der vielen Helden rhum/ vnd faulen schmach erwecket
> Die jhnen folgen muß.[64]

Diese Einsicht nutzt der Sprecher amplifikatorisch, um ein „Schwerdt/ Das dich noch höher hebt",[65] anzumahnen und dadurch die Kriegslust zu relativieren. Die „tugendt Ziehr"[66] des Geehrten muss hier nur angedeutet werden: Es ist sein vorher beschworenes diplomatisches Geschick und seine christliche Ethik.

Um die Glaubwürdigkeit dieser pazifistisch gewendeten *amplificatio* beim „Belli Dux"[67] zu belegen, muss Opitz am Ende nochmals sich selbst und seine intersektionale Situation ins Spiel bringen.

> Ich bin kein Hofemann/ ich kan nicht Rauch verkauffen/
> Nicht küssen frembde Knie/ nicht vnterthänig lauffen
> Nach gunst die gläsern ist; mein wesen/ gutt vnd Ziehr
> Ist lust zur wissenschafft/ ist Feder vnd Papier.[68]

Deshalb sagt der Panegyriker hier die Wahrheit und die ist relativ einfach: Besser als Krieg ist Diplomatie, besser als die gewaltsame Rekatholisierung Schlesiens erscheint ihm die Verantwortung für alle.

---

64 Ebd.
65 Ebd.
66 Ebd.
67 LW II, S. 80.
68 GW IV,1, S. 59.

Klaus Garber
Martin Opitz und die Piasten

1 Eingang

Das Thema ‚Opitz und die Piasten' ist eingeführt in der Forschung. Insbesondere der unvergessene Freund und Kollege Marian Szyrocki hat sich seiner, wie bekannt, wiederholt angenommen. Es war nicht nur nicht zu verhindern, sondern im Gegenteil eine erfreuliche Erfahrung, daß seine Gestalt gegenwärtig blieb, als es um die Abfassung der nachfolgenden Ausführungen ging. Auf eine schwer in Worte zu fassende Weise treten die Älteren, aber inzwischen eben auch die Gleichaltrigen je nach Wahl des Gegenstandes bestimmend in den Gesichtskreis, sobald die Gedanken einsetzen, kreisend um das, was denn wohl zu dem jeweiligen Anlaß geziemend verlauten dürfe und solle.

Der hier Sprechende war in den vergangenen drei Jahren fast ausschließlich mit Schlesien befaßt – die Freuden des Emeritus, der ungehindert forschen und schreiben darf. Will-Erich Peuckert und Werner Milch, Hermann Palm und Manfred P. Fleischer, Hermann Markgraf und Max Hippe, Hans Sturmberger und Robert J. Evans, Richard Alewyn und Erich Trunz und wie sie sonst heißen, waren mehr oder weniger ständige Begleiter – von den Älteren, einem Monau und Scultetus, einem Cunrad und Henel, einem Lucae und Sinapius, einem Ehrhardt und Klose und wie sie wiederum sonst heißen, gar nicht zu reden und selbstverständlich nicht von den Jüngeren und zu einem guten Teil ja unter uns Weilenden – Dank, ausdrücklich Dank für die Initiative.

Ihrer aller Werk zu Schlesien und im Einzelfall zu Opitz vor Augen, weiß man sich ermutigt, auch schwierige wissenschaftliche Vorwürfe wieder aufzugreifen und nach Kräften wo nicht zu ihrer Lösung, so doch zu ihrer Tradierung in dem Sinne beizutragen, daß erkennbar und erfahrbar bleibt, wie ein großes Erbe fortgeschrieben und der je wechselnden Forderung des Tages assimiliert zu werden vermag. Zu den der Überlieferung der Frühen Neuzeit zu bewahrenden, weil geschichtlich denkwürdigen Begebnissen, so die These, darf auch die Begegnung Opitzens mit den Piasten gezählt werden.[1]

---

[1] Es ist soeben in einem umfangreicheren Kapitel in einem Buch des Verfassers wieder aufgenommen worden, das reichhaltig mit Literatur zu Opitz im Allgemeinen und zu dem speziellen Thema ausgestattet ist, so daß ein Verweis hier angezeigt sein mag: Das alte Liegnitz und Brieg. Humanistisches Leben im Umkreis zweier schlesischer Piastenhöfe. Köln u. a. 2020, Kapitel 9: Martin Opitz und die Piasten. Ein schlesischer Dichter und die Rückkehr der Literatur nach Eu-

2 Krise von geschichtlicher Statur

Das aber kann, wenn überhaupt, nur plausibel gemacht werden in sehr großzügig bemessener Perspektive. Und diese ist selbstverständlich nicht a priori vorgegeben, sondern ein in der rekonstruierenden Darstellung sich abzeichnendes und Schritt für Schritt sich konkretisierendes geschichtliches Allgemeines, um eine Hegelsche Wendung leicht variiert zu wagen.

Der thematische Vorwurf ist ein schwieriger und komplexer. Das aber natürlich nur dann, wenn dem Rekonstrukteur mehr abverlangt wird als ein Entlangschreiten an den einschlägigen Texten, so wichtig deren eingehende Exegese bleibt. Eine einmalige und in der politischen wie der geistigen Geschichte Schlesiens wie Mitteleuropas schlechterdings fundamentale Konstellation ist zu vergegenwärtigen, der das Kapitel ‚Opitz und die Piasten' zugehört.

Die gut zwei Dezennien, die im Folgenden zur Rede stehen, möchten wir als die einschneidensten in der Geschichte Schlesiens zumindest bis in die Tage der Französischen Revolution apostrophieren. Sie dünken uns weitreichender als etwa der Einfall Friedrichs d. Gr. ein Jahrhundert später in Schlesien. Und wenn diese Behauptung allzu anfechtbar sein sollte, so würden wir ausweichen und von der tiefsten Erschütterung Mitteleuropas insgesamt sprechen. Und dies unter der Prämisse, daß nicht die unmittelbaren Geschehnisse allein ins Auge zu fassen sind, sondern auch und vielleicht vor allem die langfristigen Folgen.[2]

---

ropa. Vgl. nun auch Klaus Garber: Der Reformator und Aufklärer Martin Opitz (1597–1639). Ein Humanist im Zeitalter der Krisis. Berlin u. a. 2018.

2 Diese Optik der Dinge angedeutet in dem meisterhaften kleinen Buch von Hans Sturmberger: Aufstand in Böhmen. Der Beginn des Dreißigjährigen Krieges. München, Wien 1959 (Janus-Bücher. Berichte zur Weltgeschichte 13). Vgl. von Sturmberger auch die stets wieder in Erinnerung zu rufende, weil bahnbrechende Monographie: Georg Erasmus Tschernembl. Religion, Libertät und Widerstand. Ein Beitrag zur Geschichte der Gegenreformation und des Landes ob der Enns. Graz, Köln 1953 (Forschungen zur Geschichte Oberösterreichs 3). Hier insbesondere das große Kapitel: Erhebung und Katastrophe, S. 261–365. In dem erstgenannten Werk Sturmbergers liest man: „Wer könnte die politische Bedeutung der Prager Schlacht in ihrer Auswirkung auf die späteren Jahrhunderte aber besser kennzeichnen als dies Bismarck tat, wenn er meinte, bei einem anderen Ausgang dieses Treffens würden die Kriege von 1864 und 1870 vermeidbar gewesen sein?" (S. 92f.) Eine Übertragung auf die literarischen Verhältnisse um 1600 bei Klaus Garber: Der deutsche Sonderweg. Gedanken zu einer calvinistischen Alternative um 1600. In: Deutsche Literatur in der Weltliteratur. Kulturnation statt politischer Nation? Hg. von Franz Norbert Mennemeier und Conrad Wiedemann. Tübingen 1986 (Kontroversen, alte und neue. Akten des VII. Internationalen Germanisten-Kongresses Göttingen 1985. 9), S. 165–172; ders.: Zentraleuropäischer Calvinismus und deutsche ‚Barock'-Literatur. Zu den konfessionspolitischen Ursprüngen der deutschen Nationalliteratur. In: Die reformierte Konfessionalisierung in Deutschland. Das Problem der ‚Zweiten Reformation'. Hg. von Heinz Schilling. Gütersloh 1986 (Schriften des Ver-

3 Die Piasten im Leben Opitzens

Doch wir äußern uns in Rätseln und haben unserem Gegenstand näherzutreten. Opitz ist zwar noch zu Lebzeiten Herzog Joachim Friedrichs geboren worden, hat dessen auf religiösen Ausgleich bedachtes Wirken aber nicht mehr persönlich erfahren, starb der Fürst doch im Jahre 1602. Er hatte es mit den Söhnen zu tun, mit Johann Christian vornehmlich in Brieg und mit Georg Rudolf vornehmlich in Liegnitz; die näheren regionalen und dynastischen Differenzierungen tun im Moment nichts zur Sache.

Opitz hat die Übernahme der Macht aus den Händen der Witwenmutter durch die beiden Brüder vermutlich eben noch in Bunzlau, spätestens im Jahr 1614 mit dem Übergang nach Breslau jedoch bewußt erlebt. Und ihm ist das Schicksal der Fürsten bis zu seinem Tode im Jahr 1639 gegenwärtig geblieben, das auch das Todesjahr Johann Christians ist. Der Dichter weilte während des beiderseitigen Exils wiederholt in seiner Nähe.

Georg Rudolf, der jüngere der beiden Piasten, überlebte den Bruder und den Dichter um vierzehn Jahre; er starb 1653. Opitz hat also den Aufstieg und die höchste Entfaltung der Macht der Brüder, zumal Johann Christians, miterlebt und war sodann Zeuge ihres Niedergangs, welcher sich nicht auf einen Schlag, sondern in Schüben und immer wieder unterbrochen von Aufschwüngen, begleitet von Hoffnungen, ja kurzfristiger Siegesgewißheit vollzog. Das Thema ‚Opitz und die Piasten' ist auch deshalb komplex, weil dieser lebhaften geschichtlichen Bewegung bis in die Exegese der einzelnen Texte hinein Rechnung zu tragen ist.

Opitzens Bildungsgeschichte war im Wesentlichen abgeschlossen, als er den Piasten erstmals explizit entgegentrat. Die Stationen sind bekannt: Bunzlau, Breslau, Beuthen an der Oder, Heidelberg, Leiden und am Rande Jütland. Im Jahr 1622 kehrte er in seine Heimat zurück, um sie sogleich nochmals zu verlassen, Stichwort Weißenburg in Siebenbürgen. Für jeden Opitzkenner verbindet sich mit jedem der Orte Einschlägiges, das hier ausgespart bleibt. Erst jetzt, 1623, beginnt eine neue und vergleichsweise nochmals kurzfristig um Schlesien und die Piasten gruppierte Phase, bevor in den dreißiger Jahren nach den Diensten auf der Gegenseite unter Karl Hannibal von Dohna ein weiteres Mal eine beson-

---

eins für Reformationsgeschichte 195), S. 317–348. Beide Beiträge jetzt wieder leicht zugänglich in: Ders.: Literatur und Kultur im Deutschland der Frühen Neuzeit. Paderborn 2017. Die Literatur ist hervorragend dokumentiert in: Der Winterkönig Friedrich V. Der letzte Kurfürst aus der Oberen Pfalz. Amberg – Heidelberg – Prag – Den Haag. Katalog zur Bayerischen Landesausstellung im Stadtmuseum Amberg 2003. Hg. von Peter Wolf, Michael Henker, Evamaria Brockhoff, Barbara Steinherr und Stephan Lippold. Augsburg 2003 (Veröffentlichungen zur Bayerischen Geschichte und Kultur 46/03), S. 370–375.

ders intensive und nun alsbald im Zeichen des Exils stehende Begegnung und aktive Interaktion einsetzt.³

4 Nachrevolutionäre Konstellation

Wir haben uns gegenwärtig zu halten, daß Opitz seine Heimat unter gänzlich anderen Voraussetzungen verließ als jenen, die er vorfand, als er ein erstes und wenig später nach der Siebenbürgen-Exkursion ein zweites Mal zurückkehrte. Die schlesischen Stände hatten sich zumindest zu Teilen an dem Aufstand gegen die Habsburger beteiligt. Die Herzöge der Piasten und insonderheit Johann Christian waren an exponierter Stelle in das Geschehen involviert. Opitz selbst hatte von Heidelberg aus die Vorbereitungen des Pfälzer Kurfürsten zur Übernahme der böhmischen Königskrone publizistisch massiv unterstützt.

---

3 Zu Opitz und den Piasten vgl. nach wie vor an erster Stelle die Arbeit von Marian Szyrocki: Marcin Opitz na służbie u śląskich książąt piastowskich i u króla Władysława IV. [Martin Opitz im Dienste der schlesischen Herzöge und des Königs Wladislaw IV.]. In: Germanica Wratislaviensia 1 (1957), S. 59–96 (mit deutscher Zusammenfassung). Diese Studie ist auch als Ergänzung zu lesen zu der einzigen neueren größeren durchgeschriebenen Biographie über Opitz, die wir bislang besaßen: Marian Szyrocki: Martin Opitz. Berlin 1956 (Neue Beiträge zur Literaturwissenschaft 4). In ihr gibt es kein eigenes Kapitel zu Opitz und den Piasten. Eine Übersetzung des oben zitierten Beitrages von Szyrocki bleibt daher wünschenswert. Es ist erstaunlich, daß Colerus in seiner Opitz-Biographie dem Zusammenwirken mit den Piasten nicht ausführlichere Beachtung schenkt. Das ist schon dem Opitz-Kenner Hermann Palm aufgefallen, dem wir substantielle Bausteine zu einer Biographie über Opitz verdanken, die allemal lesenswert geblieben sind. Vgl. Hermann Palm: M. Opitz im dienste der herzoge von Brieg und Liegnitz. In: Ders.: Beiträge zur Geschichte der deutschen Literatur des XVI. und XVII. Jahrhunderts. Mit einem Bildnisse von M. Opitz. Breslau 1877. Reprint Leipzig 1977, S. 222–243. Hinzuzunehmen die Beilagen I–VII, S. 243–255, vor allem geschöpft aus dem seinerzeitigen Schlesischen Staatsarchiv. Bei Palm liest man: „Es wird nach allem gesagten nun deutlich sein, warum Colerus von der tätigkeit des von ihm gefeierten dichters im dienste der herzoge fast nichts berichtet. Colerus hatte allerdings von ihr volle kenntnis; aber dieselbe vorsicht, welche Opitz in seinem leben oft so schweigsam machte, mußte sein biograph damals auch nach seinem tode noch beobachten. Er hielt seine gedächtnisrede auf einem öffentlichen schulactus in Breslau, wo des kaisers regiment nach gänzlicher besiegung alles widerstandes der protestanten gewaltig und gefürchtet war. Konnte nun wol der redner vor den ohren kaiserlicher behörden das lob des von Ferdinand II, zum dichter gekrönten, sogar in den adelstand erhobenen freundes preisen und dabei dessen intime beziehungen zu den schlimmsten feinden des kaisers anführen? Mußte nicht vielmehr sein überlaufen von einem lager [Dohnas] ins entgegengesetzte zum schweren vorwurf, und eine rechtfertigung oder ehrende erwähnung dieses wechsels gefährlich werden. War es also nicht vielmehr durch klugheit geboten, von der agentur bei den Schweden, von Oxenstierna, Baner usw. ganz zu schweigen

Bedeutete für ihn der Untergang Heidelbergs die Flucht in das niederländische Exil, so büßten die Piastenherzöge nach der verlorenen Schlacht am Weißen Berge und dem Niedergang Friedrichs ihre politischen Spielräume und Funktionen drastisch ein. Opitz also, heimkehrend als Remigrant, wie man wird sagen müssen, traf auf eine geschwächte politische Elite. Anders als in Heidelberg war es ihm nicht vergönnt, einer sich auftuenden politischen Perspektive an der Seite seiner fürstlichen Gönner längerfristig publizistisch zum Sieg zu verhelfen. Er blieb an die nachrevolutionäre Konstellation gebunden.

Diese wiederum zu umkreisen, wäre ein eigenes Thema. Wir erinnern nur in Anknüpfung an wiederholt vorgetragene Erwägungen, daß mit dem Niedergang des Reformiertentums auf mitteleuropäischem und speziell auf deutschem Boden einer politischen wie einer geistigen Macht von immenser Präge- und Durchschlagskraft die Wirkungsmöglichkeiten entzogen und zugleich die um 1600 lebhaften Verbindungen zum Westen wenn nicht gekappt, so doch entschieden eingeschränkt wurden – mit allen speziell für die deutsche Geschichte bekannten Konsequenzen.

Diese nur eben angetippten Zusammenhänge müssen gegenwärtig sein, wenn anders das Kräftefeld umrissen sein will, das nun auch das Zusammenwirken der Piasten mit Opitz und das des Dichters mit seinen Fürsten prägt. Es wäre also die Aufgabe, die einschlägigen Texte, wie sie für wenig mehr als zwanzig Jahre und genauer zwischen 1616 und 1638 vorliegen, im Einzelnen durchzugehen. Das ist soeben in einem Buch über die Herzogtümer Liegnitz und Brieg geschehen und kann hier selbstverständlich nicht wiederholt werden. Vor die Wahl gestellt, eine exemplarische Analyse vorzutragen oder bei einigen wenigen allgemeinen Überlegungen zu verharren, wähle ich einen mittleren Weg, um zumindest nicht ganz textlos dazustehen. Im Übrigen muß auf das vermutlich im Gleichklang mit unserem Arbeitsgespräch im Druck erscheinende Werk verwiesen werden.[4]

---

zu einer zeit, wo man in Breslau überhaupt höchst ungern dieser verbindung mit jenen gedachte, wo das land noch aus tausend wunden blutete, die ihm um derselben willen geschlagen waren? Auch die herzoge und evangelischen stände, in deren auftrage Opitz seine sendungen vollführt hatte, mußten wünschen, daß diese geheim betriebenen dinge nicht öffentlich berührt wurden. So kam es denn, daß diese tätigkeit unsers berühmten landsmannes, in der wir ihn doch lieber finden, als in seiner früheren stellung bei Dohna, bis heut gänzlich unbekannt geblieben ist." (S. 242f.). – Reiches Material auch in dem seit kurzem der Opitz-Forschung zur Verfügung stehenden Dokumentarwerk: Vgl. BW I–III. Die einschlägigen Zeugnisse muß man im Register der Personen unter dem Stichwort ‚Schlesien' aufsuchen.

4 Wir verweisen zurück auf Anm. 1 und 2. An dieser Stelle seien einige weiterführende Hinweise zur geschichtlichen Situation in der fraglichen Zeit plaziert, und das unter Bevorzugung älterer Titel, die nicht umstandslos eben im Hinblick auf die angedeutete Konstellation im Netz verfügbar sind. Außerordentlich wertvoll bleiben die entsprechenden Dokumente in: Acta pu-

5 Ein polnisch-deutsches Geschlecht

Die Piasten waren das älteste und für lange Zeit das mächtigste Fürstengeschlecht auf schlesischem Boden. Die Erinnerung an die polnischen Ursprünge blieb lebendig. Sie bezeichnete eine eminente Herausforderung für die mit den Humanisten einsetzende Historiographie. Diese haben sie glänzend bestanden, und ein Opitz ist dafür im 17. Jahrhundert neben Lohenstein der vielleicht bestechendste Zeuge.[5]

---

blica. Verhandlungen und Korrespondenzen der schlesischen Fürsten und Stände [1619–1629]. Hg. von Hermann Palm (Bde. I–IV) und Julius Krebs (Bde. V–VIII). Breslau 1865–1906. Zudem profitiert man weiterhin von Anton Gindely: Geschichte des Böhmischen Aufstandes von 1618. Bde. I–III. Prag 1869–1878 (Geschichte des dreißigjährigen Krieges Abt. 1), bes. Bd. I, S. 442ff., Bd. II, S. 172ff. und S. 291ff. Vgl. ferner Moriz Ritter: Geschichte der Deutschen Union von den Vorbereitungen des Bundes bis zum Tode Kaiser Rudolfs II. (1598–1612). Bde. I–II. Schaffhausen [1867]–1873; ders.: Politik und Geschichte der Union zur Zeit des Ausgangs Rudolfs II und der Anfänge des Kaisers Matthias. In: Abhandlungen der Historischen Klasse der Königlich Bayerischen Akademie der Wissenschaften XV/2 (1880), S. 83–170. Sodann Julius Krebs: Zur Geschichte der kurpfälzischen Politik am Beginn des Dreißigjährigen Krieges (1618–1619). Ohlau 1875; ders.: Die Politik der evangelischen Union im Jahre 1618. Breslau 1890; Onno Klopp: Der dreißigjährige Krieg bis zum Tode Gustav Adolfs 1632. Zweite Ausgabe des Werkes: Tilly im dreißigjährigen Kriege. Bd. I. Paderborn 1891, S. 398ff.; Moriz Ritter: Die pfälzische Politik und die böhmische Königswahl 1619. In: Historische Zeitschrift 79 (NF 43) (1897), S. 239–283; ders.: Deutsche Geschichte im Zeitalter der Gegenreformation und des Dreissigjährigen Krieges 1555–1648. Bde. I–III. Stuttgart 1889–1908 (Bibliothek Deutscher Geschichte 8), hier bes. Bd. III, S. 47ff. Schließlich Helmut Weigel: Franken, Kurpfalz und der Böhmische Aufstand 1618–1620. 1. Teil: Die Politik der Kurpfalz und der evangelischen Stände Frankens Mai 1618 bis März 1619. Erlangen 1932; Josef Polišenský: Der Krieg und die Gesellschaft in Europa 1618–1648. Prag u. a. 1971 (Documenta Bohemica Bellum Tricennale Illustrantia 1), bes. S. 54ff. Weitere reichhaltige Literaturangaben – vor allem unter Berücksichtigung des tschechischen Schrifttums – bei Karl Richter: Die böhmischen Länder von 1471 bis 1740. In: Handbuch der Geschichte der böhmischen Länder. Hg. von Karl Bosl. Bd. II: Die böhmischen Länder von der Hochblüte der Ständeherrschaft bis zum Erwachen eines modernen Nationalbewußtseins. Stuttgart 1974, S. 97–412, bes. S. 267ff.

5 Zum Studium der Geschichte der Piasten ist auszugehen von Joachim Bahlcke: Deutsche Kultur mit polnischen Traditionen. Die Piastenherzöge Schlesiens in der Frühen Neuzeit. In: Deutschlands Osten – Polens Westen. Vergleichende Studien zur geschichtlichen Landeskunde. Hg. von Matthias Weber. Frankfurt a. M. u. a. 2001 (Mitteleuropa – Osteuropa. Oldenburger Beiträge zur Kultur und Geschichte Ostmitteleuropas 2), S. 83–112; ders.: Eckpfeiler der schlesischen Libertaskultur. Die Liegnitz-Brieger Piasten in der Frühen Neuzeit. In: Dziedzictwo reformacji w księstwie legnicko-brzeskim. Das Erbe der Reformation in den Fürstentümern Liegnitz und Brieg. Hg. von Jan Harasimowicz und Aleksandra Lipińska. Legnica 2007 (Źródła i materiały do dziejów Legnicy i księstwa legnickiego 4), S. 23–42. In beiden Beiträgen die einschlägige Literatur. Die Monographie von Georg Paul Aloysius Hausdorf: Die Piasten Schlesiens. Breslau 1933, ist – wie auch von Bahlcke gezeigt – ersetzungsbedürftig. Vgl. daher vor allem Georg Jaeckel:

Wir setzen ein, um einen Einstieg zu gewinnen, mit Opitzens großem Trauergedicht für Dorothea Sibylle aus dem Jahr 1625.[6] Ein Ausbund von Tugend und Frömmigkeit ist diese Fürstin gewesen, die der Piastensohn Johann Christian hat heimführen dürfen. ‚Frömmigkeit': Eine hat ihr vor langer Zeit darin geglichen, deren Namen auch sie nun trägt, die Schutzheilige Preußens Dorothea, die Rekluse, welche von 1347 bis 1394 lebte, also noch vor der Gründung des Herzogtums Preußen und vor der Etablierung des Hauses Brandenburg. Diese ‚preußische' Mitgift bringt die Fürstin ein anläßlich ihres Herüberwechselns in die Herzogtümer der Piasten. Und auch deren Geschlecht reicht zurück in nahezu vorgeschichtliche Zeit. Mit ‚Piast' hebt die Reihe an, und Opitz beginnt tatsäch-

---

Die schlesischen Piasten (1138–1675). Ein Fürstenhaus zwischen West und Ost. In: Jahrbuch für Schlesische Kirchengeschichte Neue Folge 65 (1986), S. 54–83. Eingegangen in: Schlesien. Land zwischen West und Ost. Lorch/Württ. 1985 (Beiträge zur Liegnitzer Geschichte 14), S. 13–50; Andreas Rüther: Die schlesischen Fürsten und das spätmittelalterliche Reich. In: Principes. Dynastien und Höfe im späten Mittelalter. Hg. von Cordula Nolte, Karl-Heinz Spieß und Ralf-Gunnar Werlich. Stuttgart 2002 (Residenzforschung 14), S. 33–62. Vgl. von Rüther auch den Eintrag ‚Piasten'. In: Höfe und Residenzen im spätmittelalterlichen Reich. Ein dynastisch-typographisches Handbuch. Teilbd. 1: Dynastien und Höfe. Hg. von Werner Paravicini. Bearb. von Jan Hirschbiegel und Jörg Wettlaufer. Ostfildern 2003 (Residenzforschung 15/1), S. 172–180. Des Weiteren ist zu verweisen auf Josef Joachim Menzel: Die schlesischen Piasten, ein deutsches Fürstengeschlecht polnischer Herkunft. In: Schlesien 20 (1975), S. 129–138; Norbert Conrads: Abstammungssage und dynastische Tradition der schlesischen Piasten. In: Schlesien 20 (1975), S. 213–218; Ludwig Petry: Das Verhältnis der schlesischen Piasten zur Reformation und zu den Hohenzollern. In: Schlesien 21 (1976), S. 206–214. Speziell zum Schicksal der Piasten unter Dohna vgl. Julius Krebs: Der Vorstoß Kaiser Ferdinands II. gegen die Piastenherzöge (1629). In: Zeitschrift für Geschichte und Alterthum Schlesiens 48 (1914), S. 89–112. Zur Geschichte der Piasten in Brieg vgl. Karl Friedrich Schönwälder: Die Piasten zum Briege oder Geschichte der Stadt und des Fürstenthums Brieg. Bde. I–III. Brieg 1855–1856; Heinrich Schoenborn: Geschichte der Stadt und des Fürstentums Brieg. Ein Ausschnitt aus der Geschichte Schlesiens. Brieg 1907. Eine zweite, von E. Richtsteig bearbeitete Auflage befindet sich als fünfbändiges maschinenschriftliches Exemplar im Herder-Institut zu Marburg. Eine entsprechende Gesamtdarstellung für Liegnitz liegt bislang nicht vor. Zur Rezeption der Piasten vgl. die grundlegende Studie von Maximilian Eiden: Das Nachleben der schlesischen Piasten. Dynastische Tradition und moderne Erinnerungskultur vom 17. bis 20. Jahrhundert. Köln u. a. 2012 (Neue Forschungen zur Schlesischen Geschichte 22).
6 Bonæ Memoriæ Serenissimæ Principis Dorotheæ Sybyllæ, Ex Avgvsta Electorvm Brandenbvrgicorvm Familia; Dvcis Silesiæ Lignicensis Et Bregensis; Pientissimæ Et Optimæ Principis. [Auf der Rückseite des Titelblattes:] Serenissimo Principi, Joanni Christiano Duci Silesiæ, Lignicensi & Bregensi; Domino suo Clementissimo: Magni item Patris spei maximæ Filiis, Georgio, Lvdovico, Rvdolpho, Christiano, Principibvs Jvventvtis; hoc acerbi luctus sui testimonium consecrat Martinus Opitius. [1625] Ein Exemplar aus der Stadtbibliothek Breslau (4 V 57/43 = jetzt in der BU Wrocław: 534677). Neudruck der Trauerschrift in: GW II,2, S. 417–422. Die lateinische Zuschrift an Johann Christian zweisprachig auch in: LW II, S. 44–47, Kommentar, S. 290–293.

lich mit ihm, als es darum geht, die Linie der Vorfahren zumindest in deren wichtigsten Repräsentanten vorbeidefilieren zu lassen.

> Piast hat allbereit sehr lange nun geschlaffen;
> Den starcken Micißlaw halff keine Wehr' vnd Waffen/
>   Noch newes Christenthumb; der Kioff vberwandt/
>   Der kühne Boleßlaw/ kam dennoch in den Sandt;
> Der Weyse Casimir must' auß dem stillen Leben
> Vnd seinem Closter sich ins Königreich begeben/
>   Auß diesem in das Grab; der bärticht' Henrich starb/
>   Vnd seine Hedwig auch/ die solchen Ruhm erwarb
> Durch jhre Gottesfurcht; jhr fromer Sohn ingleichen
> Hat müssen/ doch für herdt vnd für altar/ verbleichen;
>   Vnd viel noch die der Stam von Lignitz hat gebohrn/
>   So mit dem Leben doch den Namen nicht verlohrn/
> Der nimmer sterben wird.[7]

Es ist eine Totengalerie, die da eröffnet wird. Nur am Rande finden Taten Erwähnung. Wir bewegen uns in der Gattung des Trauergedichts. Auch die Größten unterliegen der Macht des Todes. Doch diese seine Macht erstreckt sich nur über die Leiber. Unvergessen aber ist ihrer aller Name und was an ihn sich knüpft. Und das dank der Stifter von Überlieferung, an deren Spitze die Poeten rangieren. Ein jedes Totengedicht ist zugleich eine Wiedererweckung zum Leben. Der geistlichen Auferweckung korrespondiert eine poetische. Dieser Gedanke ist seit den frühesten Tagen der Humanisten in der Welt. Er begründet ihr Selbstvertrauen, ja, mehr noch. Er beflügelt ihren eigenständigen, ihren selbstverantworteten Umgang mit der religiösen Überlieferung. Neben dem Geistlichen steht fortan der *poeta doctus* als *persona sui generis*, begabt auch seinerseits mit der Stiftung von lebens- und sterbensertüchtigender geistig-geistlicher und poetisch-panegyrischer Kost, deren Obhut allein in seiner Hand liegt.

Gewahrt man aber, welchen Umgang der Dichter mit eben jenem Geschlecht pflegt, das er da preisend vergegenwärtigt? Die polnischen Würdenträger werden aufgerufen, ohne daß dies eigens der Erwähnung oder gar der Begründung bedürfte. Fern liegt dem Dichter wie seinen Standesgenossen jedwede nationale Vereinnahmung. Es zählen Alter und Herkunft, Taten und Tugenden; ein nationaler, gar ein völkischer Zungenschlag ist nicht vernehmbar. Die Humanisten haben an das Zusammenwachsen der Völker in nationalen politischen Einheiten gedacht. Fremd indes war ihnen die nationale Aufputschung. Sie ist ein Produkt des 19. Jahrhunderts, das sich definitiv von dem Vermächtnis der Frühen Neuzeit

---

[7] GW II,2, S. 420, V. 25–37. Dort auch die folgenden Zitate.

trennte. Auch ein Opitz erhebt die Piasten zum poetischen Vorwurf, keinen Moment darauf bedacht, nationale Sonderungen vorzunehmen; sie sind schlechterdings irrelevant.

Nun sind die jüngsten Glieder in der illustren Folge des Geschlechts in den Blick gerückt: Dorothea Sibylle, Johann Christian und ihrer beider männliche Erbfolger. Für alle hat der Dichter unvergeßliche Worte bereit. Der Fürst unterliegt der von Gott verfügten schwersten Prüfung. Wird er sich von dem Leid übermannen lassen? Er ist zum ‚Landes Vater' erhoben worden, von Gott beschenkt mit der ‚Perl' aus Brandenburg (GW II,2, V. 74 und 76). In ihren Kindern erblickt er die geliebte Gattin einen jeden neuen Tag. „Ziehr vnd Schein/ Der Häuser Brandenburg vnd Briegk" sind in ihnen „vermenget" (V. 79f.). Schon jetzt melden sich „die jungen freien Helden" in ihren Augen (V. 81f.). Was aber ist es, das zu dieser Ansicht ermächtigt? Nichts anderes als das, was dem Humanisten auch für einen jeden Regenten als das Wichtigste dünkt, das eifrige Studium der Bücher. Kein Fürstenspiegel humanistischer Provenienz, der nicht auf die Parität von Stand und Studien hinarbeitete. So auch Opitz:

> [...] der Weysen Bücher schar
> Ist allzeit vmb sie her/ sie fangen an zu wissen/
> Daß hoher Stand vnd Witz/ vermählet werden müssen/
> Vnd in ein Joch gebracht/ im fall das Edle Pfandt
> Mit dem sie sind begabt/ sol werden angewandt.[8]

Über diese ‚literaten' Güter verfügt allein der Humanist. Sie den ‚jungen Helden' anzuverwandeln, sie ihnen einzubilden, bezeichnet die Krönung seines dem eigenen Stand geschuldeten Auftrags. Dichter zu sein schließt Prinzenerziehung ein. Auf die Symbiose beider Sphären läuft es hinaus. So läßt auch Opitz den unmittelbaren Anlaß hinter sich. Und doch auch wieder nicht. In den der Tugend und den Künsten nacheifernden Prinzen ist das Vermächtnis der Verewigten als ein Versprechen für die Zukunft über die Zeiten hinweg geborgen. Noch aber liegen die Geschicke des Landes bei Johann Christian. Soeben ist das Haus Münsterberg-Oels mit dem der Piasten verbunden worden – ein wiederum Hoffnung begründendes ‚Geschichtszeichen'. Möge es dem Fürsten vergönnt sein, den so sehnlich erhofften Frieden, das *summum bonum* in Erasmischer Tradition, heraufzuführen.

> Laß vnsers Landes Haupt/ das auch zu gutter stunden
> An das berühmbte Hauß von Oelsse sich verbunden/
> Bald sehn die güldne Zeit/ an der man ruffen soll:

---

8 GW II,2, S. 421, V. 84–88.

> Der Gott-geliebte Fürst ist doch nur Segens voll/
> Vnd aller Himmelßgunst: erhalt die Herren Brüder
> Frisch/ blüend' vnd gesundt/ daß sie dies' jhre Glieder/
>   Das werthe Schlesien/ wie vormals wol vnd fein
>   Mit Rath vnd That erziehn/ vnd Väter mögen sein.
> Gieb daß sie/ wie vorhin jhr Anherr todt gesieget/
> Vnd vnser Landt beschützt/ das harte wardt bekrieget/
>   Den Frieden lebend' jetzt erhalten Tag vor Tag/
>   Der so gutt daß kein Mensch nichts bessers nennen mag.⁹

6 Konfessionspolitische Raumkunde

Wir nehmen Abstand und gehen über zu einer ersten kleinen, raumkundlichen Betrachtung. Auch ein Opitz besaß ein Zentrum in der schlesischen Landeshauptstadt, als welche sie ja nur uneigentlich fungierte. Mit dem einen schon zum Gymnasium erhobenen gelehrten Zentrum und dem anderen alsbald formell nachfolgenden war neben den Kirchen, dem Rat, aber auch noch dem Domkapitel ein intellektuelles, ein theologisches, ein administrativ-juridisches Potential vorhanden, das keine Parallele im Land hatte. Zur Wirkung gelangen jedoch konnte es im Blick auf die Humanisten und damit auch auf einen Opitz in vollem Umfang nur dank des Kranzes der Piastenhöfe zur linken wie zur rechten, Liegnitz hier, Brieg dort, zuweilen unter Einschluß von Oels und Bernstadt, gerade der letztere Hof auch für Opitz kurzfristig von erheblicher Bedeutung. Es war wiederum der Schub an gelehrten Institutionen und Aktivitäten, der zunächst über das Goldberg Trotzendorfs und das Gymnasium Ducale in Brieg, später dann über das Gymnasium und die Ritterakademie zu Liegnitz dem humanistischen Agieren zugutekam.

Es würde sich verlohnen, nach einer vergleichbaren sozialen und kulturellen Formation Ausschau zu halten. Möglicherweise wäre sie im mitteldeutschen Raum mit der Massierung von kleineren Höfen zu suchen.¹⁰ Kämen dort aber vor allem die Anhaltiner ins Spiel, so täte sich eine weitere Fährte auf. Wir sind inzwischen gut und durchaus auch schon im einzelnen belehrt über die engen

---

9 GW II,2, S. 422, V. 101–112.
10 Vgl. die hellsichtigen Bemerkungen bei Richard Alewyn: Johann Beer. Studien zum Roman des 17. Jahrhunderts. Leipzig 1932 (Palaestra 181), S. 40–61: Leipzig, Halle, Weißenfels. Das lange vergriffene bahnbrechende Werk liegt inzwischen wieder vor: Zweite, verbesserte Auflage. Aus dem Nachlaß hg. von Klaus Garber und Michael Schroeter. Heidelberg 2012 (Beihefte zum Euphorion 64). Hier das entsprechende Kapitel S. 46–68.

böhmisch-schlesischen und pfälzisch-oberrheinischen Verbindungen.[11] Der theologische, um nicht zu sagen der konfessionelle Einschlag im Zeichen des Reformiertentums ist freigelegt. Könnte es aber sein, daß nach dem Niedergang der Pfalz die engen und zumal verwandtschaftlichen Verbindungen der Piasten zu den Anhaltinern auf der einen Seite, den Brandenburgern auf der anderen für eine Weile Kompensation boten, während Dresden eben symptomatischerweise stets wieder ausfiel?[12]

Dann wäre eine über die Piasten erfolgende konfessionelle Linienführung im Zeichen des Reformiertentums kenntlich gemacht, die womöglich eine bestimmende für das literarische Geschehen und allemal für eine Gestalt wie Opitz blieb. Wären Zeit und Raum verfügbar, ließe sich zeigen, in welcher Intensität gerade auch ein Opitz die Piasten nicht nur in klassischer humanistischer Manier zu Schirmherren der Wissenschaften und Künste und speziell der Poesie erhob, sondern eben auch zu Wächtern und Beschützern der Glaubensfreiheit. Sie waren gläubig und sie gewährten dem Glauben Raum zur Entfaltung. Ein Blick auf einen einzigen Text aus dem reichen Angebot der Piasten-Poesie, wenn so gesprochen werden darf, mag die Richtung andeuten, in die zu schauen wäre.[13]

---

[11] Dazu jetzt mit der einschlägigen Literatur der gehaltreiche Sammelband: Schlesien und der deutsche Südwesten um 1600. Späthumanismus – reformierte Konfessionalisierung – politische Formierung. Hg. von Joachim Bahlcke und Albrecht Ernst. Heidelberg u. a. 2012 (Pforzheimer Gespräche zur Sozial-, Wirtschafts- und Stadtgeschichte 5).
[12] Zum Reformiertentum unter den Anhaltinern und den Brandenburgern vgl. Norbert Conrad: Das preußische Exil des Herzogs Johann Christian von Brieg 1633–1639. In: Preußische Landesgeschichte. Festschrift Bernhart Jähnig. Hg. von Udo Arnold, Mario Glauert und Jürgen Sarnowsky. Marburg 2001 (Einzelschriften der Historischen Kommission für ost- und westpreußische Landesforschung 22), S. 39–49.
[13] Zum Reformiertentum im Umkreis der Piasten vgl. jetzt die einschlägigen Beiträge in dem wichtigen Sammelband: Die Reformierten in Schlesien. Vom 16. Jahrhundert bis zur Altpreußischen Union von 1817. Hg. von Joachim Bahlcke und Irene Dingel. Göttingen 2016 (Veröffentlichungen des Instituts für Europäische Geschichte Mainz. Abteilung für Abendländische Religionsgeschichte 106). Hierin vom Verfasser: Reformierte Mentalität und literarische Evolution. Aspekte kultureller Disposition der nobilitas literaria Silesiae im europäischen Kontext, S. 269–302. Dazu aus jüngster Zeit das reichhaltige Sammelwerk: Dziedzictwo reformacji w księstwie legnicko-brzeskim (Anm. 5). Ein instruktives Kapitel zur Geschichte der reformierten Konfession auf schlesischem Boden und unter besonderer Berücksichtigung der Piasten findet sich bei Friedrich Lucae: Schlesiens curieuse Denckwürdigkeiten oder vollkommene Chronica Von Ober- und Nieder-Schlesien. Frankfurt a. M. 1689. Hier im zweiten Teil (des insgesamt sieben Teile umfassenden) Werkes das Kapitel 4: Von dem Auffwachs und Abnehmen der Reformirten Religion im Hertzogthum Ober- und Nieder-Schlesien, S. 486–545. Aufgeführt seien hier nochmals einige ältere Arbeiten, auf die lange Zeit alleine zurückgegriffen werden konnte. Vgl. etwa die große Abhandlung von Friedrich Bahlow: Leonhard Krentzheim, der ‚heimliche Kalvinist' in Liegnitz. In: Mitteilungen des Geschichts- und Altertums-Vereins zu Liegnitz 15 (1936), S. 106–220. Dazu

7 Schirmherren des Glaubens

Opitzens *Lobgesang Jesu Christi des einigen vnd ewigen Sohnes Gottes* wurde in der zweiten Auflage des Jahres 1633 Georg Rudolf zugeeignet.[14] Auch in diesem Geburtstagsgedicht des Heilandes gibt sich ein humanistisches und das heißt zugleich ein postkonfessionelles Verständnis der christlichen Botschaft zu erkennen. Der Leidensmann, der da in die Welt gekommen ist, um sie zu erlösen, gehört nicht den Katholiken oder den Protestanten oder den Calvinisten. Er gehört den Menschen, die ihm glaubend, anbetend, Hoffnungen hegend begegnen, erfüllt von dem Wunsch, ihm in Wort und Tat nachzueifern, statt sich in theologisches Gezänk zu verlieren. Der christliche Glaube, wie er um 1600 Gestalt annimmt, ist ein gereinigter, ein auf wenige Elementaria gegründeter. So zeichnen sich um 1600 unter der humanistischen Intelligenz Figuren des Glaubens ab, die hineingeleiten in das Zeitalter der Aufklärung.

Mit Staunen nimmt der Leser zur Kenntnis, was dem Dichter an geschichtlichen und religiösen Sachgehalten aus der Zeit Jesu gegenwärtig ist. Er entwirft geradezu ein Zeitgemälde. Das aber würde nicht erfolgen, wenn in dem Uralten nicht auch Aktuelles sich abzeichnen würde. Und nur auf diese Simultaneität der Zeiten kann hier das Augenmerk gerichtet werden. Jesus tritt nicht nur in eine Welt ein, in der ringsum das Heidentum herrscht. Auch unter den Juden hat eine fatale Neigung zur theologischen Haarspalterei Platz gegriffen und das, wie man

---

von Gerhard Eberlein der Beitrag: Leonhard Krenzheim. In: Correspondenzblatt des Vereins für Geschichte der evangelischen Kirche Schlesiens 4 (1893), Heft 1, S. 15–28; ders.: Zur kryptocalvinistischen Bewegung in Oberschlesien. In: Correspondenzblatt des Vereins für Geschichte der evangelischen Kirche Schlesiens 4 (1895), Heft 3, S. 150–161. Des Weiteren: Heinrich Schubert: Beitrag zur Geschichte des Calvinismus in Schlesien. In: Correspondenzblatt des Vereins für Geschichte der evangelischen Kirche Schlesiens 9 (1904), Heft 2, S. 186–189. Aus der jüngeren Zeit: Ernst Siegmund-Schultze: Kryptocalvinismus in den schlesischen Kirchenordnungen. Eigenart und Schicksal des Kryptocalvinismus. In: Jahrbuch der schlesischen Friedrich-Wilhelms-Universität zu Breslau 5 (1960), S. 52–68. Wichtig sodann für den gesamten Zeitraum bis hinein in das 20. Jahrhundert und reichhaltig ausgestattet mit Literatur: Ulrich Hutter-Wolandt: Die Reformierten in Schlesien. In: Kirchen und Bekenntnisgruppen im Osten des Deutschen Reiches. Ihre Beziehungen zu Staat und Gesellschaft. Zehn Beiträge. Hg. von Bernhart Jähnig und Silke Spieler. Bonn 1991, S. 131–147 (der Beitrag ist dem Altmeister der reformierten Kirchengeschichtsschreibung Gustav A. Benrath gewidmet).

14 Dan. Heinsii Lobgesang Jesu Christi des einigen vndt ewigen Sohnes Gottes/ Mitt notwendiger außlegung/ Darinnen der grundt des alten Christlichen glaubens verfaßet ist. Hochdeutsch gegeben Durch Mart. Opitivm. [Kolophon:] Gedruckt zum Brieg/ durch Augustinum Gründern/ Jn Verlegung Davidt Müllers Buchhändlers in Breßlaw 1633. Die Widmung an Georg Rudolf findet man wiederabgedruckt in: GW I, S. 278–284. Vgl. auch die eingehende Überlieferungsgeschichte des Werkes ebd., S. 267–271. Die folgenden Zitate entstammen dieser Widmungszuschrift.

hinzufügen darf, in genauer Analogie zur Gegenwart. In vielerlei Sekten sind die Gläubigen gespalten. Die Tüftelei über die Gesetze und ihre rechte Auslegung hat überhandgenommen – mit dem Effekt, daß derjenige, der gekommen war, die Menschen von diesem Joch zu erlösen, seinerseits sein Leben lassen muß. Und dann das Schicksal der Urgemeinde und der frühen Christenheit. Bitteres Leid und „innerliche verfolgung" haben sie durch die römischen Kaiser „vndt andere tyrannen" zu erdulden. Der Fürst Georg Rudolf ist darüber bestens informiert, ist er es doch, der „zue den Antiquiteten der ersten vnverfälschten Kirchen vndt den Schrifften der Altväter eine sonderbare liebe tregt".[15]

Doch nun zur Gegenwart. All das Grauenvolle der alten Zeit vergegenwärtigt, will es doch scheinen, als sei es der jüngsten Zeit vorbehalten geblieben, den Kelch des Leides bis zur bitteren Neige zu leeren. Bewußt verzichtet der Dichter auf Einzelheiten – ganz anders als in dem *TrostGedichte*. Es werden sich, so seine Überzeugung, der Wahrheit verpflichtete Zeugen finden, die das Geschehene dingfest machen und überliefern, genauso, wie durch Opitz selbst eben im *TrostGedichte* geschehen. Nur um Eines ist es nach all dem Frevel jetzt zu tun: um den Frieden mit Gott und die „bestendige eintracht" der Menschen untereinander. Sie alle sind „creaturen" des Schöpfers und Glieder des einen Erlösers als „des einigen Hauptes der kirchen".[16] Diese Botschaft reicht hin; sie ist umfassend genug, um alle Gläubigen zu vereinen. Jedes weitere Fragen und Spekulieren führt nur auf Abwege. Mehrere Seiten benötigt Opitz, um seine Einrede gegen die vorherrschende, an Wort und Buchstaben sich festbeißende disputative theologische Praxis zu exemplifizieren. Er teilt diese Einrede mit den Aufgeklärten unter seinen Zeitgenossen.

8 Der Friedensfürst Joachim Friedrich

Was aber vermag der Fürst zu tun, um der auf Frieden und Versöhnung zielenden Botschaft Geltung zu verschaffen? Es bedarf nicht mehr, als sich in die Reihe der Vorfahren zu stellen, die Exempel von Mut, Glaubensgewißheit und Friedfertigkeit gestiftet haben, welche der Erinnerung zu bewahren sind. So wirkt auch Opitz auf seine Weise mit an der Statuierung von *memoria* im Blick auf die Piasten. Und deutlich ist, daß es vor allem das Wirken Joachim Friedrichs, des Vaters der gegenwärtig regierenden Brüder, ist, das er im Auge hat. Denn offenbar sei es,

---

15 Die vorgelegten Zitate in der Vorrede, ebd., S. 279.
16 Ebd.

> waßer maßen E. Fürstl. Gn. vnter andern jhren großen tugenden/ nach dem exempel des löblichen Hertzogs Ihres seligen Herren Vaters/ wie auch anderer jhrer Königlichen vnd hochfürstlichen Vorfahren/ welche theils für Gott vnd das landt jhr leben gelaßen/ theils jhren zuenamen von jhrer frömigkeit erlanget haben/ ja theils in dem register der Heiligen mitt vnsterblichem lobe verzeichnet stehen/ jhr nichts mehr angelegen sein laße/ als die trewe fürsorge vnd gedancken/ wie der Kirchen bestes erhalten/ das vnzeitige disputiren vnd verläumbden abgeschafft/ der gewißen freyheit geföddert/ vnd alles auff einen solchen grundt möge gesetzet werden/ ohn welchen der friede ein lauterer krieg/ vnd die rhue gefährlicher ist als offentlicher vmbschlag vnd waffen.[17]

In fast gleichlautenden Wendungen hatte Opitz im *TrostGedichte* sich vernehmen lassen. Gewissenszwang in religiösen Dingen blieb das Erzübel. Ein jeder Leser oder Hörer wußte, wer dieser kardinalen Sünde sich vor allem schuldig gemacht hatte. Als ‚Seligmacher' waren die Jesuiten durch Schlesien gezogen, Zwangsbekehrung oder Vertreibung hieß ihre Losung. Das brauchte und durfte in einer Widmungsadresse nicht gesagt zu werden. Der Fürst aber, der da angesprochen wurde, vermochte sich bestätigt zu fühlen, wann und wo immer er sich der Zwangsmissionierung widersetzte. Herrschaft blieb religiös sanktioniert. Niemals hätte ein Opitz sich dazu verstanden, an dieses religionspolitische Axiom zu rühren. Herrschaft war eine verliehene. An ihr hafteten Verpflichtungen, die einklagbar blieben. Georg Rudolf steht in der Reihe jener großen Regenten, die das Friedenswerk als oberste Maxime beobachten. Dem Dichter aber war es vergönnt, unvergeßliche Worte für den Fürsten zu finden, der zum Garanten von Gewissensfreiheit und Freiheit für seine Untertanen aufgerückt war. Als *imago Dei* wird er in die Geschichte eingehen. So setzte Opitz dem Fürsten noch zu Lebzeiten ein Denkmal.

> Der Hertzog des lebens/ der Fürst des Friedens/ der allezeit gewesen/ weil er im anfange war; der allezeit gewesen/ weil er Gott war vnd noch ist; der allezeit gewesen/ weil er die zeit selbst gemacht hatt/ vnd ohn jhn nichts gemacht ist/ verleihe E. F. Gn. glückliche regierung/ heilsamen raht/ friedtlichen wolstandt/ gesundtheit/ langes leben/ gedult in wiederwertigkeit/ überwindung aller vnverschuldeten feindtschafft/ vnd solchen segen/ dadurch Dieselbte sampt jhrem Hochfürstlichen hause zum auffnemen des Vaterlandes vnd dem allgemeinen besten so sehr wachsen vnd blühen möge/ so sehr es alle die jenigen/ denen das auffnemen des Vaterlandes vnd die allgemeine wolfarth lieb ist/ gerne sehen vnd wüntschen.[18]

Wo in Breslau die Lutheraner das Bild bestimmten und aus ihrer Mitte heraus unablässig auf vermeintliche Abweichler gewiesen wurde – unvergeßlich die Schmähungen, die ein Cunrad, ein Henel, ein Venediger erdulden mußten,

---

17 Ebd., S. 283.
18 Ebd., S. 283f.

nachdem die reformierte Gemeinde nach wenigen Monaten ihre Existenz wieder eingebüßt hatte –, da beobachteten die Piastenfürsten Duldung und Gewährenlassen und wirkten nach Maßgabe des Möglichen auf Mäßigung hin.[19] Für Joachim Friedrich konnte dies am Beispiel des von ihm initiierten *Mandats* aus dem Jahr 1601 detailliert gezeigt werden. Wenn seine Söhne nicht gleich prominent über schriftförmige Dokumente hervortraten, so ist dies eben ihrer nachhaltigen Involvierung in das politische Geschehen der Jahre noch vor 1620, ebenso aber den folgenden Dezennien nach der Katastrophe geschuldet. Es reicht jedoch, an den langjährigen Schutz zu erinnern, den Kaspar Schwenckfeld auf Liegnitzer Boden ungeachtet der vehementen Angriffe der Lutheraner genoß, um einen nämlichen und nun praktisch gewendeten Impetus am Werk zu sehen.

Für Opitz ist die Präsenz vor allem Georg Rudolfs in Liegnitz, auch aber Johann Christians in Brieg eine Gewähr dafür gewesen, daß er in seinen Betätigungen keinen durchgreifenden Einschränkungen unterlag. Der beste Beleg dafür bleibt vermutlich die Doppelexistenz, die er als den Piasten verpflichteter und vielfach als ihr Laudator agierender Sympathisant und zugleich als Kostgänger und Diplomat im Dienste Karl Hannibals von Dohna führte. Er wäre in ganz anderem Maße zu Zugeständnissen an Dohna gezwungen gewesen, wenn der Rückhalt der Piasten nicht bestanden und fortexistiert hätte. Opitz hat es vermocht, sich diesen Rückhalt die gesamte Zeit über zu erhalten.

9 Eine reformierte Fürstin als Exempel

So wenig wie die Erinnerung an die vor- und frühgeschichtliche Zeit verlor sich diejenige an die Reformation und ihren Fortgang unter der Schirmherrschaft der Piasten bis in die letzten Dezennien des 17. Jahrhunderts, da das Geschlecht urplötzlich mit dem Tod Georg Wilhelms im Jahr 1675 erlosch. Opitz wäre berufen gewesen, diesem einschneidenden Ereignis poetische Statur zu verleihen. Lohenstein sprang bekanntlich in die Bresche und führte den Auftrag schlechterdings grandios aus, indem auch er den Bogen zurückspannte bis zu den Anfängen des Geschlechts.[20]

---

19 Vgl. das – ergreifende – Abschlußkapitel bei Johann Franz Albert Gillet: Crato von Crafftheim und seine Freunde. Ein Beitrag zur Kirchengeschichte. Nach handschriftlichen Quellen. Erster [und] Zweiter Theil. Frankfurt a. M. 1860, Teil II: Erste Gründung der reformierten Gemeinde in Breslau, S. 419–450.
20 Vgl. [Caspar Daniel von Lohenstein:] Lob-Schrifft/ Deß Weyland Duchlauchtigen Fürsten und Herrn/ Herrn George Wilhelms/ Hertzogens in Schlesien/ zu Liegnitz/ Brieg und Wohlau/

Wir möchten dem brisanten Thema des Glaubens unter der Schirmherrschaft der Piasten ein wenig nähertreten und blicken noch einmal auf einen Text. Opitz hat vor allem in seinen Gedichten auf die Fürstinnen aus dem Hause der Piasten oder aber auf die aus den zumeist reformierten Häusern stammenden und angeheirateten Fürstinnen das Rätsel ihrer Gläubigkeit und Frömmigkeit umkreist. Es barg das Geheimnis der eigenen Existenz, war es doch durchwaltet von den Geschicken der Reformation auf schlesischem Boden und nicht zuletzt auf dem der Piasten.

An einem Kaspar Schwenckfeld war sogleich ein Exempel statuiert worden, das sich – weniger spektakulär – hundertfach bis in die abgelegensten Pfarreien so oder so wiederholte. Lange bevor die Gegenreformation massiv anhob, war innerhalb der Evangelischen ein Zersetzungsprozeß im Gange, der um 1600 kulminierte und der um diese Zeit eine Antwort aus der Mitte der Humanisten zeitigte, welche einer Revision des reformatorischen Erbes gleichkam. An eben dieser Stelle ist auch die Mehrzahl der Opitzschen Texte auf die Piasten zu verorten. Auf eine denkwürdige Weise gleichen sie in ihrer binären Physiognomie dem aus dem *TrostGedichte* bekannten Ethos. Mit unerhörter Schärfe werden die Dissoziierung der Christenheit und die Knebelung der Gewissen gebrandmarkt. Und mit der nämlichen Eindringlichkeit wird die einheits- und friedensstiftende christliche Botschaft beschworen.

Dürfen wir noch einmal an einen der großen Piastentexte erinnern, neuerlich einer Fürstin gewidmet? Im Februar 1622 war Sophie Elisabeth gestorben, Tochter Johann Georgs von Anhalt-Dessau und erste Gemahlin Georg Rudolfs. Die Fürstin entstammte dem reformierten Anhaltiner Haus und dürfte maßgeblich dazu beigetragen haben, daß Georg Rudolf gleichfalls für eine freilich bemessene Zeit den Wechsel zum reformierten Glauben vollzog. Nüßler, inzwischen in den Diensten Georg Rudolfs, nahm die Organisation der Trauerschrift in die Hand. 160 Alexandriner hat Opitz auf den funeralen Akt angewandt. Es entstand in den Worten

---

Christ-mildesten Andenckens. [Das Impressum des Werkes findet sich am Schluß des Textes:] Gedruckt in Brieg/ durch Johann Christoph Jacob. 1676. Das Werk wurde schon 1679 von Esaias Fellgiebel in Breslau und Leipzig erneut vorgelegt. Vgl. in diesem Zusammenhang die grundlegende Abhandlung des allzu früh verstorbenen ersten Sachkenners Gerhard Spellerberg: Lohensteins Beitrag zum Piasten-Mausoleum in der Liegnitzer Johannis-Kirche. In: Daphnis 7 (1978), S. 647–687. Des weiteren Joshua P. Waterman: Daniel Casper von Lohenstein's Lob-Schrift (1676) and the Construction of the Piast Mausoleum in Legnica. In: Dziedzictwo reformacji w księstwie legnicko-brzeskim (Anm. 5), S. 317–328. Der Artikel greift zurück (und bietet zugleich weiteres archivalisches Material) auf die Arbeit von Stanisław Jujeczka: Nieznane źródła do dziejów budowy Mauzoleum Piastów w Legnicy. In: Szkice Legnickie 23 (2002), S. 122–136. Schließlich sei verwiesen auf das Schlußkapitel von: Das alte Liegnitz und Brieg (Anm. 1), betitelt: Über die Zeiten hinweg. Gedenken im Zeichen der Piasten und das Werk Daniel Casper Lohensteins.

der Zeit ein „Heroisch Getichte", von Opitz oder dem Herausgeber Nüßler jedoch schlicht „Begräbnüßgetichte" tituliert. Ton und Thema koinzidieren. Opitz schwingt sich zu einem Poem nach Art eines (geistlichen) Lehrgedichtes auf, und das verlangt den ‚heroischen' Vers in Gestalt des Alexandriners als Ersatz für den antiken Hexameter.[21]

> O Wol dem welcher noch weil seine jugend blühet/
> Vnd gantz bey kräfften ist/ schon auff das Ende siehet/
> Das allen ist bestimmt/ vnd laufft mit lust vnd rhue/
> So bald jhm GOtt nur winckt/ auff seine Stunde zue.
> Er wird von eitelkeit der dinge nicht verblendet
> Die bloß im wahn bestehn; hat allezeit gewendet
> Sein Himmlisches gemüt auff das so Ewig wehrt/
> Verleßt was aussen ist/ ist in sich selbst gekehrt.[22]

So die Eingangsverse. Der Tod ist zu bedenken. Der Dichter ist als Trostspender zur Stelle, zugleich aber auch als Weisheitskundiger. Er nimmt auf seine Weise im Medium der Poesie ein geistliches Amt wahr. Herauszustellen ist, was dem Tod widerstreitet, von ihm nicht angegriffen zu werden vermag. Was bleibt im Wechsel, was behauptet sich über den Tod hinaus? Vorsicht ist geboten mit der allzu rasch sich einstellenden Rede, hier werde eine typisch ‚barocke' Erfahrung von Leben und Welt gestaltet. Alles humanistische Denken und Dichten kreist um die Exposition dauerhafter Werte. Im Trauergedicht stellt sich eine spezifische Färbung ein. Und wenn denn von zeittypischen Elementen gesprochen werden

---

21 Vgl. Virtuti Honoriqve, Et Immortali Illustriss. Heroinæ Sophiæ-Elisabethæ Principis Anhaltinæ, Comit. Ascaniæ: Sereniss. Principis Georgii Rudolphi [...] Conjugis Incomparab. Memoriæ Sacr. devotè Parentantium Lacrymæ et Solatia. [Kolophon:] Lignicii Litteris Viduæ & Heredum Nicolai Sartorii. [1622]. Exemplar aus der Reimannschen Bibliothek zu Liegnitz (R 107/1) in der BU Wrocław: 422164. Es ist darauf zu verweisen, daß Nüßler auch eine an Georg Rudolf gerichtete *Consolatio* verfaßte, der Opitzens Beitrag gleichfalls nebst einer lateinischen Zuschrift an Georg Rudolf hinzugefügt ist: Consolatio ad [...] Dn. Georgium Rudolphum [...] Cum IllustriS. Principis Sophiæ-Elisabethæ Conjugis DesideratiS. Obitum Lugeret. Scripta A Bernhardo Gviliemo Nüslero Camaræ Ducalis Secretario. Accedunt carmina ejusdem argumenti. Typis Sartorian. Lignicii exscripta. [1622]. Exemplare wiederum in der BU Wrocław: 4 F 1092/1–2 = 361691 und 361692, 4 F 1443/6–7 = 385819 und 385820. Auch diese Trauerschrift ging in die obige ein, die als definitive Memorialschrift zu bezeichnen ist. Opitz hat dem Trauergedicht für Sophie Elisabeth noch eine kleine alkäische Ode für Georg Rudolf hinzugefügt. Wir dürfen es an dieser Stelle bei dem Hinweis auf diese belassen und uns auf die Trauerschrift für die Fürstin beschränken. Vgl. im übrigen auch die Exemplarangaben aus der alten Breslauer Stadtbibliothek in: GW II,1, S. 3. Hier S. 3–11 der Abdruck der beiden Beiträge Opitzens. Der lateinische Text mit Übersetzung auch in LW I, S. 236–239, Kommentar S. 438–440.
22 GW II,1 S. 5, V. 1–8.

darf, so in dem Sinne, daß die unerhörte Erschütterung, wie sie von dem Zerfall der einen Christenheit im 16. Jahrhundert ausging und um 1600 kulminierte, dem auf Vergänglichkeit und Ewigkeit lautenden Sinnen eine besondere Dringlichkeit und Eindringlichkeit verlieh. Poetisches wie philosophisches Gold wie niemals vorher oder nachher ist in den Dezennien um 1600 gesponnen worden – das bleibende Erbe der späthumanistischen, vielfach mit dem gleichzeitigen hermetischen und mystischen Denken sympathisierenden Intelligenz.

Wir dürfen uns auch an dieser Stelle wieder nicht auf den Text als ganzen einlassen. Gründliche Textinterpretationen verlangen eine Satz-für-Satz-Lektüre. Sie ist anderen Gelegenheiten vorbehalten. Hier geht es alleine um das Bild der Piasten, gespiegelt zumeist in ihren Repräsentantinnen und Repräsentanten, im vorliegenden Fall also einer Prinzessin aus angesehenem Hause, begabt mit dem Vorzug auch in den Augen des Dichters, dem reformierten Glauben angehangen zu haben. Ob sich Spuren dieser geistlichen Option auch in dem Gedicht finden? Das ist selbstverständlich eine erlaubte, aber eine den möglichen Themenkreis einschränkende Frage, dem auf die Piasten gerichteten Blick insgesamt geschuldet.

Es wäre zuviel verlangt, dem Text eine in eine spezielle konfessionelle Richtung zielende Anspielung abzufordern. Der Dichter wählt einen anderen, einen unverfänglicheren, gleichwohl mit beredten Signalen ausgestatteten Weg. Die Prinzessin hat ein Muster abgegeben, wie ein Mensch inmitten des Lebens und in jeder wachen Stunde seinen Sinn auf das Ewige gerichtet hielt. Sie verkörpert, was der Text vorab an bleibenden Werten statuiert hatte.

> Nicht anders hat auch euch/ jhr Perle der Heldinnen/
> Das Elend dieser Welt geführet eure sinnen
> Zu dem was weder Feind noch sturm der zeit zuestört/
> Vnd euch hier gutte Nacht zue geben recht gelehrt.[23]

Dazu zählt im Zentrum ihre ‚Frömmigkeit', als solche ausdrücklich apostrophiert. Was aber zeichnet diese aus? Oder genauer: Wozu steht diese Frömmigkeit im Gegensatz? Genau zu dem, wovon diese späthumanistische Generation sich dezidiert und unwiderruflich abgewandt hat, wobei es mit zum humanistischen Geschäfte gehörte, einen Degout über das, was man da miterlebt hatte, zumindest durchblicken zu lassen.

> Es ist die Frömigkeit euch selbst entgegen kommen/
> So jetzt im Himmel wohnt/ vnd hat euch angenommen/
> Vnd frölich eingeführt: Die süsse Frömigkeit/

---

[23] Ebd., S. 8, V. 85–88.

An derer stelle wir jetzt hegen Haß vnd Neid/
Der keinen Selig macht.²⁴

Die Verstorbene war des konfessionellen Haders enthoben. Ihre Frömmigkeit ist von keinerlei Zwist befleckt. Weiß man aber, daß die Humanisten „Haß vnd Neid" keinesfalls nur auf Seiten der Katholiken, sondern ebenso bei den Lutheranern am Werk sahen, und zwar genauer in ihrem nicht ablassenden Kampf gegen die Reformierten, so rückt auch eine Passage wie die vorgelegte in einen spezifischeren Kontext. Es bleibt das Mirakel der konfessionellen Debatte um 1600, durch ungezählte Texte belegt, daß es immer wieder die zum Reformiertentum neigenden Geister sind, die zum Ende des Streits aufrufen und ihre Stimme der religiösen Befriedigung leihen.

10 Einheit politisch und theologisch

Dafür gab es viele Gründe. Eine aus der Minderheit heraus agierende Gemeinschaft suchte sich Luft zum Atmen zu verschaffen, indem sie der Gegenseite in immer neuen Wendungen nahelegte, von Verunglimpfung und Verfolgung abzulassen. Da spielten, wie gezeigt werden konnte, durchaus auch politische Motive mit hinein. Und das nicht nur in dem Sinne, daß schließlich der gemeinsame Gegner die Katholiken waren. Nein, in den fortgeschrittensten, den avanciertesten Verlautbarungen der Späthumanisten wurde die Einheit aller Bürger der einen inskünftigen Nation als utopische Vision ins Visier genommen. Über den konfessionellen Querelen erhob sich ein neues, ein säkulares Gut, die geeinte Staatsbürgergemeinschaft. Es war die reformierte Klientel, die diese weit in die Zukunft weisenden Gedanken umkreiste. Jedes verantwortliche Wesen, das sich dem konfessionellen Hader entrang, leistete auf seine Weise einen Beitrag zur Befriedung, und das im Blick auf die religiöse Unierung, auch aber auf die ‚nationale' Zusammengehörigkeit.²⁵

---

24 Ebd., V. 97–101.
25 Detailliert entfaltet mit der einschlägigen Literatur bei Klaus Garber: A propos de la politisation de l'humanisme tardif européen. Jacques Auguste de Thou et le ‚Cabinet Dupuy' à Paris. In: Le juste et l'injuste à la Renaissance et à l'âge classique. Éd. par C. Lauvergnat-Gagnière, B. Yon. Saint Etienne 1986, S. 157–177. Wesentlich veränderte Fassung unter dem Titel: Paris, die Hauptstadt des europäischen Späthumanismus. Jacques Auguste de Thou und das Cabinet Dupuy. In: Res publica litteraria. Die Institutionen der Gelehrsamkeit in der frühen Neuzeit. Hg. von Sebastian Neumeister und Conrad Wiedemann. Wiesbaden 1987 (Wolfenbütteler Arbeiten zur Barockforschung 14), S. 71–92. Nochmals veränderter Wiederabdruck unter dem Titel: Im

In diesem Sinne will es etwas besagen, daß der Dichter am Schluß explizit die Zeitläufte bei jenem Namen nennt, der nun inmitten des Wütens erstmals auftaucht und den obwaltenden Sachverhalt auf den Punkt bringt. Nicht goldene, nein, eiserne Zeiten herrschen.

> Es ist zue wenig noch/
> Zu wenig vber vns der Waffen schweres Joch
> Vnd Bürgerliche Krieg/ die hochbeschwerten Zeiten
> Mit Theurung/ Hungersnoth vnd was zu allen seiten
> Vns mehr vnd mehr bedrängt. Es ist ein neues schwerdt
> Mit dem deß HErren Hand vns durch die Hertzen fehrt/
> Vnd durch den sinn darzue/ verkürtzet vnser hoffen/
> Das gar zue eitel ist.²⁶

Apokalyptische Zeiten sind angebrochen. Und das meint mehr als die Tatsache, daß der später so genannte ‚Dreißigjährige Krieg' auf deutschem Boden ausgebrochen ist. Der Blick eines jeden Humanisten ist europäisch ausgerichtet. Was in Deutschland jetzt seinen Lauf nimmt, haben die Nachbarn und insbesondere die Franzosen zur Genüge gekostet. Bürger standen gegen Bürger im Namen einer zum Fanatismus geratenen Religion. Es herrschten Bürgerkriege, und sie greifen nun auch auf Deutschland über. Dem setzen die Humanisten ihr auf nationale Einigung abzielendes religionspolitisches Projekt entgegen.

Eingerückt in diese Optik dürfen wir auch das Bild der frommen Prinzessin sehen. Sie hat sowohl ihrem Glauben als auch ihrem Hause Ehre erwiesen und ein Exempel statuiert. Die Literatur um 1600 ist bevölkert von Gestalten des Widerstandes und zugleich von solchen stillen, nach innen gewandten Glaubens. Es gilt, darin keinen Widerspruch zu erblicken. Wo immer dem Wüten lebend und glaubend Einhalt geboten wird, malen sich die Umrisse einer neuen Welt. Und mehr als das. Auch die Prinzessin nimmt unversehens Züge einer der Humanität verpflichteten Königin an. Am Schlusse gehen religiöse Befriedung und menschliche Bestimmung ein Bündnis ein. Auch in diesem Sinn gewinnt die Epoche um 1600 in ihren besten Gestalten Konturen des aufgeklärten Säkulums.

> Nun euch/ jhr Königinn der Tugendhafften Frawen/
> Sey besser als vns hier/ die wir jetzt nicht mehr schawen
> Die grosse freundtligkeit/ vnd vieler Gaben Schar
> Mit der kein Sterblich Mensch euch zuvergleichen war.

Zentrum der Macht. Martin Opitz im Paris Richelieus. In: Klaus Garber: Wege in die Moderne. Historiographische, literarische und philosophische Studien aus dem Umkreis der alteuropäischen Arkadien-Utopie. Hg. von Stefan Anders und Axel E. Walter. Berlin, Boston 2012, S. 183–222.
26 GW II,1, S. 9, V. 139–146.

Es mussen Rosenbäum' aus eurer Grufft fürschiessen/
Es mussen euren Sarch Violen rings vmbschlissen
    Vnd Blumen vieler art/ es musse diß Gebein
    Mit aller Specerey vmbher verschüttet sein.[27]

11 Kampfansage dem Klügeln und Grübeln

Wir aber sind weiterhin immer auch raumkundlich befaßt, wenn wiederum abgekürzt so gesprochen werden darf. Wir haben einige Linien der Piastenhöfe zum mitteldeutschen Raum hin angedeutet. Andere bislang weniger untersuchte sind in jedem Fall gleich wichtig, und das auch für Opitz schon lange vor seiner Exilierung an der Seite der Piasten. Dreh- und Angelpunkt bleibt die Regierungszeit Joachim Friedrichs, in der die Grundlagen für das Wirken der Söhne und damit eben der Opitz-Zeit gelegt werden. In der Gestalt Joachim Friedrichs vollzieht sich die – nirgendwo explizit aktenkundige – Abkehr von der Verpflichtung der Pfarrerschaft auf die Augsburger Konfession, wie sie sein Vater Georg II. in den siebziger Jahren schließlich durchgesetzt hatte.[28] Textueller Fixpunkt für die Wende ist das *Mandat* des Herzogs aus dem Jahre 1601.[29] In ihm werden jene aufs Korn genommen, die da unter Berufung auf die Augsburger Konfession

---

27 Ebd., S. 10, V. 153–160.
28 Vgl. zur Gestalt Joachim Friedrichs das große Kapitel bei Schönwälder (Anm. 5), Bd. II, S. 229–304. Hier im vorliegenden Zusammenhang insbesondere der Abschnitt ‚Die protestantische Kirche', S. 261–295. Vgl. auch Nikolaus Henel von Hennenfeld: Silesiographia Renovata. Pars I-II. Breslau, Leipzig 1706, Pars II, S. 258–262, sowie Lucae (Anm. 13), S. 1462–1468.
29 Vgl. DEs Weyland Hochwürdigen Durchlauchtigen/ Hochgebornen Fürsten vnd Herrn/ Herrn Joachim Fridrichs/ Hertzogen in Schlesien/ zur Liegnitz vnd Brieg/ vnd des Primat vnd ErtzStiffts zue Magdeburg ThumbProbsten Christmilder angedenckens Fürstlichs Mandat in Religionssachen Vom 19 Decembris 1601 ausgefertigt vnd auffs Newe auff Der Durchlauchten Hochgebornen Fürsten vnd Herrn/ Herrn Johann Christians/ vnd Herrn George Rudolffs/ Gebrüdern/ Hertzogen in Schlesien zur Liegnitz vnd Briegk etc. gnedigen verordnung/ der Liegnitzschen vnd Briegischen Priesterschafft vom 19 Martij zur Liegnitz/ vnd 28 Maij dieses lauffenden 1614 Jahres zum Briegk sich darnach endtlich zue vorhalten publiciret vnd in Druck gegeben. [Kolophon:] Gedruckt in der Fürstlichen Stadt Brieg/ durch Casparum Siegfried. Anno 1614. Der Text selbst ist auf den 19. Dezember 1601 datiert. Der äußerst seltene Text – herrührend aus der Bibliothek Samuel Benjamin Kloses – wurde in der Bernhardiner-Bibliothek verwahrt, gelangte von dort in die Stadtbibliothek Breslau (4 W 108/9) und ist heute in der BU Wrocław zugänglich (537514). Das Mandat findet man in Teilen auch wieder abgedruckt bei Sigismund Justus Ehrhardt: Presbyterologie des Evangelischen Schlesiens. Zweiten Theils Erster Haupt-Abschnitt, welcher die Protestantische Kirchen- und Prediger-Geschichte der Stadt und des Fürstentums Brieg in sich fasset. Liegnitz 1782, S. 29–31. Vgl. zum Kontext Klaus Garber: Religionsfrieden und praktizierte Toleranz

> mit jhren ertichteten glossen/ vnd vormeinten newen Lehr formuln, die jenigen/ so jhnen zu jhrer Seelsorge nicht vortrawet/ dennoch mit gewalt/ entweder in den Himmel/ dessen sie wegen jhres wanckelmüttigen/ vnd vnbestendigen klügelns/ vnd grübelns/ noch wol selbest vngewiß sein/ zwingen wollen/ Oder da sie mit jhnen/ in allen jhren ohne grund der schrifft ertichteten glossen nicht einstimmen können noch wollen/ für Caluinisch/ Schwermerisch/ vnd Sectirisch/ zu höchster vngebühr/ ausschreyen/ vorleumbden/ vnd verfolgen [...].³⁰

Die beinharte lutherische Geistlichkeit ist es, die sich auch im Herrschaftsbereich Joachim Friedrichs eingenistet hatte und der zu Beginn des neuen Jahrhunderts nun sogleich Paroli zu bieten war. Dies aber nicht durch neuerliche Statuierung von Dogmen, sondern durch den Aufruf, vom Streit abzulassen. Es sind diese Passagen, in denen sich ein gewandelter, ein zukunftsfähiger Geist zu erkennen gibt. Die geistlichen Diener in seinem Fürstentum mögen sich nicht

> mit Sectirischen zunahmen/ oder vnzeitigen vordammungen beschweren/ Sondern euch in ewer Vocation, vnd beruff/ mit Lehr vnd leben/ Christlich trewlich/ fleissig/ vnnd friedlich vorhalten/ vnd hieran durch niemandes fürwitziges schreiben/ oder geschrey beirrigen lassen. Da auch jemand vnter Euch/ durch zanckliebende leute/ in oder ausserhalb Landes schriefftlich oder Mündlich provociret, vnd angetastet würde/ sollet jhr ohne sondere ausdrückliche vorwilligung/ euch kegen denselben/ in keine schriefftliche antwort einlassen/ viel weniger dieselbe/ oder andere strittige sachen/ zu offenen druck vorfertigen/ Sondern die Hadergeister/ sich vntereinander selbest vorunruhigen vnnd befriedigen lassen [...].³¹

Es waren jene „Hadergeister" und „Friedheßigen" in der zitierten und nur allzu hellsichtigen Nebenbemerkung als insgeheim an ihrem Glauben Zweifelnde charakterisiert worden, als des Himmels „wegen jhres wanckelmüttigen/ vnd vnbestendigen klügelns/ vnd grübelns/ noch wol selbest vngewiß". Der Kampf um den Buchstaben als geheime Glaubensschwäche – diese Erkenntnis war zwei Generationen nach Luthers Tod bereits im Umlauf. Stattdessen: Diejenigen, die zanken wollen, mögen

---

um 1600. Eine irenische Stiftungsurkunde im Zeichen des „vhralten Catholischen Christlichen Glaubens" aus dem Gymnasium Schoenaichianum zu Beuthen an der Oder. In: Toleranzdiskurse in der Frühen Neuzeit. Hg. von Friedrich Vollhardt unter Mitarbeit von Oliver Bach und Michael Multhammer. Berlin, Boston 2015 (Frühe Neuzeit 198), S. 87–131; ders.: Späthumanismus, Cryptocalvinismus und Spiritualismus. Eine kulturelle Blüte von europäischer Leuchtkraft im Schlesien um 1600 mit einem Blick auf die Regionen in der geistigen Nachbarschaft. In: Nobilitas literaria Silesiae. Schlesien – Herzlandschaft des mitteleuropäischen Späthumanismus und der deutschen Literatur des 17. Jahrhunderts (in Vorbereitung für den Druck).
30 Fürstlichs Mandat in Religionssachen (Anm. 29), Bl. A3v.
31 Ebd., Bl. A4r.

an die Ort vorrucken/ wo dergleichen gezencke geduldet werden/ Seint der wegen zu Euch sambtlich vnd sonderlich/ des gnedigen vortrawens vnd zuuorsicht/ jhr werdet zu erhaltung friedliebender Einigkeit vnd abwendung allerhand ergernüß/ vnd zerrüttligkeit/ euch des schuldigen gehorsambs vorhalten [...].[32]

So trägt auch die Kirchen- und Religionsgeschichte im Piastenherzogtum dazu bei, jener Zeugnisse habhaft zu werden, an denen Hoffnung haftete.

Dieses Erbe traten die Fürsten in Liegnitz und Brieg an. Die Koinzidenz mit den wenigen zitierten und ungezählten anderweitigen Äußerungen Opitzens bis hin zum *TrostGedichte* ist evident. In den Piastenfürstentümern wurde jene religionspolitische Verhaltensweise – um den Begriff der Strategie zu vermeiden – beobachtet, die genau auf der Linie der Späthumanisten vom Schlage Opitzens liegt. Ein Blick hinüber nach Beuthen lehrt, daß die Anschauungen Georgs von Schoenaich von demselben Geist geprägt waren und in der Professur für ‚Pietas' ihre institutionelle Bekräftigung fanden. Opitz ist nicht nur mit den Beuthener Verlautbarungen vertraut gewesen, sondern hat mit Gewißheit auch das 1614 postum erschienene *Mandat* Joachim Friedrichs gekannt. Er durfte sich in den Herzogtümern weltanschaulich geborgen fühlen, und das besagte sehr viel angesichts der Schicksale, die da im 16. Jahrhundert nicht nur in den Kirchen, sondern gerade auch an den Gymnasien statuiert worden waren.

12 Brücken der Piasten nach Großpolen und in das Preußen Königlich Polnischen Anteils

Und so will es wiederum als ein symbolträchtiger Vorgang erscheinen, daß Opitz an der Seite der Herzöge nähere Bekanntschaft mit jenen Räumen machte, ohne die nicht nur die geistige Situation in den Piastenfürstentümern sowie – am Rande gesprochen – ebenfalls in Beuthen unverständlich bleibt, sondern gleichermaßen auch ein Schlüssel zu Opitzens Werk fehlt. Unter Joachim Friedrich und unter Georg von Schoenaich intensiviert sich ein lebhafter Verkehr mit Großpolen und den Zentren der Brüdergemeinde daselbst, Lissa an der Spitze. Prediger, Professoren, Amtsträger wechseln in beiden Richtungen hin und her.[33]

---

32 Ebd., Bl. A4rf.
33 Vgl. zum Folgenden Joachim Bahlcke: Die böhmische Brüder-Unität und der reformierte Typus der Reformation im östlichen Europa. In: Comenius-Jahrbuch 16–17 (2008–2009), S. 11–23. Vgl. auch die ergiebig gebliebenen Arbeiten von Theodor Wotschke: Geschichte der Reformation in Polen. Leipzig 1911 (Studien zur Kultur und Geschichte der Reformation 1). Reprint Leipzig 1972; ders.: Die Reformation im Lande Posen. Lissa 1913; ders.: Das Evangelium unter dem Kreuz

Schon früher waren in Schlesien und auch in den Herzogtümern unliebsame Personen ausgewichen in die offenere religiöse Landschaft des Nachbarlandes. Nun wenden sich die Piastenfürsten ebenso wie der Beuthener Freiherr immer wieder zu den Brüdergemeinden, um Personal vor allem für ihre Bildungseinrichtungen zu rekrutieren. Wenn der Kampf um das Beuthener Gymnasium, geschürt von einer zwielichtigen Figur wie Balthasar Exner, immer wieder aufflackerte, wenn sich die Herzöge immer wieder Anfeindungen zumal aus den Konsistorien ausgesetzt sahen, der Unitarier- und Kryptocalvinismus-Verdacht nicht verstummte, so nicht zuletzt wegen der Austauschprozesse, die von der politischen Spitze bewußt lanciert wurden und eben übereinkamen mit den religionspolitischen Optionen, die wir andeuteten.

Es bleibt das große Verdienst von Marian Szyrocki, auch aber von Siegfried Wollgast, diesen Zusammenhängen nachgegangen zu sein und sie für die äußere wie die innere Opitz-Biographie aktiviert zu haben.[34] Als abgeschlossen können sie nicht gelten. Und das schon deshalb nicht, weil immer noch entschieden zu viel Dunkel über der gelehrten wie der religiösen Infrastruktur Großpolens liegt, so daß vergleichende Studien im Blick auf die Verhältnisse in den Piastenherzogtümern erschwert sind. Mit Gewißheit kämen sie auch der Erkenntnis der Physiognomie Opitzens zupaß.

Und das gilt, wenn wir recht sehen, ganz analog auch für die Filiationen, wie sie – vielfach vermittelt über Großpolen – zwischen den Herzogtümern der Piasten und dem Preußen Königlich Polnischen Anteils obwalten.[35] Dringend

---

im Lande Posen. Posen 1917. Vgl. auch die in diesem Zusammenhang erhellende Einleitung von Smend in: Die Synoden der Kirche Augsburgischer Konfession in Großpolen im 16., 17. und 18. Jahrhundert. Hg. von Gottfried Smend. Posen 1930 (Jahrbuch des Theologischen Seminars der Unierten Evangelischen Kirche in Polen 2), bes. S. 11ff.

[34] Vgl. von Szyrocki vor allem das Vorwort sowie das erste Kapitel „Auf dem Wege zu neuer Dichtung" in der oben Anm. 3 zitierten Opitz-Monographie. Vgl. auch Siegfried Wollgast: Morphologie schlesischer Religiosität in der Frühen Neuzeit: Sozinianismus und Täufertum. In: Würzburger medizinhistorische Mitteilungen 22 (2003), S. 419–448. Die Arbeit ging – vielfach gleichlautend – ein in: Ders.: Morphologie schlesischer Religiosität in der Frühen Neuzeit. In: Kulturgeschichte Schlesiens in der Frühen Neuzeit. Hg. von Klaus Garber. Bde. I–II. Tübingen 2005 (Frühe Neuzeit 111), Bd. I, S. 113–190. Vgl. im vorliegenden Zusammenhang auch nochmals Theodor Wotschke: Das Lissaer Gymnasium am Anfange des siebzehnten Jahrhunderts. In: Zeitschrift der Historischen Gesellschaft für die Provinz Posen, zugleich Zeitschrift der Historischen Gesellschaft für den Netzdistrikt zu Bromberg 21 (1906), S. 177–185.

[35] Vgl. Michael G. Müller: Zweite Reformation und städtische Autonomie im Königlichen Preußen. Danzig, Elbing und Thorn in der Epoche der Konfessionalisierung (1557–1660). Berlin 1997 (Publikationen der Historischen Kommission zu Berlin o. Nr.); ders.: Protestant Confessionalization in the Towns of Royal Prussia and the Practice of Religious Toleration in Poland-Lithuania. In: Tolerance and Intolerance in the European Reformation. Ed. by Ole Peter Grell, Bob Scrib-

erwünscht wäre eine komparatistische Untersuchung dieser um 1600 ungemein fertilen drei geistigen Regionen. Die Piastenfürstentümer behaupteten eben eine einzig dastehende Mittelstellung zwischen Großpolen und dem Königlich Polnischen Preußen auf der einen Seite, Böhmen, Mähren und Siebenbürgen auf der anderen.[36] Die Geschichtswissenschaft ist seit geraumer Zeit damit befaßt, diesen mittelosteuropäischen Raum zu vermessen. Diesbezügliche Arbeiten von literaturwissenschaftlicher Seite sind ungeachtet wichtiger Einzelvorstöße nicht zu verzeichnen. Ein entsprechender Antrag, bescheiden bemessen in seinen finanziellen Dimensionen und glänzend vorgetragen vor allem über Walter Schmitz, wurde soeben vom Oldenburger Institut kommentarlos abgewiesen. Hier also bleibt erheblicher Handlungsbedarf, und ein jeder Schritt käme mit Gewißheit eben auch der Opitz-Philologie zugute.

Opitz betrat diesen nordöstlichen Raum an der Seite der Piastenfürsten.[37] Von einem Tag auf den anderen hatten sie nach der verlorenen Schlacht bei

---

ner. Cambridge 1996, S. 262–281; ders.: Late Reformation and Protestant Confessionalization in the Major Towns of Royal Prussia. In: The Reformation in Eastern and Central Europe. Ed. by Karin Maag. Aldershot 1997 (St. Andrews Studies in Reformation History o. Nr.), S. 192–210; ders.: Unionsstaat und Region in der Konfessionalisierung. Polen-Litauen und die großen Städte des Königlichen Preußen. In: Konfessionalisierung in Ostmitteleuropa. Wirkungen des religiösen Wandels im 16. und 17. Jahrhundert in Staat, Gesellschaft und Kultur. Hg. von Joachim Bahlcke und Arno Strohmeyer. Stuttgart 1999 (Forschungen zur Geschichte und Kultur im östlichen Mitteleuropa 7), S. 123–137. Vgl. auch Maria Bogucka: Religiöse Koexistenz – Ausdruck von Toleranz oder von politischer Berechnung? Der Fall Danzig im 16. und 17. Jahrhundert. In: Konfessionelle Pluralität als Herausforderung. Koexistenz und Konflikt in Spätmittelalter und Früher Neuzeit. Festschrift Winfried Eberhard. Hg. von Joachim Bahlcke, Karen Lambrecht und Hans-Christian Maner. Leipzig 2006, S. 521–532. Schließlich sei verwiesen auf den Sammelband: Kulturgeschichte königlich polnischen Anteils in der Frühen Neuzeit. Hg. von Sabine Beckmann und Klaus Garber. Tübingen 2005 (Frühe Neuzeit 103). Hierin vier aufeinander abgestimmte Beiträge von Janusz Małłek, Jerzy Axer, Johann Anselm Steiger und Siegfried Wollgast zum übergeordneten Rahmenthema: „Konfessionelle und religiöse Optionen", S. 211–297.
36 Vgl. zum übergeordneten Zusammenhang vor allem Joachim Bahlcke: Das Herzogtum Schlesien im politischen System der Böhmischen Krone. In: Zeitschrift für Ostmitteleuropa-Forschung 44 (1995), S. 27–55. Vgl. des Weiteren die drei Beiträge von Andreas Rüther: Kulturgeschichte Schlesiens in der Frühen Neuzeit. Eine historische Grundlegung (S. 3–47), Karen Lambrecht: Die Funktion der bischöflichen Zentren Breslau und Ölmütz im Zeitalter des Humanismus (S. 49–68) und Joachim Bahlcke: Religion, Politik und Späthumanismus. Zum Wandel der schlesisch-böhmischen Beziehungen im konfessionellen Zeitalter (S. 69–92), zusammengeführt unter dem Titel: Historische Perspektiven einer europäischen Kulturlandschaft. In: Kulturgeschichte Schlesiens in der Frühen Neuzeit (Anm. 34), Bd. I, S. 3–92.
37 Vgl. Conrads (Anm. 12), S. 39–49. Zu Johann Christian vgl. den Eintrag von Julius Krebs in Allgemeine Deutsche Biographie 14 (1881), S. 189–200. Das Ausführlichste bei Schönwälder (Anm. 5), Bd. III, S. 1–123. Reichhaltig auch das Porträt bei Lucae (Anm. 13), S. 1468–1480. Vgl.

Steinau an der Oder im Oktober 1633 das Land verlassen müssen – ein Schritt, der ihnen nach dem vergleichbaren Debakel im November 1620 noch erspart geblieben war. Bezeichnenderweise wurde ein erster Halt in Lissa und damit im Umkreis des Grafen Raphael V. Leszczyński gemacht – auch dieses Geschlecht von prägendem Einfluß auf die Opitz-Generation und Opitz selbst, wie von Palm und Szyrocki gezeigt und nun dank der großartigen Edition des *Opitius Latinus* der dreißiger Jahre zunehmend erhellt. Als Bleibe im Exil wurde Thorn im Königlich Polnischen Preußen gewählt, und das mit ausdrücklichem Einverständnis des polnischen Königs Vladislaus IV. [Władysław IV. Wasa]. Opitz stand ihnen zur Seite. Kein Geringerer als Richard Alewyn widmete diesem denkwürdigen Ereignis noch vor Erscheinen der sogleich Berühmtheit erlangenden Dissertation seine erste Publikation überhaupt.[38]

Publizistisch zeitigte schon diese Thorner Phase von seiten Opitzens eine Reihe von Texten auf die Piasten, auch aber auf das polnische Königshaus und dessen Umkreis. Eine zentrale Rolle spielte bekanntlich die Gestalt Gerhards von Dönhoff sowie seine Gemahlin Sibylla Margaretha, die Tochter Johann Christians.[39] Die Produktion setzte sich ungebrochen in den drei letzten Danziger Jahren fort, wobei insbesondere Widmungszuschriften eine herausgehobene Stellung behaupteten. Mit Genugtuung nehmen wir wahr, daß dieser publizistische Kontinent dank des *Opitius Latinus* soeben wieder zugänglich wird, daß das entsprechende deutschsprachige Schrifttum, das Schulz-Behrend nicht mehr zum Druck bringen konnte, nunmehr nach langer und schmerzlicher Pause in kundigen

---

auch Henel von Hennenfeld (Anm. 28), Pars II, S. 262–265. Auch Georg Rudolf weilte zeitweilig mit im Exil. Vgl. zu ihm die Einträge von Julius Krebs in Allgemeine Deutsche Biographie 8 (1878), S. 693–696, sowie von Ludwig Petry in Neue Deutsche Biographie 6 (1964), S. 218f. Vgl. auch den Eintrag in Musik in Geschichte und Gegenwart² 4 (1996), Sp. 1769–1771. Georg Rudolf war Mitglied der ‚Fruchtbringenden Gesellschaft'. Entsprechend erscheint er in der verdienstvollen biographischen Galerie, die Klaus Conermann für sämtliche ‚Fruchtbringer' der ersten Phase unter Fürst Ludwig von Anhalt geschaffen hat. Vgl. Klaus Conermann: Die Mitglieder der Fruchtbringenden Gesellschaft 1617–1650. 527 Biographien. Transkriptionen aller handschriftlichen Eintragungen und Kommentare zu den Abbildungen und Texten im Köthener Gesellschaftsbuch. Weinheim 1985 (Fruchtbringende Gesellschaft. Der Fruchtbringenden Gesellschaft geöffneter Erzschrein. Das Köthener Gesellschaftsbuch Fürst Ludwigs I. von Anhalt-Köthen 1617–1650. Hg. von Klaus Conermann 3). Hier der Eintrag zu Georg Rudolf S. 62f. Vgl. auch wiederum Lucae (Anm. 13), S. 1304–1328; Henel von Hennenfeld (Anm. 28), Pars II, S. 246–249.
38 Vgl. Richard Alewyn: Opitz in Thorn (1635/1636). In: Zeitschrift des Westpreußischen Geschichtsvereins 66 (1926), S. 169–179.
39 Vgl. Gustav Sommerfeldt: Zur Geschichte des Pommerellischen Woiwoden Grafen Gerhard von Dönhoff († 23. Dezember 1648). In: Zeitschrift des Westpreußischen Geschichtsvereins 43 (1901), S. 219–265.

Händen liegt und auch die Erschließung der poetischen Zeugnisse aus Opitzens polnischer Zeit entschieden voranschreitet.⁴⁰

Wenn nicht alles trügt, setzten eben diese polnischen Jahre noch einmal einen Schub produktiver Energien frei. Opitz bewegte sich in einem offenen religiösen Milieu mit wiederholt unverkennbar reformiertem Einschlag. Fast mochte es scheinen, als wären die Tage vor 1620 wenn nicht in politischer, so doch in poetischer Hinsicht wiedergekehrt. Das war natürlich nicht der Fall, denn eben die Engführung beider Sphären war ja das Besondere der Pfälzer Zeit gewesen. Immerhin ist erkennbar, daß die Pflege der Psalmendichtung, auch und gerade in der Pfalz glanzvoll auf deutschem Boden eröffnet, in den letzten Jahren auch auf seiten Opitzens merklich in den Vordergrund tritt. Und das gleichermaßen im Kontext der Vorbereitung einer Ausgabe der geistlichen Schriften wie auch noch einmal im Kontext der Piasten.⁴¹

13 Ein letzter Gruß

Im Jahr 1637 erschien die letzte große Synopse der Opitzschen Psalmendichtungen, die sogleich von dem rührigen Verleger Andreas Hünefeldt mehrfach wiederaufgelegt wurde.⁴² Zugeeignet ist das geistlich-psalmistische Kompendium in allen Versionen den beiden Brüdern Johann Christian und Georg Rudolf. Eine

---

40 Vgl. das reichhaltige Kapitel „Opitz in Polen" bei Szyrocki: Martin Opitz (Anm. 3), S. 109–133, S. 155–160. Vgl. mit weiterer Literatur Robert Seidel: Von Atheisten und nüchternen Prinzessinnen. Martin Opitzens Schriften auf Angehörige des polnischen Königshauses. In: Realität als Herausforderung. Literatur in ihren konkreten historischen Kontexten. Hg. von Ralf Bogner, Ralf Georg Czapla, Robert Seidel und Christian von Zimmermann. Berlin 2011, S. 211–232. Dazu der Beitrag Seidels in vorliegendem Band.
41 Vgl. Jörg-Ulrich Fechner: Martin Opitz und der Genfer Psalter. In: Der Genfer Psalter und seine Rezeption in Deutschland, der Schweiz und den Niederlanden. 16.–18. Jahrhundert. Hg. von Eckhard Grunewald, Henning P. Jürgens und Jan R. Luth. Tübingen 2004 (Frühe Neuzeit 97), S. 295–315; Eckhard Grunewald: Keiner unser spraach' ist mächtiger gewesen. Martin Opitz als Übersetzer des Genfer Psalters. In: Śląska republika uczonych / Schlesische Gelehrtenrepublik / Slezská vědecká obec. Bd. II. Hg. von Marek Hałub und Anna Mańko-Matysiak. Dresden, Wrocław 2006, S. 96–114.
42 Die Psalmen Davids Nach den Frantzösischen Weisen gesetzt. Durch Martin Opitzen. Cum gratia & privilegio S. R. M. Dantzigk/ Gedruckt vnd verlegt durch Andream Hünefeldt/ Buchhändler/ 1637. Das Werk ist inzwischen wieder leicht greifbar. Vgl. Martin Opitz: Die Psalmen Davids. Nach den Frantzösischen Weisen gesetzt. Hg. von Eckhard Grunewald und Henning P. Jürgens. Hildesheim u. a. 2004. Der Band erscheint im Rahmen des Forschungsprogramms „Kulturwirkungen des reformierten Protestantismus" der Johannes a Lasco Bibliothek Emden.

Widmungsadresse ganz eigener Art ist zustande gekommen, in der jede Zeile zählt. Wir müssen auf ihre Behandlung verzichten. Stattdessen also ein Wort zu der Sibylla Margaretha, der Gattin Gerhard Dönhoffs, zugedachten Widmung der *Geistlichen Gedichte* aus dem Jahr 1637. Mochte eine Ahnung den Dichter gestreift haben, daß die Ausgabe zu einer solchen letzter Hand geraten würde? Im Bund mit den beiden Bänden *Weltlicher Gedichte* war das Lebenswerk also als Trilogie geborgen und trat seinen Gang durch die Zeit an. Wir blicken ein letztes Mal auf die Piasten.[43]

Auf den „6. Tag deß Wintermonats" ist die Widmung datiert, geht also derjenigen zu der Psalmen-Übersetzung aus dem nämlichen Monat November noch voraus. Binnen kürzestem hatte Opitz zweimal zur Feder zu greifen, und eben dieser Umstand machte sich im Falle der Psalmen bemerkbar. Keine seiner Schriften, so der Autor, verdiene es, in die Hände der Gräfin zu gelangen. Wenn aber überhaupt, so müßten es solche sein wie die vorliegenden. Denn sinne ich „dem Jnhalt deß Wercks selber nach/ so ist es Geistlich: vnnd E. F. Gn. sind vnter so grossen edelen Tugenden mit der Gottesfurcht so viel mehr begabt/ so viel selbige höher als andere Tugenden/ vnd eine Fürstin höher als andere Menschen ist."[44]

Doch das nicht allein. Noch einmal stellt der Autor den Brückenschlag zu dem Haus her, in dem er sein Werk stets bevorzugt beheimatet wissen wollte. Auch in der Fremde bewahren die Brüder dem Autor die Treue. Und der gelobt das Nämliche. Ein Bündnis war geschmiedet worden, und das bewährte sich über Zeit und Raum und die unglücklichen Zeitläufte hinweg. Dem Werk kam es allemal zugute. „Es ist Poetisch: welche Art zu schreiben bey verständigen hohen Häuptern vnnd guten Höfen von allen Zeiten her lieb vnnd angenem gewesen."[45] Doch das ist eine generelle Feststellung. Der Fürstin gegenüber kommt etwas Anderes, Persönliches hinzu. Und das spielt sogleich hinüber in den familiären fürstlichen Umkreis.

Er ist – im Gegensatz zu so vielen anderen Reprints – mit einem Nachwort und Literatur ausgestattet.

43 Vgl. für alle Einzelheiten die Nachworte von Erich Trunz in dem von ihm besorgten Reprint des Opitzschen Werkes letzter Hand: Martin Opitz: Geistliche Poemata (1638). 2., überarbeitete Auflage. Hg. von Erich Trunz. Tübingen 1975 (Deutsche Neudrucke. Reihe Barock 1). Eine erste Auflage erschien bereits 1965. Der Herausgeber hat im Nachwort zu diesem Band eine Skizze der Opitz-Ausgaben von 1624 und 1625 und 1629 sowie der Ausgabe letzter Hand der Jahre 1638–1644 und der ohne Mitwirkung Opitzens zustande gekommenen Ausgaben gegeben, auf die nachdrücklich zu verweisen ist. Außerdem ist dem Reprint eine systematisch gegliederte Bibliographie der wissenschaftlichen Literatur beigefügt.

44 Ebd., S. 4 und 6.

45 Ebd., S. 4.

> Dann mit was Gutthätigkeit vnd Zuneygung wollen J. J. F. F. G. G. dero Herr Vater vnnd Herr Vetter von geraumer Zeit her mich vor jhren Diener wissen? Mit was Gnaden erweisen sie an mir/ daß sie auch bey diesem vnglückseligen Zustande nicht ablassen das Studiren zu lieben/ ausser welches nichts ist/ wormit ich vor dißmahl vnnd in der frembde Dienst zu leisten weiß?[46]

Sodann wechselt der Autor herüber zu Gerhard von Dönhoff. Ihm kam im Leben Opitzens eine entscheidende Mittlerstelle zu, und eben sie ruft Opitz nun auch an dieser Stelle auf. Derart weitet sich die Widmung an die Fürstin direkt bzw. indirekt zu einer Hommage an die für ihn bedeutsamen Personen der letzten Lebensjahre aus.

> E. F. Gn. hertzliebster Gemahl Jhre Gnaden der Herr Graff Dönhoff aber/ was hat er bißher nicht gethan mir beförderlich zu seyn vnd auffzuhelffen? Daß die Königliche Majestät zu Polen vnnd Schweden mir gnädigst wol will/ daß ich dieser Orte Fug vnnd Ruhe deß meinigen abzuwarten gefunden/ daß ich die Mißligkeit der eusserlichen Fälle/ vnd was vns Menschen sonst in den Weg zu kommen pflegt/ getrost/ ja frölich erdulden vnnd ertragen kan/ solches habe ich/ nechst Gott/ dem Herren Graffen zuvorauß vnnd mehrentheils zu dancken.[47]

So sind sie gegenwärtig: Die Piasten, der polnische und der schwedische König sowie der Reichsgraf mit seiner Gemahlin. Und wieder ist es der Wunsch, ihrer aller Namen verewigt zu wissen – das Privileg des Poeten, über das allein er gebietet. Gab die geistliche Schrift die Veranlassung, die Fürstin als deren Adressatin zu erwählen, so stehen Graf und Gräfin am Schluß als Paar da, das dem Dichter und Diplomaten Opitz das Tor öffnete für den Raum seines letzten Wirkens.

> Er der Höchste verleihe Jhrer Gnaden Gesundtheit/ Wolfarth/ Fortgang in Verrichtungen so dieser Cron vnnd Landen zum besten angesehen/ vnnd solchen Segen in der mit E. F. Gn. newlich getroffenen Heyrath/ wie es bester Weise nach mag gehofft vnnd gewüntschet werden: Jch/ bey dem nichts ist als das redliche Gemüthe für so grosse Wolthaten danckbar zu seyn/ habe vmb Jhre Gnaden mich besser zuverdienen nicht gewust/ als wann ich hiermit der jenigen Fürstlichen Namen auff die Nachkommen zu bringen versuchte/ derer Fürstliches Hertz in dem Seinigen mit vnaufflößlicher Liebe verschlossen ist.[48]

---

[46] Ebd., S. 4f.
[47] Ebd., S. 5.
[48] Ebd., S. 5f.

Victoria Gutsche
„Sint Moecenates, non deerunt forte Marones."[1]
Strategien der Positionierung in Martin Opitz' Widmungen

Widmungen sind – nicht nur im 17. Jahrhundert – Orte der Modellierung, Positionierung und Profilierung eines Autors: In Widmungen stellt der Autor sich selbst und sein Netzwerk zur Schau und versucht mittels verschiedener Inszenierungsstrategien, seinen Platz im literarischen Feld zu erlangen oder zu sichern.[2]

So auch Martin Opitz im Januar 1616: Hatte der gerade Neunzehnjährige zu dieser Zeit schon mehrere Gedichte zu Stammbüchern sowie Epicedien und Hochzeitsgedichte in Kasualdrucken veröffentlicht, trat er mit *Strenarum Libellus*, einer Sammlung von Neujahrsgedichten für verschiedene Bunzlauer Bürger, das erste Mal mit einer selbstständigen Publikation ans Licht der Öffentlichkeit, wobei die Wahl des Widmungsempfängers durchaus strategisch war: Valentin Senftleben, Rektor an der Bunzlauer Stadtschule und Opitz' Lehrer, war ein geachteter und hochangesehener Bürger der Stadt, zwischen 1617 und 1625 war er fünfmal Bürgermeister.[3] Wenn Opitz diesem Mitglied der städtischen Führungsschicht nun seine erste Publikation widmete, geschah dies nicht nur aus Dankbarkeit für eine gute Ausbildung und Förderung, sondern auch, um seine Sammlung zu autorisieren, wurde durch die Nennung des Namens Senftleben doch auch dessen „sozialhierarchische, politische" und „intellektuelle [...] Autorität

---

1 LW I, S. 62.
2 Ähnlich auch Karl A. E. Enenkel: Die Stiftung von Autorschaft in der neulateinischen Literatur (ca. 1350–ca. 1650). Zur autorisierenden und wissensvermittelnden Funktion von Widmungen, Vorworttexten, Autorporträts und Dedikationsbildern. Leiden, Boston 2015 (Mittellateinische Studien und Texte 48), S. 22. Wenn hier und im Folgenden der Begriff des ‚literarischen Feldes' Verwendung findet, folgt dies der überzeugenden Argumentation von Stefanie Stockhorst, die in ihrer Studie zur Gelegenheitsdichtung des 17. Jahrhunderts zeigt, dass Bourdieus Feldtheorie – und nicht die von ihm herausgearbeiteten Spezifika des literarischen Feldes im Frankreich des 19. Jahrhunderts – gewinnbringend auf das 17. Jahrhundert übertragen werden kann. So kann die Anwendung der Kategorien Bourdieus, insbesondere die der ‚Autonomie', „die tatsächlich gegebenen Handlungsspielräume, welche die Dichter eroberten und nutzen", aufzeigen. Stefanie Stockhorst: Feldforschung vor der Erfindung der Autonomieästhetik? Zur relativen Autonomie barocker Gelegenheitsdichtung. In: Text und Feld. Bourdieu in der literaturwissenschaftlichen Praxis. Hg. von Markus Joch, Norbert Christian Wolf. Tübingen 2005 (Studien und Texte zur Sozialgeschichte der Literatur 108), S. 55–71, hier S. 56.
3 Robert Seidel: Kommentar. In: LW I, S. 283.

in die Waagschale"⁴ gelegt. Durch die Adressierung an Senftleben als Opitz' ehemaligem Lehrer, der diesen ausgebildet und gefördert hatte und somit letztlich für sein Können verantwortlich zeichnete und Opitz' Autorschaft legitimierte, autorisierte Senftleben indirekt das Werk und begleitete Opitz bei seinem Eintritt in die *res publica litteraria;*⁵ die Widmung gerät zum Ort strategischer Positionierung. Opitz selbst inszeniert sich in der Widmung als bescheidener, aber gleichwohl vielversprechender Gelegenheitsdichter, der seine Sammlung als Dank für bereits erwiesene Wohltaten und in der Hoffnung auf künftige Zuwendungen dem verehrten Lehrer widmet.⁶ Damit greift Opitz in seiner ersten Widmung auf topische Widmungsargumente zurück (Lob des Adressaten, Bescheidenheit, Dank für erwiesene Wohltaten, Bitte um künftige Unterstützung, Werk als Produkt der Nebenstunden etc.), die er innerhalb seiner Widmungen nicht nur immer wieder anführt, sondern variiert und anpasst, um sich als Autor im literarischen Feld zu positionieren.

Ausgehend von dieser Annahme werden im Folgenden Opitz' Widmungen einer systematischen Analyse im Hinblick auf formale Gestaltung und textuelle Strategien unterzogen. Hier sind jedoch sogleich gewichtige Einschränkungen zu machen: So werden ausschließlich gedruckte Widmungstexte in zu Opitz' Lebzeiten selbstständig erschienenen Drucken herangezogen,⁷ wohingegen zahlreiche Texte – zu nennen wären etwa Ehrengedichte, Widmungen anderer in Opitz' Werken, Vorreden an den Leser, Motti und Geleitgedichte, Titelblätter

---

4 Enenkel (Anm. 2), S. 11.
5 Vgl. ebd., S. 59.
6 Vgl. Seidel: Kommentar. In: LW I, S. 283.
7 Unter ‚Widmung' werden grundsätzlich zwei verschiedene Phänomene gefasst: Zum einen die gedruckte Widmung – auf diese beschränken sich die folgenden Ausführungen –, die ein Werk symbolisch überreicht, und zum anderen die handschriftliche Zueignung, die ein Exemplar, nicht jedoch die „ideelle Wirklichkeit des Werks selbst" (Gérard Genette: Paratexte. Das Buch vom Beiwerk des Buches. Frankfurt a. M. 1989, S. 115) zueignet. Obwohl die Notwendigkeit einer Unterscheidung dieser zwei Formen außer Frage steht, hat sich eine begriffliche Differenzierung bisher noch nicht durchsetzen können. Während Genette von gedruckter Zueignung und handschriftlicher Widmung spricht (vgl. ebd., S. 115), unterscheidet etwa Moennighoff zwischen gedruckter Widmung und handschriftlicher Dedikation. Vgl. Burkhard Moennighoff: Die Kunst des literarischen Schenkens. Über einige Widmungsregeln im barocken Buch. In: Die Pluralisierung des Paratextes in der Frühen Neuzeit. Theorie, Formen, Funktionen. Hg. von Frieder von Ammon und Herfried Vögel. Berlin 2008 (Pluralisierung und Autorität 15), S. 337–351, hier S. 339. Historisch begründen lässt sich weder Genettes noch Moennighoffs Begriffswahl. In *Zedlers Universallexikon* wird im Artikel „Zuschrifft" begrifflich nicht zwischen handschriftlicher und gedruckter Widmung unterschieden, wenngleich sich die Mehrheit der angeführten Beispiele auf gedruckte Widmungen beziehen. Vgl. [Anonym:] Art. Zuschrifft. In: Grosses vollständiges Universal Lexikon Aller Wissenschafften und Künste [...]. Bd. 64. Halle, Leipzig 1750, Sp. 763–769.

oder Titelkupfer – ausgeschlossen werden, die ihrerseits an der paratextuellen Positionierung des Autors einen nicht zu unterschätzenden Anteil haben. Nicht berücksichtigt werden weiterhin Kasualschriften wie z. B. Hochzeitsgedichte oder Epicedien, durch die sich der Autor im literarischen Feld positionierte, obgleich es gerade solche Schriften sind, durch die ein Autor des 17. Jahrhunderts „Gewinn und Reputation"[8] erzielte.

Dazu ein knappes Beispiel: Empfehlungsgedichte in Opitz' Werken sowie Gedichte von Opitz in anderen Sammlungen geben nicht nur Auskunft über Ansehen und Stellung des Autors im literarischen Feld, sondern auch über Beziehungen zwischen verschiedenen Autoren. Beispielhaft angeführt werden kann hier das Geleitgedicht *Distrahitur binis* von 1617, das Opitz zur gedruckten Antrittsrede von Jonas Milde beisteuerte, der zu dieser Zeit am Beuthener Gymnasium lehrte und dort – neben Caspar Dornau,[9] der ebenfalls ein Geleitgedicht beitrug – zu Opitz' wichtigsten Lehrern gehörte. Auffällig ist bei diesem Geleitgedicht nicht so sehr das gewählte Thema – Opitz „verteidigt die Rechte der ‚Modernen'"[10] bei gleichzeitiger Würdigung der ‚Alten' und schreibt sich damit in die *Querelles des Anciens et des Modernes* ein[11] –, sondern vielmehr der Ort des Gedichtes sowie die Ansprache des Adressaten. So ist Opitz nämlich nicht nur der einzige Schüler, der ein Gedicht beiträgt – nach Schulz-Behrend Beleg „für das Wohlwollen, welches er in Beuthen genoß"[12] –, sondern er wählt für den Lehrer auch eine auffällig vertraute Anrede („Amice"),[13] wodurch er sich nicht als Schüler präsentiert, sondern sich vielmehr selbstbewusst unter die bedeutenden gelehrten Persönlichkeiten einreiht.

> Distrahitur binis doctorum natio sectis:
> Haec vetus eloquium dejicit, illa novum [...]
> Error in utroque est, Jona Clarissime. Sed tu
> Ad pacem laetas tollis, Amice, faces. [...][14]

---

[8] Günter Dammann: Johann Rist als Statthalter des Opitzianismus in Holstein. Aspekte seiner literaturpolitischen Strategie anhand der Widmungsbriefe und Vorreden. In: Literaten in der Provinz – Provinzielle Literatur? Schriftsteller einer norddeutschen Region. Hg. von Alexander Ritter. Heide 1991 (Steinburger Studien 6), S. 47–66, hier S. 51.
[9] Vgl. zu Caspar Dornau die einschlägige Studie von Robert Seidel: Späthumanismus in Schlesien. Caspar Dornau (1577–1631). Leben und Werk. Tübingen 1994 (Frühe Neuzeit 20). Zum Verhältnis von Dornau und Opitz bes. S. 307–337.
[10] Reinhard Klockow, Robert Seidel: Kommentar. In: LW I, S. 309.
[11] Vgl. ebd.
[12] George Schulz-Behrend: Kommentar. In: GW I, S. 36.
[13] Vgl. LW I, S. 46. Auf diese auffällige Anrede weist auch der Kommentar hin. Vgl. ebd., S. 309.
[14] LW I, S. 44–46.

Stellen Gelegenheitsgedichte – ausgehend von diesem Beispiel – mithin ein wesentliches Mittel der Autorpositionierung und -inszenierung dar, wenn insbesondere gelehrte Netzwerke sichtbar werden, gilt dieses ebenso für Widmungen. Jedoch vollzieht sich die Positionierung und Verortung im literarischen Feld durch Widmungen unter anderen Vorzeichen, stellt die Widmung im 16. und 17. Jahrhundert nicht nur eine seit der Antike gepflegte, sondern – ausgehend von den zahlreichen Anweisungen innerhalb der zeitgenössischen Briefsteller – auch durchaus reglementierte Textsorte dar.[15] Damit ist sie aber zugleich der Ort, an dem der Autor sein Können beweisen kann, gerade weil die Widmung in der Frühen Neuzeit als „*conditio sine qua non* der Publikation"[16] gelten muss. Tatsächlich erwies sich Opitz als besonders begabter Widmungsspender, lobte doch Christian Weise Opitz' Widmung der *Acht Bücher Deutscher Poematum* als beispielhaftes sprachliches Kunstwerk:

> Und in Warheit in dieser gantzen *Dedication* finde ich so eine Krafft verborgen/ daß wenn der berühmte Mann sonst nichts/ als diese wenigen Blätter geschrieben hätte/ sein Nahme gleichwol den Ort unter den fürnehmsten Helden der deutschen Sprache würde verdienet haben.[17]

Unter ‚Widmung' wird im Folgenden die öffentliche, da gedruckte, Zueignung eines Werkes durch den Autor oder Herausgeber an einen Adressaten mittels eines Widmungstextes verstanden. Dabei handelt es sich in der Frühen Neuzeit um eine Konvention und dementsprechend sind fast alle Werke von Opitz einer Person zugeeignet; das hier zugrunde gelegte Korpus bilden 68 Widmungstexte, wobei zu beachten ist, dass einige Werke mit zwei oder mehr verschiedenen Texten zugeeignet[18] und Neuausgaben zuweilen mit neuen Widmungen versehen bzw. alte Widmungen wieder abgedruckt wurden.[19] Unberücksichtigt bleiben Widmungen einzelner Texte, die in unselbstständigen Publikationen erschie-

---

15 Vgl. beispielhaft Kaspar von Stieler: Teutsche Sekretariat-Kunst [...]. Nürnberg 1673, S. 989–1001; August Bohse: Der allzeitfertige Briefsteller [...]. Frankfurt a. M., Leipzig 1690, S. 317–338; Christian Weise: Curiöse Gedancken von Deutschen Brieffen [...]. Dresden 1691, S. 224–226 sowie Benjamin Neukirch: Anweisung zu Teutschen Briefen. Leipzig 1727, S. 253–257.
16 Enenkel (Anm. 2), S. 6.
17 Weise (Anm. 15), S. 507.
18 Vgl. beispielhaft Martin Opitz: Lobgesang Vber den Frewdenreichen Geburtstag Vnseres Herren vnd Heilandes Jesu Christi. Liegnitz [1624]. Das Werk ist Wilhelm Nüßler mit einer lateinischen Elegie sowie einem deutschen Prosabrief zugeeignet.
19 Vgl. beispielhaft die unterschiedlichen Drucke und Abdrucke von Martin Opitz: Dan. Heinsii Lobgesang Jesu Christi des einigen vnd ewigen Sohnes Gottes [...]. Görlitz 1621. Dieser Erstdruck ist Caspar Kirchner gewidmet, in den *Acht Büchern Deutscher Poematum* (1625) kommt noch eine Widmung an Hendrik Albertsen Hamilton hinzu. In den *Deutschen Poematum Erster Theil* (1629)

nen.[20] Keine Widmungen enthalten einige kleinere Druckerzeugnisse, etwa die Rede an Friedrich V. als König von Böhmen von 1620.[21] In einem solchen Fall ist eine Widmung überflüssig, da sich die Schrift ohnehin an einen bestimmten Empfänger richtet, den sie direkt anspricht.

Die Zueignung stellt einen öffentlichen, sozialen Akt dar: Dem Adressaten wird das Werk symbolisch übergeben, wobei durch die Öffentlichkeit der Schenkung und den Druck des Widmungstextes nicht nur der Widmungsempfänger adressiert wird, sondern auch eine breitere Öffentlichkeit. Der Widmungstext, mit dem die Schenkung vollzogen wird, kann grundsätzlich vier Formen annehmen: Widmungsbild oder -porträt, Widmungstafel, Widmungsgedicht und Widmungsbrief,[22] wobei sich bei Opitz alle Formen mit Ausnahme des Widmungsbildes finden. Zudem ist eine eindeutige Bevorzugung des Widmungsbriefes festzustellen.[23]

Am seltensten – im Vergleich mit den beiden anderen Widmungsformen – findet sich bei Opitz die Widmungstafel, die nach Art antiker Weiheinschriften eingerichtet ist: „[...] knapp im Textumfang; der Text wird auf Mittelachse gesetzt, der Stil epigrammartig konzentriert; der Widmungsadressat von allerhöchster

---

ist der Lobgesang nur Hamilton gewidmet, ein Einzeldruck aus dem Jahre 1633 dann Herzog Georg Rudolph und der Abdruck in den *Geistlichen Poemata* (1638) wieder Hamilton.
20 Vgl. etwa die Widmung der *Trostschrifft* an Herzog Georg Rudolph in: Spiegel aller Christlichen Matronen/ oder Ehrengedächtnüsz Der VielEhrentugent-reichen Frawen Marien geborner Rhenischin [...]. Brieg 1628.
21 Martin Opitz: Oratio Ad Serenissimvm Ac Potentissimvm Principem Fridericvm Regem Bohemiae. [Heidelberg 1620]. Auch bei einem Einblattdruck mit Epicedien erweist sich eine Widmung als überflüssig. Vgl. Martin Opitz: Bonae Memoriae Incomparabilis Heroinae Loysae Amoenae [...]. Wittenberg [1625]. Dennoch können auch Kasualdrucke Widmungen aufweisen. Vgl. Martin Opitz: Bonae Memoriae Serenissimae Principis Dorotheae Sybyllae [...]. O. O. [1625] oder Martin Opitz: Super Illustrissimae Dvcis Olsnensis Matris Patriae [...]. O. O. [1630].
22 Die hier verwendete Begrifflichkeit orientiert sich an Moennighoff (Anm. 7). Eine Alternative schlägt Wagenknecht vor, indem er zwischen Widmungstafel, Widmungsrede, Widmungsbrief, Widmungsgeste und Widmungsvermerk unterscheidet. Vgl. Christian Wagenknecht: Art. Widmung. In: Reallexikon der deutschen Literaturwissenschaft. Hg. von Jan-Dirk Müller. Bd. 3. Berlin, New York 2007, S. 842–845. Breyl und Enenkel hingegen verwenden die Begriffe Dedikation, Widmung, Widmungsbrief, Widmungsvorrede, Widmungsvorwort, Widmungsbild sowie Dedikationsbild zum Teil synonym und inkonsistent. Vgl. Jutta Breyl: Dedikationen des 17. Jahrhunderts in Text und Bild. In: Die Literatur des 17. Jahrhunderts. Hg. von Albert Meier. München, Wien 1999 (Hansers Sozialgeschichte der deutschen Literatur vom 16. Jahrhundert bis zur Gegenwart 2), S. 255–265 sowie Enenkel (Anm. 2).
23 Zum Dedikationsporträt oder Widmungsbild vgl. Enenkel (Anm. 2), S. 65–93, 199–219. Da sich in keinem der hier zugrunde gelegten Drucke ein Widmungsbild findet, bleibt diese Widmungsform im Folgenden unberücksichtigt.

Geltung. Wie in Stein gemeißelt soll die so gestaltete Widmung in Erscheinung treten"[24] – so Moennighoff – und dementsprechend bietet sich die Widmungstafel insbesondere bei hohen und höchsten Widmungsempfängern an, wird der Empfänger doch „auf das Dignitätsniveau antiker römischer Würdenträger erhoben".[25] Tatsächlich nutzt Opitz diese Form der Widmung bevorzugt für Fürsten und deren Angehörige,[26] wobei es sich jedoch bis auf zwei Ausnahmen um bei Opitz in Auftrag gegebene Kasualschriften handelt.[27] Die formale Gestaltung orientiert sich dabei zum einen an Anweisungen der Briefstellerkunst – korrekte und vollständige Titulatur, Grußformel und Unterschrift –, zum anderen wird der Gestus der (symbolischen) Unterwerfung typographisch vollzogen, wenn der Widmungsspender im Verhältnis zum Widmungsempfänger klein und unbedeutend erscheint. Dies ist freilich konventionell – vor allem bei Widmungen an hohe und höchste Adressaten –, so dass insbesondere jene Widmungstafeln interessant erscheinen, die sich an überaus geachtete und wichtige Persönlichkeiten richten, nicht aber an Fürsten.

Zu nennen sind hier die Widmung des *Daphnis* an Tobias Scultetus sowie die Leichenrede auf Barbara Agnes, die ihrem Mann Hans Ulrich von Schaffgotsch gewidmet ist (Abb. 1). Bei letzterer beachtet Opitz selbstverständlich die Konventionen hinsichtlich der korrekten Titulatur, doch positioniert sich der Widmungsspender – im Vergleich mit den Widmungen etwa an Georg Rudolph oder Christian IV. – durch Typographie und Druckbild wesentlich selbstbewusster.[28] So ist in der Widmung an Schaffgotsch Opitz' Name als einziger kursiv gesetzt und somit deutlich abgesetzt und erscheint zudem in demselben Schriftgrad wie der überwiegende Rest der Widmung. Von typographisch vollzogener Unterwerfung kann also nicht die Rede sein. Freilich kann heute nicht mehr festgestellt werden, ob die typographische Ausgestaltung dieser und anderer Widmungen von Opitz selbst stammte oder der Setzer allein dafür verantwortlich zeichnete. Die Frage nach dem Urheber und dessen möglichen Intentionen verleitet folglich nicht nur

---

24 Moennighoff (Anm. 7), S. 346.
25 Enenkel (Anm. 2), S. 117f. Vgl. auch Zedler (Anm. 7), Sp. 763: „Es ist wahrscheinlich, daß die Zueignungen derer Bücher ihren Ursprung von der Gewohnheit derer Heyden, die Tempel denen Göttern zu weyhen/ haben [...]."
26 Zu nennen sind hier v. a. Widmungen an Karl Hannibal von Dohna, Herzog Georg Rudolf von Liegnitz, Christian IV. von Dänemark und Norwegen, Władysław IV. Wasa, Sigismund III. Wasa sowie an die Söhne des Woiwoden von Brzesé, Raphael Leszczynski, Władysław, Andreas, Raphael und Boguslaw.
27 Dabei handelt es sich um *Daphnis* (1617) und um *Uber Den CIIII. Psalm* (1630).
28 Vgl. Martin Opitz: Oratio Funebris, Honori & Memoriae Celsissimae Principis Barbarae Agnetis Ducis Silesiae Lignicensis ac Bregensis, Conjugis Schaff-Gotschianae, & Ad Illustrissimum Ejus Maritum. Breslau 1631, Bl. [1v].

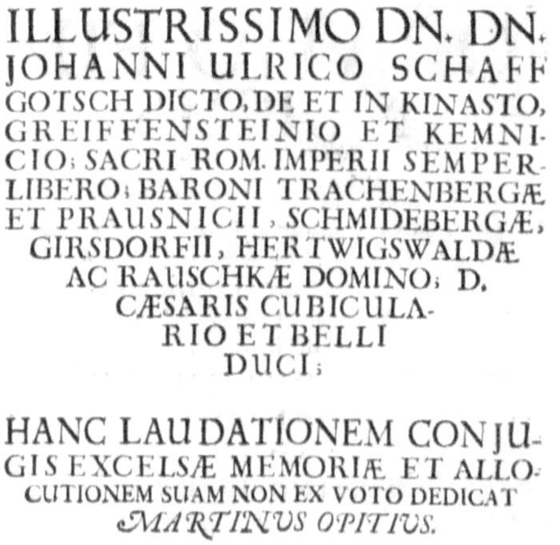

ILLUSTRISSIMO DN. DN.
JOHANNI ULRICO SCHAFF
GOTSCH DICTO, DE ET IN KINASTO,
GREIFFENSTEINIO ET KEMNI-
CIO; SACRI ROM. IMPERII SEMPER-
LIBERO; BARONI TRACHENBERGÆ
ET PRAUSNICII, SCHMIDEBERGÆ,
GIRSDORFII, HERTWIGSWALDÆ
AC RAUSCHKÆ DOMINO; D.
CÆSARIS CUBICULA-
RIO ET BELLI
DUCI;

HANC LAUDATIONEM CONJU-
GIS EXCELSÆ MEMORIÆ ET ALLO-
CUTIONEM SUAM NON EX VOTO DEDICAT
MARTINUS OPITIUS.

Abb. 1: Martin Opitz: Oratio Funebris, Honori & Memoriae Celsissimae Principis Barbarae Agnetis […]. Breslau 1631, Bl. 1v.

zu Spekulationen, sie ist in Bezug auf die Autorpositionierung auch unerheblich, da der Blick des Rezipienten auf den hervorgehobenen Autornamen gelenkt wird, der damit im literarischen Feld positioniert wird, unabhängig von wem die Gestaltung im Einzelnen stammt. Dennoch lässt sich zumindest eine mögliche Erklärung für die typographische Hervorhebung des Autornamens anführen: Opitz stand zum Zeitpunkt der Abfassung der Leichenrede 1631 in den Diensten des Grafen Karl Hannibal von Dohna und war mithin auf Schaffgotsch als Gönner bzw. Unterstützer nicht notwendig angewiesen; es ging bei der Widmung folglich nicht um die Akquirierung (materieller) Unterstützung, sondern vielmehr um Kontaktpflege, entstammte die Betrauerte Barbara Agnes doch der schlesischen Linie des Geschlechts der Piasten,[29] in deren Dienste Opitz nach dem Tod Dohnas

---

29 Vgl. Beate Hintzen, Dennis Messinger: Kommentar. In: LW III, S. 330.

1633 zurückkehrte. Die schnelle Rückkehr zu den Piasten ist wohl auch auf diese beständige Beziehungspflege zurückzuführen, denn auch wenn Opitz seit 1626 bei Dohna als Geheimsekretär angestellt war, blieb er doch stets – unter anderem durch Widmungen – mit den Piasten Georg Rudolf und Johann Christian in Verbindung. So widmete er zwischen 1626 und 1632 fünf verschiedene Werke den Herzögen bzw. ihren Verwandten, hinzu kamen insgesamt zwei Widmungen an Schaffgotsch. Im gleichen Zeitraum widmete Opitz Dohna ebenfalls fünf Werke. Vor diesem Hintergrund fungiert die Widmungstafel an Schaffgotsch zum einen als Mittel der Pflege des Kontaktes mit den Piasten, wobei die Wahl des Widmungsempfängers sich nicht nur aus dem Anlass der Schrift ergab, sondern möglicherweise auch taktisch motiviert war, diente Schaffgotsch doch seit 1621 der kaiserlichen Seite und focht dabei im selben Jahr auch mit Dohna in Oberschlesien.[30] Insofern diente sich Opitz mit dieser Widmung dem Piastengeschlecht indirekt an, ohne dabei jedoch Gefahr zu laufen, seinen Dienstherrn zu brüskieren.[31] Dem entspricht auch die typographische Gestaltung der Tafel, die den Freiherrn ehrt und würdigt, zugleich aber den Autor Opitz durchaus selbstbewusst inszeniert.

Bestimmt bei Kasualschriften – sofern sie denn gewidmet werden – die Textsorte die Widmungsform sowie der Anlass den Widmungsempfänger, kann Vergleichbares auch bei anderen Textsorten festgestellt werden, so bei der Widmung der Ekloge *Daphnis* an Tobias Scultetus:[32] Hier erscheint die Tafel als einzig angemessene Form der Widmung. So war eine ausführliche Widmung, z. B. in Form eines Briefes, mit Blick auf die Schrift selbst nicht notwendig, da der Hirte Iolas in der Ekloge stellvertretend für Opitz sein Lob sowie Dank für und letztlich auch Bitte um weitere Unterstützung an Daphnis bzw. Scultetus formuliert.

> Hic tibi, Daphni pater mitissime, pauper Iolas,
> Sivestres calamos quercûs de robore pendit.
> [...]
> Ipse ego, si te fortè movent mea munera, purum
> Quotquot erunt anni, mactabo altaribus agnum,
> Et lauri foliis, hederaque altaria cingam:
> Ac cum jam Superae fueris pars nobilis aulae,

---

30 Zu Schaffgotsch vgl. Julius Krebs: Ulrich Freiherr von Schaffgotsch. Ein Lebensbild aus der Zeit des dreißigjährigen Krieges. Mit einer Nachbildung des Ersten Pilsener Schlusses. Breslau 1890.
31 Diese ‚Gefahr' ist angesichts der weiteren Widmungen an die Piasten jedoch eher als gering einzuschätzen. Gleichwohl verzichtet Opitz in der Leichenrede auf eine ausführliche *laudatio* der Piasten. Vgl. dazu Hintzen, Messinger (Anm. 29), S. 331.
32 Vgl. LW I, S. 90–97.

Atque aliquis laetas ibit novus hospes in oras,
Narrabit grati laudabile carmen Iolae,
Cum Daphnin campi et segetes, cum lustra vocabunt. [...]³³

Eine ausführliche Widmung hätte die Ekloge, jene Form, die „von Dichtern seit der Antike auch zur Kommunikation mit dem jeweiligen Mäzen verwandt wurde",³⁴ nur verdoppelt, nimmt diese doch widmungsspezifische Funktionen wahr, wie etwa Dank für *otium* zur poetischen Produktion und gelehrte Unterweisung, Lob des Gönners und Ankündigung, seinen Ruhm weiter zu besingen.³⁵ Darüber hinaus fungiert die Tafel – vor allem im Vergleich mit der Widmung an Schaffgotsch – als Geste der symbolischen Unterwerfung unter den verehrten Gönner, insofern Opitz hier auf eine Nennung seines Namens verzichtet und sich selbst auf diese Weise gegenüber dem Widmungsempfänger zurücknimmt. Hier muss zwar angemerkt werden, dass Opitz zahlreiche seiner Widmungen gar nicht unterzeichnet bzw. seinen Namen nur im Titel oder im Briefkopf nennt, bei den Widmungstafeln ist hingegen sonst immer der Verfassername angegeben.

Opitz' Widmungstafeln inszenieren den Autor mithin als vielversprechenden und darum selbstbewussten Poeten, der als „Literaturstrategie"³⁶ durchaus kunstvoll zwischen demütiger Verneigung vor dem Adressaten und selbstsicherem Behaupten der eigenen Position wechselt. Die Wahl der Widmungsform liegt in der Form des zu widmenden Werkes sowie im sozialen Status des Adressaten begründet, eignet sich die „epigraphische Widmungsgebärde"³⁷ doch insbesondere für hochstehende Persönlichkeiten. Tatsächlich wandte sich Opitz – dies gilt gleichermaßen für Widmungstafel, -brief und -gedicht – vornehmlich an hoch- und höherstehende Personen. Dabei ging es jedoch keineswegs immer um die Akquirierung (materieller) Unterstützung, denn die angenommene Widmung³⁸ bekundete ein wechselseitiges Beziehungsverhältnis, indem der Autor als von den Eliten gestützter und empfohlener Autor erschien. Die Widmung diente nicht nur als Beleg für die Hoffähigkeit des Dichters, sondern generierte darüber hinaus, insbesondere bei Widmungen an Gelehrte und andere Autoren, symbo-

---

33 LW I, S. 90–96.
34 Seidel (Anm. 3), S. 337.
35 Zu *Daphnis* vgl. Klaus Garber: Martin Opitz, Paul Fleming, Simon Dach. Drei Dichter des 17. Jahrhunderts in Bibliotheken Mittel- und Osteuropas. Weimar, Wien 2013 (Aus Archiven, Bibliotheken und Museen Mittel- und Osteuropas 4), S. 46–96.
36 Ebd., S. 96.
37 Enenkel (Anm. 2), S. 117.
38 Vgl. einführend zur Widmungspraxis Gabriele Schramm: Widmung, Leser und Drama. Untersuchungen zu Form- und Funktionswandel der Buchwidmung im 17. und 18. Jahrhundert. Hamburg 2003 (Studien zur Germanistik 2), S. 19–24.

lisches Kapital. Inwiefern der illustre Name die Leser tatsächlich beeindrucken mochte, muss freilich offen bleiben.

Wesentlich variabler wird das Widmungsgedicht von Opitz eingesetzt. Hier ist zunächst eine Vorliebe für lateinische Widmungsverse, meist elegische Distichen, zu konstatieren. Dieser Befund erklärt sich mit Blick auf die gewidmeten Texte, findet sich doch gerade in Kasualdrucken die Praxis, den deutschen Text mit lateinischen Versen zuzueignen. Geistliche Stoffe werden hingegen tendenziell eher mit deutschen Versen zugeeignet. Der Umfang der Widmungsgedichte schwankt nur wenig; sie bewegen sich meist zwischen zwölf und 24 Versen, wesentlich länger (48 Verse) ist nur die Elegie an Bernhard Wilhelm Nüßler zur Widmung des *Lobgesangs Vber den Frewdenreichen Geburtstag* von 1624. In Bezug auf die Adressaten wird keine Personengruppe eindeutig bevorzugt, auch wenn die Widmungsgedichte tendenziell eher an hochstehende Gönner gerichtet sind. So finden sich unter ihnen Personen wie die Liegnitzer Piasten, Dohna oder Władysław IV. Wasa, aber auch Diederich von dem Werder und verschiedene Gelehrte und Förderer wie z. B. Caspar Kirchner.

Rein formal lässt sich das Widmungsgedicht von Begleitgedichten nicht nur durch Autor und Adressat sowie seine Stellung im Buch (meist nach Widmung und Vorrede) abgrenzen, sondern auch durch die Aufnahme von Elementen des Briefformulars, das heißt der korrekten und angemessenen Adressierung und Titulierung des Widmungsempfängers sowie der Unterschrift des Verfassers. Das Widmungsgedicht wird bei Opitz häufiger auch mit einem Widmungsbrief kombiniert, wobei sich Gedicht und Brief in der Regel thematisch und/oder argumentativ aufeinander beziehen bzw. einander ergänzen. Die Kombination heterogener Widmungsformen, Unterschiede in der Länge, im Versmaß sowie in Anfangs- und Schlussformel belegen dabei die Variationsmöglichkeiten der Verswidmung. Insbesondere die Koppelung von Vers- und Prosawidmung erlaubte es, „der Widmungsgeste besonderen Nachdruck zu verleihen".[39] Beispielhaft sei die Widmung der *Zwölf Psalmen Davids* an Gottfried Baudisius angeführt.[40] Das der Prosawidmung folgende Gedicht greift einzelne Gedanken dieser auf, wenn hier wie dort dem (notwendigen) *otium* des Dichters das aktive Leben des Adressaten gegenübergestellt wird, wobei das *otium* nicht nur als Voraussetzung für dichterische und gelehrte Beschäftigung erscheint, sondern als Freiraum, um mit Freunden und Gönnern Kontakt halten zu können. Diese Bitte um *otium* findet sich im Übrigen in Opitz' Widmungen immer wieder, insbesondere in jenen an Dohna,

---

[39] Wolfgang Leiner: Der Widmungsbrief in der französischen Literatur. Heidelberg 1965, S. 33.
[40] Martin Opitz: Zwölff Psalmen Davids Auff jhre eigene vnd anderer gewönliche weisen gesetzt. Breslau [1636].

wobei die Bitte um Freiräume wie auch um materielle Fürsorge des Mäzens mit dem Dienst[41] des Sprechers am Gemeinwesen begründet wird. Exemplarisch sei auf die Widmung an Fürst Ludwig von Anhalt-Köthen verwiesen: Hier wird die Dichtung sozial aufgewertet, indem sie gleichberechtigt neben die Politik oder Herrschaft gestellt wird, ja Opitz zwischen den „Regimentern und Policeyen" und „freyen Künsten" eine – wie Rudolf Drux formuliert – „Art Schicksalsgemeinschaft ausmacht".[42] Zentral ist bei Opitz die Annahme, dass das Engagement für die Dichtkunst dem Staat zu Ansehen verhelfen könne.[43] Verbunden wird dies mit dem Argument, dass die Herrscher durch den Dichter bzw. sein Wort ewigen Ruhm erlangen würden.[44] Opitz argumentiert hier im Sinne eines gegenseitigen Verpflichtungsverhältnisses: Der Dienstherr gewährt dem Dichter Zuwendungen – diese können materieller Natur sein oder auch in der Freistellung von Amtsgeschäften bestehen –, wofür der Dichter den Ruhm seines Dienstherrn verkündet. Insbesondere in den Widmungen an Dohna kommt dieses Modell zum Tragen. Die propagierte Koalition zwischen höfischer Elite und Literatur, die bei Opitz geradezu toposhaft beschworen wird, erwies sich freilich – darauf wurde wiederholt verwiesen – als wenig nachhaltig.[45]

Zurück zur Widmung an Gottfried Baudisius: Sowohl im Prosatext wie auch im Gedicht findet sich die topische Bitte um günstige Aufnahme der Schrift und das Lob des Adressaten. Hier wird deutlich, wie sehr sich die meisten Widmungsgedichte – trotz aller Freiheiten – hinsichtlich Aufbau und Struktur dem Widmungsbrief annähern. Dies gilt auch für jene, denen keine Prosatexte beigegeben sind, wie etwa die Widmung der *Episteln Der Sontage vnd fürnemsten Feste des gantzen Jahrs* (1628) an Herzog Georg Rudolph.[46] Dieser hatte, darauf wird im Gedicht verwiesen, die poetischen Paraphrasen in Auftrag gegeben, die dementsprechend dem Herzog mit einem Alexandrinergedicht zugeeignet wurden. Das Gedicht selbst folgt nun weitgehend dem Briefmuster: Nach der Anrede mit allen Titeln (*salutatio*) folgt die Übergabe des erbetenen Werkes, das den Adressaten von seinen Sorgen ablenken soll und das der Verfasser „zu Gottes Ehr' vnd Ewrer

---

41 Rudolf Drux: Der geadelte Dichter. Von der sozialen Grenzüberschreitung des Bürgers Opitz auf dem Weg zur deutschen Dichtung. In: Adel in Schlesien. Bd. 3: Adel in Schlesien und Mitteleuropa. Literatur und Kultur von der Frühen Neuzeit bis zur Gegenwart. Hg. von Walter Schmitz. München 2013 (Schriften des Bundesinstituts für Kultur und Geschichte der Deutschen im östlichen Europa 48), S. 83–94, hier S. 85.
42 Ebd.
43 Vgl. ebd.
44 Vgl. ebd., S. 89.
45 Vgl. Herbert Jaumann: Nachwort. In: Poeterey, S. 191–213, hier S. 203.
46 GW IV,1, S. 246f.

Lust gemacht"⁴⁷ hat. Es folgt die *captatio benevolentiae* mit dem Lob des Adressaten, der durch den Verfasser auch künftig gelobt werden soll. Abschließend folgt die *petitio* – Opitz hofft auf weitere Gewährung des notwendigen *otium* – und die *peroratio*. Auf den ersten Blick mag bei dieser Widmung weniger die Form als vielmehr der Adressat überraschen: Opitz war zu dieser Zeit schon in den Diensten Dohnas, gleichwohl rechnete er sich in der Widmung der Hofdienerschaft des Herzogs zu, wenn er diesen explizit um freie Zeit zur literarischen Produktion bittet. Vor dem Hintergrund der gesamten Widmungspraxis erklärt sich jedoch dieses Ersuchen: So erscheint zum einen die Bitte um *otium*, insbesondere bei den Widmungen an Dohna, als *locus classicus*, zum anderen bemühte sich Opitz, darauf wurde schon hingewiesen, auch nach seinem Wechsel zu Dohna um Kontakt mit den Piasten. Und mehr noch: Zu dieser Zeit, so schreibt er in einem Brief an Balthasar Venator vom 24. April/4. Mai 1628,⁴⁸ diene er zwei Herren:

> Mihi duo Heri sunt, Princeps Lignicensis et Dohnae, burggravius, penes quos in hac provincia rerum summa est; ita tamen cum iis versor, ut neque illum, qui Lutheranas se partes fovere videri vult, neque hunc, qui pontificiis à teneris adhaesit, offendam, animi tamen mei sententiam publice ac privatim nullatenus celem.⁴⁹

Dies ist wohl nicht wörtlich zu verstehen, belegt aber gleichwohl, welch engen Kontakt Opitz – auch durch Widmungen – mit den Piasten nach seinem Amtsantritt bei Dohna pflegte.⁵⁰

Mit Abstand am häufigsten nutzt Opitz den Widmungsbrief, um Werke zu überreichen, der, anders als die Tafel und die kurzen Gedichte, mehr Möglichkeiten bietet, um z. B. um Schutz für das Werk oder Zuwendungen des Gönners zu bitten oder auch sich selbst als Autor zur Sprache zu bringen. Die Widmungsbriefe – dies gilt generell für das 17. Jahrhundert – folgen dabei festgelegten rhetorischen Regeln und Konventionen. So sind nicht nur Anrede und Schlussformel konventionell, sondern auch Stil und Aufbau der Widmung selbst: Auf die Begrüßung folgt die *narratio*, wobei es sich häufig um durchaus ausführliche Erwägungen handelt. Diese können sich auf den nachfolgenden Text und in

---

47 Ebd., S. 246.
48 Abdruck in: BW I, S. 606–608.
49 Ebd., S. 606f. Die deutsche Übersetzung lautet: „Ich habe zwei Herren, den Fürsten von Liegnitz und den Burggrafen zu Dohna, bei denen in diesem Land die höchste Macht liegt. Wenn ich mit ihnen so verkehre, daß ich weder den beleidige, der als Förderer der Partei der Lutheraner erscheinen möchte, noch den, der den Papisten seit der zarten Jugend anhängt, möchte ich jedoch öffentlich oder privat keineswegs die Gesinnung meines Herzens verheimlichen." Ebd., S. 609f.
50 Vgl. auch das Gedicht an Herzog Georg Rudolph zu dessen Kur in Bad Warmbrunn. Ebd., S. 592.

ihm vorgetragene poetologische Erwägungen ebenso wie auf außerliterarische Umstände beziehen, so dass Widmungen mitunter die Funktion von Vorreden übernehmen können (Rechtfertigung des Werkes, „[n]otwendiger Unterricht"[51] des Lesers, *captatio benevolentiae* etc.) und sich Vorrede und Widmung hinsichtlich ihrer Strategien und Funktionen nicht immer klar voneinander abgrenzen lassen. Was die Widmung gegenüber der Vorrede jedoch auszeichnet, ist nicht nur das formale Element der Unterzeichnung – Vorreden weisen selten eine dem Briefformular entsprechende Datierung und Unterzeichnung auf –, sondern in erster Linie die Bitte um und/oder der Dank für Schutz und Unterstützung durch den Widmungsadressaten. Dass solche Bitten im Übrigen durchaus erfolgreich waren, belegt etwa die Gratifikation von 50 Dukaten, die Opitz für die Widmung des *Vesuvius* an Herzog Johann Christian von Schlesien zu Liegnitz und Brieg erhielt.[52]

Der *narratio* folgt sodann die Formulierung des Verlangens (*petitio*), die immer mit dem Lob des Mäzens einhergeht (*captatio benevolentiae*) und bekannten Topoi folgt: Thematisiert werden Geschlecht, musische, religiöse, Kriegs- und Friedenstugenden, Aufgeschlossenheit des Adressaten für Wissenschaft und Kunst oder die Grenzen des Widmungsbriefes, die weitergehendes Lob verhinderten. Darüber hinaus tauchen selbstverständlich immer wieder die gängigen Bescheidenheitstopoi auf wie die Bitte um Nachsicht angesichts der unwürdigen Gabe oder die mangelnde Wertigkeit der Schrift. Für französische Widmungsbriefe hat Leiner festgestellt, dass die Distinktion zwischen den verschiedenen Gruppen, also (hochstehenden) Adressaten und Widmungsspendern, bewusst und unhinterfragt blieb und die Bescheidenheitsfloskeln der Widmung insofern nicht nur Floskeln im Rahmen des Lobschemas seien, sondern auch tatsächliche Vorstellungen repräsentierten.[53] Für Opitz müssen hier Bedenken angemeldet werden, da er wiederholt die Gleichrangigkeit des gelehrten Bürgers mit dem Adel betont, und mehr noch: Drux weist darauf hin, dass in der *Schäfferey von der Nimfen Hercinie* der Verstand über den Stand gestellt werde, ein „förmliches Adelsdiplom" sodann überflüssig sei und „von einem edlen Gelehrten mit Geringschätzung behandelt werden" kann.[54] Und tatsächlich nutzt Opitz in den

---

[51] Johann Beer: Die kurtzweiligen Sommer-Täge. Hg. von Ferdinand van Ingen und Hans-Gert Roloff. Bern u. a. 2000 (Sämtliche Werke 8), S. 7.
[52] Vgl. Georg Braungart: Opitz und die höfische Welt. In: Martin Opitz (1597–1639). Nachahmungspoetik und Lebenswelt. Hg. von Thomas Borgstedt und Walter Schmitz. Tübingen 2002 (Frühe Neuzeit 63), S. 31–37, hier S. 35.
[53] Vgl. Leiner (Anm. 39), S. 172–178.
[54] Drux (Anm. 41), S. 93. Vgl. zur Konkurrenz zwischen humanistischem Gelehrten und Adel auch Braungart (Anm. 52) und die dortigen Literaturhinweise.

Widmungen das Adelsprädikat nur einmal. Dies hat seinen Grund auch in dem programmatischen Versuch, höfische Elite und Schriftsteller zu wechselseitiger Anerkennung zu verpflichten. Insofern erscheinen die Bescheidenheitsfloskeln durchaus ambivalent.

Doch nicht nur zwischen Fürst und Autor wird ein gegenseitiges Abhängigkeitsverhältnis behauptet. So präsentiert sich Opitz insbesondere in den Widmungen an die Räte von Bunzlau, Schweidnitz und Breslau[55] als Autor, dessen Ruhm eng mit dem Ruhm der jeweiligen Stadt bzw. Region verbunden sei, ja dessen Ruhm zum Ruhm der Region avanciere. Exemplarisch sei auf die Widmung an die Bunzlauer verwiesen: Hier erklärt Opitz selbstbewusst, dass „mein geliebtes Vaterland vnnd sie meiner je mehr vnd mehr ruhm vnd ehre haben mögen."[56] Dazu Günter Dammann: „Der eigentliche Nutzen, den die Region aus dem Autor zieht, der in ihr lebt und arbeitet, ist nicht ein Zuwachs von Wissen und Bildung, sondern der Ruhm, Standort zu sein für diesen Statthalter."[57] Diese Argumentation wird im Übrigen später Rist übernehmen, der sich zum „Statthalter des Opitzianismus in Holstein"[58] stilisiert. Grundlage dieser Argumentation ist freilich, dass es sich bei dem gerühmten Poeten tatsächlich um einen Autor handelt, der bereits eine angesehene Position im literarischen Feld erreicht hat bzw. diese zumindest glaubwürdig behauptet, der über ausreichend symbolisches Kapital verfügt, von dem wiederum die Region profitiert. Damit wird das hierarchische Verhältnis der Widmung umgekehrt: Nicht mehr der Adressat generiert durch die Annahme der Widmung Aufmerksamkeit für den Dichter, sondern der Dichter lenkt durch die Widmung die Aufmerksamkeit auf den Adressaten.[59]

Nach *narratio* und *petitio* wird die Widmung kurz begründet und schließt mit guten Wünschen an den Adressaten mit Angabe des Abfassungsortes und Datierung. Dies ist freilich modellhaft, nicht jede Widmung folgt diesem Aufbau und es gibt zahlreiche Abweichungen, die deutlich machen, welche Spielräume die Regeln erlaubten. Tatsächlich folgen aber fast alle Widmungen, die Opitz vornahm, diesem Schema, beispielhaft sei knapp auf die Widmung der *Klagelieder Jeremiae* von 1626 an den Rat der Stadt Schweidnitz eingegangen.[60]

---

55 Vgl. zur Widmung an Breslau Ferdinand van Ingen: Niederländische Leitbilder. Opitz – Grotius. In: Martin Opitz (Anm. 52), S. 169–190, hier S. 180–184, v. a. S. 181f.
56 Martin Opitz: Buch von der Deutschen Poeterey [...]. Breslau 1624, Bl. A2v.
57 Dammann (Anm. 8). S. 61.
58 Ebd.
59 Vgl. ebd.
60 Martin Opitz: Die Klage-Lieder Jeremia. Görlitz 1626, Bl. A2r–4v.

Bekanntermaßen erkundigte sich Opitz in einem Brief an Michael Bartsch nach der angemessenen Anrede für das Ratskollegium.[61] Dass eine solche von nicht zu unterschätzender Bedeutung war, belegt ein Blick in die Briefsteller: „Nach der Titulatur sollte dann in angemessenem Abstand die Anrede folgen, die den Stand des Empfängers und die Beziehungen des Schreibers zu ihm wiedergibt",[62] wobei das Verhältnis von Widmungsspender und -empfänger auch typographisch inszeniert wird. So folgt in der Widmung an den Rat auf eine recht aufwändige Zierleiste die Anrede des Rates, bei der die Schriftgröße nach der ersten Zeile abnimmt. Dies entspricht durchaus den zeitgenössischen Konventionen, jedoch wird nicht nur die Zeile „Dominis & Fautoribus suis" wieder größer gedruckt und so der Aspekt der Förderung graphisch hervorgehoben, sondern auch der Name des Widmungsspenders wird besonders ausgezeichnet, wenn er in Kapitälchen erscheint. Hier inszeniert sich der Verfasser mithin wiederum recht selbstbewusst, wenn die Aufmerksamkeit auf seinen Namen gelenkt wird. Der nicht vorhandene Zeilenabstand zwischen Widmungsempfängern und Widmungsspender entspricht dieser selbstbewussten Inszenierung, stellt sich Opitz doch auf diese Weise in eine Reihe mit den Adressaten. Dies wird besonders deutlich, wenn man die besagte Widmung mit anderen vergleicht, etwa jener im zweiten Teil der *Deütschen Poëmata* an Karl Hannibal von Dohna, wo zwischen Widmungsempfänger und -spender der größere Zeilenabstand auf die Standesunterschiede verweist.[63]

Die Widmung an den Rat von Schweidnitz selbst folgt dann dem angegebenen Schema: Der Text beginnt mit ausführlichen Erwägungen zur Krise von Literatur, Bildung und Wissenschaft in der gegenwärtigen Lage.[64] Aus diesen Erwägungen – die Zeitklage ist selbst ein Topos in den Widmungen – wird sodann die Motivation für die Widmung erläutert, habe sich der Schweidnitzer Rat doch im Rahmen seiner Möglichkeiten der Krisenproblematik angenommen. Zudem sei

---

61 Vgl. Veronika Marschall: Kommentar. In: LW II, S. 323. Abdruck des Briefes: BW I, S. 335.
62 Schramm (Anm. 38), S. 115.
63 Martin Opitz: Deütsche Poëmatum Anderer Theil [...]. Breslau 1629, Bl.):(r. Vgl. zur typographischen Gestaltung auch Breyl: „Die besondere Bedeutung der Dedikation findet ihren Ausdruck nicht nur in der Placierung [sic!] (vor dem ersten Bogen zwischen Titelblatt und Vorrede), sondern auch in einem ausgesprochen aufwendigen Einsatz typographischer Mittel. Durch die Vielfalt unterschiedlicher Schriftgrade, Schriftarten und die Verwendung von Schmuckinitialen hebt sie sich von anderen Elementen der Rahmenkomposition sowie vom Text des Werkes ab. Selbst der Zeilenabstand zwischen Anrede bzw. Schlußformel und Widmungstext ist ‚ständisch' geregelt: je höherstehend der Widmungsadressat, desto größer der Abstand. Werden für die Anrede die größten Buchstaben gewählt, so die kleinsten für die Schlußformeln, für Anrede-Pronomina im Text wiederum größere Buchstaben oder Fettdruck." Breyl (Anm. 22), S. 261f.
64 Vgl. dazu den ausführlichen Kommentar von Veronika Marschall. In: LW II, S. 322–330.

das geistliche Thema den Adressaten wegen seiner Gottgefälligkeit, um die auch der Rat bemüht sei, angemessen. Die Widmung dieses bestimmten Werkes an diesen bestimmten Empfänger wird somit als unumgänglich inszeniert: Dem Rat von Schweidnitz wird hier eine „gewissermaßen *aktive Rolle* zugeschrieben", da dieser dem Autor „Signale" – z. B. Tugendhaftigkeit, geistige Interessen, Gelehrsamkeit oder Großzügigkeit – gesendet habe, die ihn zur Widmung zwingen, wohingegen eine Weigerung „einen ernsten Verstoß gegen die moralische und soziale Ordnung bedeuten"[65] würde. Diese Argumentationsstrategie ist wiederum topisch, da die Widmung notwendig einer Begründung bedarf; ansonsten erschiene sie als leere Geste und würde den Empfänger herabsetzen.

Es folgt schließlich der mit der Begründung der Widmung verbundene Dank für erwiesene Wohltaten durch verschiedene namentlich genannte Ratsherren sowie die direkte Bitte um Unterstützung durch den Rat. Darüber hinaus setzt sich die Widmung kurz mit anderen zeitgenössischen Psalmenbearbeitungen auseinander und legitimiert so nicht nur die Beschäftigung mit diesem Thema, sondern stellt den Sprecher – unter Verweis auf die eigenen Reformbestrebungen – in eine Reihe mit diesen und wertet ihn mithin auf. Diese Argumentationsstrategie des Rückbezugs auf herausragende Vorgänger und deren Autorität bei gleichzeitigem Behaupten der eigenen Position findet sich ebenfalls wiederholt in den Widmungen. Hingewiesen sei nur auf die Widmung an Fürst Ludwig von Anhalt-Köthen: Hier stellt sich Opitz an den Anfang der neueren deutschen Dichtung.[66] Opitz erscheint jedoch nicht nur als Erneuerer und Reformer, der sich für eine Kunstdichtung in deutscher Sprache einsetzt und an die nationalsprachlichen Äquivalente in Italien, Frankreich, den Niederlanden oder Spanien anschließt und sein eigenes Werk im Horizont dieser verortet, sondern gleichermaßen als ein humanistischer Gelehrter, der die autoritativ verbindlichen Modelle und Vorbilder nicht nur angemessen berücksichtigt, sondern möglicherweise überbietet. Durch den Anschluss an Autoritäten behauptet Opitz seinen Ort innerhalb der *respublica litteraria* als *poeta doctus* und weist aus dieser Position tatsächliche und mögliche Kritik zurück. So habe er beispielsweise bei der Übersetzung der Psalmen 1635 Quellen und Experten herangezogen und sei möglichst nah am Text geblieben, wodurch mögliche Kritik am Werk schon von vornherein erschwert werde.[67] Ebenfalls als *poeta doctus* präsentiert sich Opitz in der Widmung zu *Vesuvius* wie auch in dem Widmungsgedicht an Andreas Geisler, in dem er sich als Vorreiter

---

[65] Enenkel (Anm. 2), S. 256 (Hervorhebung im Original).
[66] Vgl. dazu Erich Trunz: Martin Opitz. In: Deutsche Schriftsteller im Porträt. Das Zeitalter des Barock. Hg. von Martin Bircher. München 1979, S. 132f., hier S. 133.
[67] Vgl. Ferdinand van Ingen: „Mich hält dein Wort, dich mein Gemüthe". Zu Daniel Czepkos Bußpsalmen. In: Daphnis 34 (2004), S. 701–736, hier S. 709f.

bei der Einführung des Deutschen als Literatursprache inszeniert und aus diesem Bewusstsein mit dem Adressaten – und dem (wohlwollenden) Publikum – eine Allianz gegen jenen Neid, der großen Geistern folge, schmiedet.[68]

> Si nostris leviter vacare Musis
> Tot te continui sinunt labores,
> Huc, vir magne, veni, novoque Pindi
> Mecum Teutonici quiesce luco,
> Cujus nos pia sacra, cuius vmbras
> Primi pandimus, abditosque fontes;
> Ni moesti rabie vetamur aevi.
> Armorumque sono, nec ille, magnis
> Livor mentibus additus, virentem
> Saevo fregerit impetu juventam.[69]

Die Widmung an den Rat von Schweidnitz abschließend, trägt Opitz die Bitte um gnädige Aufnahme der Schrift vor; es folgt die Schlussformel mit Orts- und Datumsangabe. Opitz' Name wird hier nicht genannt. Dieses ‚Verschweigen' des eigenen Namen ist im Falle dieser Widmung dem Aufbau derselben geschuldet, da sein Name, wie dargestellt, prominent gleich am Anfang genannt wird, eine Unterschrift mithin unnötig ist. Wenn Opitz die Widmungen unterzeichnet, folgt er dabei wiederum den Konventionen: Unterzeichnet wird nur mit dem Namen ohne Nennung von Titeln, wie etwa dem Adelsprädikat oder auch dem Gesellschaftsnamen. Tatsächlich konnte nur ein Fall identifiziert werden, in dem Opitz mit „M. O. V. B." unterzeichnet, und zwar die Widmung seines Werkes *Von der Welt-Eitelkeit* von 1627 – in diesem Jahr wurde Opitz in die Fruchtbringende Gesellschaft aufgenommen – an die Fürstin Barbara Agnes.[70] In den *Weltlichen Poemata* erscheint das Widmungssonett dann im Übrigen ohne Initialen.[71] In diesem tritt Opitz jedoch durchaus selbstbewusst auf, wenn er darauf verweist, dass er dem Hause der Fürsten – gemeint sind die Liegnitzer Piasten – nicht unbekannt sei. Namensnennung und Inszenierung des Autors im Sonett entsprechen sich mithin.

> [...] ich bin nicht vnbekannt
> dem Hause/ welches dich/ o Zierh der Princessinnen/

---

68 Martin Opitz: Acht Bücher, Deutscher Poematum [...]. Breslau 1625, S. 41f., hier S. 41.
69 Ebd., S. 41.
70 Martin Opitz: Von der Welt Eitelkeit. Breslau 1629.
71 Vgl. Martin Opitz: Weltliche Poëmata Das Erste Theil. Breslau 1639, S. 539. Vgl. zu Opitz' „Ignoranz seine[s] neuen sozialen Status" Drux (Anm. 41), S. 89f. (Zitat S. 89).

> Der Welt gegeben hat/ dem Helden/ welchem du
> Dich selbst gegeben hast. [...]⁷²

Die in Opitz' Widmungen zutage tretenden Positionierungsstrategien seien abschließend knapp thesenhaft zusammengefasst. Opitz positioniert sich durch seine Widmungen überaus selbstbewusst an zentraler Stelle im literarischen Feld, ja er behauptet exklusive Autorschaft und beansprucht Ewigkeit. An dieser Positionierung haben nicht nur argumentative Strategien innerhalb der Widmungen sowie deren Adressierungen teil, sondern auch auf den ersten Blick eher unbedeutend erscheinende Aspekte wie die typographische Gestaltung sowie die Wahl der Widmungsform.

Opitz widmet seine Werke durchaus strategisch: Seine Schriften widmet Opitz in der Regel höherstehenden und höchsten Persönlichkeiten, vornehmlich jenen Fürsten, bei denen Opitz in Diensten stand, von denen er sich eine Anstellung erhoffte oder zu denen er die Beziehung aufrecht erhalten wollte, sowie Freunden und Bekannten. Die Adressierung einer Widmung stellt dabei selbst eine Positionierungsstrategie dar, insofern sich der Autor durch die Adressierung in Bezug zu anderen Akteuren des literarischen Feldes setzt. Diese Bezugnahme ist freilich immer abhängig von der eigenen Position sowie der Position des Adressaten, so dass durch die Adressierung nicht nur Aussagen darüber getroffen werden können, in welchem Netzwerk Opitz sich bewegte, sondern auch darüber, wie Opitz sich selbst verortete. Diese Selbstverortung lässt sich unter anderem an der Widmungsform wie der jeweiligen typographischen Gestaltung ablesen, zumal die Widmung stets mehrfach adressiert ist: Durch sie wird öffentlich gegenüber dem Leser ein bestimmter Beziehungsstatus zwischen Widmungsspender und -adressat bekundet. Die Annahme und der Druck der Widmung legitimiert dabei den Autor und dessen Werk.⁷³

Die Widmungen selbst entsprechen den gängigen Konventionen und folgen unabhängig vom Adressaten stets demselben konstatierten Schema von *narratio*, Lob des Adressaten, Begründung der Widmung und Abschiedsformel. Auch an die in zeitgenössischen Briefstellern anempfohlene Titulatur hält sich Opitz: Hier wird nicht nur der Stand des Adressaten jeweils berücksichtigt, sondern – auch durch die Anrede im Text – das jeweilige Verhältnis von Spender und Adressat. So wird beispielsweise Dohna als ‚durchlauchtigster‘ bzw. ‚hocherlauchter Herr‘ angesprochen,⁷⁴ während etwa Melchior Reckenberg, Christoph Georg und Johann

---

72 WP I, S. 539.
73 Vgl. Enenkel (Anm. 2), S. 11–13.
74 Vgl. Martin Opitz: Lavdes Martis. O. O. [1628]. In: LW II, S. 88; Martin Opitz: Dionysii Catonis Disticha De Moribus Ad Filium [...]. Breslau [1629]. In: LW II, S. 102.

von Bergk sowie Scultetus als ‚gelehrte Herren und Förderer'[75] und Wilhelm Verlingen lediglich als ‚mein Herr'[76] tituliert werden. Die Wahl der Ansprache lässt – jenseits offizieller Titel – unter Umständen auch schon bestimmte Intentionen erkennen, ist die dezidierte Ansprache als Förderer oder Gönner als solche doch wohl gesetzt. Das Adressat-Spender-Verhältnis wird darüber hinaus auch typographisch inszeniert, wobei mediale und textuelle Strategien einander ergänzen.

Innerhalb der Widmungen greift Opitz immer wieder auf die gleichen Argumentationsstrategien zurück: Er inszeniert sich als gelehrter Dichter und Erneuerer der deutschen Kunstdichtung und stellt sich in eine Reihe mit autoritativen Vorbildern; er stilisiert sich selbst zum „Vater der deutschen Dichtung".[77] Immer wieder bittet er – insbesondere Dohna – um freie Zeit für die dichterische Produktion, die er mit einem gegenseitigen Verpflichtungsverhältnis (*otium* gegen Verewigung im Dichterwort) begründet. Darüber hinaus – dies kommt insbesondere beim Lob des Adressaten zum Tragen – greift er auf das Motiv des Gegensatzes von Geistes- und Geburtsadel ebenso zurück wie auf die Klage über den gegenwärtigen Zustand Deutschlands – und hier insbesondere der Bildung.[78] Diese Argumente sind freilich nicht widmungsspezifisch, da sie in ähnlicher Form insbesondere in den Kasualschriften immer wieder vorgebracht werden.[79]

---

[75] Vgl. Martin Opitz: Sermo de Passione Domini ac Salvatoris nostri Jesv Christi […]. Heidelberg 1620. In: LW II, S. 170.
[76] Martin Opitz: Danielis Heinsii Hymnus oder Lobgesang Bacchi […]. Liegnitz 1622, Bl. A2.
[77] Klaus Garber: Martin Opitz, der Vater der deutschen Dichtung. Eine kritische Studie zur Wissenschaftsgeschichte der Germanistik. Stuttgart 1976.
[78] Vgl. zu diesen Argumentationsschemata (Verewigung durch das Dichterwort, Gegensatz von Geistes- und Geburtsadel) Drux (Anm. 41), S. 89–91.
[79] Vgl. dazu den Beitrag von Jost Eickmeyer in vorliegendem Band.

Jost Eickmeyer
Martin Opitzens Prosa-Panegyrici im Netzwerk

1 Einleitung

An den Beginn sei ein Paradox gestellt: Martin Opitz grenzte in seinem *Buch von der deutschen Poeterey* die Kasualdichtung aus dem Kernbereich empfehlenswerter Poesie aus,[1] doch beteiligte er sich ganz selbstverständlich und durchaus intensiv an der meist lateinisch, gelegentlich auch deutsch geprägten Praxis des gelehrten Dichtens bei Gelegenheit, wie die jüngst abgeschlossene Ausgabe des *Opicius latinus* eindrucksvoll belegt.[2] Seit einiger Zeit hat eine kulturhistorisch orientierte Germanistik das immer noch kaum zu überblickende Massiv frühneuzeitlicher Kasualliteratur als höchst fruchtbaren Untersuchungsgegenstand erkannt und in beeindruckender Pioniertätigkeit erschlossen,[3] doch scheinen Einzeluntersuchungen, die ausschließlich Gelegenheitsdichtungen in den Blick nehmen, mitunter beim Publikum und womöglich auch bei Referenten den Makel eines zweit- oder drittklassigen Gegenstandes mit sich zu führen, den der deutsche Opitz ja selbst insinuiert.

Zu Unrecht, lassen sich doch aus Epithalamia, Epicedia[4] oder Propemptika, aus Hochzeits- oder Leichenreden nicht nur Daten und Fakten für biographische Rekonstruktionen entnehmen, sondern auch Praktiken der gelehrten und literarischen Kommunikation zwischen Freunden, Honoratioren oder auch gegenüber Gönnern gewissermaßen *in situ* beobachten. Das Bestreben einer durchaus auch poetisch innovativen *aemulatio* antiker Vorbilder verschränkt sich mit den Erfordernissen des jeweiligen gelehrten, bürgerlichen oder adligen Kreises, in dem

---

[1] Poeterey, S. 18: „Es wird kein buch/ keine hochzeit/ kein begraebnueß ohn vns gemacht; vnd gleichsam als niemand koendte alleine sterben/ gehen vnsere gedichte zuegleich mit jhnen vnter." Vgl. auch ebd., S. 23–25.
[2] Vgl. LW. – Nach dieser Ausgabe werden im folgenden Haupttext Zitate im lateinischen Wortlaut, mit einfacher Seiten- und Zeilenangabe, sowie in der ebd. im synoptischen Druck zu findenden Übersetzung (von unterschiedlichen Bearbeitern) angeführt.
[3] Man denke nur an das bislang 31 Bände umfassende Handbuch des personalen Gelegenheitsschrifttums. Im Zusammenwirken mit der Forschungsstelle Literatur der Frühen Neuzeit und dem Institut für Kulturgeschichte der Frühen Neuzeit der Universität Osnabrück hg. von Klaus Garber in Zusammenarbeit mit Sabine Beckmann, Martin Klöker u. a. Hildesheim u. a. 2001–2016.
[4] Hans-Henrik Krummacher: Das barocke Epicedium. Rhetorische Tradition und deutsche Gelegenheitsdichtung. In: Jahrbuch der deutschen Schillergesellschaft 18 (1974), S. 89–147.

sich der Dichter bewegt, den er beschwört oder in den er sich einfügen möchte. Dazu nur zwei Beispiele, an denen die Bandbreite der poetischen Repräsentation eines solchen Netzwerkes sinnfällig wird:

Zu den schnell aufeinander folgenden Todesfällen der Kinder des königlich-dänischen Statthalters für Schleswig-Holstein Heinrich Rantzau erscheint 1593 eine insgesamt 249 Seiten umfassende Sammlung von lateinischen Trauerbriefen und Kasualgedichten (*Epistolae Consolatoriae* [...] *ad Henricum Rantzovium* [...] *Scriptae*. Frankfurt a. M.: Johannes Wechel 1593), deren Sinn nicht nur in der gelehrten Imitation antiker Epicedia oder in der anlassbezogenen Trauerarbeit Rantzaus besteht, sondern eben auch darin, das weit gespannte Netzwerk von Freunden, ‚Klienten' (im antiken Sinn) und Kontakten des europaweit agierenden Bibliophilen und Mäzens Rantzau zu dokumentieren und zu festigen. Da hier, wie oft üblich, die Beiträger der Gedichtsammlung hierarchisch nach Ständen bzw. der persönlichen Nähe zu Rantzau, angeordnet sind, wird somit jedem seine genaue Position im Kreis der ‚amici' zugewiesen.

Dass die Zugehörigkeit zu einem solchen Netzwerk nicht unbedingt mit persönlicher Anwesenheit während des jeweiligen Anlasses einhergehen muss, belegt ein Epicedium auf den Tod Caspar Peucers, des Sohnes des bekannten sächsischen Polyhistors gleichen Namens. Der Titel zeigt es an: *Othonis Grynradii caritas erga Casp[arem] Pevcerum C[asparis] F[ilium]. Adumbrata per Melissvm.*[5] Otto von Grünrade, der calvinistische Prinzenerzieher am kurfürstlichen Hof zu Heidelberg, kondoliert hier seinem alten akademischen Lehrer Peucer, lässt aber einen der berühmtesten lateinischen Dichter Europas, Paul Schede Melissus, die sprachliche Form dafür finden. Zwar mag man die sechs elegischen Distichen Schedes kaum mit seiner ingeniösen Oden-Dichtung vergleichen, doch der persönliche Ton, den der Dichter in der Maske Grünrades anschlägt, demonstriert dessen Verbundenheit mit Peucer.[6] Zudem zeigt sich der Pfälzer Diplomat damit nicht nur als Zugehöriger zum Netzwerk des sächsischen Gelehrten, sondern er dokumentiert zugleich seine Freundschaft mit Schede Melissus, da dieser ihm ja seine poetische Feder leiht. Und drittens zeigt eben Schede seine poetische Vielseitigkeit, indem er zu einer langen Trauerode im eigenen Namen, in der er

---

5 In: Carmina Paregorica Ad claris[simum] Virum Casparem Pevcerum, immaturo onitu filij Casparis Med[icinae] doctoris maerentem [...]. Heidelberg (o. V.) 1587, S. 6. Zu Deutsch: „Otto Grünrades Liebe zu Caspar Peucer, den Sohn Caspars. Vorgestellt durch Melissus."

6 Ausführlicher zu dieser kurzen Elegie Jost Eickmeyer: „Ein Herzensbrechen, das kein Mund recht kann aussprechen." Kindertotendichtung im frühneuzeitlichen Protestantismus. In: „[...] euer Leben fort zu dichten." Friedrich Rückerts „Kindertodtenlieder" im literatur- und kulturgeschichtlichen Kontext. Hg. von Ralf Georg Czapla. Würzburg 2016 (Rückert-Studien 31), S. 69–100, hier S. 79–81.

Grünrade implizit erwähnt hatte, noch ein ganz anders geartetes Epicedium in dessen Namen an Peucer hinzufügt.

Kurzum: Aus dem Zuschnitt, der rhetorisch-poetischen Faktur einer Gelegenheitsschrift und eben auch daraus, welche Personen in ihr genannt und auf welche Weise qualifiziert werden, lässt sich das Agieren des Kasualdichters im Verhältnis zu einzelnen Mitgliedern des Freundes- oder Adressatenkreises oftmals recht präzise ablesen; dies auch und gerade deshalb, weil von Fall zu Fall die adressierten Personen oder die *respublica litteraria* insgesamt den tatsächlichen oder angestrebten Status des Poeten bzw. Redners daraus entnehmen sollten.

Von diesen Überlegungen ausgehend, soll nun Opitzens Strategie, sich und sein Netzwerk in Kasualschriften zu präsentieren, an vier Schriften näher untersucht werden, in denen man eine solche humanistische Selbstdarstellung vielleicht nicht vermuten würde. Es handelt sich um Nekrologe auf Adlige und Magnaten, die hier der Einfachheit halber als ‚Panegyrici' bezeichnet werden, obwohl sie sich vom antiken Verständnis etwa des kaiserzeitlichen *panegyricus* unterscheiden.[7] Doch zum einen belegt Opitz einige seiner lobenden Gedenkreden selbst mit diesem Titel (etwa diejenige auf Anna Wasa, die Schwester König

---

[7] Zum lat. Panegyricus siehe Michael Mause: Die Darstellung des Kaisers in der lateinischen Panegyrik. Stuttgart 1994 (Palingenesia 50); Werner Portmann: Geschichte in der spätantiken Panegyrik. Frankfurt a. M. 1988 (Europäische Hochschulschriften, R. 3, 363), insbesondere zu den Prosa-Panegyrici Sabine MacCormack: Latin Prose Panegyrics: Tradition and Discontinuity in the Later Roman Empire. In: Revue des Études Augustiniennes 22 (1976), S. 29–77; speziell zur Leichenrede der Frühen Neuzeit siehe Ralf Georg Bogner: Der Autor im Nachruf. Formen und Funktionen der literarischen Memorialkultur von der Reformation bis zum Vormärz. Tübingen 2006 (Studien und Texte zur Sozialgeschichte der Literatur 111), S. 28 u. 58–63. – Opitzens Panegyrici bzw. Totenreden wurden bislang wenig untersucht. Zu nennen sind Ryszard Ligacz: Marcina Opitza panegiryk na cześć Władysława IV. In: Kwartalnik Opolski 14 (1968), S. 89–99; Stefanie Arend: Zu Topik und Faktur von Martin Opitzens Panegyricus auf Ludwig Camerarius. In: Lateinische Lyrik der Frühen Neuzeit. Poetische Kleinformen und ihre Funktionen zwischen Renaissance und Aufklärung. Hg. von Beate Czapla, Ralf Georg Czapla und Robert Seidel. Tübingen 2003 (Frühe Neuzeit 77), S. 330–355 (mit einem zweisprachigen Abdruck des Gedichts); Robert Seidel: Von Atheisten und nüchternen Prinzessinnen. Martin Opitzens Schriften auf Angehörige des polnischen Königshauses. In: Realität als Herausforderung. Literatur in ihren konkreten historischen Kontexten. Festschrift für Wilhelm Kühlmann zum 65. Geburtstag. Hg. von Ralf Bogner, Ralf Georg Czapla, Robert Seidel und Christian von Zimmermann. Berlin, New York 2011, S. 211–232; Beate Hintzen: Der Fürst im Nachruf. Zu Aktualisierung und Instrumentalisierung antiker und zeitgenössischer ideologischer Muster in den Nekrologen des Martin Opitz. In: Discourses of Power. Ideology and Politics in Neo-Latin Literature. Hg. von Karl Enenkel, Marc Laureys und Christoph Pieper. Hildesheim u. a. 2012 (Noctes Neolatinae 17), S. 273–298.

Zygmunts III.[8] oder die auf Raphael Leszczyński[9]), zum anderen ist in ihnen eine Verlagerung der rhetorischen Energie innerhalb der inhaltlichen Dreiteilung des Epicediums zu vermerken: Die *laudatio* nimmt gegenüber den Teilen *lamentatio* und *consolatio* deutlich mehr Raum ein, und dies auch in einem Fall, wo ein kurzes Leben womöglich gar nicht so viel Lob hergibt – dazu unten mehr. Untersucht werden die Leichenrede auf Barbara Agnes von Liegnitz-Brieg, verheiratete Freifrau von Trachenberg, die Opitz 1631, wohl zum Begräbnis der Fürstin in Greifenberg hielt;[10] die *Laudatio funebris*, die er auf den dänischen Prinzen Ulrich von Holstein verfasste, nachdem dieser 1633 bei Wallensteins Lager nahe Schweidnitz, allerdings schon nach Abschluss des Waffenstillstandes, ermordet worden war – womöglich im Auftrag Piccolominis;[11] die Totenrede auf Fabian Freiherrn von Czema, einen Förderer der Protestanten in Polen, der 1636 in Thorn beigesetzt wurde;[12] schließlich der schon erwähnte *Panegyricus* auf dessen Schwager

---

8 Vgl. Opitz: Panegyricus Serenissimae Suecorum, Gothorum ac Vandalorum Principis Annae, Heroinae Praestantissimae, Honori Piaeque Memoriae consecratus. Thorn: Schnellboltz 1636. In: LW III, S. 150–175 (Nr. 191). – Belege aus diesem und den später genannten Panegyrici des Opitz werden im Folgenden nach dieser Ausgabe durch einfache Seiten- und Zeilenzahl im Fließtext gegeben. – Zu Anna Wasa siehe Grażyna Kurkowska: Anna Wazówna (1568–1625). Polskie losy szwedzkiej królewny. Toruń 1995 (Towarstywo Naukowe w Toruniu, Prace Popularnonaukowe 63), hier S. 81f. zu Annas Tod und Opitzens Werk. Knapp dazu auch Marian Szyrocki: Martin Opitz. Zweite, überarbeitete Aufl. München 1974, S. 109; ausführlicher widmet sich dem Panegyricus Seidel (Anm. 7), S. 219, 221 u. 225–229.
9 Siehe dazu die Ausführungen weiter unten.
10 Vgl. Opitz: Oratio Funebris, Honori et Memoriae Celsissimae Principis Barbarae Agnetis Ducis Silesiae Lignicensis ac Bregensis, Conjugis Schaff-Gotschianae, etc. Ad Illustrissimum ejus Maritum. Breslau: Georg Baumann 1631. In: LW III, S. 4–27 (Nr. 159). – Zur Familie Schaffgotsch siehe jetzt Arkadiusz Kuzio-Podrucki: Das Haus Schaffgotsch. Geschichte eines schlesischen Adelsgeschlechts vom Mittelalter bis in die Neuzeit. In: Zeitschrift für ostdeutsche Familiengeschichte 59 (2011), S. 129–148; vermehrt als: Das Haus Schaffgotsch. Das wechselvolle Schicksal einer schlesischen Adelsdynastie. Aus dem Polnischen von Wolfgang Jöhling. Tarnowskie Góry 2009.
11 Vgl. Opitz: Lavdatio Fvnebris Memoriae ac Honori Serenissimi Principis Vlderici Potentiss[imi] Dan[iae] Regis F[ilii] Haeredis Norvagiae Svmmi Copiar[um] Eqvestrivm Saxonicar[um] Praefecti Dvar[um] Legion[um] Dvcis. Frankfurt a. M.: Matthäus Merian 1633. In: LW III, S. 54–97 (Nr. 174). – Zu Ulrich siehe Julius Albert Fridericia: ‚Ulrik, 1611–33, Hertug'. In: Carl Frederik Bricka (Hg.): Dansk biografisk leksikon, Bd. 18. København 1904, S. 75–77 (vermutlich stammen viele Informationen eben aus Opitzens Trauerrede); nur knapp zur Person und Werk Szyrocki (Anm. 8), S. 96f.
12 Vgl. Opitz: Lavdatio Fvnebris Illvstrissimi Domini Fabiani Lib[eri] Baronis a Cema Castellani Culmensis ac Praefecti Stumensis. Thorn: Schnellboltz 1636. In: LW III, S. 174–193 (Nr. 192). – Zur Familie Czemas siehe R. von Flansz: Die von Zehmen (Czema) in Westpreußen. In: Zeitschrift des Historischen Vereins für den Regierungsbezirk Marienwerder 10 (1884), S. 33–62, hier S. 58–62 zum Panegyricus.

Raphael Leszczyński, den Woiwoden von Bels, der im gleichen Jahr verstarb wie Fabian von Czema[13] – die beiden letzten Werke gehören bereits zu Opitzens letzten Lebensstationen: zum königlich-polnischen Preußen und Danzig.[14]

Auf den ersten Blick überwiegen in all diesen Reden literarisch-rhetorische Traditionen bzw. topische Elemente. Den wichtigsten antiken Bezugstext stellt jeweils der Panegyricus des jüngeren Plinius auf Trajan dar, ohne dass eine prononcierte *aemulatio* des Vorläufers auszumachen wäre. Vielmehr sind immer wieder wörtliche Anklänge und im Detail divergierende Anspielungen zu verzeichnen, wenn Opitz verschiedentlich Trajan als Vergleich heranzieht, bei dem die zeitgenössischen Adligen zumeist den Kaiser noch übertreffen. Als Beispiel sei hier eine Stelle im Nachruf auf die Piastin Barbara Agnes genannt, an der Opitz den Witwer mit einer Reihe von Exempeln für Völker zu trösten versucht, die (wie die Verstorbene) ihr Leben stoisch für die Freiheit in die Bresche geschlagen haben, und dabei die Daker auf der römischen Trajanssäule nennt (LW III, 18,206). Ein anspielungsreicher Vergleich, könnten doch *per analogiam* mit den antiken Dakern durchaus die modernen Siebenbürger unter Gábor Bethlen gemeint sein, die ab 1616 ihre protestantische Freiheit gegen die Habsburger zu Felde trieb. Eine solche Deutung würde eher den, letztlich tatsächlich siegreichen, Ferdinand II. mit Trajan assoziieren, wobei die Sympathien Opitzens, der bis 1623 im siebenbürgischen Weißenburg in Dienst war, klar auf Seiten dieser neuen Daker zu sehen wären.[15] Vor diesem Hintergrund wäre ihm eine solche,

---

13 Vgl. Opitz: Panegyricvs Inscriptus Honori et Memoriae Illustrissimi Domini Raphaelis Comitis Lesnensis, Palatini Belsensis, Herois praestantissimi. In quo vita eius praecipuè ad fidem historicam summatim refertur. Thorn: Schnellboltz 1636. In: LW III, S. 192–222 (Nr. 193). – Zum Gewürdigten siehe Wilhelm Bickerich: Raphael von Leszczynski. Lissa i. Polen 1912 (Aus Lissas Vergangenheit 1), v. a. S. 2–18; zur Familie insgesamt Stanisław Karwowski: Leszczyńsky herbu Wieniawa. Lwów 1916.

14 Opitzens polnische Lebensphase stellt ein Desiderat detaillierter biographischer Forschung dar. Vgl. hierzu Robert Seidels Beitrag in vorliegendem Band. Verwiesen sei ferner auf Szyrocki (Anm. 8), S. 103–124, im Einzelnen korrekturbedürftig und auch korrigiert etwa durch Seidel (Anm. 7), S. 215–217 (mit weiterer Literatur); recht spekulativ fällt aus Bolesław Fac: Martin Opitz' Danziger Jahre. In: Martin Opitz 1597–1639. Fremdheit und Gegenwärtigkeit einer geschichtlichen Persönlichkeit. Hg. von Jörg-Ulrich Fechner und Wolfgang Kessler. Herne 2006 (Schriften der Martin-Opitz-Bibliothek 3), S. 13–24; sehr substantiell dagegen Stanisław Salmonowicz: Martin Opitz und das Thorner intellektuelle Milieu in den dreißiger Jahren des sechzehnten Jahrhunderts [übers. von Wolfgang Kessler]. In: ebd., S. 105–126, hier S. 112f. auch kursorisch zu den behandelten Panegyrici.

15 Vgl. zu Opitzens Zeit in Siebenbürgen Szyrocki (Anm. 8), S. 50–56; Achim Aurnhammer: Tristia ex Transilvania. Martin Opitz im siebenbürgischen Exil (1622/23). In: Deutschland und Ungarn in ihren wechselseitigen Beziehungen während der Renaissance. Hg. von Wilhelm Kühlmann und Anton Schindling. Stuttgart 2004 (Contubernium 62), S. 253–272; János Heltai: Martin

nur in der historischen Anspielung liegende, Parallele zum von den Habsburgern jüngst ‚rekatholisierten' Schlesien durchaus zuzutrauen.[16] Doch Trajan kann auch als positives Exempel fungieren, etwa wenn der Redner den dänischen Kronprinzen Ulrich im Hinblick auf dessen Tapferkeit und Güte (*bonitas*) mit dem römischen Kaiser vergleicht (LW III, 74,285–76,288),[17] sogleich aber auch dort eine aktualisierende und konfessionspolitisch eindeutige Anspielung hinzufügt, die auf Gustav II. Adolf gemünzt ist.[18]

Die rhetorische Faktur aller genannten Reden steht selbstverständlich in antiker Tradition (v. a. Quintilians[19]), zudem lassen gerade die ausgreifenden laudatorischen Teile, wie Robert Seidel zeigen konnte, starke formale Abhängigkeiten von frühneuzeitlichen Rhetoriklehren etwa eines David Chyträus oder

---

Opitz und sein intellektuelles Umfeld in Siebenbürgen. In: Fechner/Kessler (Anm. 14), S. 79–103 (mit Verweisen auf einschlägige ungarische und rumänische Literatur). – Speziell zu seinen auf die Vorgeschichte Siebenbürgens gerichteten Forschungen, die in die nicht überlieferte *Dacia antiqua* münden sollten, siehe ebd., S. 92–97, sowie Harald Bollbuck: „Quem imiter?" Antiquarische Forschung und Philologie bei Martin Opitz. In: Welche Antike? Konkurrierende Rezeptionen des Altertums im Barock. 2 Bde. In Verbindung mit Elisabeth Klecker hg. von Ulrich Heinen. Wiesbaden 2011 (Wolfenbütteler Arbeiten zur Barockforschung 47), Bd. 1, S. 231–246; im weiteren Kontext Peter N. Miller: Why Study the Past? Antiquarianism and Neo-Stoicism in the Circle of Fabri de Peiresc, 1580–1627. In: Jahrbuch des Wissenschaftskollegs zu Berlin 1997/98 (1999), S. 248–260, hier S. 256–259.

16 Zur habsburgischen Praxis der ‚Rekatholisierung' in den auch rechtlich divergenten Territorien Schlesiens siehe Joachim Bahlcke: Krise und Krieg. Schlesien zur Zeit von Martin Opitz (1597–1639). In: Fechner/Kessler (Anm. 14), S. 55–77, hier S. 68–72, sowie Jörg Deventer: Konfrontation statt Frieden – Die Rekatholisierungspolitik der Habsburger in Schlesien im 17. Jahrhundert. In: Kulturgeschichte Schlesiens in der Frühen Neuzeit. Hg. von Klaus Garber. 2 Bde. Tübingen 2005 (Frühe Neuzeit 111), hier Bd. 1, S. 265–284; Arno Herzig: Reformatorische Bewegungen und Konfessionalisierung. Die habsburgische Rekatholisierungspolitik in der Grafschaft Glatz. Hamburg 1996 (Hamburger Veröffentlichungen zur Geschichte Mittel- und Osteuropas 1).

17 „[...] ille et militem ducere quam sequi, et quaerere hostem quam praestolari malebat, vel Traiani exemplo, quem bonitate, vel magni, heu! nuper Regis, quem animo exprimebat ac fortitudine." Deutsch ebd.: „Er aber wollte lieber ein Heer führen als ihm folgen, den Feind lieber aufspüren als erwarten, sei es nach dem Beispiel des Trajan, dem er in seiner Güte, sei es nach dem Beispiel des ach so großen Königs der jüngsten Vergangenheit, dem er in Mut und Tapferkeit glich." – Vgl. auch Beate Hintzens Kommentar in LW III, S. 399 zu S. 287, der weitere Anspielungen auf Trajan in Opitz-Gedichten nachweist, sowie ebd. zu S. 292, wo eine wörtliche Referenz auf den Trajan-Panegyricus des Plinius das intertextuelle Geflecht zusätzlich verstärkt. – Zu diesen und anderen, teils verdeckten, Allusionen auf antike Prätexte (Nepos, Cicero) siehe auch Hintzen (Anm. 7), bes. S. 288–291.

18 Gegen Ende des Nekrologs imaginiert Opitz sogar ein postmortales Zusammentreffen Ulrichs mit Gustav Adolf, dem der Dänenprinz das Leid Schlesiens klagen soll (Opitz: Lavdatio Fvnebris, LW III, S. 94 u. 565–573).

19 Im Detail dazu Hintzen (Anm. 7), S. 276f.

Gerhard Johannes Vossius erkennen.[20] Sicherlich wird jedem und jeder Verblichenen ein tugendhaft-tätiges Leben, ein christlich vorbereiteter oder ein im neustoischen Sinne gefasster Tod, dem Dänenprinzen gar trickreich ein Heldentod, bescheinigt. Doch mich interessiert hier weniger das Erwartbare oder das topisch Vorgegebene, sondern ich möchte Akzentverschiebungen und auffällige Kleinigkeiten zusammentragen, anhand deren sich womöglich auch an diesen Totenreden feststellen lässt, welche personalen Konstellationen Opitz aufruft bzw. in welche er sich einschreiben möchte.

2 Vom Wortspiel zur ‚Stammtafel': Genealogie und historische Perspektive

In den fünf Jahren, die zwischen diesen vier Texten liegen, lässt sich eine steigende Vorliebe für genealogische und historische Herleitungen feststellen: Die Piastenfürstin Barbara Agnes hätte nun wahrlich genug genealogisches Material zu bieten gehabt, das Opitz in seinem Nachruf hätte ausfalten und dabei Polen und Schlesien obendrein historisch-politisch verknüpfen können. Doch er beschränkt sich darauf, „lumina quaedam clarissimi generis" (LW III, 8,39) zu nennen, namentlich den Ahnherrn Piast, die heilige Hedwig als Landespatronin und Heinrich II. Dann heißt es (angesprochen ist der Witwer, Hans Ulrich Schaffgotsch): „Sequitur hunc intervallo, si annos spectes, longo, si virtutem, exiguo socer tuus, Princeps tranquillitatis amantissimus […]." (8,51f.; „Ihm folgte, wenn Ihr auf die Jahre seht, in großem, wenn Ihr auf die Tugend seht, in geringem Abstand, Euer Schwiegervater, der Fürst, der den Frieden sehr liebte […].") Diesen gewaltigen Sprung vom 13. ins 17. Jahrhundert zu Joachim Friedrich von Brieg hat der umsichtige Redner kurz zuvor schon durch eine knappe *praeteritio* gerechtfertigt:

> Neque de patria Principis Ornatissimae hîc adeò, aut familiae splendore laboramus; quamvis ad Utrumque si eundum est, paucae illam harum regionum provinciae exaequent, genus verò illius tot Reges suos, tot Principes numeret, quot alii in gente sua vix homines. Non ego, Silesia, divitias tuas, non agrorumne dicam, an ingeniorum? (6,25–29)

> Auch mit der Heimat der vortrefflichsten Fürstin oder gar mit dem Ruhm der Familie mühen wir uns an dieser Stelle nicht ab. Wenn man jedoch auf beides eingehen soll, kommen wenige Provinzen dieser Gegend ihr gleich, zählt ihr Geschlecht so viele Könige, so viele

---

20 Vgl. etwa im Kommentar zu LW III, S. 478 und 552; ferner Seidel (Anm. 7), S. 222, Anm. 55f.

> Fürsten unter die Seinen wie andere kaum Menschen in ihrer Verwandtschaft. Ich werde, Schlesien, deinen Reichtum nicht nennen, nicht die Fruchtbarkeit, ob nun der Acker oder der menschlichen Begabungen [...].

Es geht Opitz also weniger um das Herrschergeschlecht als um das Land Schlesien, dessen Zerrüttung seit dem Einmarsch Mansfelds und Wallensteins aber auch dessen ungebrochene Stärke sogleich in einem stilistisch durchgeformten Passus beschworen wird (6,29–8,38).[21] Dem gegenüber reduziert er die Genealogie der Verstorbenen auf ein Wortspiel mit Assonanzen, indem auf „Piast" ein „Pius" als Beiname Heinrichs II. (8,58) und auf ihn wenig später die „Piissima" (10,66) Barbara Agnes folgt, womit er immerhin einen Konnex zwischen altem Adel und Frömmigkeit etabliert.[22]

Von solcher rhetorischen Verknappung ist dann 1636 im Panegyricus auf Leszczyński nichts mehr zu spüren, bereits die Formulierung des Titelblatts suggeriert anderes: „in quo vita eius praecipuè ad fidem historicam summatim refertur." (LW III, 192)[23] Und in der Tat benötigt allein die Herleitung der Vorfahren des Grafen von Lissa seit dem 10. Jahrhundert von Philipp Wieniawa über die hochmittelalterlichen Bischöfe von Gnesen, Bronisław, den Stifter des Klosters Paradies, die Zeit Ludwigs d. Gr. und Kaiser Friedrichs III. bis zum Großvater des geehrten Raphael viereinhalb, im Original fünfeinhalb, Druckseiten (vgl. LW III, 196,27–200,98). Eine *praeteritio* gibt es auch hier, doch wird sie hier sogleich mit der gelehrten Anmerkung kombiniert:

> Recensere verò ex horum numero Bosutae Gnesnensis Archiepiscopi, Rudgeri et VVerneri Vladislauiensium, ac Philippi Posnaniensis Episcoporum decora, quibus Ioannes Dlugossus Cracouiensis Canonicus, Ioannis Vieniauii equitis acerrimi filius, annalium Poloni-

---

21 Aus der reichhaltigen Literatur über die politische und kulturelle Lage Schlesiens zu Opitzens Zeit verweise ich nur auf Bahlcke (Anm. 16); Józef Leszczyński: La Silésie dans la politique européenne aux XVIe–XVIIe siècles. In: Acta Poloniae Historica 22 (1970), S. 90–107; schließlich summarisch den einschlägigen Sammelband von Klaus Garber (Hg.): Kulturgeschichte (Anm. 16), hier v. a. die Aufsätze von Andreas Rüther: Kulturgeschichte Schlesiens in der Frühen Neuzeit. Eine historische Grundlegung (Bd. 1, S. 3–48) und Deventer (Anm. 16).
22 Es scheint bemerkenswert, dass eine mögliche genealogische Amplifikation, welche die wichtige Stellung der Piastendynastie als Bezugsgröße gerade für den schlesischen Adel unterstrichen hätte, hier auf ein argutes Minimum reduziert wird. Vgl., freilich v. a. zur späteren Zeit, Maximilian Eiden: Die Piasten in der Erinnerungskultur des schlesischen Adels. Zum Selbstverständnis der Schaffgotsch als Nachkommen der polnischen Könige und schlesischen Landesfürsten (17.–19. Jahrhundert). In: Das Haus Schaffgotsch. Konfession, Politik und Gedächtnis eines schlesischen Adelsgeschlechts vom Mittelalter bis zur Moderne. Hg. von Joachim Bahlcke, Ulrich Schmilewski und Thomas Wünsch. Freiburg i. Br. 2010, S. 141–176.
23 Deutsch LW III, S. 194: „Darin wird vornehmlich sein Leben historisch getreu zusammenfassend dargestellt." Dies bemerkte schon Hintzen (Anm. 7), S. 278.

corum conditor, pro meritis eximiae doctrinae adiungi omninò debet, longa mora esset. (196,41–198,45)

> Der Reihe nach aber aus deren Zahl den Ruhm Bozutas, des Erzbischofs von Gnesen, der Bischöfe Rüdiger und Werner von Władysław und Philipp von Posen ausführlich zu schildern, denen Jan Długosz, Kanonikus von Krakau, ein Sohn von Johannes Wieniawa, dem verwegenen Ritter, und Begründer der polnischen Geschichtsschreibung, gemäß den Verdiensten seiner außerordentlichen Gelehrsamkeit durchaus hinzugefügt werden muss, würde zuviel Zeit in Anspruch nehmen.

Nicht nur strafen die nun doch genannten Namen kirchlicher Würdenträger die *praeteritio* beinahe Lügen, sondern auch Opitzens Quelle, der Begründer der polnischen Chronistik Jan Długosz, mit dem er sich – ausweislich diverser Briefzeugnisse[24] – im Zusammenhang seiner ‚Sarmatica' genau beschäftigt hat,[25] wird beiläufig als Autorität eingeflochten.

Wie sind diese Unterschiede zu deuten? Wenig plausibel scheint, dass Opitz die schlesische Fürstin weniger ehren wollte als den polnischen Woiwoden. Die Erklärung dürfte eher in sozialen Konstellationen zu suchen sein: 1631 stand der Redner noch in Diensten Karl Hannibal von Dohnas, der zwar konfessionspolitisch eindeutig für die katholische Seite agierte, doch die Katastrophe von 1633 lag noch in der Zukunft. So schien es Opitz eher angezeigt, die schlesische Adlige als Exponentin eines versehrten, aber ungebrochenen Landes darzustellen als die Meriten ihrer Vorfahren zu dokumentieren. Dazu fügt sich der erstaunlich umfangreiche Katalog von Tugenden, die Opitz ihr zuschreibt und der neben den in einem frühneuzeitlichen Frauenpreis üblichen Eigenschaften, *pietas* (LW III, 10,63), *modestia* (10,73) und *humanitas* (10,67) und der Darstellung als sorgende und nährende Ehefrau und Mutter (12,109–111) auch eher männlich konnotierte Qualitäten enthält: *magnanimitas* und die, sicherlich neu-stoisch aufgeladene,[26] *constantia* (je 10,83), auch die Herrschertugend ‚Demut' (10,71: „superbiae odium") gehört dazu, gesteigert sogar zur pointierten Formulierung „in corpore muliebri, venusto ac delicato, virilem animum" (16, 149f.). Zum Zeitpunkt dieses Zitats ist der Redner bereits zur *consolatio* an den verwitweten Freiherrn von Schaffgotsch übergegangen, an deren Schnittstelle zur *laudatio* noch eine knappe, aber bezeichnende *lamentatio* eingefügt ist, in der das Land Schlesien anthropomorphe Züge erhält:

---

24 Vgl. BW III, S. 1590f.
25 Zu zeitgenössischen landeskundlichen Werken über Polen vgl. Włodimierz Zientara: Sarmatia Europiana [sic!] oder Sarmatia Asiana? Polen in den deutschsprachigen Druckwerken des 17. Jahrhunderts. Toruń ²2003.
26 Vgl. den Kommentar von Beate Hintzen und Dennis Messinger in LW III, S. 331.

> Si quis sensus inesse rebus ejusmodi potest, ipsi hi campi et agelli, hi oculi Silesiae praedia domestica, haec supercilia distantium procul montium, hae silvae, haec prata Dianam suam, matrem, dominam, spem, decus, et quid non? pallenti aspectu moestoque prosequi, nec magis autumni adultioris vitio, quam discessu ejus decoris sui expertes ac nudati; hae thermae verò, suasu ejus potissimum et auspiciis, nympheo novo et facie nitidiori exornatae, calidas, non aquas, sed lachrimas protrudere largius et effundere videntur. (14,135–142)

> Wenn Dingen dieser Art eine Empfindung innewohnen kann, scheinen selbst diese Felder und Grundstücke, diese Augensterne Schlesiens, die privaten Landgüter, diese Anhöhen weit auseinanderstehender Berge, diese Wälder und diese Wiesen ihre Diana, Mutter, Herrin, Hoffnung, Zierde und, was nicht alles, mit bleichem und traurigem Aussehen zu Grabe zu tragen, wobei sie weniger wegen eines allzu frühen Herbstes als wegen deren Tod[es] ihres Schmucks entkleidet und entblößt sind, scheinen aber diese Thermen, die vorzüglich auf deren Rat und unter deren Leitung ein neues Brunnenhaus und ein glänzenderes Aussehen erhielten, nicht heißes Wasser, sondern heiße Tränen allzu reichlich hervorströmen und -sprudeln zu lassen.

Der antikisierende Ornat, der die Verstorbene zur ‚Diana' eines schlesischen ‚Nymphaeums' macht, ist nicht zufällig gewählt: Mit Barbara Agnes beweint das ganze Land gewissermaßen seine Schutzgöttin, seine „mater [s. o.] patriae", und angesichts der vielen kriegsversehrten Regionen Europas, die Opitz in seinem Nachruf aufzählt (La Rochelle, Breda, Magdeburg etc.; 20,215–225) vermag man kaum zu deuten, ob die *lamentatio* über das durch die Piastenfürstin figurierte zu Grabe getragene Schlesien oder die *consolatio* an den hinterbliebenen Ehemann und damit an die schlesischen Protestanten hier die Oberhand gewinnen soll.

Ganz anders liegen die Dinge zur Zeit des Nachrufes auf Raphael Leszczyński: Nach dem Frieden von Stuhmsdorf (1635) war der Konflikt mit Schweden befriedet, mit Russland hatte Władysław IV. 1634 in Polyanovka den ‚ewigen Frieden' geschlossen. Beides wird zwar in Opitzens Trauerrede erwähnt, aber ohne die brennende Aktualität der schlesischen Zustände von 1631. Vielmehr geht es dem Dichter wohl darum, seine Kenntnis polnisch-litauischer Geschichte und Genealogie zu demonstrieren und sich in dem bereits im August 1636 abgeschlossenen Text dem Königshof als Historiograph zu empfehlen, was bekanntlich – neuerer wissenschaftlicher Skepsis zum Trotz – im selben[27] Jahr gelang. Neben den jeweils expliziten lassen sich aus diesen Beobachtungen also auch implizite Adressaten plausibel machen, für die sich Opitz positioniert.

---

[27] Zu den Zweifeln Gerhard Kosellecks und dazu, wie sie behoben werden können, vgl. Seidel (Anm. 7), S. 213f.

3 „Doctrina sub paludamento" – der Herrscher als humanistischer ‚amicus'

Im Krieg leiden nicht nur Länder und Städte, sondern auch Künste und Wissenschaften. Opitz formuliert diese Einsicht konzise in seinem Nachruf auf den Dänenprinzen Ulrich, wenn er emphatisch ausruft: „at quam rarum nunc doctrina sub paludamento!" (LW III, 68,185; „Aber wie selten ist heute die Gelehrsamkeit im Feldherrnmantel!")[28] Wenige Seiten zuvor hatte er in einem längeren Exkurs einen bitteren Blick in Zukunft und Vergangenheit gewagt:

> Nunquam medius fidius, nunquam posteritati excusabimus hanc barbariem nostram, hos mores iniquissimos, hoc petulantissimum peruicaciae genus, quo in tot priscae Ecclesiae monumenta, tam eruditas animas, tot annales maiorum, et quicquid diuitiis nullis, nulla industria restaurari potest, tam inclementer saeuimus. Quid enim Gothos veteres accusamus aut Hunnos, qui rudes artium ac solius gloriae militaris appetentes aut non aestimarunt scripta quorum desiderio adhuc tenemur, aut non intellexerunt? (66,161–167)

> Niemals, bei Gott, niemals werden wir vor der Nachwelt diese unsere Barbarei rechtfertigen, dieses höchst ungerechte Benehmen, diese mutwilligste Art von Starrköpfigkeit, mit der wir gegen so viele Monumente der alten Kirche, so gebildete Seelen, so viele Aufzeichnungen der Vorfahren und, was alles weder durch Geld noch durch Fleiß wiederhergestellt werden kann, so unbarmherzig wüten. Denn warum beschuldigten wir die alten Goten oder Hunnen, die ohne Kenntnisse der Wissenschaften und allein auf militärischen Ruhm bedacht den Wert der Schriften, die wir bis heute vermissen, nicht einschätzen oder die Schriften nicht verstehen konnten?

Und er beantwortet die letzte Frage nach der relativen Schuld der Goten und Hunnen klar zu Ungunsten seiner Zeitgenossen, die es hätten besser wissen müssen als die Barbaren der alten Welt: „Nostra haec virtus, nostra nunc gloria est; et quoniam desiimus facere laudanda, literas delemus, vt nec pudenda describi possint." (66,169f.; „Solcherart ist jetzt unsere Tüchtigkeit, unser Ruhm, und weil wir aufgehört haben, Lobenswertes zu vollbringen, zerstören wir die Wissenschaften, damit das, dessen man sich schämen muß, auch nicht schriftlich festgehalten werden kann.") In dieser Klage dürfte der Rekurs auf die „alten Goten" nicht zufällig gewählt sein; führt doch der Adressat dieses Panegyricus,

---

[28] Vgl. zum Folgenden auch die ausführliche Darstellung bei Hintzen (Anm. 7), S. 279–292, die v. a. die Verbindung von Bildung und Kriegertum Ulrichs in den Blick nimmt und als Opitzens Darstellungsstrategie gerade im Zusammenhang mit einer früheren deutschen Lobrede auf Ulrich sowie mit seinem Widmungsgedicht zum *Trost-Gedichte in Widerwertigkeit deß Krieges* plausibel machen kann.

Christian IV. von Dänemark, unter anderem den Titel „rex Gothorum"[29] (auch wenn damit wohl die Gotländer, nicht die antiken Goten gemeint sind). Wenn Opitz die alten Goten seiner Gegenwart gegenüberstellt, dann mit dem Ziel, den ‚neuen Goten', Ulrich von Holstein, in denkbar scharfem Kontrast zu den alten und neuen Barbaren darzustellen. Denn zwar spekuliert auch Opitz über die plötzliche Tötung des jungen Reitergenerals (76,308–78,342),[30] zwar verweist er auf die Abstammung Ulrichs, wenngleich deutlich summarischer als später im Falle Leszczyńskis (60,65–74; 62,92–100), doch soll Ulrich weniger als Spross hervorragender europäischer Familien, sondern vielmehr als Repräsentant eines anderen, geistigen, Adels erscheinen, den Opitz mit späthumanistischem Selbstbewusstsein folgendermaßen bestimmt:

> Equidem mirari satis non possum, adeo stolidos quosdam ac vecordes animi esse, vt ad evehendam imaginum suarum auctoritatem, et respuendos origines modicos, diuersa duo mortalium genera constituere audeant, nobiles aut eruditos sive, vt nepotes isti vocant, scholasticos. Quasi aut nobilis sit, qui, virtutem si excipias, quiduis possidet, aut non nobilis, qui vel generis ornamenta quae habet, studiis amplificat, vel quae non habet iisdem facit primus atque extendit. (62,113–64,119)

> Ich meinerseits kann mich nicht genug wundern, daß einige so töricht und wahnwitzig sind, daß sie, um das Ansehen ihrer Ahnentafeln zu erhöhen und um diejenigen, die von bescheidenerer Abkunft sind, zu beleidigen, zwei ganz verschiedene Arten von Menschen zu bestimmen sich erdreisten, nämlich solche von edler Abkunft und Gebildete, oder, wie diese Epigonen sie nennen, Schulmeister. Gerade als ob der adlig wäre, der – mit Ausnahme der Tugend – alles besitzt, oder nicht adlig, der die Ehre der Abkunft, die er besitzt, durch Studien erhöht bzw., wenn er sie nicht besitzt, durch dieselben als erster schafft und ausweitet.

Eine ähnliche Überlegung wählt Opitz 1636 als Ausgangspunkt für die Totenrede auf den Freiherrn Fabian von Czema: „Praestantissimum es[t], quod nobilissi-

---

[29] So auch auf dem Titelblatt von Opitzens Druck: Lavdatio Fvnebris Vlderici, LW III, S. 54.
[30] Allerdings spekuliert er sehr vorsichtig und thematisiert selbst, dass er weder Tathergang noch mögliche Hintermänner des Mordes genau rekonstruieren kann (78,319–322): „Caeterum quaerere, factumne sit facinus hoc nefarium gratuito scelere an praemiis propositis, leuitate scurrili an architecto aliquo ac machinatore, qui auctori caedis, homini post homines natos vilissimo, vaesanam hanc mentem iniecerit, haud est meum." Deutsch ebd., S. 79: „Im übrigen ist es nicht meine Aufgabe zu untersuchen, ob diese gottlose Tat unbezahlt oder für Geld begangen wurde, ob durch die Charakterlosigkeit eines Possenreißers oder ob jemand sie geplant und ersonnen hat, der dem ausführenden Mörder, diesem seit Menschengedenken nichtswürdigsten Menschen, den wahnwitzigen Gedanken eingab." – Zu den konkurrierenden Überlieferungen, die sich um diese Tat ranken, siehe zusammenfassend Hintzen (Anm. 7), S. 279 f.

mum est", „Das erlauchteste ist, was das Adeligste ist", lautet die erste Feststellung des Redners, die doch sogleich modifiziert wird:

> Errare tamen viris sapientibus nonnulli, nescio quomodo, semper visi sunt, quibus blandum hoc fortunae humanae donum intra solos titulorum ac originis suae limites contineri videtur, quique, dum majorum splendorem superciliosè ac insolenti nouorum hominum, quorum nobilitas potissimum intra virtutem consistit, fastidio ostentent, auctoritati sese gloriaeque stemmatis sui satisfacere, sibi pariter ac alijs persuadere conantur. (176,4–9)

> Dennoch scheinen für die Weisen manche Leute in gewisser Weise zu irren; und zwar solche, denen dieses angenehme Geschenk menschlichen Glücks auf die alleinigen Bereiche von Titeln und ihrer Abstammung begrenzt zu sein scheint, und die, während sie den Glanz der Vorfahren mit Anmaßung und mit rücksichtsloser Verachtung der gesellschaftlich Aufgestiegenen, deren Adel vor allem in Leistung besteht, zeigen, sich selbst wie anderen einzureden versuchen, sie verhielten sich ihrem Ansehen und ihrem ruhmreichen Stammbaum gemäß.

In beiden Fällen geht es um Konkurrenzkonzepte zum reinen Geburtsadel, im späteren Text um Tugendadel, in der Rede auf Ulrich um den Geistes- oder Bildungsadel, das humanistische Modell eines sozialen Aufstiegs durch akademische Bildung, von der Opitz selbst am Ende des *Buchs von der Deutschen Poeterey* optimistisch bemerkt hatte:

> auß dieser zuerversicht hoffen wir/ es werde uns an vornemer leute gunst vnd liebe/ welche wir/ nebenst dem gemuete vnserem Vaterlande zue dienen/ einig hierdurch suchen/ nicht mangeln.[31]

Auch fast zehn Jahre später hat er diese Hoffnung nicht aufgegeben und entwirft anhand Ulrichs von Holstein das exemplarische Bild eines Geistes-Adligen. So ziehen sich Anspielungen auf Erasmus' *Institutio Principis Christiani* wie ein roter Faden durch seinen Nachruf.[32] Bei seinem Unterfangen hilft Opitz makabererweise der frühe Tod des erst zweiundzwanzigjährigen Ulrich: Aus dem Tatbestand, mit dem sich Epicediendichter oftmals bei Nachrufen auf junge Verstorbene oder gar Kinder konfrontiert sahen, nämlich, dass deren Leben nicht viel für eine *laudatio* hergab, macht er eine Tugend, indem er die Lücken der enkomiastischen Topik mit einem umfassenden Portrait des gebildeten Herrschers füllt (von dem wir heute nicht mehr wissen, inwieweit es dem tatsächlichen Bildungsgrad

---

[31] Poeterey, S. 74,13–16.
[32] Eine erasmische Grundierung der Darstellung Ulrichs macht auch Hintzen (Anm. 7), S. 285, aus. Sie belegt sie ausführlicher im Kommentar, LW III, S. 394f. und 400.

Ulrichs entsprach).[33] In einem sich über fünf Seiten erstreckenden Passus (LW III, 62,106–68,190) schildert Opitz ausführlich seine Geistesgaben und ihre Anwendung, eine Darstellung, die hier nur exemplarisch kommentiert sei:

> Conspiraverat porro cum ingenio Principis nostri sufficiens supra vsum etiam memoria, cuius tanta felicitas erat, vt Themistocli hac etiam parte haud inferior, res quascunque non tam legere quam ipse ex se parere videretur, ac nemo quisquam alius citius aut quae velit discat, aut quae didicit retineat. (64,119–122)

> Mit der Begabung unseres Prinzen wirkte überdies auch ein Gedächtnis zusammen, das weit mehr als die üblichen Dienste leistete, dessen Fassungsvermögen so groß war, daß er – dem Themistokles auch in dieser Beziehung nicht unterlegen – beliebige Dinge nicht so sehr zu lesen als aus sich selbst hervorzubringen schien, und kein anderer schneller als er lernt, was er will, oder im Gedächtnis behält, was er gelernt hat.

Zur schnellen Auffassungsgabe und einem guten Gedächtnis fügen sich organisch Ulrichs Qualitäten als Rhetor:

> Recitantem ipsum audiui integra variorum auctorum loca, paginas integras, imperturbato prorsus ac facili ordine, quique ostenderet ipsum non verba minus aliorum in promptu habere quam suum ingenium. Accedebat augusta quaedam oris commendatio ac in dicendo erecta alacritas, cuius beneficio id efficiebat, vt oculis verba recitantis non auribus solum dixisses irrepere, quas lenissimo dicendi flumine perfundebat. (64,122–128)

> Ich hörte, wie er ganze Passagen, ganze Seiten verschiedener Autoren vortrug, in völliger Ruhe und in ungezwungener Abfolge, die auch bewies, daß er über die Worte anderer nicht weniger verfügte als über seinen eigenen Verstand. Es trat noch eine gewissermaßen majestätische Stimme hinzu, die für ihn einnahm, aufrechte Lebhaftigkeit beim Sprechen, wodurch er es fertigbrachte, daß man hätte sagen können, seine Worte schmeichelten sich beim Vortrag den Augen, nicht nur den Ohren ein, die er mit angenehmstem Redefluß übergoß.

Die Harmonie von natürlichen Anlagen und künstlicher Bildung mag sich topisch erklären lassen, doch weder Vergleiche noch Formulierungen scheinen hier zufällig. Themistokles war seit alters her für sein gutes Gedächtnis berühmt, doch zugleich deutet die Formulierung „hac etiam parte" im ersten Zitat an, dass sich der Vergleich eben nicht nur auf diese Eigenschaft beziehe, dass mithin Ulrich ein neuer Themistokles war bzw. hätte werden können, wenn er länger gelebt hätte.

---

33 Zum Umgang mit dem jugendlichen Heldentod vornehmlich in der Historiographie des europäischen Adels vgl. Martin Wrede: Ohne Furcht und Tadel. Für König und Vaterland. Frühneuzeitlicher Hochadel zwischen Familienehre, Ritterideal und Fürstendienst. Ostfildern 2012 (Beihefte zu Francia 75), S. 46–50.

Auch das „audiui" im zweiten Zitat, mit nachfolgender AcI-Konstruktion, lässt sich unterschiedlich deuten: Einerseits kann es Opitzens Quelle als ‚vom Hörensagen' bezeichnen, andererseits aber auch eine persönliche Nähe zwischen ihm und dem Prinzen suggerieren. Auf die zweite Deutung wird zurückzukommen sein. Damit nicht genug: Ausgerechnet die notorisch schwirigen Verssatiren des Persius soll Ulrich memoriert haben (64,128), und bevor ein Leser auf die Idee käme, es handele sich um inhaltsleeres Auswendiglernen, streicht Opitz die Qualitäten des Prinzen als Leser heraus:

> Hac consuetudine Poetas legendi et colores sermonis artemque non mediocriter imbiberat [...] ac vates diuini aliquid ex alto trahere, neque tam fieri quam nasci, vel ex suo ingenio credi libenter volebat. (64,133–137)

> Durch diese Gewohnheit, die Dichter zu lesen, hatte er Redeschmuck und -kunst in nicht unbeträchtlichem Maße in sich aufgesogen [...] und wollte gern als Dichter etwas Göttliches aus der Höhe des Himmels empfangen und nicht so sehr zum Dichter ernannt werden denn als solcher geboren oder nach seiner Begabung eingeschätzt werden.

Ein Dichter „suo ingenio" ist dieser Prinz also, und so wundert es nicht, dass er – anders als jene Geistverächter, welche über die „scholastici" spotten – auch diese Bezeichnung als Lob auffasst (64,137–140).[34] In Kopenhagen war 1631 eine Erbauungsschrift Ulrichs unter dem Titel *Vitiorum Strigilis* erschienen, die ihn nicht unbedingt für den Dichterlorbeer qualifiziert haben mag, doch Opitz bezieht sie sogleich als eine Art Prosa-Satire in seine Argumentation ein und versichert, dass der Prinz deutsche Gedichte schriebe, „als ob die Musen ihm diktierten" (66,146). Denn überhaupt zeichnet den humanistischen *eruditus* ja die Sprachbeherrschung aus, die sich in Ulrichs Fall über Latein und Deutsch hinaus auch auf Französisch und Italienisch erstreckt. Diese Bildung, gepaart mit etwas, das selten mir reicher Begabung, ja seltener noch mit der Jugend einhergehe: einem hervorragenden Urteilsvermögen („iudicium excellens"; 66,156) qualifiziert den jüngst Verstorbenen in Opitzens Augen als einen „Hercules Musarum", ja einen zweiten „Ptolemaios Philadelphos" (je 68,174), jenen Alexandriner und Inbegriff der Kunstsinnigkeit.[35]

---

34 Opitz vergleicht ihn hier mit Nero und Domitian. Anders als zuvor beim Vergleich mit Themistokles besteht der Sinn des *tertium comparationis* hier darin, dass selbst Tyrannen gute Dichter sein konnten (139f.: „adeo virtus et eruditio vel tyrannis pretii sui testimonia exprimunt"; „So sehr bezeugen Tüchtigkeit und Bildung sogar Tyrannen ihren Wert") – wie dann erst recht dieser Prinz!
35 Zu Ptolemaios II. siehe das konzise Kapitel bei Hermann Bengtson: Herrschergestalten des Hellenismus. München 1975, S. 111–138.

Panegyrik? – Gewiss, doch sollte bei allem Lächeln über topische Wendungen nicht übersehen werden, dass Opitz hier den Dänenprinzen in gewisser Weise zu seinesgleichen stilisiert. Wohlgemerkt: Der Standesunterschied wird an keiner Stelle nivelliert, doch erscheint dieser junge Mann mit seiner reichen Bildung (die er ohne Universitätsstudium erwarb), seinem Urteilsvermögen, den „mores cultissimi" („ein sehr feiner Charakter"; 70,217) und der von Opitz hervorgehobenen „virtutum omnium conuenientia" („ausgeprägte Harmonie aller Tugenden"; 70,218) als humanistischer ‚amicus' des gelehrten Dichters.[36] Wenn oben gefragt wurde, ob die Formulierung „ich hörte, dass er rezitiert habe [...]", auf eine besondere Nähe zwischen Opitz und dem Verstorbenen schließen lasse, dann muss man dies im Kontext der Totenrede selbst jedenfalls annehmen. An zwei Stellen, welche die oben zitierte gewissermaßen rahmen, betont Opitz selbst diese Nähe: Gleich auf der dritten Druckseite, wenn er seinem Dank für die Förderung durch den Prinzen, seine „clementia" und sogar seinen „amor" Ausdruck verleiht, der ihm diese Totenrede zur Pflicht mache (58,41–46), und noch deutlicher zum Schluss des Textes. Erschien zu Beginn Ulrich noch als geneigter Förderer des Poeten, so verändert und steigert sich dieses Bild in der emphatischen Peroratio. In diesem, *lamentatio* und *consolatio* verschränkenden letzten Teil beruft Opitz einen Brief Ulrichs als Zeugen für seinen, Opitzens, Schmerz über diesen Verlust:

> Ego vero [...] quantas complorationis caussas habeam, [...] verbis exprimere [...] non possim. Testes sint litterae, Latinae illae, ac sine cura elegantes, postremae huius generis, vt puto, quas sua manu, clementi illa ac erudita, ex castris perscripsit, vnoque ante fatalem eius ac infelicissimum nobis diem ad me allatae. (90,513–519)
>
> Wieviele Gründe mitzuweinen ich aber habe [...], könnte ich [...] nicht in Worte fassen. Als Zeuge mag mir der Brief dienen, jener lateinische Brief, unangestrengt elegant und der letzte dieser Art, wie ich glaube, den er mir mit eigener Hand, dieser gütigen und gebildeten Hand, aus dem Lager schrieb, und der mir einen Tag vor dem für ihn schicksalsträchtigen und für uns höchst unglücklichen Tag überbracht wurde.

Im unmittelbar folgenden, wörtlich zitierten, lateinischen Brief – nicht nur der letzte Ulrichs, sondern gar zum „letzten seiner Art" stilisiert – fordert der Prinz Opitz in unzeremoniellem Ton auf, ihn im Heerlager zu besuchen, und betont in einzelnen Formulierungen („amoris in te mei testandi caussa calamum admoui"; „habe ich [...] meine Feder dazu benutzt, meine Liebe zu Dir zu bezeugen"; 92,528)

---

[36] Die in der Tat hohe Gunst, in der Opitz bei Ulrich stand, dokumentiert ein Brief seines Freundes Bernhard Wilhelm Nüßler an den gemeinsamen Wittenberger Lehrer Buchner. In: BW II, S. 1148.

sowie in der Grußformel „T[uus] Addictissimus Vldericus" die freundschaftliche Verbundenheit mit Opitz, wie dergleichen aus unzähligen Humanistenbriefen bekannt ist. Hier nun erscheint Ulrich nicht mehr nur als kunstsinniger Mäzen eines schlesischen Dichters, sondern gewissermaßen als *sodalis* im Netzwerk der *respublica litteraria*. Zwar ruft Opitz sogleich den Standesunterschied in Erinnerung und schreibt solche Großherzigkeit ihm gegenüber vor allem dem „diuinus Genius" („göttlichen Genius") und der „dexteritas insolita" („ungewöhnlichen Souveränität") des Prinzen zu (92,534f.), doch hat er ihn in seinem Panegyricus Stück für Stück in die Sphäre eines gelehrt-humanistischen Netzwerkes hineingeholt, zu dem in diesem Fall neben Opitz selbst übrigens auch die namentlich angesprochenen reformierten Herzöge Johann Christian von Brieg und Georg Rudolph von Liegnitz gehören, deren Restitution – so der Dichter – dem ermordeten Prinzen sehr am Herzen gelegen habe (86,443–450). Wenig später sollte Opitz ihnen ins Exil nach Thorn folgen.[37]

Nimmt man auf diese Weise sensibilisiert die übrigen hier in Rede stehenden Panegyrici in den Blick, so fallen auch dort ähnliche Strategien der Zuschreibung und Stilisierung auf, wenngleich viel weniger deutlich als in der Totenrede auf den Dänenprinzen. Über die Eltern Fabian von Czemas etwa heißt es:

> Quippe cum ea naturae praestantia illum ac ingenij dotibus praeditum esse cernerent, vt et aetatem iis primam et quemuis statim aequalium facilè excederet, praeter solicita pietatis monita [...] omni eum statim cultu optimarum artium ac, quanta cadere in pueritiam potest, virtute, exemplo pariter suo et praeceptis accuratissimis, imbuerunt. (LW III, 178,40–180,46)

> Denn weil sie sahen, wie er mit so großer natürlicher Vortrefflichkeit und so großen Verstandesgaben ausgestattet war, daß er damit über seine kindlichen Jahre hinausgriff und sogleich jeden beliebigen seiner Alterskameraden mit Leichtigkeit übertraf, erzogen sie ihn – außer besorgten Ermahnungen zum Pflichtgefühl [...] – sogleich durch jeden Unterricht in den *artes liberales* und durch (soweit dies bei Knaben schon möglich ist) Disziplin, und zwar gleichermaßen durch ihre eigene Vorbildlichkeit und genaueste Anweisungen.

---

37 Zu den guten Kontakten, die Opitz mit dem herzoglichen Bruderpaar pflegte, während er noch in Diensten Dohnas stand, und seiner späteren Anstellung bei ihnen vgl. Szyrocki (Anm. 8), S. 95f. u. 103–111; ders.: Marcin Opitz na służbie u śląskich książąt piastowskich i u króla Władysława IV. In: Germanica Wratislaviensia 1 (1957), S. 59–96; siehe ferner Norbert Conrads: Das preußische Exil des Herzogs Johann Christian von Brieg 1633–1639. In: Preußische Landesgeschichte. Festschrift für Bernhart Jähnig zum 60. Geburtstag. Hg. von Udo Arnold, Mario Glauert und Jürgen Sarnowsky. Marburg 2001 (Einzelschriften der Historischen Kommission für Ost- und Westpreußische Landesforschung 22), S. 39–49. – Weitere Aufschlüsse über das Mäzenatentum der Herzöge von Liegnitz und Brieg bietet Klaus Garber: Das alte Liegnitz und Brieg. Humanistisches Leben im Umkreis zweier schlesischer Piastenhöfe. Köln u. a. 2016. Siehe auch Klaus Garbers Aufsatz im vorliegenden Band.

Auch hier liegt also ein früh entwickeltes *ingenium* vor, das sich, richtig gefördert, im Sinne des humanistischen Gelehrtentums entwickelt. Daran lässt zumindest der von Opitz angeschlossene Bildungsgang über Breslau und Frankfurt an der Oder, dann die Gelehrtenreise[38] durch Italien und die Anstellung an Kaiser- und Königshöfen keinen Zweifel (180,46–182,99). Wieder fallen die schon für Ulrich von Holstein wichtigen Stichworte, wenn Opitz von dem unterdessen zum Präfekten von Stuhm Avancierten zu rühmen weiß (meine Hervorhebung):

> Intra ipsa aetatis primordia penetrauerat se in literas altissimè, peregrinationibus varijs ac consuetudine multorum perspicacitatem hauserat singularem, subtile natura iudicium artibus aulae ac intentione sedula limatius reddiderat, adeò vt illi in consilijs nec dandis ingenua calliditas, nec exequendis dexteritas vlla defutura videretur. (182,87–91)

> In seiner frühesten Jugend hatte er sich gründlich in die Wissenschaft vertieft, durch verschiedene Auslandsaufenthalte und beständigen Umgang mit Vielen hatte er sich einen einzigartigen Scharfsinn erworben, sein von Natur aus feinsinniges Urteilsvermögen durch die Fähigkeiten, die man bei Hofe erwirbt, und durch angestrengten Fleiß verfeinert, so daß es offensichtlich war, ihm werde weder im Erteilen von Ratschlägen die edle Gewandtheit noch in der Ausführung die Geschicklichkeit auch nur in geringstem Maße fehlen.

Auch das Netzwerk Czemas ist von Anfang an präsent, und Opitz lässt es geflissentlich mit dem seinen überlappen: Von den Rhedigers, Ferys, Monavii und Ursini in Breslau ist die Rede (180,47), bekannten Humanistenfamilien, von denen einzelne Vertreter (etwa Jacob Monavius[39]) auch zu Opitzens Umkreis gehörten, manche (Zacharias Ursinus[40]) auch auf seine frühere Heidelberger Zeit zurückweisen; aus den Frankfurter Studienjahren Czemas wird der Freund Johannes Czimmermann genannt (180,54), der unterdessen das Bürgermeister-

---

38 Zu frühneuzeitlichen Gelehrtenreisen des Adels siehe die Monographie von Antje Stannek: Telemachs Brüder. Die höfische Bildungsreise des 17. Jahrhunderts. Frankfurt a. M., New York 2001 (Geschichte und Geschlechter 33).
39 Zu ihm siehe Klaus Garber: Martin Opitz – Paul Fleming – Simon Dach. Drei Dichter des 17. Jahrhunderts in Bibliotheken Mittel- und Osteuropas. Köln u. a. 2013 (Aus Archiven, Bibliotheken und Museen Mittel- und Osteuropas 4), S. 130–134 und 154 f.; zu Monaus Wirken im internationalen reformierten Netzwerk s. exemplarisch Bahlcke (Anm. 16), S. 65. Sein Sohn Friedrich Monavius (1592–1659), später Medizinprofessor in Greifswald, stand mit Bernegger und Gruter in brieflichem Kontakt und dürfte daher Opitz zumindest mittelbar bekannt gewesen sein; vgl. BW I, S. 522, II, S. 760, III, S. 1108.
40 Zu ihm siehe zusammenfassend Christoph Strohm: ‚Ursinus, Zacharias'. In: Killy Literaturlexikon. Autoren und Werke des deutschsprachigen Kulturraumes. 2., vollst. überarb. Auflage. Hg. von Wilhelm Kühlmann u. a. 13 Bde. Berlin, New York 2008–2012, Bd. 11, Sp. 708a–709a, sowie Derk Visser: Zacharias Ursinus. The Reluctant Reformer. His Life and Times. New York 1983.

amt in Thorn bekleidete und Opitz während seines Aufenthalts dort sicherlich bekannt wurde.⁴¹ Wenn einige Seiten später Czemas ganz den Regeln einer christlichen *praeparatio mortis* entsprechender Tod evoziert wird,⁴² nennt der Redner noch den Pfarrer A(da)lbert Niclas (188,180f.), den er selbst aus Lissa und nun aus Danzig als Prediger kannte und der später auch Opitzens letzte Stunden begleiten und bezeugen sollte.⁴³ Man sieht: Die Reihe der Genannten verknüpft Czemas und Opitzens persönliche Kontakte sowohl im ‚alten' Schlesien als auch im polnischen Preußen.⁴⁴

Direkte Familienbande führen von Fabian von Czema zu dessen Schwager Raphael Leszczyński: Im Nachruf auf ersteren flicht Opitz bereits eine kleine biographische Würdigung von Raphaels Vater Andrzej ein (LW III, 184,101–125), und auch dessen Sohn schildert er in Paradigmen humanistischer Ausbildung und gelehrter Netzwerke, in die sich der Redner selbst geschickt einfügt. Vom lernbegierigen Knaben (200,100–202,102) lassen die Studien in Basel und Straßburg, seine *peregrinatio academica* nach Paris, Padua und in die Niederlande sowie die reichhaltigen Kontakte zu Koryphäen in ganz Europa (u. a. Galilei,⁴⁵ Lipsius

---

41 Vgl. Salmonowicz (Anm. 14), S. 108 zu Opitzens Kontakten mit Czimmermanns Sohn Peter (1600–1656); ausführlicher zu dieser wichtigen Thorner Gelehrtenfamilie Helmuth Strehlau: Thorner Bürgermeister im 17. Jahrhundert und ihre Familien. In: Ostdeutsche Familienkunde 1 (1952–1975), S. 35f., 57–61 und 74f.
42 Dazu en passant Hintzen (Anm. 7), S. 284.
43 Vgl. den Bericht Andreas Hünefeldts über Opitzens Todestag, der in einem Brief Robert Roberthins überliefert ist, abgedruckt in BW III, S. 1642f., hier 1642: „[...] wir haben aber alßbaldt alles waß müglich auch nötig gewesen vorsehen, auch denselben tag noch communiciret, welches H Niclassius verrichtet, welchem Er [scil. Opitz] auch seines Lebens Lauf erzehlet [...]." – Niclas' eigener Bericht an Bernhard Wilhelm Nüßler findet sich ebd., S. 1916–1920; vgl. auch Nüßlers Antwort ebd., S. 1927–1929; ausführlich dazu Harald Bollbuck: Tod in Danzig – die letzten Tage des Martin Opitz. In: Gotts verhengnis und seine straffe. Zur Geschichte der Seuchen in der Frühen Neuzeit. Hg. von Petra Feuerstein-Herz. Wiesbaden 2005 (Ausstellungskataloge der Herzog August Bibliothek 84), S. 59–68.
44 Ohne dass dies im Zusammenhang der Panegyrici explizit werden könnte, scheint diese personelle Verbindung Schlesiens mit dem religiös toleranten Polen doch zugleich einer literarhistorischen Konstellation zu entsprechen, die etwa zeitgleich die namhaftesten protestantischen Dichter und Intellektuellen Schlesiens (Gryphius, Tscherning, Hoffmannswaldau u. a.) nach Danzig führte; vgl. Fac (Anm. 14), S. 22f., und Salmonowicz (Anm. 14), S. 115f.
45 Vgl. Opitz: Panegyricvs Raphaelis, LW III, S. 218,346–350: „In Mathematica doctrina iuuenis adhuc eousque eminuit, vt eum his studiis ad summam gloriam prouectus Galilaeus, obortae sibi ob nobilem quaestionem cum erudito Sodalitatis Iesuiticae Patre, cui illustrissimus Comes Tencinius, itidem Polonus, assistebat, litis arbitrium eligere Florentiae, si memini, voluerit." Deutsch: „In der Astronomie hatte er schon als junger Mann einen derartigen Ruf, daß ihn der durch diese Forschungen zu höchstem Ruhm gelangte Galilei wegen des Streits, der ihm wegen einer wichtigen Frage mit einem gelehrten Jesuitenpater erwachsen war, für den auch der er-

und sogar Elisabeth I.⁴⁶) Raphael zu einem wahren humanistischen Gelehrten heranreifen, der die alten ebenso wie die gängigen neuen Sprachen beherrscht:

> Germanicam, Gallicam, Italicam linguas penitus, Hispanicam mediocriter tenebat. Aggressus est et Graeca: sed Latine sic loquebatur, vt inter Tullios, Caesares et Sallustios educatus videretur. (218,334–336)

> Deutsch, Französisch und Italienisch beherrschte er vollkommen, Spanisch einigermaßen. Auch dem Griechischen wandte er sich zu; Latein aber sprach er so, daß man glauben konnte, er sei unter Männern wie Cicero, Caesar und Sallust erzogen worden. (ebd., 217)

Das womöglich schwache Griechisch gleicht hier ein geradezu antik-klassisches Latein aus, das den Verstorbenen zum humanistischen *sodalis* mehr als qualifiziert. Mochte er auch kein versierter Dichter gewesen sein (216,323–325), so lobt Opitz umso höher seinen rhetorischen Stil: „oratio eius prodebat literatam sapientiam redolens" („seine Sprechweise [...] verriet Gelehrsamkeit und Weisheit"; 216,316f.).⁴⁷

Diese humanistische Stilisierung durch einen späthumanistischen Dichter scheint durchaus Opitzens rhetorischer Strategie im Nachruf auf den Dänenprinzen vergleichbar, doch anders als dort muss hier die persönliche Note eines gelehrten Austauschs mit Opitz selbst aus biographischen Gründen fehlen. So muss der Redner diese Nähe mittelbar herstellen, und dies geschieht über die aufgerufenen Netzwerke, in denen der Student Leszczyński verkehrte:

> Basileae inter praecipuos doctorum, Grynaeum Theologum rarae pietatis, ac iuuenem adhuc Ludouicum Lucium, Argentorati Dasyposium, Melchiorem Iunium, et Dionysium Gothofredum imprimis coluit omnes beneficio scriptorum suorum clariores quàm vt me notore indigeant. (202,107–111)

> In Basel hielt er sich unter den Koryphäen der Universität vor allem an Grynäus, einen Theologen von außerordentlicher Frömmigkeit, und den damals noch jugendlichen Ludo-

---

lauchte Graf Tenczyn focht, als Schiedsrichter in Florenz (wenn ich mich recht erinnere) auswählen wollte." – Der persönliche Kontakt Leszczyńskis sowie des von Opitz hier erwähnten Grafen Tęsczyński zu Galileo ist auch von Seiten des Florentiner Astronomen nachgewiesen; vgl. Veronika Marschalls Kommentar ebd., S. 515.
46 Vgl. LW III, S. 204,141 u. 143.
47 Vgl. auch ebd, S. 214,301f. (über Leszczyńskis Tischgespräche): „Sententias loquebatur non quaesitas, neque colore verborum fucatas; sed simplices, venustas et quales albas Pollio Asinius nominare solitus est." Deutsch: „Seine Sätze waren nicht gesucht, nicht mit rhetorischen Mitteln aufgeputzt, sondern schlicht und schön, Sätze von der Art, die Asinius Pollio ‚weiß' zu nennen pflegte." – Zu Opitzens Anspielung auf Asinius Pollio bzw. Seneca rhetor siehe den Kommentar ebd., S. 513.

vicus Lucius, in Straßburg an Dasypodius, Melchior Junius und Dionysius Gothofredus, alles Männer, die dank ihrer Bücher zu berühmt sind, als daß sie meiner als eines Herolds bedürften.

In der Tat benötigten diese berühmten Gelehrten keine gesonderte Würdigung durch Opitz. Er dürfte aber genau diese Namen nennen, weil sie Leszczyńskis Biographie unmittelbar mit seiner eigenen schlesischen und kurpfälzer Vergangenheit verknüpfen. Der reformierte Theologe und Antistes der Basler Kirche Johann Jakob Grynaeus (1540–1617) hatte ab 1584 zwei Jahre lang in Heidelberg gelehrt, zuvor bereits in die Familie des dortigen Medizinprofessors Thomas Erastus eingeheiratet.[48] Ebenso gehörte er, u. a. über seinen Schwiegersohn Amandus Polanus, zum Netzwerk in Schlesien engagierter protestantischer Intellektueller[49] und stand nicht zuletzt mit Gelehrten wie Caspar Dornau oder Janus Gruter in Kontakt, die für Opitzens Bildungsgang prägend sein sollten.[50] Ähnliches gilt für den Philosophieprofessor Ludwig Lucius (1577–1642), der im regen Kontakt mit den kurpfälzischen Humanisten, u. a. Opitzens damaligem Freund Julius Wilhelm Zincgref, stand.[51] Die Straßburger Professoren Junius (Rhetorik), Dasypodius (Mathematik) und Gothofredus (Rechte) – bei letztgenanntem hatte Leszczyński nachweislich disputiert[52] – stehen für den eine Generation vor Opitz blühenden, doch über Lingelsheim, Bernegger und andere im ständigen Austausch mit der Kurpfalz befindlichen oberrheinischen Humanismus. Wenn er wenig später unter Raphaels Pariser Kontakten neben anderen den Diplomaten Jacques-Auguste de Thou (Thuanus, 202,124) nennt, verfolgt er damit immer noch das oberrheinisch-kurpfälzische Netzwerk, war de Thou selbst doch häufig

---

[48] Zu ihm siehe Andreas Urs Sommer: Art. Grynaeus (Gryner), Johann Jakob. In: Religion in Geschichte und Gegenwart. Handwörterbuch für Theologie und Religionswissenschaft. Vierte, völlig neu bearb. Auflage. Hg. von Hans Dieter Betz u. a. Bd. 3. Tübingen 2000, Sp. 1319.
[49] Siehe dazu Bahlcke (Anm. 16), S. 64.
[50] Siehe z. B. Gruters ehrendes Epicedium auf Grynaeus, das bereits Melchior Adam in seine Vita des Basler Professors aufnimmt: Melchior Adam: Vitae Germanorum Theologorum, qvi superiori seculo Ecclesiam Christi voce scriptisque propagarunt et propugnarunt. [...]. Heidelberg, Frankfurt a. M.: Jonas Rosa 1620, S. 876f. – Zu Dornaus Basler Kontakten, unter denen der mit Grynaeus einer der regsten war, siehe Robert Seidel: Späthumanismus in Schlesien. Caspar Dornau (1577–1631). Leben und Werk. Tübingen 1994 (Frühe Neuzeit 20), S. 59–73.
[51] Zu ihm und seinem Briefwechsel mit Zincgref, der über den ‚Untergang' der reformierten Kurpfalz hinausreichte, siehe Aus den Jahren der pfälzischen Katastrophe. Julius Wilhelm Zincgrefs Briefe (1613–1626) an den Basler Professor Ludwig Lucius. Mit weiteren Briefen, Gedichten und den Thesen von Zincgrefs Basler juristischen Disputation (1613). Lateinisch-deutsch. Hg., übers., eingel. u. kommentiert von Wilhelm Kühlmann und Karl Wilhelm Beichert. Heidelberg 2018.
[52] Vgl. Bickerich (Anm. 13), S. 7, Anm. 8.

in diplomatischem Dienst am Heidelberger Hof tätig und mit den führenden kurpfälzer Humanisten ebenso gut bekannt wie etwa mit Gothofredus in Straßburg.[53]

Man sieht: Die Panegyrici dienen in erster Linie dem Lob des jeweils Verstorbenen, entwerfen dabei aber zugleich das Bild von Adligen, die nicht nur – wie im Falle Raphael Leszczyńskis und Fabian von Czemas – in Zirkeln agierten, welche sich mit denjenigen Opitzens oder seiner Lehrer überschneiden, sondern – wie im Fall Prinz Ulrichs – als direkte humanistische *amici* des Redners selbst erscheinen.

4 Irenik und Exilantentum

Betont werden muss, dass die Kreise, in die Opitz sich hier einschreibt, keineswegs durch ein und dieselbe Konfession geprägt sind. Wie man dem Dichter auch biographisch eine gewisse Flexibilität in religiösen Dingen zusprechen kann, weiß er in den hier behandelten Panegyrici das Thema der Religion genau auf die behandelte Person, respektive den Adressatenkreis abzustimmen.

So konnte er in der genealogischen Rückschau auf die Vorfahren des Dänenprinzen Ulrich zwar Friedrich I. dafür loben, dass er den „Wahn des Götzendienstes" („abolitis cultus parum diuini deliriis"; „nachdem er dem Wahn des Götzendienstes ein Ende gesetzt hatte"; LW III, 60,75f.) in seinem Land beseitigt habe, während seine Heimat Schlesien noch gezwungen sei, „das zu glauben, woran selbst die nicht hinreichend glauben, welche die Bestimmungen [der ‚Rekatholisierung'] vollstrecken" (88,473f.). Doch nachdem er Zuflucht im relativ religionstoleranten Polen gefunden hatte, waren solche offenen Angriffe gegen die Altgläubigen nicht mehr am Platz. Im Nekrolog auf Raphael Leszczyński kommt Opitz nicht umhin, zum Korrespondenznetzwerk des Verstorbenen auch den regierenden Papst zu zählen (LW III, 214,286–288), und lobt auch Raphaels jüngst zum alten Glauben konvertierten Sohn Bogusław als würdigen Nachfolger des Vaters:

---

53 Zu Thuanus und dem Kreis des Cabinet Dupuy im Kontakt mit Lingelsheim siehe Axel E. Walter: Späthumanismus und Konfessionspolitik. Die europäische Gelehrtenrepublik um 1600 im Spiegel der Korrespondenz Georg Michael Lingelsheims. Tübingen 2004 (Frühe Neuzeit 95), S. 388f., 400–410; Rainer Babel: Aspekte einer Gelehrtenfreundschaft im Zeitalter des Späthumanismus. Briefe Denys Godefroys an Jacques-Auguste de Thou aus Straßburg, Frankfurt und Heidelberg (1600–1616). In: Francia 17 (1990), S. 29–44.

> Qua claritate etiam Patris et nomine celeberrimo permotus tertio è Filijs illustrissimis Boguslao, ornamento Ordinis sui, eminentissimus Cardinalis Barbarinus Vrbani nepos in Vrbe nuper omne humanitatis officium et beneuolentiam tribuit non vulgarem. (214,288–291)

> Wegen dieser Bekanntheit, dieser Berühmtheit des Vaters erwies dem dritten der hocherlauchten Söhne, Bogusław, einer Zierde seines Standes, Seine Eminenz Kardinal Barberini, der Neffe Urbans, vor kurzem in Rom jeden freundlichen Gefallen und ungewöhnliches Wohlwollen.

Hatte er das antike und zugleich moderne Rom gegenüber Christian IV. noch als „domina gentium, ancilla libidinum" („Herrin der Völker und Magd der Lüste"; LW III, 94,554) bezeichnet, so führt er jetzt die Ehren, die Bogusław von hohen kurialen Würdenträgern entgegen gebracht wurden, ohne Weiteres als Element der *laudatio* für seinen Vater an. Und sogar das ausgewogene Urteil Leszczyńskis über den gefürchteten jesuitischen Kontroverstheologen Roberto Bellarmino (LW III, 216,306f.) dient Opitz nun als Zeugnis für Raphaels hohe Bildung.

Schließlich spricht der Dichter, was v. a. in den letzten beiden Panegyrici auf die polnischen Adligen wichtig wird, immer auch als Vertreter der vertriebenen protestantischen Schlesier. Die Sorge, die er bei der Totenrede auf Barbara Agnes 1631 so plastisch formuliert hatte, war 1633 schon Gewissheit geworden: „Unglück des Vaterlandes, [...] Kriege [...], zu denen wir mit größtmöglicher Gewalt vorwärts drängen, [...] Besatzungen, die für Besiegte und Sieger bedrückend sind" (LW III, 24,270–272). Und so bildet die konfessionelle Toleranz der durch die Panegyrici geehrten Adligen eben das notwendige Komplement zur Dankbarkeit des wohlwollend aufgenommenen Exilanten, die Opitz immer wieder zum Ausdruck bringt. Über Fabian von Czema heißt es etwa in einem emphatischen Ausruf:

> Qua comitate fugientes alibi barbariem et contemptum Musas inuitauit, quaeque beneficia in eos, quorum eruditio ac studia literarum solae diuitiae sunt, munificentia largissima contulit? Quid illo ad diuersa volentes animos conciliandos gratiosius? quid ad patriam iuuandam felicius? (LW III, 184,113–116)

> Mit welcher Freundlichkeit bot er den Musen Asyl, die anderswo vor der Barbarei und der Mißachtung flohen und welche Wohltaten erwies er denen, deren Reichtum allein in ihrer Bildung und ihren wissenschaftlichen Kenntnissen besteht, mit großzügigster Geberfreude?

Unschwer lassen sich die *Musae fugientes* auf Opitz selbst beziehen, der ja als Flüchtling lediglich seine Bildung und sein literarisches Werk zu bieten hatte, jene Vorzüge eben, die er im Medium des Panegyricus selbst performativ in die Waagschale wirft. Wie großzügig die konkreten Zuwendungen Czemas an Opitz, die hier durch „munificentia largissima" angedeutet werden, tatsächlich waren, muss beim bisherigen Stand der Forschung offen bleiben. Der zweite zitierte Satz hebt insbesondere die irenische Neigung Czemas hervor, da sich hinter dem etwas vagen „diversa volentes animos" sicherlich konfessionelle Differenzen verbergen dürften. Schließlich muss das Wort „patria" im dritten Satz polyvalent gelesen werden: Der Freiherr kann durch seine Gastfreundschaft und irenische Offenheit einerseits im *eigenen* Vaterland, Polen, Gutes bewirken, indem er die exilierten Glaubensbrüder in einem konfessionell anders geprägten Land integriert; andererseits ließe sich diese „patria" auch als Opitzens Heimat, Schlesien, lesen, zu dessen Gunsten Czema wirkt, indem er die von den Habsburgern vertriebenen Protestanten aufnimmt.

Mein Anliegen war es nicht, die genannten Trauerreden des Martin Opitz zu höherrangigen dichterischen Werken zu erklären, als sie es tatsächlich sind. Aus Briefen ist überliefert, dass ihr Verfasser selbst sich über ihren Status als Lohn- und Brotarbeiten völlig im Klaren war.[54] Es sollte lediglich ein Vorschlag gemacht werden, wie womöglich hinter dem vermeintlich „bloß" Topischen und Enkomiastischen Ansatzpunkte dafür entdeckt werden können, auf welche Weise Opitz auch in diesen Texten sich und seine expliziten oder impliziten Adressaten in einem Netzwerk von Adligen und Gelehrten, Exilanten, Schlesiern und Polen verortet.

---

54 Siehe etwa seinen Brief aus Thorn an Christian Cunrad vom 22. August 1636 in BW II, S. 1322–1327, hier S. 1323: „Vivo eo loci, ubi plurimum dandum est eorum voluntati quorum auxilio operaque sublevari hoc tempore meo possum. Itaque orationes in obitum Suecicae Principis ac Baronis Cemae videre iam potuisti: successit illis eodem quo absolutae fuerunt momento, altera Honori illustris Palatini Belsensis exaranda; quae heri ad umbilicum deducta est." – Deutsch ebd.: „Ich lebe in solchen Verhältnissen, in denen man das meiste den Wünschen der Leute anbequemen muß, die durch ihre Hilfe und Bemühung meine Umstände erleichtern können. Daher konntest du bereits die Reden auf den Tod der schwedischen Fürstin und auf den Baron Cema sehen. Kaum waren sie fertig, folgte darauf eine andere Rede, die zu Ehren des erlauchten Palatins von Belz ausgearbeitet werden mußte und die ich gestern vollbracht habe."

Robert Seidel
Martin Opitz, Schlesien und das Königreich Polen

Panegyrik und Paränese in den lateinischen Schriften 1636–1639

Wer sich heute mit Opitzens letzten Lebensjahren in Polen, also der Zeit ab 1635/36, beschäftigt, kann auf einer relativ komfortablen Grundlage aufbauen. Die gesamte überlieferte Korrespondenz zuzüglich weiterer Lebenszeugnisse wie Stammbucheinträge, Besitzvermerke oder Rezeptionsdokumente liegen musterhaft ediert vor,[1] die lateinischen Schriften sind ebenfalls in einer neuen Ausgabe mit Übersetzung und Kommentar greifbar.[2] Die folgenden Ausführungen wurden durch die Arbeit mit bzw. an den genannten Editionen motiviert und schließen sachlich und methodisch an eine frühere Studie an, die sich speziell mit denjenigen Schriften auseinandersetzt, die Opitz an Angehörige des polnischen Königshauses richtete.[3] Ich rufe zunächst kurz die wichtigsten Daten zu Opitzens ‚polnischen Jahren' ins Gedächtnis, bevor ich eine These aufstelle und diese an einigen Beispielen erläutere.

Opitzens so genanntes ‚Exil' in Polen begann im Herbst 1635. Bekanntlich hatten die schlesischen Piastenherzöge im Jahre 1633, als sich das Blatt zugunsten der Protestanten zu wenden schien, den erfahrenen Diplomaten wieder in ihre Dienste genommen, doch musste man aufgrund der wechselvollen Kriegsläufte und der schwankenden Haltung einiger Verbündeter jeweils rasch und flexibel auf die sich monatlich ändernden Gegebenheiten reagieren.[4] Zweimal, nach

---
1 BW I–III.
2 LW I–III. Die vollständigen bibliographischen Angaben zu den in LW abgedruckten Schriften werden im vorliegenden Beitrag ausgespart, da sie umfangreich und in der Ausgabe leicht greifbar sind. Entsprechendes gilt für die Dokumentation der Forschungsliteratur zu einzelnen Textpassagen, wo auf die ausführlichen Kommentare in LW verwiesen werden kann.
3 Robert Seidel: Von Atheisten und nüchternen Prinzessinnen. Martin Opitzens Schriften auf Angehörige des polnischen Königshauses. In: Realität als Herausforderung. Literatur in ihren konkreten historischen Kontexten. Festschrift für Wilhelm Kühlmann zum 65. Geburtstag. Hg. von Ralf Bogner, Ralf Georg Czapla, Robert Seidel und Christian von Zimmermann. Berlin, New York 2011, S. 211–232. Es wurde darauf geachtet, die Überschneidungen zwischen den beiden Beiträgen so gering wie möglich zu halten.
4 Zum historischen Kontext vgl. neben der gängigen Opitz-Literatur noch Norbert Conrads: Das preußische Exil des Herzogs Johann Christian von Brieg 1633–1639 [2001]. In: Ders.: Schlesien in

den Niederlagen der Protestanten im Oktober 1633 bei Steinau an der Oder und erneut nach der Schlacht von Nördlingen am 5. September 1634, flohen Johann Christian von Brieg und Georg Rudolf von Liegnitz ins polnische Thorn. Opitz blieb zunächst als Beobachter in Breslau und folgte im Sommer 1635 gleichfalls nach Thorn,[5] nachdem durch den Prager Vertrag die Lage speziell der schlesischen Calvinisten sich als unhaltbar erwiesen hatte. Ein Jahr später, als Johann Christian ins preußische Exil weitergezogen war und Georg Rudolf, um in sein Territorium zurückkehren zu können, sich dem Kaiser unterworfen hatte, ging Opitz nach Danzig, das ebenfalls zum Königlichen Preußen gehörte. Er hielt sich hier während der letzten drei Jahre seines Lebens auf, abgesehen von einigen diplomatischen Reisen, die er meist im Auftrag des schwedischen Generals Johan Banér oder des Reichskanzlers Axel Oxenstierna unternahm. Mit Wissen und Einverständnis aller Beteiligten diente er vier Fürsten gleichzeitig: Den schlesischen Herzögen blieb er als *consiliarius* weiterhin verbunden. Der polnische König Władysław IV., mit dem er durch Gerhard Graf Dönhoff im Januar 1636 persönlich bekannt gemacht worden war, schätzte ihn wegen seiner Einbindung in ein weit verzweigtes gelehrtes Netzwerk und verlieh ihm zusätzlich zum Amt eines königlichen Sekretärs noch den klangvollen Titel eines Hofhistoriographen. Als königlicher Geschichtsschreiber im engeren Sinne fungierte er freilich nicht, doch ist die Ämterhäufung als formelle Bindung des wichtigen Informanten an den Hof von nicht zu unterschätzender symbolischer Bedeutung.[6] Opitz zeichnete seit 1637 wechselweise oder in Kombination als Hofhistoriograph, königlich-polnischer Sekretär oder als liegnitz-briegischer Rat,[7] die umfangreichste Titulatur findet sich in einem unscheinbaren Stammbucheintrag für einen weiter nicht bekannten Breslauer Studenten. Hier nennt er sich „S[acrae] R[egiae] M[ajesta]tis Pol[oniae] Suec[iae]que Secretarius et Historiographus, Consiliarius Ligio-Bre-

---

der Frühmoderne. Zur politischen und geistigen Kultur eines habsburgischen Landes. Hg. von Joachim Bahlcke. Köln u. a. 2009 (Neue Forschungen zur Schlesischen Geschichte 16), S. 39–52.
5 Vgl. Stanisław Salmonowicz: Martin Opitz und das Thorner intellektuelle Milieu in den dreißiger Jahren des 17. Jahrhunderts. In: Martin Opitz 1597–1639. Fremdheit und Gegenwärtigkeit einer geschichtlichen Persönlichkeit. Hg. von Jörg-Ulrich Fechner und Wolfgang Kessler. Herne 2006 (Schriften der Martin-Opitz-Bibliothek 3), S. 105–126.
6 Gerhard Kosellek versuchte in neuerer Zeit zu belegen, „dass die Geschichte von Martin Opitz als Historiograph des polnischen Königs nicht der Wahrheit entspricht". Gerhard Kosellek: Martin Opitz im Dienst des polnischen Königs Władysław IV. Wahrheit und Legende. In: Germanoslavica 9 (2008), S. 17–33, hier S. 25. Einige Behauptungen Koselleks konnten auf Basis der in LW und BW edierten Texte korrigiert werden; vgl. zu den Details Seidel (Anm. 3), S. 213f.
7 Die einschlägigen Stellen finden sich LW III, S. 274, 276, 278, 280, 284, 294, 296, 320; BW II, S. 1295 [Abbildung], 1297, 1350 [hier Abdruck eines autographen Eintrages: „scripsi M. Opitius Historiographus Regius"], 1363; BW III, S. 1440, 1498, 1553.

gensis" (BW III, S. 1553).⁸ Schließlich war er für die Schweden als Informant tätig, teilweise sogar im Feldlager Banérs, allerdings stets informell, weil, wie er an Oxenstierna schreibt, „es beßer sey, me in hac conditione viuere, quam servitio Coronæ Suecicæ obstrictum esse, wegen vrsachen die an sich selbst klar sindt" (BW III, S. 1586). Welche Ursache damit gemeint war, hatte er ihm früher schon mitgeteilt (ebd., S. 1446): „Jch habe schutzes wegen, vndt darmit ich mittel habe dieser orten mein studiren fort zu stellen, mich bey hiesiger [d. h. der polnischen] Kön. Mtt. in dienst von hause auß en qualité de Secretaire eingelaßen."

Während der in Thorn und Danzig verbrachten Jahre unterhielt Opitz Kontakte unterschiedlichster Art, die sowohl nach Dauer und Intensität wie auch in ihrer Funktion sehr differieren. Grob vereinfacht lassen sich folgende Personengruppen unterscheiden:

1. die schlesischen Freunde und Bekannten, mit denen die Beziehungen teilweise noch aus der Jugend datieren oder sogar durch gemeinsame Bunzlauer Herkunft bedingt sind; neben den gelehrten Briefpartnern wie Nikolaus Henel, Christoph Coler, Christian Hoffmann von Hoffmannswaldau oder Andreas Tscherning begegnen schlesische Widmungsempfänger vorzugsweise aus dem Breslauer Patriziat oder dem schlesischen Adel
2. Angehörige der internationalen Gelehrtenrepublik, beginnend mit engen Freunden wie August Buchner in Wittenberg, dann aber auch Bekannte aus verschiedenen Lebensphasen wie Georg Rodolf Weckherlin, Hugo Grotius, Daniel Heinsius, Claude Saumaise und Johann Amos Comenius
3. die Mitglieder der Fruchtbringenden Gesellschaft, der Opitz seit 1629 angehörte, namentlich Fürst Ludwig von Anhalt-Köthen und Diederich von dem Werder
4. die Gelehrten und bürgerlichen Amtsträger der Städte im Königlichen Preußen wie Johannes Zierenberg, Bürgermeister von Danzig, Johann Mochinger, Professor am Danziger Gymnasium, oder Johannes Preuß, Bürgermeister von Thorn
5. die schwedischen Korrespondenzpartner bzw. Auftraggeber Reichskanzler Axel Oxenstierna und Feldmarschall Johan Banér
6. die Angehörigen des polnischen Königshauses und der Aristokratie von König Władysław IV. bis zu Magnaten vorwiegend protestantischer oder protestantismusfreundlicher Tendenz wie die Leszczyńskis, Gerhard Graf Dönhoff oder Tomasz Zamojski.

---

8 Opitzens langjähriger Freund und Weggefährte Nikolaus Henel bezeichnete ihn kurz nach seinem Tod als „Serenissimi Polonorum ac Svecorum Regis Secretarius & Historiographus, Illustrissimią̊ Principp. Lygio Brigens à Consiliis & Officiis" (BW III, S. 1573).

Was die lateinischen Schriften Opitzens aus diesen polnischen Jahren betrifft, so handelt es sich zu einem guten Teil um Kasualschriften, die an Angehörige des polnischen Adels oder des Königshauses (s. o. Gruppe 6) adressiert waren bzw. deren anlassbezogene Würdigung zum Gegenstand hatten. Daher wird es niemanden verwundern, wenn der Verfasser, der unter dem Schutz des polnischen Königs Władysław IV. lebte, dessen Herkunft, Fähigkeiten und Leistungen in Kriegs- und Friedenszeiten wie auch die Taten anderer Schutzpatrone der exilierten Protestanten in immer neuen Variationen panegyrischer Rhetorik rühmte. Mir geht es im Folgenden darum vorzuführen, dass Opitz bei aller erwartbaren Orientierung an topischen und rhetorischen Standards der Zeit durch Nuancierung, Pointierung oder thematische Fokussierung einige der Positionen, die wir aus früheren Texten kennen und die großenteils auf die Selbstverortung und die Ansprüche der *respublica litteraria* im jeweiligen Koordinatennetz konfessioneller und politischer Interessen hin ausgerichtet sind, in seinen späten Schriften unter veränderten Bedingungen erneut artikulierte. Es soll gezeigt werden, dass Opitz mit bemerkenswerter Klarheit gerade im Detail Stellung bezog zu Fragen, die sich mit den Funktionsmechanismen eines Gemeinwesens beschäftigten, das allen Ständen und Konfessionen, perspektivisch zugespitzt dann aber besonders den bürgerlichen Gelehrten die Realisierung ihrer existenziellen Anliegen ermöglichte. Ich möchte daher behaupten, dass Opitz die Nation, in deren Schutz er sich und seine exilierten schlesischen Landsleute einschließlich der Piastenherzöge gestellt sah, in mehreren seiner Schriften als eine Art europäischen Musterstaat präsentierte.

1 Das Königreich Polen als Realisation eines utopischen Konzeptes: die Vorrede zum Lobgedicht auf König Władysław IV.

Die lateinische Prosavorrede zum *Lobgeticht An die Königliche Majestät zu Polen vnd Schweden* (Thorn 1636), das Opitz dem König wohl im Januar 1636 bei einer ersten Audienz überreichte, kann als eigenständiger literarischer Text gewertet werden, der dem Schema des antiken Panegyricus, also der strukturierten Lobrede auf Herrscher, weitgehend folgt.[9] Opitz lobt dementsprechend die militärischen

---

[9] Text und Übersetzung: LW III, S. 130–139; Kommentar: ebd., S. 453–459; vgl. ausführlicher Seidel (Anm. 3).

und die ‚zivilen' Leistungen Władysławs, unter den letzteren wird die „justitia" des Königs explizit hervorgehoben. Diese entfaltet sich unter anderem in der Fürsorge für Zufluchtsuchende aus dem Ausland, deren großmütige Aufnahme in Form eines Oxymorons als „beatum exilium" (LW III, S. 136, Z. 78) beschrieben wird. Ihre stärkste Ausprägung zeigt die Gerechtigkeit in der Gewährung religiöser Freiheiten, was in Polen seit 1573 als Staatsräson galt. Damit wird, so wie der Text es formuliert, letztlich ein naturrechtlicher Anspruch etwa im Sinne der Positionen von Opitzens gelehrtem Briefpartner Hugo Grotius[10] eingelöst.

> Quo vero scelere illud de justitia tua, divinae aemula, omiserim, quod, subditorum tuorum fide erga te ac rempublicam contentus, liberam cuivis circa divina sententiam relinquis, neque manum inijcis animabus, quae nec dominis adscriptae sunt, nec ut corpora legibus contineri, aut supplicio poenisque subijci possunt? Gratum hac moderatione mentis tuae officium Numini supremo exhibes, Princeps optime, in cujus jura nullum tibi arrogas: proximè sic coelo accedis, dum permittis, ut populi tui manus suas impunè ad coelum tendant, eumque ritu suo invocent, qui cum liberrimus ipse sit, invocari rite non potest nisi à volentibus (LW III, S. 136).

> Wie verfehlt aber wäre es von mir, über Eure[11] Gerechtigkeit, die mit der göttlichen wetteifert, nicht auch zu sagen, daß Ihr Euch mit der Treue der Untertanen gegenüber Euch und dem Gemeinwesen begnügt, jedem seine religiöse Überzeugung freistellt und nicht die Hand an die Seelen legt; die sind ja nicht ihrem weltlichen Herrn unterworfen und können nicht, wie die Leiber, von Gesetzen eingeschränkt oder einem Urteil und Strafen unterworfen werden. Durch dieses maßvolle Denken leistet Ihr Gott, dem Höchsten, einen erwünschten Dienst, Ihr vortrefflicher Fürst, Ihr maßt Euch ja kein eigenes Recht gegen seine Rechte an. Auf diese Weise kommt Ihr dem Himmel ganz nahe, indem Ihr erlaubt, daß Eure Völker

---

10 Vgl. hierzu den Beitrag von Marie-Thérèse Mourey im vorliegenden Band. Die Beziehungen zwischen Opitz und Grotius waren zeitweise recht eng und sind u. a. durch sechs Briefe von Grotius an Opitz sowie ein längeres Gedicht von Opitz an Grotius' Sohn Cornelius belegt, außerdem übersetzte Opitz mehrere Schriften von Grotius, u. a. den *Bewijs van den waren Godsdienst*, ins Deutsche (*Von der Warheit der Christlichen Religion*. Breslau 1631); vgl. im Einzelnen die Dokumentation in BW und LW (Register). Eine genaue Rekonstruktion des Einflusses, den Grotius' Konzeption des Naturrechts auf Opitz gehabt haben könnte, ist an dieser Stelle nicht möglich. Ich verweise lediglich auf zwei Textstellen aus der wichtigen Schrift *De iure belli ac pacis*, in der die Unabhängigkeit des Naturrechts von religiösen Positionen konstatiert wird. Hugo Grotius: De iure belli ac pacis libri tres. Frankfurt a. M. 1626, S. 302 [Buch 2,15,8]: „Nam id ius [naturale] ita omnibus hominibus commune est, vt religionis discrimen non admittat." Ebd., S. 404 [Buch 2,20,48]: „[...] veritatem Christianae religionis, quatenus scilicet naturali religioni non pauca superaddit, naturalibus argumentis persuaderi non posse." Vgl. zur Einführung in die Thematik Falk Wagner: Art. Naturrecht II. In: Theologische Realenzyklopädie 24 (1994), S. 153–185, speziell S. 163.
11 In den Übersetzungen wechseln bei den Anredepronomen Singular und Plural, da den einzelnen Übersetzern die stilistische Entscheidung überlassen wurde.

ihre Hände straflos zum Himmel erheben und Gott auf ihre eigene Weise anrufen, der, weil er selbst ganz frei ist, nur von denen, die es auch wollen, gehörig angerufen werden kann (LW III, S. 137).

Bemerkenswert ist in diesem Zusammenhang einerseits, dass hier Grundsätze artikuliert werden, die Parallelen zu dem zentralen 6. Artikel des 1598 publizierten Ediktes von Nantes aufweisen,[12] und Formulierungen gewählt, die an jene erinnern, die Opitz bereits 1621 in seinem – erst 1633 publizierten – *Trostgedichte in Widerwertigkeit Deß Krieges* verwendet hatte. Ich zitiere die berühmten Verse aus dem ersten Buch:

> Es ist ja nichts so frey/ nichts also vngedrungen
> Als wol der Gottesdienst: so bald er wird erzwungen/
> So ist er nur ein Schein/ ein holer falscher Thon.
> Gut von sich selber thun das heist Religion.[13]

Andererseits hatte Opitz im *Trostgedichte* ja ausdrücklich eine utopische Vision entworfen, nun aber erscheint diese ihm im Polen Władysławs IV. realisiert. Gewiss gehört es zum Kernbestand panegyrischer Rede, dass man den Herrscher gemäß der Devise *laudando praecipere*, indem also das Erwünschte als schon erreicht präsentiert wird, als erfolgreichen Staatslenker vorführt,[14] doch ist es schon auffällig, dass gerade im unmittelbaren Anschluss an das pathetische Lob der religiösen Toleranz katalogartig das reibungslose Funktionieren der staatlichen Institutionen und die Harmonie im Zusammenwirken der Stände vorgeführt werden:

> Debebunt tibi quippe, debebunt deinceps templa celebritatem, scholae doctrinam, bibliothecae nitorem, conciliabula et curiae judiciorum sanctitatem, ac restaurationem suam et cultum quaecunque negligentia superiorum temporum corruperat. Te ordines civitatum, corpora negotiantium, artificium collegia nunquam non loquentur. Tibi studia literarum, alibi ad exitium et barbariem properantia, magis hic magisque efflorescent. Tibi serent agricolae, frumentarij annonae consulent, nautae et ratium exercitores navalia repetent, vela explicabunt, ex oris tuis solvent, ut ditiores revertantur ex alienis. Tibi urbes, tibi muri et aedificia vetustate consumpta in meliorem faciem opere et cultu restituentur. Te agri, te

---

12 Beleg bei Seidel (Anm. 3), S. 224.
13 GW I, S. 205f.
14 Vgl. Theodor Verweyen: Barockes Herrscherlob. Rhetorische Tradition, sozialgeschichtliche Aspekte, Gattungsprobleme. In: Der Deutschunterricht 28 (1976), Heft 2, S. 25–45, hier S. 36: „Entsprechend ist die Funktion des im Enkomion (Panegyricus) verwendeten Lobarguments gefaßt. Nicht mehr sein bestätigender, sondern sein (durch die Persona laudationis) *zu* bestätigender Impetus ist gemeint." Verweyens Aufsatz beschäftigt sich mit dem deutschsprachigen *Lobgeticht*, dessen lateinische Vorrede ich hier analysiere.

saltus, te flumina imperij tui, te beata tuo munere tot regionum tellus resonabit (LW III, S. 136–138).

Denn Euch werden nach und nach die Kirchen ihre Ansehnlichkeit verdanken, die Schulen ihre Gelehrsamkeit, die Bibliotheken ihren Glanz, die geistlichen und weltlichen Gerichte ihre Integrität; und alles, was die Nachlässigkeit früherer Zeiten hatte verkommen lassen, wird Euch seine Wiederherstellung und Wertschätzung verdanken. Von Euch werden die Gremien der Städte, die Zusammenschlüsse der Handeltreibenden und die Zünfte der Handwerker immer reden. Für Euch werden die gelehrten Studien, die sich anderswo eilig dem Untergang, ja der Barbarei zuneigen, hier mehr und mehr aufblühen. Für Euch werden die Bauern säen, für Euch werden die Getreidehändler sich um die Ernte kümmern, für Euch werden die Seeleute und Reeder wieder Schiffe in Gang setzen und die Segel ausspannen, von Euren Küsten werden sie ablegen, um mit größerem Reichtum von fremden Küsten zurückzukehren. Für Euch werden Städte, Mauern und Gebäude, die im Laufe der Zeit verfallen sind, durch Bauarbeiten und Verschönerungen wieder zu einem besseren Aussehen gebracht werden. Von Eurem Namen werden die Felder, Wälder und Flüsse Eures Reiches, wird der Boden so vieler Landschaften, der dank Eurer Leistung gesegnet ist, widerhallen (LW III, S. 137–139).

Die polnische Adelsrepublik, so wird hier suggeriert, hat auf den Grundpfeilern religiöser Toleranz und friedlicher Koexistenz der Stände das Maximum dessen erreicht, was in einem politischen Gemeinwesen möglich ist. In Verbindung mit relativer Freiheit von kriegerischen Handlungen, zumindest im Inland, mag sich dieses Polen unter der Herrschaft Władysławs IV. den Schlesiern um Opitz tatsächlich als ein Land präsentiert haben, in das sie nicht geflohen seien, sondern, wie es euphemistisch heißt, „ihre Heimat und ihr Haus verlagert" hätten („patriam laresque suos sese non reliquisse, sed in ditiones tuas transtulisse"; LW III, S. 136, Z. 78f.).

2 Władysław IV. als ‚Gegenkaiser'? Das Geleitgedicht zur Hochzeitsschrift an den polnischen König

Als Władysław IV. im Jahr 1637 Erzherzogin Caecilia Renata, die Tochter Kaiser Ferdinands II. und Schwester von dessen Nachfolger Ferdinand III., heiratete, waren die schlesischen Protestanten zutiefst enttäuscht. Lange Zeit hatten sie die Hoffnung gehegt, der König würde eine Tochter des exilierten Pfalzgrafen Friedrich V. zur Frau nehmen, womit er eine deutlich antihabsburgische Position bezogen hätte. Opitz streute das Gerücht auf allen Kanälen seines Netzwerkes, so schrieb er im Frühjahr 1635 an den schwedischen General Banér, „das des Königs heyrath mitt dem ChurPfältzischen Fräwlein den fortgang erlangen möchte" (BW II, S. 1262), und am 24. Mai desselben Jahres an August Buchner: „Poloniæ Regis nuptiæ cum filia Friderici satis certæ sunt" (ebd., S. 1265). Als es dann doch anders kam, verfasste Opitz nichtsdestoweniger mit der *Felicitas Augusta* (Danzig 1637) eine lateinische Glückwunschschrift auf seinen königlichen Gönner,[15] in der – wie an anderer Stelle gezeigt wurde – das Lob der Braut so dürftig ausfiel, dass dies fast als Affront gelesen werden konnte.[16] Diese kuriose Hochzeitsschrift und das zugehörige – ebenfalls lateinische – Begleitgedicht sind vor kurzem in einem spannenden Beitrag von Anne Wagniart erneut gewürdigt worden, die vor allem auf die politische Brisanz einer leicht zu übersehenden Formulierung am Ende des Begleitgedichtes hinwies. Hier heißt es an der Stelle, wo im Epithalamium traditionsgemäß der Kinderwunsch artikuliert wird:

> Sic Regesque, patresque auique Regum
> Nascantur Tibi de Tua Renata:
> Sic Te Filia Caesaris Sororque
> Possit reddere Caesarum Parentem (LW III, S. 252).

In der zeitgenössischen Übersetzung von Christoph Coler lauten die Verse:

> Das aus RENATA dir erziehlet sein zur Cron
> Regenten/ welche gleich den Vätern auff den Thron:
> Daß mag des Kaysers Kind und Schwester Hochgeboren
> Zum Vater haben dich der Kayser auserkoren.[17]

Der polnische König soll also, da er die Tochter und Schwester eines Kaisers zur Frau nimmt, seinerseits Vater eines Kaisers werden. Wollte Opitz damit die Möglichkeit andeuten, dass aus einer anderen als der Habsburgerdynastie ein künftiger Kaiser hervorgehen könnte? Anne Wagniart relativiert die Textpassage dahingehend, dass Opitz von einem ‚idealen' Kaisergeschlecht spreche und allenfalls einen theoretischen Erbfall andeute, da ein Sohn Władysławs ihrer Berechnung

---

15 Text und Übersetzung: LW III, S. 250–271; Kommentar: ebd., S. 549–558. Im Originaltitel, der als grammatisch vollständiger Satz konstruiert ist (komplett wiedergegeben LW III, S. 250), steht das den Brautleuten verheißene „erhabene Glück" im Dativ („Felicitati Augustae"). Im Folgenden wird weiterhin der Kurztitel *Felicitas Augusta* für diese Hochzeitsschrift gewählt.
16 Vgl. Seidel (Anm. 3), S. 225–232.
17 Christoph Coler (Übers.): Zu Majestätischer Glückseligkeit vnd Hochzeitlichem Ehrenbegängnüs [...]. o. O. o. J., fol. B4r. – Die anastrophische Stellung der letzten Worte verliert jede Ambivalenz, wenn man das lateinische Original danebenlegt; „der Kayser" ist eindeutig als Genetiv Plural zu lesen.

gemäß nach den Regeln der Dynastie an vierter Stelle in der Thronfolge stände.[18] Sie meint allerdings auch, dass „das Epithalamion [...] mit der für Habsburg wenig schmeichelhaften Hoffnung auf die baldige Hybridisierung und Ablösung des österreichischen Kaisergeschlechts" ende.[19] Und weiterhin behauptet sie, dass Opitz mit Friedrich V. von der Pfalz, für den er 1620 die bekannte *Oratio ad Fridericum Regem Bohemiae* (Heidelberg 1620) schrieb, mit Prinz Ulrich von Holstein, dem Widmungsempfänger des *Trostgedichte*, und schließlich mit Władysław IV. drei potentielle ‚Gegenkaiser' präsentiere, die er anscheinend als veritable Kandidaten für die Kaiserwürde angesehen habe.[20] Damit geht sie freilich zu weit, richtiger wäre es wohl, zu konstatieren, dass Opitz in Friedrich und Władysław zu ihrer jeweiligen Zeit Schutzgaranten für das reformierte Bekenntnis und Befürworter eines ständestaatlichen Prinzips sah und sie damit als natürliche Kontrahenten einer gegenreformatorischen, zentralistischen Herrschaftskonzentration am habsburgischen Kaiserhof publizistisch aufzubauen versuchte.

Interessant ist nun der in diesem Zusammenhang nahe liegende, von Anne Wagniart allerdings nicht vorgenommene Vergleich der beiden Schriften – der *Oratio* an Friedrich V.[21] und der Hochzeitsschrift *Felicitas Augusta* für Władysław IV. –, die zwar unterschiedlichen Gattungen angehören, in ihrem panegyrischen Redegestus jedoch durchaus Parallelen aufweisen. Man könnte ja annehmen, dass der junge Opitz in seiner Huldigungsrede für den soeben nach Böhmen aufbrechenden Friedrich einen euphorischeren Ton angeschlagen hätte als der desillusionierte Diplomat der späten dreißiger Jahre, der seinem Schutzpatron zur Hochzeit mit einer von Bräutigam (vgl. BW II, S. 1378) wie Lobredner gleichermaßen wenig geschätzten Braut gratuliert. Es ist aber umgekehrt: Die Rede an Friedrich ist ausgesprochen defensiv angelegt, fast meint man im Bild des frisch gekürten Königs die Angstseufzer des Mannes zu lesen, der einem

---

18 Anne Wagniart: Christoph Colers Übersetzung von Opitz' Lobrede auf die habsburgische Hochzeit Władysławs IV. von Polen (1637) und die Tradition der kritischen Panegyrik in Schlesien. In: Die Bedeutung der Rezeptionsliteratur für Bildung und Kultur der Frühen Neuzeit (1400–1700) II. Beiträge zur zweiten Arbeitstagung in Haldensleben (Mai 2013). Hg. von Alfred Noe und Hans-Gert Roloff. Bern u. a. 2014 (Jahrbuch für Internationale Germanistik A 116), S. 393–427, hier S. 408.
19 Ebd., S. 409.
20 Ebd., S. 399; vgl. nochmals explizit ebd., S. 418: „Die Verherrlichung des ‚Gegenkaisers' war von der Wirklichkeit zum dritten Mal, nach der militärischen Niederlage Friedrichs V. und der Ermordung von Prinz Ulrich nun durch die habsburgische Heirat, desavouiert worden." Auch die folgenden Ausführungen Wagniarts („Das Lob gilt [...] bei Opitz zunehmend keiner realen Person mehr. Władysław verblasst zur Idealfigur.") wären im Lichte des unten anschließenden Textvergleichs zu überprüfen.
21 Text und Übersetzung: LW I, S. 200–219; Kommentar: ebd., S. 417–425.

On-dit zufolge geklagt haben soll: „mein Gott, wenn sie mich erwehleten, was wollte ich immer thun?"²² Das kaum verhüllte Zögern und die Unsicherheit des Pfälzer Kurfürsten („recusasti", LW I, S. 204, Z. 39; „recusantis", ebd., S. 210, Z. 140) angesichts der gefährlichen Mission, „das schwankende Gebäude des Staates" („nutantia reipublicae pondera", ebd., S. 210, Z. 128) wieder aufzurichten, versinnbildlicht in der Metaphorik des Erleidens („trahi te in has turbas, minimè duci", ebd., S. 210, Z. 139 f.), kontrastieren durchgehend mit dem Versuch des Redners, in konventioneller Hyperbolik die Kompetenzen Friedrichs herauszustellen. Allenthalben finden sich Anrufe wie der folgende:

> Novimus, Princeps Sacratissime, novimus, invitè regnum te adiisse, quod invitè relictum est: coacti etiam, non vltrò, qui tuam clementiam non ignorabamus, imploravimus fortitudinem (LW I, S. 210).

> Wir wissen, heiligster Fürst, wir wissen, daß du die Herrschaft unfreiwillig angetreten hast, weil sie unfreiwillig abgetreten wurde. Ebenso erflehten wir, die wir deine Milde lange genug kannten, unter Zwang, nicht freiwillig, deine Tapferkeit (LW I, S. 211).

Selbst die obligatorische Glücklichpreisung des jungen Monarchen fällt etwas kläglich aus:

> O te pium Principem, quem non felicitas nostra et res secundae, sed ipsa fortunae atrocitas et impressa nobis vulnera ad capessendum diadema solicitavit! O te felicem! non quia jam hostium furorem totum superasti; sed quia felicitatem mereri omnibus videris (LW I, S. 208).

> O frommer Fürst, den nicht unser Erfolg und glückliche Umstände, sondern die Grausamkeit des Schicksals selbst und die uns zugefügten Wunden bewogen, die Krone zu ergreifen. O du Glücklicher, nicht weil du schon den Zorn der Feinde gänzlich überwunden hast, sondern weil du allen dein Glück zu verdienen scheinst (LW I, S. 209).

Wie anders der Duktus in der Rede auf Władysław, die vom Titel *Felicitati Augustae* angefangen konsequent das Glück des Monarchen preist und erst gegen Ende die schon angesprochene absurde Wendung nimmt, als der Braut kaum Vorzüge zuerkannt werden und die gegenseitige Liebe zwischen den Neuvermählten mit ironisch erscheinenden Worten konterkariert wird.²³ Bis dahin allerdings preist Opitz in stetiger Steigerung und mit einem leitmotivisch wiederkehrenden „Felix

---

22 Nachweis LW I, S. 422.
23 Die Stelle LW III, S. 278–281, vgl. Seidel (Anm. 3), S. 229 f.; zustimmend und zugleich weiterführend hierzu Wagniart (Anm. 18), S. 406, 408.

es, quod" das Glück des Monarchen – natürlich gemäß den Regeln antikisierender Lobtopik, doch mit einer klaren Fokussierung wiederum auf die funktionierende staatliche Ordnung:

> Felicem Te hoc Regno, Domine, quod libertatis suae tenax, legum ac iuris retinentissimum, tanto Procerum Augustorum consensu, tanta Inclitorum Ordinum voluntate, tantis Prouinciarum, Vrbium, Populorum gaudiis summam rerum Tibi tradidit, non quod Talem Te Fortuna solum produxerit, sed beneficia eximia, sed virtus incomparabilis fecerit! Felix hoc Regnum Te Rege, cui non cum periculo quaerendus erat quem legeret, sed legendus cum iudicio qui merebatur, Princeps Bono Seculi Natus, quem Parens maximus non quidem Regem, Regno tamen reliquerat Filium Suum, sed iam et Patrem Patriae, Propagatorem Sarmaticae rei, Hilaritatis publicae, Beatitudinis Temporum, communis omnium Salutis Felicissimum Auctorem! (LW III, S. 266)

> Wie glücklich müssen Sie sein, Herr, über dieses Königreich, das, seine Freiheit behauptend und hartnäckig an seinen Gesetzen und seiner Rechtsordnung festhaltend, mit solcher Einigkeit der erlauchten Adligen, mit solcher Zustimmung der ruhmreichen Stände, mit solchen Freudenbekundungen der Provinzen, Städte und Völker die Macht in Ihre Hände gelegt hat, nicht weil bloß die Fortuna Sie als einen solchen Mann vor ihm aufgestellt hat, sondern weil es überzeugt ist, daß außerordentliche Wohltaten und eine unvergleichliche Fülle von Werten Sie zu einem solchen Mann gemacht haben. Wie glücklich muß dieses Reich sein darüber, daß Sie König sind: Es mußte nicht tastend nach einem suchen, den es wählen sollte, sondern aufgrund seiner Einsicht den wählen, der es verdiente, den Fürsten, der zum Wohle unserer Zeit geboren ist, den Ihr hoher Herr Vater zwar nicht als König, aber doch für den Thron bestimmt hinterlassen hatte, seinen Sohn, der aber schon Vater des Vaterlandes, Vergrößerer des Reiches Polen, glücklichster Schöpfer der Freude des Volks, des Wohlbefindens unserer Zeiten und eines allen gemeinsamen Heils war (LW III, S. 267).

Die einmütige und nie in Frage stehende Wahl Władysławs zum polnischen König[24] wird mittels einer markanten Kombination aus Chiasmus und Parallelismus („non cum periculo quaerendus erat quem legeret, sed legendus cum iudicio qui merebatur") implizit von der zögerlichen Usurpation des böhmischen Throns durch Friedrich abgegrenzt. Konkret mag Opitz sich hier an die Formulierung aus der *Oratio* erinnert haben, dass „sine periculo nec possideri jam Sceptrum, nec deseri possit" (LW I, S. 210, Z. 143f.), die Situation für Friedrich im Jahr 1619 also faktisch ausweglos gewesen sei. Ebenso steht die offenkundige Einigkeit zwischen Ständen und König in Polen in Kontrast zu den zerrütteten Verhältnissen in den böhmischen Ländern, die, so stellt es Opitz dar, den verzweifelten Versuch einer Inthronisation Friedrichs in einem wie von der Sintflut überschwemmten Staatswesen („respublica velut diluvio inundata", ebd., S. 214, Z. 195) nötig

---

24 Vgl. den Kommentar in LW III, S. 557, zu Z. 185f., und auch ebd., S. 457, zu Z. 56.

machten. In Opitzens *Oratio* wird die Verletzung der den Protestanten zugesicherten Privilegien erwähnt („privilegiis vis illata; [...] decreta divi Rodulphi elusa"; ebd., Z. 192f.), und der offenkundige Bruch des Völkerrechts („ruptum fas gentium"; ebd., Z. 194f.) – wiederum im Gegensatz zur unter Władysław herrschenden Rechtssicherheit – legitimiert den Abfall der Untertanen von ihrem gewählten König, also Ferdinand II.: „Daß wir vom Königseid befreit waren, wird nur der leugnen, der das Recht und die Privilegien dieses Reiches nicht kennt" („solutos fuisse nos à regio sacramento, nemo nisi juris et privilegiorum regni huius ignarus inficias ibit"; LW I, S. 216, Z. 218f.).

Beim Vergleich der *Oratio ad Fridericum* aus dem Jahr 1620 und der Hochzeitsschrift für Władysław IV. von 1637 ist mithin ein klarer intertextueller Bezug nicht von der Hand zu weisen. Der polnische König ist – obgleich seine Abkunft aus kaiserlicher Dynastie erwähnt wird: „maternum [genus] à Caesaribus ortum est" (LW III, S. 254, Z. 26f.) – ebenso wenig ein ‚Gegenkaiser' wie Friedrich V., aber ihm ist in einem bestimmten historischen Augenblick gelungen, was Friedrich versagt blieb: ein Staatswesen zu lenken, in dem ständische Freiheit und religiöse Toleranz, mit Abstrichen freilich, gewährleistet waren, jene fundamentalen Ziele also, die die schlesischen Piasten und ihre Gefolgsleute unter der Herrschaft der Habsburger ohne Erfolg durchzusetzen versuchten. Im Medium panegyrischer Prosa konnte Opitz sogar einen Fortschritt der schlesischen Emanzipationsbemühungen gegenüber dem Krisenjahr 1620 postulieren: Wenn auch der Traum von einer calvinistischen Großmacht im Zentrum Europas zu diesem Zeitpunkt offenkundig ausgeträumt war, so schien es im Polen Władysławs IV. doch immerhin einen Raum zu geben, in dem Protestanten jedweder Ausrichtung eine sichere Existenzmöglichkeit fanden.

3 Polnische Nationalität, protestantische Neigungen, deutscher Bildungsgang: Idealbilder polnischer Aristokraten am Beispiel der Panegyrici auf Fabian von Czema und Rafał Leszczyński

In seinen Lobschriften auf polnische Adlige,[25] die er nach eigenem Bekenntnis als Auftragsschriften verfasste (vgl. BW II, S. 1323), entwarf Opitz ein idealisiertes Konzept aristokratischer Lebensform, wie sie ihm für die Elite eines funktionie-

---

25 Vgl. zu diesem Textkorpus auch den Artikel von Jost Eickmeyer in diesem Band.

renden Gemeinwesens angemessen erschien. Auch in diesen Texten, von denen hier zunächst der Prosanachruf auf den 1636 verstorbenen Freiherrn Fabian von Czema vorgestellt wird,[26] begegnen topische Elemente der Adelspanegyrik wie die Koinzidenz von Herkunft und Verdienst, die maßvolle Lebensführung oder die standesgemäße Sorge um Künste und Wissenschaften. Daneben entwickelt Opitz aber das recht genaue Profil eines kosmopolitischen Adligen, der loyal zu seinem Monarchen wie zu seinem Staat steht und auf den die Protestanten, konkret die Schlesier, sich verlassen können. Im biographischen Teil des Panegyricus auf Czema ist ein Lob der schlesischen Kapitale Breslau eingebaut, wo der polnische Baron an einem der angesehenen Gymnasien unterrichtet wurde und, wie der Text nahelegt, mit den führenden Familien in Kontakt trat.

> Erat tum, neque nunc existere desijt, ob egregia quaedam decora ac ciues suos Rhedigeros, Fersios, Monauios, Vrsinos pluresque alios, et singularem in ludis literarijs dexteritatem docendi ac solertiam, clara imprimis, gemma nobilium Germaniae vrbium, quotquot tales adhuc atrocissima belli iniuria esse sinit, Vratislauia. Huc missus tantum breui in literis processum fecit, vt ingenii ac industriae suae amorem palam omnibus excitaret (LW III, S. 180).

> Es gab damals, und sie hat auch bis jetzt nicht aufgehört zu existieren, eine Stadt, die wegen außerordentlicher Zierden, nämlich der dort ansässigen Familien Rhediger, Fersy, Monau, Ursini und vieler anderer und wegen der einzigartigen didaktischen Gewandtheit, ja Geschicklichkeit ihrer Gymnasien besonders angesehen war, das Juwel unter den hervorragenden Städten Deutschlands, wie viele davon die schreckliche Gewalttätigkeit des Krieges noch bestehen läßt: Breslau. Hierhin gesandt, machte er innerhalb kurzer Zeit so große Fortschritte in seiner Bildung, daß öffentlich vor allen Leuten Liebe zu seiner Begabung und seinem Lerneifer erweckte (LW III, S. 179 f.).

Gerade weil Czema eher weniger als manch anderer polnische Adlige Kontakte nach Schlesien unterhalten zu haben scheint, erhält dieser kurze patriotische Exkurs besondere Suggestivkraft: Opitz stellt eine quasi natürliche Verbindung her zwischen dem zum Calvinismus tendierenden Patriziat der Stadt und ihrem ausgezeichneten Bildungswesen einerseits und dem weltoffenen polnischen Aristokraten andererseits, der schon von den Vorfahren die Treue zum Staat ererbt hatte („vigent meritis in rempublicam"; LW III, S. 178, Z. 25) und durch dessen ganzes Leben sich die Zuverlässigkeit im Dienste des Gemeinwesens ziehen sollte. Vorbildlich ist aus der Perspektive des Lobredners, dass Czema sich bei Unruhen des Staates im Innern („Republica non leuius turbis ciuilibus ac motu intestino exercitata"; LW III, S. 182, Z. 79 f.) nicht von Parteiinteressen

---

26 Text und Übersetzung: LW III, S. 174–193; Kommentar: ebd., S. 490–499.

vereinnahmen ließ („ad partes [...] neutiquam transiit"; ebd., Z. 80f.). Was ihn in den Augen des Diplomaten Opitz jedoch besonders auszeichnet, ist das Zusammenspiel von Loyalität und Klugheit, das von einem geschickten Monarchen – im Subtext bleibt immer König Władysław IV. präsent – entsprechend belohnt wird, nämlich mit der rechtmäßigen Übertragung diverser Ämter und diplomatischer Missionen:

> Hoc integritatis, fidei ac diligentiae pretium fuit: at prudentia etiam sua cum exsplendesceret, meritus est et maiora. Nam vt illa respublicae nullae carere possunt, ita haec in inclita ista republica nec vendi, nec dari solent immerentibus (LW III, S. 182).

> Das war die Belohnung für seine Integrität, seine Treue und seine Sorgfalt; da er aber auch durch seine Klugheit glänzte, bekam er zu Recht noch höhere Ämter. Denn wie keine Staaten ohne jene Tugenden auskommen können, so pflegen diese Ämter in diesem angesehenen Staat weder verkauft noch an Unwürdige vergeben zu werden (LW III, S. 183).

Der historische Zufall fügte es so, dass wenige Monate vor Fabian von Czema ein weiterer bedeutender polnischer Magnat, der Graf Rafał Leszczyński, verstorben war, ein Schwager Czemas, für den Opitz etwa zur gleichen Zeit ebenfalls einen Nachruf verfasste. In den Panegyricus auf Czema fügte er nun eine Art vorweggenommene Kurzfassung dieses Nachrufs ein,[27] der insofern im Modus der Überbietung gehalten ist, als sich bei Leszczyński der noch bedeutendere politische Rang mit einem besonderen Engagement für den Protestantismus in Polen (und Schlesien) vereinte. Auf engstem Raum kombiniert Opitz in diesem knapp gehaltenen Einschub das staatsmännische Wirken des Verstorbenen mit seiner Tätigkeit als Schutzpatron für die Exulanten, so dass beide Zuschreibungen gemeinsam mit der Sorge um die Musen sich zu einem einheitlichen Bild des idealen Aristokraten zusammenfügen:

> Famae insuper gloriosissimae, atque praecipuis saeculi ac Europae viris, Caesaribus etiam, Regibus, Principibus ob virtutes et ingentia merita commendatissimus. De functionibus autem eius benè et è Republica semper actis quid dicam? Qua moderatione, quo vigore mentis, quanto sapientiae praeconio tempore difficilimo negotijs omnibus adfuit? Qua comitate fugientes alibi barbariem et contemptum Musas inuitauit, quaeque beneficia in eos, quorum eruditio ac studia literarum solae diuitiae sunt, munificentia largissima contulit? Quid illo ad diuersa volentes animos conciliandos gratiosius? quid ad patriam

---

[27] Aus BW II, S. 1323 (Brief an Christian Cunrad vom 22. August 1636 aus Thorn) geht hervor, dass der Nachruf auf Czema bereits gedruckt war („orationes in obitum Suecicae Principis ac Baronis Cemae videre iam potuisti"), als Opitz denjenigen auf Leszczyński abzufassen hatte („successit illis eodem quo absolutae fuerunt momento, altera Honori illustris Palatini Belsensis exaranda; quae heri ad umbilicum deducta est").

iuuandam felicius? quid ad auertendos siue armorum siue quietis consilio hostes expeditius, fortius, efficacius? De humanitate verò, qua proscriptos ob religionem aut voluntario exilio patriam fugientes suscepit, fouit, tutatus est, si nos taceamus, ipsi agelli ac tecta illa loquentur, quae secessum hucusque extorribus tranquillum sedesque tutissimas hospitalitate mirifica praebuerunt (LW III, S. 184).

Er [Leszczyński] genoß dazu höchsten Ruhm und war bei den wichtigsten seiner europäischen Zeitgenossen, Kaisern sogar, Königen und Fürsten wegen seiner Vorzüge und seiner gewaltigen Verdienste hoch angesehen. Wie rühme ich aber dessen gut und immer zum Nutzen des Gemeinwesens verrichtete Amtsobliegenheiten? Mit welchem Sinn für das rechte Maß, mit welcher geistigen Kraft und Frische, mit welchem Ruhm ob seiner Weisheit erfüllte er in schwierigster Zeit alle seine Aufgaben? Mit welcher Freundlichkeit bot er den Musen Asyl, die anderswo vor der Barbarei und der Mißachtung flohen, und welche Wohltaten erwies er denen, deren Reichtum allein in ihrer Bildung und ihren wissenschaftlichen Kenntnissen besteht, mit großzügigster Geberfreude? Wer führte anmutiger als er Menschen, die Gegensätzliches wollten, dazu, daß sie sich einander zuwandten? Wer brachte erfolgreicher als er seiner Heimat Hilfe? Wer war entschlossener, tatkräftiger und wirkungsvoller als er, wenn es darum ging, Feinde fernzuhalten, ob durch den Beschluß, Krieg zu führen, ob durch den Rat, den Frieden zu wahren? Schweigen wir aber etwa von der Menschenliebe, mit der er diejenigen, die aus konfessionellen Gründen geächtet worden waren oder, von sich aus ins Exil gehend, ihre Heimat verließen, aufnahm, hegte und pflegte und beschützte, dann werden die Grundstücke, die Häuser das Wort ergreifen, die in wunderbarer Gastlichkeit bis dahin Heimatlosen eine ungestörte Zurückgezogenheit, einen ganz ungefährdeten Wohnsitz boten (LW III, S. 185).

Opitzens differenziertes Latein vermag es, die Verbindung von politischer Präzisionsarbeit und humanitärem Engagement rhetorisch geschickt herauszuarbeiten. Den soliden Beamten führt er in einer etwas geschraubten Juristensprache vor: „De functionibus autem eius benè et è Republica semper actis quid dicam?" Den wachsamen Schützer der Glaubensfreiheit charakterisiert er in einer eleganten Periode („De humanitate [...] praebuerunt"), die mit dem gezielten Einsatz etwa von Klimax („suscepit, fouit, tutatus est") und Personifikation („ipsi agelli ac tecta illa loquentur") an eine ciceronische Rede erinnert.

Springen wir von hier aus direkt ans Ende des erwähnten Panegyricus auf Rafał Leszczyński,[28] wo Opitz sich die Vision eines irdischen Paradieses erlaubt. Dies also ist das Vermächtnis eines wahrhaft großen Staatsmannes:

Reliquit demum heros beatissimus, subactis alibi successu armorum inuidendo hostibus acerrimis, factis opera etiam sua, fideque ac studio maximo inducijs, Regnum inclitum eiusmodi in statu, ac sub eo Victoriosissimi Optimique Regis principatu et imperio, vt restaurato agris cultu, acquisita pace hominibus, reperta sacris libertate, cunctisque rebus feliciter constitutis compos votorum omnium suorum abundè factus sit (LW III, S. 222).

---

28 Text und Übersetzung: LW III, S. 192–223; Kommentar: ebd., S. 499–517.

> Schließlich hat der nun hochselige große Mann, nachdem anderswo durch beneidenswerten militärischen Erfolg höchst bedrohliche Feinde niedergeworfen worden sind und dank seiner zuverlässigen Bemühung und seines unübertrefflichen Einsatzes ein Waffenstillstand geschlossen ist, das ruhmvolle Königreich in einem solchen Zustand und unter einer derartigen Führung des siegreichen, besten Königs zurückgelassen, daß er – der Ackerbau hat wieder begonnen, die Menschen haben wieder Frieden, die religiöse Freiheit ist wiedergewonnen, alles ist glücklich geregelt – überreiche Erfüllung aller seiner Wünsche erlangt hat (LW II, S. 223).

Es sind blühende Landschaften, die der Panegyriker hier der Nation zuschreibt, die sich unter der Herrschaft eines zweiten Augustus des Friedens und der Glaubensfreiheit erfreut, und: es ist alles glücklich geregelt, so haben wir „cunctisque rebus feliciter constitutis" etwas salopp übersetzt. Zu derselben Zeit,[29] als Opitzens achtzehnjähriger lutherischer Landsmann Gryphius, in Danzig relativ gesichert den Studien nachgehend, seine berühmten Verse „Dreymal sind schon sechs Jahr als vnser Ströme Flutt | Von so viel Leichen schwer/ sich langsam fort gedrungen" schrieb,[30] zeigte sich dem von den Fährnissen einer unsicheren Existenz gezeichneten Exulanten Opitz Polen mit seinem offenbar gelingenden Ausgleich konfessioneller, ständischer und außenpolitischer Interessen als eine Art Musterstaat, einfach schon deswegen, weil hier „alles glücklich geregelt" schien.

4 Polnische Herkunft schlesischer Ortsnamen – polnische Verantwortung für Schlesien? Die Vorrede zum Annolied

Dass es Opitz bei seiner 1639 erarbeiteten Edition des mittelhochdeutschen *Annoliedes* weniger um die Lebensgeschichte und den Kult eines rheinischen Heiligen ging als um die Erforschung älterer deutscher Sprachstufen, ist bekannt. Insofern lässt sich eine Brücke zum 22 Jahre zuvor erschienenen *Aristarchus* schlagen, jener berühmten Jugendschrift, in der Opitz gegen die Geringschätzung der deutschen Sprache zu Felde zog und, um das ehrwürdige Alter des Deutschen

---

29 Gryphius verließ im Juli 1636 Danzig, Opitz traf im August oder September desselben Jahres dort ein, nachdem er den Panegyricus auf Leszczyński noch in Thorn abgeschlossen hatte (BW II, S. 1323, Zitat s. Anm. 27). Es gibt keine Anhaltspunkte dafür, dass die beiden Schlesier sich persönlich kennen gelernt haben.
30 Andreas Gryphius: Trawrklage des verwüsteten Deutschlands [Lissaer Sonette, Nr. 26]. In: ders.: Sonette. Hg. von Marian Szyrocki. Tübingen 1963 (Gesamtausgabe der deutschsprachigen Werke 1, Neudrucke deutscher Literaturwerke NF 9), S. 19.

zu belegen, einige dürftige Verse aus der noch kaum bekannten mittelalterlichen Literatur zitierte (vgl. LW I, S. 76–78). Auch andere Topoi wie der Verweis auf Karl d. Gr. als Förderer einer deutschen Sprachkultur waren in Opitzens Umfeld virulent.[31] Die Vorrede zur 1639 in Danzig erschienenen *Annolied*-Ausgabe[32] geht denn auch kaum auf den nachfolgend gedruckten Text ein und entfaltet stattdessen Gedanken über die Entwicklung und die Verwandtschaft von Sprachen. Aus moderner Sicht konnten diese Überlegungen nicht zu haltbaren Ergebnissen führen, weil vor dem indogermanistischen Paradigmenwechsel des 19. Jahrhunderts die systematischen Grundlagen des Sprachwandels nicht durchschaut wurden. Doch darum soll es hier nicht gehen. Von Interesse ist im Hinblick auf Opitzens Selbstpositionierung in Polen eine Passage, die wohl nicht zufällig im Jahre 1956 von Marian Szyrocki, der eher selten lateinische Schriften von Opitz auswertete, in seiner Monographie paraphrasiert wurde.[33] In seinen Überlegungen, die er eigentlich auf die Geschichte der deutschen Sprache konzentrieren wollte („Sed de Teutonismo nobis dissertatio instituta est"; LW III, S. 306, Z. 55f.), gerät Opitz nämlich in eine Aporie, da die Zusammenhänge zwischen den Sprachen und die Herkunft von Wörtern oft umstritten seien. Dies belegt er anhand der Ortsnamen seiner schlesischen Heimat:

> Sic circa etymon vrbium quam multa nobis vulgo permittimus, sive iudicii imbecillitate, seu linguarum vnde illud petendum erat ignorantia? Silesiae meae metropolim Bratesileam à traiectu Sclavorum dictam Reineccius aliique crediderunt: cum à Wratizlao conditore, ut à Bolizlao Boleslauia (Bolezlavez Bullae Innocentii PP. IV.) cui natales meos debeo, nomen in Wratzlaw sive Breslaw, ut alterum in Bunzlaw, detortum traxerit. Brigam eiusdem Silesiae ad Viadrum urbem à ponte nomen reperisse putat Phil. Cluverius: at *brzeg* Polonis, *breg* Sclavis, ripa est, et *Brega* in privilegiis veterum illius Ducum semper scribitur. Sagani oppidi nomen à Sacis Phil. Melanchthon, alii à postulatione quondam telonii *Sag an, enumera merces tuas*, derivant; ignari à voce itidem Sclavonica *zagon*, id est, *lira agri*, fluxisse. Rostochium rosarum Academia, quasi
> *Nomen cum violis rosisque natum,*
> iuventuti literatae audit: cum Sclavis, habitatoribus illorum locorum priscis, quorum reliquiae longo à Silesia ad extremum usque Albim tractu etiamnum supersunt, Roztok soluti-

---

31 Zu der Behauptung in der Annolied-Vorrede, „Carolus M. ut Imperii Germanici, ita linguae assertor fuit" (LW III, S. 308, Z. 87f.), konnte Opitz etwa durch die Schrift *Ulysses scholasticus* seines Beuthener Lehrers Caspar Dornau angeregt worden sein. Vgl. Robert Seidel: Späthumanismus in Schlesien. Caspar Dornau (1577–1631). Leben und Werk. Tübingen 1994 (Frühe Neuzeit 20), S. 322f.
32 Text und Übersetzung: LW III, S. 298–309; Kommentar: ebd., S. 604–614.
33 Marian Szyrocki: Martin Opitz. Berlin 1956 (Neue Beiträge zur Literaturwissenschaft 4), S. 128.

onem glaciei designet, vnde oppidum, Varnae amni adsitum vicinumque mari, dictum vero est similius (LW III, S. 304–306).

So hinsichtlich der Herleitung von Städtenamen – wie viel erlauben wir uns da allgemein – sei es wegen Mangels an Urteilskraft, sei es wegen Unkenntnis der Sprachen, aus denen diese Herleitung zu erschließen wäre! Daß die Hauptstadt meines Schlesiens nach einem Flußübergang der Slawen „Bratesilea" genannt worden sei, haben Reineccius und andere geglaubt, während sie doch nach ihrem Gründer „Wratizlaus" – ähnlich wie „Boleslauia", wo ich geboren bin, von „Bolizlaus" („Bolezlavez" in einer Bulle von Papst Innozenz IV.) – ihren dann zu „Wratzlaw" oder „Breslaw" – wie im zweiten Beispiel „Bunzlaw" – abgeleiteten Namen bekommen hat. Brieg, eine an der Oder gelegene Stadt ebenfalls in Schlesien, ist, so glaubt Philipp Clüver, nach einer Brücke benannt worden. Aber „brzeg" bedeutet bei den Polen und „breg" bei den Slawen „Ufer", und in den Urkunden ihrer früheren Herzöge wird immer „Brega" geschrieben. Den Namen der Stadt Sagan leitet Philipp Melanchthon von den Saken ab, andere von der einstigen Aufforderung des Zöllners: „*Sag an*, zähle deine Waren auf!", aus Unkenntnis, daß er von dem ebenfalls slawischen Wort „zagon", das bedeutet „Ackerbeet", herkommt. „Rostock" klingt für die gebildete Jugend wie „Universität der Rosen", als wenn der
Name zugleich mit Veilchen und Rosen entstanden wäre,
während doch bei den Slawen, den früheren Bewohnern dieser Gegend, von denen bis heute in einem langen Bogen von Schlesien bis zur fernen Elbe Spuren zu finden sind, „Roztok" das Schmelzen von Eis bedeutet, woher die Stadt, die ja an der Warne und nicht weit vom Meer liegt, eher benannt worden ist (LW III, S. 305–307).

Nun wäre es anachronistisch, wollte man aus dieser offenkundigen Bereitschaft Opitzens, ostdeutsche, insbesondere schlesische Ortsnamen auf slawische Wurzeln zurückzuführen und somit implizit eine frühere slawische Besiedlung der Region anzunehmen, ein Plädoyer für Schlesien als geschichtsträchtige Kulturlandschaft im Rahmen eines vereinten Europas ableiten. Festzuhalten ist aber doch, dass Opitzens Sprachüberlegungen nicht von Abgrenzungsreflexen bestimmt sind wie noch im *Aristarchus*, wo er – freilich im Genre der auf Polarisierung zielenden Schulrede – den Gebrauch fremder Sprachen und die Verwendung von Fremdwörtern bzw. die Sprachmischung scharf kritisierte (vgl. LW I, S. 68–76). Sicher geht es bei der Herleitung von Toponymen um etwas ganz anderes, aber es ließen sich doch auch im Kontext der Edition eines frühmittelhochdeutschen Sprachdenkmals Diskursvorgaben denken, nach denen eine Anerkennung des slawischen Ursprungs von Städtenamen wie Breslau, Brieg oder Bunzlau nicht vorstellbar wäre. Wenn man die integrative Position Opitzens, des königlich-polnischen Sekretärs und Hofhistoriographen, berücksichtigt, führt es vielleicht nicht zu weit, ihm eine ganz spezielle Absicht zu unterstellen: Es wäre immerhin möglich, dass durch die Markierung einer früheren slawischen Besiedlung des schlesischen Gebietes die Verantwortung des polnischen Staates gerade für diese umkämpfte Region gefördert werden sollte. Städte, die einmal

Wrocław, Brzeg oder Bolesławiec hießen, konnten von einem polnischen König nicht ohne Weiteres ihrem Schicksal überlassen werden – so mag Opitzens Kalkül ausgesehen haben.

5 ‚Sarmatische Freiheit': Die polnische Adelsrepublik und der *libertas*-Gedanke im Kontext von Opitzens *Variae lectiones*

Es ist bereits gesehen worden, dass Opitz seine *Variae lectiones* (Danzig 1637), eine kommentierte Edition griechischer und römischer Quellen mit Bezug auf die antike Völkerschaft der Sarmaten, nicht explizit auf das Polen seiner Gegenwart bezog, sondern seine Darstellung mit der Christianisierung der Sarmaten bzw. den Zeugnissen der Kirchenväter abrupt schloss. Zweifellos war er mit dem frühneuzeitlichen Konstrukt des ‚Sarmatismus'[34] vertraut, womit gemeint ist, dass polnische Historiker ihre Nation von dem antiken Stamm der Sarmaten herleiteten, sie damit als autochthon erklärten und im europäischen Kontext aufwerteten. In der Hochzeitsschrift auf König Władysław IV. (*Felicitati Augustae*, s. o.) verwendet Opitz nicht weniger als viermal eine Ableitung des Wortes ‚sarmatisch'[35] und immer ist die besondere Würde der polnischen Nation mitgedacht. So behauptet mit erkennbarem Pathos auch Nikolaus Henel in einem Brief an Opitz, in dem er diesem zur Verleihung des Hofhistoriographentitels gratuliert, es sei eine große Aufgabe, die Geschichte des ‚Sarmatenkönigs' Władysław zu schreiben: „Magnum profectò opus est historiam scribere, præsertim sui temporis, præsertim Uladislai Sarmatarum Regis" (BW II, S. 1310). Harald Bollbuck hebt in seinen Studien zu den *Variae lectiones* freilich zu Recht hervor, dass Opitz, der sein Buch immerhin dem polnischen Kanzler Tomasz Zamojski widmete,[36] die Chance *nicht* wahrnahm, diese „polnische Staatsideologie" in eine naheliegende

---

[34] Vgl. Mirosław Grudzień: Zum Kontext des „Variarum lectionum liber, in quo praecipue Sarmatica" von Martin Opitz. In: Skamandros, Jg. 1989, S. 1–18; Norbert Kersken: Geschichtsbild und Adelsrepublik. Zur Sarmatentheorie in der polnischen Geschichtsschreibung der frühen Neuzeit. In: Jahrbücher für Geschichte Osteuropas 52 (2004), S. 235–260.
[35] LW III, S. 252, Z. 6; S. 260, Z. 102; S. 264, Z. 151; S. 266, Z. 192. An der letzten Textstelle beispielsweise steht die Junktur „Propagatorem Sarmaticae rei" gleichgeordnet neben dem altrömischen Ehrentitel „Patrem Patriae".
[36] Die zuweilen geäußerte Vermutung, dass die Widmung an den Kanzler (unterzeichnet am 31. Januar 1637) die Ernennung Opitzens zum Hofhistoriographen befördert habe, ist nicht ganz plausibel. Es gibt schon aus der Mitte des Jahres 1636 Hinweise in Briefen Henels (BW II, S. 1310)

Panegyrik der polnischen Nation, die ihm Schutz und Unterhalt bot, zu überführen:

> Oberflächlich besehen konnte die Schrift mit der polnischen Staatsideologie des Sarmatismus in Verbindung gebracht werden. Indem Opitz aber den geographischen Raum der antiken Sarmatia unabhängig vom modernen Polen ausgestaltete und daran festhielt, daß die Polen nicht als Nachfahren der Sarmaten zu betrachten sind, sondern als Slawen nur auf deren altem Siedlungsgebiet wohnten, gab er seinen grundlegend neuen historischen Erkenntnisstand nicht zugunsten politischer Rücksichtnahmen preis.[37]

Ein Grund dafür, dass Opitz in den antiken Sarmaten gar nicht die Vorläufer der modernen Polen sehen *wollte*, mag darin liegen, dass er in seinen Quellen keine Hinweise auf außergewöhnliche Vorzüge dieses Volksstammes finden konnte. Es gibt in den *Variae lectiones* jedenfalls keine Passagen, die – analog etwa zur zeitgenössischen Rezeption der taciteischen *Germania*[38] – einen Barbarendiskurs stützten, der entwicklungsfähige positive Anlagen eines noch unzivilisierten, aber eben auch unverdorbenen Stammes markierte, so dass es sich lohnen würde, eine direkte Verbindung zwischen einer autochthonen antiken Besiedlung und dem zur Blüte gelangten polnischen Staat zu ziehen.

Bei genauerem Hinsehen finden sich freilich in den *Variae lectiones* durchaus Bezüge zur polnischen Gegenwart. So wird im 6. Abschnitt über die Flüsse der Region zum Stichwort „Borysthenes" (Dnjepr) des ruhmreichen Sieges König Władysławs IV. gegen die Russen bei Smolensk gedacht,[39] im 18. Abschnitt etwas unvermittelt ein antikisierendes Epigramm aus der Feder von Jan Zamojski, dem Vater des Widmungsempfängers, zitiert[40] oder im 19. Abschnitt als besonderes

---

und Nüßlers (ebd., S. 1316), wonach der König Opitz das Amt angetragen hatte. Eine ‚Bewerbung' mittels einer landeskundlichen Schrift dürfte demnach nicht nötig gewesen sein.

37 Harald Bollbuck: „Quem imiter?" Antiquarische Forschung und Philologie bei Martin Opitz. In: Welche Antike? Konkurrierende Rezeptionen des Altertums im Barock. Hg. von Ulrich Heinen u. a. Bd. 1. Wiesbaden 2011 (Wolfenbütteler Arbeiten zur Barockforschung 47), S. 231–245, hier S. 242.

38 Vgl. hierzu ausführlich Christopher B. Krebs: Negotiatio Germaniae. Tacitus' Germania und Enea Silvio Piccolomini, Giannantonio Campano, Conrad Celtis und Heinrich Bebel. Göttingen 2005 (Hypomnemata 158).

39 „[Borysthenem] vltra Smolenscium oriri et accolae norunt et triumphali nuper Gloriosissimi superque omnes retrò Principes Felicissimi Regis nostri VLADISLAI IV. expeditione satis cognitum est." Martin Opitz: Variarum lectionum liber, in quo praecipue Sarmatica. Danzig 1637, S. 23. Zum Sieg Władysławs IV. bei Smolensk im Jahre 1634 vgl. den Kommentar LW III, S. 473f.

40 Opitz (Anm. 39), S. 58; hinzu kommt ebd., S. 68 die rühmende Bemerkung, dass das eigentlich auf die fernere Vergangenheit bezogene Buch schließen solle mit einem Enkomion auf Jan Zamojski, „qui Sarmatiam suam viuus meritis ac virtute, ad meliora sublatus Orbem vniuersum

Merkmal der Sarmaten deren frühe Hinwendung zum Christentum betont, und zwar mit einer besonderen argumentativen Volte, wonach das kirchengeschichtliche Desiderat einer Erforschung der frühchristlichen Quellen gerade jetzt, nachdem durch die Eintracht von König und Ständen die öffentliche Ruhe wiederhergestellt worden sei, eingelöst werden sollte:

> Quin et ea me spes bona habet, si qua Ecclesiasticae Antiquitatis, vnà cum alijs ad historiam aut literarum nitorem pertinentibus, monumenta inter abdita monasteriorum et bibliothecas publicas priuatasque delitescunt, ea etiam occasione ista tranquillitatis publicae, beneficio diuini Numinis, inuidenda Regis Augustissimi felicitate, virtute Procerum ac sapientia partae, claustra bono omnium seriùs ociùs ruptura.⁴¹

> Es erfasst mich die zuversichtliche Hoffnung, dass, wenn irgendwelche Zeugnisse der Kirchengeschichte zusammen mit anderen Dokumenten, die sich auf die Geschichte oder den Glanz der Studien beziehen, sich in abgelegenen Winkeln von Klöstern oder in öffentlichen und privaten Bibliotheken verbergen, dass die also auch durch den jetzigen günstigen Umstand der öffentlichen Ruhe, welche durch die Wohltat des göttlichen Geistes, durch das beneidenswerte Glück des erhabensten Königs und durch die Tapferkeit und Weisheit des Adels errungen worden ist, ihre Riegel zum Wohle aller früher oder später aufstoßen werden.

Was in der Darstellung der alten Sarmaten in den *Variae lectiones* vor allem fehlt, ist die Betonung des für ‚barbarische' Völker eigentlich topischen Freiheitsstrebens; anscheinend konnte Opitz hierfür keine Zeugnisse beibringen. Die Propagatoren des Sarmatismus in Polen bemühten das Freiheitsparadigma allerdings durchaus, Krzystof Warszewicki schrieb 1601: „Sarmaticam gentem semper fuisse liberam."⁴² Und Jan Zamojski, der einflussreiche polnische Magnat, Akademiegründer und Unterstützer der Protestanten, Vater des Widmungsempfängers, hatte 1605 vor dem Sejm – nun mit Blick auf das Polen der Gegenwart – ausgerufen: „Fundamentum nostrae Reipublicae libertas est."⁴³ Dieses Beharren auf der Freiheit, die in Opitzens Perspektive immer zugleich auch eine konfessionelle und eine ständische war und für die er in seinen Quellen über die alten Sarmaten offenbar keine Belege finden konnte, hob er stattdessen in der Vorrede an Tomasz Zamojski⁴⁴ dreimal hervor, nun freilich im Hinblick auf das neuzeitliche Polen: Auf die jüngere Vergangenheit bezieht er sich, wenn er den Vater Jan Zamojski

---

memoria sui splendidissima impleuit". Weitere Details zum Stichwort ‚Sarmatismus' liefert der Kommentar LW 3, S. 548, zu Z. 45.
41 Opitz (Anm. 39), S. 65.
42 Nachweis: LW III, S. 546.
43 Nachweis ebd.
44 Text und Übersetzung: LW III, S. 242–249; Kommentar: ebd., S. 542–549.

dafür rühmt, neben anderen Leistungen auch „die einzig in diesem blühenden Königreich lebendige Freiheit bewahrt zu haben" („spirantemque vnicè in Regno hoc florentissimo libertatem vindicasse"; LW III, S. 244, Z. 12). Im Kontext der glänzenden Situation der unmittelbaren Gegenwart wird dem Widmungsempfänger selbst der Einsatz für die Verteidigung der Freiheit („defensione libertatis"; ebd., S. 244, Z. 28) bescheinigt. Und mit Blick auf die Zukunft schließlich führt Opitz in einer etwas manierierten Formulierung die Behauptung einer anderen Königreichen verwehrten, speziell polnischen Freiheit mit der Verheißung einer ewigen, wohl im paulinischen Sinne transzendent gemeinten Freiheit zusammen. Gott möge, so heißt es, „Regni denique Potentissimi Regnis alijs negatae libertati libertatis perpetuitatem adstruat clementer illamque ex voto conseruet" (ebd., S. 246, Z. 61f.). So gelingt es Opitz auch in dieser schmalen ethnographischen Schrift, die als gelehrte Studie im Übrigen recht nachlässig und inkonsequent gearbeitet ist, seine Vorstellung von der polnischen Musternation zu artikulieren, gerade indem er seine Argumentation in die Vorrede auslagert und die Analogie von Sarmaten und Polen dort *nicht* bemüht, wo aus ihr kein politisch-panegyrischer Funken zu schlagen wäre.

Johann Anselm Steiger
„Diß donnerwort heißt Ewigkeit"
Lyrisch-eschatologische Strategien gegen die Prokrastination bei Martin Opitz und Johann Rist und deren interkonfessionelle Tragweite

Martin Opitz[1] zählt unstreitig zu den am intensivsten erforschten Dichtern des 17. Jahrhunderts. Umso stärker fällt das erstaunliche Forschungsdefizit auf, das mit Blick auf die Erkundung von Opitz' geistlicher Schriftstellerei zu konstatieren ist. Die letzte monographische (und in vielerlei Hinsicht unzulängliche) Behandlung dieser Thematik durch Hugo Max[2] liegt mehr als 80 Jahre zurück, während die einschlägigen kleineren Studien bibliographisch rasch erfaßt sind.[3] Daß diesbezüglich von einem erheblichen Versäumnis sowohl der literaturgeschichtlichen als auch der historisch-theologischen Forschung zu sprechen ist, liegt genauso auf der Hand wie der begrüßenswerte Umstand, daß mit der Erarbeitung der verdienstvollen zweisprachigen Edition von Opitz' lateinischen Schriften nicht nur, was die Textdarbietung anlangt, sondern auch hinsichtlich der z. T. detaillierten Kommentierung eine wichtige Grundlage für die Erforschung auch der im engeren Sinne geistlichen Textproduktion des Opitz geschaffen wurde.[4]

In dem Mannheimer Vortrag, in dem Stefanie Arend und ich den 1620 in Heidelberg publizierten *Sermo de passione Domini* (eine deutsche Version erschien

---

[1] Vgl. Klaus Garber: Art. Opitz, Martin. In: Killy Literaturlexikon. Autoren und Werke des deutschsprachigen Kulturraumes. 2., vollständig überarbeitete Auflage. Hg. von Wilhelm Kühlmann u. a. Bd. 8 (2010), S. 715–722.
[2] Hugo Max: Martin Opitz als geistlicher Dichter. Heidelberg 1931 (Beiträge zur neueren Literaturgeschichte 17).
[3] Richard D. Hacken: The Religious Thought of Martin Opitz as the Determinant of his Poetic Theory and Practice. Stuttgart 1976 (Stuttgarter Arbeiten zur Germanistik 18). Walther Ludwig: Des Martin Opitz Epicedium auf Erzherzog Karl von Österreich. In: Daphnis 29 (2000), S. 177–196. Andreas Solbach: Rhetorik des Trostes. Opitz' *Trostgedichte in Widerwertigkeit deß Krieges* (1621/33). In: Martin Opitz (1597–1639). Nachahmungspoetik und Lebenswelt. Hg. von Thomas Borgstedt u. a. Tübingen 2002 (Frühe Neuzeit 63), S. 222–235. Barbara Becker-Cantarino: Daniel Heinsius' *De contemptu mortis* und Opitz' *Trostgedichte*. In: Opitz und seine Welt. Festschrift für George Schulz-Behrend zum 12. Februar 1988. Hg. von ders. u. a. Amsterdam, Atlanta 1990 (Chloe. Beihefte zum Daphnis 10), S. 37–56.
[4] Vgl. LW I–III.

im Jahre 1628 in Brieg⁵) aus der Feder des damals 22-jährigen Opitz untersuchten, kam ich zu dem Schluß, daß dieser Text, den der Dichter in einem dezidiert reformierten Territorium verfaßte und veröffentlichte, trotz mancher Eigenarten nicht zu verstehen sei ohne Berücksichtigung von dessen traditionsgeschichtlicher Verwurzelung in der genuin (schlesisch-)lutherischen Praxis der Passionspredigt und -meditation. „Doch nicht zuletzt mit Blick auf Opitz' konfessionelle Zugehörigkeit und die Frage, ob der Dichter dem reformierten Bekenntnis denn nun tatsächlich derart nahestand, wie häufig behauptet wurde,⁶ gibt der *Sermo de passione Domini* wichtige Aufschlüsse. Sie sind auch darum beachtenswert, weil Opitz, zwar aus einem schlesisch-lutherisch geprägten Kontext stammend, aber am von Georg von Schönaich gegründeten Beuthener Gymnasium im Geiste des irenischen Ausgleiches zwischen Luthertum und Calvinismus erzogen,⁷ sich bekanntermaßen nicht nur in Heidelberg, sondern auch später in Leiden und als Professor am Akademischen Gymnasium in Weißenburg (Siebenbürgen),⁸ in Milieus bewegt hat, in denen die reformierte Konfession vorherrschend war, um später (von 1626 an) als Sekretär Karl Hannibal von Dohnas in den Diensten eines Katholiken zu stehen, der Schlesiens Rekatholisierung betrieb. Hierzu fügt sich, daß Opitz im Auftrage von Dohnas⁹ eine deutsche Übersetzung eines gängigen römisch-katholischen Dogmatiklehrbuches, des *Manuale controversiarum* des jesuitischen Theologen

---

5 Martin Opitz: Vber das Leiden vnd Sterben Vnseres Heilandes. Hiebevor durch Jhn Lateinisch herauß gegeben. Brieg 1628 (Staatsbibliothek Berlin Bs 2642). Kritische Edition in: GW IV,1, S. 224–238.
6 Von einer Nähe Opitz' zur reformierten Konfession ist in der Forschungsliteratur häufig die Rede. Vgl. z. B. Klaus Garber: Martin Opitz. In: Deutsche Dichter des 17. Jahrhunderts. Ihr Leben und Werk. Hg. von Harald Steinhagen, Benno von Wiese. Berlin 1984, S. 116–184; ders. in seinem Beitrag *Opitz und die Piasten* im vorliegenden Band; sowie Dieter Breuer: Art. Opitz, Martin. In: Lexikon für Theologie und Kirche. 3. Auflage. Bd. 7 (1998), Sp. 1073f., hier Sp. 1073. Albrecht Beutel: Art. Opitz, Martin. In: Religion in Geschichte und Gegenwart. 3. Auflage. Bd. 6 (2003), Sp. 594f. attestiert Opitz eine „Neigung zum Reformiertentum" und zugleich eine „irenisch-überkonfessionelle Frömmigkeit". Zurückhaltend dagegen Gunter E. Grimm: Martin Opitz. In: Deutsche Dichter. Leben und Werk deutschsprachiger Autoren. Hg. von dems. u. a. Bd. 2: Reformation, Renaissance und Barock. Stuttgart 1989, S. 138–155.
7 Vgl. Wilhelm Kühlmann: Martin Opitz. Deutsche Literatur und deutsche Nation. Heidelberg 2001, S. 20 sowie Hans-Gert Roloff: Martin Opitz – 400 Jahre! Ein Festvortrag. In: Nachahmungspoetik und Lebenswelt (Anm. 3), S. 7–30, hier S. 13.
8 Vgl. Hans-Christian Maner: Martin Opitz in Siebenbürgen (1622–1623). Traum und Wirklichkeit fürstlicher Machtpolitik unter Gabriel Bethlen. In: Nachahmungspoetik und Lebenswelt (Anm. 3), S. 154–168, bes. S. 159f.
9 Vgl. BW II, S. 702, 821.

Martinus Becanus (1563–1624), anfertigte und unter dem Titel *Becanus Redivivus*[10] 1631 publizierte.[11] Ob bzw. inwiefern Opitz in der Tat eine den konfessionellen Lehrunterschieden gegenüber indifferente bzw. überkonfessionelle Position eingenommen hat, harrt der genaueren Untersuchung."[12]

Gehen wir angesichts der bleibenden Aufgabenstellung, Opitz' geistliche Literaturproduktion angemessen zu würdigen und die konfessionelle Zugehörigkeit des Dichters differenzierend zu bestimmen, einen Schritt weiter und widmen wir einem herausragenden geistlichen Gedicht aus Opitz' Feder die ihm bislang versagte Aufmerksamkeit, nämlich den *Threnen zu ehren der ewigkeit* aus dem Jahre 1628 – einem Literaturdenkmal mithin, das Opitz in derjenigen Schaffensphase zu Papier brachte, in der er einen römisch-katholischen Dienstherrn hatte. Es handelt sich um ein Gelegenheitsgedicht, das im Zusammenhang mit dem *casus* eines Todesfalls steht. Dieser Anlaßbezug wurde freilich bereits im Wiederabdruck des Gedichtes im Rahmen der im Jahre 1638 veröffentlichten *Geistlichen Poemata*[13] unkenntlich gemacht. Der Erstdruck der *Threnen* erfolgte in einer Gedenkausgabe, die anläßlich des Todes Maria Müllers, geb. Rhenisch (1601–1628),[14] der zweiten Ehefrau[15] des Breslauer Buchhändlers David Müller

---

10 BECANVS REDIVIVVS, Das ist/ Deß Wohl-Ehrwürdigen Hochgelehrten Herrn MARTINI BECANI der Societät JEsu Theologen S. Handtbuch: Aller dieser Zeit in der Religion Streitsachen in 5. Bücher abgetheilt: An Die Römische Kayserl. Mayestät FERDINANDVM den Andern/ der Catholischen Religion Beschützern. Jn welchem alle bißdahero zwischen den Catholischen/ vnd deren Wiedersachern: Den Calvinisten/ Lutheranern/ Wiedertäuffern/ vnd andern/ sonderlich den Weltleuten/ oder Politici vorgefallene Streitsachen/ auß dem Fundament der H. Schrifft/ den H. Vättern/ Conciliis, vnd hergebrachter ordentlicher Observantz/ beständiglich erörtert werden. Jetzo der gantzen Christenheit zum besten/ vornemblich aber zu Bekehrung der Jrrenten/ in die Teutsche Spraach gebracht/ Mit Kays. May. Privilegio/ auch Bewilligung der Oberen der Societät Jesu/ vnd zweyer Register außgangen [...]. Frankfurt a. M., Mainz 1631 (HAB Wolfenbüttel Xb 8203).
11 Offenbar ist das Werk jedoch schon im Jahre 1630 gedruckt worden. Vgl. BW II, S. 863. Von Dohna übersandte Kaiser Ferdinand II. mit Schreiben vom 22.11./2.12.1630 ein Exemplar. Vgl. ebd., S. 894f. Auf Anweisung des Kaisers erhielt Opitz für seine Übersetzungsarbeit ein Honorar von 200 Reichtalern. Vgl. ebd., S. 973f.
12 Stefanie Arend und Johann Anselm Steiger: Martin Opitz als Erbauungsschriftsteller in seiner Heidelberger Schaffensphase. Beobachtungen zum *Sermo de passione Domini* (1620). In: Die Wittelsbacher und die Kurpfalz in der Neuzeit. Zwischen Reformation und Revolution. Hg. von Wilhelm Kreutz, Wilhelm Kühlmann und Hermann Wiegand. Regensburg 2013, S. 409–437, hier S. 416f.
13 Martin Opitz: Geistliche Poemata 1638. Hg. von Erich Trunz. Tübingen ²1975 [¹1966] (Deutsche Neudrucke, Reihe Barock 1), S. 235–240.
14 Zu ihrer Vita vgl. Spiegel aller Christlichen Matronen (Anm. 18), fol. A4r–B1v.
15 Die beiden hatten am 12.6.1618 geheiratet. Aus diesem Anlaß erschienen mehrere Gelegenheitsdrucke. Vgl. Handbuch des personalen Gelegenheitsschrifttums in europäischen Bibliothe-

(1591–1636),[16] in deren Todesjahr in Brieg in der Offizin Augustin Gründers[17] produziert wurde.[18] Mit dem Druckerverleger David Müller stand Opitz zu diesem Zeitpunkt bereits in einer langjährigen, nicht nur geschäftlichen, sondern offenbar auch engen persönlichen Beziehung;[19] allerdings sind keine Briefe der beiden aneinander überliefert. Müller hatte schon die 1624 erschienene Erstausgabe des *Buchs von der Deutschen Poeterey* verlegt,[20] und noch drei Jahre nach des Verlegers Ableben und im Todesjahr des Autors erschien die fünfte erweiterte Auflage von Opitz' *Weltlichen Poemata* bei Müllers Erben.[21] Wie eng die freundschaftliche Bindung zwischen Opitz und Müller war, erhellt nicht zuletzt aus dem Umstand, daß der Dichter mehrere Gelegenheitsgedichte zu familiären Anlässen beisteuerte. Zu ihnen zählen die Trauergedichte, die Opitz anläßlich der Todesfälle der aus Müllers zweiter Ehe stammenden Geschwister Anna Magdalena – sie schied am 21. Mai 1622 im Alter von knapp anderthalb Jahren aus dem Leben[22] – und

---

ken und Archiven. Bd. 9. Breslau Universitätsbibliothek – Wrocław Biblioteka Uniwersytecka, Abt. II: Stadtbibliothek Breslau (St. Bernhardin), 3 Teile. Mit einer einleitenden Skizze zur Geschichte der Bibliothek von Klaus Garber. Hg. von Stefan Anders und Sabine Beckmann. Hildesheim u. a. 2003, S. 228–232, Nr. 517–521, S. 445–447, Nr. 1051–1053, S. 467–469, Nr. 1097–1099, S. 612f., Nr. 1441.

16 Vgl. zur Vita Müllers Johann Heermann: Die allerbeste vnd schöneste Trost- vnd Ehren-Schrifft/ welche alle Schrifft in allen Büchern aller Buchladen weit vbertrifft. Frewet euch/ daß ewre Namen im Himmel geschrieben sind/ Luc. 10. v. 20. Mit Fleiß gelesen/ vnd denen so vber dem tödtlichen Abgange/ Des Weiland Ehrenvesten vnd Wolbenambten Herrn David Müllers Fürnehmen Bürgers vnd Buchhändlers in Breßlaw/ etc. Hertzlich vnd schmertzlich betrübet sind; Zu Linderung jhrer Trawrigkeit/ trewlich fürgelesen [...]. Leipzig 1636 (SB Berlin Ee 700-2293), fol. E2r–4v.

17 Vgl. Christoph Reske: Die Buchdrucker des 16. und 17. Jahrhunderts im deutschen Sprachgebiet. Auf der Grundlage des gleichnamigen Werkes von Josef Benzing. Wiesbaden 2007 (Beiträge zum Buch- und Bibliothekswesen 51), S. 131, 640f.

18 Spiegel aller Christlichen Matronen/ oder Ehrengedächtnüsz Der VielEhrentugentreichen Frawen Marien geborner Rhenischin/ Herren David Müllers geliebten Haußfrawen: Von gelehrten gutten Freunden geschrieben. Brieg 1628 (HAB Wolfenbüttel LP Stolberg 24575). Opitz' *Threnen* hier fol. K2r–4v. Die im *Spiegel* abgedruckten Texte Opitz' auch in: GW IV,1, S. 92–126.

19 Vgl. Klaus Garber: Das alte Breslau. Kulturgeschichte einer geistigen Metropole. Köln u. a. 2014, S. 189f.

20 Vgl. Martin Opitz: Buch von der Deutschen Poeterey. Jn welchem alle jhre eigenschafft vnd zuegehör gründtlich erzehlet/ vnd mit exempeln außgeführet wird. Breslau 1624 (ULB Halle/S. an Dd 3574 [1]).

21 Vgl. Martin Opitz: Weltliche Poëmata. Das Erste Theil. Zum vierdten mal vermehret vnd vbersehen herauß gegeben. Breslau 1639 (BSB München P. o. germ. 1034 s-1/2).

22 Vgl. Martin Opitz: Auff Herren David Müllers geliebten Töchterleins Annen Magdalenen Frühzeitiges doch seliges absterben. In: FUNEBRIA, BEATAE TRIVM, DAVIDIS MÜLLERI, CIVIS AC BIBLIOPOLAE WRATISL. EX MARIA, quondam, RHENISCHIA, SVAVISSIMORVM LIBERORVM: DAVIDIS, NVPER ADEO, ET ANNAE-MAGDALENAE, Itemque, CAROLI SIGISMUNDI, ANTEHAC,

Carl Sigismund (1628) verfaßte, der starb, bevor er neun Monate alt wurde.[23] Zu Müllers dritter Eheschließung mit Martha Heine am 24. April 1629 schrieb Opitz ein Epithalamium nieder[24] und brachte ein weiteres Trauergedicht zu Papier, als der am 23. Januar 1626 geborene David Müller Junior im Alter von nicht einmal sechs Jahren am 7. August 1631 starb.[25] Auch unter den Epicedien, die der Leichenpredigt beigegeben sind, die der Köbener lutherische Pastor und äußerst produktive geistliche Schriftsteller Johann Heermann (1585–1647)[26] zu halten hatte,[27] nachdem David Müller am 14. März 1636 gestorben war, begegnet Opitz als Beiträger.[28] Netzwerkbildungen, die frühneuzeitliche *poetae docti* im Medium der Kausalschriftstellerei realisierten, so lernt man hier, umfassen nicht nur die Herstellung und die Pflege von Kontakten mit anderen Dichtern und Gelehrten, sondern auch die Kommunikation mit Verlegern, Druckern bzw. Druckerverlegern.

Die 1628 erschienene Gedenkausgabe zum Tode der am 1. März 1628 verstorbenen Maria Müller enthält keine Leichenpredigt, jedoch eine Leichabdankung, die das Autorenkürzel „M. I. F."[29] aufweist, hinter dem sich der in der Breslauer

---

PIE PLACIDEQVE DEFVNCTORVM, RECORDATIONI, NON ABSQUE SERIA IVSTI DOLORIS SOCIETATE, DESTINATA ATQVE EXARATA, A FAVTORIBVS nonnullis & AMICIS. PRAEMISSO GRATIARVM-ACTORIO, POST FILIOLI DAVIDIS EXSEQVIAS, HABITO SERMONE. Brieg 1632 (SB Berlin 9 in: Yh 9001), fol. D4r–v.
23 Vgl. Martin Opitz: Auff Carol Sigiszmundts H. David Müllers Söhnleins Begräbniß/ [...] Trostgesang an den Herrn Großvatern. O. O. 1628 (SUB Göttingen 8 P GERM II, 5172 [1]).
24 Vgl. Martin Opitz: Auff Herr David Müllers und Jungfr. Marthen, geborner Heininn, Hochzeit. Breslau 1629 (BSB München Microfilm, nicht eingesehen).
25 Vgl. Martin Opitz: Auff Herren David Müllers geliebten Söhnleins Davidts Begräbnüß. O. O. 1631 (SUB Göttingen 8 P GERM II, 5172 [2]).
26 Vgl. Bernhard Liess: Art. Heermann, Johann. In: Frühe Neuzeit in Deutschland 1520–1620. Literaturwissenschaftliches Verfasserlexikon. Hg. von Wilhelm Kühlmann, Jan-Dirk Müller, Michael Schilling, Johann Anselm Steiger und Friedrich Vollhardt. Bd. 3. Berlin u. a. 2014, Sp. 211–217.
27 Vgl. Heermann (Anm. 16).
28 Vgl. ebd., fol. G r–3r. Das Gedicht trägt den Titel „Auff Herrn David Müllers/ seligen Abschiedt:"
29 Spiegel aller Christlichen Matronen (Anm. 18), fol. A2r. Der Text der Leichabdankung wurde erneut gedruckt in: Esaias Fellgiebel: Schatz-Kammer Unterschiedener Glückseelig-erfundener/ hertzdringender Trauer-Reden und Abdanckungen/ Welche Bey Hoch-Erlauchten/ Wohl-Adelicher/ und anderer Personen Leich-Begängnüssen Theils Vornehme THEOLOGI und dann Berühmte POLITICI in Schlesien/ gehalten. Auf Gutachten und Einrathen gelährter Leute nunmehr zusammen getragen/ mit nützlichen Registern versehen/ und zum Druck beföredt [...]. Breslau 1665 (HAB Wolfenbüttel Da 449), Bd. 2, S. 304–311. Als Autor der Leichabdankung wird irrtümlicherweise „M. David Faber" (S. 304) angegeben.

Neustadt an St. Bernhardin tätige Pfarrer Magister Joachim Fleischer (1587–1645)[30] verbergen dürfte, sowie drei Texte von Opitz: zunächst eine an den Witwer adressierte *Trostschrifft*,[31] sodann einen 14 Strophen umfassenden *Trostgesang*[32] nebst einer lateinischen, von Bernhard Wilhelm Nüßler (1597–1643) erstellten Version[33] sowie abschließend die *Threnen zu ehren der ewigkeit*. Aus der *Trostschrifft* an den Witwer geht hervor, daß Opitz die *Threnen* nicht, wie man vermuten könnte, erst nach dem Ableben der Frau des Buchhändlers verfaßte, um die Hinterbliebenen zu trösten. Ursprüngliche Adressatin dieses Ewigkeitsgedichts war vielmehr die sich auf das Sterben vorbereitende Maria Müller. Sie hatte am 23. Januar 1628 ihr sechstes Kind zur Welt gebracht und litt bereits vor der Geburt unter „grosser schwachheit vnnd beschwerlichem Husten".[34] Am 21. Februar 1628 empfing Maria Müller nach der Ablegung der Beichte die Absolution und das Abendmahl und verstarb am folgenden Mittwoch, dem 23. Februar.[35] Der neugeborene Sohn Carl Sigismund überlebte die Mutter, starb aber bereits am 8. Oktober 1628.[36] Bemerkenswerterweise erwähnt Opitz nicht nur, daß er für die Abfassung des Gedichts einen Prätext eines ungenannt bleibenden Autors verwandt habe, sondern reflektiert auch die Wirkabsicht des Poems, mit dessen Hilfe er die Sehnsucht der zum Sterben Kommenden nach der Ewigkeit habe bedienen wollen, um ihr dabei behilflich zu sein, in der Phase der Abnahme der Leibeskräfte ihren Geist zu stärken, den sie schließlich ihrem *salvator* Jesus Christus übergeben habe. Den Witwer ansprechend, führt Opitz aus:

> Jhr wißet mitt was für begiehr sie die Threnen von der Ewigkeit/ so ich jhr zue gefallen auß einem nicht vngelehrten manne auff der eyll deutsch gegeben/ vndt hierbey zue setzen habe vergönnen wollen/ zue lesen/ vndt sie nach dem was künfftig ist zue sehnen pflegte. Je mehr der leib abnam/ je stärcker wardt der geist/ den keine schwindtsucht/ kein feber/ keine kranckheit noch todt verzehren kan. Diesen richtete sie im tode auff/ diesen beugete sie als sie die knie nicht mehr beugen kundte/ diesen vbergab sie jhrem Heylande.[37]

---

30 Vgl. Deutsches Biographisches Archiv, elektronisch zugänglich über das World Biographical Information System, hier I, 327, 141. Vgl. Manfred P. Fleischer: Die Regenbogenlehre Johannes Fleischers. In: Ders.: Späthumanismus in Schlesien. Ausgewählte Aufsätze. München 1984, S. 164–189, hier S. 182–184.
31 Spiegel aller Christlichen Matronen (Anm. 18), fol. B2r–D3v.
32 Ebd., fol. D4r–E1r.
33 Ebd., fol. E1v–2r.
34 Ebd., fol. B1r.
35 Ebd., fol. B1v.
36 Vgl. Martin Opitz: Auff Herren David Müllers geliebten Töchterleins Annen Magdalenen Früzeitiges doch seliges absterben (Anm. 22). Vgl. GW IV,1, S. 93.
37 Spiegel aller Christlichen Matronen (Anm. 18), fol. C1r/v.

Vergegenwärtigt man sich die in Opitz' *Threnen*-Gedicht vorgetragene *argumentatio*, so tritt zutage, daß diese durch und durch geprägt ist von der Meditation der Schrecken der ewigen Höllenstrafen und des „todt[es,] der keinen todt kan geben",[38] mithin dessen, was in der dogmatischen Tradition als zweiter Tod bzw. als *mors aeterna*[39] bezeichnet wird, also desjenigen Todes, der Platz greift, wenn die gottverdammte Seele mit dem gestorbenen Leib in der Auferstehung der Toten, die für sich genommen nichts Tröstliches hat, wieder zusammenkommt, um fortan unaufhörlich in der Marter zu existieren und gleichwohl weder leben noch sterben zu können. Das lyrische Ich, das sich in der ersten Strophe als ein solches präsentiert, das vor Schrecken einen verschlossenen Mund hat und paradoxerweise dennoch *in extenso* lyrisch zu reden anhebt, sieht sich in diesem Gedicht konfrontiert mit dem *verbum Dei*, näherhin mit dessen spezifischer Gestalt des „donnerwort[s]", das das verdammliche Jüngste Gericht nicht nur ankündigt, sondern selbst ist:

> Ein schrecklichs wort/ von deßen macht
> Vndt drewen furcht vndt angst erwacht;
> Das kein tag/ keine nacht wirdt schließen/
> Kein stern wirdt zueverdecken wißen.
>
> Ein wort von eisen vndt von stein/
> Vndt was noch sonst mag härter sein/
> Jst in mein kranckes hertze kommen/
> Hatt marck vndt bein mir eingenommen.
>
> Diß donnerwort heißt Ewigkeit/
> Für dem jhr himmel schwach noch seidt/
> Ob schon jhr ewres wetters flammen/
> Schloß/ plitz vndt hagel rafft zuesammen.
>
> Es ist vndt heißet Ewigkeit/
> Das gar kein ziehl hatt weit vndt breit/
> Das die gemüter heißet stehen
> Nach sachen welche nicht vergehen.[40]

Keineswegs die Stiftung von *consolatio* und *tranquillitas animae* angesichts des bevorstehenden Sterbestündleins hat dieser Text zum Ziel, sondern in radikaler *oppositio* hierzu die Kausierung von *tribulatio* und die Aufwühlung negativer

---
38 Ebd., fol. K3v.
39 Vgl. Johann Gerhard: Loci Theologici [...]. Bd. 9. Hg. von Eduard Preuß. Leipzig 1875, S. 237f. u. ö.
40 Spiegel aller Christlichen Matronen (Anm. 18), fol. K2r.

Affekte, was sich in der zehnten Strophe in einer Kette von vier anaphorischen *exclamationes* artikuliert. Sie lassen denjenigen zu Wort kommen, der das Donnerwort vernommen hat und sich angesichts der Meditation der Ewigkeit als einer intemporären Temporalität, in der sich paradoxerweise die dehnende Zeit als Zeitlosigkeit in Erfahrung bringt, in Unruhe, Sorgen, Furcht und Schmerzen versetzt sieht:

> Die Ewigkeit nimpt gantz mich ein/
> Macht das ich nicht kan ruhig sein;
> Die Ewigkeit bringt meinem hertzen
> Ein stetes sorgen/ furcht vndt schmertzen.
>
> O ferres end' vnendtlich weit!
> O große zeit ohn alle zeit!
> O jhare/ jhare nicht zue nennen!
> O anzahl die kein mensch kan kennen!⁴¹

Das Gedicht verfolgt letztlich ein Hauptziel, nämlich seinen Adressaten (bzw. die Erstadressatin, Maria Müller) zur Buße, d. h. zur Umkehr zu Gott, anzuleiten, damit gewährleistet sei, daß er bzw. sie der ewigen Verdammnis und dem zeitlosen und die Zeit gleichwohl füllenden Nicht-leben-und-nicht-sterben-Können zeitig, d. h. vor Anbruch der Ewigkeit, entgehe. Freilich wird die hiermit verbundene *consolatio*, die darin besteht, daß die Bußfertigen in das ewige himmlische Freudenleben eingehen werden, in Opitz' Gedicht eher beiläufig thematisiert (Str. 27 und 28), um jedoch sogleich wieder in den Kontext der genauso unmißverständlichen wie dringlichen *admonitio* gestellt zu werden, daß eine entsprechend rechtzeitige *praeparatio* vonnöten ist, die schon dann zu spät sein könnte, wenn sie sich erst im Angesicht des Todes vollzieht.

> Gedenckt den himmel auff zue gehn/
> Er wirdt nicht allzeit offen stehn:
> Es ist zue spat erst büßen wollen
> Jm fall wir schon verrecken sollen.⁴²

Nun steht außer Frage, daß auch Luther und frühneuzeitlich-lutherische Theologen – wie z. B. Johann Matthäus Meyfart (1590–1642)⁴³ im *Höllischen Sodoma*

---

41 Ebd., fol. K2v.
42 Ebd., fol. K4r.
43 Vgl. Erich Trunz: Johann Matthäus Meyfart. Theologe und Schriftsteller in der Zeit des Dreißigjährigen Krieges. München 1987.

(1630)⁴⁴ – die Aussicht auf das Jüngste Gericht mit doppeltem Ausgang und die drohenden ewigen Höllenstrafen dazu nutzten, ihre Adressaten zur *conversio ad Deum* aufzurufen, und dies bisweilen mit der an Deutlichkeit nichts zu wünschen übrig lassenden Ermahnung verbanden, daß es mit Blick auf den Zeitpunkt der Buße ein Zuspät gibt,⁴⁵ weswegen es nicht angeraten sei, diese unablässig auf morgen zu verschieben, mithin zu prokrastinieren. Doch steht die Tatsache, daß Opitz Maria Müller, die sich nach der Geburt ihres Sohnes auf den Tod präpariert, mit dem *Threnen*-Gedicht ‚versorgt', in einem – man muß es derart pointiert sagen – eklatanter nicht denkbaren Widerspruch zu reformatorischen Grundlagen der *ars moriendi*, wie sie nicht zuletzt in Luthers überaus wirkungsträchtigem und für die lutherische Sterbeseelsorge fundamentalem *Sermon von der Bereitung zum Sterben* (1519)⁴⁶ greifbar sind. In diesem Text führt Luther aus, daß man die Verderbensmächte Tod, Sünde und Hölle einschließlich der ewigen Verdammnis zu Lebzeiten meditieren müsse, um, wenn es ans Sterben geht, ausschließlich die drei tröstlichen Gegenbilder vor Augen zu haben, als da sind: erstens den in Christus als dem wahren Leben überwundenen Tod, zweitens Christus als Gnadenbild, das die Sünde besiegt hat, und drittens abermals den Sohn Gottes, der in seiner Gottverlassenheit auf Golgatha den Sieg über die Hölle davongetragen hat. Dieses „dreyfeltig bild", so Luther, hat Christus „am Creutz"⁴⁷ nicht nur konstituiert, sondern selbst verkörpert. Diese *imago triplex* gelte es im Glauben zu ergreifen und somit Trost zu finden:

> Er [scil. Christus] ist das lebendig und unsterblich bild widder den tod, den er erlitten, und doch mit seyner ufferstand von todtenn ubirwunden yn seynem leben. Er ist das bild der gnaden gottis widder die sund, die er auff sich genomen und durch seynen unubirwind-

---

44 Johann Matthäus Meyfart: Das Höllische Sodoma/ Jn zweyen Büchern. Auf Historische Weise/ ohn alle Streit-Sachen aus dem innbrünstig- und andächtigsten Contemplationen/ so wol Alter als Neuer/ doch gelehrter Vätter und Männer beschrieben. Und bey diesem [sic!] betrübten Läufften allen frommen Christen zu einer Warnung. Neben auserlesenen Precationibus jaculatoriis oder Seuftzerlein/ in Druck verfertiget [...]. Zum fünfftenmal gedruckt. Nürnberg 1671 [¹1630] (Privatbesitz). Vgl. Friedrich Vollhardt: Ausblicke ins Jenseits. Imaginationen der Hölle und ihre Revisionen in der Literatur der Frühen Neuzeit. In: Hieronymus Boschs Erbe. Hg. von Tobias Pfeifer-Helke. Berlin 2015 (Katalog der Ausstellung im Kupferstichkabinett der Staatlichen Kunstsammlungen Dresden, 19. März bis 15. Juni 2015), S. 29–39.
45 Vgl. etwa Martin Luther: Werke. Kritische Gesamtausgabe. 73 Bde. Weimar 1883–2009 (fortan zit. WA mit Band-, Seiten- und Zeilenzahlen), hier WA 23,373,3–25 (Ob man vor dem Sterben fliehen möge, 1527).
46 Vgl. zu diesem Text u. a. Berndt Hamm: Luthers Anleitung zum seligen Sterben vor dem Hintergrund der spätmittelalterlichen Ars moriendi. In: Jahrbuch fur Biblische Theologie 19 (2004), S. 311–362.
47 Luther, WA 2,691,12f.

lichen gehorsam ubirwunden. Er ist das hymelisch bild, der vorlassen von gott, alß eyn vordampter, und durch seyn aller mechtigist liebe die hell ubirwunden, bezeugt, das er der liebst sun sey und unß allen dasselb zu eygen geben, ßo wir alßo glauben.[48]

Von den verderblichen Bildern aber gilt Luther zufolge:

> Im leben solt man sich mit des todts gedancken uben und zu unß foddern, wan er noch ferne ist und nicht treybt. Aber ym sterben, wan er von yhm selbs schon alzu starck da ist, ist es ferlich und nichts nutz, Da muß man seyn bild außschlahen und nit sehen wollen [...].[49]

Für Sterbende und all diejenigen, die *nach* der Betrachtung der bedrohlichen Mächte zu Lebzeiten die Todesstunde in den Blick nehmen, verfaßte Luther daher das auf dem *Nunc dimittis* des Simeon (Lk 2,29–32) basierende Lied „Mit Fried' und Freud' fahr' ich dahin",[50] das in einem krasseren Kontrast zu Opitz' *Thrēnen* kaum stehen könnte. Wenn Opitz ausführt, er habe die Sehnsucht seiner auf den Tod zugehenden Adressatin nach der Ewigkeit des himmlischen Freudenlebens stärken wollen, so hat er zwecks Erreichung dieses Ziels paradoxerweise die Konfrontation eben dieser Adressatin mit den harten Fakten der *damnatio aeterna* gewählt, die den Nichtbußfertigen drohe. Oder sollte Opitz doch beabsichtigt haben, Maria Müller die längst überfällige und noch nicht vollzogene *conversio* nahezulegen – kurz vor Toresschluß gewissermaßen?

Mögen hierüber sattsam Spekulationen angestellt werden, so liegt klar auf der Hand, daß der Duktus des *Thrēnen*-Gedichts durch den Prätext des Ungenannten bestimmt ist, den Opitz verarbeitete. Es handelt sich um das erstmals 1624 gedruckte Gedicht mit dem Titel *Lacrymae aeternitati sacrae*[51] aus der Feder

---

48 Luther, WA 2,691,15–21.
49 Luther, WA 2,687,11–15.
50 Martin Luther: Geistliche Lieder und Kirchengesänge. Vollständige Neuedition in Ergänzung zu Bd. 35 der Weimarer Ausgabe. Hg. von Markus Jenny. Köln 1985 (Archiv zur Weimarer Ausgabe der Werke Luthers 4), S. 229–231.
51 Jeremias Drexel: NICETAS seu TRIVMPHATA INCONTINENTIA. [...]. Pont-a-Mousson 1624 (BSB München Asc. 1547), S. 326–332. Eine deutsche Übersetzung des Werkes erschien bereits 1625: Jeremias Drexel: Nicetas das ist Ritterlicher kampf vnd Sig. wider alle vnrainigkeit, vnd fleischlichen wollust. [...] Durch den Ehrwürdigen herren Christophorum Agricolam verteutscht. München 1625 (BSB München Asc. 1548). Die Übertragung des Ewigkeitsgedichts ist S. 543–553 abgedruckt und trägt den Titel „Trawrige Träher/ So man bey betrachtung der Ewigkeit vergiessen solle." Auf die Abhängigkeit von Opitz' *Thrēnen* von Drexel wies m. W. erstmals hin: John Bruckner: „Thrēnen zu Ehren der Ewigkeit". Überlegungen zur Vorlage einer Opitz-Übersetzung, 1628. In: Deutsche Barockliteratur und europäische Kultur. Zweites Jahrestreffen des Internationalen Arbeitskreises für deutsche Barockliteratur in der Herzog August Bibliothek Wolfenbüttel 28. bis 31. August 1976. Vorträge und Kurzreferate. Hg. von Martin Bircher, Eberhard Mannack.

des Jesuiten, Münchner Hofpredigers, antilutherischen Kontroverstheologen und Erbauungsschriftstellers Jeremias Drexel (1581–1638), dessen Werke äußerst hohe Verkaufszahlen erzielten.[52] Drexel, der einer lutherischen Augsburger Familie entstammte, war bereits in seiner Jugend zum römischen Katholizismus konvertiert. Vergleicht man Drexels *Lacrymae* mit Opitz' *Threnen*, wird erkennbar, daß letzterer alles andere als sklavisch, vielmehr poetisch souverän mit seiner Vorlage verfuhr und diese in die deutsche Sprache überführte, ohne ihr – im Unterschied etwa zu Andreas Gryphius' (1616–1664) Bearbeitung von Jacob Baldes (1604–1668)[53] *Enthusiasmen* in seinen *Kirchhofgedanken*[54] – auch nur ansatzweise einen wie immer gearteten spezifisch protestantischen Anstrich zu verleihen. Ob es sich hierbei bereits um einen interkonfessionellen Rezeptionsprozeß handelt oder nicht, mag strittig sein und bleiben – nicht zuletzt in Anbetracht der nicht abschließend beantworteten Frage, wie katholisch der Protestant Opitz in der Zeit seiner Tätigkeit als Sekretär Karl Hannibal von Dohnas tatsächlich war bzw. sich gerierte. Außer Frage indes steht, daß hier – ganz abgesehen von Opitz' eigener konfessioneller Position, wenn denn diese überhaupt bestimmbar ist – insofern ein Mechanismus von Interkonfessionalität zu besichtigen ist, als Opitz einer im Sterben liegenden lutherischen Adressatin einen römisch-katholischen Text in deutscher Übersetzung präsentiert.

Wer erwartet, daß Opitz' *Threnen*-Poem wenigstens mit einer tröstlichen Aussicht auf die himmlische Existenz endet, wird in einer nicht überbietbaren Weise enttäuscht. Denn Opitz folgt auch am Ende seiner Übertragung konsequent dem Duktus der Drexelschen Textvorlage und ruft in der letzten Strophe den Raben auf, der – insofern er stets krächzt, kräht und „cras" schreit – als geradezu emblematische Visualisierung des unbußfertigen Sünders gilt, der im Sinne des „morgen, morgen, nur nicht heute" seine Bekehrung fortwährend aufschiebt. In

---

Hamburg 1977, S. 227–229. Die knappen Bemerkungen zu den *Threnen*, die Max (Anm. 2), S. 146f. notiert, führen nicht weiter.

52 Vgl. Barbara Mahlmann-Bauer: Art. Drexel, Jeremias. In: Killy Literaturlexikon. Autoren und Werke des deutschsprachigen Kulturraumes. Hg. von Wilhelm Kühlmann u. a. Bd. 3 (2008). 2., vollständig überarbeitete Auflage, S. 104–106. Hermann Streber: Art. Drechsel (Drexelius), Jeremias. In: Wetzer und Welte's Kirchenlexikon, Bd. 3 (1884). 2. Auflage, Sp. 2017f. Karl Pörnbacher: Art. Drexel, Jeremias. In: Lexikon für Theologie und Kirche. Bd. 3 (1995). 3. Auflage, Sp. 373.

53 Vgl. Urs Herzog: Divina Poesis. Studien zu Jacob Baldes geistlicher Odendichtung. Tübingen 1976 (Hermaea. Germanistische Forschungen NF 36). Jacob Balde im kulturellen Kontext seiner Epoche. Zur 400. Wiederkehr seines Geburtstages. Hg. von Thorsten Burkard u. a. Regensburg 2006 (Jesuitica. Quellen und Studien zu Geschichte, Kunst und Literatur der Gesellschaft Jesu im deutschsprachigen Raum 9).

54 Vgl. Johann Anselm Steiger: Schule des Sterbens. Die „Kirchhofgedanken" des Andreas Gryphius (1616–1664). Heidelberg 2000.

Abb. 1: Johann Mannich: SACRA EMBLEMATA LXXVI IN QUIBUS SUMMA UNIUSCUIUSQUE EVANGELII ROTUNDE ADUMBRATUR das ist Sechs vnd sibentzig Geistliche Figürlein in welchen eines ieden Evangelij Summa Kurtzlichen wird abgebildet [...]. Nürnberg 1624 (Staatliche Bibliothek Passau S nv/Yge 280), fol. 59r.

Johann Mannichs (gest. 1637) *Sacra Emblemata* (1624) wird die bildliche Darstellung eines Raben (Abb. 1)[55] mit Hilfe folgender Verse erläutert:

> Der Rab den auff dem Baum du sihst/
> Der Sicherheit ein Fürbild ist/
> Wann die gottlosen Cras nur schreyn/
> Sich nimmermehr durch Buß vernewn/
> Auffs Hodiè nicht geben acht/
> Biß daß sie vntergehn mit macht.[56]

---

[55] Johann Mannich: SACRA EMBLEMATA LXXVI IN QUIBUS SUMMA UNIUSCUIUSQUE EVANGELII ROTUNDE ADUMBRATUR das ist Sechs vnd sibentzig Geistliche Figürlein in welchen eines ieden Evangelij Summa Kurtzlichen wird abgebildet [...]. Nürnberg 1624 (HAB Wolfenbüttel 389.1 Theol. [1]), fol. 59r.
[56] Ebd., fol. 58v.

Das Bildmotiv begegnet auch in frühneuzeitlichen Kirchenausstattungen, so z. B. in der Dorfkirche zu Mellenthin auf der Insel Usedom. An der Orgelempore sind insgesamt sechs emblematische Öltafelgemälde aus dem frühen 18. Jahrhundert zu sehen. Eines derselben (Abb. 2) zeigt drei Raben, die durch das Wasser, das aus einer Gießkanne auf sie fließt, nicht heller werden. Die Unterschrift „Ach Ach, | Schwartz vor alß nach" weist den Raben als Personifikation des hartnäckigen Sünders aus, der derart tief in die trügerische *securitas* verstrickt ist, daß er sich nicht um das Angebot der Sündenvergebung schert. Der Rabe fungiert überdies traditionellerweise (im Anschluß an Gen 8,7, wo erzählt wird, daß der aus der Arche Noah entlassene Rabe nicht zu dieser zurückkehrte) als Sinnbild der Undankbarkeit. Eben diesen Raben, in dessen Gestalt Drexel zufolge der unverbesserliche „Procrastinator"[57] angeschaut wird, inszeniert Opitz am Ende seines Gedichts und bescheinigt ihm, daß ein Ende der ewigen Höllenpein niemals in Sicht kommt, auch wenn man noch so lange „cras" schreit:

> Schrey jmmer Cras, O rabe/ schrey/
> Vndt sing dein' alte melodey:
> Der Ewigkeit jhr ziehl zue sehen
> Kan warlich morgen nicht geschehen.[58]

Trotz der Tatsache, daß sich die lyrisch-literarische Versorgung, die Opitz der sterbenden Maria Müller mit den *Thenen* angedeihen ließ, im Kontext der üblichen poimenischen Strategien des frühneuzeitlichen Luthertums alles andere als lutherisch ausnimmt, zeitigte dieses Gedicht eine äußerst beachtliche innerlutherische Wirkung. Über den Opitzschen Transmissionsriemen erzielten Drexels *Lacrymae* eine erstaunliche Rezeption im Kontext des barocken Luthertums und somit eine interkonfessionelle Relevanz, der detailliert nachzuspüren lohnenswert sein dürfte. Dies manifestiert sich etwa bei Paul Fleming (1609–1640),[59] wenn das lyrische Ich in den *Gedanken über der Zeit*, sich nach der Ewigkeit ausstreckend, klagend-sehnsüchtig ausruft:

> Ach daß doch jene Zeit, die ohne Zeit ist, käme
> und uns aus dieser Zeit in ihre Zeiten nähme [...].[60]

---

57 Drexel: Nicetas (Anm. 51), S. 332.
58 Spiegel aller Christlichen Matronen (Anm. 18), fol. K4v.
59 Vgl. Was ein Poëte kan! Studien zum Werk von Paul Fleming (1609–1640). Hg. von Stefanie Arend, Claudius Sittig. Berlin u. a. 2012 (Frühe Neuzeit 168).
60 Paul Fleming: Deutsche Gedichte. Hg. von Johann Martin Lappenberg. 2 Bde. Stuttgart 1865 (Bibliothek des Literarischen Vereins in Stuttgart 82f.) (Reprint Darmstadt 1965), hier: Bd. 1, S. 30.

Abb. 2: Mellenthin (Insel Usedom), Öltafelgemälde an der Orgelempore, frühes 18. Jahrhundert.

Viel stärker noch ist das Fortleben der Drexel-Opitzschen Textkompositionen bei einem anderen Vertreter des Netzwerkes derer, die sich als Opitzianer verstanden, nämlich bei Johann Rist (1607–1667),[61] dessen geistliches Lied *O Ewigkeit, du Donnerwort*[62] durch und durch seine Vorlage erkennen läßt und diese passagenweise fast wörtlich zitiert, was bereits in der Eingangsstrophe greifbar wird:

> O Ewigkeit du DonnerWort/
> O Schwerdt das durch die Seele bohrt/
> O Anfang sonder Ende/
> O Ewigkeit Zeit ohne Zeit/
> Jch weis für grosser Trawrigkeit/
> nicht wo ich hin mich wende/
> Mein gantz erschrocknes Hertz erbebt/
> daß mir die Zung am Gaumen klebt.[63]

Wie bei Drexel und Opitz steht in Rists Lied, das in zahlreiche lutherische Gesangbücher Eingang fand und sich nicht zuletzt durch Johann Sebastian Bachs Kantaten (BWV 20 und 60) dem Gedächtnis bleibend einschrieb, die angesichts des kurz bevorstehenden Jüngsten Tages höchst dringliche Notwendigkeit der Buße des sündigen Menschen im Vordergrund, der in der 13. Strophe mit Hilfe von vier Imperativen zur Umkehr aufgefordert wird:

> Wach auff O Mensch vom Sünden-schlaff'
> Ermuntre dich verlohrnes Schaf
> Und bessre bald dein Leben/

---

61 Vgl. Johann Rist (1607–1667). Profil und Netzwerke eines Pastors, Dichters und Gelehrten. Hg. von Johann Anselm Steiger, Bernhard Jahn. Berlin u. a. 2015 (Frühe Neuzeit 195). Vgl. überdies Eberhard Mannack, J. A. Steiger: Art. Rist, Johann. In: Killy Literaturlexikon. Autoren und Werke des deutschsprachigen Kulturraumes. Hg. von Wilhelm Kühlmann u. a. Bd. 9 (2010). 2., vollständig überarbeitete Auflage, S. 668–670. Thomas Diecks: Art. Rist, Johann. In: Neue Deutsche Biographie 21 (2003), S. 646f. J. A. Steiger: Art. Rist, Johann. In: Religion in Geschichte und Gegenwart⁴ 7 (2004), Sp. 528. Eberhard Mannack: Johann Rist. Gelehrter, Organisator und Poet des Barock. Festvortrag zur 89. Jahresversammlung der Gesellschaft der Bibliophilen e. V. am 5. Juni 1988 in Kiel. München 1988. Dieter Lohmeier, Klaus Reichelt: Art. Rist, Johann. In: Deutsche Dichter des 17. Jahrhunderts. Hg. von Harald Steinhagen, Benno von Wiese. Berlin 1984, S. 347–364. Klaus Reichelt: Art. Rist, Johann. In: Biographisches Lexikon für Schleswig-Holstein und Lübeck. Bd. 6. Neumünster 1982, S. 250–254.
62 Johann Rist und Johann Schop: Himmlische Lieder (1641/42). Kritisch hg. und kommentiert von Johann Anselm Steiger. Kritische Edition des Notentextes von Konrad Küster. Mit einer Einführung von Inge Mager. Berlin 2012, S. 339–346. Vgl. Johann Anselm Steiger: ‚O Ewigkeit, du Donnerwort'. Zum 400. Geburtstag des Pastors, Dichters und Arztes Johann Rist. In: Deutsches Pfarrerblatt 107 (2007), S. 128–133.
63 Rist / Schop: Himmlische Lieder (Anm. 62), S. 341.

> Wach auff es ist doch hohe Zeit/
> Es kompt heran die Ewigkeit
> Dir deinen Lohn zu geben/
> Vieleicht ist heut der letzter Tag.
> Wer weis noch wie man sterben mag!⁶⁴

Und Rist setzt im Vergleich mit Opitz hinsichtlich der schonungslosen Profilierung der verdammlichen *efficacia* des Donnerworts gar noch einen drauf, insofern er diejenigen kurzen Passagen gänzlich fortläßt, in denen Opitz unter Befolgung der rhetorischen Strategie der *oppositio* wenigstens passagenweise auf die ewigen Himmelsfreuden zu sprechen kommt. Stattdessen wiederholt Rist am Ende des Gedichts die Eingangsstrophe – wortwörtlich mit Blick auf die ersten sechs Verse und lediglich in den beiden letzten den Ausblick auf den Eingang ins himmlische Leben thematisierend:

> O Ewigkeit du Donner-Wort/
> O Schwert das durch die Seele bohrt
> O Anfang sonder Ende!
> O Ewigkeit Zeit ohne Zeit!
> Jch weis für grosser Traurigkeit
> Nicht/ wo ich mich hinwende/
> Nimb du mich wenn es dir gefält
> HErr Jesu in dein Freuden-Zelt.⁶⁵

Wie das Donnerwort-Lied recht zu verstehen sei, ergibt sich nicht nur aus der zeitgenössischen Tradition der eschatologischen Bußpredigt, sondern auch aus der Leseanweisung, die Rist selbst in der Vorrede zum vierten Teil der *Himmlischen Lieder* gibt.

> Da halte nun ein wenig still du hartnäckichter verkehrter Sünden-Mensch: Da gedencke mit Zittern an das Zukünfftige/ und was du für grosse und erschreckliche Dinge nach dem Tode habest zu gewarten: Da betrachte die hohe ja göttliche Majestät des himlischen Richters; [...] deine/ in der Gnaden-Zeit verübte Gottlosigkeiten und Ubelthaten/ die Offenbahrung solcher deiner wider Gott und Gewissen begangnen Händel/ die erschreckliche Donnerstimme des allergerechtesten Richters: Gehet hin jhr Verdampten in das ewige höllische Feur/ welches euch und allen Teuffeln ist bereitet [Mt 25,41]/ und denn schließlich die allerlieblichste Annehmung der frommen vnd gottseligen Kinder Gottes in das Reich der Freuden/ Ehr und Herrligkeit/ welches alles zu sehen/ zu hören und zu erfahren die Gottlosen und Verdampten unaußsprechlich wird quälen in alle ewige Ewigkeit. So erzitter nun dieweil du noch lebest/ O sündiger Mensch/ und erschrick von Hertzen/ damit du nicht nach deinem unseligen Absterben ewiglich müssest zittern und beben. Erinnere dich alle

---

64 Ebd., S. 344f.
65 Ebd., S. 345f.

Stunde und Augenblick der unendlichen Ewigkeit/ und singe täglich aus diesem Vierdten Theil meiner himlischen Lieder mit wahrer Andacht deines Hertzens: [es folgt die Zitation der ersten Strophe des Donnerwort-Liedes][66]

Der Skopos von *O Ewigkeit, du Donnerwort* ist demnach Rist zufolge nichts anderes als tröstlich, weswegen er resümiert:

O du sündhaffter Welt-Mensch/ schätze nicht gering diese treuhertzige Ermahnung/ dadurch anders nichts wird gesuchet/ als das ewige Heyl und die Wolfahrt deiner Seelen.[67]

Daß der knapp 32 Jahre lang (auch) als Pastor wirkende Rist[68] – in Analogie zu Opitz – sein Donnerwort-Lied jedoch im Sterbebett Liegenden zwecks Meditation überreicht hat, ist eher unwahrscheinlich, auch angesichts des Umstandes, daß das rund 700 geistliche Lieder umfassende Œuvre Rists[69] eine Vielzahl von Sterbeliedern zu bieten hat, wie z. B. das *Trost-Lied*, das sich laut Überschrift zum Ziel setzt, demjenigen, der es singt, „wider die Furcht und Schrecken des grausamen Todes"[70] zu wappnen.

Es zeigt sich: Die immer wieder aufgestellte (und hierdurch nicht wahrer werdende) Behauptung, die Promulgation des Jüngsten Gerichts mit doppeltem Ausgang trete bereits bei Luther zugunsten der Botschaft der Rechtfertigung des Sünders allein aus Gnade ganz in den Hintergrund, und dort, wo sie sich im frühneuzeitlichen Protestantismus artikuliere, sei ein Rückfall in eine durch die

---

66 Ebd., S. 271 f.
67 Ebd., S. 272.
68 Rist war 1635 auf das Pastorat in Wedel berufen worden. Vgl. die Notiz in Hudemanns Leichenpredigt auf Rist: Johann Hudemann: Ars benè moriendi Das ist: Christliche Sterbens-Kunst/ Gezeiget aus den Worten Luc. XIIX. 13. Gott sei mir Sünder gnädig. Jn der Leich-Predigt Welche bei ansehnlicher und Volckreicher Beerdigung Des Weiland Wol-Ehrwürdigen/ WolEdlen/ Vesten und Hochgelahrten Herrn H. Johann Risten Vom Kaiserlichen Hofe aus Edel-gekrönten Poëten/ Com. Palat. Caesar. Wolbestalten Fürstl. Mechlenb. Geheimbten- und Consistorial-Rahts/ Pastoris zu Wedel/ und des Königl. Pinnenbergischen Consistorii, primarii Assessoris, und Sub-Senioris. Anno 1667. d. 12. Septemb. gehalten/ und auff Begehren zum Druck herauß gegeben hat Johann. Hudeman/ Dero zu Dennemarck/ Norwegen Kön. Maj. bestalter Probst/ dero Graffschafft Pinnenberg/ auch des Münsterdorffischen und Segebergischen Consistorii, Superintendens bei der Königl. Milice und Guarnisonen in den Fürstenthümern Schleßwig/ Holstein/ und Pastor in der Stadt und Veste Kremp/ in Holstein. Hamburg 1667. Kommentierte Edition. Bearb. von Johann Anselm Steiger. In: „Ewigkeit, Zeit ohne Zeit". Gedenkschrift zum 400. Geburtstag des Dichters und Theologen Johann Rist. Hg. von Johann Anselm Steiger. Neuendettelsau 2007 (Testes et testimonia veritatis 5), S. 217–246, hier S. 242.
69 Vgl. Johann Anselm Steiger: Carmina spiritualia Ristiana. Bibliographie sämtlicher geistlicher Lieder Johann Rists (1607–1667). In: Jahrbuch für Liturgik und Hymnologie 52 (2013), S. 171–204.
70 Rist / Schop: Himmlische Lieder (Anm. 62), S. 318.

Reformation überwundene Mentalität zu konstatieren, ist – schon mit Blick auf Luthers Eschatologie – ahistorisch und entspringt neuprotestantischen dogmatischen Setzungen, um nicht zu sagen Wunschvorstellungen und Projektionen. Die Quellen sprechen eine andere Sprache,[71] und ähnliches gilt im übrigen mit Blick auf die lutherische Ikonographie des 16. und 17. Jahrhunderts. Tatsächlich ist – unbeschadet fundamentaler konfessioneller Differenzen bezüglich der Gnadenlehre und ihrer Konsequenzen hinsichtlich der Behandlung der Eschata – im Kontext der auf Multimedialität bedachten, auch lyrisch sich zu Gehör bringenden Bußpredigt und der in sie eingelagerten Rede vom Jüngsten Gericht und den ewigen Höllenstrafen ein hohes Maß an konfessionsübergreifendem Konsens zu beobachten. Dieser läßt sich an dem interkonfessionellen Rezeptionsprozeß exemplarisch ablesen, den der in katholischen Diensten stehende Protestant Opitz in Gang setzte und den lutherische Poeten wie Fleming und Rist fortführten – letzterer dezidiert in dem Bestreben, das ‚tote' Maul- und Heuchel-Christentum zu beseitigen und es, ganz im Sinne Johann Arndts (1555–1621)[72] und anderer Frömmigkeitstheologen des beginnenden 17. Jahrhunderts durch ein ‚wahres Christentum' zu ersetzen.

---

71 Vgl. hierzu Frank A. Kurzmann: Die Rede vom Jüngsten Gericht in den Konfessionen der Frühen Neuzeit. Berlin u. a. 2019 (Arbeiten zur Kirchengeschichte 141).
72 Vgl. Hans Schneider: Art. Arndt, Johann. In: Frühe Neuzeit in Deutschland 1520–1620. Literaturwissenschaftliches Verfasserlexikon. Hg. von Wilhelm Kühlmann, Jan-Dirk Müller, Michael Schilling, Johann Anselm Steiger, Friedrich Vollhardt. Bd. 1. Berlin u. a. 2011, Sp. 146–157.

Stefanie Arend
Netzherrschaft und Autorschaft
Martin Opitz und Andreas Tscherning im brieflichen Netzwerk

„Doch ich hoffe selbst bekandt Bey der Welt durch dich zu werden" – diese Verse formuliert Tscherning in einem Geleitgedicht für Johann Rist im *Poetischen Schauplatz*.[1] Sie verweisen auf eine Netzwerkstrategie, die Tscherning gerade in den Jahren, bevor er auf die Professur für Poetik an der Universität Rostock berufen wurde, besonders hartnäckig verfolgte. Er hoffte darauf, bekannt oder bekannter zu werden, indem nach außen deutlich wurde, mit welchen wichtigen Akteuren im Netzwerk er bekannt war.[2] Die *semina scientiae* sollten gestreut werden, sein Name sollte fallen, in schriftlicher Form oder im Gespräch. Das Netzwerken war für Tscherning, der aus bescheidenen Verhältnissen, einer Bunzlauer Kürschnerfamilie kam, in der ein akademischer Werdegang keineswegs vorgesehen war, mehr als ein bloßes Spiel, sondern existentiell. Opitz, eine Art ‚Relaisstation' im gelehrten Netzwerk,[3] sollte helfen. Aber welche Funktion übernahm dieser tatsächlich?

Der Spurensuche dienlich können einige Briefe von Tscherning an Opitz sein, geschrieben zwischen 1635 und 1639. Von Opitz an Tscherning sind leider nur zwei, zumal recht kurze, Briefe aus den Monaten April und Juli 1639 überliefert und diese nicht handschriftlich, wohingegen die Briefe Tschernings, häufig recht lang, handschriftlich in Gotha aufgespürt werden konnten. Zumindest auf der Grundlage dieser uns noch erhaltenen Briefe könnte sich erschließen lassen, wie Tscherning seine Netzwerkstrategien im Laufe der Jahre ändert, im Kontakt mit Opitz sich selbst als Autor erfindet und versteht, daß Netzherrschaft besonders durch Autorschaft bedingt ist.

---

[1] Andreas Tscherning: SOlt' ich Deiner ie vergessen? In: Johann Rist: Poetischer Schauplatz/ Auff welchem allerhand Waaren Gute und Böse Kleine und Grosse Freude und Leid-zeugende zu finden. Hamburg 1646. Vgl. dazu Stefanie Arend: Andreas Tscherning und Johann Rist: Zwei ungleiche Dichter und die Rhetorik ihrer Widmungsgedichte. In: Johann Rist (1607–1667). Profil und Netzwerke eines Pastors, Dichters und Gelehrten. Hg. von Johann Anselm Steiger und Bernhard Jahn. Berlin, New York 2015 (Frühe Neuzeit 195), S. 25–48.
[2] Vgl. dazu Misia Sophia Doms: „Jch/ alß welcher sich befleist/ Grosser Leute Gunst zu kriegen". Poetische Strategien zur Steigerung des Ansehens als Gelehrter und Dichter in der Lyrik Andreas Tschernings. In: KulturPoetik. Zeitschrift für kulturgeschichtliche Literaturwissenschaft / Journal für Cultural Poetics (2009), S. 155–177.
[3] Vgl. Sven Externbrink: Humanismus, Gelehrtenrepublik und Diplomatie. In: Akteure der Außenbeziehungen. Netzwerke und Interkulturalität im historischen Wandel. Hg. von Hillard von Thiessen und Christian Windler. Köln u. a. 2010 (Externa 1), S. 133–149, hier S. 133.

Um sich dieser speziellen Dichterkonstellation in einem Netzwerk mehr oder weniger bekannter und illustrer Persönlichkeiten anzunähern, dient zunächst ein Blick in Tschernings erste Sammlung *Deutscher Getichte Früling* 1642. Opitz war seit drei Jahren tot, und dieser Tod war – so seltsam es klingen mag – für Tscherning als Autor ein Glücksfall. Er kam genau zur richtigen Zeit. Es war eine Lücke entstanden, die er zu füllen wußte. Schon der sprechende Titel *Deutscher Getichte Früling* wurde, so Bogner, als „ein wesentlicher Bestandteil der von Opitz initiierten Neubegründung einer Nationalliteratur" aufgefaßt.[4] Deshalb schien der häufig strapazierte Vergleich mit Opitz auf Tscherning besonders gut zu passen.

Geleitgedichte im *Früling* profilieren Tscherning redundant und mindestens als Opitz' gleichrangigen Nachfolger. Senftleben exponiert Tscherning als Hoffnungsträger, der die Trauer um Opitz lindern kann.[5] Buchner erkennt in Tscherning den Dichter, der Opitz' Genius weiter erklingen lassen wird.[6] Johann Heermann gar beschreibt Tscherning als „Opitio par, nisi major".[7] Tscherning selbst beweist strategisches Geschick, indem er jenen letzten Brief von Opitz, geschrieben im Juli 1639 aus Danzig, im *Früling* abdrucken läßt. Es handelt sich um einen kurzen Brief, der aber einen kleinen Satz enthält, der für Tschernings Selbstpositionierung im Netzwerk hilfreich ist. Opitz, der offenbar auf die Zusendung von Texten reagiert, kündigt an, ihm „die Fackel" des Dichtens, der Kritik und des Urteilens zu übergeben.[8] An dieser Stelle im *Früling* plaziert könnte der Brief eine Art *subscriptio* zum Titelkupfer darstellen, der vom Bruder David Tscherning verfertigt wurde (Abb. 1).[9]

---

[4] Ralf Georg Bogner: Andreas Tscherning. Konstruktionen von Autorschaft zwischen universitärem Amt, urbaner Öffentlichkeit und nationaler Literaturreform. In: Theorie und Praxis der Kasualdichtung in der Frühen Neuzeit. Hg. von Andreas Keller, Elke Lösel, Ulrike Wels und Volkhard Wels. Amsterdam, New York 2010 (Chloe 43), S. 185–196, hier S. 189.
[5] Andreas Senftleben: Hactenus insolito gemuit sub milite preßa [...]. In: Andreas Tscherning: Deutscher Getichte Früling. Breslau 1642, fol. A8v.
[6] August Buchner: Proximus extremae cum staret OPITIUS horae [...]. In: Tscherning: Früling (Anm. 5), fol. A6r.
[7] Vgl. Johann Heermann: Tschernigi, quoties legi tua carmina, dixi [...]. In: Tscherning: Deutscher Getichte Früling (Anm. 5), fol. A6rf., hier fol. A6r. Dies wiederum mag eine Antwort sein auf Tschernings Gedicht auf Heermanns Epigramma, ebenfalls im *Früling* abgedruckt, wo es heißt: „Ihr bringt uns Lieder wie Opitz wieder | Kommt gleich auff Flöten Ihm dem Poeten" (ebd., S. 197).
[8] Martin Opitz: Brief an Andreas Tscherning vom 15.7.1639. In: Tscherning: Früling (Anm. 5), fol. A5v: „Itaque lampada tibi libenter trado." Der Brief ist wiederabgedruckt in: BW III S. 1575f.
[9] Eine Deutung von Tschernings Frontispiz aus dem Blickwinkel der Autorschaftsinszenierung bietet Achim Aurnhammer: Frühneuzeitliche Porträtpolitik. Das Dichterbildnis des Martin Opitz

Abb. 1: Titelkupfer zu: Andreas Tscherning: Deutscher Getichte Früling. Breslau 1642.

Auf der rechten Seite ist Opitz zu erkennen, dem der Lorbeerkranz überreicht wird. Über Opitz angeordnet ist Plato, an dessen Kette die von ihm im *Staat* geschmähten Dichter hängen. Im Kontext des Bildes sind diese wohl diejenigen, die ihr Handwerk nicht beherrschen, im Gegensatz zu Platon, der aber dennoch an sie gekettet ist, wenn auch mit deutlichem Abstand. Es sind diejenigen, die die Dichtkunst in Verruf bringen, anstatt ihr Ansehen durch ausgezeichnete Elaborate zu befördern. Alle aber sind aneinander gekettet, denn über allen steht die Anforderung, einer wahren Dichtkunst nachzukommen: zu dichten, um den Sinn der Götter zu vermitteln und in poetischen Gebilden den Hauch der Wahrheit spüren zu lassen. Platon war, unter anderem wegen dieser seiner Inspirationstheorie im *Ion*, in frühneuzeitlichem Kontext und besonders in Poetiken eine wichtige Autorität und eine Orientierungsfigur, so auch in Opitz' *Buch von der Deutschen Poeterey*.[10]

Der Sinn der ins Bild gesetzten Dichtervertreibung wird allerdings deutlicher, wenn man die theoretisch recht instruktive Vorrede zum *Früling* hinzuzieht. Hier bekennt sich Tscherning dazu, nach Art der Alten zu schreiben, zu Homer und zu Platon, der zwar Dichter aus der Stadt verwiesen habe, aber selbst ein rechter Poet gewesen sei.[11] So dient die im Titelkupfer subtile und in der Vorrede deutlich explizierte Abgrenzung von der Masse der Vielschreiber nicht zuletzt der Selbstinszenierung. Es gibt die wahren Dichter, zu denen sich Tscherning zählt und sicher auch Opitz, und jene, die viel schreiben zu jeder Gelegenheit und die den Namen ‚Dichter' gar nicht verdienen. Der Titelkupfer gibt an die Hand, daß neben Platon eben auch Opitz als Vorbild für die wahre Dichtkunst fungiert.

Allerdings findet Opitz, der auf dem Titelblatt deutlich zu sehen ist, seltsamerweise in dieser Vorrede mit keinem Wort Erwähnung. Tscherning wußte, wie wichtig es war, Namen fallen zu lassen. Wie kommt es, daß der Name Opitz fehlt? Sollte sich hier möglicherweise eine Öffnung in den Maschen ergeben, so daß er Gefahr läuft, hindurchzufallen? Weist das Fehlen seines Namens darauf hin, daß es vielleicht doch Risse, problematische Schwingungen in diesem Netzwerk gab, gar Irritationen zwischen Tscherning und dem bereits berühmten Dichterfürsten des 17. Jahrhunderts?[12]

---

in Selbst- und Fremdinszenierungen. In: Bildnispolitik der Autorschaft. Visuelle Inszenierungen von der Frühen Neuzeit bis zur Gegenwart. Hg. von Daniel Berndt, Lea Hagedorn, Hole Rößler und Ellen Strittmatter. Göttingen 2018, S. 173–208, bes. S. 186–189.
10 Vgl. Poeterey, S. 17, vgl. S. 15 und 19.
11 Tscherning: Vorrede zu: Deutscher Getichte Früling (Anm. 5), fol. A1v–A5r, hier fol. A2v.
12 Zu einer recht problematischen Dichterfreundschaft vgl. Arend (Anm. 1).

Die Komposition des Titelblatts der Sammlung *Deutscher Getichte Früling* drängt auf den ersten Blick nicht gerade die Vermutung auf, daß atmosphärische Störungen in irgendeiner Art und Weise das Verhältnis zwischen dem hoffnungsreichen Dichter Tscherning und dem bewunderten und bis zu seinem Tod stets umtriebigen und geschickten Netzwerker Opitz getrübt haben könnten. Opitz, der hier seinen rechten Arm nach links oben ausstreckt, während von rechts der Lorbeerkranz als Auszeichnung für seine künstlerischen Leistungen über ihn gehalten wird, erscheint auf den ersten Blick als Beschützer. Seine rechte Hand und die Leyer, gehalten auf der linken Seite von Apoll, bewegen sich aufeinander zu in der Mitte über der Titelei, auf der oben der Name Andreas Tscherning deutlich zu lesen ist. Die Szene könnte als Momentaufnahme gelesen werden, als Ausschnitt, der einen narrativen Rahmen enthält, als Prolepse auf das, was sich ereignen wird: Opitz überreicht Tscherning die Leyer, erweist sich großzügig und schließt ihn an die Reihe derjenigen, gleichwohl wenigen, Dichter an, die in besonderer Weise von der Muse geküßt sind.

Noch aber kann man nicht genau sagen, was sich ereignen wird. Das Bild besitzt insofern ein spannendes Moment. Einerseits illustriert es den bereits erwähnten Brief von Opitz, in dem dieser schreibt, er werde Tscherning die Fackel des Dichtens, die oben links im Bild auch Platon in der Hand halten könnte, übergeben. Die Fackel wäre hier in etwa gleichbedeutend mit der Leyer, die aber noch Apoll in der Hand hält. Andererseits aber ist noch unklar, wo sich die Szene hinbewegen wird: Opitz greift nach der Leyer, aber wird Apoll sie ihm tatsächlich übergeben, oder warum besteht ein deutlich sichtbarer Abstand zwischen Leyer und Hand und weswegen steht Opitz noch mit leerer Hand da? So könnte sich die Frage aufdrängen: Ist es nicht eher Tscherning, der die Auszeichnung verdient hätte, der sich aber immer im Schatten des bereits verstorbenen Übervaters Opitz befindet, dem er dann doch nicht gleichkommen kann? Was wird Apoll tun? Wird er das, was er offenbar beabsichtigt, tatsächlich ausführen, oder sollte er es sich nicht anders überlegen, und sollte nicht Tscherning selbst auf diesem Titelblatt derjenige sein, der als Figur auf der rechten Seite erscheint und ausgezeichnet wird, d. h. dann auf dem literarischen Feld endlich den Platz von Opitz beanspruchen darf, der immerhin in der besagten Vorrede des *Früling* von Tscherning mit keinem Wort erwähnt wird? Im zeitgenössischen Kontext mußte es wohl noch Opitz sein, der auf dem Titelkupfer prominent abgebildet ist und die Hand ausstreckt, als wäre er sich seiner Position sehr sicher.

Diese Befunde ermuntern dazu, dieser Dichterkonstellation weiter nachzuspüren und respektive so manch erhaltener Briefe nach ihrer Genese zu fragen. Dabei sei zunächst der Befund vorweggenommen, daß in den Briefen über weite Strecken Tscherning derjenige ist, der hilfsbedürftig die Hand nach Opitz ausstreckt und von diesem etwas erwartete und verlangte, das dieser nicht gab oder nicht geben konnte. Im Verlauf der Briefe können wir Tscherning dann dabei zu sehen, wie er, Opitz vor Augen, seine eigene Idee von Autorschaft im Netzwerk entwickelt.

Um den Gestus der Briefe einschätzen zu können, ist es hilfreich, biobibliographische Aspekte zu bedenken: 1635 war Tscherning nach Rostock gekommen, um dort in einem noch relativ friedlichen Umfeld seine Studien aufzunehmen, mußte aber dann wegen Geldsorgen wieder nach Schlesien zurückkehren, verdingte sich dort in Bunzlau und dann in Breslau als Hauslehrer, um wahrscheinlich 1642 wieder nach Rostock zurückzukehren. 1644 übernahm er als Nachfolger Peter Laurembergs die Professur für Poesie. Bis zu Opitz' Tod ist Tscherning mit wegweisenden Texten nicht in Erscheinung getreten, d. h. mit Texten, mit denen er sich einen prominenten Namen als Autor erwarb. Man muß vielleicht in Rechnung stellen, daß seine Lage prekär war, von Geldsorgen und den Leiden des Krieges geprägt. Und so sind die ersten Briefe Tschernings von eindringlichen Bildern gezeichnet, die die Verheerungen des Krieges schildern. Der Appell geht häufig darauf hinaus, daß Opitz helfen möge, irgendwie, wenn nicht durch direkte finanzielle Zuwendungen, dann doch durch Vermittlungen, die eine solche mit sich führen. Um im Bild zu bleiben, Tscherning streckt die Hand aus, hilfsbedürftig und nicht selten verzweifelt. Man kann ihm bisweilen zusehen, wie er sich verkämpft um die Gunst des Meisters, dabei immer wieder selbst seine Dienste anbietet und seine Verehrung, schmeichelnd, bekundet.

Den ersten Brief, der uns überliefert ist, schrieb Tscherning am 6. Juni 1635 aus Rostock. Er beschreibt die Reise in die Hansestadt, die über Glogau, Frankfurt an der Oder bis Stettin auf dem Schiff führte, offenbar 18 Tage dauerte und von kleineren kriegsbedingten Zwischenfällen unterbrochen wurde.[13] Tscherning hebt hervor, daß er in Rostock Menschen getroffen habe, die Opitz liebten und bewunderten, daß der Ort von dessen Aura durchdrungen sei und daß er selbst

---

13 Vgl. Brief Tschernings an Opitz vom 6.6.1635. In: BW II, S. 1268–1275, hier S. 1271. Aus dem Brief wird nicht deutlich, wo Opitz sich zu dieser bewegten Zeit befand, vermutlich in Breslau. Vgl. Marian Szyrocki: Martin Opitz. Zweite, überarbeitete Aufl. München 1974, S. 98–100. Nach Rostock reiste Tscherning wohl nicht allein, Borcherdt vermutet ihn in Begleitung von Christoph Sambach aus Neustadt und Georg Charisius aus Brieg. Vgl. Hans Heinrich Borcherdt: Andreas Tscherning. Ein Beitrag zur Literatur- und Kulturgeschichte des 17. Jahrhunderts. München, Leipzig 1912, S. 43. Rostock war zu dieser Zeit, besonders zwischen 1550 und 1650, eine wichtige Universität, die überregionalen Ruf genoß und Studenten anzog, auch etliche aus Schlesien, besonders viele aus Livland und Skandinavien. Vgl. 575 Jahre Universität Rostock. Mögen viele Lehrmeinungen um die eine Wahrheit ringen. Hg. vom Rektor der Universität Rostock. Rostock 1994, S. 15f.

auch von dieser profitiere.¹⁴ Er bietet Opitz, für den er unterwegs kleinere Aufträge erledigt hatte, sogleich weitere Hilfe an:

> Wenn Du meinst, daß ich hier an diesem Ort etwas in Deiner Sache erreichen kann, sag' an, befiehl und gebiete; Du wirst in mir (ich verspreche es heilig) jemanden haben, der zu jeder willfährigen und dienstfertigen Erwiderung bereit ist.¹⁵

Auffällig ist die imperative Formel in asyndetischer Reihung ‚edic, jube, impera', die auch in weiteren Briefen begegnen wird. Erwähnung findet Peter Lauremberg, dem Tscherning von Opitz offenbar in einem Begleitbrief empfohlen wurde: „Das Schreiben mit Deiner zu Höherem strebenden Empfehlung gereicht zur Zierde und zum grösten Vorteil."¹⁶ Tscherning erzählt, daß Lauremberg ihn „kostenlos in das Stammbuch der akademischen Bürger" eintrug.¹⁷ Hier findet sich ein Hinweis auf das, was ihm immer fehlte, während er an Opitz schrieb: Geld. Die offene Klage über die prekären ökonomischen Verhältnisse wird viele seiner Briefe fortan grundieren und das Verhältnis der Briefpartner auf eigenartige Weise bestimmen. So hebt Tscherning hier hervor, daß er „kostenlos den öffentlichen Musentempel im Philosophischen bzw. Weißen Kolleg" genieße und daß er für die „Wohltat der allgemeinen Mensa [...] allmonatlich einen Reichstaler" zahle.¹⁸ Über Rostock selbst schreibt Tscherning:

> Diese Stadt ist vollgestopft mit einem großen Haufen Studenten. [...] Hier ist alles sicher und fröhlich. [...] Die Stadtbürger sind nicht so roh und barbarisch, wie sie von einigen, die den Ort nicht kennen, genannt werden. Es wird viel Fisch vorgesetzt. Der Trank sagt weder meinem Magen noch denen der übrigen Studenten zu. Das Brot ist schwarz – man meint fast, Erde zu essen –, aber schmackhaft.¹⁹

Alles in allem scheint sich Tscherning in dem vom Krieg noch relativ unbehelligten Rostock recht wohl gefühlt zu haben. Abzusehen war aber wohl, daß das vorhandene Kapital, vermutlich ein Stipendium der Stadt Bunzlau,²⁰ nicht lange reichen würde. Und so schließt der Brief mit der dringlichen und fordernden Bitte an Opitz, gut von ihm zu reden bzw. zu schreiben: „Dreh jeden Stein um, um mich

---

14 Vgl. Brief Tschernings an Opitz vom 6.6.1635. In: BW II, S. 1271.
15 Ebd.
16 Ebd.
17 Ebd., S. 1272.
18 Ebd., S. 1273. Das Weiße Kolleg diente als Universitätsgebäude, bis es 1865 abbrannte. Vgl. 575 Jahre Universität Rostock (Anm. 13), S. 15.
19 BW II, S. 1272f.
20 Vgl. Borcherdt (Anm. 13), S. 41.

zu rühmen und in ein helleres Licht zu setzen. Ich liebe und umarme Dich."[21] Er bittet Opitz darum, ein weiteres Empfehlungsschreiben an Lauremberg aufzusetzen: „Bei allem, was den Musen heilig ist, bitte und flehe ich Dich an, schreib und geruhe, mich in einem Brief an Lauremberg zu empfehlen. Bei ihm wirst Du Dich beliebt machen, bei mir aber, ich schwöre es, noch weitaus beliebter."[22] Auch Opitz' engen Freund Nüßler läßt Tscherning grüßen und fordert Opitz auf: „Schreib zurück, Du Säule der Wissenschaften. Nichts Angenehmeres und Lieberes geschieht mir."[23] In diesem Brief erscheint Opitz als ein wichtiger Mentor und Vermittler, dem sich Tscherning bereitwillig verpflichtet, um im Netzwerk Fuß zu fassen. Sehr offensiv und vielleicht die Grenzen unangenehmer Schmeichelei berührend wirken die Bitten, ihm weiter zu helfen und sich für ihn einzusetzen.

Der nächste erhaltene Brief ist datiert vom 23. September 1636. Wir finden nun Tscherning wieder in Bunzlau. Opitz weilt inzwischen in Danzig.[24] Der Beginn des Briefes legt die Vermutung nahe, daß sich die beiden kürzlich persönlich begegnet sind, vielleicht auf Tschernings Reise von Rostock nach Bunzlau oder sogar in Danzig selbst. Vermutlich war Tscherning nach Bunzlau wegen Geldsorgen zurückgekehrt und um Erbschaftsangelegenheiten zu regeln. Jedenfalls spricht er in dem Brief von seinen „Gütern", die an Wert verloren hätten.[25] Er beklagt seine mißliche „Lage" und bittet Opitz darum, ihm ein warmes „Nest" („nidus") zu vermitteln, eine Wendung, die er gerne auch in anderen Briefen nutzt: „In diesem Sinne klopfe ich wiederum an die Pforte Deines Wohlwollens [...]."[26] Er sucht Opitz bei seiner Ehre zu packen, indem er ihn auf seine *benevolentia* verpflichtet, ein Begriff, der in diesem Brief häufiger vorkommt. Am Ende wird Opitz in einer griechischen Wendung als εὐεργέτης, als Wohltäter, gezeichnet.

Den Brief vom 1. November 1637 sendet Tscherning aus Breslau. Seine Lage scheint sich wieder verschlechtert zu haben wie er auch den Zustand seiner Heimatstadt in düstersten Farben malt: „Unser Bunzlau kämpft mit dem Tod; man kann bald zum Leichenbegängnis gehen, zu dem es schon bereit ist."[27] Tscherning erzählt von Intrigen, Verfolgungen und Foltern. Er selbst scheint sich zwar in relativer Sicherheit in Breslau zu befinden, dürftig mit einer Hauslehrerstelle versorgt und umgeben von gelehrten Gleichgesinnten, wie u. a. Christoph Colerus, von dessen Arbeiten in diesem Brief auch die Rede ist. Und dennoch: Tscher-

---

21 Brief Tschernings an Opitz vom 6.6.1635. In: BW II, S. 1273.
22 Ebd.
23 Ebd.
24 Vgl. zur Übersiedelung von Thorn nach Danzig Szyrocki (Anm. 13), S. 111.
25 Brief Tschernings an Opitz, 23.9.1636. In: BW II, S. 1328–1330, hier S. 1329.
26 Ebd.
27 Brief Tschernings an Opitz vom 1.11.1637. In: BW III, S. 1394–1399, hier S. 1397.

nings materielle Lage ist weiterhin prekär, es fehle ihm „Nahrung und Geld", er beklagt mangelnde Unterstützung seitens seiner Heimatstadt, die ihn „ganz im Stich gelassen" habe, er empfinde „Bitterkeit", weil „öffentliche wie auch private Dinge" gescheitert seien.[28] Wie berechtigt diese Klagen sind, können wir nicht überprüfen. Tscherning jedenfalls zeichnet sich selbst als einen, der gescheitert ist und der bereit ist, Breslau wieder zu verlassen. Wohin ihn das Schicksal verschlagen könnte, das weiß er auch schon: Lauremberg sei, wie es heiße, erkrankt, man wisse nicht, ob er wieder zu Kräften kommen werde. Opitz konnte das auffassen wie er wollte, als bloße Information oder als das Instellungbringen eines, der sich in Not befand und darauf aufmerksam machen wollte, daß er als Nachfolger im Amt bereit steht. Lauremberg ist ernsthaft erkrankt: Umso offensiver sucht sich Tscherning ins Netzwerk einzubringen. Wohl auch deshalb ist es nun sein erklärtes Ziel, in einem der Bücher des verehrten Mentors etwas zu Papier bringen zu dürfen. Wieder begegnet eine imperative Formel, die bereits genannte in asyndetischer, nun umgekehrter Reihung, ‚jube, edic, impera':

> Wir begehren zu wissen, ob Du irgendeine Schrift unter den Händen hast, die unbedingt durch die Hände und Münder der Gelehrten eilen soll. Laß uns also wissen, worüber Du brüten mußt. Was Du auch immer in Zukunft hier besorgt haben willst, verlange es nur, mach es bekannt, gebiete, ich verspreche Dir meinen Eifer und meine Bemühung ohne Rücksicht auf Arbeit, Beschäftigung, noch Zeit. Wenn ich dies mache, will ich Deinem Wohlwollen gegen mich nachleben, Belohnungen will ich nicht erreichen.[29]

Natürlich wollte Tscherning belohnt und fester im Netzwerk verankert werden. Hilfreich wäre etwa der Auftrag, ein Geleitgedicht zu einem Opitz-Druck zu verfassen. Es könnte sein, daß Tscherning vom Erscheinen der *Psalmen Davids* in Danzig (1637) oder der *Deutschen Poemata* (o. O. 1637) gehört hatte, oder vom bevorstehenden Druck der *Geistlichen Poemata* in Breslau (1638) oder der vierten Auflage des *Buches von der Deutschen Poeterey* in Wittenberg (1638). Vielleicht war im Netzwerk auch von Opitz' Plan der *Dacia antiqua* die Rede. In einem Brief vom 5. Dezember 1638, verfaßt in Breslau, wiederholt Tscherning jedenfalls seine Aufforderung an Opitz fast im selben Wortlaut, ihm von seinen Schriften, an denen er gerade arbeite und von denen die gelehrte Welt sprechen müsse, wissen zu lassen.[30] Sein Ziel, als Beiträger zu erscheinen, erreichte er allerdings nicht. Zur Ausgabe *Deutscher Poemata* 1637 finden sich Geleitgedichte prominenter Akteure wie Buchner, Venator oder Zincgref. Ein Geleitgedicht von Tscherning in

---
28 Ebd., S. 1396.
29 Ebd., S. 1397.
30 Brief Tschernings an Opitz, 5.12.1638. In: BW III, S. 1507–1510, hier S. 1509.

einem Opitz-Druck findet sich bisher nur in einer Rostocker Ausgabe lateinischer Epigramme von 1635.[31] Stattdessen betreibt er aber selbst aktiv eine vielleicht für ihn doch wichtige Netzwerkarbeit, indem er die Gratulationsschrift für Christoph Coler besorgt, der 1639 Bibliothekar der Maria-Magdalenen Bibliothek in Breslau wurde. Tscherning kann Opitz in einem längeren Brief vom 5. März 1639 davon überzeugen, etwas beizutragen, Opitz liefert immerhin ein kleines Gedicht.[32] Prominente Namen zieren diese Schrift, hier findet sich Tscherning neben Opitz, Senftleben, Buchner, Zincgref, Lingelsheim, Nüßler u. a. und ist im Zentrum des Geschehens. Parallel dazu setzt er aber auch noch andere Zeichen, die für seinen späteren Ruf als Autor entscheidend sein werden.

Der Breslauer Brief vom 5. Januar 1639 ist wohl einer der wichtigsten, wenn nicht ein Schlüsselbrief im Kontakt mit Opitz. Man könnte den Eindruck gewinnen, als schaue man Tscherning bei einem Erkenntnisprozeß zu. Er hat offenbar Opitz und seine Strategie genau beobachtet. Am Anfang beschreibt er Opitz' Agieren als Autor und Publizist in gewisser Weise als opportunistisch: „Du bist schon von jeher durch Dein Talent (ingenio) und göttlich inspiriertes Schreiben (scribendi divinate) dafür bekannt, daß Du besser aufsetzen kannst, was an der Zeit ist."[33] Mit anderen Worten: Opitz hat aus Tschernings Sicht deshalb größeren Erfolg, weil er ein Sensorium dafür besitzt, was ‚an der Zeit ist', was die Öffentlichkeit interessiert, was sich vermarkten läßt, und dies versteht er zudem besser ‚aufzusetzen' als andere, Opitz beherrscht ‚Werkpolitik'.[34] Wir lesen weiter: „Unterdessen stachelst Du mich jedoch nicht unerheblich dazu an, auch ähnliches zu verfassen"[35] – etwas zu verfassen, ‚was an der Zeit ist' und womit sich zunächst zumindest symbolisches Kapital erwerben läßt, das sich sodann am besten in bare Münze verwandelt. Offenbar gab es in einem Brief, der diesem

---

31 Andreas Tscherning: Ingens novensilum Sororum gloria [...]. In: Martin Opitz: Epigrammata, et alia quaedam Latinitate donata. Rostock 1635, fol. A3r.
32 Vgl. Brief Tschernings an Opitz, 5.3.1639. In: BW III, S. 1541–1545, Brief Opitz' an Tscherning, 1.4.1639, ebd., S. 1551–1553, dort auch abgedruckt das Gedicht „Inclita Musarum custode quod arma Colero [...]". Vgl. auch die Gratulationsschrift: In curam Bibliothecae publicae Vratislaviensium [...] Christophoro Colero [...]. O. O. o. J. [Breslau 1639].
33 Brief Tschernings an Opitz, 5.1.1639. In: Opitz: BW III, S. 1518–1521, hier S. 1519.
34 Tscherning macht Opitz in diesem Brief deutlich, daß nicht nur er sein strategisches Talent durchaus durchschaut. Der Hinweis auf sein ‚göttlich inspiriertes Schreiben' mildert den leichten Vorwurf des Opportunismus etwas ab. Zu Opitz' ‚Werkpolitik' vgl. auch Steffen Martus: Werkpolitik. Zur Literaturgeschichte kritischer Kommunikation vom 17. bis ins 20. Jahrhundert mit Studien zu Klopstock, Tieck, Goethe und George. Berlin, New York 2007 (Historia Hermeneutica. Series Studia 3), S. 23–27. Vgl. zu Opitz jetzt umfassend: Klaus Garber: Der Reformator und Aufklärer Martin Opitz. Ein Humanist im Zeitalter der Krisis. Berlin, Boston 2018.
35 Brief Tschernings an Opitz, 5.1.1639. In: Opitz: BW III, S. 1518–1521, hier S. 1519.

voranging, von Opitz entsprechende Ratschläge, die öffentlichen Erwartungen zu
bedienen bzw. mit etwas hervorzutreten, was Aufmerksamkeit erregt. Tatsächlich
hatte Tscherning bisher noch keine Publikation vorgelegt, die unverwechselbar
mit seinem Namen verbunden war. Wir lesen weiter:

> Ich fange jedenfalls an, in dieser Art der Studien nicht nur Vergnügen, sondern auch ein
> wenig Ruhm (gloriolam aliquam) zu suchen, damit diese mich wenn schon nicht zum Licht
> und Ruhm (in lucem famaque) führen, was nur ganz wenigen gelingt, dennoch aus Dunkel-
> heit und Schweigen befreien.[36]

Tscherning will nicht weiter verschwiegen werden. Er hat – Opitz und seine
Umtriebigkeit vor Augen – etwas verstanden. Es kommt darauf an, sich mit etwas,
was Aufsehen erregt und gerade ‚an der Zeit ist', ins Gedächtnis einflußreicher
Netzwerkakteure einzuschreiben. Daneben erhofft er weiterhin tatkräftige Unterstützung, klagt – einmal mehr – über seine bedrückende „Lage", darüber, daß
er sich noch immer nicht „aus der Enge" seiner „Herkunft herauszuarbeiten"
vermag.[37] Das „Stipendium", das er bei der Stadt beantragt habe, sei nicht bewil-
ligt worden.[38] Ihm schwinde „völlig die Hoffnung, wieder auf die Akademien
zurückzukehren".[39] Er erzählt von Freitischen, die er vorübergehend hier und da
beanspruche und wieder einmal von dem Wunsch nach einem „Nest" („nidus")
für seine „Musen".[40] Tschernings Ton wird drängender, er nimmt Opitz noch
deutlicher in die Pflicht, ohne daß wir hier den Eindruck gewinnen könnten, es
sei schon etwas von dessen Seite tatkräftig unternommen worden. Wir lesen:

> Wenn Du etwas vermagst, weiß ich genau, daß Du für den, dem Du wohlwillst, vieles errei-
> chen kannst, so daß es Dir nicht schwer ankommt, meinethalben jeden Stein aus dem Weg
> zu räumen. Glaube mir, ich schlafe im Vertrauen auf Dich auf dem rechten Ohr.[41]

Am Ende dieses Briefes wird aber auch deutlich, daß Tscherning begonnen hat,
sein Schicksal doch eher selbst in die Hand zu nehmen, an seinem Ruf als Autor
zu arbeiten. Er spricht zum ersten Mal ausführlicher von einem seiner Werke,
zudem von einem selbst im hochgelehrten Netzwerk sehr ungewöhnlichen Werk.
Er schreibt Opitz von seiner Arbeit an den sogenannten ‚Sprüchen des Ali', des
vierten letzten Kalifen im 7. Jahrhundert n. Chr., den *Centuria Proverbiorum Alis*

---

36 Ebd.
37 Ebd.
38 Ebd.
39 Ebd., S. 1520.
40 Ebd.
41 Ebd.

Imperatoris Muslimici distichis Latino-Germanici expressa, die erstmals 1641 in Breslau gedruckt wurden. Ursprünglicher Verfasser der ‚Sprüche' ist der Kalif Ali, der vermutlich ein Neffe bzw. Schwiegersohn des Propheten Mohammed war. Er regiere nach dessen Tod im Jahre 632 als vierter Kalif von 656 bis 661 n. Chr. Tscherning legt eine wörtliche lateinische Übersetzungen dieser arabischen Sprichwörter vor und gibt ihnen Variationen in lateinischen Distichen und in deutschen Alexandrinern bei. Zudem finden sich lateinische Kommentare, die nicht selten griechische Zitate enthalten.

Er habe „eine Hundertschaft arabischer Sprichwörter" ins Lateinische und Deutsche „ausgedrückt" und mit „Anmerkungen" versehen.[42] Sein ehemaliger Lehrer in Rostock Johann Fabricius – bei dem er wohl anhand dieser Sammlung während seiner Studienzeit 1635 das Arabische erlernt hatte – dränge ihn zur Herausgabe, er selbst würde diese aber aus „bestimmten Gründen" aufschieben.[43] Daß Tscherning diese Herausgabe aufschob, lag daran, daß er wollte, daß die arabischen Lettern mit abgedruckt werden. Opitz jedenfalls wird dazu aufgefordert, Fabricius ausfindig zu machen, der Rostock vermutlich in Richtung seiner Geburtsstadt Danzig verlassen hatte – was Tscherning zu dieser Zeit aber offenbar nicht wußte. Er beweist jedenfalls Geschick, die ‚Sprüche des Ali' mit ins Spiel zu bringen. Es war zum einen – selbst in der so hochgebildeten Gelehrtenrepublik – eine exklusive Angelegenheit, aus dem Arabischen zu übersetzen. Zum anderen durfte Opitz selbst in gewisser Weise an dieser Übersetzungsarbeit interessiert sein. Ihm war wohl jene Edition der ‚Sprüche des Ali' bekannt, die Jacob Golius, Professor für orientalische Sprachen in Leiden, 1629 herausgegeben hatte und die Tschernings Übersetzungsarbeit zu Grunde lag.[44] Golius sammelte Bücher und Handschriften aus dem orientalischen Raum und war selbst als Übersetzer

---

[42] Ebd. Tscherning erwähnt die ‚Sprüche des Ali' bereits in seinem *Lob der Buchdruckerey*, wo er ihnen gegen Ende eine exzeptionelle Stellung zuweist. Vgl. Andreas Tscherning: Lob der Buchdruckerey. [Breslau] 1640, fol. B3v-4r. Vgl. Stefanie Arend: Eine überkonfessionelle Perspektive für das nachreformatorische Jahrhundert: Andreas Tschernings *Lob der Buchdruckerey* (1640) und seine ‚Sprüche des Ali' (1641/1646). In: Reformatio Baltica. Kulturwirkungen der Reformation in den Metropolen des Ostseeraums. Hg. von Heinrich Assel, Johann Anselm Steiger und Axel E. Walter. Berlin, Boston 2018 (Metropolis 2), S. 359–374, hier S. 369.
[43] Brief Tschernings an Opitz, 5.1.1639. In: BW III, S. 1518–1521, hier S. 1520.
[44] Proverbia quaedam Alis, imperatoris Muslimici: et Carmen Tograi, poetae doctiss. nec non dissertatio quadam Aben Sinae. Leiden 1629. Jacob Golius (1596–1667) wurde 1622 in Leiden Nachfolger von Thomas Erpenius auf der Professur für orientalische Sprachen. Zu Golius, Erpenius und anderen Arabisten in der Frühen Neuzeit vgl. Hartmut Bobzin: Geschichte der arabischen Philologie in Europa bis zum Ausgang des achtzehnten Jahrhunderts. In: Grundriß der Arabischen Philologie. Hg. von Wolfdietrich Fischer. Wiesbaden 1992, Bd. 3, S. 155–187.

tätig. 1630 gab Pierre Gassendi einen von Golius erstellten Katalog heraus,[45] den wiederum Opitz von seiner Reise nach Paris mitbrachte.[46] Jener Johann Fabricius hatte, bevor er nach Rostock kam, bei Golius studiert. Da schließt sich der Kreis.

Von dieser exklusiven Übersetzungsarbeit der ‚Sprüche des Ali' erhoffte sich Tscherning eben jenen Ruhm, den er an Opitz bewunderte. Er wußte, daß er ein Zeichen setzen mußte, da er mit Gelegenheitsdichtung und alexandrinischen Versdichtungen nicht die wünschenswerte Aufmerksamkeit in der literarischen Öffentlichkeit erzielen würde. Er emanzipierte sich und gewann trotz aller Klagen über sein Elend auch etwas mehr Selbständigkeit. Sein Plan ist, mit den ‚Sprüchen des Ali' seine besondere Autorschaft zu begründen. Dieser Plan dominiert die weiteren Briefe an Opitz, die zudem eher kurz daherkommen. Tscherning ist nun nicht nur einmal zu geschäftig, um länger zu schreiben und in „Eile".[47] Immer wieder ist von jenem Fabricius die Rede, mit dem Opitz offenbar in Danzig Kontakt aufnehmen konnte und von dem Tscherning Hilfe bei der Drucklegung der Sprüche erwartete.[48] Einer der letzten uns erhaltenen Briefe Tschernings an Opitz stammt vom 18. Juni 1639, verfaßt in Breslau. Er berichtet, die Sprüche in Rostock drucken zu lassen, „mit fremden Mitteln", in Rostock, weil er eben hoffe, dort die Sprüche in arabischen Lettern mit edieren zu können.[49] Solange wollte er sie, „unter Verschluß"[50] halten. Sie erschienen schließlich 1641 ohne die arabischen Texte in Breslau und erst 1646, angebunden an die zweite Ausgabe des *Früling*, in eindrucksvoller Polyglossie mit den Originalsprüchen in arabischer Schrift sowie lateinischen und deutschen Übertragungen bei Johann Richel in

---

45 Catalogus rarorum librorum, quos ex Oriente nuper advexit & in publica Bibliotheca inclytae Leydensis Academiae deposuit Jacob Golius. Paris 1630.
46 Vgl. Brief August Buchners an Opitz, 3.11.1630. In: BW II, S. 872–875, hier S. 874. Zu Opitz' Reise nach Paris vgl. den Beitrag von Marie-Thérèse Mourey in vorliegendem Band sowie Wilhelm Kühlmann: Martin Opitz in Paris (1630). Zu Text, Praetext und Kontext eines lateinischen Gedichtes an Cornelius Grotius. In: Martin Opitz (1597–1639). Nachahmungspoetik und Lebenswelt. Hg. von Thomas Borgstedt und Walter Schmitz. Tübingen 2002 (Frühe Neuzeit 63), S. 191–210.
47 Vgl. Brief Tschernings an Opitz, 11.1.1639. In: BW III, S. 1522–1523, hier S. 1523.
48 Vgl. Brief Tschernings an Opitz, 12.2.1639. In: BW III, S. 1534–1536, hier S. 1535. Ob ein Empfehlungsgedicht von Opitz zu einer Schrift von Fabricius, gerichtet an die Stadt Danzig 1639, im Zusammenhang mit diesen Vermittlungsbemühungen steht, ist m. E. fraglich. Vgl. Opitz: QVi tibi doctrinae veros commendat honores [...]. In: LW III, S. 282f., vgl. Kommentar S. 581–584.
49 Brief Tschernings an Opitz, 18.6.1639. In: BW III, S. 1562–1565, hier S. 1564.
50 Ebd. Im letzten Brief an Opitz kündigt Tscherning an, ihm „ein Exemplar des arabischen Büchleins" zu senden. Vgl. Tscherning an Opitz, Brief vom 30.7.1639. In: BW III, S. 1591f., hier S. 1591.

Rostock.[51] Diesen hatte offenbar Fabricius bei der Anschaffung der erforderlichen Drucktypen unterstützt.

Die ‚Sprüche des Ali' sind tatsächlich etwas Besonderes. Keiner der berühmten deutschen Dichterkollegen – sei es Opitz, Fleming oder Gryphius – hat etwas Vergleichbares zustande gebracht. Das sieht auch Johann Mochinger, Professor am Danziger Gymnasium und Pastor an der dortigen Katharinenkirche, der anläßlich von Opitz' Tod eine nekrologische Sammlung mit Gedichten herausgegeben hatte.[52] Mochinger verfaßt auf die ‚Sprüche des Ali' 1641 einen fulminanten Ehrentext, der Tscherning in den höchsten Tönen lobt und nebenbei Literaturkritik betreibt. Er bezeichnet Tscherning als den ‚neuen Pollux', der sich zur rechten Stunde neben dem Castor erhebt,[53] als Faustkämpfer das Erbe des Rossebändigers ‚Opitz' antritt, um in seinem Geiste in die Schlacht um die rechte Dichtkunst zu ziehen. Gängiger Überlieferung gemäß war Pollux übrigens unsterblich und verbrachte nach Castors Tod einen Tag auf dem Olymp und einen im Hades, um dem Bruder nahe zu sein. In den ‚Sprüchen des Ali' erkennt Mochinger ein besonderes innovatives Moment, sie seien ein ‚neues Experiment der alten Dichtkunst' („novum antiquae fictionis Pöeticae experimentum"), Minerva sei aufs Neue dem Hirn des Jupiter entsprungen.[54]

Tatsächlich werden die ‚Sprüche des Ali' ein Schlüsseltext für Tschernings Karriere und seine Berufung nach Rostock. Er hat sich mit dieser Sammlung bereits einen Ruf als polyglotter Gelehrter erworben, bevor die erste Ausgabe des *Früling* 1642 erschien, und aus eigener Kraft eine exklusive Position im Netzwerk gesichert. Opitz' letzter Brief, den Tscherning im *Früling* abdruckt, ist deshalb aufschlußreich, weil allererstes Thema die arabische Spruchsammlung ist und eben Fabricius, mit dem Opitz schließlich offenbar in Kontakt getreten war, um in Tschernings Sache tatsächlich zu vermitteln.[55] Es ist bezeichnenderweise eben dieser Brief, in dem Opitz die ‚Fackel' bereit ist, an Tscherning zu übergeben.

Tschernings Briefe an Opitz spiegeln einen Prozeß der Erfindung von Autorschaft. In ihnen läßt sich ablesen, wie sich Tscherning mit Opitz als Vorbild

---

51 Vgl. Tschernings Gedicht: An Hn Johann Fabricius [...]/ Alß er die Arabische Druckerey zu Rostock angeleget. In: Ders.: Deutscher Getichte Früling (Anm. 5), S. 147f. Vgl. Borcherdt (Anm. 13), S. 46f.
52 Vgl. unter ‚N. R.' als Pseudonym von Mochinger hg.: Famae Martini Opitii secretarii et historiographi regii [...] publicatum á N. R. [Danzig] 1639. Vgl. BW III, S. 1620–1641.
53 Johannes Mochinger: A. Tscherningio [...]. In: Andreas Tscherning: Centuria Proverbiorum Alis Imperatoris Muslimici distichis Latino-Germanicis expressa [....] cum notis brevioribus. [Breslau] 1641, fol. 7rf.
54 Ebd., fol. 7vf.
55 Vgl. Opitz an Tscherning, 15.7.1639. In: BW III, S. 1575f.

zugleich von diesem emanzipierte, indem er erkannte, etwas Besonderes schaffen zu müssen, um im Netzwerk Fuß zu fassen. Über weite Strecken des Briefwechsels streckt er die Hand nach Opitz aus. Er bekam bei weitem nicht das, was er erhoffte, und schon gar nicht das, was ihm besonders wichtig war: die Anerkennung als Autor. Das änderte sich mit seiner Arbeit an den ‚Sprüchen des Ali'. Während er dabei zusah, wie Opitz werkpolitisch geschickt agierte und an seinem Ruhm und Nachruhm arbeitete und während er noch darunter litt, sich nicht recht ‚aus seiner Herkunft herausarbeiten' zu können, griff er zurück auf frühe Rostocker Arbeiten und schmiedete den Plan zur Herausgabe der ‚Sprüche des Ali', machte sich mit diesen einen unverwechselbaren Namen als besonders gelehrter Dichter. Als „überaus gebildet" („eruditissimus vir") und als „einzigartigen Freund" („amicus singularis") bezeichnet Opitz ihn in der Anrede seines letzten Briefes, eben jenes Briefes, der im *Früling* 1641 abgedruckt ist.[56]

Blicken wir von hier noch einmal auf das Titelkupfer des *Früling* (Abb. 1), in dessen Vorrede Opitz bemerkenswerterweise nicht erwähnt wird, gleichsam aus dem Netz herausfällt. Auf dem Titelkupfer mußte er wohl erscheinen, da das Netzwerk solches von einem Dichter wie Tscherning, der zwar bereits bekannt, aber vergleichsweise noch keine gefestigte Position errungen hatte, erwartete. Erörtert wurde bereits, daß der Titelkupfer in seiner Komposition nicht ganz eindeutig ist, und daß man die Szene bei einiger Phantasie auch anders weiterlesen könnte, als sie auf den ersten Blick suggeriert. Es wäre immerhin möglich, die Prolepse anders zu füllen und sich vorzustellen, daß Tscherning sich an Opitz vorbeischiebt und Apoll ihm die Leyer reicht – so, wie es Opitz mit der Fackelübergabe auch selbst prophezeit.

Die Möglichkeit dieser – wenn auch etwas gewagten Lesart – in Verbindung mit der Tatsache, daß Opitz in der Vorrede nicht erwähnt wird, macht respektive des Gestus der meisten Briefe eines deutlich: Opitz hat es Tscherning nicht leicht gemacht. Er war aus Tschernings Sicht sehr wohl ein Vertrauter, vielleicht ein schützender Mentor, der hier und da seinen Namen ins Spiel brachte, die Hand über ihn gehalten, ihn beraten, aber in Taten weniger gebracht hat, als Tscherning erbat oder erhoffte. Die Macht des zentralen Netzwerkers Opitz, der Tscherning offenbar selbst bisweilen subtil durchs Netz fallen ließ, indem er gar nichts oder sehr wenig für ihn tat, ist bei Erscheinen des *Früling* 1641 immer noch deutlich spürbar. Tscherning aber strebt danach, sich zu befreien und selbst die Fäden neu zu knüpfen. Er steht dabei wohl exemplarisch für viele andere, denen es ebenso erging. An dieser Stelle könnte eine Äußerung aus Colerus' *Lobrede auf Opitzen* aufschlußreich sein:

---

[56] Ebd., S. 1576.

> Und gleichwie ein tugendhaftes, schönes und reiches Mägdchen viele und mancherley Freyer hat, die sich um sie bewerben; also bewarben sich auch um unsern artigen Opitz viele und mancherley Leute von vornehmen, mitlern und geringen Stande. Aber den meisten versagte er seine Hülfe; nur etlichen erkannte er selbige zu [...].⁵⁷

Tscherning gehörte zu diesen ‚etlichen' wahrscheinlich nicht unmittelbar. Opitz hat aber, gerade indem er kaum aktiv half, offenbar eine wichtige Funktion erfüllt: Tscherning hat begriffen, daß er sich aus eigener Anstrengung Aufmerksamkeit erarbeiten mußte. An Opitz konnte er sehen, daß Netzherrschaft nicht zuletzt mit Autorschaft zu verknüpfen war. Angesichts der Flut an literarischen Produktionen hat er sich entschieden, auffällig Zeichen zu setzen, indem er – ungewöhnlich genug – arabische Spruchweisheiten aus dem 7. Jahrhundert übersetzte. So sicherte er sich eine exklusive Autorschaft, um fortan, schon vor Erscheinen des *Früling*, einen festen Platz im gelehrten Netzwerk einzunehmen, der ihn sogar, um mit Heermann zu sprechen, als „Opitio major" erscheinen ließ.

---

57 Christoph Colerus: Verdeutschte Lob-rede auf Opitzen. In: Umständliche Nachricht von des weltberühmten Schlesiers, Martin Opitz von Boberfeld, Leben, Tod und Schriften, nebst einigen alten und neuen Lobgedichten auf Ihn. Erster Theil. Hg. von Kaspar Gottlieb Lindner [...]. Hirschberg 1740, S. 115–238, hier S. 186. Zit. nach BW III, S. 1752–1875, hier S. 1823.

Jörg Robert
Netzwerk, Gender, Intertextualität
Opitz übersetzt Veronica Gambara

1 Weiblicher Petrarkismus

Zu den bemerkenswertesten Erscheinungen innerhalb der europäischen Lyrik des 16. Jahrhunderts zählt die Konjunktur weiblicher Autorschaft: „Soltanto nella letteratura del medio Cinquecento le donne fanno gruppo. Non prima né poi".[1] In der Tat: in den Dekaden zwischen 1530 und 1560 erscheinen – zunächst in Italien – wegweisende, vielfach nachgedruckte Zyklen von Autorinnen wie Vittoria Colonna (*Rime amorose*, 1538), Tullia d'Aragona (*Rime*, 1547), Laura Terracina (*Rime*, 1548) oder Gaspara Stampa (*Rime*, 1554). Die europäische Dimension des Phänomens belegen die *Euvres* (1555) der Lyonaiserin Louise Labé.[2] Dagegen hat

---

[1] Carlo Dionisotti: La letteratura italiana nell'età del concilio di Trento. In: Geografia e storia della letteratura italiana. Hg. von dems. Turin 1967, S. 227–254, hier S. 238.
[2] Elisabeth Schulze-Witzenrath: Die Originalität der Louise Labé. Studien zum weiblichen Petrarkismus. München 1974 (Beihefte zu Poetica 8); Ulrike Schneider: Der weibliche Petrarkismus im Cinquecento. Transformationen des lyrischen Diskurses bei Vittoria Colonna und Gaspara Stampa. Stuttgart 2007 (Text und Kontext 25), bes. S. 64–82 (Der weibliche Petrarkismus aus Sicht der Forschung); dies.: ‚Le donne fanno gruppo'? Zum Problem literarischer Autorität im ‚weiblichen Petrarkismus'. In: Varietas und ordo. Zur Dialektik von Vielfalt und Einheit in Renaissance und Barock. Hg. von Marc Föcking und Bernhard Huss. Stuttgart 2003 (Text und Kontext 18), S. 75–90; Eckhard Höfner: Modellierungen erotischer Diskurse in Canzoniere-Form im weiblichen italienischen Petrarkismus. In: Der Petrarkistische Diskurs. Spielräume und Grenzen. Akten des Kolloquiums an der Freien Universität Berlin 23.10.–27.10.1991. Hg. von Klaus W. Hempfer. Stuttgart 1993, S. 115–146; Patricia Oster: Weibliche Bildfindung im Petrarkismus. Zur Anthropologie geschlechtsspezifischer Anschauungsformen bei Gaspara Stampa. In: Historische Anthropologie und Literatur. Romanistische Beiträge zu einem neuen Paradigma der Literaturwissenschaft. Hg. von Rudolf Behrens und Roland Galle. Würzburg 1995, S. 39–52; Elisabeth Tiller: Die Frau als Autorin. Der Eintritt weiblicher Sprecher in den Raum der Diskurse. In: Frau im Spiegel. Die Selben und die Andere zwischen Welt und Text. Von Herren, Fremden und Frauen. Ein 16. Jahrhundert. Hg. von ders. 2 Bde. Frankfurt a. M. 1994, hier Bd. 2, S. 669–841; Mary B. Moore: Desiring Voices. Women Sonneteers and Petrarchism. Carbondale 2000. Insgesamt ist die Rezeption des weiblichen Petrarkismus in Deutschland nicht sehr intensiv. Eine viel diskutierte Ausnahme stellt Sibylle Schwarz dar. Ich verweise stellvertretend auf Erika Greber: Petrarkismus als Geschlechtercamouflage? Die Liebeslyrik der Barockdichterin Sibylle Schwarz. In: Bündnis und Begehren. Ein Symposium über die Liebe. Hg. von Andreas Kraß und Alexandra Tischel. Berlin 2002 (Geschlechterdifferenz & Literatur 14), S. 142–168. Weder der deutsche weibliche

Mireille Huchon in einer Aufsehen erregenden Monographie den Versuch unternommen, gerade letztere, die „belle cordière", als bloße „créature de papier" zu entlarven, hinter deren Texten letztlich ein „coup éditorial" des Lyonaiser Kreises (Olivier de Magny, Maurice Scève u. a.) stehe – weibliche Autorschaft als kollektiver petrarkistischer Tagtraum.³ In jedem Fall sind die *Euvres* (1555, ²1556) ein besonders illustratives Beispiel für rinascimentale Netzwerkarbeit, ,Werkpolitik'⁴ und editoriale Aneignung im Kontext des Petrarkismus.⁵

Veronica Gambara (1485–1550) war sicher keine ,Kreatur aus Papier', und sie war mehr als nur eine „signora della poesia".⁶ Die Tochter des Grafen Gianfrancesco da Gambaro di Pratalboino bei Brescia, seit 1508 verheiratet mit Gilberto X. von Correggio, war Autorin und – nach dem frühen Tod des Ehemannes (1518) – für mehr als drei Jahrzehnte umsichtige Regentin. Sie machte nicht nur ihren Hof zum kulturellen Zentrum für Dichter und Künstler, sondern führte darüber hinaus eine weitläufige Korrespondenz mit bedeutenden Persönlichkei-

---

Petrarkismus noch seine Rezeption italienischer (oder französischer) Modelle ist eingehender erforscht worden. Vgl. die Dokumentation in: Bibliographie der deutschen Übersetzungen aus dem Italienischen von den Anfängen bis zur Gegenwart. Hg. von Frank-Rutger Hausmann und Volker Kapp unter Mitarbeit von Elisabeth Arend u. a. 2 Bde. Tübingen 2004.
3 Mireille Huchon: Louise Labé. Une créature de papier. Genf 2006, S. 100: „Il s'agissait en 1555 à Lyon d'un beau coup éditorial, profitant de l'actualité la plus immédiate".
4 Steffen Martus: Werkpolitik. Zur Literaturgeschichte kritischer Kommunikation vom 17. bis ins 20. Jahrhundert mit Studien zu Klopstock, Tieck, Goethe und George. Berlin, New York 2007 (Historia Hermeneutica, Series Studia 3), hier zu Opitz S. 23–27.
5 Zum Petrarkismus liegt eine umfangreiche Forschungsliteratur vor, an die hier nur in Auswahl erinnert werden kann. Den besten Überblick bietet Gerhart Regn: Art. Petrarkismus. In: Historisches Wörterbuch der Rhetorik. Bd. 6. Hg. von Gert Ueding. Tübingen 2003, Sp. 911–921; Jörg Wesche: Petrarkismus. In: Diskurse der Gelehrtenkultur in der Frühen Neuzeit. Ein Handbuch. Hg. von Herbert Jaumann. Berlin, New York 2010, S. 55–84; Gerhart Hoffmeister: Petrarkistische Lyrik. Stuttgart 1973; Achim Aurnhammer (Hg.): Francesco Petrarca in Deutschland. Seine Wirkung in Literatur, Kunst und Musik. Tübingen 2006; Michael Bernsen und Bernhard Huss (Hgg.): Der Petrarkismus – ein europäischer Gründungsmythos. Göttingen 2011.
6 Daniela Pizzagalli: La Signora della poesia. Vita e passioni di Veronica Gambara. Artista del Rinascimento. Milano 2004; Fausto Balestrini: Veronica Gambara. In: Profili di donne nella storia di Brescia. Hg. von dems. Brescia 1986, S. 141–194; Antonia Chimenti: Veronica Gambara. Gentildonna del Rinascimento. Un intreccio di poesia e storia. Reggio Emilia 1995; Cesare Bozzetti, Pietro Gibellini und Ennio Sandal (Hgg.): Veronica Gambara e la poesia del suo tempo nell'Italia settentrionale. Florenz 1989. Ich zitiere die Werke der Gambara nach der kritischen Ausgabe: Veronica Gambara: Le Rime. Hg. von Alan Bullock. Florenz, Perth 1995. Parallel heranzuziehen ist die Ausgabe: Veronica Gambara: Complete Poems. A Bilingual Edition. Critical introduction by Molly M. Martin. Ed. and transl. by Molly M. Martin and Paola Ugolini. Toronto 2014 (The Other Voice in Early Modern Europe. The Toronto Series 34). Noch immer unverzichtbar ist die erste Gesamtausgabe: Rime e lettere di Veronica Gambara. Raccolte da Felice Rizzardi. Brescia 1759.

ten des geistigen und literarischen Lebens.[7] Als Herrin von Correggio stand sie in engem Kontakt mit den Großen ihrer Zeit bis hin zu Franz I. von Frankreich oder Kaiser Karl V. Literarhistorisch ist sie eng mit dem Namen Pietro Bembo verbunden, der seinen lyrischen Austausch mit der Gambara im Anhang zu seinen *Rime* von 1535 publizierte. Ihre erste Publikation war eine *Frottola* („Or passata è la speranza"), die in einer venezianischen Sammlung von 1505 erschien.[8] Veronica Gambara war damit eine der ersten Autorinnen säkularer volkssprachlicher Lyrik.[9] Ariost, der selbst an ihrem Hof zu Gast war, würdigt sie im *Orlando furioso* im Willkommenszug der Freunde: „Veronica da Gambara è con loro, | si grata a Febo e al santo eonio coro."[10] Anders als Gaspara Stampa, Vittoria Colonna oder Louise Labé hat Gambara ihre Gedichte nicht zu einer repräsentativen Sammlung („Opere", „Euvres", „Opera") vereinigt. Das „zerstreute und fragmentarische Korpus"[11] der insgesamt 67 erhaltenen Texte ist in Drucken anderer Autoren bzw. Autorinnen oder in handschriftlicher Überlieferung greifbar.[12] Die Gedichte zeigen ein weites Spektrum an Themen, Stilen und Adressaten. Veronica Gambara war keineswegs eine orthodoxe Petrarkistin; neben Liebesgedichten im engeren Sinne finden sich zahlreiche Enkomien, Korrespondenzgedichte, geistliche und – vor allem – politische Gedichte.[13] „[I]ndeed, Gambara's mature verse provides one of the first examples of a female voice following political events through the vernacular sonnet form."[14]

Anders als die genannten Petrarkistinnen, die im Renaissance-Kult um 1900 – etwa bei Gabriele d'Annunzio oder Rainer Maria Rilke[15] – breit rezipiert

---

7 Zum literaturgeschichtlichen und -soziologischen Kontext vgl. Virgina Cox: Women's Writing in Italy (1400–1650). Baltimore, Maryland 2008, bes. S. 37–79.
8 Bullock (Anm. 6), S. 36; Text ebd., S. 66–68.
9 Martin / Ugolini (Anm. 6), S. 2.
10 Ludovico Ariosto: Orlando furioso. Introduzione e commento di Gioacchino Paparelli. 2 vol. Milano 1991, S. 1566 (c. 46, 3, V. 7 f.).
11 Bullock (Anm. 6), S. 3.
12 Dokumentation ebd., S. 17–53.
13 Vgl. die thematische Ordnung in der Ausgabe von Martin / Ugolini (Anm. 6).
14 Ebd., S. 5.
15 Die Gedichte der ‚schönen Seilerin' (‚la belle cordière') spielen eine zentrale Rolle in Rilkes Liebeskonzept, das sich vom *Malte Laurids Brigge* bis zu den *Duineser Elegien* entfaltet. Louise Labé ist neben Gaspara Stampa eines der zentralen Exempel in der Reihe der ‚großen Liebenden' des Abendlandes. Die 24 Sonette der Louise Labé hat Rilke 1913 „mit einem Ruck" übersetzt, wie er an Henriette Löbl schreibt (19. Juni 1913). Vgl. Rainer Maria Rilke: Sämtliche Werke in sieben Bänden. Hg. vom Rilke-Archiv in Verb. mit Ruth Sieber-Rilke. Besorgt durch Ernst Zinn. Bd. 7: Übertragungen. Frankfurt a. M. 1997, S. 1258; die Übertragungen erscheinen unter dem Titel: Die 24 Sonette der Louise Labé, Lyoneserin (!), übertr. von R. M. R. Leipzig 1917. Vgl. meinen Beitrag

wurden, hat Veronica Gambara in Deutschland nur wenige Spuren hinterlassen – mit einer Ausnahme: Martin Opitz. Er übersetzt in seinen *Teutschen Poemata* (zuerst Straßburg 1624, dann *Deutsche Poemata*, Breslau 1625) insgesamt sieben Sonette der Gambara, die im Mittelpunkt der folgenden Überlegungen stehen. Fragen nach Autorschaft und Netzwerk spielen dabei auf verschiedenen Ebenen eine Rolle: Zunächst ist die konkrete Zirkulation der Texte, sind die Netzwerke der Verbreitung und Rezeption, zu klären. Auf welchen Wegen wurde Opitz mit der italienischen Autorin bekannt? Diese Suche nach einer möglichen Vorlage führt zur Analyse der Lyrikanthologie als ‚Textnetzwerk', das für die Verbreitung des weiblichen Petrarkismus ebenso wichtig ist wie für Opitz' eigene Gedichtsammlung, die *Deutschen Poemata*. Die Gambara-Übertragungen bilden hier *eine* Sektion innerhalb eines weltliterarischen Panoramas von Übersetzungen aus allen europäischen Literatursprachen.[16] Aber die Opitz'schen Texte sind mehr als Übersetzungen, sie verflechten sich auch intertextuell mit den Prätexten. Für Opitz waren die Gedichte der Gambara autoritative, aber auch schwierige und fremde Texte, die alteritären Erwartungen angepasst werden mussten. Diese Alterität, die in der Transformation bewältigt werden musste, betrifft konkret fünf Aspekte: Sprache, Geschichte, Kultur, Gender und Konfession. Nach diesen Vorüberlegungen (1.) rekonstruiere ich im Folgenden zunächst (2.) die Kontexte der Gambara-Übersetzung, wobei ich mich auf Opitz' Übersetzungspoetik und Editionspolitik konzentriere. In einem zweiten Schritt analysiere ich exemplarisch ein Gambara-Sonett, das zunächst (3.) in seiner Beziehung zum Prätext – dem Eröffnungssonett der *Rerum vulgarium fragmenta* Petrarcas – und dann in einem weiteren Schritt (4.) in seiner Transformation durch Opitz beleuchtet wird.

Sonettdialog und Totengespräch. Rilke und der Petrarkismus. In: Sonett-Gemeinschaften. Die soziale Referentialität des Sonetts. Hg. von Stefan Knödler, Mario Gotterbarm und Dietmar Till. Paderborn 2019, S. 215–237.

16 Diese entschieden komparatistische Perspektive („Polyglossie") hat mit Gewinn Rüdiger Zymner ins Spiel gebracht: Übersetzung und Sprachwechsel bei Martin Opitz. In: Martin Opitz (1597–1639). Nachahmungspoetik und Lebenswelt. Hg. von Thomas Borgstedt und Walter Schmitz. Tübingen 2002 (Frühe Neuzeit 63), S. 99–111; Jörg Wesche: Trügerische Antikenübersetzung. In: Humanistische Antikenübersetzung und frühneuzeitliche Poetik (1480–1620). Hg. von Regina Toepfer, Klaus Kipf und Jörg Robert. Berlin, New York 2017 (Frühe Neuzeit 211), S. 409–426, hier bes. S. 410–416.

2 Übersetzungspoetik und Werkpolitik

Die Opitz'sche Reform ruht bekanntlich auf zwei Säulen: einerseits auf dem *Buch von der deutschen Poeterey* (1624), in dem Opitz auf der Grundlage der späthumanistischen Poetik und Rhetorik (v. a. Scaliger, Heinsius, Ronsard) die Prinzipien einer volkssprachigen deutschen Kunstdichtung formuliert,[17] andererseits auf den *Teutschen Poemata*, die in zwei Ausgaben erschienen. Eine Straßburger Edition wurde durch den Heidelberger Freund Julius Wilhelm Zincgref ohne Autorisierung des Autors durchgeführt (*Teutsche Poemata*, Sammlung A);[18] dagegen wurde die Sammlung B (*Deutsche Poemata*, 1625) von Opitz nach eigenen Vorstellungen in Breslau zusammengestellt.[19] Opitz' Freund und Gefährte aus Heidelberger Tagen, Julius Wilhelm Zincgref, hatte die Sammlung 1624 gewissermaßen im Handstreich in Straßburg publiziert. Opitz war über diese Parallelaktion zur *Deutschen Poeterey* jedoch keineswegs glücklich. Sie sei, schreibt er dort, „vngeordnet vnd vnvbersehen zuesammen gelesen", daher mit „vielfältigen mängel vnd irrungen" behaftet.[20] Diese ‚Irrungen' lassen sich einerseits auf die Sprach- und Dichtungsreform beziehen, die in vielen Gedichten innerhalb von A nur unzureichend durchgeführt ist, andererseits auf jenen *Anhang vnterschiedlicher außgesuchter Getichten anderer mehr teutschen Poeten*, der die Leistungen der älteren Generation deutscher Dichter des 16. Jahrhunderts (z. B. Paul Schede Melissus) betonte und Opitz' Behauptung eines radikalen Bruchs und Neuanfangs konterkarierte.[21]

---

17 Vgl. Jörg Robert: Vetus Poesis – nova ratio carminum. Martin Opitz und der Beginn der ‚Deutschen Poeterey'. In: Maske und Mosaik. Poetik, Sprache, Wissen im 16. Jahrhundert. Hg. von Jan-Dirk Müller und Jörg Robert. Münster u. a. 2007 (Pluralisierung & Autorität 11), S. 397–440; ders.: Martin Opitz und die Konstitution der Deutschen Poetik. Norm, Tradition und Kontinuität zwischen *Aristarch* und *Buch von der Deutschen Poeterey*. In: Euphorion 98 (2004), S. 281–322.
18 Die Straßburger Fassung ist unmittelbar greifbar in der Ausgabe Martin Opitz: Teutsche Poemata. Abdruck der Ausgabe von 1624 mit den Varianten der Einzeldrucke und der späteren Ausgaben. Hg. von Georg Witkowski. Halle/S. 1902 (Neudrucke deutscher Literaturwerke des XVI. und XVII. Jahrhunderts 189–192). Sie liegt auch der kritischen Edition von George Schulz-Behrend zu Grunde (GW II,1, S. 161–292). Zur Genese der beiden Sammlungen und Zincgrefs Anteil daran vgl. Achim Aurnhammer: Zincgref, Opitz und die sogenannte Zincgref'sche Gedichtsammlung. In: Julius Wilhelm Zincgref und der Heidelberger Späthumanismus. Zur Blüte- und Kampfzeit der calvinistischen Kurpfalz. Hg. von Wilhelm Kühlmann in Verbindung mit Hermann Wiegand. Ubstadt-Weiher 2011 (Mannheimer historische Schriften 5), S. 263–283.
19 Sammlung B ist abgedruckt in: GW II,2, S. 524–748.
20 Poeterey, S. 32.
21 Jörg Robert: Heidelberger Konstellationen um 1600. Paul Schede Melissus, Martin Opitz und die Anfänge der ‚Deutschen Poeterey'. In: Die Wittelsbacher und die Kurpfalz in der Neuzeit. Zwischen Reformation und Revolution. Hg. von Wilhelm Kreutz, Wilhelm Kühlmann und Hermann Wiegand. Regensburg 2013, S. 373–387.

Nach dem Sturz des Winterkönigs Friedrichs V., als dessen Anhänger Opitz in Heidelberg aufgetreten war, schien zudem eine „konfessionspolitische Renovierung der Sammlung" geboten.[22]

Dass Opitz sich an der unklaren Struktur von Sammlung A störte, kann der Blick auf die Gambara-Übertragungen plausibel machen, die sich in der Tat weitläufig und „vngeordnet" über die Sammlung verstreut finden.[23] Anders die Situation der Breslauer Sammlung B (1625), deren Titel bereits die ‚werkpolitische' Strategie erkennen lässt: „Martini Opitii Acht Bücher Deutscher Poematum, durch Ihn selber heraus gegeben: auch also vermehret vnnd ubersehen/ das die vorigeren darmite nicht zuuergleichen sindt." Hier hat Opitz die sieben Gambara-Übertragungen zu einem kleinen Zyklus zusammengefasst und markiert: „Aus dem Italienischen der edelen Poetin Veronica Gambara; wie auch nechstfolgenden sechse".[24] Damit nicht genug: Vor die sieben Texte der Gambara rückt Opitz seine Übersetzung („Ist Liebe lauter nichts") von Petrarcas Sonett Nr. 132 (*S'amor non è*), eines der am häufigsten übertragenen Stücke der *Rerum vulgarium fragmenta*, das nun als Eingangstor zum Gambara-Zyklus erscheint.[25] Diese überlegte Anordnung erfüllte zwei Funktionen: Einerseits liefert das einzige von Opitz übertragene Sonett Petrarcas ein Modell, vor dessen Hintergrund die folgenden Sonette der Gambara gelesen werden sollen; andererseits markiert Opitz mit der Folge Petrarca – Gambara – Opitz eine genealogische Beziehung, beruhend auf *imitatio* und *translatio*. Petrarca, der Begründer der italienischen Literatur, öffnet die Bahn für die ‚modernen' Petrarkisten, auf die Opitz blickt. Weniger der *imitatio Petrarcae* als der *imitatio* der *imitatio* – Gambara und den Petrarkisten – gilt sein Interesse. Diese genealogische Reflexion verleiht dem Gambara-Zyklus eine besondere Stellung innerhalb von Sammlung B. Es handelt sich überhaupt um die einzigen italienischen Vorlagen, die Opitz in dieser Sammlung bearbeitet hat.

Trotz ihrer singulären Stellung haben die Gambara-Bearbeitungen wenig Aufmerksamkeit in der Forschung gefunden. Noch immer ist eine Pionierstudie von Günther Weydt aus dem Jahr 1956 der Ausgangspunkt.[26] Ihr Titel – „Nach-

---

22 Martus (Anm. 4), S. 24.
23 Teutsche Poemata (A), Nr. 10, 27, 50, 59, 76, 80, 90.
24 GW II,2, S. 704–710.
25 Achim Aurnhammer: Zur Vor- und Nachgeschichte des petrarkistischen Mustersonetts „Ist Liebe lauter nichts" („Canzoniere", 132) von Martin Opitz. In: Aurnhammer (Anm. 5), S. 189–210.
26 Günther Weydt: Nachahmung und Schöpfung bei Opitz. Die frühen Sonette und das Werk der Veronica Gambara. In: Euphorion 50 (1956), S. 1–26, bes. S. 17f.; ders.: Martin Opitz und die Sonette der Veronica Gambara. In: Italienische Kulturnachrichten Nr. 67–70 (1958), S. 18–21; Thomas Borgstedt: Topik des Sonetts. Gattungstheorie und Gattungsgeschichte. Tübingen 2009 (Frühe Neuzeit 138), bes. S. 308, 332–340 u. 354; Janis Little Gellinek: Die weltliche Lyrik des

ahmung und Schöpfung bei Opitz" – zeigt den Fluchtpunkt. Weydt widmet sich der Frage, welche Rolle die Übertragungen für die Ausbildung von Opitz' eigenen Produktionen gespielt haben. Wie später Janis Little Gellinek in ihrer Studie zur *Weltlichen Lyrik des Martin Opitz* (1973)[27] will Weydt eine werkbiographische Linie rekonstruieren, die sich im Sinne eines teleologischen, die Werkgenese strukturierenden[28] Aufstiegs von der „völligen Korrektheit des Nachbildens" zur „Befähigung zum sprachlichen Formen" vollzieht.[29] Weydt versteht die Übersetzung – wie überhaupt die *imitatio* – als ästhetische Vorschule, die zugunsten autonomer ‚Schöpfung' und letztlich zugunsten einer Autonomie der deutschen Volkssprache ‚überwunden' werde. Wie Hans Pyritz in seiner Studie zu Fleming[30] skizziert er so einen poetisch-poetologischen Bildungsroman mit patriotisch-nationalphilologischer Perspektive, der durch die schiere Menge und systematische Bedeutung der Übersetzung auch in Opitz' späteren Werkphasen von vornherein widerlegt wird.[31]

Opitz hat die Dialektik von *imitatio* und *ingenium*, *ars* und *natura* selbst in seiner Poetik reflektiert. Fremd ist ihm jedoch der Gedanke einer entwicklungsgeschichtlichen Teleologie (‚von der Nachahmung zur Schöpfung'), die erst von der Autonomieästhetik (Genietheorie) her verständlich wird. *Imitatio* und *interpretatio*, *ars* und *ingenium* sind nur strukturell Gegenpole, sie schließen sich eben nicht *a limine* aus.[32] Dies ist auch der Rahmen für die Überlegungen, die Opitz im *Buch von der Deutschen Poeterey* zum Verhältnis von Nachahmung und Natur anschließt. Sie stehen ganz im Zeichen der – die gesamte Schrift durchziehenden – *ars-natura*-Dialektik.[33] Der Nutzen der Übersetzung scheint

---

Martin Opitz. München 1973, bes. S. 104–112; Ulrich Schulz-Buschhaus: Emphase und Geometrie. Notizen zu Opitz' Sonettistik im Kontext des europäischen ‚Petrarkismus'. In: Borgstedt / Schmitz (Anm. 15), S. 68–82. Ich verweise an dieser Stelle auf den ausgezeichneten Beitrag von Laura Bignotti: Traduzione come creazione poetica. I sonetti di Veronica Gambara nella versione tedesca di Martin Opitz. In: L'Analisi Linguistica e Letteraria 2 (2009), S. 427–449.

27 Vgl. Gellinek (Anm. 26).
28 Weydt (Anm. 26), S. 21–26.
29 Ebd., S. 18.
30 Hans Pyritz: Paul Flemings Liebeslyrik. Zur Geschichte des Petrarkismus. Göttingen 1963 (Palaestra 234).
31 Dass die Übersetzungen eine zentrale Rolle bei der Konstitution eines ‚humanistischen Feldes' vor Opitz gespielt haben, an dem nicht nur die humanistischen Eliten partizipierten, ist zuletzt immer wieder betont worden. Zum Begriff vgl. meine Überlegungen in: Einleitung: Poetik und Rhetorik. In: Toepfer / Kipf / Robert 2017 (Anm. 16), S. 315–321.
32 Zu Opitz' Theorie des Enthusiasmus und des Genies vgl. Volkhard Wels: Der Begriff der Dichtung in der Frühen Neuzeit. Berlin, New York 2009 (Historia Hermeneutica 8), S. 269–272.
33 Florian Neumann: Art. ‚Natura-ars-Dialektik'. In: Ueding (Anm. 5), Sp. 139–171.

zunächst begrenzt. Übersetzung steht auf der Seite des ‚Fleißes', der Kunst und der „vbung":

> Eine guete art der vbung aber ist/ das wir vns zueweilen auß den Griechischen vnd Lateinischen Poeten etwas zue vbersetzen vornemen: dadurch denn die eigenschafft vnd glantz der wörter/ die menge der figuren/ vnd das vermögen auch dergleichen zue erfinden zue wege gebracht wird.[34]

Opitz schreibt dem Übersetzen propädeutische Ziele zu. Es ist nicht an sich selbst Kunst, sondern ebnet den Weg dorthin. Ziel ist der Erwerb stilistisch-elokutioneller Mittel (*copia*). Die reproduzierende *interpretatio* ist Vorschule der produktiven *inventio*.[35] Das zweite Argument greift jedoch weiter aus:

> Auff diese weise sind die Römer mit den Griechen/ vnd die newen scribenten mit den alten verfahren: so das sich Virgilius selber nicht geschämet/ gantze plätze auß andern zue entlehnen; wie sonderlich Macrobius im fünfften vnd sechsten buche beweiset.[36]

Übersetzung ist also nicht nur Vorschule der Ästhetik – „training in poetic diction"[37] –, sondern vor allem kulturpatriotische Tat im Sinne einer *translatio studii*. Im Akt des Übersetzens wird nicht nur ein Einzeltext ‚eingebürgert', sondern die Kette der Tradition geschlossen. Daraus ergibt sich eine doppelte Funktion der Übersetzung im System der *Deutschen Poeterey*: Sie ist zugleich Mittel *und* Zweck, ästhetische Vorschule und kulturpatriotische Performanz. Opitz' Übersetzungsbegriff ist dabei *humanistisch*, ohne *klassizistisch* im Sinne strikter *imitatio veterum* zu sein: Schon in der *Poeterey* selbst spielt die Antikenübersetzung praktisch keine Rolle. So sehr Opitz die deutsche Poesie auf die normativen Vorgaben und Muster der antiken Gattungspoetik verpflichtet, so gering ist das Interesse am Übersetzen antiker Texte.[38] Die Übersetzung der

---

34 Poeterey, S. 71.
35 In diesem Sinne verweist Opitz im vierten Kapitel (ebd., S. 25) auf Ronsard, der „mit der Griechen schrifften gantzer zwölff jahr sich vberworffen habe; als von welchen die Poeterey jhre meiste Kunst/ art vnd liebligkeit bekommen." Daher bleibt zu erinnern, „das ich es für eine verlorene arbeite halte/ im fall sich jemand an vnsere deutsche Poeterey machen wolte/ der/ nebenst dem das er ein Poete von natur sein muß/ in den griechischen vnd Lateinischen büchern nicht wol durchtrieben ist/ vnd von jhnen den rechten grieff erlernet hat" (ebd.).
36 Ebd., S. 71.
37 Leonard W. Forster: European Petrarchism as Training in Poetic Diction. In: Italian Studies 18 (1963), S. 19–32.
38 Die wenigen Ausnahmen bestätigen die Regel: Im sechsten Kapitel (Poeterey, S. 44f.) rückt Opitz eine Übersetzung von Theokrits 12. Idylle (*Aites*) ein, die jedoch durch Daniel Heinsius' lateinische Fassung vermittelt ist (wie dann die Überschrift der Fassung in den *Teutschen Poemata* auch angibt). *Emendationes et notae in Theocriti Idyllica Bucolica*. 1603, holländisch in *Neder-*

Gambara-Sonette zielt wie die Übertragungen aus den anderen europäischen Fremdsprachen (einschließlich des Neulateins!) darauf, moderne Klassiker als Gattungs- und Stilmodelle zu etablieren. Nur solche antiken Modelle, die sich mit dem späthumanistischen Geschmack verbinden lassen – etwa die Dichtungen des hellenistischen Autors Theokrit – werden aufgenommen.[39]

3 Der Text im/als Netzwerk

Das Werk der Veronica Gambara umfasst in den beiden modernen Editionen von Bullock und Martin / Ugolini 67 Gedichte. Opitz übersetzt von diesen sieben, die in den *Deutschen Poemata* (Sammlung B) als Nummern XVII bis XXIII im fünften Buch der *Poetischen Wälder* platziert sind. Dieses fünfte Buch, das den Titel „Sonnete" trägt, weist eine klare Gliederung auf. Eröffnet wird es durch sieben Originalwerke; es folgen Übertragungen aus dem Niederländischen (VIII, IX), dem Lateinischen (XII, XIII) und wieder aus dem Niederländischen (XIV, XIV). Daran schließt die Übertragung von Petrarcas Sonett 132 sowie der Gambara-Zyklus an. Es folgen (XXIV, XXV) zwei Übersetzungen aus dem Griechischen, schließlich eine aus dem Französischen. Opitz verbindet gezielt Übersetzung und ‚freie' Eigenproduktion; der fließende Übergang zwischen beiden wird durch relativierende Überschriften – „fast aus dem Griechischen" (XXIV, TP S. 218) – markiert. Insgesamt entsteht so ein Repertorium der wichtigsten europäischen Literaturen und Literatursprachen seiner Zeit. Das Lateinische wird nicht durch antike, sondern durch neulateinische Texte des Hugo Grotius repräsentiert. Aktualität und Modernität sind wichtiger als Anciennität.

In der Produktion wie Rezeption von Lyrik spielt die Form der Anthologie, des *florilegium*, eine entscheidende Rolle. Man denke für die neulateinische Dichtung an Janus Gruters nach nationaler Provenienz geordnete *Delitiae*-Sammlungen (z. B. *Delitiae poetarum Germanorum huius superiorisque aevi illustrium*.

---

deuytsche Poemata (1616). Der Abdruck der Übersetzung in den *Teutschen Poemata* (Breslau 1625) erfolgt denn auch unter dem Titel: *Theocriti und Heinsii Aites*. Vgl. Jaumanns Kommentar zur Stelle in: Poeterey, S. 156. Die Übertragung eines anakreontischen Stückes aus dem Griechischen in deutsche Alexandriner (ebd., S. 49) soll lediglich ein Beispiel für das Synkopieren des *e* in Verben der 3. Person Singular sein („trinckt" statt „trincket"). Im Übrigen dominieren unter den Übertragungen in der *Poeterey* die Texte Pierre de Ronsards, aus dessen *Abrégé de l'art poétique* (1565). Abgedruckt in: Pierre de Ronsard: Œuvres complètes. Texte établi et annoté par Gustave Cohen. Bd. 2. Paris 1950 (Bibliothèque de la Pléiade 45), S. 995–1009.

39 Vgl. Ulrich Heinen (Hg.): Welche Antike? Konkurrierende Rezeptionen des Altertums im Barock. 2 Bde. Wiesbaden 2011 (Wolfenbütteler Arbeiten zur Barockforschung 47).

6 Bde. Frankfurt a. M.: Jacob Fischer 1612).[40] Auch Veronica Gambaras Werke liegen Opitz nicht in Form selbständiger Buchpublikation (*opera*) vor; er rezipiert sie in den Anthologien des 16. Jahrhunderts.[41] Opitz' Auswahl deckt sich nicht zufällig mit einem Gambara-Kanon, der sich durch verschiedene, Mitte des 16. Jahrhunderts (also noch zu Lebzeiten der Dichterin) komponierte, aufeinander aufbauende Sammlungen formiert. Die erste repräsentative Auswahl aus Gambaras Texten findet sich in einer von Lodovico Domenichi herausgegebenen Anthologie mit dem Titel *Rime diverse di molti eccellentiss. Auttori nuovamente raccolte* [...] (Venedig: Giolito 1545). Sie bietet (S. 286–291) unter dem Namen der Gambara zehn Stücke, von denen jedoch ausgerechnet das erste – „Vinca gli sdegni, et l'odio vostro antico" – tatsächlich von Vittoria Colonna stammt. Opitz hat das Colonna-Sonett nicht übertragen, dagegen lassen sich sechs der sieben Stücke in den *Deutschen Poemata* auch in der kleinen Gambara-Sektion bei Domenichi (1545) nachweisen. Daraus ergibt sich folgende Zuordnung:

Opitz: Deutsche Poemata (Slg. B, Breslau), lib. VIII	Domenichi 1545 (Zählung: Bullock 1995)
XVII	288 (= B 20)
XVIII	290 (= B 23)
XIX	289 (= B 34)
XX	288 (= B 38)
XXI	287 (= B 22)
XXII	keine Entsprechung
XXIII	287 (= B 41)

Die Tabelle zeigt sofort das Problem: Das sechste Stück (XXII) bei Opitz (überschrieben: „An den Westwind") hat kein Gegenstück in der Domenichi-Sammlung. Es findet sich aber auch nicht in den weiteren, auf Domenichi 1545 aufbauenden Anthologien z. B. von Girolamo Ruscelli (1553 bzw. 1554) oder Lodovico Domenichi selbst, der 1559 eine viel beachtete Sammlung *Rime diverse d'alcune nobilissime, et virtuosissime donne* (Lucca: Vincenzo Busdragho 1559) publiziert, die (S. 149–162) den umfangreichsten Kanon an Gambara-Texten bietet. Die Provenienz dieses Opitz-Stückes bleibt ein Rätsel. Handelt es sich etwa um eine Origi-

---

40 Opitz selbst wird kurz vor seinem Tod ein ehrgeiziges dreisprachiges Anthologieprojekt in zwei Bänden publizieren, das wesentlich aus der *Anthologia Graeca* gespeist wird: das *Florilegium variorum epigrammatum* (1639). Mit seinen griechischen, lateinischen und deutschen Epigrammen stellt es den Höhepunkt von Opitz' internationaler, ‚weltliterarisch' perspektivierter Poetik dar. Vgl. Thomas Althaus: Epigrammatisches Barock. Berlin, New York 1996 (Quellen und Forschungen zur Literatur- und Kulturgeschichte 9), S. 53–81.
41 Vgl. die Zusammenstellung bei Bullock (Anm. 6), S. 36–51.

naldichtung, eine gezielte ‚Fälschung', die Opitz den echten Gambara-Gedichten als Mystifikation unterschob, um die Perfektion seiner *imitatio* und *interpretatio* unter Beweis zu stellen? Kaum leichter zu beantworten ist die Frage, welche der genannten Anthologien Opitz tatsächlich benutzt hat und warum er als Vertreterin der italienischen Literatur ausgerechnet Veronica Gambara wählte.

Die Anthologie von Girolamo Ruscelli (1554) bietet – so meine These – eine Lösung für beide Probleme, weshalb ich sie für die unmittelbare Vorlage halte: Die *Rime di diversi eccellentissimi autori Bresciani* (dat. 1554, tatsächlich 1553) weisen schon im Titel auf die Dichtungen der Gambara hin, die zudem noch die Anthologie eröffnen (S. 1–19). Diese wiederum ist Viriginia Pallavicina Gambara gewidmet,[42] die seit 1529 mit Veronica Gambaras Bruder, Brunoro Gambara, verheiratet war. Die Sammlung war eine Hommage an die 1550 verstorbene Dichterin und Regentin von Correggio, aber auch an das gesamte Haus Gambara. Dass Opitz für seine italienische Sektion exemplarisch die Verse der Gambara auswählte, lässt sich direkt auf Ruscellis editoriale Inszenierung der Dichterin als einer prominenten „female poet-ruler" in der seit Lorenzo de' Medici etablierten – freilich männlich dominierten – Tradition des „poet-rulers" zurückführen. In den anderen Anthologien war Gambara – bei gleichem Textbestand – nur eine *female voice* unter anderen. Bei Ruscelli repräsentierte sie in Personalunion eine Allianz von Poetik und Politik, die Opitz seit der *Poeterey* nicht müde wurde zu reklamieren. Wenn er einleitend von der „edelen Poetin Veronica Gambara" spricht, oder später das italienische „donna gentil" mit „hochgeborne Fraw" (XIX, 1) übersetzt, unterstreicht er diesen ständisch-stratifikatorischen Aspekt an Gambaras Dichtung.[43]

4 Rahmung und Rekontextualisierung

Damit zu Opitz' Gambara-Übersetzungen. Lenkt man den Blick zunächst auf Fragen der Anordnung und Disposition, so fällt unmittelbar auf, wie entschieden Opitz die in den italienischen Anthologien locker gruppierten Texte ordnet und inszeniert. Dominiert im Buch der *Sonnete* insgesamt die *varietas*, so zeigt sich hier, im Mikrozyklus, ein strikter Ordnungsimpuls. Er äußert sich einerseits in einem Neuarrangement der Texte, andererseits in deren durchgehender paratex-

---

[42] Cox (Anm. 7), S. 96f.
[43] Da die modernen Editionen von Bullock und Martin / Ugolini die Texte in ahistorischer, normalisierter Form präsentieren, greife ich für meine Analysen durchgehend auf diese Textfassungen bei Ruscelli zurück.

tueller Rahmung. Beide Strategien zielen in dieselbe Richtung: Opitz ordnet die *disiecta membra* der Gambara zu einer kohärenten *storia d'amore*, einer lockeren Folge von Momentaufnahmen innerhalb eines Liebesromans, der von Liebesklage (XVII und XVIII) über Aussöhnung (XIX), Reflexion an idyllischem Ort (XX), Erfüllung und Kuss (XXI) bis zu neuerlicher Trennung (XXII) und Absage an die Liebesdichtung (XXIII) führt. Um die narrative Schließung zu unterstreichen, hat Opitz den einzelnen Gedichten zusammenfassende Überschriften beigegeben, welche die Funktion von Regesten oder *argumenta* erfüllen, wie z. B. „Sie redet die Augen Jhres Buhlen an/ den sie vmbfangen" (XVII) oder „Sie redet sich selber an/ als sie bey jhm wieder ausgesöhnet" (XIX) oder „Über den Ort/ da sie jhren Adonis zum ersten vmbfangen" (XX).

Diese „ausführlichen, die Situation erläuternden Überschriften"[44] haben in der Forschung seit Günther Weydt für viel Ratlosigkeit gesorgt. In der petrarkischen, aber auch in der petrarkistischen Tradition haben sie keine Parallele. Weydt hatte gemutmaßt, Opitz habe sie „erfunden" und in Deutschland eingeführt.[45] Die weitere Forschung von Gellinek bis Borgstedt hat sich dann nicht weiter mit ihnen auseinandergesetzt. Zu unrecht, denn die Überschriften leisten ein doppeltes *framing*: In syntagmatischer Hinsicht integrieren sie die einzelnen Gedichte zu einer narrativen Sequenz. In paradigmatischer Hinsicht beziehen sie die Texte auf Gattungsmodelle außerhalb der petrarkistischen Tradition. Ein solches Modell stellt einerseits die Kasualdichtung dar, die in Buch drei und vier der *Teutschen Poemata* („allerhand Sachen" bzw. „Hochzeitgedichte") gesammelt ist; auf der anderen Seite – und das ist der entscheidende Punkt – verweisen die Überschriften auf alternative Traditionen erotischer Poesie. Opitz' eigene *Amatoria* im fünften Buch weisen hier die Spur. Neben einfacher Nennung des Adressaten („An Asterien") finden sich, vor allem in erotischem Kontext, vergleichbare Überschriften: „Vom Abwesen seiner Liebsten" (S. 145) oder „Gedancken bey Nacht, als er nicht schlafen kundt" (S. 150). Opitz kannte sie aus der Tradition der Liebesdichtung, näherhin der Liebeselegie in der Tradition eines Catull, Tibull, Properz und Ovid. Im (deutschen) 16. Jahrhundert lässt sich diese Praxis, um nur ein Beispiel unter vielen zu nennen, im berühmten *Elegiarum liber primus* des Petrus Lotichius Secundus nachweisen, der eine (V.) Elegie etwa überschreibt: „AD LVNAM. Cum noctu iter faceret".[46] Aus der neulateinischen Literatur wurde

---

44 Weydt (Anm. 26), S. 20.
45 Ebd., S. 21.
46 Humanistische Lyrik des 16. Jahrhunderts. Lateinisch und deutsch. Ausgewählt, hg., übersetzt und erläutert von Wilhelm Kühlmann u. a. Frankfurt a. M. 1997 (Bibliothek der Frühen Neuzeit 5), S. 416 bzw. 417.

diese paratextuelle Form in die volkssprachige Dichtung übernommen. Die Überschriften situieren die Texte in einem realen, pseudobiographischen Kontext, in den sie als quasi-dramatischer Sprechakt hineinwirken. Umgekehrt schreibt sich dieser Kontext den Texten ein – durch direkte oder indirekte Angaben zu Zeit, Ort, anwesenden Personen usw. In den verstreuten, anthologisch gesammelten Texten der Gambara fehlen solche direkten Hinweise.

Auf der anderen Seite löst Opitz die Texte der Gambara aus ihren historischen Bezügen heraus, die sich zahlreich in ihren Dichtungen finden.[47] Opitz fühlt sich einerseits durch die Nobilität der Dichterin angesprochen; andererseits reduziert er sie doch auf die Rolle der unglücklich Liebenden, die *desiring voice* – ein Widerspruch, der sich jedoch auflösen lässt. Dass Opitz die *gender*-Problematik beschäftigt hat, zeigt sich schon darin, dass er die Sprecherin immer wieder über die eigene Weiblichkeit reflektieren lässt, auch wo dies im Original nur impliziert ist. Sie erscheint als die „betrübteste Fraw" (XVII, 5), die „weise Fraw" (XIIX, 11) oder eben als „hochgeborne Fraw" (XIX, 1) – nur nie als politisch wirkende, handlungsmächtige Frau. Opitz schreibt Gambaras Texte ganz dem petrarkistischen System ein; im Original ist dagegen die Tradition des Ehepetrarkismus[48] wirksam. Die Position des – durch Abwesenheit oder Tod – entzogenen Geliebten wird durch den Ehemann, Gilberto X. von Correggio, besetzt, der 1518 verstarb. Bei Opitz wendet sich die Sprecherin immer an ihren „Buhlen" bzw. „Liebsten", auch „Adonis" (XX) genannt, und wendet damit die Grundkonstellation gravierend um. Die differenzierte Adressatensituation in den Texten der Gambara wird radikal vereinfacht zugunsten der petrarkistischen Grundsituation. Dies hat recht gewaltsame Umdeutungen zur Folge. So stellt die italienische Vorlage von Opitz XIX („DV hochgeborne Fraw, die du so reich gezieret"), Sonett 34 in der Zählung von Bullock, ein Korrespondenzgedicht dar, das sich wohl an Maria d'Aragona oder Alfonso d'Avalos richtete:

> Donna gentil, che così largamente
>   De le doti del ciel foste arrichita,
>   Che per mostrar la forza sua infinita,
> Fece uoi così rara & eccellente.

---

[47] So bezieht sich eines der Anthologiegedichte – „La bella Flora, che da uoi sol spera" (Ruscelli 1554, S. 2; B 49) – auf einen konkreten politischen Kontext. Bullock datiert den Text auf 1536, als die Kardinäle Ridolfi, Salviati und Gatti nach dem gewaltsamen Tode Alessandro de' Medicis in Florenz eindrangen. Die thematische Anordnung bei Martin / Ugolini (Anm. 6, S. 99–115) zeigt den erheblichen Anteil rein (tages-)politischer Gedichte.
[48] Vgl. Gerhard Regn: Ehepetrarkismus. Sammlungsstruktur, Sinnkonstitution und Ästhetik in Bernardino Rotas Rime. In: Romanistisches Jahrbuch 46 (1995), S. 7–98.

> Fuggan da uostra altera, e real mente
>   Tutti i pensier, ch'à darui oscura uita
>   Fosser bastanti, perche homai finita
>   È la guerra di lui troppo possente;
> E se fin' hor con mille oltraggi, & onte
>   V'ha mostrato Fortuna il fiero uolto,
>   Stato è sol per prouar l'alto ualore,
> Che'n uoi soggiorna; hor la serena fronte
>   Vi uolge, e, del suo error pentita molto,
>   Quanto fu il mal, tanto fia'l ben maggiore.⁴⁹

Opitz arbeitet das Korrespondenz- zum Monologgedicht um:

> Sie redet sich selber an/ als sie bey jhm wieder ausgesöhnet.
>
>   DV hochgeborne Fraw/ die du so reich gezieret
> Bist mit des Himmels Güt' vnd Gaben mannigfalt/
> Der dich verehret hat mit edeler Gestalt/
> Daß seine hohe Macht recht werd' in dir gespühret/
>   Inkünfftig weiter nicht zu klagen dir gebühret;
> Es sind hinweg gethan der Haß vnd die Gewalt/
> Die zwar bisher dein Feind/ doch Trost vnd Auffenthalt/
> Mehr als zu lange Zeit hat wider dich geführet.
>   In einem Huy wird dir das Glücke gantz geneiget;
> Die Sonne hat sich bloß nur darumb trüb' erzeiget/
> Auff daß sie deinen Sinn recht zu erkennen krieg'.
>   Jetzt ist der helle Schein/ das klare Licht vernewet/
> Ihn hat nun gantz vnd gar der Härtigkeit gerewet:
> Je grösser Vbel war/ je schöner ist der Sieg.⁵⁰

Aus dieser Rekontextualisierung ergeben sich weitere Verschiebungen. Gambaras Anspielungen auf konkrete Lebensumstände der Adressatin – der Krieg, der den Mann fern von zu Hause hält – müssen von Opitz adaptiert werden. Der reale Krieg wird durch den Liebeskrieg im Sinne der petrarkistischen Grundtopik umgekehrt. Nicht der Geliebte erleidet den Krieg, er ist die Ursache von „Haß" und „Gewalt". Auffällig sind Verschiebungen in der Semantik: „donna gentil" und „du hochgeborne Fraw" setzen unterschiedliche Akzente. Während Gambara, ohne affirmativ zu werden, die Adressatin semantisch präzise in den Horizont der Adelskultur, ihrer Affekte, Werte und Vorzüge, einrückt („gentile", „rara & eccellente"), hebt Opitz explizit Standeszugehörigkeiten („hochgeboren") ins

---

49 Ruscelli 1554, S. 4; vgl. Bullock (Anm. 6), S. 93 (Nr. 34).
50 GW II,2, S. 706 (Nr. XIX).

Licht. Wo im Italienischen mitfühlende Empfehlung ausgedrückt wird, herrscht im Deutschen der rigorose Appell zur Affektkontrolle im Sinne eines erotischen Stoizismus: „Inkünfftig weiter nicht zu klagen dir gebühret" (v. 5). Das konkrete Bild der *Fortuna*, die bei Gambara – in Abweichung von der klassischen Ikonographie und in Annäherung an die der *occasio* – als doppelgesichtig erscheint („fiero volto" / „serena fronte"), wird getilgt; gleichzeitig findet Opitz Gefallen an der Allegorie der Fortuna, der er bereits im *Aristarch* ein langes Gedicht gewidmet hatte.[51] Am Ende jedoch ist es bei Opitz nicht Fortuna, die ihre Härte bereut („del suo error pentita molto"), sondern der Geliebte: „Ihn hat nun gantz vnd gar der Härtigkeit gerewet" (v. 13). Die Umdeutung des Korrespondenzgedichts zum Liebesmonolog führt also auch zur Auflösung einer kohärenten Bilderzählung und -imagination. Elemente der Fortuna-Figur werden teils auf die „Sonne", teils auf den Geliebten selbst übertragen. Dabei zeigt sich ein weiterer habitueller Unterschied: Opitz denkt nicht in Bildern, sondern reflektiert in Begriffen. Gambaras Sonett schließt mit dem Bild der Fortuna, die der Angesprochenen ihr zweites, freundliches Gedicht zuwendet. Die verbale Bewegung, die sich über drei Verse hinzieht, wird von Opitz zugunsten einer klaren Zeilengliederung aufgegeben. Dabei führt Opitz seinen Leser durch eine Kaskade von *nomina* und Begriffen: vom „helle[n] Schein" über „das klare Licht" zu „Härtigkeit", „Vbel" und „Sieg". Vor allem die letzte Zeile zeigt – noch im Gelingen – die Differenz. Gambaras Wendung „Quanto fu il mal, tanto fia'l ben maggiore" („Je größer das Übel sein wird, desto größer auch der Gewinn") wird getreu aufgenommen, aber zum Triumph im Liebeskrieg umgedeutet: „Je grösser Vbel war/ je schöner der Sieg". Die Rahmenthematik von Liebe und Krieg wird also aufgenommen, nun jedoch klar auf die erotische Motivik der *militia amoris* bezogen.

5 Kulturtransfer und Registerwechsel

Der ‚translational turn' hat bewusst gemacht, dass Übersetzen ein vielschichtiger Prozess ist.[52] Jede Übertragung muss über die einfache Konversion hinaus

---

[51] GW I, S. 68f.
[52] Zur kulturwissenschaftlichen ‚Wende' der Translationistik vgl. (in Auswahl) Doris Bachmann-Medick: The ‚Translational Turn' in Literary and Cultural Studies. The Example of Human Rights. In: New Theories, Models and Methods in Literary and Cultural Studies. Hg. von Greta Olson und Ansgar Nünning. Trier 2013, S. 213–233; dies.: Translational turn. In: Cultural turns. Neuorientierungen in den Kulturwissenschaften. Hg. von ders. Reinbek 2006, S. 238–283; Jürgen von Stackelberg: Kulturelle Beziehungen und Übersetzung in der Renaissance. 1550–1650.

die „skoposadäquate"[53] Einschreibung in kulturelle und literarische Erwartungs- und Verständnishorizonte leisten. Der Übersetzer ist Akteur kultureller Evolution,[54] Grenzgänger und „cultural broker",[55] der die Irritation des ‚fremden' Textes für sein Zielpublikum modelliert und moderiert. So muss auch die ‚deutsche Gambara' ein mehrfaches interkulturelles *reframing* durchlaufen, damit ihre „Einbürgerung"[56] gelingen kann. Erst Dekontextualisierung und Narrativierung (Schließung zur *storia d'amore*) machen die Texte der Gambara als exemplarische Modelle des weiblichen Petrarkismus rezipierbar. Neben diese paradigmatische Ebene der Gattungspoetik und der lyrischen Systemkonkurrenz tritt die syntagmatische Ebene der zyklischen Schließung. Auf dieser Ebene löst Opitz die Gedichte aus ihrem historischen und kommunikativen Zusammenhang, um sie in neue Kontexte einzustellen. Hier erhalten die Überschriften die Funktion, Szenen und Situationen einer wechselvollen Liebesbeziehung zu bezeichnen. Opitz ersetzt den historischen Resonanzraum der Gambara-Texte (vor allem den politischen und dialogischen, d. h. des Korrespondenzgedichts) durch eine imaginäre Text-Bühne, auf der sich die Texte wie Arien einer frühen Oper ausnehmen. Diese Inszenierung verleiht den Texten einen rhetorisch-deklamatorischen Charakter. So wird im Eröffnungssonett (B 20: „Dal veder voi, occhi lucenti e chiari") die

---

In: Übersetzung. Translation. Traduction. Ein internationales Handbuch zur Übersetzungsforschung. Bd. 2. Hg. von Harald Kittel u. a. Berlin, New York 2007, S. 1383–1389; Hans J. Vermeer: Übersetzen als kultureller Transfer. In: Übersetzungswissenschaft – Eine Neuorientierung. Zur Integrierung von Theorie und Praxis. Hg. von Mary Snell-Hornby. Basel, Tübingen ²1994, S. 30–53. Ein weites Spektrum an Methoden und historischen Erscheinungsformen des interkulturellen und interlingualen Übersetzens präsentiert der Band: Regina Toepfer, Klaus Kipf und Jörg Robert (Hgg.): Humanistische Antikenübersetzung und frühneuzeitliche Poetik (1480–1620). Berlin, New York 2017 (Frühe Neuzeit 211).

53 Hans J. Vermeer: Das Übersetzen in Renaissance und Humanismus (15. und 16. Jahrhundert). 2 Bde. Heidelberg 2000, Bd. 1, S. 9 u. 16; Erich Prunč: Versuch einer Skopostypologie. In: Text – Kultur – Kommunikation. Translation als Forschungsaufgabe. Festschrift aus Anlaß des 50jährigen Bestehens des Instituts für Übersetzer- und Dolmetscherausbildung an der Universität Graz. Hg. von Nadja Grbić und Michaela Wolf. Tübingen 1997 (Studien zur Translation 4), S. 33–52.

54 Peter Sandrini: Translationswissenschaft. In: Lexikon der Geisteswissenschaften. Sachbegriffe – Disziplinen – Personen. Hg. von Helmut Reinalter und Peter Brenner. Wien 2011, S. 1195–1100, hier S. 1099.

55 Daniel K. Richter: Cultural Brokers and Intercultural Politics. New York-Iroquois Relations. 1664–1701. In: The Journal of American History 75/1 (1988), S. 40–67.

56 Franz Josef Worstbrock: Zur Einbürgerung der Übersetzung antiker Autoren im deutschen Humanismus. In: Zeitschrift für deutsches Altertum und deutsche Literatur 99 (1970), S. 45–81; vgl. ders.: Deutsche Antikerezeption 1450–1550. Teil 1: Verzeichnis der deutschen Übersetzungen antiker Autoren. Mit einer Bibliographie der Übersetzer. Boppard 1976 (Veröffentlichungen zur Humanismusforschung 1).

Situationalität des Textes durch die Überschrift klar herausgearbeitet: „Sie redet die Augen jhres Buhlen an/ den sie vmbfangen", noch forcierter in XXI, das Opitz mit „An jhres Liebsten Augen/ als sie jhn küsset" überschreibt. Beide Überschriften beeinflussen entscheidend die Temperierung des Ausgangsmaterials. Opitz dramatisiert nicht nur den lyrischen Monolog; durch die Signalwörter „Buhle" und „vmbfangen" wird ein Systemwechsel herbeigeführt: Die petrarkistische Distanzliebe wird zur hedonistischen Erfüllungsliebe, wie sie die Liebeselegie kennzeichnet, verschoben.[57]

Auf diesen System- und Registerwechsel verweist auch das letzte Gedicht des Zyklus mit der Überschrift: „Warumb sie nicht mehr von Buhlerey schreibe" (XXIII). Zunächst das italienische Original:

> Mentre da uaghi, e giouenil pensieri
> > Fui nodrita, hor temendo, hora sperando,
> > Piangendo hor trista, et hor lieta cantando,
> > Da desir combattuta, hor falsi, hor ueri;
>
> Con accenti sfogai pietosi, e feri [B: fieri],
> > I concetti del cor, che spesso amando
> > Il suo male assai piu, che'l ben cercando,
> > Consumaua dogliosa [B: doglioso] i giorni interi.
>
> Hor, che d'altri pensieri, e d'altre uoglie
> > Pasco la mente, à le gia care rime
> > Ho posto, & à lo stil silentio eterno.
>
> E s'allor uaneggiando, à quelle prime
> > Sciocchezze intesi, hora il pensier [B: pentirmi] mi toglie,
> > Palesando la colpa [B: la colpa palesando], il duolo interno.[58]

---

57 Diesen lyrischen System- und Registerwechsel hat Klaus W. Hempfer in verschiedenen Beiträgen als Symptom einer ‚Pluralisierung der erotischen Diskurse' bestimmt, der für die rinascimentale Episteme insgesamt kennzeichnend sei. Vgl. Klaus W. Hempfer: Probleme der Bestimmung des Petrarkismus. Überlegungen zum Forschungsstand. In: Die Pluralität der Welten. Aspekte der Renaissance in der Romania. Hg. von Wolf-Dieter Stempel und Karl-Heinz Stierle. München 1987 (Romanistisches Kolloquium 4), S. 253–277; ders.: Pluralisierung des erotischen Diskurses in der europäischen Lyrik des 16. und 17. Jahrhunderts (Ariost, Ronsard, Shakespeare, Opitz). In: Germanisch-Romanische Monatsschrift 38 (1988), S. 251–264. Zur Kritik des – ganz autonomie-ästhetischen Modells – vgl. meine Überlegungen zu Fleming. Jörg Robert: Der Petrarkist als Pathologe. Bemerkungen zu Paul Flemings medizinischer Dissertation „De lue venerea" (1640). In: „Was ein Poëte kan". Studien zum Werk von Paul Fleming (1609–1640). Hg. von Stefanie Arend und Claudius Sittig. Berlin, Boston 2012 (Frühe Neuzeit 168), S. 75–95, bes. S. 79f.; zur historischen Phasendifferenzierung des Modells vgl. Jan-Dirk Müller und Jörg Robert: Poetik und Pluralisierung in der Frühen Neuzeit – eine Skizze. In: Maske und Mosaik. Poetik, Sprache, Wissen im 16. Jahrhundert. Hg. von dens. Münster u. a. 2007 (Pluralisierung & Autorität 11), S. 7–46.
58 Ruscelli 1554, 1 (= Bullock 41).

Gambaras Sonett ist eng auf das Eröffnungssonett der *Rerum vulgarium fragmenta* bezogen. Nicht ohne Grund eröffnet es bei Ruscelli nicht nur den Zyklus der Gambara-Gedichte, sondern die Anthologie insgesamt. Gambara greift Petrarcas Text in seiner wesentlichen Aussage – *pentimento*, Konversion und Absage an die Liebesdichtung als ‚Jugendwerk' – auf. Um die intertextuelle Dimension präsent zu halten, gruppiert sie spielerisch das Ausgangsmaterial um. Petrarcas Signalwörter, Leitkonzepte und Bilder – „giovenile errore", „nudriva 'l core", „stile", „speranze / dolore", „pietà", „vaneggiar", „pentersi" – werden herausgelöst, neu arrangiert und paraphrasiert.

> Voi ch'ascoltate in rime sparse il suono
> di quei sospiri ond'io nudriva 'l core
> in sul mio primo giovenile errore
> quand'era in parte altr'uom da quel ch'i' sono,
> del vario stile in ch'io piango et ragiono
> fra le vane speranze e 'l van dolore,
> ove sia chi per prova intenda amore,
> spero trovar pietà, nonché perdono.
> Ma ben veggio or sí come al popol tutto
> favola fui gran tempo, onde sovente
> di me medesmo meco mi vergogno;
> et del mio vaneggiar vergogna è 'l frutto,
> e 'l pentersi, e 'l conoscer chiaramente
> che quanto piace al mondo è breve sogno.[59]
> (Petrarca, RVF, 1)

Dennoch zeigen sich charakteristische Unterschiede. Beide Sonette umkreisen die Thematik von Reue und Umkehr. Petrarca wendet sich dabei an eine – nicht näher bestimmbare – Öffentlichkeit, den unbekannten, mitfühlenden Leser, der dem Dichter die Absolution erteilt („pietà, nonché perdono"). Die exordiale Topik der Entschuldigung wird christlich gewendet, aber nur auf den ersten Blick: Denn die Absolution erfolgt gerade nicht durch christliche Instanzen und Institutionen. Scham („vergogna") und Reue („pentersi") entfalten sich nicht vor Gott, sondern vor dem Leser, der den Beichtvater ersetzt. „Vergogna" ist dabei ein ambivalenter Begriff, der sowohl die innere („meco") als auch die äußere (soziale) Scham bezeichnet. Letztere ist bei Petrarca jedoch klar dominant. Der Dichter weiß um die sozial stigmatisierende Wirkung seines Verhaltens („al popol tutto favola fui

---

[59] Francesco Petrarca: Canzoniere. Introduzione di Roberto Antonelli. Testo critico e saggio di Gianfranco Contini. Note al testo di Daniele Ponchiroli. Turin 1964, S. 3.

gran tempo"). Er agiert – ethnologisch mit den Begriffen von Ruth Benedict[60] gesprochen – im Horizont einer ‚Schamkultur' (im Gegensatz zur ‚Schuldkultur'). Von „colpa" ist nirgends die Rede, höchstens von „errore" und „vaneggiare". Die Scham gilt dabei zugleich der Liebe und der Liebesdichtung, die durch das Proömialsonett als überwunden markiert wird. Das hindert den Dichter jedoch gerade nicht daran, sie wieder vor aller Augen auszustellen.

Veronica Gambara entwickelt in ihrem Sonett aus diesen Zutaten eine völlig andere Argumentation. Die schamkulturelle Dimension – Stigmatisierung – wird zugunsten der schuldkulturellen aufgegeben. Die *pentimento*-Thematik wird konsequent verinnerlicht („duolo interno"). Deutlich zeichnen sich die Konturen der katholischen Beichte (*confessio*) ab: Die Quartette bieten die Erkenntnis der Schuld, die am Ende auf den Begriff gebracht wird (v. 14: „palesando la colpa"), aus ihr ergibt sich die Reue (*contritio cordis*; v. 13: „pentersi") und schließlich die Absolution, die sich die Dichterin selbst erteilt: „Il pentirmi toglie, | la colpa palesando, il duol interno" (v. 13f.). Diese Schuld bleibt jedoch sehr abstrakt – viel abstrakter als bei Petrarca – und sozial folgenlos. Gambara beichtet, aber sie beichtet nichts Konkretes. Ihre Zerknirschung gilt inneren Haltungen („pensieri", „concetti del cor") und Affekten („desir"), nicht Taten. An die Stelle von Petrarcas „giovenil errore" treten nicht näher bestimmbare „giovenil pensieri". Die *satisfactio* – um im Schema der Beichte zu bleiben – fällt dagegen drastisch aus: „à le gia care rime | Ho posto, & à lo stil silentio eterno" (v. 13f.). Die Genugtuung besteht in einem Abschied von den Musen, von dem bei Petrarca in dieser Konsequenz nicht die Rede ist. Petrarca bereut seine „giovenili errori", um sie dann zu publizieren. Gambara legt eine Art *Profess* ab. Ihre Geste kommt einem poetischen Schweigegelübde, vielleicht einem Autodafé gleich. Offen bleibt nur dessen Reichweite: Die Wendung „già care rime" ließe sich auch so deuten, dass hier nur eine bestimmte Form der Lyrik (‚jene Art von Gedichten, die mir einst teuer waren') gemeint ist; „stil[e]" wäre dann eben – in Anschluss an Petrarca – der Hinweis auf Formen, Gattungen und Register der Lyrik („del vario stile in ch'io piango et ragiono"). Sie ist mit den „ersten Dummheiten" („prime sciochezze"), den jugendlichen „nugae", gemeint.[61] Am Ende zeigt sich die „therapeutische

---

60 Ruth Benedict: The Chrysanthemum and the Sword. Patterns of Japanese Culture. New York 1946. Deutsch: Chrysantheme und Schwert. Formen der japanischen Kultur. Frankfurt a. M. 2006.
61 Der historische Kontext deutet ganz in diese Richtung: Das Sonett ist, wie sich aus Evidenzen des Briefwechsels mit Bembo entnehmen lässt, in der ersten Hälfte des Jahres 1532 entstanden; es handelt sich um ein Korrespondenzgedicht. Angesprochen ist Vittoria Colonna, deren poetische Replik in den meisten Anthologien (z. B. Domenichi 1559, S. 150) mit abgedruckt ist. Schon sein Beginn zeigt den Einspruch gegen Gambaras förmliche *renuntiatio amoris*: „Lasciar non posso i miei saldi pensieri | Ch'un tempo mi nodrir felice amando [...]." In einem subtilen

Funktion der Beichte im Sinne der Seelenführung".⁶² Die Artikulation („sfogo")
selbst bringt – im Sinne von Petrarca RVF 23 („cantando il duol si disacerba") –
die Absolution („accenti sfogai pietosi e fieri").⁶³ Wie geht nun Opitz mit dieser
poeto-theologischen Vorgabe um? Seine Übertragung lautet folgendermaßen:

> XXIII.
>
> Warumb sie nicht mehr von Buhlerey schreibe.
>
> IN vppiger Begiehr/ in vnbedachtem Sinn/
> Vnd zwischen furcht' vnd trost' hab' ich bisher gestrebet/
> Jetzt trawrig/ jetzt in Lust vnd Fröligkeit gelebet/
> Weil ich des Glückes Spiel vnd Ball gewesen bin.
> Bald hab' ich nur in Angst gesucht Frewd' vnd Gewinn/
> Vnd in der Thrānen Bach ohn' Vnterlaß geschwebet;
> Bald hab' ich wiederumb an Vppigkeit geklebet:
> So floß die junge Zeit gemählich von mir hin.
> Nun aber ich jetzt bin auff anders was bedacht/
> Sag' ich: jhr liebsten Verß/ ich geb' euch gute Nacht/
> Ich wil mich künfftig gantz zu schweigen vnterfangen.
> Doch kömpt mich bald die Lust zu schreiben wieder an/
> So daß ich meine Hand nicht länger halten kan/
> Wann mir das Thun einkömpt das ich zuvor begangen.⁶⁴

Opitz folgt der Argumentation der Vorlage scheinbar recht genau. Die Einsicht
in eine verfehlte Lebenswahl mündet am Ende in eine Absage an die „liebsten
Verß". Auch bei Opitz bleibt in der Schwebe, ob die Palinodie der Dichtung insgesamt oder nur der Liebesdichtung gelten soll. Die Überschrift deutet auf letzteres, während die Formulierung „gantz zu schweigen" im Sinne einer absoluten
renuntiatio zu verstehen wäre. Der völlig neu gefasste Schluss löst diese Ambivalenz jedoch in ganz unerwarteter Weise auf: Die Struktur der Beichte wird verlassen, der therapeutische Aspekt des „sfogo" aufgegeben. An seine Stelle tritt

---

Spiel mit Gambaras Worten formuliert Vittoria Colonna ein mutiges Bekenntnis zur Liebe und
zur Liebesdichtung, das Veronica Gambara in ihrer besonderen Situation als Witwenregentin in
Correggio unpassend erschien. Die Petrarca-*imitatio* dient nun der Selbststilisierung zur tugend-
haften Herrscherin.
62 Dorothea Sattler: Art. Beichte. III. Systematisch-theologisch. In: Lexikon für Theologie und
Kirche. Hg. von Walter Kaspar. Bd. 2 (1994), Sp. 157f., hier Sp. 158.
63 Eine Argumentation, die auf die ovidische Exildichtung zurückweist, wie ich an anderer Stelle gezeigt habe. Vgl. Jörg Robert: Exulis haec vox est. Ovids Exildichtungen in der Lyrik des 16.
Jahrhunderts. In: Germanisch-Romanische Monatsschrift 52 (2002), S. 437–461.
64 GW II,2, S. 710.

eine Palinodie der Palinodie, die sich folgendermaßen paraphrasieren lässt: ‚Nur allzu bald wird mich aber die Lust zu dichten wieder ergreifen, so dass ich mich kaum werde beherrschen können, sobald mir meine früheren Taten wieder in den Sinn kommen.' Diese Wende der Argumentation rückt die *female voice* in ein völlig anderes Licht. Während die italienische Gambara zu resignativer Gelassenheit nach vollzogener Beichte und Absolution findet, erscheint die deutsche Gambara wie eine unverbesserliche Kurtisane, deren anfängliche Reue am Ende wieder – nach dem Prinzip: Ich kann nicht anders! – dahin steht. Die Überschrift – „Warumb sie nicht mehr von Buhlerey schreibe" – wirkt als Sinnhorizont in dieselbe Richtung. Erika Greber hat darauf hingewiesen, dass „solch ein gender-markierter Paratext", wie er im weiblichen Petrarkismus gelegentlich vorkam (z. B. bei Sibylle Schwarz), „zugleich eine Garantie dafür [war], daß niemand ein einzeln herausgegriffenes Sonett als Rede des Übersetzers [...] missverstehen"[65] konnte. Auch bei Opitz dient die Überschrift als ein solcher gender-markierender, männlicher *frame* der weiblichen Stimme. Schon das Schlagwort „Buhlerey" weckt Assoziationen von Hedonismus und sexueller Ausschweifung, die sich im Text konsequent fortsetzen. Es war schon die Rede davon, dass Gambara weniger konkrete Handlungen als innere Haltungen bereut („pensieri", „concetti"). Die Verfehlung liegt im italienischen Text in einer jugendlichen Entflammbarkeit, Reizbarkeit und Unstetigkeit, die sich in verzeihlichen „sciocchezze" ausdrückt. Hier wird Opitz sehr viel deutlicher, sehr viel moralischer, etwa wenn am Ende von dem „Thun [...] das ich zuvor begangen", die Rede ist. Das klingt nicht mehr nach Beichte, sondern schon fast nach Geständnis vor Gericht.

Der Auftakt deutet in dieselbe Richtung; auch hier stehen Fakten gegen reine Affekte. Opitz hält sich nicht bei der Seelenzergliederung auf, seine Gambara bekennt reale Taten, ein Leben „IN vppiger Begiehr/ in vnbedachtem Sinn [...] in Lust vnd Fröligkeit" (v. 1 bzw. v. 3). Wo Gambara filigran die petrarkistische Klaviatur der gemischten Empfindungen bedient, reproduziert Opitz einen Tugend- und Lasterkatalog, in dessen Zentrum der – immerhin zweimal genannte – Begriff der „Üppigkeit" steht. Zusammen mit Begriffen wie „Lust", „Fröligkeit" und „Buhlerey" trägt er dazu bei, die semantische Atmosphäre des Gedichts völlig zu verändern. Opitz inszeniert eine Dichterin, die sich selbst denunziert; er ersetzt die katholische Beichte durch protestantische Ethik. Damit folgt er einer misogynen Tradition, die in der Frau stets die Disposition zu Sinnlichkeit und Ausschweifung erkennen will. Die weibliche Petrarkistin bildet so das ganz ‚Andere' der neustoischen ‚männlichen' Affektkontrolle. „Üppigkeit" (lat. *lascivia, luxuria, protervitas*) ist im 16. und 17. Jahrhundert ein markant protestantisches – näher-

---

65 Greber (Anm. 2), S. 234.

hin calvinistisches – Konzept, das in den Debatten um Luxus, Sexual- und Ehemoral breit entfaltet wird. Zahlreiche Belege von Zwingli und Fischart bis ins 18. Jahrhundert lassen sich dem Grimm'schen Wörterbuch entnehmen. Hier erscheint Üppigkeit regelmäßig assoziiert mit „Wollust", „Geilheit", „Brunft" und „Hurerei". Über die Dichtung verweisen sie auf die frühneuzeitlichen „Polizey"-Ordnungen, die detaillierte Vorschriften und Normen für alle Arten von *luxus* und *luxuria* – von der sexuellen Ausschweifung bis zur Kleiderordnung – enthielten.[66] Insgesamt spiegelt sich hier das bürgerliche Unbehagen an höfischer Kultur.

Welche Erkenntnisse lassen sich nun aus diesem Befund für Opitz' eigenes ‚weltliterarisches' Programm und insbesondere seine Stellung in der Geschichte des Petrarkismus gewinnen? Schon in der Übersetzung von RVF 132 („s'amor non è"), die den Gambara-Übertragungen als Schwellengedicht vorausgeht, hatte Opitz Petrarcas „[affetto] rio" in die „böse Lust" der protestantischen Erbsündenlehre verwandelt. Vom letzten Gambara-Sonett her wird Opitz' zwiespältiges Verhältnis zum genuinen Petrarkismus, insbesondere dem italienischen, deutlich. Einerseits ist die Kunst, „wie Petrarcha buhlerische reden [zu] brauchen",[67] der einzige Weg zu einer deutschen Lyrik von europäischer Geltung; unter protestantischen Vorzeichen jedoch erscheint die unbedingte Hingabe an die Liebe – noch dazu einer Frau – als zutiefst ambivalent. Poetische und moralische Norm drohen zu konfligieren. Gambara entspricht als „edele Poetin" Opitz' eigenem Statusdenken, als Liebende und Dichterin ist sie ihm jedoch erkennbar suspekt. Die ideale Dichter-Fürstin wird am Ende zum Zerrbild der unverbesserlichen Kurtisanen, zum abschreckenden Exempel im Rahmen bürgerlich-protestantischer Ethik und Hofkritik.[68] Es spricht vieles dafür, dass Opitz diese kritische Perspektive mit

---

66 Vgl. Andrea Iseli: Gute Polizei. Öffentliche Ordnung in der Frühen Neuzeit. Stuttgart 2009; Thomas Simon. ‚Gute Policey'. Ordnungsleitbilder und Zielvorstellungen politischen Handelns in der Frühen Neuzeit. Frankfurt a. M. 2004; Michael Stolleis (Hg.): Policey im Europa der Frühen Neuzeit. Frankfurt a. M. 1996. Das Verhältnis von Luxus und Künsten nach 1700 beleuchtet der folgende, sehr anregende Band: Luxus. Die Ambivalenz des Überflüssigen in der Moderne. Hg. von Christine Weder und Maximilian Bergengruen. Göttingen 2011.
67 Poeterey, S. 39.
68 Diese ambivalente, oft kritische Haltung zum höfischen Hintergrund des Petrarkismus lässt sich bei Opitz immer wieder greifen. Breiter ausgeführt wird es in dem Gedicht *An eine Jungfraw* (GW II,2, S. 620–622). Dazu Jörg Robert: Selbstreferenz und Sozialtheorie. Antipetrarkismus als negative Poetik (Aretino, Visscher, Opitz). In: Dorothea Klein u. a. (Hgg.): Formen der Selbstthematisierung in vormoderner Lyrik. Hildesheim 2019 (im Druck). Zur Hofkritik bei Opitz vgl. Helmuth Kiesel: ‚Bei Hof, bei Höll'. Untersuchungen zur literarischen Hofkritik bei Friedrich Schiller. Tübingen 1979, S. 129–136; Georg Braungart: Opitz und die höfische Welt. In: Martin Opitz (1597–1639). Nachahmungspoetik und Lebenswelt. Hg. von Thomas Borgstedt und Walter Schmitz. Tübingen 2002 (Frühe Neuzeit 63), S. 31–37; zum allgemeinen Rahmen Georg Braungart:

dem italienischen Petrarkismus im Besonderen verbunden hat. Der italienische Petrarkismus wird im Lichte des französischen Antipetrarkismus und der protestantischen Sexualmoral kritisch reflektiert und aktualisiert. So transferiert Opitz nicht einfach das petrarkistische Modell; er liest die petrarkistischen Sonette der Gambara mit einer dezidiert antipetrarkistischen Einstellung, die eng mit Pierre de Ronsard und seiner Kritik des Petrarkismus als Heuchelei und Lüge verbunden ist – aus diesem polemischen Kontext stammt auch der Begriff ‚petrarquiser'.[69] Opitz' Übersetzung wird so zum transkulturellen Medium konfessions- und genderpolitischer Polemik, literarhistorischer Positionierung und poetologischer Selbstreflexion in den Netzwerken der vormodernen Weltliteratur.[70]

Hofberedsamkeit. Studien zur Praxis höfisch-politischer Rede im deutschen Territorialabsolutismus. Tübingen 1988 (Studien zur deutschen Literatur 88); Wilhelm Kühlmann: Gelehrtenrepublik und Fürstenstaat. Entwicklung und Kritik des deutschen Späthumanismus in der Literatur des Barockzeitalters. Tübingen 1982 (Studien und Texte zur Sozialgeschichte der deutschen Literatur 3); Gunter E. Grimm: Literatur und Gelehrtentum in Deutschland. Untersuchungen zum Wandel ihres Verhältnisses vom Humanismus bis zur Frühaufklärung. Tübingen 1983 (Studien zur deutschen Literatur 75).

69 Jörg Robert: Simple Venus vs. Art de Pétrarquiser. Plurale Liebesdiskurse und Erosion der Kunst bei Pierre de Ronsard und Joachim Du Bellay. In: Erosionen der Rhetorik. Hg. von Valeska von Rosen und Jörn Steigerwald. Wiesbaden 2012 (culturæ 4), S. 139–168.

70 Methodische Anstöße zu einer systematischen Erschließung einer solchen ‚Anderen Ästhetik' der Vormoderne, die sich im Vollzug der Texte selbst entfaltet, vgl. den Sammelband Annette Gerok-Reiter u. a. (Hgg.): Reflexionsfiguren der Künste. Formen, Typen, Topoi. Heidelberg 2019, S. 11–33.

Astrid Dröse
Intermediale Netzwerke
Opitz-Vertonungen im Umfeld von Heinrich Schütz

1 Beseelen

In dem 1629 veröffentlichten *Deutscher Poematum Anderer Theil* („C"[1]) des Martin Opitz findet sich im ersten Buch der *Poetischen Wälder* eine Sequenz von Gedichten, die befreundeten Künstlern und Musikern gewidmet sind. Die Reihe beginnt mit einem Lobgedicht auf den Bunzlauer Geistlichen Christoph Buchwälder, der einige Lieder verfasst hatte,[2] es folgen zwei Gedichte auf den Maler Bartholomäus Strobel, der Opitz in den 1630er Jahren porträtieren sollte.[3] In der postum erschienenen Ausgabe von 1644 ist das Ensemble stark erweitert:[4] Neben Gedichten auf Julius Wilhelm Zincgref[5] und Diederich von dem Werder[6] findet sich hier beispielsweise ein Lobgedicht auf den Ingenieur Andreas Hindenberg, der den sogenannten „Zähltisch", eine Art Rechenmaschine zum Geldwechsel, erfunden hat,[7] auf den Kirchenlieddichter Johann Heermann,[8] auf Daniel Heinsius und Baltha-

---

1 Martin Opitz: Deutscher Poematum Anderer Theil; Zuvor nie beysammen/ theils auch noch nie herauß gegeben. Breslau 1629, S. 436–507. Zitiert wird auch im Folgenden nach der historisch-kritischen Ausgabe von George Schulz-Behrend (GW IV,2).
2 Auff H. Christoff Buchwälders Geistliche Gesänge. („Die süße Musica/ das Kindt der Pierinnen"). GW IV,2, S. 491f.
3 „Vber des berümbten Mahlers H. Bartholomei Strobels Kunstbuch" und „An eben jhn/ vber seine Abbildung eines Frauenzimmers". GW VI,2, S. 492–494. Vgl. hierzu Jörg Robert: „geschwiester Kinder". Bildtheorie und Paragone bei Martin Opitz. In: Intermedialität in der Frühen Neuzeit. Formen, Funktionen, Konzepte. Hg. von dems. Berlin, Boston 2017 (Frühe Neuzeit 209), S. 322–346. Seraina Plotke: Gereimte Bilder. Visuelle Poesie im 17. Jahrhundert. München 2009, S. 115–117.
4 Janis Little Gellinek: Die weltliche Lyrik des Martin Opitz. Bern 1973, S. 200–212. Diese Gedichte sind teilweise bereits in C, viele auch als separate Casualia publiziert worden. Sie werden hier erstmals als Ensemble zusammengestellt.
5 Martin Opitz: Weltliche Poemata. Der Andere Theil. Zum vierdten mal vermehret und ubersehen herauß gegeben. Frankfurt a. M. 1644, S. 32–34: „An Herrn Zincgrefen".
6 „An den Herrn Obristen von dem Werder: bey Ubersetzung etlicher Psalmen" und „An eben ihn/ als ihm der Autor seine Sermon vom Leyden unser[!] Heylands zugeschrieben". In: ebd., S. 29–31.
7 „Über Herrn Andreas Hindenberges new erfundenen Zehltisch". In: ebd., S. 48–50.
8 „An Herrn Johann Heermann". In: ebd., S. 42.

https://doi.org/10.1515/9783110664966-014

sar Venator.⁹ Opitz wählt gezielt Vertreter verschiedener Künste; die Zusammenstellung erfolgt unter werkpoetischen und werkpolitischen[10] Gesichtspunkten. Im Medium der Gelegenheitsdichtung inszeniert er eine zweifache paragonale Konstellation: zum einen durch die Reihe verschiedener Künste, welche in den einzelnen Gedichten repräsentiert werden, zum anderen innerhalb einzelner Gedichte, in denen oft ein Vergleich zwischen der Poesie und einer weiteren Kunst angestellt wird. Besonders evident wird dies im Enkomion auf den befreundeten Maler Strobel, in dem Opitz vordergründig die Gleichrangigkeit von Dichtung und Malerei als „Geschwister Kinder[n]" hervorhebt. Das Lob der Schwesterkunst ist jedoch doppelbödig, da es durch eine Argumentation unterlaufen wird, „die den Vergleich (Paragone) zur Konkurrenz der Künste (*aemulatio*) überschreitet. Sieht man genau hin, erweist sich doch die Dichtung als die überlegene Kunst."[11] In der Ausgabe von 1644 schließt die Reihe mit einem programmatischen Epilog: einer Übertragung des berühmten Horaz-Carmen 3,30 („Exegi monumentum").[12] Das Thema der Erinnerung und Ruhm stiftenden Kunst ist Leitmotiv der Künstler-Gedichte.

In dieses Enkomion-Ensemble reiht Opitz ein Gedicht ein, das dem Komponisten und Lautenisten Johann Nauwach[13] gewidmet ist. Opitz kannte den Musiker aus dem Dresdner Kontext, wo Nauwach in den 1620er Jahren als kurfürstlicher Kammermusiker an der Hofkapelle unter der Leitung von Heinrich Schütz wirkte. Nauwachs Hauptwerk, die *Teütschen Villanellen* aus dem Jahr 1627, sowie seine persönliche und ‚ästhetische' Beziehung zu Opitz stehen im Zentrum der folgenden Ausführungen. Das genannte Lobgedicht trägt den Titel „An H. Johann Nauwach". Es beginnt folgendermaßen:

> WAs schönes hör' ich doch? was ist es für ein klang/
> Vnd zarte Melodie? ists Orpheus sein Gesang
>   Mit dessen kräfften er kan die Odryser zwingen

---

9 „Auf Danielis Heinsii Niederländische Poëmata", „Antwort auff Herrn Balthasar Venators teutsches Carmen/ an ihn geschrieben". In: ebd., S. 50–52.
10 Steffen Martus: Werkpolitik. Zur Literaturgeschichte kritischer Kommunikation vom 17. bis ins 20. Jahrhundert. Berlin u. a. 2007, S. 23–31.
11 Robert (Anm. 3), S. 336.
12 GW VI,2, S. 64.
13 Vgl. Hans Volkmann: Johann Nauwachs Leben. In: Zeitschrift für Musikwissenschaft 4 (1921/22), S. 553–562; Wolfram Steude: Art. Johann Nauwach. In: Die Musik in Geschichte und Gegenwart. 2. Aufl. Personenteil. Bd. 12. Hg. von Ludwig Finscher. Kassel u. a. 2004, Sp. 838–940; Katharina Bruns: Das deutsche Lied von Orlando di Lasso bis Johann Hermann Schein. Zürich 2006, S. 62f., 128; Hermann Kretzschmar: Geschichte des deutschen Liedes. Teil I. Leipzig 1911, S. 13f.

> Das harte rawe Volck? Hör ich den Phebus singen/
> Der Musen grossen Gott? o Nauwach das bist du.
> Thalia selber kömpt/ vnd reckt jhr Ohr hinzue;
> > Sie zörnt mit jhrer Handt/ leßt ab die hellen seiten/
> Verschleußt den süßen Mundt/ vnd wil mit dir nicht streiten:
> Du steigest vber sie/ vnd deine newe Bach
> So in die Elbe rinnt giebt nicht dem Brunnen nach
> > Am grünen Helicon. Hört ewren mittgesellen/
> Ihr Pierinnen Volck/ den rechten Spruch zu fellen/
> Als die jhr richten könnt. Hier taug kein Midas nicht/
> Der Eselsohren hatt/ vnd esels vrtheil spricht.[14]

Im heiter-schwungvollen Ton, der mit der Metrik, dem heroischen Alexandriner, kontrastiert, und mit der für Opitz typischen Plötzlichkeit wird eine kleine bukolische Szene mit theatraler Qualität nach Art eines Schäferspiels entworfen: Opitz und Thalia lauschen einer orpheus- und apollgleichen Stimme, die sich als die des Dresdner Lautenisten entpuppt. Der Einsatz des Gedichtes und das Wahrnehmen von Nauwachs Gesang fallen dabei zusammen; geschickt werden intermediale Spiegelungsverhätnisse exponiert: Das Enkomion thematisiert ein Lied.

Thalia reagiert auf Nauwachs offenkundige Überlegenheit zwar zunächst etwas pikiert, schmollt, erkennt schließlich aber die Verhältnisse an und legt ihre Leier beiseite. Hippocrene fließt nun in die Elbe, die *translatio sedis Musarum* ist vollzogen, der Helikon liegt in Sachsen.[15] Das zunächst rätselhafte Bild vom neuen Bach, der in die Elbe fließt, erschließt sich, wenn man archivalische Quellen zu dem Dresdner Lautenisten hinzuzieht. Dort tritt er nämlich wechselweise als Neuwach oder als Naubach/Neubach in Erscheinung.[16] Das Gelegenheitsgedicht verbindet also das topische Wort- und Namensspiel (*inventio ex nomine*) mit einer kulturpatriotischen Aussage, die – wie so häufig bei Opitz – die *novitas* der ästhetischen Leistung im nationalen Kontext betont (z. B. im Proöm des *Vesuvius*). Die topische Reihe der großen griechischen Lyriker, in die sich Nauwach einreiht, ist dann auch entschieden ‚national' und kulturpatriotisch unterlegt. Der Topos von der ‚Macht des Gesangs' weist dem Dichter / Lyriker eine Führungsrolle in Polis und Landschaft zu:

---

14 GW IV,2, S. 495f. in der Ausgabe von 1644 (Anm. 5), S. 45.
15 Dieses Motiv wird häufig in der Ikonographie von Frontispizen barocker Liedersammlungen aufgegriffen. Vgl. Achim Aurnhammer: Dichterbilder mit Martin Opitz. In: Literaturgeschichte und Bildmedien. Hg. von Achim Hölter und Monika Schmitz-Emans. Heidelberg 2015 (Hermeia 14), S. 55–76 sowie die Astrid Dröse: Paragonale Relationen? Das Verhältnis von Musik, Bild und Text in Titelkupfern barocker Liedersammlungen. In: Robert (Anm. 3), S. 260–284.
16 Vgl. das Empfehlungsschreiben Johann Georgs an Cosimo II. von Toscana, abgedruckt bei Volkmann (Anm. 13), S. 555.

> So wußte Pindarus Beotien zu stillen/
> Tirteus Sparten Volck; so folgte Telesillen
>> Das streng' Argiverland; so wann Alceus nam
>> Die starcke laut' vnd sang/ ward Lesbos mild' vnd zahm.

Im Unterschied zu den antiken Sänger-Dichtern trägt Nauwach jedoch nicht seine eigenen Werke, sondern Opitz-Lieder vor, also Wort-Gedichte, die er vertont. Die *imitatio* der antiken Lyriker bedeutet für das moderne Lied eine Verteilung auf zwei Instanzen, womit zugunsten einer Professionalisierung und Spezialisierung die Einheit von Musik und Dichtung zerschlagen ist.

> Was aber soll nun mir/ o Nauwach/ von dir ahnen/
> Mir/ der ich eine gans bin bey gelehrten schwanen/
>> Das du mein Kinderspiel mit solchem Eyfer liebst/
>> Vnd durch dein singen jhm erst seine Seele giebst?
> Ich bin es ja nicht werth/ ich weiß daß meine sachen/
> Mein Tockenwerck vnd Schaum der jugent nicht viel machen
>> Doch machst du daß mein sinn mich stolz zu werden zwingt/
>> Weil du mich vnd mit dir das schöne Dresden singt.

Die Bescheidenheitsbekundungen sind nicht allein floskelhafte Topik, vielmehr werfen die Verse ein Schlaglicht auf Opitz' Verständnis der Lyrik. „Tockenwerk" bedeutet Spielzeug (docke = Puppe), unwichtige Spielerei, hier im Sinne von *carmina iuvenia*.[17] Tatsächlich hat Nauwach Opitz' Jugendwerke vertont, nämlich die weltlichen Oden aus der Ausgabe der *Deutschen Poemata* von 1625. Dabei schenke, so Opitz, die Musik der Poesie nicht nur eine Seele, sondern fördere auch die Distribution von Texten.[18] Die Gedichte werden zu Schlagern, ganz Dresden singt Opitz-Lieder, weil Nauwach sie in Töne gesetzt hat.[19] Entscheidend ist Opitz zufolge aber, dass die Musik den Worten des Dichters Lebendigkeit verleiht – eine Idee, die Opitz bereits im *Buch von der Deutschen Poeterey* äußert: „lebendige stimmen" und Instrumente seien die „Seele der Poeterey",[20] heißt es

---

[17] Art. Dockenwerk. In: Jacob und Wilhelm Grimm: Deutsches Wörterbuch. Leipzig 1854–1961, Bd. 2, Sp. 1214–1217.
[18] Vgl. Dieter Lohmeier: Die Verbreitungsformen des Liedes im Barockzeitalter. In: Weltliches und Geistliches Lied des Barock. Studien zur Liedkultur in Deutschland und Skandinavien. Hg. von Dieter Lohmeier und Berndt Olsson. Amsterdam 1979, S. 41–65.
[19] Opitz schrieb bereits in einem Brief an Coler (29. Februar 1628) über die Verbreitung seiner Lieder in Heidelberg: „Omnes enim aedes, omnes plateae cantiunculis meis perstrepunt, quae in compitis quoque vno alteroque obulo venduntur." („Denn aus jedem Haus, jeder Straße lärmt es von meinen Liedchen, die auf den Kreuzungen für den einen oder anderen kleinen Betrag verkauft werden.") BW I, S. 600 (Übersetzung ebd., S. 602).
[20] Poeterey, S. 61.

hier. Opitz wendet die paragonale Relation von Wort und Musik gewissermaßen cartesisch. Der Substanzendualismus, die Polarität von Leib und Seele, bestimmt das Verhältnis der Künste zueinander und wird zur poetologischen Figur: Ihre Synthese, die Verbindung bzw. der Dualismus von Wort und Musik im gesungenen Lied entspricht dem Dualismus von Körper und Geist bzw. Seele, von *res extensa* und *res cogitans*.[21]

In der Mitte des 17. Jahrhunderts stellen Opitz' Lob der Musik bzw. des Musikers und die Vorstellung von ‚Beseelung' eines Textes durch Töne keine Ausnahmen dar. Es handelt sich vielmehr um eine verbreitete Formulierung, mit der sich ein neues musikoliterarisches Konzept verbindet: die musikalische Schöpfung gewinnt eine eigenständige, dem Text gegenüber autonome Qualität. Während der antike Lyriker beide Seiten in Personalunion vertritt, bedarf das moderne Lied der Zusammenarbeit zweier professionalisierter und ‚autonomer' Künste. „[...] ihr seid die eigentlichen Brüder/ rechtgeschaffener Poeten/ durch euch leben unsere Lieder und Gesänge",[22] schreibt beispielsweise Johann Rist an seine Komponisten – stets in der von Luther inspirierten und auf 2Kor 3,6 („Der Buchstab tötet, der Geist macht lebendig") Bezug nehmenden Überzeugung, dass das Wort erst in Verbindung mit einer musikalischen Umsetzung die Kraft entfalte, die Herzen der Gläubigen zu bewegen und somit die wahre Gotteslehre zu verbreiten.[23] Der Alleinvertretungsanspruch der Musiker für das Lied, wie er seit den 1580er Jahren geherrscht hatte, ist spätestens Mitte des 17. Jahrhunderts beendet. Die poetologischen Konsequenzen entsprechen auch einem sozialgeschichtlichen Wandel; die Poeten sind ein neues ‚standesgeschichtliches', wenngleich nicht ‚professionelles' Element, während Musiker ja ohnehin organisiert waren und eine eigene Profession darstellten.[24]

Anders als beim Gedicht auf den Maler Strobel sieht sich Opitz im Fall des Musiker-Enkomions nicht zu einem Vergleich rivalisierender Künste herausgefor-

---

21 Tilman Borsche: Leib-Seele-Verhältnis. In: Historisches Wörterbuch der Philosophie 5 (1980), Sp. 185–206. Zum Topos der Beseelung durch Töne vgl. Werner Braun: Thöne und Melodeyen, Arien und Canzonetten. Zur Musik des deutschen Barockliedes. Tübingen 2004 (Frühe Neuzeit 100), S. 90–93.
22 Johann Rist und Christian Flor: Neues Musikalisches Seelenparadies Alten Testaments (1660). Kritisch hg. und kommentiert von Johann Anselm Steiger. Kritische Edition des Notentextes von Oliver Huck und Esteban Hernández Castelló. Berlin, Boston 2016 (Neudrucke Deutscher Literaturwerke NF 87), S. 63, Z. 1226f.
23 Vgl. hierzu Hans-Henrik Krummacher: Lehr- und trostreiche Lieder. Johann Rists geistliche Dichtung und die Predigt- und Erbauungsliteratur des 16. und 17. Jahrhunderts. In: „Ewigkeit, Zeit ohne Zeit", Gedenkschrift zum 400. Geburtstag des Dichters und Theologen Johann Rist. Hg. von Johann Anselm Steiger. Neuendettelsau 2007, S. 37–76, hier S. 62f.
24 Vgl. Braun (Anm. 21), S. 93–97.

dert. Der frühneuzeitliche Paragone erscheint in neuer Wendung: Wo das Gedicht an Strobel die *Konkurrenz* der Künste thematisiert, tritt im Nauwach-Enkomion deren *Komplementarität* in den Mittelpunkt. Dem Vorzug jeder Kunst steht dabei ein Nachteil und Mangel gegenüber: Der Text ist zwar stabil, aber statisch. Die Musik ist ‚lebendig' und ‚geistig' – aber doch instabil, d. h. vergänglich. Wie kann daher der Nachruhm eines Musikers gesichert werden, dessen Kunst sich gerade durch schnelle Vergänglichkeit auszeichnet? Wie keine andere Kunst versinnbildlicht Musik *qua* Kunst in ihrem transitorisch-flüchtigen Wesen die Vergänglichkeit alles Irdischen – sie erklingt und stirbt gleichsam im selben Augenblick; Musikinstrumente sind *Vanitas*-Symbole par excellence. Opitz greift zunächst ein mythologisch-astronomisches Bild auf: Nauwachs Laute solle nach seinem Tod neben der Leier des Orpheus als Sternzeichen am Himmel strahlen. Doch ist dieser *Katasterismos* ein unrealistischer, schwacher Trost. Entscheidend ist vielmehr, dass auch durch das Wiedersingen seiner Lieder das Andenken des Tonschöpfers tatsächlich bewahrt wird. Diese Unsterblichkeit ist allerdings nur auf der textuellen Grundlage des Musikdrucks gesichert. Im festen Noten-‚Buchstaben' kann der ätherische Klang konserviert und für eine Reanimation durch erneutes Musizieren aufbewahrt werden. Am Ende bleibt die nicht ausgesprochene, implizite Pointe, dass auch die *memoria* des Musikers auf den Dienst des Dichters angewiesen ist. Opitz' Gedicht auf Nauwach stiftet dessen Nachruhm – es ist die Gegenleistung, die der Dichter seinem Komponisten erbringen kann:

> Wolan/ denselben Lohn den ich dir nicht kan geben/
> Wird dein gerüchte dir verleihen nach dem Leben:
> Die Laute deine Zierh soll bey der Leyer stehn
> Die mit den Sternen pflegt am Himmel auff zu gehn.
>   Die künste sterben nicht. So lange man wirdt singen/
>   So lange wird dein Lob durch Erd' vnd lufft erklingen.

Opitz ist im Übrigen nicht der einzige Dichter, der Nauwach als vortrefflichen Musiker rühmt. In Paul Flemings Enkomion auf den sächsischen Lautenisten Johann Klipstein (*An Herrn Johan Klipstein*) wird Nauwach gemeinsam mit Schütz und Opitz genannt. Dabei nimmt Fleming ausdrücklich Bezug auf Opitz' Lobgedicht für Nauwach: Durch den kunstvollen Gesang werden Opitz' Gedichte in Erinnerung gehalten, während dieser dem Sänger durch das Lobgedicht unsterblichen Ruhm erbracht hat. Der Paragone ist nicht kompetitiv. Fleming proklamiert eine wechselseitige Ehrung der Künste:

[...] Wenn Schützens Lieder klingen/
so w[ä]chst deß Sachsens Lust. Wenn Nauwach das Pandor
Lässt hören/ und mit ihm dem künstlichen Tenoor/
Da wacht mein Opitz auff/ daß er deß Künstlers Stimmen/
So hooch/ wo über uns der Leyer Sternen klimmen/
Durch seinen ersten Preiß/ die deutschen Verß' empört,
Weil immer eine Kunst die ander' liebt und ehrt.[25]

2 Opitz und die Musik

Auf Nauwach wird zurückzukommen sein. Vorab sollen in wenigen Grundzügen Opitz' Verhältnis zur Musik und seine Verbindung zu Musikern seiner Zeit, d. h. seine musikalischen Netzwerke skizziert werden. Im Ergebnis wird die verbreitete Auffassung widerlegt sein, wonach Opitz „weitgehend unmusikalisch" gewesen sei.[26] Diese beruht durchaus auf Aussagen von Opitz selbst: Gedichtzeilen wie „Saitenspiel und Singen/ Und was man sonsten noch für schnöde Sachen übt", mögen im Kontext eines Hochzeitsgedichts ungewöhnlich anmuten, selbst wenn die Aussage auf ein Lob bürgerlicher Tugend und Kritik an unnützem Zeitvertreib abhebt.[27] Auch die Beschreibung Sapphos in der *Deutschen Poeterey* rückt sein Verhältnis zur Tonkunst in ein ambivalentes Licht: Sappho habe „gantz verzucket/ mit vneingeflichtenen fliegenden haaren vnnd lieblichem anblicke der verbuhleten augen/ in jhre Cither/ oder was es gewesen ist/ gesungen".[28] Dagegen stehen die bereits oben erwähnten Aussagen über Musik und Musiker, denen sich weitere hinzufügen ließen.

Die Bedeutung musikalischer Aspekte für die Opitz'sche Versreform zu ergründen, bleibt ein Forschungsdesiderat. Erst in Ansätzen ist auch überprüft worden, ob und wenn ja, mit welchen Melodien ‚im Ohr' Opitz seine Oden möglicherweise dichtete. Konkrete Hinweise in Form von Thonangaben – sie beziehen sich vor allem auf französische *Air de Cours*, die sich u. a. als Werke des Versailler Hofkomponisten Gabriel Bataille identifizieren lassen – finden wir in der Zinc-

---

25 Paul Fleming: Teütsche Poemata. Lübeck 1642, S. 56–58, hier S. 57.
26 So Jörg-Ulrich Fechner: Zur Literaturgeschichtlichen Situation in Dresden 1627. Überlegungen im Hinblick auf die „Dafne"-Oper von Schütz und Opitz. In: Schütz-Jahrbuch 10 (1988), S. 5–29, hier S. 16. Vgl. ferner Ursula Bach: Martin Opitz von Boberfeld, 1597–1639. Andernach 1959, S. 10: „Je genauer man die Beziehung Opitzens zur Musik ins Auge faßt, desto mehr gewinnt man die Ansicht, seine Beziehungen seien keine innerlichen gewesen".
27 Vgl. Braun (Anm. 21), S. 142.
28 Poeterey, S. 62.

grefschen Ausgabe der *Poemata* von 1624 (A). Vermittelt wurden sie vermutlich über niederländische Fassungen.[29]

Schließlich ist auf die zahlreichen Vertonungen von Opitz-Liedern durch Zeitgenossen und Komponisten der folgenden Generation hinzuweisen, die nicht entstanden wären, wenn seine Texte nicht eine Affinität zur musikalischen Umsetzung aufwiesen bzw. sogar auf Vertonung angelegt waren. So vertonte Caspar Kittel in seinen *Arien und Cantaten* (Dresden 1638) Texte aus den *Deutschen Poemata* (C), aus der Hohelied-Übertragung (1627) und aus der *Nimfe Hercine* (1630). Heinrich Albert griff für seine *Arien* auf drei Opitz-Dichtungen zurück (I,19: „Ich empfinde fast ein Grauen"; III,16: „Was zwingt mich die Welt"; IV,11: „Der Himmel Bau und Zier").[30] Johann Erasmus Kindermann vertonte in seinem *Opitianischen Orpheus* (Nürnberg 1642) sowie in seinem *Concentus Salomonis* (Nürnberg 1642) fast ausschließlich Opitz-Texte, hier „erreichte die frühe Opitz-Verehrung ihren Höhepunkt und vorläufigen Abschluß".[31] Andreas Hammerschmidt schuf Kompositionen auf die Hohelied-Übertragung (in: *Geistlicher Dialogen ander Theil*. Zittau 1645), Apelles von Löwenstern setzte Teile der *Judith*-Oper in der Bearbeitung von Andreas Tscherning 1646 musikalisch um (*Opitzen Judith sampt den Melodeyen auf iedwedes Chor*). Eine vollständige Erhebung von Opitz-Vertonungen bleibt gleichfalls ein Desiderat. Nicht für alle der genannten Komponisten lässt sich eine persönliche Bekanntschaft nachweisen, für die Vertreter der Königsberger Kürbishütte sind jedoch Korrespondenzen und Begegnungen mit Opitz belegt.[32] So wurde dessen Besuch 1638 in Königsberg von einer

---

29 „Kompt last uns außspatzieren" auf „Allons dans ce bocage"; „Ist irgend zu erfragen" auf „Aupres du bord de Seine" und „Ach Liebste, laß uns eilen" auf „Ma belle je vou [!] prie". Die französischen Vorlagen, auf die in der Zincgref-Ausgabe in Form von Tonangaben hingewiesen wird, finden sich in Gabriel Bataille: Airs de differents autheurs mis en tablature de luth. Bd. 1 Paris 1609; „Coridon sprach mit Verlangen" ist mit der Angabe des Tanzliedes „Si c'est pour mon pucelage" versehen. In den Ausgaben B (1625) und C (1629) tilgt Opitz diese Angaben. Vgl. George Schulz-Behrend: Opitz' Gedichte „Auf die Melodey". In: Jahrbuch für internationale Germanistik Reihe A. Bd. 8 (Akten des VI. Internationalen Germanistik-Kongresses) Basel 1980, S. 23–32. Vgl. auch Irmgard Scheitler: Melodien und Gattungen anderer Nationen und die deutsche Gesangslyrik In: Klang – Ton – Musik. Theorien und Modelle (national)kultureller Identitätsstiftung. Hg. von Wolf Gerhard Schmidt, Jean-François Candoni und Stéphane Pesnel. Hamburg 2014, S. 171–208, hier S. 202 sowie Braun (Anm. 21), S. 143f.
30 Vgl. dazu Braun (Anm. 21), S. 169.
31 Ebd., S. 185.
32 Vgl. Jörg Robert: Königsberger Genealogien. Opitz – Dach – Kaldenbach. In: Begegnungen in der Kürbishütte. Dichtung und Musik im Königsberg des 17. Jahrhunderts. Hg. von Axel Walter und Peter Tenhaef. Bern 2016 (Greifswalder Beiträge zur Musikwissenschaft 22), S. 111–131, hier S. 111–115.

Gelegenheitskomposition, einer Festkantate, zu der Simon Dach den Text und Heinrich Albert die Musik schuf (*Arien* Teil 2, Nr. 20), feierlich gekrönt.[33]

Zahlreiche Opitz'sche Werke haben darüber hinaus einen direkten oder indirekten Bezug zur Musik – man denke an die Hohelied-Übersetzung (1627) oder die *Psalmen Davids* (1637) auf die Melodien des französischen Hugenotten-Psalters (Genf 1562). Die Psalmen-Übertragung erfuhr bereits zu Opitz' Lebzeiten vier Auflagen, konnte sich jedoch gegen den alten Lobwasser-Psalter (Leipzig 1573) nicht durchsetzen. Der Erstdruck war mit Noten ausgestattet, wie auch zahlreiche weitere Psalmennachdichtungen, die Opitz vorab als Einzeldruck veröffentlicht hatte.[34] Das Drama *Judith* (1635) war als Opernlibretto konzipiert, also ohnehin auf Vertonung angelegt. Als Vorlage ist das Libretto *Giuditta* von Andrea Salvadori, vertont von Marco da Gagliano, identifiziert worden.[35] Opitz erhielt die italienische Textvorlage mit großer Wahrscheinlichkeit direkt aus der Hand Heinrich Schützens, der gemeinsam mit Opitz vermutlich ein weiteres musikdramatisches Projekt in Angriff nehmen wollte, nachdem mit *Dafne* 1627 ein erstes Gemeinschaftswerk zur Aufführung gekommen war.[36] Opitz hatte hier das erste Beispiel

---

33 Joseph Müller-Blattau: Eine Liedkantate von Simon Dach und Heinrich Albert. Studie zur Geschichte des frühdeutschen Liedes. In: Musa – mens – musici. Im Gedenken an Walther Vetter. Leipzig 1969, S. 99–107.
34 Vgl. Jörg-Ulrich Fechner: Opitz und der Genfer Psalter. In: Der Genfer Psalter und seine Rezeption in Deutschland, der Schweiz und den Niederlanden. Hg. von Eckhard Grunewald, Henning P. Jürgens und Jan R. Luth. Tübingen 2004 (Frühe Neuzeit 97), S. 295–316.
35 Mara R. Wade: The Reception of Opitz's Judith During the Baroque. In: Daphnis 16 (1987), S. 147–165; dies.: Geist- und Weltliche Dramata; Hecuba, Dafne, Judith, Antigone: the Dramatic Works and Heroines of Martin Opitz. In: Chloe. Beihefte zum Daphnis 10 (1990), S. 541–559. Elisabeth Rothmund: Art. Martin Opitz. In: Die Musik in Geschichte und Gegenwart. 2. Aufl. Personenteil. Bd. 12, Kassel u. a. 2004, Sp. 1380–1381, hier Sp. 1381.
36 Die Bestimmung der Gattungszugehörigkeit der *Dafne* gehört bis heute zu den Gretchenfragen der Barockmusikforschung: Handelt es sich um die erste deutsche Oper oder eher um eine mit musikalischen Einlagen angereicherte *commedia*, also bestenfalls um ein *dramma per musica*? Unter dem Titel „Dafne und kein Ende" fasst eine Studie die Debatte zusammen: Elisabeth Rothmund: „Dafne" und kein Ende. Heinrich Schütz, Martin Opitz und die verfehlte erste deutsche Oper. In: Schütz-Jahrbuch 20 (1998), S. 123–147; sowie dies.: Heinrich Schütz (1585–1672): Kulturpatriotismus und deutsche weltliche Vokalmusik. Bern 2004, S. 206–208, 257 f. Zur Kontroverse s. beispielsweise auch Eberhard Möller: Heinrich Schütz und Martin Opitz. In: Studien zur Musikgeschichte. Technische Universität Chemnitz 1994, S. 1–14. Wolfram Steude: Heinrich Schütz und die erste deutsche Oper. In: Von Isaac bis Bach. Studien zur älteren deutschen Musikgeschichte. Festschrift Martin Just zum 60. Geburtstag. Hg. von Frank Heidelberger, Wolfgang Osthoff und Reinhard Wiesend. Kassel 1991, S. 169–179; Fechner (Anm. 26); gegen Fechner argumentiert Braun (Anm. 21), S. 151 f. Auch Irmgard Scheitler: Martin Opitz und Heinrich Schütz, *Dafne* – ein Schauspiel. In: Archiv für Musikwissenschaft 68 (2011), S. 205–226 steht der Opern-These skeptisch gegenüber.

eines deutschen „Äquivalents für die vornehmlich im Rezitativ verwendete madrigalische Versart"[37] geliefert. Die künstlerische Freundschaft zwischen dem prominentesten deutschen Dichter seiner Zeit und dem europaweit bekannten, etwa zwölf Jahre älteren Dresdner Kapellmeister sowie deren Zusammenarbeit Ende der 1620er Jahre ist ein kaum zu überschätzender Meilenstein der frühneuzeitlichen Musik- und Literaturgeschichte. Dokumentiert ist diese Kooperation auch im Opitz'schen Briefwechsel mit August Buchner.[38] Darüber hinaus vertonte Schütz weitere Werke Opitzens, nämlich Auszüge der Hohelied-Paraphrase sowie mehrere weltliche Oden im Rahmen seines Madrigal-Projekts.[39] Die Freundschaft zwischen Opitz und Schütz spiegeln zudem Gelegenheitsgedichte wider: Auf den Tod der Schütz-Gattin Magdalena schrieb Opitz beispielsweise ein Epicedium,[40] das dem Freund nicht nur Trost spenden sollte – dem Gedicht mit dem Schlussvers „O du Orpheus unserer Zeiten" kommt, so Jörg Jochen Berns, eine „weitreichende ästhetische Programmwirkung" zu. Schütz erscheine hier als ein *Orpheus germanicus* und als Initiator einer Zusammenarbeit zwischen der neuen deutschen Musik und der neuen deutschen Poesie.[41] Vermutlich war es nach 1625 durch die Vermittlung August Buchners zu einem ersten Treffen zwischen Opitz und Schütz am sächsischen Hof gekommen.[42] Zu dieser Zeit lebte und wirkte auch Heinrich Albert (bis 1626) in Sachsen, nachdem er bei seinem Vetter Schütz in Dresden studiert hatte.[43] Denkbar ist also, dass Opitz und Albert bereits hier miteinander Bekanntschaft machten, bevor Albert den Musikpart für Opitz' feierlichen Empfang in Königsberg organisierte und komponierte.

In dieser musikoliterarischen Dresdner Konstellation (Schütz – Buchner – Albert – Opitz) ist nun auch der Lautenist und Komponist Johann Nauwach zu verorten, dem Opitz das eingangs zitierte Gedicht widmete. Nauwach verdiente

---

[37] Rothmund (Anm. 35), Sp. 1381.
[38] Vgl. Opitz an Buchner, 9. Juni 1626. In: BW I, S. 466–470. Opitz an Buchner, 1. Oktober 1627, ebd., S. 565–569.
[39] Möller (Anm. 36) (Korrigenda bei Braun [Anm. 21], S. 143); vgl. auch Rothmund, Schütz (Anm. 36) S. 130.
[40] „An H. Heinrich Schützen/ auff seiner liebsten Frawen Abschiedt." (GW IV, 2, S. 503f.). Vgl. auch Rothmund, Schütz (Anm. 36) S. 278.
[41] Jörg Jochen Berns: Orpheus oder Assaph? Bemerkungen zum biographischen Informationswert und zur ästhetischen Innovationskraft der Epicedien auf Heinrich Schütz und seine Familie. In: Schütz-Jahrbuch 16 (1994), S. 49–66, hier S. 60–62.
[42] BW I, S. 461f.
[43] Astrid Dröse: Art. Heinrich Albert. In: Frühe Neuzeit in Deutschland 1620–1720. Literaturwissenschaftliches Verfasserlexikon. Bd. 1. Hg. von Stefanie Arend, Bernhard Jahn, Jörg Robert, Robert Seidel, Johann Anselm Steiger, Stefan Tilg und Friedrich Vollhardt. Berlin, Boston 2019, Sp. 82–93.

dabei aus mehreren Gründen eine eigene ausführliche Abhandlung: Mit seiner Sammlung *Arie passeggiate* machte er 1623 als erster Komponist die florentinische Monodie in Deutschland bekannt.[44] Auf Texte von Giovanni Battista Guarini, Giambattista Marino und Ottavio Rinuccini schrieb er Monodien, die sich an Giulio Caccinis *Le nuove musiche* (Florenz 1602) orientierten.[45] Nauwachs Version von „Amarilli mia bella" kann als „diminuierte Neufassung von Caccinis gleichnamigem Stück"[46] beschrieben werden. Während seines Aufenthalts in Florenz wird Nauwach den betagten Caccini vermutlich noch selbst kennengelernt haben.[47] In seiner zweiten Sammlung, den *Deutschen Villanellen* von 1627, folgt er dem mit den *Arie passeggiate* eingeschlagenen italienischen Weg, allerdings mit dem Unterschied, dass er hier deutsche Texte vertonte. In Nauwachs Sammlung begegnen uns somit die ersten deutschen Generalbasslieder, weshalb die Musikwissenschaft von Nauwach als einem „Bahnbrecher"[48] in der Geschichte des Liedes spricht. Die meisten der von ihm vertonten Gedichte stammen von Opitz, so dass wir es hier zugleich mit den ersten Opitz-Vertonungen überhaupt zu tun haben. Insgesamt ist es somit Nauwachs Verdienst als Komponist, die neuen Errungenschaften der italienischen Musikkultur und Kompositionsweise – die Opernmonodie und in diesem Zusammenhang den Generalbass – nach Deutschland importiert zu haben.[49]

3 Intermediales Laboratorium – Nauwach vertont Opitz

Johann Nauwach, geboren um 1595 in Brandenburg, kam aufgrund seiner schönen Stimme als Knabe an den Dresdner Hof, wo er von Hans Leo Hassler unterrichtet wurde.[50] Wegen seines besonderen Talents genehmigte man ihm

---

44 Alfred Einstein: Ein unbekannter Druck aus der Frühgeschichte der deutschen Monodie. In: Sammelbände der Internationalen Musikgesellschaft 13 (1911/12), S. 294f.; Braun (Anm. 21), S. 287.
45 Es handelt sich ausschließlich um einstimmige Generalbass-Lieder, zwölf durchkomponierte Madrigale sowie vier als „Aria" bezeichnete strophische Tanzlieder.
46 Steude (Anm. 13), Sp. 939.
47 Ebd., Sp. 938.
48 Volkmann (Anm. 13), S. 553.
49 Steude (Anm. 13), Sp. 939.
50 Biographische Quellen zu Nauwach liegen in Form zweier Empfehlungsschreiben des Dresdner Hofs an die Fürstenhäuser in Turin und Florenz vor. Entdeckt und ausgewertet wurden sie

längere Auslandsaufenthalte: Nach einer Zeit am Hof zu Turin kam er nach Florenz, der musikalischen Hochburg Italiens um 1600. Hier erlernte Nauwach auch das Instrument, das ihn berühmt machen sollte – die Laute und auch ihre Bassform, die Theorbe. Nicht umsonst beorderte der neue Dresdner Kapellmeister Heinrich Schütz sofort nach seinem Amtsantritt Nauwach nach Dresden zurück. Dieser hatte das Stipendium genutzt, um sich bei dem berühmten Musiker Lorenzo Allegri (1567–1648) zum herausragenden Lautenvirtuosen und versierten Sänger sowie am Hof der Medici zum kultivierten Hofmann ausbilden zu lassen. In der Dresdner Kapelle konnte er nun als ‚Kammermusikus' eine zentrale und gute bezahlte Funktion einnehmen. Nach 1629 verlieren sich jedoch Nauwachs Spuren in Dresden; um 1640 taucht er in den Musikerlisten des Wiener Hofes auf. Doch auch hier ist nichts Genaues zu erfahren. Vermutlich ist er dort nach 1645 gestorben. Ob der Standortwechsel mit Nauwachs Konversion zum Katholizismus zusammenhängt?

Die beiden bereits erwähnten Werksammlungen sind jedenfalls Produkte der ersten Dresdner Jahre. Die 1627 erschienene Sammlung trägt den Titel: *Erster Theil teutscher Villanellen mit 1, 2 und 3 Stimmen auf die Thiorbe, Laute, Clavi Cymbel und andere Instrumenta gerichtet. Durch Johann Nachwachen. Churf. Durchlaucht zu Sachsen Cammer Musicum* (Dresden 1627). Das aufwendig gestaltete Titelkupfer im verbreiteten ‚Architekturdesign' (Abb. 1) zeigt eine Frauenallegorie, die zwei Wappen in den Händen hält, Minerva und Hermes flankieren die Titelvignette, singende Putten komplementieren das allegorische Ensemble. Die Sockel der Schauwand sind mit Darstellungen zweier der im Titel genannten Instrumente – Theorbe und Laute, also der Instrumente des Komponisten – verziert; die mythologischen Szenen nehmen auf den Orpheus-Mythos sowie auf das Fehlurteil des Midas Bezug – wir erinnern uns, dass auch Opitz' Lobgedicht auf Nauwach diese beiden Motive integriert hatte. Die Frauenallegorie trägt die Wappen der Herrscherhäuser der Widmungsempfänger: Es handelt sich um die sächsische Prinzessin Sophie Eleonore und Georg von Hessen-Darmstadt. Die Widmungsrede datiert Torgau 1627. Damit ist der Sitz im Leben dieser Sammlung sehr konkret bestimmbar, worauf zurückzukommen sein wird. Es folgt ein Lobgedicht, ein italienisches Sonett eines nicht näher identifizierbaren Giovanni Camellis („In lode d'autore"), das das Bild des die Laute schlagenden Apoll aufgreift und auf den italienischen Hintergrund Nauwachs verweist.

Die Sammlung besteht aus 20 Liedern (zu 19 Texten, da „Asterie mag bleiben wo sie will" zweifach vertont wird), die auf unterschiedliche Weise in Musik

---

von Volkmann (Anm. 13). Auf seine prosopographische Skizze stützen sich die folgenden Ausführungen.

Abb. 1: Johann Nauwach: Erster Theil teutscher Villanellen [...]. Dresden 1627, Titelkupfer.

gesetzt sind, jedoch stets mit einem fundierenden Generalbass (bisweilen auch textiert) ausgestattet sind. Wir finden dreistimmige Vokalsätze (Nr. 3, 4, 11, 16) in enger Lage („a voce pari", wie dieser Tonsatz in italienischen Drucken genannt wird), also die typische Villanellen-Form,[51] daneben sechs Duette (Nr. 2, 5, 10, 12, 15, 17) und schließlich auch – das ist musikhistorisch gesehen ein Novum – acht Generalbass-Sololieder, eine Gattung, die in den folgenden Jahrzehnten die strophische Liedvertonung dominieren wird. Man sieht also, dass der Begriff „Villanelle" nicht mehr im engen Sinn gebraucht wird, sondern allgemein relativ schlicht gehaltene strophische Lieder meint. Bereits Caccini betrachtete die Villanelle wegen ihrer klaren Melodielinie in einer Stimme (meist in der Oberstimme) und eines rhythmischen Basses, der in allen Strophen gleich bleibt, als Vorbild für seine strophischen Arien.[52] Die bei Nauwach im Titel angegebenen Hinweise auf die instrumentale Realisierung sowie die musikalische Faktur der 20 Tonsätze zeigen außerdem, dass auch die Duette und selbst die Terzette solistisch interpretiert werden können. Die Harmonieinstrumente substituieren dann die fehlenden Stimmen bei der Realisierung der generalbassfundierten Harmoniestruktur. Dabei sind fast alle Lieder strophisch vertont, nur bei Nr. 5 erfährt die letzte Strophe eine eigene musikalische Umsetzung, indem sie besonders stark koloriert („La Precedente Aria Passeggiata") und um fünf Takte erweitert wird. Nummer 10 – eine Vertonung von sechs Strophen der berühmten *Coridon*-Ode („Coridon der gieng betrübet") – ist im Stil einer Romanesca für zwei Soprane kunstvoll durchkomponiert. Mit ihr stellt Nauwach seine florentinische Ausbildung, mithin seine italienischen Einflüsse demonstrativ zur Schau. Den Modellbass übernimmt Nauwach dabei von einer verbreiteten Komposition Antonio Cifras.[53] Das funktioniert problemlos, da Opitz' sechszeiliges Strophenschema (abbacc) sich optimal mit dem dreiteiligen Romanesca-Modell ABB' verbinden lässt. Die übrigen Lieder zeichnen sich durch sangbare, recht schlichte Melodik und syllabische Deklamation – vornehmlich in Achtelbewegungen – aus, mög-

---

51 Villanellen zeichnen sich durch Homophonie, also Verzicht auf elaborierte Kontrapunktik aus. Meist liegt eine dreiteilige Form nach dem Schema AAB(B)CC vor. Außerdem sind kleine motivische Sequenzen konstitutiv, oft liegt Dreistimmigkeit vor mit Melodie in der Oberstimme, die Deklamation folgt syllabisch. In ihrer Gesamterscheinung bildet sie eine volkstümlich inszenierte Kontrastform zum kunstvollen Madrigal. Wegweisend für die Rezeption in Deutschland ist Jacob Regnart. Vgl. Scheitler (Anm. 29), S. 175 (zu Nauwach S. 184); Bruns (Anm. 13), S. 117–128; Rolf Caspari: Liedtradition im Stilwandel um 1600. Das Nachleben des deutschen Tenorliedes in den gedruckten Liedersammlungen von Le Maistre (1566) bis Schein (1622). München 1971.
52 Donna G. Cardamone: Art. Villanelle – Villotta. In: Die Musik in Geschichte und Gegenwart. 2. Aufl. Sachteil, Bd. 9. Hg. von Ludwig Finscher. Kassel u. a. 1998, Sp. 1518–1530.
53 Braun (Anm. 21), S. 158.

licherweise basieren sie auf Tanzsätzen, die Nauwach am Florentiner Hof kennengelernt haben könnte. Da die Deklamation manchmal metrisch ungeschickt ist, liegt der Verdacht von Kontrafakturen nahe.[54] Möglicherweise adaptierte Nauwach also auch mehrere ursprünglich italienisch textierte Tonsätze. Bisweilen werden kleinere imitatorische Passagen alten Stils eingefügt, Melismatik setzt Nauwach dabei sparsam, aber gezielt textausdeutend, bisweilen augenmusikalisch ein.

Interessant für unseren Zusammenhang ist die Textauswahl. Der Großteil, nämlich zwölf Lieder, sind Vertonungen von Oden aus der autorisierten Fassung *Acht Bücher Deutscher Poematum* von 1625 (Breslau = B).[55] Hier kommen Opitz' Netzwerke und die seiner Reform ins Spiel: Denn der sächsische Hof hatte sich schon früh Exemplare der *Poeterey* sowie der ersten Gedichtsammlung des Literaturreformers besorgt – möglicherweise auf Empfehlung Buchners hin oder auch auf Anfrage Schützens, der die literarischen Entwicklungen in Deutschland mit großem Interesse verfolgte.[56] Nauwach wählte folgende Texte aus:

Nr. 2: O du Gott der süssen schmertzen (= B 192f.)
Nr. 5: Asterie mag bleiben wer sie wil (= B 196f.)
Nr. 7: Ach Liebste laß vns eilen (= B 186f.)
Nr. 8: Tugend ist der beste Freund (= B 204)
Nr. 9: Jetzund kömpt die Nacht herbey (= B 185f.)
Nr. 10: Coridon der gieng betrübet (= B 176–187)
Nr. 11: Was wirffstu schnöder Neid (= B 166f.)
Nr. 12: Coridon sprach mit verlangen (= B 193–195)
Nr. 15: Allhier in dieser wüsten Heyd (= B 195f.)
Nr. 16: Kompt last vns jetzt spatzieren (= B 186)

Sie repräsentieren thematisch in etwa das Spektrum, das Opitz in der *Poeterey* als Sujets für Oden bestimmt hatte:[57] Es handelt sich vor allem um Tugend- und Liebeslieder. Bemerkenswert ist nun, dass Nauwach zu den zwölf Opitz-Texten fünf Texte des österreichischen Diplomaten und Übersetzers Hans Ludwig Kuef-

---

54 Steude (Anm. 13), Sp. 939.
55 In A sind nicht alle vertonten Oden enthalten, außerdem zeigt ein Vergleich der Orthographie, dass B vorgelegen haben muss. Lied Nr. 2 „O du Gott der süssen Schmerzen" weißt beispielsweise mehr Gemeinsamkeiten mit B auf (vgl. z. B. Vers 4: B: „ich befind es nicht im Hertzen"; A: „Es geht schwer ein meinem Hertzen"; Nauwach wählt die Version von B). Die These, Opitz habe Nauwach Manuskripte zur Vertonung übergeben, scheint in keinem Fall plausibel. Vielmehr ist vielen Interpreten der Erstdruck der *Poemata* von 1624 sowie der Druck B offenbar unbekannt. Diese Fehleinschätzung findet sich bereits bei Volkmann (Anm. 13), S. 559.
56 Fechner (Anm. 34), S. 6.
57 Poeterey, S. 33f.

stein stellt,⁵⁸ nämlich strophische Partien aus dessen 1619 erschienener (also ‚voropitzianischer') Übersetzung der *Spanischen Diana*⁵⁹ (Nr. 4, 6, 13, 17, 18). Diese erscheinen geradezu als Musterbeispiele für all das, was dem Opitz'schen Programm zuwiderläuft: Wir finden Fremdwörter, Elisionen, Flexion von mythologischen Namen und vor allem jede Menge Tonbeugungen. Harsdörffer, der die *Spanische Diana* 1646 überarbeitete, stellt in den „Schlusserinnerungen" seiner Version Kuefstein sogar als Musterfall für eine insgesamt missratene voropitzianische Übersetzungsarbeit dar, die durch übertriebenen Fremdwortgebrauch „unserer Uralten Helden-Sprache ein solches Bettlers-Mantel" verliehen habe. Der „Dolmetscher" habe außerdem „die Zahl der Sylben und nicht ihr kunstreiches Zeitmaß" – sprich die Opitz'sche Akzentreglung – „in Acht genommen". Als besonders abschreckendes Beispiel zitiert Harsdörffer die Liedeinlage „Wer von Amor ist arrestirt | und sich ergibt der Lieb | Wird Ohn Aufhören tormentirt | Mit viel Gedancken trüb", die Nauwach in seinen *Villanellen* auch vertont hatte (Nr. 13).⁶⁰

Warum Nauwach die Kuefstein-Texte wählte, bleibt Gegenstand der Spekulation. Hängt möglicherweise mit dieser Verbindung zum kaiserlichen Diplomaten – übrigens selbst ein Konvertit – auch Nauwachs späterer Wechsel nach Wien zusammen?⁶¹ Zwei weitere Texte sind nicht identifizierbar, denn Nauwach gibt, in der Tradition des 16. Jahrhunderts stehend, die Namen seiner Textautoren nicht an.⁶² Möglicherweise stammen diese beiden Oden sogar von ihm selbst.

Insgesamt betrachtet präsentiert sich Nauwachs Villanellen-Sammlung als ein intermediales Laboratorium, ein Manifest frühneuzeitlicher musikoliterarischer Pluralisierung, in dem innovative Kompositionstechniken wie etablierte traditionelle Satzformen in Kombination mit Texten ‚alten' wie ‚neuen' Typs erprobt werden. An einem Beispiel soll das neue Verfahren, die Vertonung eines Opitz-Textes mit der neuen Form des Generalbass-Sololiedes, abschließend vorgestellt werden: Hierfür eignet sich Nr. 17: Die Vertonung von „Jetzund kömpt die Nacht herbey", der berühmten vierten Ode im sechsten Buch der *Poemata* (B),

---

58 Braun (Anm. 21), S. 2.
59 Jorge de Montemayor: Die schöne verliebte Diana auss Hispanischer Sprach verteutscht. Linz 1619. (Die lateinische Fassung Kaspar von Barths beruht auf diesem deutschen Text, nicht auf dem spanischen Original). Original: Los siete libros de la Diana, 1559; vgl. Braun (Anm. 21), S. 158f.
60 [Georg Philipp Harsdörffer:] Der schönen Diana anderer Theil. Nürnberg 1646, „Schlusserinnerungen", Bl. P2rf. (S. 339f.)
61 Vgl. dazu Braun (Anm. 21), S. 219.
62 Zur Anonymität in frühneuzeitlichen Liedersammlungen vgl. Scheitler (Anm. 29), S. 205.

deren Kernmotiv Opitz aus einem Scaliger-Epigramm entwickelte („nocturnum suspiciens caelum").[63]

> Jetzund kömpt die Nacht herbey,
> Vieh und Menschen werden frey,
> Die gewünschte Ruh geht an
> Meine Sorge kömpt heran.
>
> Schöne gläntzt der Mondenschein
> Und die gülden Sternelein;
> Froh ist alles weit und breit,
> Ich nur bin in Traurigkeit.
>
> Zweene mangeln überall
> An der schönen Sternen Zahl;
> Diese Sternen, die ich mein',
> Ist der Liebsten Augenschein.
>
> Nach dem Monden frag' ich nicht,
> Tunckel ist der Sternen Liecht,
> Weil sich von mir weggewendt
> Asteris, mein Firmament.

Im schlichten, volkstümlich anmutenden Duktus (Diminutiva, Wortwiederholungen etc.), aber auch in der Tradition der petrarkistisch-reflektierenden Distanzliebe wird hier die Sehnsucht eines männlichen Sprecher-Ichs thematisiert. Auch die Form ist sehr schlicht: Im trochäischen Vierheber werden je zwei prägnant männlich reimende Verspaare zu einem Vierzeiler zusammengeschlossen, wobei die Parallelität der Verspaare einen zweiteiligen, aber rasch geschlossenen Bau ermöglicht.[64] Die Aussagesätze wirken dadurch nachdrücklich, spruchhaft, was wiederum dem Thema entspricht: Das Beschauen des bestirnten Firmaments evo-

---

63 [Novorum epigrammatum liber unicus] Iulii Caesaris Scaligeri Novorvm Epigrammatvm Liber Vnicvs: Eiusdem Hymni duo, Ioanni Baptistae clamanti in deserto, Rocho & Sebastiano. Eiusdem Diua Ludouica Sabaudia. Paris 1533, Nr. 18: „NOCTVRNVM SVSPICIENS CAELVM Caetera quae uestro fulgent uaga Sidera Mundo | Extulit ex alto nox taciturna mari. | At mihi iam misero silet omni sidere Caelum | Lumina dum pholoae lucida somnus habet. | Lucifer, aurati pecoris cordate magister | Coge gregem: numerum non habet ille suum." Opitz übersetzt dieses Epigramm ebenfalls (A, Nr. 34): „Als er bey Nacht den Himmel ansahe". Vgl. Georg Witkowski: Einleitung. In: Martin Opitz: Teutsche Poemata. Abdruck der Ausgabe von 1624 mit den Varianten der Einzeldrucke und der späteren Ausgaben. Halle 1967, S. XXXIV. Gellineck (Anm. 4), S. 73f. verweist auf eine mögliche Vorlage bei Heinsius.
64 Horst J. Frank: Handbuch der deutschen Strophenformen. Tübingen, Basel ²1993, Nr. 4.42.

ziert Gedanken an die ferne Geliebte, der schöne Nachthimmel kontrastiert mit der Traurigkeit des Ichs. Die *contemplatio coeli* wird zur *meditatio amoris* – der Sternenhimmel scheint unvollkommen, gar dunkel, da ihm, wie dem Ich selbst, die strahlenden Augen der Ersehnten fehlen (das ist das Thema des Scaliger-Epigramms), die zudem den sprechenden Namen Asteris trägt. Die Liebe zur Angebeteten wird also nur im Rahmen dieses Gleichnisses artikuliert, die epigrammatische Schlusspointe wendet die melancholische Anmutung der Ode zwar ins Erotisch-Burleske, bleibt aber konsequent in der entworfenen Bildlichkeit: Wenn die Geliebte anwesend und hingebungsbereit wäre, käme man auch ohne Licht gut aus, Stern- und Mondschein würden sogar stören:[65]

> Wann sich aber neigt zu mir
> Dieser meiner Sonnen Ziehr,
> Acht' ich es das beste seyn,
> Daß kein Stern noch Monde schein.

Für die Vertonung (Abb. 2) ist Nauwach nun die Form wichtiger als die Semantik des Textes; eine Wort-Ton-Korrespondenz ist in erster Linie hinsichtlich der Struktur festzustellen (anders als in einem wortausdeutenden Madrigal). Jedem Vers ist eine zweitaktige Periode zugeordnet, das Lied hat also, die schlichte Symmetrie der Ode nachahmend, acht Takte. Dabei entwickelt sich die einprägsame Melodik einfach und sequenzartig im Rahmen von nur einer Quart. Die syllabische Deklamation garantiert exakte Wortverständlichkeit. Das rhythmische Gleichmaß korrespondiert mit der meditativen Abendstimmung. Die natürliche Betonung gemäß der Opitz-Reform wird dadurch fast durchgehend gewährleistet, nur zwei kleine rhythmische Besonderheiten tragen zu Irritation und Auflockerung bei: Zum einen führen die Achtel-Auftakte zu einer kurzfristigen Deklamationsbeschleunigung[66] mit einer Tendenz zum anapästischen oder daktylischen Metrum, das das gleichförmige trochäische Versmaß der Opitz-Ode kurz stört. Zum anderen verleiht eine rhythmische Verschiebung im drittletzten Takt dem Schlüsselwort „Sorge" einen Akzent. Der ruhig voranschreitende Bass ist ‚funktionsharmonisch' konzipiert. Das Harmonieinstrument hat also die Aufgabe, den Generalbass-Regeln gemäß diese Linie harmonisch auszufüllen und dadurch auch ein wenig Variation zu schaffen. Das Stück steht dabei in g-moll, mutet jedoch dorisch an, was die melancholische Stimmung unterstreicht.

---

[65] Caspar Barth hat die Stelle in seinem Exemplar der *Poemata* süffisant kommentiert: „Da gibt es blinde griffe". Zitiert bei George Schulz-Behrend: Caspar Barth und das Exemplar von Martin Opitz' Acht Bücher Deutscher Poematum. In: Daphnis 11 (1981), S. 669–682, hier S. 677.
[66] Vgl. Braun (Anm. 21), S. 159.

Abb. 2: Nauwachs Opitz-Vertonung „Jetzund kömpt die Nacht herbey". In: Ebd. (vgl. Abb. 1).

Opitz' Lied wurde bald zu einem immer wieder imitierten Muster, sowohl der Inhalt als auch die Form wurden aufgegriffen. Einige Beispiele seien genannt: Philipp von Zesen: „Wohl dem, der sich für und für", David Schirmer: „Nacht-Klage", Jacob Schwieger: „Nacht-Licht, Cynthia du schönes Kind"; es begegnen auch geistliche Kontrafakturen wie Catharina Regina von Greiffenbergs Gedicht „Auf die ruhige Nacht-Zeit". Ob Nauwachs Vertonung zu dieser Rezeptionsgeschichte beigetragen hat, lässt sich schwer sagen. Fest steht jedoch, dass sie eine Rezeption bis in die Gegenwart erfahren hat. Unter anderem sang der Countertenor Andreas Scholl das Stück 2010 im Rahmen einer Einspielung deutscher Barocklieder für das bekannte Klassiklabel *Harmonia Mundi* ein. Festzuhalten bleibt: Nauwachs Tonsatz zu Opitz' Nachtklage kann als Muster eines Generalbassliedes bezeichnet werden. Die entsprechenden Tonsätze in den Sammlungen, beispielsweise Heinrich Alberts oder Johann Rists, werden diese Vertonungsmöglichkeit gleichfalls aufgreifen. Das strophische Generalbasslied avanciert im mittleren 17. Jahrhundert zur dominierenden Form der Liedvertonung.

4 Zwillingsgeburt

Abschließend ist noch auf das letzte Stück der Nauwach-Sammlung hinzuweisen (Abb. 3). Es handelt sich um einen Gruß Heinrich Schützens „In lode dell'Autore" – ein zweistimmiges, leicht fugatisch angelegtes Lied mit dem Incipit „Glück zu dem Helikon" (SWV 452). Die Schütz-Forschung, gelegentlich auch die Opitz-Forschung, schreibt dieses *Carmen gratulatorium* Opitz zu,[67] weil es wie das Substrat des Nauwach-Lobes anmutet, d. h. ähnliche Bilder und Metaphern verwendet (Helikon, Orpheus, Midas und v. a. auch das Namenspiel Neu-Bach in Str. 5 und 6). Opitz habe dann in den *Deutschen Poemata* (C) dieses etwas ungelenke Gelegenheitswerk gewissermaßen ausgebaut sowie stilistisch und metrisch bereinigt bzw. veredelt. Diese Behauptung scheint sehr fragwürdig. Vielmehr ist zu vermuten, dass Schütz hier selbst zur Feder gegriffen hat. Die flektierten lateinischen Namen („Von Phebo") sowie ständige Tonbeugungen („ich hör süssen Gesang", „Wälder" etc.) schließen Opitz als Autor aus.[68] Gleichwohl ist Opitzens späteres Enkomium auf Nauwach auf dieses Lobgedicht zu beziehen. Unverkennbar stellt Opitz durch das mythologische Szenario und das auffällige Namens-

---

[67] Ausgehend von Spittas fraglicher Zuschreibung im Vorwort in der Schütz-Ausgabe, Bd. 15, S. 16; Möller (Anm. 36), S. 14; Rothmund (Anm. 36), S. 461.
[68] So auch Braun (Anm. 21), S. 157.

Abb. 3: Heinrich Schütz: „Glück zu dem Helikon". In: Ebd. (vgl. Abb. 1).

spiel einen intertextuellen Bezug zu Schützens Lobgedicht her. Der Adressat wird den Zusammenhang sofort erkannt haben: Schütz, Nauwach und Opitz bilden eine intime Kommunikationsgemeinschaft in den Medien Lied, Enkomion und *Carmen gratulatorium*, ein intertextuelles und intermediales Netzwerk.

In diesem Zusammenhang ist auf eine letzte Frage zurückzukommen, nämlich auf die nach dem historischen Ort der Nauwach-Sammlung, nach ihrem ‚Sitz im Leben'. Bereits angedeutet wurde, dass es sich sich um eine Gabe handelt, vielleicht auch um ein Auftragswerk anlässlich des hessisch-sächsischen Hochzeitsfestes in Torgau 1627, auf dem auch die *Dafne* zur Aufführung gekommen war. Sehr wahrscheinlich wurden die Stücke des Kammermusicus im Rahmen der rund zweiwöchigen Festivitäten zu Ehren des Brautpaares und zur Unterhaltung der Gäste präsentiert; dafür sprechen die Dokumente der Hochzeitsfeier. Die erste deutsche Oper und auch die ersten deutschen Generalbasslieder – beide mit Texten von Opitz – sind also eine ‚Zwillingsgeburt' aus dem Geist des höfischen Festes.[69]

---

[69] So ebd., S. 151.

Michael Belotti
„Wol dem der weit von hohen dingen"
Textfassungen und Melodien eines Lieds von Martin Opitz

Das Lied als kombiniertes literarisch-musikalisches Gebilde ist in besonderer Weise geeignet, Netzwerke darzustellen. Text und Melodie sind jeweils mit einer Fülle von Personen, Orten, Traditionen und Zweckbestimmungen verknüpft, die wiederum untereinander verbunden sein können, aber nicht müssen. Nicht in allen Fällen kennen wir die Urheber, und unter den Rezipienten finden sich sowohl Praktiker, die einfach ihr Publikum unterhalten wollen, wie auch Dichter und Komponisten, die sich sehr bewusst mit dem poetischen und musikalischen Gehalt des Werks auseinandersetzen. Durch seine Verbreitung in Drucken und Handschriften sowie durch mündliche Weitergabe strahlt das Lied in unterschiedliche geographische Regionen aus, die ihrerseits regionale und lokale Traditionen ausbilden können. Schließlich ist die Zuordnung von Text und Singweise vielfachen Veränderungen unterworfen: Ein Text kann mehrfach vertont werden, eine Melodie zu verschiedenen Texten Verwendung finden. Damit können sich Zielgruppe und Zweckbestimmung ändern, aber Reminiszenzen aus früheren Rezeptionsstadien noch weiterwirken; dies ist besonders bei der geistlichen Umformung weltlicher Lieder ein nicht zu unterschätzender Faktor.

Diese Fülle an Verbindungen rückt zunehmend in das Bewusstsein der Erforscher barocker Lyrik. Lange Zeit hatten die musikalische Seite und der damit verbundene Traditionszusammenhang wenig Beachtung gefunden. Werner Braun[1] hat es unternommen, die „Musik des deutschen Barocklieds" systematisch mit musikwissenschaftlicher Methodik zu beleuchten; sein Ansatz kann als bahnbrechend bezeichnet werden, bedarf aber dringend der Vertiefung und Weiterentwicklung. Die vorliegende Studie greift ein besonders prominentes Beispiel heraus, das mehrfach mit Melodien versehen, nachgedruckt und nachgeahmt wurde: Opitz' Lied „Wol dem der weit von hohen dingen".[2] Es bearbeitet das schon in der Antike geläufige Thema vom Lobpreis des einfachen Lebens. Der Anfang erinnert an das „Beatus ille" der zweiten Epode des Horaz; dessen Lob der *aurea mediocritas* (Ode II.10) liefert auch einige der Bilder, mit denen die

---

1 Werner Braun: Thöne und Melodeyen, Arien und Canzonetten. Zur Musik des deutschen Barocklieds. Tübingen 2004 (Frühe Neuzeit 100).
2 GW II, S. 662.

Gefahren allzu ehrgeizigen Strebens geschildert werden.[3] Darüber hinaus finden sich deutliche Anklänge an Chorlieder aus den Tragödien Senecas, die aus dem Geist der Stoa zur Genügsamkeit mahnen; David Schirmer behauptete geradezu, der Inhalt des Lieds sei „aus dem Seneca zusammen getragen."[4] Das Lob des Landlebens wird von Opitz in das Lob der Beziehung zu einem nicht vornehmen Mädchen, einer „Schäfferinne", gefasst. Die Abkehr vom „hohen" Personenkreis der Vornehmen und der Helden ist programmatisch für die Gattung des gesungenen Lieds, das auf die Mittel des „hohen" Stils verzichtet. Insofern kam diesem Lied von Opitz nicht nur ästhetische, sondern auch poetologische Bedeutung zu, die von zahlreichen Dichterkollegen in Nachahmungen und Parodien gewürdigt wurde. In gedruckten und handschriftlichen Liedquellen des 17. Jahrhunderts ist es auf vielfältige Weise präsent. Die zu Opitz' Lebzeiten erschienenen Ausgaben seiner Lyrik enthalten drei Fassungen des Texts, die sich in wichtigen Details unterscheiden; die Ausgabe von 1629 bringt gar eine Veränderung der Strophenform. Dass eine „Ode" zum Singen bestimmt war, stand für Opitz außer Frage, obwohl er kein aktiver Musiker war und sich nicht, wie später Johann Rist und Philipp von Zesen, mit Melodienschöpfern umgab. Wir kennen einige Komponisten, die seine Lieder vertonten: Johann Nauwach, Caspar Kittel, Johann Erasmus Kindermann, Constantin Christian Dedekind und andere; jedoch scheinen ihre Melodieschöpfungen in der Rezeptionsgeschichte nur begrenzte Wirkung entfaltet zu haben. In der musikalischen Überlieferung zu „Wol dem der weit von hohen dingen" treten zwei Melodien prominent hervor, die sich den unterschiedlichen Strophenformen zuordnen lassen: Die eine ist mit dem Namen eines französischen Lautenisten verknüpft, die andere stammt von einem ungenannten Komponisten. Im folgenden soll die Verbreitung der Melodien untersucht werden. Dabei wird sich zeigen, dass musikalische Erwägungen bei der Umgestaltung des Texts eine wesentliche Rolle spielten.

---

3 Zu den literarischen Vorbildern siehe auch Janis Little Gellinek: Die weltliche Lyrik des Martin Opitz. Bern, München 1973, S. 44, 86. Die Aussage Max von Waldbergs (Die Deutsche Renaissance-Lyrik. Berlin 1888, S. 120), ein schwedisches Liebeslied sei Opitz' Inspirationsquelle gewesen, hat sich als unhaltbar erwiesen; vielmehr ist das schwedische Lied „Wäl then som widt från högha klippor" (gedruckt 1640 in der Liedflugschrift Twå sköne Nye Lustige Wijsor; Stockholm, Kunglica biblioteket, F 1700 Br 445) eine Übertragung nach Opitz, wie bereits Per Hanselli: Samlade vitterhetsarbeten af svenska författare från Stjernhjelm till Dalin. Teil IX. Uppsala 1869, S. 205 klargestellt hat.
4 David Schirmer: Erstes Rosen-Gepüsche. Halle 1650, Vorrede, fol. a5r/v. Als Belege können Stellen aus den Tragödien *Phaedra* (V. 1122–1140), *Hercules furens* (V. 159–168) und *Agamemnon* (V. 90–107) angeführt werden.

Werner Braun hat das Verhältnis von Wort und Ton bei diesem Lied in einem Aufsatz in den *Oldenburger Jahrbüchern* angesprochen[5] und im Opitz-Kapitel seines Buchs *Thöne und Melodeyen* erneut diskutiert.[6] Eigentlich liefert seine Terminologie ein gutes Handwerkszeug für die Beschreibung der Vertonungsgeschichte des Lieds, die, wie noch gezeigt werden wird, ähnlich verläuft wie bei anderen Liedern von Opitz: Zunächst wurde es zu einer französischen Melodie geschrieben, die als „Modell-Thon" die metrische Struktur vorgab. Dann, in der umgearbeiteten Fassung, wurde es mit einer neuen (wohl ebenfalls entlehnten) Melodie verbunden, die als „Formal-Thon" Neudichtungen in gleicher Strophenform anregte.[7] Dass Braun hier nicht zu einem klaren Bild der Überlieferung gelangen konnte, liegt daran, dass er einerseits nur wenige musikalische Quellen zu diesem Lied kannte, andererseits das Verhältnis der verschiedenen Textfassungen zueinander nicht zutreffend beschrieb.[8] Es wird also nötig sein, die überlieferten Texte und Melodien zu sammeln und einer gründlichen Untersuchung zu unterziehen. Dabei muss die Mahnung Ferdinand van Ingens bedacht werden, bei der „Erforschung der Verbreitungsformen des Liedes zwischen Text- und Melodie-Impulsen" zu differenzieren, „wenn diese auch in vielen Fällen untrennbar sind."[9] Dementsprechend ist die Untersuchung zweigeteilt: Der hier vorliegende Teil beschäftigt sich mit den Fassungen des Opitz-Texts und dem Netzwerk der ihnen zugeordneten Melodien; Neutextierungen werden nur herangezogen, soweit sie für die Überlieferungsgeschichte der Melodie von Bedeutung sind. Die zahlreichen Nachahmungen und Parodien des Liedtexts, die oft mit einer neuen Vertonung einhergehen, werden Gegenstand einer eigenen Abhandlung sein.[10]

1 Erste Fassung: die Ausgaben von 1624/25

Opitz schrieb das Lied in seiner Heidelberger Studentenzeit (ab 1619); sein Freund Julius Wilhelm Zincgref gab es 1624 in den *Teutschen Poëmata* heraus,

---

5 Werner Braun: Rubert, Zesen, Oldenburg. Musikalisch-poetische Konstellationen um 1650. In: Oldenburger Jahrbuch 96 (1996), S. 53–78.
6 Braun: Thöne und Melodeyen (Anm. 1), S. 336f.
7 Zur Unterscheidung von „Modell-Thon" und „Formal-Thon" ebd., Teil 2, Kapitel III (S. 142–148).
8 Vgl. ebd., S. 146, die irrige Angabe über die Textfassung von 1624.
9 Ferdinand van Ingen: Der Stand der Barocklied-Forschung in Deutschland. In: Dieter Lohmeier (Hg.): Weltliches und geistliches Lied des Barock. Studien zur Liedkultur in Deutschland und Skandinavien. Amsterdam 1979 (Beihefte zum Daphnis 8/1), S. 3–18, bes. S. 9.
10 Siehe vom Verfasser: ‚Wol dem der weit von hohen dingen'. Zur Nachwirkung des Lieds von Martin Opitz (Druck in Vorb.).

ein Jahr später erschien es in der vom Dichter autorisierten Sammelausgabe von 1625.[11] Die Abdrucke in den beiden ersten Ausgaben weisen einige Unterschiede auf, die darauf schließen lassen könnten, dass dem ersten Herausgeber Zincgref eine noch unvollkommene Fassung des Gedichts oder eine mit Mängeln behaftete Abschrift vorlag. Mit Opitz' Grundsätzen unvereinbar ist das häufige Vorkommen der Dialektform „nit". Aber auch an anderen Stellen erweisen sich die Lesarten der zweiten Ausgabe als überlegen, weil sie auf eine variiertere Ausdrucksweise abzielen und ungeschickte Wiederholungen vermeiden. So wird „sein Gemüth" in der dritten Zeile der ersten Strophe, das „mein Gemüth" in Strophe 4 vorausnimmt, durch „seinen Muth" ersetzt. In der zweiten Zeile der dritten Strophe wird die abermalige Wiederholung des Adjektivs „grosse" zugunsten eines neuen Attributs („harter Wind") aufgegeben. Der Text lautet in der ersten autorisierten Fassung so:

> III.
> Wol dem der weit von hohen dingen
> Den Fuß stellt auff der Einfalt Bahn;
> Wer seinen Muth zu hoch wil schwingen/
> Der stößt gar leichtlich oben an.
> 5 Ein jeder folge seinem Sinne/
> Ich halts mit meiner Schäfferinne.
>
> Ein hohes Schloß wird von den Schlägen
> Des starcken Donners mehr berührt;
> Wer weit wil fellt offt aus den Wegen/
> 10 Vnd wird durch seinen Stoltz verführt[.]
> Ein jeder folge seinem Sinne/
> Ich halts mit meiner Schäfferinne.
>
> Auff grosser See sind grosse Wellen/
> Viel Klippen/ Sturm vnd harter Wind:
> 15 Wer klug ist bleibet bey den Quellen/
> Die in den grünen Wäldern sind.
> Ein jeder folge seinem Sinne/
> Ich halts mit meiner Schäfferinne.
>
> Hat Phyllis gleich nicht Gold vnnd Schätze/
> 20 So hat sie doch was mir gefellt:
> Wormit ich mein Gemüt' ergetze/
> Wird nicht gekaufft vmb Gut vnd Geldt.

---

11 Martin Opitz: Teutsche Poemata. Straßburg 1624, S. 91: Lied. – Martin Opitz: Acht Bücher Deutscher Poematum. Breslau 1625, S. 183.

> Ein jeder folge seinem Sinne/
> Ich halts mit meiner Schäfferinne.
>
> 25 Man steht bey reicher Leute Pforte
> Sehr offt/ vnd kömpt doch selten ein:
> Bey jhr bedarff es nicht der Worte;
> Was jhr ist/ ist nicht minder mein.
> Ein jeder folge seinem Sinne/
> 30 Ich halts mit meiner Schäfferinne.
>
> Glentzt sie gleich nicht mit thewren Sachen/
> So gläntzt doch jhrer Augen Liecht:
> Gar viel muß Hoffart schöne machen/
> Ihr schlechter Schein betreugt mich nicht.
> 35 Ein jeder folge seinem Sinne/
> Ich halts mit meiner Schäfferinne.
>
> Ist sie gleich nicht von hohem Stande/
> So ist sie dennoch aus der Welt:
> Hat sie gleich keinen Sitz im Lande/
> 40 Sie selbst ist mir ein weites Feldt.
> Ein jeder folge seinem Sinne/
> Ich halts mit meiner Schäfferinne.
>
> Wer wil mag in die Lüfften fliegen/
> Mein Ziel erstreckt sich nicht so weit:
> 45 Ich lasse mich an dem begnügen
> Was nicht bemüht/ vnd doch erfrewt/
> Vnd halt' es recht in meinem Sinne/
> Mit meiner schönen Schäfferinne.[12]

Jede der acht Strophen besteht aus sechs Zeilen, iambischen Vierhebern mit dem Reimschema *abab cc*. Horst Joachim Frank[13] verzeichnet diese Strophenform unter der Nummer 6.39. Im Quartett wechseln weibliche und männliche Reime

---

[12] Varianten der Ausgabe von 1624: 3 seinen Muth] sein Gemüth – 8 mehr] eh' – 10 durch seinen] von seinem – 13 grosser See sind] grossem Meer sein – 14 Sturm vnd harter] Stürm vnd grosse – 16 Wäldern] Wälden – 22 vmb] mit – 25 Leute] Leuten – 26 kömpt] kompt – 27 der] viel – 43 Lüfften] Lüffte. „nit" statt „nicht" in Z. 19, 22, 27, 28, 31, 44 (34, 37, 46 aber „nicht"). Der Refrain wird in der zweiten Strophe abgekürzt: „Ein jeder folge &c.", in der 3.–7.: „Ein jeder &c."
[13] Horst Joachim Frank: Handbuch der deutschen Strophenformen. München 1980, S. 500–502. Johannes Zahn beschreibt die Strophenform als „sechszeilig jambisch 9.8. 9.8. 9.9." (Johannes Zahn: Die Melodien der deutschen evangelischen Kirchenlieder. Bd. II: Sechszeilige Melodien. Gütersloh 1890, Nr. 2922–2967).

ab, das abschließende Reimpaar mit weiblichen Endungen bildet einen Refrain, der in jeder Strophe erscheint und nur am Schluss leicht abgewandelt wird.

Die Drucke geben keinen Ton an, nach dem das Lied zu singen wäre. Caspar von Barth hat in sein Exemplar der Ausgabe von 1625 eingetragen: „Auff die weise Que ja mais".[14] Gemeint ist der *Air de cour* „Que jamais on ne me tourmente", der 1613 im vierten Buch der *Airs de differents autheurs* von Gabriel Bataille erschien. Der französische Text, der die Absage an eine wortbrüchige Geliebte *(parjure amante)* zum Thema hat, bietet freilich keine inhaltlichen Anknüpfungspunkte. Man braucht trotzdem nicht wie Werner Braun[15] an einen Irrtum Barths zu denken. Batailles Air war sicherlich geeignet, einen „Modell-Thon" für Opitz' Lied abzugeben. Die Strophenformen stimmen genau überein.[16] Die Schlusszeilen bilden auch bei Bataille einen Refrain; für sie ist eine Wiederholung vorgeschrieben. Wie das rhythmisch anspruchsvolle Gebilde, das keinem festen Metrum folgt, der akzentuierenden deutschen Metrik angepasst werden konnte, zeigt die Bearbeitung, die Heinrich Albert 1642[17] mit Simon Dachs Text „Es fieng ein Schäfer an zu klagen" veröffentlichte. Dass er die Melodie als „Aria incerti Autoris" bezeichnet, nicht wie andere Melodien französischen Ursprungs als „Aria gallica", könnte darauf hinweisen, dass sie schon in der deutschen Liedpraxis vertreten und ihr Ursprung nicht mehr bekannt war. Vor diesem Hintergrund ist Barths Hinweis durchaus nicht als abseitig zu betrachten. Ein Vergleich der beiden Fassungen ist aufschlussreich. Im folgenden Notenbeispiel erscheint Alberts Melodie der leichteren Vergleichbarkeit halber um eine Quinte nach oben transponiert, mit auf ein Viertel gekürzten Notenwerten.

Die Melodie von Bataille zeichnet sich durch fein ausbalancierte Rhythmik und Linienführung aus. Die ruhige Bewegung der Viertelnoten wird immer wieder durch Dehnungen gehemmt, durch Achtelnoten belebt; keine Zeile gleicht rhythmisch einer anderen. Die melodischen Linien verlaufen überwiegend skalar, die Schlusszeile wird jedoch durch eine melodische Brechung mit anschließender rascher Aufwärtsbewegung emphatisch ausgestaltet. Die Anforderungen an den

---

14 GW II/1, S. X und George Schulz-Behrend: Caspar Barth und sein Exemplar von Opitz' ‚Acht Bücher Deutscher Poematum'. In: Daphnis 11 (1982), S. 669–682. Das Exemplar befand sich in Schulz-Behrends Besitz; sein gegenwärtiger Standort ist nicht bekannt (für Hinweise danke ich Barbara Becker-Cantarino und Klaus Conermann).
15 Braun: Thöne und Melodeyen (Anm. 1), S. 147.
16 Die Strophenform 6.39 scheint zu Beginn des 17. Jahrhunderts in Frankreich ziemlich verbreitet gewesen zu sein; in den *Airs* von Bataille findet sie sich mehrfach, allein im ersten Band (Paris 1608) dreimal. Die dazugehörigen Melodien haben aber, soweit bisher ersichtlich, in der deutschen Liedpraxis keine Rolle gespielt.
17 Heinrich Albert: Fünffter Theil der Arien oder Melodeyen. Königsberg 1642, Nr. 17.

Textfassungen und Melodien eines Lieds von Martin Opitz —— 289

Notenbeispiel 1

Sänger sind also nicht gering. Hinzu kommt, dass die Melodie nicht nach der im deutschen Liedgesang beliebten Barform gebaut ist und auch sonst die Wiederholung melodischer Elemente weitgehend vermeidet. Daher gibt es nur wenige Korrespondenzen zwischen verschiedenen Melodiezeilen, die das Einprägen erleichtern könnten.

Hier greift Alberts Bearbeitung ein. Die Kadenzen sind vereinheitlicht, so dass jede Zeile mit einer Tenorklausel auf der ersten oder dritten Stufe der Skala schließt, meist in der Abfolge 3-2-1. Die dritte und fünfte Melodiezeile werden einander angenähert; beide bewegen sich im gleichen Tonraum (g'-b, transponiert d''-f') abwärts. Die letzte Zeile bekommt bei Albert ein glatteres Profil. Diesen Vereinfachungen steht eine Ausweitung des Ambitus von einer None auf eine Undezime gegenüber, die der Melodie ein neues Ausdruckselement hinzufügt. Die zweite Zeile wird zu einem Höhepunkt geführt, die letzte von einem Tiefpunkt aus gestartet, die bei Bataille keine Entsprechung haben (im Notenbeispiel mit Sternchen markiert). Auch wenn wir nicht wissen, in welcher Form Albert die Melodie vorlag, so lässt sich doch konstatieren, dass sie in seiner Neufassung leichter zugänglich wirkt. Aus dem metrisch freien *Air de cour* ist eine Tanzmelodie geworden, eine Courante, die sich dem iambischen Versmaß gut anschmiegt. Dazu tragen vor allem die für diese Tanzart typischen Hemiolen bei (Akzentverschiebungen, im Notenbeispiel durch eckige Klammern gekennzeichnet). Sie ist immer noch vortragstechnisch anspruchsvoll, scheint sich aber in literarisch und musikalisch interessierten Kreisen einer gewissen Beliebtheit erfreut zu haben. Georg Greflinger unterlegte ihr die Klage seiner *Weltlichen Nonne*, von der noch zu reden sein wird. Hin und wieder wurde sie für geistliche Kontrafakturen[18] genutzt. Das Lautenbuch der Virginia Renata von Gehema[19] enthält eine instrumentale Bearbeitung von Simon Dachs Lied.

Könnte so oder ähnlich „Wol dem der weit von hohen dingen" zur Zeit seiner Entstehung erklungen sein? Nach dem Gesagten erscheint das möglich. Bisher ist allerdings keine Quelle bekannt geworden, die die Erstfassung des Lieds mit einer musikalischen Notation überliefert. Dass diese Fassung gesungen wurde, belegt die Tonangabe zu einem Lied von Anna Ovena Hoyers, dessen Refrain lautet „Wolt ihr dem Zorn des Herren entrinnen, | So folget nicht mehr ewern Sinnen".[20]

2 Zweite Fassung: die Ausgabe von 1629

1629 erschien eine neue Gesamtausgabe der Dichtungen von Opitz in zwei Bänden. Die dort gegebene Fassung von „Wol dem der weit von hohen dingen" stimmt mit der von 1625 überein – nur die Verszeilen des Refrains haben je eine Silbe weniger:

Ein jeder lobe seinen Sinn/
Ich liebe meine Schäfferinn.[21]

Damit erhält das Lied die Strophenform 6.38 („sechszeilig jambisch 9.8. 9.8. 8.8." nach Zahn). Nur scheinbar handelt es sich dabei um eine geringfügige Änderung.

---

18 Johann Neukrantz übernimmt für seine Bereimung des 39. Psalms (Königs Davids Psalter-Spiel. Hamburg 1650) und für sein Bußlied „O Weh! O Weh! mier armem Sünder!" (Christlicher und wolgemeinter Buesz-Wäkker. Hamburg 1648, fol. 5v) den Satz von Albert fast notengetreu; die Melodiefassung bei der Norwegerin Dorote Engelbretsdatter (Melodieheft zu: Siælens Sang-Offer. København ³1685, Nr. 8: „For Himmelen vil jeg nedfalde") weicht davon mehrfach ab. In Dänemark wurde Dachs Lied (und vermutlich auch Alberts Melodie) durch die freie Übertragung von Anders Bording „Det sidste mand fra Doris hørte" aus den 1640er Jahren (Anders Bording: Poetiske Skrifter. Bd. I. København 1735, S. 272) bekannt.
19 Staatsbibliothek zu Berlin, Mus. ms. 40264, S. 24. Das Lautenbuch entstand zwischen 1655 und 1660 (Faksimile, mit einer Einführung von Gerhard Otremba. Leipzig 1984).
20 Anna Ovena Hoyers (1584–1655), „Ach, ach ihr Menschen, last euch sagen" (handschriftlich in Stockholm, Kungliga biblioteket, Tysk vitterhet Vu 76, fol. 48v, „Im Thon, Woll dem der weit von hohen dingen etc:"). Die Entstehungszeit kann nicht genau bestimmt werden, da die Abfolge der Lieder in dieser postum zusammengestellten Sammlung nicht chronologisch ist.
21 Martin Opitz: Deutscher Poematum Erster Theil. Breslau 1629, S. 327.

Man könnte fragen, warum Opitz die Reduzierung der Silbenzahl nicht einfach durch eine Apokope der Endungs-e's bewerkstelligte: Auch wenn die hochsprachliche Dativform „Sinne" lautete, hatte er selbst doch die Elision im Reimwort für zulässig erklärt, wenn der folgende Vers mit einem Vokal begann,[22] und „Schäferinn" war auch ohne e möglich.[23] Einer entsprechenden Fassung werden wir in der Überlieferungsgeschichte noch begegnen; fürs erste ist festzuhalten, dass der Dichter offenbar bei seiner Umarbeitung auf größtmögliche sprachliche Korrektheit achtete. Um die Problematik der Endungen zu umgehen, musste er den Satz so konstruieren, dass aus den Dativen Akkusativformen werden konnten. Die so gewonnene Fassung erscheint fast unverändert in der Ausgabe von 1644.[24] Sie besticht durch ein geistvolles Spiel mit den Verben „loben" und „lieben", bedeutet aber gegenüber der ursprünglichen Formulierung keinen Zugewinn an Klarheit. Die elliptische Konstruktion („seinen Sinn" meint „das, was er im Sinn hat") ist eine etwas gesuchte Umschreibung der Aussage „jeder mag tun, was er will".[25] Was hat Opitz zu dieser Änderung veranlasst?

Die Motivation für die Neufassung dürfte in musikalischen Erwägungen zu suchen sein. Wenn die Schlusszeile wie die zweite und vierte eine männliche Kadenz aufwies, war es möglich, die Melodie mit Korrespondenzen auszustatten, die sie einprägsamer machten. Die Barform bot sich dafür in geradezu idealer Weise an (die Buchstaben A, B, C bezeichnen musikalische Formelemente, unabhängig vom Reimschema):

Stollen   *Abgesang*
|: A+B:| C+B

Möglicherweise reagierte Opitz damit auf eine musikalische Praxis, die sich in seinem Umkreis herausgebildet hatte und dazu führte, dass die Modell-„Thöne", die ursprünglich die Strophenform vorgegeben hatten, zunehmend durch eigene Melodien ersetzt wurden.[26] Die Überlieferung dieser neuen Singweisen setzt allerdings erst einige Jahre später ein, so dass nicht mit Sicherheit gesagt werden

---

22 Martin Opitz: Buch von der Deutschen Poeterey. Breslau 1624, fol. F3v–F4r.
23 Vgl. Opitz' Lied „Coridon sprach mit Verlangen | Zu der liebsten Feldtgöttin" in: Teutsche Poemata (Anm. 11), S. 84; Acht Bücher Deutscher Poematum (Anm. 11), S. 193.
24 Martin Opitz: Weltliche Poëmata. Der Ander Theil. Frankfurt a. M. 1644, S. 331.
25 Sie findet sich auch in der Ode „Mein Nüßler/ vnd ist diß dein Rath", erstmals in Opitz: Acht Bücher Deutscher Poematum (Anm. 11), S. 197.
26 Das Lied „O du Gott der süssen Schmertzen" ist in den Teutschen Poemata (Anm. 11), S. 56 mit der Melodieangabe „Auff die *Courante: Si c'est por mon pucelage*" versehen; es bekam später (entgegen Braun: Thöne und Melodeyen [Anm. 1], S. 148) die Melodie, die auch mit der Anfangszeile „Coridon der gieng betrübet" benannt und von Johann Flitner 1661 für das geistliche Lied

kann, wie „Wol dem der weit von hohen dingen" im Jahr 1629 tatsächlich gesungen wurde. Zehn Jahre später finden wir in einer Lautenhandschrift eine Melodie, die die oben genannten Eigenschaften aufweist.

3 Die erste Aufzeichnung der Melodie (ca. 1639)

Der Codex mit der Signatur Ms. Sloane 1021 der British Library wird in der Literatur oft als „Lautenbuch des Johannes Stobaeus" bezeichnet,[27] weil sich am Ende (fol. 115r) die Eintragung eines *Canon ad decimam acutam* aus der Feder dieses Komponisten befindet. Sie ist auf den achten Tag des Jahrs 1640 datiert. Die Lautensätze dieses Manuskripts weisen aber viele Mängel vor allem in der Rhythmusnotation auf und können nicht von einem anerkannten Musiker wie Stobaeus geschrieben worden sein. Mit seiner Mischung von Lautensätzen, Musiktraktaten, Liedtexten, Reimsprüchen und Zeichnungen ist es eins der typischen Lieder- und Lautenbücher, wie sie von bildungsbeflissenen jungen Männern der damaligen Zeit häufig angelegt wurden. Vermutlich hat ein Student der Universität Königsberg zum Abschluss seiner musikalischen Studien den berühmten Meister um eine Art Stammbuchblatt gebeten.

Der musikalische Inhalt des Buchs besteht größtenteils in Tanz- und Liedsätzen in französischer Lautentabulatur. Umso bemerkenswerter ist ein Abschnitt (fol. 57r–64v) mit Liedtexten, viele davon mit Melodien (einige auch mit Generalbass) in Liniennotation. Zehn dieser Texte (und ein weiterer auf fol. 14v) stammen aus Heinrich Alberts erstem Arienbuch von 1638;[28] auf diese Vorlage weist die Jahreszahl „Aõ 38" an drei Stellen (fol. 14v, 62r und 64v) hin.

fol. 14v	„Hie habt Ihr, Ihr Jungfrawen"	*Arien* I. 7
57v	„Gute Nacht du falsches Leben"	I.23
*60v	„Keine nacht kein Tag vergehet"	I.11
*61v–62r	„Ich empfinde fast (gar) ein grawen" (Opitz' Lied mit „Nachöhmung" von Heinrich Albert)	I.19–20

„Ach was soll ich Sünder machen" verwendet wurde. Siehe dazu vom Verfasser: Lieder der Opitz-Nachfolge im Rodauer Lautenbuch (Druck in Vorb.).

27 Robert Priebsch: ‚Grethke war umb heffstu mi' etc., das ‚Bauer-Lied' Simon Dachs. In: Osborn Bergin, Carl Marstrander (Hgg.): Miscellany Presented to Kuno Meyer. Halle 1912, S. 65–78 hält Stobaeus für den Schreiber des gesamten Manuskripts (S. 65). Noch Bernhard Jahn: Die Inszenierung des Volkstümlichen und seine Aporien. Versuch einer Annäherung an Simon Dachs ‚Grethke'-Lied. In: Axel E. Walter (Hg.): Simon Dach (1605–1659). Werk und Nachwirken. Tübingen 2008 (Frühe Neuzeit 126), S. 191–209, bes. S. 193 geht von dieser Annahme aus.
28 Heinrich Albert: Erster Theil der Arien oder Melodeyen. Königsberg 1638.

62v	„Die Sonne rennt mit prangen"	I.17
	„Die Sonn ist abgegangen"	I.18
	„Soll denn mein junges Leben"	I.15
63r	„Wer fragt danach"	I.25
	„Mein laßt mir doch den willen"	I.24
*64v	„Nymfe gib mir selbst den mund"	I.14.

* mit musikalischer Notation

Auch aus dem zweiten, dritten und fünften Arienbuch finden sich Liedtexte; sie sind aber offenbar nicht nach diesen Ausgaben kopiert, sondern nach Handschriften oder Einzeldrucken, die ihnen vorausgingen.[29] Ein Liedtext „Ein Mägdlein schön noch Jung von Jahren" (fol. 57r) wird durch den Vermerk „*Eiusdem*" Dach zugeschrieben;[30] weiter hinten im Buch (fol. 87v) steht das berühmte plattdeutsche Liebeslied „Grethke war umb heffstu mi, doch so sehr bedrövet?"[31] Die Liedersektion des Lautenbuchs hält noch weitere Liedtexte bereit, einige offenbar älteren Datums (wie „Ein Jungfraw selbs den Artzt anspricht"[32] auf fol. 59r), andere (wie „Auf den grün bemahlten feldern" fol. 60r oder „Vnser felder pracht" fol. 61v, beide mit Melodien versehen) könnten aus dem Vorrat stammen, aus dem die acht Bände der *Arien* Heinrich Alberts zusammengestellt wurden, dort aber aus irgendwelchen Gründen nicht berücksichtigt worden sind. Klarheit hierüber könnte eine stilkritische Untersuchung bringen, die an dieser Stelle nicht geleistet werden kann.

---

29 „Die Ihr jetz seid erschienen, Zu unserer Froligkeitt" (fol. 57v) hat eine Strophe mehr als im Druck (Arien V.19); die Überschrift nennt zudem die Hochzeit Daniel Polckeins als Anlass. Heinrich Alberts „Soll dan Liebste *Phillis* enden" (fol. 60v) weicht nur geringfügig von der gedruckten Fassung (Arien III.26) ab; die Melodie ist völlig identisch. Dagegen erscheint das anonyme „Soll den Schönste Doris Ich" (fol. 59v) nicht mit der Melodie Alberts (Arien II.13), sondern mit der Singweise, die üblicherweise mit Opitz' Lied „Jetzund kömpt die Nacht herbey" verbunden wird (siehe dazu Braun: Thöne und Melodeyen [Anm. 1], S. 85, 146, 414), hier aber zum ersten Mal auftritt.
30 Priebsch (Anm. 27), S. 66 hat bereits auf diesen Text hingewiesen; Walter Ziesemer erwähnt ihn in seinem Aufsatz „Simon Dach" (in: Altpreußische Forschungen 1 [1924], S. 23–56, bes. S. 25), übergeht ihn aber in seiner Ausgabe der Dichtungen Dachs.
31 Faksimile bei Priebsch (Anm. 27), S. 73. Die von ihm (ebd., S. 67, Fußnote) und Jahn gestellte Frage nach dem Ursprung der Melodie lässt sich dahingehend beantworten, dass sie zu dem französischen Lied „Baize-moi ma Jeanneton" (in Lautentabulaturen seit 1625 nachweisbar; freundlicher Hinweis von Andreas Schlegel, Menziken) gehörte. Sie wird auch von Angelus Silesius benutzt (Angelus Silesius/Georg Joseph: Heilige Seelen-Lust/ Oder Geistliche Hirten-Lieder/ Der in ihren JESUM verliebten Psyche. Breslau [1657], S. 323, Nr. 104: „Ach wer gibt mir noch auff Erden").
32 Der Text findet sich bei Christoph Demantius: Convivalium concentuum farrago. Jena 1609, Nr. 14, und bei Melchior Franck: Recreationes musicae. Nürnberg 1614, Nr. 12.

Ms. Sloane 1021, fol. 61r

Die Stimmen sind in der Quelle getrennt notiert. 1. Breven mit Punkt; 2. Brevis ohne Punkt.

Notenbeispiel 2

Inmitten dieses reichhaltigen Materials steht auf fol. 61r das Lied von Opitz, dazu eine Melodie mit Bass-Stimme.

Der Text ist nicht unter der Melodie, sondern nach ihr notiert, unter Weglassung der Strophen 5 und 7; ihm folgt ein lateinischer Hexameter, der die Liebe zum einfachen Mädchen ironisch kommentiert: „Quisquis amat ranam, ranam putat esse Dianam." (Wer eine Kröte liebt, hält diese für Diana.)

Die Textgestalt basiert auf der Fassung von 1625, weist aber einige sonst nicht belegte Varianten auf (die dritte Zeile lautet: „Wer sein gemuth zu hoch thut zwingen"). Die bemerkenswerteste Abweichung, die sich in vielen weiteren Textzeugen findet, ist die, dass die Refrainzeilen zwar im Wortlaut der Drucke von 1624/25 wiedergegeben werden, aber durch Weglassung der Endung -e männliche Kadenzen erhalten. Oben wurde dargelegt, dass die Änderung der Strophenform eine geschlossenere und einprägsamere musikalische Gestaltung ermöglichte. Dem dort aufgestellten Bauplan entspricht die im Ms. Sloane 1021 notierte Melodie genau: Barform mit zwei identischen Stollen, die Schlusszeile stimmt mit der zweiten Stollenzeile überein. Mit einigem Recht stellt Werner Braun fest, dass diese Form „der poetischen Anlage", die ja das abschließende Verspaar durch einen neuen Reim vom Quartett absetzt, „widerspricht".[33] Die musikalische Logik tritt hier der dichterischen Logik selbständig gegenüber. Vom Standpunkt einer poetologischen Rationalität aus war die Strophenform 6.39 mit ihrem regelmäßigen Wechsel weiblicher und männlicher Versendungen geradezu ideal. Die durch die Form 6.38 begünstigten musikalischen Rekurse kamen der Einprägsamkeit

---

33 Braun: Rubert, Zesen, Oldenburg (Anm. 5), S. 59.

der Melodie und letztlich auch der Verbreitung des Texts zugute. Es scheint, als habe sich Opitz dieser Erkenntnis gebeugt, aber durch seine 1629 gedruckte Bearbeitung sein Gestaltungsrecht als Autor geltend gemacht, indem er eben nicht die nächstliegende Lösung wählte, sondern die Syntax des Reimpaars neu konstruierte.

4 Weitere Melodiequellen

Bevor wir die Melodie genauer betrachten, ist über die weiteren Quellen zu berichten, die eine Notation von ihr enthalten. Die Eintragung im Ms. Sloane 1021 können wir nach dem oben Gesagten ziemlich genau auf das Jahr 1639 datieren. Nur wenige Jahre jünger dürfte die Niederschrift in einer Claviertabulatur der Münchener Staatsbibliothek sein (Mus. ms. 4485). Diese Quelle ist auch als „Nürnberger Orgeltabulatur"[34] bezeichnet worden, weil sie einen hohen Anteil an Nürnberger Tastenmusik enthält. Bei genauerem Hinsehen lassen sich verschiedene Beschriftungsphasen und Repertoirebereiche ausmachen. Der Schreiber, dem Stil der Tabulaturbuchstaben nach zu schließen ein Schlesier,[35] hat wohl in seinen Studienjahren mehrere Orte besucht und sich einen Vorrat an Tastenstücken zusammengetragen.

Auf fol. 20v der Tabulatur beginnt der „Nürnberger" Abschnitt des Tabulaturbuchs, mit eigener Seitenzählung, die von 1[36] bis 24 reicht. Er hat etliche Stücke mit dem Clavierbuch der Regina Clara im Hoff gemeinsam, beruht jedoch auf einer älteren Redaktion des Materials, in der die Lieder aus den Publikationen des Jahrs 1642, die bei Im Hoff eine prominente Stellung einnehmen,[37] noch fehlen. Wo die

---

34 Siehe die Edition: Raimund Schächer (Hg.): Die Nürnberger Orgeltabulatur (um 1650). Auswahl von Tanzsätzen, Präludien und Liedbearbeitungen aus dem Tabulaturbuch Mus. ms. 4485 der Bayerischen Staatsbibliothek München. Stuttgart 2004, S. 2: „Nach Auskunft der Bayerischen Staatsbibliothek München wird eine Nürnberger Herkunft dieser Sammlung vermutet. [...] Aufgrund des Repertoires läßt sich die Entstehung des Tabulaturbuches auf die Zeit von ca. 1650–1670 datieren."
35 Man vergleiche den Schreibstil in den Tabulaturen 60417 und 60418 Muz der Universitätsbibliothek Breslau oder den Abschriften Matthaeus Hertels in der Staatsbibliothek zu Berlin, Am. B. 600.
36 S. 1 (fol. 20r) war ursprünglich freigeblieben und wurde erst später beschriftet.
37 Wien, Österreichische Nationalbibliothek, Mus. hs. 18491 (datiert 1649). Dort finden sich neun Lieder aus Johann Rist: Des Daphnis aus Cimbrien Galathee (Hamburg 1642), drei aus Gabriel Voigtländer: Erster Theil Allerhand Oden vnnd Lieder (Sorø 1642), eins (Nr. 49 „Schwartz ist mein Farb") aus Johann Erasmus Kindermann: Opitianischer Orpheus (Nürnberg 1642), Nr. 12,

vorangehenden Abschnitte geschrieben wurden, wäre im Hinblick auf die dort enthaltenen Opitz-Lieder von Interesse, da wir jedoch die Identität des Schreibers bisher nicht kennen, können wir über die Stationen seines Bildungsgangs nur spekulieren. Er könnte sich in Norddeutschland aufgehalten haben; aber auch Leipzig käme in Frage, wo Voigtländers Lied „Vnlängst Ich meine Cloris fanndt" (Nr. 10) schon 1640 bekannt war.[38] Die Eintragung einer *Courant. Christian Mich: Lips: â 3* (Nr. 25) könnte gleichfalls auf Leipzig hindeuten. Die *Tabulatura* von Christian Michael erschien 1645 im Druck; der Komponist war allerdings schon 1637 gestorben, und einiges von ihm mochte handschriftlich im Umlauf gewesen sein. Die Beschriftungsgeschichte der Münchener Tabulatur Mus. ms. 4485 bedarf noch weiterer Untersuchungen; es darf aber festgehalten werden, dass ihr Inhalt keine zwingenden Gründe für eine Datierung lange nach 1645 liefert. Dies erhöht ihren Wert als frühe Melodiequelle für zwei Lieder von Opitz: „Jetzund kompt die Nacht herbey" (Nr. 4) und „Wol dem der weit von hohen dingen" (Nr. 41).

Außer der Münchener Tabulaturhandschrift sind drei Clavierbücher in neuer deutscher Orgeltabulatur bekannt, die unsere Melodie enthalten: die Tabulatur des Joachim Drallius, die größtenteils von dem Lüneburger Organisten Franz Schaumkell um 1650 als Sammlung von Tastenstücken für den Unterricht geschrieben wurde,[39] die Tabulatur des Franz Witzendorff aus den Jahren 1655–1659,[40] die ein ähnliches Repertoire enthält, und ein Tabulaturbuch der Kraukauer Biblioteka Jagiellońska aus ehemaligem Berliner Bibliotheksbesitz, mit der Jahreszahl 1678 auf dem Einband,[41] das vermutlich einem in Dänemark ansässigen Deutschen gehörte.

Die Melodie findet sich auch in gedruckten Quellen. Heinrich Meier und Johann Neukrantz veröffentlichten geistliche Texte auf bekannte weltliche Singweisen. Der eine, Pfarrer im westfälischen Kirchspiel Dinker zwischen Hamm und Soest, verfasst eine Paraphrase des 74. Psalms mit den Anfangsworten: „Ach

---

sowie als Nr. 62 „Madama, du untrewes hertze", dessen Text am Ende des Schäferromans „Die verwüstete und verödete Schäferey" (o. O. 1642 und 1643) gedruckt erscheint.

38 Dies belegt die Melodieangabe zum Lied „Die Chyromantische Candia" in Christian Brehme: Weltliche Gedichte. Leipzig 1640, fol. J6v. Der Schreiber von Mus. ms. 4485 kann die Melodie nicht aus Nürnberger Überlieferung geschöpft haben, da sie im Süden des deutschen Sprachgebiets als *Breisacher Buhlschaft* mit dem Textanfang „Ein schöne Dam wohnt in dem Land" geläufig war. Im Clavierbuch Im Hoff lautet die Überschrift „Prisacher Lied" (Nr. 21); der Satz ist gänzlich abweichend.

39 Lüneburg, Ratsbücherei, Mus. ant. pract. KN 146, fol. 144r–145v, Nr. 190a: *ein liedt*.

40 Lüneburg, Ratsbücherei, Mus. ant. pract. KN 148, Nr. 13. Edition: Autori diversi, Witzendorf Tabulatur 1655. Hg. von Jörg Jacobi. Bremen 2006, Bd. 1, S. 7.

41 Kraków, Biblioteka Jagiellońska (ehem. Berlin, Preußische Staatsbibliothek), Mus. ms. 40623, weltlicher Teil, fol. 150r–149 (Foliierung läuft rückwärts): „Woll dem der weit von hohen Dingen."

GOtt warumb wiltu verstossen/ | so gantz vnd gar dein Häuffelein?"[42] Der andere, Pfarrer in Kirchwerder bei Hamburg und zum Freundeskreis um Johann Rist gehörend, bringt den 9. Psalm in ein Lied, das so beginnt: „Ich dank dem Herrn von gantzem Hertzen/ | und deine Wunder all' erzähl'."[43] Beide Psalmlieder sind ohne Refrain konzipiert.[44] Insgesamt handelt es sich um ziemlich unbeholfene Reimereien; besonders Meier kann das Versmaß nur mit Hilfe zahlreicher Synkopen (Str. 14: „die rechtn so rühmn den Namen dein") aufrechterhalten. Bei ihm sind die Melodien einstimmig notiert, bei Neukrantz dagegen in einem Generalbass-Satz, der musikalisches Geschick verrät.

1653 erschien der zweite Teil von Søren Terkelsens Übersetzungswerk *Astree Siunge-Choer*.[45] Er enthält dänische Versionen von Liedtexten von Johann Rist, Gabriel Voigtländer, Gottfried Finckelthaus, Simon Dach, Johann Christoff Göring und Georg Greflinger und als sechstes Stück Opitz' Lied mit der an Simon Dach gemahnenden Überschrift *Vel dend der lader sig nøje* („Wohl dem, der sich begnügen lässt"), dazu die Melodie mit Generalbass.

Damit liegen aus dem 17. Jahrhundert acht Quellen für die Singweise zu „Wol dem der weit von hohen dingen" vor, fünf Handschriften und drei Drucke. Drei Notationen in Choralbüchern des 18. Jahrhunderts werden wir noch kennenlernen. Drei dieser Quellen (Neukrantz und die Lüneburger Tabulaturen) sind eindeutig norddeutschen Ursprungs, zwei weitere (Terkelsen und die Krakauer Tabulatur) belegen die Ausstrahlung von norddeutschem Gebiet aus nach Dänemark. Auch Königsberg (wo Ms. Sloane 1021 entstand) und das westfälische Dinker (wo Heinrich Meier wirkte) sind dem Norden zuzurechnen, wenngleich sich die Überlieferungswege nicht ohne Weiteres erschließen lassen.

---

42 Heinrich Meier: Hauß-Capell [...] Von außerlesenen Davidischen Psalmen/ und anderen Schrifftmässigen Liedern zugerichtet/ So mehrentheils vnter anmütige Weltliche: Etliche aber auch vnter liebliche/ in Kirchen übliche Melodeyen gesetzt. [...]. Frankfurt a. M. 1647, S. 100 (Zahn 2776).

43 Johann Neukrantz: Königs DAVIDS Psalter-Spiel/ Von neuen besäitet/ und auff die heutige Singe-art gestimmet. Das ist: Außerlesene Christ- Lehr- Bete- Klage- Trohst- und Dank-Psalmen Davids/ auff anmutige und guten Theils bekante Sang-weisen gerichtet und gesätzet. Hamburg 1650, S. 30.

44 Meier bringt allerdings zur selben Melodie auf S. 190 ein Lied „Desiderium vitae aeternae" mit der Anfangszeile „Ach wie so gar viel bittres Leiden" und der Refrainzeile „Ach wer nur bald im Himmel wär!", ferner auf S. 302 ein Passionslied „Wach auff mein Christ dein Sünd beweine", in dem die Erzählung des Vorsängers vom Chor mit dem Refrain „O Jesu laß dies Leiden sein [recte: dein]/ an vns ja nit verlohren seyn" beantwortet wird.

45 Astree Siunge-Choer. Eller Allehaande artige oc lystige ny Verdslige Viser/ med deris Melodier udi hosføjede Discant oc Baß. Anden Snees. København 1653.

Die Notentexte weisen gegeneinander etliche Varianten auf, doch lässt sich ein prinzipiell übereinstimmender melodischer Verlauf feststellen. Er soll im Folgenden beschrieben werden. Ausgangspunkt ist die Fassung der beiden ältesten Quellen, des Lautenmanuskripts Ms. Sloane 1021 (siehe Notenbeispiel 2) und der Münchener Claviertabulatur Mus. ms. 4485, die sich nur durch einige wenige instrumentale Auszierungen davon unterscheidet.

Die erste Stollenzeile springt von der Mittellage aus den Hochton an und geht in eine absteigende Bewegung über, die in der zweiten Stollenzeile nach kurzer Gegenbewegung auf dem tiefen Grundton zur Ruhe kommt. Der Gestus dieser Eröffnung erinnert an eine in der Zeit des Dreißigjährigen Kriegs sehr verbreitete Melodie: die des Scheckenlieds „Ach was vor vnaussprechliche Pein" (siehe unten Notenbeispiel 3a). Vom Text dieses Lieds ist nur ein kleines Bruchstück überliefert; er diente als Grundlage für zahlreiche geistliche Parodien. Vom ursprünglichen, derb schwankhaften Inhalt vermag die Erzählung im sechzehnten Kapitel von Grimmelshausens *Trutz Simplex*[46] eine Vorstellung zu geben. Die Melodie ist seit 1631 in Liedflugschriften und Lautentabulaturen nachweisbar;[47] sie wurde von Johann Rist für sein Liebeslied „O Phyllis edle Schäfferinn",[48] von Heinrich Meier für geistliche Lieder benutzt[49] und war auch in Dänemark bekannt.[50] Sie weist in ihrer ursprünglichen Gestalt keine Barform auf, ist aber deutlich in zwei Teile mit zwei und drei Zeilen gegliedert, von denen die zweite und fünfte von den Noten her identisch sind.[51] Wie die Singweise zu Opitz' Lied beginnt sie mit

---

[46] Philarchus Grossus von Trommenheim [i. e. Hans Jakob Christoffel von Grimmelshausen]: Trutz Simplex: Oder Ausführliche und wunderseltzame Lebensbeschreibung Der Ertzbetrügerin und Landstörtzerin Courasche [...]. Utopia [Nürnberg 1670], Kap. 16, S. 149f.
[47] Vier Geistliche Lieder vnnd Kirchen-Gesänger. Das Erste. Medica Cithara, Oder nutzliche Betrachtung deß Todts. [...]. Ingolstadt 1631; Das Guldene A. B. C. Das ist: Ein newes Geistliches Lied von der H. Jungkfrawen SCHOLASTICA. O. O. 1641, 1. Melodie. Lautensätze im Lautenbuch Kremsmünster, Benediktinerstift, Musikarchiv L 81, fol. 150v und Lautenbuch Gehema (Anm. 19), S. 10. Für Hinweise auf Melodiefassungen und Kontrafakturen danke ich Dr. Eberhard Nehlsen, Oldenburg. Im untenstehenden Beispiel ist die Melodie nach dem dritten Band des handschriftlichen Sammelwerks *Rhitmorum varietas* von Johannes Werlin wiedergegeben (München, Bayerische Staatsbibliothek, Cgm 3638), wo ihr eine geistliche Parodie des Originaltexts unterlegt ist.
[48] Rist, Galathee (Anm. 37), fol. H7v.
[49] Meier: Hauß-Capell (Anm. 42), S. 167 („Ich hab dich hertzlich lieb O HErre"); ebd., S. 269 („Ich will den HERRN von Hertzen Grunde") und S. 294 („Lobet jhr Völcker GOtt den Herren").
[50] Anders Bording: Om Verdens Kierlighed „Beklemte Siæl/ hvad vilt du vanke". In: Johan Brunsmand: Den Siungende Himmel-Lyst. København 1687, S. 199, Melodie S. 268. Schon Nils Schiørring (Det 16. og 17. århundredes verdslige danske visesang. København 1950, Bd. I, S. 203) war die Ähnlichkeit mit der Melodie zu Terkelsens Opitz-Übertragung aufgefallen.
[51] Die Strophenform ist 5.10, iambische Vierheber mit dem Reimschema *aa bbb*. Viele Kontafakturen sind in einer siebenzeiligen Strophenform geschrieben, die eine Wiederholung der ersten beiden Melodiezeilen erfordern.

drei repetierten Tönen, einem Sprung zum Hochton und einem Absinken zum Grundton; nur spielt sich all dies im Tonraum einer Quinte ab. Der Hochton ist die Oberquinte, der Anfangston die zweite Stufe der zugrundeliegenden Tonart; demgegenüber wirkt der Stollen der Melodie zu „Wol dem der weit von hohen dingen", wo die hohe Finalis von der Unterquarte her angesprungen wird, tonartlich gefestigter. Nachteilig wirkt sich hier allerdings aus, dass ab der zweiten Zeile der musikalische Verlauf weitgehend durch eine Aneinanderreihung von Dreitonmotiven bestimmt wird. Vielleicht hat ja einfach ein Musiker aus verschiedenen melodischen Versatzstücken eine Melodie montiert, die sich zufällig mit der des Scheckenlieds berührt. Aber soll man angesichts der weiten Verbreitung dieses Lieds hier an Zufall glauben? Es ist eher wahrscheinlich, dass eine bewusste Bearbeitung vorliegt mit dem Ziel, die beliebte Melodie an einen neuen Text in veränderter Strophenform anzupassen und damit von der Bindung an den obszönen Originaltext zu befreien. Ein Element der Verfremdung und zugleich der Ausdruckssteigerung ist die Ausweitung des Ambitus, die in den Stollenzeilen zu beobachten ist. Daraus resultiert freilich ein problematisches Intervall, ein Septimensprung nach unten kurz vor der Kadenz der zweiten Stollenzeile (und ebenso in der Schlusszeile). Dass er durch eine fehlerhafte Oktavversetzung in der Tabulatur entstanden sein könnte, ist unwahrscheinlich, weil er auch durch Quellen in Liniennotation (Ms. Sloane 1021 und Meiers *Hauß-Capell*) bezeugt wird. Werner Braun kritisiert ihn als „unsanglich".[52] Ob er leicht oder schwer zu singen war, mochte im Einzelfall von den Fähigkeiten des Sängers und einer passenden harmonischen Begleitung abhängig sein; jedenfalls entspricht er nicht den Regeln für Melodieführung, die die klassische Vokalpolyphonie aufgestellt hatte. Man könnte nun gerade im Übertreten einer hergebrachten Norm Anzeichen einer neuen Ausdrucksästhetik sehen – sollte die abgeknickte Linie vielleicht die Textworte „Wer seinen Muth zu hoch wil schwingen/ | Der stößt gar leichtlich oben an" illustrieren? Die Überlieferungsgeschichte zeigt jedoch, dass der Septimensprung als Problem empfunden und in vielen Bearbeitungen eliminiert wurde.

Lehrreich ist der Vergleich mit einer Melodie von Johannes Khuen, die noch offensichtlicher von der Scheckenweise abgeleitet ist. (Im Notenbeispiel 3b sind die Notenwerte der leichteren Vergleichbarkeit halber auf ein Viertel verkürzt.[53]) Das 1637 erschienene Andachtsbuch *Convivium Marianum* enthält zwölf Lieder zu

---

52 Braun: Rubert, Zesen, Oldenburg (Anm. 5), S. 59.
53 Die Wiedergabe folgt der Melodienbeilage zu Johannes Khuen: Convivium Marianum Freudenfest Deß Himmlischen Frawenzimmers. München 1637, korrigiert aber den Wert der ersten drei Noten nach der erweiterten Ausgabe: Epithalamium Marianum Tafel Music/ Frewdenfest/ vnd Lustgarten Mariae. [München] 1644, Melodieanhang.

Notenbeispiel 3

Ehren weiblicher Heiliger; dazu sind sieben Melodien mit Generalbass auf einem gestochenen Notenblatt beigefügt. Die zweite davon, die dem zweiten („Was allhie pflegt Auff Erden grunen") und elften Lied („Ist dann kein Pflaum/ Kein Beth vorhanden") zugeordnet ist, lässt sich als eine konzentrierte Fassung der Scheckenmelodie beschreiben, in der die vorletzte Zeile weggelassen ist, die erste und dritte aber gegenüber der zweiten und letzten um eine Quarte nach oben versetzt sind. Dadurch werden die beiden großen Melodiebögen des Stollens und des Abgesangs geweitet. Der Anfang weist große Ähnlichkeit mit „Wol dem der weit von hohen dingen" auf. Auch hier wird der ganze Oktavraum durchmessen, der Bogen von der oberen zur unteren Finalis gespannt; die Gegenbewegung in der zweiten Zeile setzt jedoch an einem tieferen Punkt an, so dass der melodische Bruch vermieden wird. Die Strophenform stimmt in der Silbenzahl und den Akzenten mit der Opitz'schen Form 6.38 überein, die Zeilen sind jedoch unterteilt und durch mancherlei Reimbindungen verflochten. Khuens Bearbeitung ist durchaus als geschickt zu bezeichnen; es gibt aber keine Anzeichen dafür, dass ihm die Melodie zu Opitz' Lied bekannt war. Genausowenig ist anzunehmen, dass die Publikationen eines Münchener Geistlichen, dessen Verse eine stark süddeutsche Dialektfärbung aufweisen, Einfluss auf die musikalischen Bemühungen des Freundeskreises um Opitz ausgeübt hätten. Wir haben es also mit zwei selbständigen Weiterentwicklungen einer populären Vorlage zu tun.

Es verbleibt uns noch, über die Varianten der musikalischen Quellen zu „Wol dem der weit von hohen dingen" zu berichten. Diese setzen an verschiedenen Stellen der Melodie an:

1. der Kadenz der ersten Stollenzeile. Die Manuskripte in London und München sowie die gedruckte Fassung bei Neukrantz führen die melodische Linie nach unten über die große Terz zum Grundton (Variante A), während die meisten übrigen Quellen auf der vierten Stufe kadenzieren (Variante B). Diese Verschiedenheit kann mit dem Zwang erklärt werden, eine Verszeile mit männlicher Kadenz in eine mit weiblicher Kadenz umzugestalten. In der Tat unterscheidet sich Meiers Version der ersten Zeile von der des Scheckenlieds nur durch die Hinzufügung eines neuen Schlusstons – eben des nächstniedrigen Tons (Notenbeispiel 3c). Der Nachteil dieser Variante ist, dass ein Gleichklang mit der dritten Melodiezeile hergestellt und die Unterquinte über Gebühr betont wird. Meier und die Krakauer Tabulatur versuchen das Problem dadurch abzumildern, dass sie die dritte Zeile mit einer Diskantklausel (statt der in den übrigen Quellen anzutreffenden Tenorklausel) beschließen. Variante A, der auch Khuens Lösung entspricht, erscheint aber insgesamt für die Linienführung günstiger.

2. der Kadenz der zweiten und vierten Zeile. Hier stimmen Ms. Sloane 1021, die Münchener Tabulatur und Witzendorffs Clavierbuch (Notenbeispiel 4a) überein. Meier hat den umstrittenen Septimensprung nur in den Stollenzeilen; Neukrantz versetzt die vier letzten Noten der betreffenden Zeilen um eine Oktave nach oben. Der Abschluss in der höheren Lage hat einen emphatischeren Ausdruck zur Folge. Wenn Meiers Version auf eine real existierende Vorlage zurückgeht, so zeichnete sich diese durch eine besondere Akzentuierung des Schlussworts „Schäfferin" aus – so wie die Erstfassung mit Batailles Melodie. Das Krakauer Clavierbuch notiert den viertletzten Melodieton eine Terz höher, reduziert also den Septimenzum Quintsprung; es könnte aber gefragt werden, ob dies eine echte Melodievariante ist und nicht lediglich eine vollere Ausgestaltung des Griffs. Terkelsens Fassung (Notenbeispiel 4b) hebt sich in doppelter Hinsicht von den übrigen ab: Die Kadenz der zweiten Stollenzeile erscheint bei ihm in verkürzter Form (wiederum mit einem Quintsprung), bei der nicht klar ist, wie die Textsilben (es sind

Notenbeispiel 4

genauso viele wie im deutschen Text) in ihr untergebracht werden sollen. Der Abgesang ist bis zum Hochton der letzten Zeile einen Ton höher notiert; damit wird aus der Septime eine Oktave.

3. dem Anschlusston der zweiten und vierten Melodiezeile. Dieser ist in den meisten Fassungen, vom Grundton aus gerechnet, die Quinte (a'). Manchmal wird aber auch nach einer Kadenz auf der vierten Stufe der Schlusston erneut aufgegriffen und die neue Zeile mit der Quarte (g') begonnen; Neukrantz tut das in der vierten Zeile, Witzendorff in der zweiten und vierten.

Eine freie Bearbeitung der Melodie finden wir 1682 im St. Galler reformierten Gesangbuch *Geistliche Seelen-Music*.[54] Zum Text von Angelus Silesius' „Ach sagt mir nit von gold vnd schäzen" wird dort ein vierstimmiger Satz gegeben, deren Oberstimme sich manchmal (so in der dritten Melodiezeile) mit der Melodie von „Wol dem der weit von hohen dingen" berührt, an anderen Stellen (z. B. dem Beginn mit der fallenden Quarte) bewusst konträr gestaltet zu sein scheint. Als Quelle wird „Wolffgang Carl Briegels Liederlust" angegeben, ein Druck, von dem sich heute kein Exemplar nachweisen lässt.

Meier notiert die Melodie im geraden Takt; Brauns Aussage, „der geistliche Umdichter" habe „um der gewünschten Erbauung willen" den Dreiertakt

---

54 Christian Huber (Hg.): Geistliche Seelen-Music/ Das ist/ Geist- vnd Trostreiche Gesäng/ in allerley Anligen/ zu Trost vnd Erquickung Gottliebender Seelen/ Auß Den besten Musicalischen Bücheren dieser zeit/ auß einem Buch mit 4 Stimmen zu singen/ zusammen gesetzt [...]. St. Gallen 1682, S. 274 (Zahn 2802).

Notenbeispiel 5

„ausgeschaltet",[55] trifft allerdings den Sachverhalt nicht ganz. Zwar wünscht sich Meier in seiner *Monitio ad Lectorem*, dass seine Lieder „langsam" und „andächtig" gesungen werden.[56] Er egalisiert die Notenwerte aber nicht, wie Johann Balthasar König das fast ein Jahrhundert später tut; abgesehen von einer kleinen Anpassung am Ende der ersten Stollenzeile gibt er die rhythmische Gestalt der Melodie genau wieder. Geradtaktige Notationen mit einer latenten Dreiertakt-Struktur sind in der Barockmusik nicht außergewöhnlich; in den Arien Heinrich Alberts sind sie häufig anzutreffen.

Die charakteristische Eröffnung mit drei repetierten Noten verleitete Braun dazu, die Melodie zu „Wol dem der weit von hohen dingen" als Sarabande zu bezeichnen.[57] Die Sarabande hat sich allerdings in der deutschen Musikkultur erst ab den 1630er Jahren etabliert; daran haben Andreas Hammerschmidts Publikationen von Instrumentaltänzen *Erster Fleiß* (1636) und *Ander Theil* (1639) wesentlichen Anteil. Die Opitz-Melodie ist erst 1639 in der Überlieferung greifbar, könnte aber nach dem oben Gesagten ein Jahrzehnt älter sein. Dass sie, wie Braun meint, schon mit der Textfassung von 1624 verbunden gewesen sein könnte, ist auszuschließen.[58] Die Schecken-Melodie, die mit der gleichen Eröffnungsfigur beginnt, ist erstmals 1631 in einer musikalischen Notation überliefert. Die Bezeichnung Sarabande ist also mit äußerster Vorsicht zu gebrauchen, wenngleich die Tabulaturbücher lehren, dass außerhalb von zyklischen Zusammenhängen die Abgrenzung zwischen Courante und Sarabande oft nicht streng beachtet wurde.

---

55 Braun: Rubert, Zesen, Oldenburg (Anm. 5), S. 58.
56 Meier: Hauß-Capell (Anm. 42), fol.)( )(1r. Neukrantz: Königs DAVIDS Psalter-Spiel (Anm. 43), fol. b6r schärft dies seinen Lesern besonders für die Melodien im Dreiertakt ein.
57 Braun: Rubert, Zesen, Oldenburg (Anm. 5), S. 58; in Braun: Thöne und Melodeyen (Anm. 1), S. 335 ist die Gattungsbezeichnung Sarabande allerdings mit einem Fragezeichen versehen.
58 Braun: Thöne und Melodeyen (Anm. 1), S. 335. Diese Vermutung beruht auf einer Verwechslung der verschiedenen Textfassungen (ebd., S. 146).

Nach all den zusammengetragenen Belegen liegen die Anfänge der Melodie immer noch im Dunklen. Es kann jedoch festgestellt werden, dass sie seit den 1640er Jahren allgemein mit dem Lied von Opitz verbunden wurde. Bevor wir ihre Verbreitung weiter untersuchen, müssen wir den Blick auf die anderen erhaltenen Vertonungen richten und versuchen, ihren Platz in der musikalischen Überlieferungsgeschichte von „Wol dem der weit von hohen dingen" zu bestimmen.

5 Eine andere Melodie: Werlin (1646/47)

1646 begann der Benediktinerpater Johannes Werlin im Kloster Seeon mit der Niederschrift seines Kompendiums der Strophenformen.[59] In zwei Bänden stellte er die metrischen Schemata mit Musterstrophen zusammen, in drei weiteren notierte er die dazugehörigen Melodien, die beiden letzten enthalten u. a. ein Incipit-Register und ein Verzeichnis der benutzten Liederbücher. Dieses ist allerdings bei weitem nicht vollständig: Liedflugschriften werden nur sehr summarisch erwähnt, protestantische geistliche Dichtungen kaum und weltliche Liederbücher gar nicht. Dabei wurden diese in beachtlicher Anzahl ausgewertet: Alberts Arienbücher, Voigtländers *Oden vnnd Lieder*, Rists *Daphnis*, Görings *Liebes-Meyen-Blühmlein*. Das Unternehmen wuchs über mehrere Jahre (bis etwa 1652), und immer wieder wurden Nachträge erforderlich, die die Systematik störten. Die Zuordnung von Texten und Weisen wird auch dadurch erschwert, dass in der Regel jede Strophenform durch einen einzigen Text vertreten ist, der allen zugehörigen Melodien unterlegt wird. Wir können also nur bei der ersten Notation innerhalb einer Strophenform mit einiger Sicherheit davon ausgehen, dass die notierte Melodie mit dem beigegebenen Text gebräuchlich war. Die Strophenform 6.38 hat in Werlins Systematik die Nummer 6.23. Als erstes Beispiel ist im dritten Band des Liedwerks auf Seite 1969 „Wol dem der weit von hohen Dingen" eingetragen, mit zwei Besonderheiten: Weil die Liebeserklärung an die „Schäfferin" dem geistlichen Sammler nicht tragbar erschien, wurden die Schlusszeilen geändert:

> Geh yeder wo er will hinauß/
> Ich aber bleib daheim im Hauß.

---

59 München, Bayerische Staatsbibliothek, Cgm 3636–3642. Die ersten sechs Bände sind original von S. 1 bis 4579 durchpaginiert. Die Augsburger Dissertation von Dorothea Hofmann: Die „Rhitmorum varietas" des Johannes Werlin aus Kloster Seeon. Augsburg 1994 bietet eine gewisse Hilfe zur Erschließung des umfangreichen Sammelwerks; die Einstufung als „Kontrafakturlexikon" (S. 37) ist jedoch verfehlt.

Notenbeispiel 6

Außerdem ist die Melodie völlig anders als alle, die wir bisher kennengelernt haben.

Werner Braun vermutet, dass sie „vielleicht vom Schreiber selbst erfunden worden ist, weil er den betreffenden Thon nicht zur Hand hatte."[60] Aus diesen Worten spricht eine gewisse Ratlosigkeit angesichts eines musikalischen Gebildes, das auf den ersten Blick wenig attraktiv erscheint. Es ist aber kaum anzunehmen, dass Werlin zufällig auf den Text gestoßen ist und das Bedürfnis verspürt hat, ihn zu vertonen. Seine Niederschrift von „Ach du Gott der süessen Schmertzen"[61] bietet die wohlbekannte Melodie und gehört sogar zusammen mit dem Rodauer Lautenbuch und dem *Tabulatur Büchlein* für Loysa Charlotte von Brandenburg zu ihren ältesten Quellen. Werlin war also durchaus gut informiert. Zu einem dritten Lied von Opitz[62] und zu einigen Liedern aus David Schirmers *Erstem Rosen-Gepüsche*[63] notiert er Singweisen, die sonst nirgendwo nachzu-

---

60 Braun: Thöne und Melodeyen (Anm. 1), S. 107.
61 Werlin (Anm. 59), Bd. 3, S. 2165 (6.216). Zu den Konkordanzen s. o. Anm. 26.
62 Ebd., Bd. 4, S. 2855 (8.197) „Ich empfinde vast ein Grawen".
63 Ebd., Bd. 5, S. 4142, 10.129 „Lasse die Lieder/ mein lieblicher Schirmer": aus dem Widmungsgedicht des „Beständigen" (in der Ausgabe von 1650 [Anm. 4], fol. b3r); S. 4143, 10.130 „Höre was ich seufftz und singe": Parodie nach „Höre/ was ich seufzend singe" (Nr. 20, S. 33); S. 3384, 11.49

weisen sind. Dies spricht dafür, dass er Zugang zu heute nicht mehr greifbaren musikalischen Quellen der Opitz-Nachfolge hatte. Auch die Melodie zu „Wol dem der weit von hohen Dingen" könnte aus einer solchen Quelle stammen. Aus dem Kontext der Eintragungen lässt sich erschließen, dass Werlin sie relativ früh eingetragen hat, früher als die anderen Opitz-Lieder;[64] weitergehende Aussagen über seine Vorlage sind zur Zeit nicht möglich. Bis jetzt kennen wir auch keinen weiteren Beleg für diese musikalische Version. Nur eine Melodie in Königs Choralbuch weist in ihrer ersten Hälfte deutliche Anklänge auf.[65]

Wahrscheinlich hat Werlin die Melodie aus dem Tripeltakt in den geraden Takt versetzt.[66] Dafür sprechen vor allem die Eröffnungen der dritten und vierten Zeile mit jeweils drei gleichen Noten, die im ungeraden Takt eine viel deutlichere Akzentuierung bewirken. Eine entsprechende Rekonstruktion ist leicht zu bewerkstelligen; es müssten nur wenige Noten um den Wert eines Viertels gedehnt werden. Die erste Zeile kann sogar unverändert bleiben, wenn man unterstellt, dass sie – wie der Beginn von Heinrich Alberts „Es fieng ein Schäfer an zu klagen" – hemiolisch strukturiert war.

Könnte die so gewonnene Fassung (Notenbeispiel 6b) als „Urmelodie" zu Opitz' Lied in der Fassung von 1629 angesehen werden? Oben wurde ausgeführt, dass die Umgestaltung des Refrains durch die Entscheidung für einen bestimmten Melodietypus mitbestimmt worden sein könnte. Diesem entspricht Werlins Weise nur zum Teil; ihr fehlt das Wiederaufgreifen der zweiten Stollenzeile als Schlusszeile. Stattdessen wird die vorletzte Zeile in abgewandelter Gestalt wiederholt und um eine Stufe nach oben versetzt. Dadurch entsteht eine gewissermaßen epigrammatische Zuspitzung der melodischen Diktion, die das Reimpaar des Refrains noch besonders unterstreicht. Die Musik reagiert auf die Form des Texts, sie beeinflusst sie nicht. Sie wurde offenbar nachträglich zum bereits fer-

---

„Fahr nur fort und immerhin": bis auf die Anfangszeile identisch mit der ersten Strophe von Lied Nr. 26 „Immer hin/ fahr immer hin" (S. 47).

64 „Wol dem der weit von hohen Dingen" steht innerhalb des Bestands der sechszeiligen Strophen an einer relativ frühen Position (Nr. 23). Für „Ich empfinde vast ein Grawen" ergibt sich aus den kurz zuvor von Werlin niedergeschriebenen Versen „Dreissig Jahr seind schon vergangen/ Das man in dem Teutschland kriegt" (8.194, zur Melodie „Daphnis gieng vor wenig Tagen") das Jahr 1648 als *terminus ante quem non*. Der Übergang von vokalischem v zu u am Wortanfang ist im Text von 6.23 noch nicht vollzogen; er erfolgt nach den Eintragungen 6.213 bzw. 8.183.

65 Johann Balthasar König: Harmonischer Lieder-Schatz oder allgemeines evangelisches Choral-Buch [...]. Frankfurt a. M. 1738, S. 155: „Ich armer Mensch, ich armer Sünder" (Zahn 2822; Notenbeispiel 6c).

66 Dies lässt sich bei einigen der von ihm notierten Melodien beobachten, z. B. bei der *Breisacher Buhlschaft* (Bd. IV, S. 2252, 7.14/12) oder der Melodie „Zerspalte nicht betrübtes Hertz" aus Rists *Daphnis* (ebd., S. 2406, 7.123).

tigen Text erfunden; stilistisch steht sie den Königsberger Liedern nahe. Die im Ms. Sloane 1021 aufgezeichnete Singweise könnte demnach die ursprüngliche gewesen sein.

6 Neuvertonungen des Liedtexts: Kittel 1638, Dedekind 1657

Nur kurz erwähnt seien an dieser Stelle die Vertonungen namentlich bekannter Komponisten des 17. Jahrhunderts: 1638 erschienen die *Arien und Kantaten* des Dresdner Hofmusikers Caspar Kittel, 1657 die *Aelbianische Musen-Lust* von Constantin Christian Dedekind.[67] Kittels anspruchsvolle *Aria XXVI. à 4* mit imitierenden Passagen und vielen Textwiederholungen hatte von vornherein keine Chance, in weiteren Kreisen rezipiert und gepflegt zu werden. Auch Dedekinds krampfhaft originelle, durch gehäufte Hemiolen schwerfällig wirkende Vertonung ist in zeitgenössischen Liedquellen sonst nicht anzutreffen. Beide Notentexte sind im Neudruck zugänglich, so dass von einer Wiedergabe hier abgesehen werden kann.

7 Opitz' Text im Liedrepertoire des 17. Jahrhunderts

Zwischen 1640 und 1660 treffen wir Opitz' Lied in mehreren Liedflugschriften an:

> Vier Schöne newe Weltliche Lieder Das Erste. Wol dem der weit von hohen dingen/ den Fuß stellt auff der/ etc. Das Ander. Gott geb mir Glück auff dieser Reiß/ &c. Jm Thon. Ach wie bin ich von Hertzen betrübt/ etc. Das Dritte. Nechst allzugleiche/ lagen zwey Liebgen in Fewersschmertz/ etc. Das Vierdte. Ade ich muß mich scheiden/ ich ziehe/ &c. Jm Thon. Amor ohn Wehr vnd Waffen. O. O. 1643 (Stockholm, Kungliga Biblioteket, 118 B 23 b).

> Vier schön newe Weltliche Lieder. 1. Selig der Mond selig das Gestirn/ die mir so vil vaforifiren [sic!]/ &c. 2. Wol dem der weyt von hohen dingen/ sein Füß stelt/ &c. 3. Ach Amor

---

[67] Caspar Kittel: Arien und Kantaten. Dresden 1638 [op. 1]. Hg. von Werner Braun. Continuo-Aussetzung von Christine Gevert. Winterthur 2000 (Prattica musicale 5), S. 159; Constantin Christian Dedekind: Aelbianische Musen-Lust/ in unterschiedlicher berühmter Poeten auserlesenen/ mit ahnmuhtigen Melodeien beseelten/ Lust- Ehren- Zucht und Tugend-Liedern/ bestehende. Dresden 1657, fol. H3v–4r (Faksimile, hg. und eingeleitet von Gary C. Thomas. Bern u. a. 1991).

mit schmertz/ wie hast du mein Hertz/ &c. 4. Das ist war vnd kans nit laugnen/ ich bin sehr verliebt/ &c. [Augsburg:] Hannas [um 1650] (Strasbourg, Bibliothèque nationale et universitaire, R.104.308,3,71). Das Lied hat dort die Überschrift „Die newe Schäfferin".

Vier schöne Newe Weltliche Lieder/ Das Erste. Ein schönes Bild/ liegt wie Diana wild/ &c. Das Ander. Jhr Amanten so mit falschem Glück/ ewer Lieb ein zeit geniesset. Jm Thon: Verender dich schöns Firmament. Das Dritte. Wol dem der weit von hohen Dingen/ sein Fuß stellt auff der Einfalt Bahn. Das Vierdte. Ade ich muß mich scheiden/ etc. Jm Thon. Amor ohn Wehr und Waffen. O. O. 1657 (Nürnberg, Germanisches Nationalmuseum, 8° L.1731 fl).

Das Lied hat in diesen Quellen die Strophenform 6.38, der Refrain entspricht allerdings nicht der „offiziellen" Version, die Opitz 1629 veröffentlichte, sondern dem Text von 1625, der – wie im Ms. Sloane 1021 – durch die Streichung eines einzigen Buchstabens am Ende der fünften und sechsten Zeile angepasst wurde. Selbst Georg Philipp Harsdörffer, dem die Originalfassung sicherlich bekannt war, zitiert 1647 in seinem *Poetischen Trichter*[68] den Refrain in dieser Fassung. Ihr folgen auch die 1640 gedruckte schwedische Übertragung[69] („Hwar och en fölier sitt eget sin/ | Jagh holler medh min Härderen") sowie Søren Terkelsens dänische Version („En hver maa følge sielff sit Sind/ | Jeg holder det med min Hyrdind'") aus dem Jahr 1653.

Die Texte der Liedflugschriften weisen gegeneinander kleinere Varianten auf, die aber in ihrer Gesamtheit zu wenig Material für eine überlieferungsgeschichtliche Einordnung bieten. Der Augsburger Druck enthält zahlreiche entstellte und sinnlose Lesarten; er steht offenbar am Ende eines vielschichtigen Überlieferungsprozesses (schriftlich/mündlich, gedruckt/handschriftlich). Ein weit besserer Text findet sich in der umfangreichsten Liedersammlung der zweiten Hälfte des 17. Jahrhunderts, deren ungenannter Kompilator sich hinter dem Pseudonym Hilarius Lustig verbirgt: *Tugendhaffter Jungfrauen und Jungergesellen Zeit-Vertreiber*.[70] Das Titelblatt verrät nicht, wann und wo das Buch gedruckt wurde; eine Untersuchung des Repertoires legt den Schluss nahe, dass die Sammlung nicht

---

68 Georg Philipp Harsdörffer: Poetischer Trichter/ Die Teutsche Dicht- und Reimkunst/ ohne Behuf der lateinischen Sprache/ in VI. Stunden einzugiessen. Nürnberg 1647, S. 82.
69 Vgl. Anm. 3. Die Übertragung findet sich mit einigen Varianten im handschriftlichen Liederbuch eines finnlandschwedischen Sammlers aus dem Jahr 1651 („Samuel Älfs visbok", Linköping, Stiftsbibliotek, W 42), der etwa 30 Blätter weiter auch das deutsche Original nach dem Text von 1629 kopiert hat; Edition in Adolf Noreen, Anders Grape (Hgg.): 1500- och 1600-talens visböcker. Bd. III. Uppsala 1919, S. 155 und 187.
70 Tugendhaffter Jungfrauen und Jungergesellen Zeit-Vertreiber/ Das ist: Neu vermehrtes/ und von allen Fantastischen groben unflätigen und ungeschickten Liedern gereinigtes/ weltliches Lieder-Büchlein/ [...] Durch Hilarium Lustig von Freuden-Thal. O. O. o. J. (Staatsbibliothek zu Berlin Yd 5111), Nr. 155. Eine kritische Ausgabe der Liedersammlung wird vom Verfasser vorbereitet.

lange nach 1660 in oder bei Nürnberg zusammengestellt wurde.[71] In späteren Liederbüchern ist „Wol dem der weit von hohen dingen" nicht mehr zu finden. Auch Imitationen des Liedtexts werden, wie an anderer Stelle gezeigt wird, nach 1660 zunehmend seltener – sein Netzwerk hatte sich weitgehend erschöpft. Ähnliches gilt für die Singweise, wenngleich wir hier einen Überlieferungszweig nachweisen können, der bis ins 18. Jahrhundert hineinreicht. Die Vernetzung der Melodie soll abschließend betrachtet werden.

8 Neutextierungen der Melodie

In Liedveröffentlichungen und Liedersammlungen des 17. Jahrhunderts finden wir mehrfach die Anfangszeile des Opitz'schen Lieds als Melodieangabe. Die zugehörigen Texte haben meist die Strophenform 6.38; musikalische Notationen fehlen fast immer. Wir dürfen aber davon ausgehen, dass in der Regel die oben besprochene, von mehreren musikalischen Quellen bezeugte Singweise zugrundeliegt. Es wäre sicherlich falsch, anzunehmen, dass sich „der Volksmund" der Melodie bemächtigt und seine eigenen Reime darauf gemacht habe. Die Verfasser sind größtenteils namentlich bekannt, ihre Motive unterschiedlich. Einige schrieben aus einem poetologischen Interesse heraus, in Nachahmung des großen Vorbilds Opitz; anderen ging es einfach darum, ein Vehikel für die Verse zu finden, die sie zur Unterhaltung oder Erbauung ihrer Mitmenschen geschrieben hatten. Dichtungen, die durch wörtliche Anklänge oder Übernahme formaler Elemente deutlich auf Opitz' Lied Bezug nehmen, gehören in das Gebiet der literarischen Imitation und fallen nicht mehr in den hier zu behandelnden Themenbereich, zumal die poetische Nachahmung in vielen Fällen mit einer Neuvertonung einhergeht. Andererseits konnte ein Dichter, der eine Hochzeitsgesellschaft mit einer Schäferei unterhielt oder geistliche Gesänge für die private Andacht bereitstellte, bei seinen Hörern und Lesern, die zumeist dem wohlhabenden Bürgertum angehörten, eine gewisse Literaturkenntnis voraussetzen. Die Grenzen sind also nicht immer scharf zu ziehen. Deshalb liegt in der nachfolgenden Darstellung der Schwerpunkt auf Liedern, bei denen die Verwendung der Melodie von „Wol dem der weit von hohen dingen" entweder ausdrücklich angegeben ist oder mit hoher Wahrscheinlichkeit vorausgesetzt werden kann.

---

[71] Braun: Thöne und Melodeyen (Anm. 1), S. 71f. Brauns Vermutung (S. 70), der Fürther Pfarrer Carl Friedrich Lochner könnte für die Zusammenstellung verantwortlich sein, erscheint im Hinblick auf einige sehr freizügige Lieder abwegig.

Eine herausgehobene Stellung nimmt Philipp von Zesen ein, der zu Beginn der 1640er Jahre bestrebt war, seine poetische Betätigung auf ein breites theoretisches Fundament zu stellen. Seine Veröffentlichungen der Jahre 1641 und 1642 geben Beispiele für die Erprobung Opitz'scher (und anderer) Strophenformen unter Verwendung der vorhandenen Melodien. Einige dieser Lieder erscheinen später mit anderen, teils neugeschaffenen Singweisen. Im ersten Dutzend der *Frühlings-Lust*, der ersten Sammelausgabe der Lyrik Zesens, stehen vier Lieder mit der gemeinsamen Tonangabe „Wohl dem der weit von hohen Dingen".[72] Das zweite, „Wohldem! der in den Schrancken bleibet", steht auch in Zesens Schäferei *Poetischer Rosen-Wälder Vorschmack* von 1642. Sein Refrain

> Ein ander suche Geld und Guth/
> nach Weißheit steth mein Hertz und Muth.[73]

lässt erkennen, dass der Dichter mindestens genauso sehr Simon Dach verpflichtet ist wie Opitz; Dachs Loblied auf die Tugend[74] beginnt mit der Anfangszeile „Wol dem/ der sich nur lesst begnügen" und hat als Refrain das Verspaar:

> Ein ander halt auff Geldt vnd Gut
> Ich liebe Kunst vnd freyen Muth.

Das letzte Lied dieser Liedergruppe, „Ihr Wiesen/ Thäler/ Büsch und Felder" (I.5), ein Liebeslied an die „allerschönste Halb-Göttin", erfuhr wenig später eine Neuvertonung durch Johann Martin Rubert, der damals (1644–1646) in Hamburg lebte, bevor er Organist an St. Nicolai in Stralsund wurde. Sie erschien zuerst in einem undatierten Einzeldruck und erneut 1647 in Ruberts *Musicalischen Arien*.[75] Ihre Oberstimme diente als Melodie beim Wiederabdruck des Lieds „auf die drei Schönsten in Utrecht" in Zesens *dichterische[n] Jugend-Flammen* von 1651 („gesetzt auf seine sonderliche weise durch Joan Martien Ruberten");[76] die Erst-

---

[72] Philipp von Zesen: FrühlingsLust, oder Lob- und- Liebes-Lieder. Hamburg 1642, Erstes Dutzend, Nr. 2–5.
[73] Philipp von Zesen: Poetischer Rosen-Wälder Vorschmack. Hamburg 1642, S. 73.
[74] Heinrich Albert: Ander Theil der Arien oder Melodeyen. Königsberg 1640, Nr. 9 (Zahn 2775a). S. u. Notenbeispiel 7.
[75] Vgl. Braun: Rubert, Zesen, Oldenburg (Anm. 5); Beate Bugenhagen: Johann Martin Rubert. Organist an St. Nicolai zu Stralsund. In: Matthias Schneider, Walter Werbeck (Hgg.): Orgelbau, Orgelmusik und Organisten des Ostseeraums im 17. und 19. Jahrhundert. Frankfurt a. M. u. a. 2006, S. 135–150.
[76] Philipp von Zesen: dichterische Jugend-Flammen/ in etlichen Lob- Lust- und Liebes-Liedern zu lichte gebracht. Hamburg 1651, S. 105. Zur Identität der Damen mit den Kunstnamen „Kobed/ Ledar/ Ewalein" siehe Karl Dissel: Philipp von Zesen und die Deutschgesinnte Genossenschaft.

veröffentlichung im lyrischen Anhang des Romans *Adriatische Rosemund* war noch mit der Melodieangabe „wohl dem/ der weit von hohen dingen" versehen.[77]

Schon 1641 hatte Zesen eine Ode in der Strophenform 6.38, aber ohne Refrain publiziert: „Als Adelhold auf eine wiesen", ein Abschiedslied, das der literarischen Opitz-Rezeption zuzurechnen ist, inhaltlich eher mit Opitz' *Galathee* zu vergleichen.[78] Da keine Singweise angegeben ist, kann die Frage gestellt werden, ob es überhaupt zum Singen bestimmt war. Ebenfalls ohne Melodie und Tonangabe erscheint in den *Jugend-Flammen* ein Gedicht in gleicher Strophenform aus dem Anhang der *Rosemund*, *An die Liebinne*, das ursprünglich „auf eine Hohchzeit [sic!] zu Lüneburg" geschrieben war,[79] sowie eine Liebesklage *An die schöne/ doch harte Roselinde*.[80]

Unter dem Einfluss Zesens verfasste Johann Christoff Göring sein Liederbuch *Liebes-Meyen-Blühmlein*, das in mehreren Auflagen erschien; viele seiner Lieder fanden Eingang in zeitgenössische Liedersammlungen. Göring wählte bewusst Melodien, „so ein ieder entweder sonst weiß/ oder doch hatt singen höhren".[81] Sie stammen größtenteils aus den Liedpublikationen von Rist und Voigtländer. Alle sind in Noten ausgedruckt – bis auf zwei, offenbar die bekanntesten: „Einsmahl da ich Lust bekahm"[82] und „Wohl dem! der weit von hohen Dingen". Der Text zur letztgenannten Melodie steht am Ende des Liederteils, ein Preis der weiblichen Tugend mit der Anfangszeile „Wohl der! die in der grühnen Jugend sich bald in solche Schranken stellt",[83] der mancherlei Anklänge an Zesens Loblied auf die Weisheit aufweist. Der Refrain lautet:

Beilage zu: Wilhelm-Gymnasium zu Hamburg. Bericht über das 9. Schuljahr 1889–1890. Hamburg 1890, S. 18.
77 [Philipp von Zesen:] Ritterholds von Blauen Adriatische Rosemund. Amsterdam 1645, S. 339.
78 Philipp von Zesen: Deutsches Helicons Ander Theil. Wittenberg 1641, S. 32: „Als Adelhold auf eine wiesen" (10 Str.), auch in Zesens Frühlings-Lust (1642), IV.6 (in beiden Drucken ohne Melodieangabe). Opitz' *Galathee* steht in: Acht Bücher Deutscher Poematum (Anm. 11), S. 176.
79 Zesen: Adriatische Rosemund (Anm. 77), S. 351 (am Ende datiert „Geschriben in Leiden/ den 1. Mei-tahg/ 1645"); Zesen: dichterische Jugend-Flammen (Anm. 76), S. 147.
80 Zesen: dichterische Jugend-Flammen (Anm. 76), S. 57. Zu einem *Reiselied* an „die Reisefärtige Schöne Rosemund" in: Philipp von Zesen: Dichterisches Rosen- und Liljen-tahl/ mit mancherlei Lob- lust- schertz- schmertz- leid- und freuden-liedern gezieret. Hamburg 1670, S. 118, komponierte Malachias Siebenhaar, der musikalische Weggefährte des Dichters, eine neue Singweise. Zu einem weiteren Lied Zesens in der Strophenform 6.38 s. u. Anm. 93.
81 Johann Christoff Göring: Liebes-Meyen-Blühmlein. Hamburg 1645, fol. A6v.
82 Dieses Lied Gabriel Voigtländers steht nicht in seinen *Oden vnnd Lieder[n]* von 1642 (Anm. 37); es war bereits um 1640 in Liedflugschriften verbreitet. Die Melodie ist französischen Ursprungs.
83 Johann Christoff Göring: Liebes-Meyen-Blühmlein (Anm. 81), S. 142, Nr. 44; in der dritten Auflage (Hamburg 1651) S. 139, Nr. 45.

Ein' andre gäbe Lastern Platz/
Die Tugend ist der höchste Schatz.

Von Gottfried Finckelthaus ist überliefert, dass er „seine Lieder [...] alle in die Laute gesungen"[84] habe. Dabei hat er sich, wie der Titel seiner ersten Liedsammlung erkennen lässt, der „jetzundt ublichen Melodeyen" bedient.[85] Diese werden allerdings in seinen Veröffentlichungen nur ausnahmsweise benannt. Der Leipziger Dichter hat Opitz' Lied zunächst in der Fassung von 1624 kennengelernt und in seiner Schäferei von 1635[86] parodiert. Der 1638 erstmals veröffentlichte Dialog „Verzeihet dem/ der sich/ mein Leben"[87] in der Strophenform 6.38 scheint von einem Liederpaar aus George Christian von Gregersdorffs *Jüngst-erbawete[r] Schäfferey*[88] angeregt zu sein. Seit dem Hamburger Liederbuch von 1640 finden sich zunehmend häufig Lieder in dieser Strophenform mit und ohne Refrain. Das könnte ein Hinweis darauf sein, dass Finckelthaus inzwischen die Neufassung des Texts kennengelernt hatte und Verse zur neuen Melodie schrieb. Dabei könnten seine norddeutschen Kontakte eine Rolle gespielt haben. Antithetische Formulierungen erinnern an das Opitz'sche Vorbild, auch wenn sie sich nicht zum Refrain verfestigen wie in „Daß ich mich so verliebt muß sagen", dessen erste Strophe mit dem Reimpaar endet: „Ein Andrer andrer Meinung sey: Ich lieb'/ vnd mir ist

---

[84] Constantin Christian Dedekind: Aelbianische Musen-Lust (Anm. 67), fol.)(2r. Die Formulierung lässt darauf schließen, dass die Zuordnung des Instruments einen realen Hintergrund hat und nicht, wie bei anderen im Vorwort erwähnten Dichtern (Fleming: „gleichsahm wie mit einer Flöten"; Rist: „als eine lautende Posaune"), lediglich symbolisch zu verstehen ist.
[85] Gottfried Finckelthaus: Deutsche Oden oder Gesänge/ Auff die jetzundt ublichen Melodeyen gebracht/ nach denen sie zu singen. Leipzig 1638.
[86] Gottfried Finckelthaus: Floridans Lob- vnd Liebes-Gedichte/ Bey Besprächung Seiner beyden Wolbekanten Am Ersten Tag gesungen/ Vnd nachmals zu Pappir gebracht. Leipzig 1635, fol. C1v: „Wohl dem/ der tracht nach hohen Dingen". Einen Hinweis auf die Vorlage gibt die dritte Zeile „Wer sein Gemüth nicht hoch wil schwingen" (beim Wiederabdruck in Gottfriedt Finckelthausen: Deutshe Gesänge. Hamburg o. J. [1640], fol. C7v verändert in „Wer seinen Sinn nicht hoch wil schwingen").
[87] Gottfried Finckelthaus: Deutsche Oden oder Gesänge (Anm. 85), fol. C3r; Ders.: Deutshe Gesänge (Anm. 86), fol. D1v; Ders.: Lustige Lieder. Lübeck 1645, Nr. 15.
[88] [George Christian von Gregersdorff:] Jüngst-erbawete Schäfferey/ Oder Keusche Liebes-Beschreibung Von der Verliebten Nimfen Amoena Und dem Lobwürdigen Schäffer Amandus/ Besagten beyden Amanten, so wol zu bezeigung höchstthulicher Dienstfertigkeit/ als zu Versicherung geneigter Gunstgewogenheit ubersetzet/ durch A. S. D. D. Leipzig 1632, fol. G6r und G8r. Vgl. den Refrain des zweiten Lieds „Wer lieben vnd verzagt wil seyn/ | Der stelle nur das lieben ein" mit dem von Finckelthaus „Wer liebt/ vnd vngeliebt muß stehn/ | Mag nur der Liebe müssig gehn."

wohl dabey",⁸⁹ oder ins Scherzhafte gewendet werden wie in „O grosser Gott der grossen Krüge", dessen Refrain lautet: „Den Krieg ich warlich fürchte sehr/ | Die Küch vnd Keller lob ich mehr."⁹⁰

Neue Texte auf bekannte Melodien schrieb auch Georg Greflinger, der zwischen 1644 und 1663 mehrere Liederbücher herausbrachte – vier sind erhalten. Nur eines davon, *SELADONS Weltliche LIeder*, ist mit Noten versehen.⁹¹ Um ein Bild vom Umgang Greflingers mit den Strophenformen und Singweisen zu gewinnen, ist es aber nötig, die in Frage kommenden Texte in allen Liederbüchern zu betrachten. In seinen verschiedenen Publikationen finden wir insgesamt elf Lieder in der Strophenform 6.38. Vier davon stehen nur in der ersten Sammlung von 1644,⁹² eines, „Nicht leichtlich kan ein Hertze wancken", ist in allen vier Liederbüchern vertreten. In der Ausgabe von 1651 ist es mit einer Melodie des Königsbergers Johann Weichmann verbunden.⁹³ Diese war erst 1648 im Druck erschienen; Greflinger kann sie also bei der ersten Veröffentlichung noch nicht im Sinn gehabt haben. Welche Singweise er damals für sie und die anderen vier Lieder vorgesehen hatte, lässt sich in Ermangelung von Tonangaben nicht einfach bestimmen. Neben „Wol dem der weit von hohen dingen" kommt vor allem die Melodie „Wol dem/ der sich nur lässt begnügen" in Frage, die erstmals in Heinrich Alberts zweitem Arienbuch von 1640 mit einem Text von Simon Dach her-

---

89 Gottfried Finckelthaus: Deutshe Gesänge (Anm. 86), fol. C7r; Ders.: XXX. Teutsche Gesänge. Leipzig 1642, Nr. 17; Lustige Lieder (Anm. 87), Nr. 36.
90 Finckelthaus: XXX. Teutsche Gesänge (Anm. 89), Nr. 10.
91 Georg Greflinger: SELADONS Weltliche LIeder. Nechst einem Anhang Schimpff- vnd Ernsthaffter Gedichte. Frankfurt a. M. 1651. Den bisher umfangreichsten Nachweis von Melodiequellen Greflingers führte Kurt Fischer: Gabriel Voigtländer. Ein Dichter und Musiker des 17. Jahrhunderts. In: Sammelbände der internationalen Musikgesellschaft 12 (1910/11), S. 17–93, bes. S. 70. Nachzutragen wäre noch eine Melodie aus Alberts drittem Arienbuch (III.27: *Aria gallica*. „Phyllis/ die mich vormals liebet" zu Greflinger IV.5: „Jungfrau/ wollet jhr mich lieben"). Weitere Ergänzungen bei Astrid Dröse: Georg Greflinger und das weltliche Lied im 17. Jahrhundert. München u. a. 2015, S. 311.
92 Georg Greflinger: SELADONS Beständige Liebe. [S. 59 Zwischentitel: SELADONS Wanckende Liebe.] Frankfurt a. M. 1644, S. 4: „Wann werd ich dann dahin gelangen/ | Wann kompt mir dann der schöne Tag"; S. 70: „Auch jhr seyt mir zur Pein geboren/ | Auch jhr seyt meine Herrscherin"; S. 74: „Mein Lieb hat mir den Korb gegeben/ | Was fang ich an/ was fang ich an?"; S. 104: „Ich war der kleinste meiner Brüder/ | Vnd meines Vatters jüngster Sohn".
93 Greflinger: Seladons Weltliche Lieder (Anm. 91), IV.8. Der Textanfang ist gegenüber der ersten Ausgabe (Anm. 92, S. 26) verändert in „Wie kan ein solches Hertze wancken". Weichmanns Melodie steht im ersten Teil seiner Sorgen-Lägerin. Teil I. Königsberg 1648, Nr. 19 zu einem Liederpaar von Johann Franck und Hans Heinrich Kohlhans, „Wer nicht liebt vnd wird doch geliebet/ | Wer liebt vnd wird zugleich geliebet". Zesen benutzte sie für sein Festlied „Dis Fest/ das wir itzund beginnen" in: Zesen: Dichterisches Rosen- und Liljen-tahl (Anm. 80), S. 104.

Notenbeispiel 7

auskam.[94] Sie ist als geschickte Kombination bekannter Motive anzusprechen; so erinnert die Kadenz der ersten Zeile an die der Singweise zu Opitz' Lied (wie sie im Ms. Sloane 1021 überliefert ist) und der Abgesang an die ersten beiden Zeilen des Scheckenlieds. Greflinger benutzte in SELADONS Weltliche[n] LIeder[n] die um eine zweite Singstimme erweiterte Fassung der Auflage von 1643 für seinen Abschiedsdialog „So wilstu dannoch von mir scheiden".[95]

Die Notationen dieses Liederbuchs lassen erkennen, dass der Dichter nach Abwechslung strebte; der Strophenform 6.38 sollte mehr als eine einzige Melodie zugeordnet sein. Auch Verbindungen von Texten und Singweisen stehen, wie wir gesehen haben, nicht unverrückbar fest. Sogar bei der Strophenform erlaubt sich Greflinger Variationen. Die Melodie Weichmanns benutzt er noch für einen zweiten Text (IV.2 „Diß ist der Trost in deinen Plagen"), der die Strophenform 6.39 aufweist. Die Schlussnoten der beiden letzten Melodiezeilen müssten also aufgeteilt werden, um die Unterlegung des Texts zu ermöglichen. Greflinger verweist aber lediglich auf die musikalische Notation bei seinem anderen Lied (das an einer späteren Stelle im Buch steht) und überlässt die Anpassung dem

---

94 S. o. Anm. 74. Die zweite Auflage des Arienbuchs erschien 1643 in Königsberg.
95 Greflinger: Seladons Weltliche Lieder (Anm. 91), III.3. Möglicherweise sollte Alberts Melodie auch für Greflingers Lied auf die Hinrichtung Karls I. von England „Auff/ König Carol zu dem Sterben" verwendet werden, das 1649 in mehreren Liedflugschriften als „Ihrer Königl: Mayestätt CAROLI Klag- oder SterbLied" erschien, meist mit der Tonangabe „Wol dem der sich nur läßt vergnügen An dem was jhm das Glücke gibt". Ein Lied mit diesem Textanfang ist nicht bekannt; möglicherweise ist das Incipit ungenau, oder es bezieht sich auf eine nicht erhaltene Parodie von Dachs Text. Eine Liedflugschrift (Zwey Klage-Lieder/ So kurtz Nach König Carolus von Engelland sel. Abscheid sein in Druck gegeben. O. O. 1649 (British Library London 11522.bb.4) gibt an „Im Thon: Wol dem der weit von hohen Dingen/ etc." Im Anhang der Weltliche[n] LIeder steht das Lied ohne Melodie und Tonangabe.

Ausführenden. Dieser steht bei einer weiteren Melodie Weichmanns vor einer noch schwierigeren Aufgabe: Die ursprünglich für die Strophenform 6.37 (Reimschema *abba cc*) konzipierte Singweise zu „So solt ich dich darumb nicht lieben" erscheint im Liederbuch von 1651 gleich zweimal unverändert zu Texten in der Strophenform 6.38.[96] Schon Kurt Fischer beanstandete die mangelnde Kongruenz von Melodie und Metrum: „In II 8 und II 12 ist dem Dichter der Lapsus passiert, daß er den männlichen Reim von Zeile 3 und den weiblichen von Z. 4 umgestellt hat."[97] Dieses Verfahren ist aber für Greflinger keineswegs ungewöhnlich; es fehlt nicht an Beispielen dafür, dass er Melodien Alberts und Voigtländers sorgfältig für veränderte Strophenformen eingerichtet hat.[98] In diesem Fall scheint er allerdings dem Schriftsetzer einfach den Text übergeben zu haben mit der Information, wo die Melodie zu finden sei. Die so entstandene Konfusion kann ihm nicht verborgen geblieben sein; möglicherweise hat er als Akt der Wiedergutmachung in seiner nächsten Liedersammlung zwei Lieder in der Strophenform 6.37 publiziert.[99]

Vor diesem Hintergrund verwundert es nicht, dass das elfte Lied des ersten Dutzends *An die vngetreue Flora*, das mit der Melodieangabe „Wol dem der weit von hohen Dingen/ &c.", aber ohne musikalische Notation gedruckt ist, wie Opitz' Erstfassung weibliche Kadenzen in den Schlusszeilen aufweist. Die Annahme wäre zwar verführerisch, dass Greflinger auf Batailles *Air* zurückgegriffen und darauf – als Gegenstück zum französischen Originaltext – ein neues Absagelied geschrieben hätte;[100] sie ist allerdings deswegen unwahrscheinlich, weil seine Kenntnis der französischen Melodie durch Albert vermittelt ist, der sich über ihren Ursprung schon nicht mehr im Klaren war. Die Singweise für die Klage der *Weltlichen Nonne* geht auf Alberts Bearbeitung zurück, deren Satz übernommen

---

[96] Greflinger: Seladons Weltliche Lieder (Anm. 91), II.8: „Was mögen doch die Mägdlein dencken"; II.12 „Hört/ Gretha hat fünff Marck auff Renten".
[97] Fischer (Anm. 91), S. 73.
[98] Greflinger: Seladons Weltliche Lieder (Anm. 91), II.5 „Ey/ ey wie ist es mir ergangen" (Strophenform 6.40), Melodie bearbeitet nach „Wol dem/ der jhm vor allen dingen" (Heinrich Albert: Arien VI [1645], Nr. 18; Strophenform 6.38); II.9 „Also kommt es/ Galathe" (6.23), Melodie nach „Geht jhr Höffling gehet jmmer" (Voigtländer: Erster Theil Allerhand Oden vnnd Lieder [Anm. 37], Nr. 67; Strophenform 6.29, die Abfolge männlicher und weiblicher Endungen ist also genau umgekehrt).
[99] Georg Greflinger: Poetische Rosen und Dörner/ Hülsen und Körner. Hamburg 1655, Nr. 16: „Wie nun? soll Ich noch länger schweigen"; Nr. 17: „Von allen/ die von Hertzen klagen".
[100] In diese Kategorie gehört auch „Wie magstu nun so sauer sehen | Und scheinest fast von Hass erfüllt", ebenfalls in der Strophenform 6.39; es erschien zuerst in der Celadonische[n] Musa. [Hamburg] 1663, VI.2.

wird, allerdings unter Verkürzung der zweiten und vierten Melodiezeile.[101] Es braucht nicht angenommen zu werden, dass Greflinger eine andere Vertonung des Opitz-Texts vorgelegen hätte; er nimmt sich einfach die Freiheit, die geläufige Melodie einer veränderten Strophenform anzupassen.

Der Vergleich der Liederbücher und Fassungen zeigt auch, dass die Melodie des Opitz-Lieds allmählich ihre vorherrschende Stellung einbüßte. Zunehmend treten neuere Kompositionen wie die genannten von Albert und Weichmann an ihre Stelle. Opitz war zum Klassiker geworden, seine Lieder immer weniger Bestandteil lebendiger Praxis. Diese Entwicklung vollzieht sich in den vielen Regionen oder literarischen Zirkeln des deutschen Sprachgebiets mit unterschiedlicher Schnelligkeit; diesen regionalen Besonderheiten im einzelnen nachzugehen, würde den Rahmen der vorliegenden Studie sprengen. Es mag hier die Feststellung genügen, dass immer noch gelegentlich „Wol dem der weit von hohen dingen" zu Liedern, weltlichen wie geistlichen, angegeben wird, die eigentlich eine eigene Melodie besitzen, wie Theodor Wolders „Wer lieben will vnd bald verzagen"[102] oder Georg Neumarks „Wer nur den lieben GOtt läst walten".[103] Ein 1665 in Nürnberg gedrucktes Liederbuch bringt diese Tonangabe sogar zu Simon Dachs Lied „Wol dem/ der sich nur lässt begnügen".[104] Ganz anders die handschriftliche Liedersammlung des Studenten Christian Clodius von 1669, die zwar dem Klassiker Opitz noch durch eine frivole Parodie „Wohl der, die mehr Studenten liebet" huldigt, aber dazu Alberts Melodie vorschreibt.[105] Diese finden wir in der Handschrift auch mit Dachs Text „Wol dem/ der sich nur lässt begnügen", außerdem eine weitere sehr erfolgreiche textliche und musikalische Ausgestaltung der Strophenform 6.38: Johann Georg Schochs „Amande/ darff man dich wol küssen", komponiert von Adam Krieger.[106]

---

101 Greflinger: Seladons Weltliche Lieder (Anm. 91), II.7: „Wie muß ich meine Zeit verschliessen". Siehe das Notenbeispiel bei Fischer (Anm. 91), S. 36.
102 Weichmann: Sorgen-Lägerin I (Anm. 93), Nr. 12: Theodor Wolder, „Wer lieben will vnd bald verzagen" (in: Venus-Gärtlein. Hamburg 1656, S. 180 mit Tonangabe: „Wol dem der weit von hohen Dingen").
103 Fünff Schöne Geistliche Lieder/ Das Erste: Wer nur den lieben GOtt läst &c. [...]. Nürnberg 1675 (Stadtbibliothek Nürnberg Will. II. 450 [30]; ähnlich in weiteren Liedflugschriften); Nürnbergisches Gesang-Buch 1677 (Anm. 109), Nr. 1079; Geistreiches Gesangbuch. Lüneburg 1680, S. 189; Ein schön Geistreiches Lieder-Büchlein. Annaberg 1687, Nr. 1.
104 Constans Holdlieb [i. e. Paul Conrad Balthasar Han]: Gesechste Tugend- und Laster-Rose/ oder Jungfräulicher Zeitvertreiber/ Worinnen Allerhand schöne neue Poetische Lieder in bekandte Melodeyen versetzet. Nürnberg 1665, I.3. Vgl. Wilhelm Niessen: Das Liederbuch des Leipziger Studenten Clodius. In: Vierteljahrsschrift für Musikwissenschaft 7 (1891), S. 579–658, bes. S. 582.
105 Staatsbibliothek zu Berlin, Ms. germ. 8° 231, S. 43, Nr. 32. Dachs Lied steht ebd., S. 16, Nr. 13.
106 Ebd., S. 47, Nr. 35. Text in: Johann Georg Schoch: Lust- und Blumen-Garten. Leipzig 1660, S. 116, Nr. 57. Kriegers Vertonung erschien schon vorher im ersten Buch seiner *Arien* (Leipzig

9 Geistliche Kontrafakturen

Das umfangreiche Kapitel der geistlichen Kontrafakturen kann im Rahmen dieser Studie nur angerissen werden. Doch zeigt schon eine oberflächliche Durchsicht, dass die Melodie des Opitz-Lieds im geistlichen Gesang noch länger präsent war als im weltlichen. Die umfangreichen Gesangbücher, die in vielen größeren Städten mit obrigkeitlicher Billigung erschienen, enthielten Lieder sowohl für den Gottesdienst wie für die private Andacht. Die geistlichen Lieder von Johann Rist, Paul Gerhardt, Ernst Christoph Homburg, Georg Philipp Harsdörffer und anderer Dichter des 17. Jahrhunderts, die wir heute ganz selbstverständlich als „Kirchenlieder" betrachten, waren ursprünglich für die häusliche Andachtsübung bürgerlicher Kreise bestimmt.[107] Sie sind auf bekannte Singweisen gedichtet, wurden aber oft zusätzlich mit eigenen Melodien versehen. Mit der Zeit gingen einige dieser Andachtslieder in den Gemeindegesang über. Schon 1652 spricht Johann Rist davon, dass viele seiner *Himlische[n] Lieder*, die 1641 und 1642 veröffentlicht worden waren, „in etliche unserer Kirchen sind ingeführet/ woselbst Sie von gantzen Gemeinden einmüthig werden gesungen".[108] Dies mag mit persönlichen Beziehungen des Dichters zu den Pfarrern oder einer besonderen Aufgeschlossenheit der jeweiligen Gemeinden zusammenhängen. In größerem Umfang sind solche Übernahmen erst um die Jahrhundertwende zu beobachten, als unter dem Einfluss der verschiedenen Innerlichkeitsbewegungen innerhalb des Protestantismus das Bedürfnis nach Liedern, die eine persönliche Frömmigkeitshaltung zum Ausdruck bringen, wuchs. Da inzwischen die Orgelbegleitung des Gemeindegesangs allgemein üblich geworden war, mussten für alle Lieder, alte wie neue, Begleitsätze bereitgestellt werden. Diesem Zweck dienten die seit dem späten 17. Jahrhundert zahlreich erschienenen Orgelchoralbücher, die somit auch manche ursprünglich weltliche Melodie festhielten.

Es sei nun zum Schluss die Situation in und um Nürnberg skizziert, für die eine Fülle von Quellen vorliegt. Das *Nürnbergische Gesang-Buch* von 1676 (1677)[109]

1657), III.4, von denen kein vollständiges Exemplar erhalten ist; Melodie und Generalbass finden sich aber in zahlreichen handschriftlichen Quellen. In Dänemark war sie ebenfalls sehr beliebt; Thomas Kingo und Dorothe Engelbretsdatter unterlegten ihr geistliche Texte.
107 Zur Unterscheidung von geistlichem Lied und Kirchenlied vgl. Irmgard Scheitler: Das Geistliche Lied im deutschen Barock. Berlin 1982, bes. S. 29–59.
108 Vorbericht zur Neuauflage der Himlische[n] Lieder. Lüneburg 1652, fol.)(7v; dazu kritisch Scheitler (Anm. 107), S. 231f. und 237f.
109 Nürnbergisches Gesang-Buch, Nürnberg 1677. Bereits 1676 war eine Ausgabe mit identischem Inhalt erschienen; für die vorliegende Studie wurde die im Internet zugängliche Auflage aus dem Besitz Johannes Zahns benutzt.

enthält ein Dutzend Texte mit der Melodieangabe „Wohl dem der weit von hohen Dingen"; die Melodie ist nicht ausgedruckt, wurde also offenbar als bekannt vorausgesetzt. Die Hälfte davon findet sich noch in den Nürnberger Gesangbüchern der ersten Hälfte des 18. Jahrhunderts, ebenfalls ohne Noten, aber mit aufschlussreichen Melodieangaben:[110]

> 336. Georg Philipp Harsdörffer, „Wann wir im Lentzen ausspatziren"
> 344. Georg Philipp Harsdörffer, „Nun kommt/ ihr Frommen/ lasst uns eilen"
> 347. Johann Christoph Arnschwanger, „Nun hat der Herbst sich eingefunden"
> 377. Georg Philipp Harsdörffer, „Der SonnenLauf belangt die Waage"
> 514. Joh. Angelus [Silesius], „Ach! Sagt mir nicht von Gold und Schätzen"
> Lieder-Tafel ²1701, Nr. 302 („In eigener Melodey")/ ⁸1718, Nr. 332 (ohne Melodieangabe); Singender Mund 1749, Nr. 417*
> 515. Christoph Jäger, „Wol dem/ der weit von allen Dingen"
> Singender Mund 1749, Nr. 420*
> 637. Anonymus, „O Centner-schwere Last der Sünden"
> 651. Christoph Titius, „Ich armer Mensch! ich armer Sünder"
> Lieder-Tafel ²1701, Nr. 128 („Im Ton: Wol dem/ der weit &c.")/ ⁸1718, Nr. 142 (ohne Melodieangabe); Singender Mund 1749, Nr. 209 („Im eigenen Ton: Oder: Wer nur den lieben Gott läßt walten, &c.")
> 994. Johann Leonhart Stöberlein, „Was gibst du dann/ O meine Seele"
> Lieder-Tafel ⁸1718, Nr. 457* (Zuschreibung an Carl Friedrich Lochner); Singender Mund 1749, Nr. 288* (anonym)
> 995. Andreas Ingolstätter, „Ich bin mit Dir/ mein GOTT/ zu frieden"
> Lieder-Tafel ²1701, Nr. 281*/⁸1718, Nr. 307*; Singender Mund 1749, Nr. 365*
> 1064. Erasmus Francisci, „Wann ich betracht mein sündlich Wesen"
> 1079. Georg Neumark, „Wer nur den lieben GOtt lässt walten"
> Lieder-Tafel ²1701, Nr. 289/⁸1718, Nr. 316 (ohne Melodieangabe); Singender Mund 1749, Nr. 277 („Im eigenen Ton")
> * Melodieangabe „Wer nur den lieben Gott läßt walten"

Unter diesen zwölf Liedern sind zwei, die seit ihrem ersten Erscheinen im Jahr 1657 weite Verbreitung gefunden haben: Johann Schefflers „Ach sagt mir nicht von Gold und Schätzen"[111] und Georg Neumarks „Wer nur den lieben GOtt läst

---

110 In der nachfolgenden Übersicht werden die Fundstellen in zwei Gesangbüchern nachgewiesen, die mit Kurztiteln bezeichnet sind: Lieder-Tafel: Altdorffische verneuerte Lieder-Tafel/ oder Vollständiges Gesang-Buch/ Darinnen alle in der Altdorffischen Gemeine und übrigem Nürnbergischen Gebiete übliche Kirchen- und Hauß-Gesänge […] zu finden […]; Nebst einer Vorrede Herrn Christoph Sonntags […]. Altdorf ²1701; ⁸1718 („verneuerte und viel-vermehrte"); Singender Mund: Singender Mund eines glaubigen Christen. Das ist: Vollständiges Gesang-Buch der Alten und Neuen Lieder […]. Nürnberg 1749.
111 Angelus Silesius: Heilige Seelen-Lust (Anm. 31), S. 274, Nr. 89.

walten".[112] Ihre textlichen Beziehungen zu Opitz' Lied werden an anderer Stelle erörtert; hier genügt die Feststellung, dass beide schon bei ihrer Erstveröffentlichung mit eigenen Melodien versehen worden waren, die aber in Nürnberg offenbar zunächst nicht rezipiert wurden. Die übrigen Texte haben überwiegend Nürnberger Dichter zu Verfassern: allen voran Georg Philipp Harsdörffer, der Begründer des Pegnesischen Blumenordens, dem auch Johann Leonhart Stöberlein und Andreas Ingolstätter angehörten, Pfarrer Johann Christoph Arnschwanger, der 1675 in die Fruchtbringende Gesellschaft aufgenommen wurde, Christoph Titius, der seine ersten geistlichen Lieder 1663 als Student in Altdorf veröffentlichte, und der aus Lübeck stammende Erasmus Francisci, der seit 1657 als Korrektor für das Nürnberger Verlagshaus Endter arbeitete und eine reiche schriftstellerische Tätigkeit entfaltete. Harsdörffer hatte durch seine *Hertzbewegliche[n] Sonntagsandachten* und seine Beiträge zu den Erbauungsbüchern Johann Michael Dilherrs die Maßstäbe für die Nürnberger geistliche Lieddichtung gesetzt. Dazu gehörte die Bezugnahme auf die zeitgenössische Dichtung, die bis hin zu Opitz-Parodien gehen konnte. Im Gegensatz zu Johann Rist, der – von einigen Ausnahmen abgesehen – musikalisch zwischen geistlichen und weltlichen Liedern strikt trennte, wählte Harsdörffer als Singweisen für seine Texte Melodien aus beiden Bereichen, sowohl althergebrachte wie moderne: Aus den Veröffentlichungen von Rist (der 1645 ebenfalls Mitglied des Blumenordens geworden war) übernahm er neben mehreren Melodien aus den *Himmlische[n] Lieder[n]* von 1641/42 auch die des Hirtenlieds „Daphnis gieng für wenig Tagen".[113] Die Tonangabe „Wol dem/ der weit von hohen Dingen" findet sich mehrfach in den Veröffentlichungen der Nürnberger Dichter; möglicherweise hatte Harsdörffer die Melodie (die, wie oben gezeigt, im Clavierbuch der Regina Clara Im Hoff noch nicht vertreten war) erst eingeführt. In einigen Fällen wurde von einem Nürnberger Musiker noch eine alternative Singweise bereitgestellt; dies trifft auf Harsdörffers „Der SonnenLauf belangt die Waage" zu, das Monatslied für den September aus Dilherrs *Christlichen Betrachtungen*,[114] oder Arnschwangers Herbstlied „Nun hat der Herbst

---

112 Georg Neumark: Fortgepflantzter Poetisch-Musikalischer Lustwald. Teil I. Jena 1657, S. 29.
113 Georg Philipp Harsdörffer: Hertzbewegliche Sonntagsandachten. Nürnberg 1649, S. 83, 170, 318; in Hertzbeweglicher SonntagsAndachten Andrer Theil, ebd. 1652 benutzt er allerdings (S. 302) die Melodie eines geistlichen Lieds von Rist in gleicher Strophenform („Jesu der du meine Seele", in: Johann Rist: Himlischer Lieder [...] Das Erste Zehen. Lüneburg 1641, Nr. 7). Vgl. Johann Rist, Johann Schop: Himmlische Lieder (1641/42). Kritisch hg. und kommentiert von Johann Anselm Steiger. Kritische Edition des Notentextes von Konrad Küster. Mit einer Einführung von Inge Mager. Berlin 2012, S. 62–67.
114 Johann Michael Dilherr: Christliche Betrachtungen deß Glänzenden Himmels/ flüchtigen Zeit- und nichtigen Weltlauffs [...]. Nürnberg 1657, S. 697; Melodie von Paul Heinlein auf S. 896.

Notenbeispiel 8

sich eingefunden".[115] Beide Male war Paul Heinlein, Organist an St. Aegidien, ab 1658 an St. Sebald, der Komponist. Das Gesangbuch von 1676 (1677) druckt diese Melodien nicht ab, sondern belässt es bei dem Verweis auf den damals allgemein bekannten Ton.

Nur ein Teil der modernen Lieder hat sich bis ins 18. Jahrhundert erhalten. Bei der Zusammenstellung der Gesangbücher wurde nunmehr auf ein ausgeglichenes Verhältnis zwischen den alten „Kern-Liedern" und den neueren „Haus-Gesängen" geachtet. Diesem Auswahlprinzip fielen die Lieder Harsdörffers und anderer zum Opfer, die für den Gemeindegesang weniger brauchbar erschienen. Anhand der Tonangaben lässt sich beobachten, dass Georg Neumarks Melodie zu „Wer nur den lieben Gott läst walten" an Bedeutung gewann; in manchen Gesangbüchern[116] ist sie zur Standardweise für die Strophenform 6.38 geworden. Die Singpraxis in den unterschiedlichen Nürnberger Gemeinden war durchaus nicht einheitlich; sie wurde wohl in erster Linie von den an den betreffenden Kirchen und Schulen angestellten Musikern bestimmt. Einen Versuch, diese vielfältige Praxis möglichst genau abzubilden, unternahm Cornelius Heinrich Dretzel in seinem 1731 veröffentlichten Choralbuch *Des Evangelischen Zions Musicalische*

---

115 Johann Christoph Arnschwanger: Neue Geistliche Lieder/ Nach bekannten Singweisen verfasset/ Und von den fürnehmsten Nürnbergischen Musicis, mit neuen wolgesetzten Melodeien gezieret. Nürnberg 1659, S. 197; Melodie von Paul Heinlein auf S. 195.
116 Z. B. in: Kern Geistlicher lieblicher Lieder/ Dem Herrn mit Hertz und Mund zu singen, Oder Neu-auserlesenes Gesang-Buch, In welchem tausend derer besten alten und neuen Kirchen-Lieder, deren die meisten nach bekannten Melodien können gesungen werden [...]. Nürnberg 1733.

Harmonie.[117] Dort finden wir dieselben sechs Lieder der obigen Aufstellung. Zu „Wer nur den lieben Gott läßt walten" ist die Melodie Neumarks in rhythmisch geglätteter Form notiert (S. 605), ähnlich wie sie auch bei Johann Sebastian Bach vorkommt. Auf sie wird im „Dritten Register" der Lieder mit entlehnten Melodien immer wieder verwiesen; „Was gibst du dann, O meine [Seele]" und „Wohl dem der weit von [allen Dingen]" erscheinen nur dort. Zu den drei anderen Liedern bringt Dretzel jeweils mehrere eigene Weisen.

- „Ach! Sagt mir nichts von Gold und Schätzen" S. 622f.
  Insgesamt drei Melodien, von denen keine mit der Originalmelodie von Georg Joseph übereinstimmt; die letzte (Zahn 2803) aus J. A. Freylinghausens *Geistreiche[m] Gesang-Buch*, Halle ³1706, Nr. 368.
- „Ich armer Mensch! ich armer Sünder" S. 265–267
  Drei Melodien, die erste (Zahn 2820) bearbeitet und rhythmisch geglättet nach Adam Kriegers Melodie zu „Amande/ darff man dich wol küssen" (*Arien* III.4); die letzte (Zahn 2817) aus Freylinghausen, wie oben, Nr. 710.
- „Ich bin mit Dir, mein GOtt! zu frieden" S. 596–597
  Zwei Melodien, von denen die zweite (Zahn 2850) als Variante der Melodie „Wol dem der weit von hohen Dingen" zu erkennen ist:

Der problematische Septimensprung wird in dieser Fassung auf eine Weise vermieden, die Ähnlichkeit mit der Lösung Terkelsens (Notenbeispiel 4b) aufweist: In der zweiten Zeile springt die Melodie vom *c"* zum *f'*; in der letzten wird sie bis zum Höhepunkt *d"* geführt. Diese Version wird von dem Frankfurter Kapellmeister Johann Balthasar König[118] übernommen, allerdings in modernisierter Form: Aus dem 3/2-Takt wird ein gerader Takt, und die zweite Zeile wird in eine treppenförmig absteigende Bewegung umgewandelt, die Septime also gar nicht mehr berührt. Ob die Ähnlichkeit mit der zweiten Zeile von Briegels Melodie (Notenbeispiel 5) mehr ist als bloßer Zufall, sei dahingestellt; eine solche Wendung konnte auch selbständig gefunden werden, wenn es darum ging, das melodische Profil dem im Spätbarock vorherrschenden molltonalen Verständnis anzupassen, in dem die exponierte Septime *c"* wie ein Fremdkörper erscheinen musste. Auch die Harmonisierung ist im Vergleich mit Dretzel viel moderner, d. h. stärker auf die Grundtonart bezogen und mit chromatischen Elementen durchsetzt.

Königs Generalbass-Satz wurde von dem Basler Kantor Johann Thommen unverändert in sein geistliches Liederbuch *Musicalischer ChristenSchatz* aufge-

---

117 Cornelius Heinrich Dretzel: Des Evangelischen Zions Musicalische Harmonie, Oder: Evangelisches Choral-Buch [...]. Nürnberg 1731.
118 Johann Balthasar König: Harmonischer Lieder-Schatz oder allgemeines evangelisches Choral-Buch [...]. Frankfurt a. M. 1738, S. 266.

nommen und mit Joachim Langes Text „O Heilig, Heilig, Heilig Wesen!" verbunden.[119] Inwiefern diese späten Notationen als Zeugnisse einer lebendigen musikalischen Praxis zu werten sind, ist eine offene Frage; König wie Thommen waren eifrige Melodiensammler, die aus verschiedenen Quellen schöpften, der eine mit dem Ziel, ein „allgemeines evangelisches Choral-Buch" zu schaffen, der andere bestrebt, „Sing-Andachten"[120] für die private Frömmigkeitsübung des Basler Bürgertums bereitzustellen.

Es wäre also voreilig zu behaupten, dass die Melodie „Wol dem der weit von hohen dingen" noch bis zur Mitte des 18. Jahrhunderts lebendig geblieben wäre. Wir können mit einiger Sicherheit nur sagen, dass sie um 1731 auf Nürnberger Gebiet bekannt war. Es ist allerdings nicht zu übersehen, dass sie nur noch ein Schattendasein als Alternativmelodie („Alio Modo") fristete. An erster Stelle steht bei Dretzel eine heitere Melodie in C-Dur, und die Gesangbücher geben für Ingolstätters Lied die Singweise von Georg Neumark an.

Das Bild von der Überlieferung der Melodie, das sich aus den Nürnberger Gesang- und Choralbüchern ergab, könnte möglicherweise bei einer Betrachtung anderer Regionen an Schärfe gewinnen. Immerhin konnten wir die Singweise von ihrem ersten Auftreten kurz vor 1640 über eine Blütezeit in den 1640er-Jahren bis zu ihrem allmählichen Verschwinden nach 1660 verfolgen. Als geistliche Melodie ist sie noch in einer Zeit nachweisbar, in der Opitz' Ode, mit der sie lange Zeit verbunden war, auch den Gebildeten nicht mehr geläufig gewesen sein dürfte.

---

119 Johann Thommen: Erbaulicher Musicalischer ChristenSchatz, Bestehend Aus Fünfhundert Geistlichen Liedern, Mit Zweyhundert fünf und sibenzig Melodien [...]. Basel 1745, S. 24, Nr. 18.
120 So die Formulierung in der „Zuschrift" (unpaginiert) Johann Thommens. Sein Werk ist nicht als Orgelchoralbuch zu betrachten, sondern als Melodienbuch zu einer damals verbreiteten Textsammlung pietistischer Prägung.

Uwe Maximilian Korn, Joana van de Löcht, Dirk Werle
Gottfried Finckelthaus und das Netzwerk mitteldeutscher Dichtung nach Martin Opitz

1 Netzwerk Mitteldeutschland

Die Gruppe von mitteldeutschen Opitzianern und ihre Schriften werden in der Forschung bislang nicht als das ‚mitteldeutsche Netzwerk' bezeichnet. Etabliert, in letzter Zeit immer auch problematisiert, ist die Benennung als ‚Leipziger Schule'.[1] Die Bezeichnung einer literarischen Gruppe als Schule ist nicht per se verfehlt; es gibt durchaus Konstellationen, die als Dichterschulen beschrieben werden können. Die so benannten Leipziger sind aber keine solche Schule; zu unbestimmt ist es, wer hier die Schüler und wer die Meister waren. Darüber hinaus ist die Gruppierung, zu der Christian Brehme, Gottfried Finckelthaus, David Schirmer, Johann Georg Schoch und andere gezählt werden, ein in den personalen Interaktionen zu loses Ensemble, als dass man es sinnvollerweise mit dem Begriff der Schule belegen sollte.[2] Auch ist festzustellen, dass man nur schwer von einer *Leipziger* Schule sprechen kann, denn die mit diesem Begriff beschriebenen Dichter bleiben in der großen Mehrzahl nicht ihr Leben lang an einem Ort, sondern bewegen sich zwischen Leipzig, Wittenberg, Dresden, zum Teil bis nach Thüringen. Paul Fleming und Gottfried Finckelthaus trafen sich in Hamburg,[3] wo von beiden auch Texte gedruckt wurden.[4]

Schließlich liegt auch die Vermutung nahe, dass das Konzept der ‚Leipziger Schule' ein Selbstbeschreibungskonzept ist, das retrospektiv von Autoren erfunden wurde, um sich selbst in eine Gruppentradition zu stellen. In der 1650 in Hamburg erschienenen Schrift *Des Hylas auß Latusia Lustiger Schau-Platz* wird eine sogenannte Pindische Gesellschaft vorgeführt, die im Leipziger Studenten-

---

[1] Anthony J. Harper: Schriften zur Lyrik Leipzigs 1620–1670. Stuttgart 1985. Hierin v. a. der Artikel „Die Leipziger Lyrik nach Paul Fleming – ein Überblick", S. 21–46.
[2] Vgl. Christiane Caemmerer: Des Hylas aus Latusia Lustiger Schauplatz von einer Pindischen Gesellschaft. Der Bericht über eine Gruppe studentischer Liedermacher im Leipzig des 17. Jahrhunderts. In: „Der Buchstab tödt – der Geist macht lebendig". Festschrift zum 60. Geburtstag von Hans-Gert Roloff von Freunden, Schülern und Kollegen. Hg. von James Hardin und Jörg Jungmayr. Bd. 2. Bern u. a. 1992, S. 775–798.
[3] Vgl. Harper (Anm. 1), S. 13.
[4] Paul Fleming: Ode Germanica Ad Legatos Germanosvecos In Russiam Persiamque Ituros. Hamburg 1633; Gottfried Finckelthaus: Deutshe [sic!] Gesänge. Hamburg 1640.

milieu als Dichterkreis gewirkt habe.⁵ Die Gedichte, die sich in diesem Text mit Prosapassagen abwechseln, entsprechen in ihrer Mischung von Trinkliedern, Studentenliedern, einfacher Liebeslyrik und derber Erotik dem Repertoire der Sammlungen Gottfried Finckelthaus', jenes repräsentativen Autors des Netzwerks mitteldeutscher Dichtung, der im Mittelpunkt des vorliegenden Beitrags steht.

Johann Georg Schoch bedauert in seinem 1660 erschienenen *Neuerbaueten Poetischen Lust- und Blumen-Garten* den Bedeutungsverlust Finckelthaus' und Schirmers und stellt seine eigene Liederdichtung in ihre Nachfolge:

> Wenn ich gedencke/ in welchem Werth Herr Finckelthauses (rühmlichen Andenckens) Deutsche Lieder Anfangs gewesen/ und wie verächtlich hernach alle Trödel damit ausgebutzet worden/ sollte einem warhafftig tauren/ eine Feder anzusetzen. Herr David Schirmers/ meines Uhralten Freundes/ sein kaum ausgeblühetes Rosen-Gebüsche/ dessen wir uns vorweilen in unsern frölichen Zusammenkunffte/ als einer sonderbahren Gemüths Belustigung gebrauchten; In was für böse Gesellschaft seynd sie in so kurzer Zeit gerathen.⁶

Schoch sieht seine eigene Liederproduktion also direkt in der Nachfolge Finckelthaus' und Schirmers. Er befürchtet jedoch, seinen Texten drohe ein ähnliches Schicksal wie denen der Vorgänger. Schon das erste Lied in seinem *Blumen-Garten* lokalisiert sich dann auch in Leipzig und lobt die dortigen „Frauen-Zimmer", ebenfalls eine Reminiszenz an Finckelthaus. Zu Martin Opitz ergibt sich im Text ein komplizierteres Verhältnis, das eben nicht als Vorgängerschaft beschrieben wird. Wie Johann Klaj,⁷ Finckelthaus,⁸ Schirmer⁹ und viele andere parodiert

---

5 Anonym, meist Andreas Hartmann zugeschrieben: Des Hylas auß Latusia Lustiger Schau-Platz. Hamburg 1650. Vgl. dazu und auch zum Leipziger Netzwerk Caemmerer (Anm. 2), S. 785 sowie Sylvia Brockstieger: Blühende Liebe, wucherndes Erzählen. Zur impliziten Gattungsreflexion in Andreas Hartmanns „Des Hylas auß Latusia Lustiger Schau-Platz von einer Pindischen Gesellschaft" (1650). In: Liebeskonzeptionen und Romanpoetik in der Frühen Neuzeit. Hg. von Seraina Plotke und Stefan Seeber (erscheint voraussichtlich 2019). Caemmerer und mit ihr Brockstieger hinterfragen die seit dem 17. Jahrhundert angenommene Autorschaft Andreas Hartmanns für den anonym überlieferten Text.
6 Johann Georg Schoch: Neu-erbaueter Poetischer Lust- u. Blumen-Garten [...]. Leipzig 1660, Bl. A4v.
7 Johann Klaj: Parodia Opitiana. In: Gegengesänge. Lyrische Parodien vom Mittelalter bis zur Gegenwart. Hg. von Erwin Rotermund. München 1964, S. 80f.
8 Beispielsweise die daktylische Corydon-Parodie „Hylas" in Gottfried Finckelthaus: Deutsche Oden oder Gesänge. Leipzig 1638, Bl. B6rf. oder die Parodie zu Opitz' „Ich empfinde fast ein Grawen", „Er entsaget der Liebe". In: Finckelthaus: Deutsche Gesänge (Anm. 4), Bl. F1v.
9 Darunter „Sie soll der Jugend brauchen". In: David Schirmer: Poetische Rosen-Gepüsche. Dresden 1657, S. 4–6, welches ansetzt mit den Worten „KOm/ Liebste/ laß vns Rosen brechen", sowie zahlreiche Gedichte im zweiten Teil der Sammlung, welche wie Finckelthaus' „Hylas" die

Schoch Opitz. Das 34. Lied *Nachahmung aus dem Opitz über die falsche und unbeständige Gellia* variiert *Asterie mag bleiben wer sie wil.*[10] Während Opitz die Liebe zur schönen Asterie durch Einsamkeit und Tugend ersetzt, rückt bei Schoch eine neue Liebschaft, Chloris, an diese Stelle:

> Wer Chloris liebt/ betreugt sich nimmermehr/
> Verlacht nur alle Noth/
> Durch alle Welt erklingt Ihr Ruhm und Ehr/
> Sie bleibt und lebet todt.
> Drumb will ich nichts mehr schreiben
> Von voriger Begier/
> Die Gellia mag bleiben/
> Was frag' ich denn nach Ihr.[11]

Weitere Opitz-Parodien lassen sich finden, ohne dass sie ähnlich deutlich angezeigt wären.[12] Schoch führt zu Beginn des *Blumen-Gartens* Zeugnisse anderer Mitglieder der Fruchtbringenden Gesellschaft an, und hier wird das parodistische Verhalten gegenüber Opitz zu einem der Überbietung: Ein als der „Untadelhaffte"[13] titulierter Autor eines Widmungsgedichts baut ein schönes Anagramm auf den Autornamen: „Her Johannes Georgius Schoch von Leipzig" wird umgesetzt in: „O Opitz geh jo weg; las Herr Schochn singen."[14] Der „Untadelhaffte" führt das dann in einem Lobgedicht deutlicher aus: „Wie prahlte Schlesien mit dir/ du

---

Grundkonstellation von Opitz' „Galathee" aufgreifen. Vgl. dazu Dirk Werle: Hirten als lose Leute. Bukolik, Odendichtung und Vagantentum am Beispiel von David Schirmers *Scheidendem Chloridan*. In: Lose Leute. Figuren, Schauplätze und Künste des Vaganten in der Frühen Neuzeit. Hg. von Julia Amslinger u. a. München 2019, S. 83–97. Eine weitere Parodie von Opitz' Corydon-Gedicht ist Ernst Christoph Homburg: Corydons JammerKlage vnd Wallfahrt. In: Ders.: Schimpff- und ernsthaffte Clio. Historisch-kritische Edition nach den Drucken von 1638 und 1642. Hg. und kommentiert von Achim Aurnhammer u. a. Bd. 1: Textband. Bd. 2: Kommentarband. Stuttgart 2013, Bd. 1, S. 20–25.
10 Vgl. WP II, S. 345f.
11 Schoch: Neu-erbaueter Poetischer Lust- u. Blumen-Garten (Anm. 6), S. 75–77, hier S. 76.
12 Ebd., S. 44–47, hier S. 44: „Das XX. Lied": „FIlidor der gieng mit Trauren | Umb den frischen Elster-Strand/ | Hatte sein Gesicht gewandt | Ferne von den festen Mauren. | Sahe Damon sehnlich nach/ | Weil ihm alle Lust gebrach. || O ihr frischen Schäffer-Wiesen/ | (Sang er) O du Kiesel Port!" parodiert wieder einmal Opitz' „Galathee".
13 Kein Mitglied der Fruchtbringenden Gesellschaft ist unter diesem Namen aufgetreten. „Der Untadeliche" ist der Gesellschaftsname Friedrich Wilhelms von Brandenburg, des Großen Kurfürsten, der als Autor unwahrscheinlich ist. Nicht einmal der Gesellschaftsname „Der Grünende", mit dem sich Schoch selbst beschreibt, ist in dieser oder einer anderen Sprachgesellschaft belegt. Auch Andreas Hartmann, Johann Rist, Georg Philipp Harsdörffer u. a. werden in der Vorrede als Werbende vorgeführt.
14 Schoch: Neu-erbaueter Poetischer Lust- u. Blumen-Garten (Anm. 6), Bl. B9r.

deutscher Held; | So bald man aber was von Schochen hat gelesen | So zweiffl ich/ ob dein Buch noch allen so gefällt."[15] Schoch bezieht sich somit sowohl auf Finckelthaus als auch auf Opitz, auf den einen jedoch affirmativ als Vorgänger, auf den anderen in Abgrenzung. Vielleicht sind Johann Georg Schoch, der Autor der Hylas-Sammlung und andere Poeten der 50er und 60er Jahre des 17. Jahrhunderts mit dieser Art von Rekursen die Erfinder einer ‚Leipziger Dichterschule'.

Will man den Problemen, die mit der Anwendung des Konzepts der Schule auf die mitteldeutschen Dichter verbunden sind, entgehen, bietet vielleicht der Begriff des Netzwerks eine geeignete Alternative. Diesem Konzept eignet eine weitere begriffliche Extension. Wenn die modische Netzwerk-Metapher von Literaturhistorikern verwendet wird, dann soll damit oft etwas Ähnliches gesagt werden, was dieselben Literaturhistoriker auch ohne die Metapher immer schon betont haben: Kontexte sind wichtig; man sollte einen Autor und seine Texte im Geflecht der vielfältigen relevanten Kontexte beleuchten. Eine weitere Alternativbezeichnung, um dichte, intellektuell produktive Netzwerke zu beschreiben, ist die der Konstellation.[16] Konstellationsforschung ist der Name eines Forschungsprogramms, das von Dieter Henrich und seinen Schülern, darunter vor allem Martin Mulsow und Marcelo Stamm, für die Philosophiegeschichte eingeführt worden ist.[17] Die Idee war, dass es nicht angemessen sei, die Philosophiegeschichte als Folge großer Namen zu konzipieren. Wenn man verstehen will, wie die ‚großen Männer' der Philosophiegeschichte ihre Ideen entwickelt haben, dann ist es wichtig, die Kontexte anzusehen: Mit wem haben sie korrespondiert, wo haben sie studiert, was haben sie gelesen und so weiter.

Böswillige könnten nun fragen, ob nicht die Netzwerk- oder auch Konstellationsforschung dazu tendiere, sich in epigonalen Figuren und Zusammenhängen zu verlieren. Wenn man nicht die großen Männer, sondern ihre kleinen Ermöglicher, ihre Netzwerke und Konstellationen anschaut, geraten dann nicht im Klein-Klein der Kulturgeschichte die großen und wichtigen Linien und Dimensionen aus dem Blick? Dem ist entgegenzuhalten, dass bestimmte Aspekte der Kultur-

---

15 Ebd.
16 Zur Leistungsfähigkeit von ‚Konstellation' als literaturhistorischem Beschreibungsbegriff vgl. Dirk Werle: Problemgeschichte und Konstellationsforschung. Methodologische Überlegungen am Beispiel der Kant-Forster-Kontroverse über die Bestimmung der Menschenrassen. In: Klopffechtereien – Missverständnisse – Widersprüche? Methodische und methodologische Perspektiven auf die Kant-Forster-Kontroverse. Hg. von Rainer Godel und Gideon Stiening. München 2012 (Laboratorium Aufklärung 10), S. 271–291; ders.: Ruhm und Moderne. Eine Ideengeschichte (1750–1930). Frankfurt a. M. 2014 (Das Abendland NF 38), S. 11–18.
17 Vgl. Dieter Henrich: Konstellationen. Probleme und Debatten am Ursprung der idealistischen Philosophie (1789–1795). Stuttgart 1991; Martin Mulsow und Marcelo Stamm (Hgg.): Konstellationsforschung. Frankfurt a. M. 2005.

geschichte nicht anders als in Gestalt von Netzwerkforschung erfasst werden *können*. Hierzu sind auch die mitteldeutschen Dichter der 1630er, 1640er und 1650er Jahre zu zählen. Es handelt sich um ein Ensemble von Autoren und ihren Texten, welches nur in der Gesamtschau in seiner Besonderheit plastisch wird, in den interpersonalen Relationen und in der gemeinsamen Situierung in der Universitäts-, Verlags- und Stadtkultur bis hin zum Umfeld des Dresdner Hofs.[18] Anzuzeigen sind hier jedoch sogleich einige Probleme: Zum einen ist über Briefe der mitteldeutschen Dichter wenig überliefert oder wenigstens bislang bekannt; die Rekonstruktion der interpersonalen Relationen gestaltet sich mithin schwierig. Zum anderen steht am Beginn des ‚mitteldeutschen Netzwerks' eine Figur, die durchaus nicht ausschließlich als Teil eines Netzwerks historisch beschreibbar ist, sondern auch als ‚großer Mann', nämlich Paul Fleming.[19] Er erscheint in den Literaturgeschichten und Überblickswerken teilweise als Zentrum der ‚Leipziger Schule',[20] teilweise als einer, der nicht so recht dazugehört.[21] Der Blick auf Fleming zeigt, dass die Perspektive auf das Netzwerk manchmal ähnlich blinde Flecken hat wie die auf die großen Einzelgestalten.

Neben dem Umstand, dass ein Ensemble wie die mitteldeutschen Dichter des zweiten Jahrhundertdrittels adäquat kaum anders denn als soziales und intellektuelles Netzwerk beschrieben werden kann, ist die Tatsache von Belang, dass auch ihre Texte weitenteils als Netzwerk von Verweisen funktionieren. Ein solches Text-Netzwerk ist Gegenstand einer nicht soziologischen, sondern textbezogenen Netzwerkforschung, einer literaturwissenschaftlichen Konstellationsforschung. Wenn sich eine solche textbezogene Netzwerkforschung dem Ensemble der ‚Leipziger Dichter' widmet, dann wird fast notwendig der regionale Fokus unschärfer:

---

18 Vgl. Detlef Döring: Leipzig. In: Handbuch kultureller Zentren der Frühen Neuzeit. Städte und Residenzen im alten deutschen Sprachraum. Hg. von Wolfgang Adam und Siegrid Westphal. Berlin, Boston 2012, S. 1253–1297.
19 Zum Verhältnis Flemings zu den anderen Leipziger Dichtern vgl. Indra Frey: Paul Flemings deutsche Lyrik der Leipziger Zeit. Frankfurt a. M. 2009.
20 Vgl. etwa Kai Bremer: Literatur der Frühen Neuzeit. Reformation – Späthumanismus – Barock. München 2008, S. 161: „Als wichtiger Dichter der frühen Leipziger Dichtung gilt Paul Fleming [...]"; oder auch Peter Hess: Poetry in Germany, 1450–1700. In: The Camden House History of German Literature. Hg. von James Hardin. Bd. 4: Early Modern German Literature 1350–1700. Hg. von Max Reinhart. Rochester, NY, Woodbridge 2007, S. 395–465, hier S. 423: „Most of the Leipzig poets of the 1630s and 1640s were followers of Opitz, Fleming being the most important."
21 Volker Meid: Die deutsche Literatur im Zeitalter des Barock. Vom Späthumanismus zur Frühaufklärung 1570–1740. München 2009, der dem Kapitel zu „Paul Fleming" als großem Einzelnem (S. 149–154) eines zu den „‚Leipziger' Lyrikern nach Fleming" (S. 154–158) folgen lässt. Zu Fleming vgl. Was ein Poëte kan! Studien zum Werk von Paul Fleming (1609–1640). Hg. von Stefanie Arend und Claudius Sittig. Berlin u. a. 2012 (Frühe Neuzeit 168).

Infolge ihrer Publikation sind Texte nicht mehr ortsgebunden; zudem werden sie nicht selten an unterschiedlichen Orten gedruckt. So erscheint es möglich, dass ein Text wie Finckelthaus' Lied von der „Mertens-Ganß" – 1638 in den in Leipzig veröffentlichten *Deutschen Oden oder Gesängen*,[22] dann nochmals 1640 in den in Hamburg publizierten *Deutschen Gesängen* erschienen[23] – als Prätext für Sigmund von Birkens wohl Mitte der 1640er Jahre verfasstes Gedicht von der „Märtens-Gans" fungieren konnte.[24] Auf diese Weise entsteht im zweiten Drittel des 17. Jahrhunderts ein Netzwerk von Texten in der Nachfolge Opitz'; die Vernetzung geschieht über die variierende Wiederholung semantischer Einheiten und formaler Adaptationen.

Nach diesen einführenden Überlegungen zum Netzwerkcharakter des Ensembles mitteldeutscher Dichter im zweiten Drittel des 17. Jahrhunderts sollen im Folgenden Überlegungen zum Forschungsstand und zu einigen damit verbundenen Problemen skizziert werden, um im dritten und vierten Teil mit Finckelthaus einen repräsentativen Autor des Netzwerks der mitteldeutschen Dichtung nach Opitz näher in den Blick zu nehmen und über die Frage nachzudenken, warum eine Edition seiner Werke angezeigt ist.

2 Forschungsstand

Ein Problem, mit dem konfrontiert wird, wer sich mit der mitteldeutschen Lyrik nach Opitz beschäftigt, ist die Frage nach ihrer literaturhistorischen Bedeutung. Freunde frühneuzeitlicher Literatur werden die Texte als faszinierende Dokumente einer reichen dichterischen Tradition zu schätzen wissen, aber selbst innerhalb der disziplinären Umgebung der Neueren deutschen Literaturwissenschaft wird man in dieser Hinsicht nicht überall auf positive Resonanz stoßen. Der Grund für ein zu beobachtendes Desinteresse weiter Teile der Neueren deutschen Literaturwissenschaft an dem reichen Feld, das sich in Gestalt der mitteldeutschen Lyrik des 17. Jahrhunderts auftut, mag mit dem Umstand zu tun haben, dass man auf der Basis des modernen Literaturbegriffs hier noch weniger weit kommt als mit Blick auf andere Bereiche der frühneuzeitlichen Literatur. Die

---

22 Finckelthaus: Deutsche Oden oder Gesänge (Anm. 8), Bl. C6rf.
23 Finckelthaus: Deutsche Gesänge (Anm. 4), Bl. D7v.
24 Sigmund von Birken: Birken-Wälder. Teil 1: Texte. Teil 2: Apparate und Kommentare. Hg. von Klaus Garber, Christoph Hendel und Hartmut Laufhütte. Berlin, Boston 2014 (Sigmund von Birken: Werke und Korrespondenz 2 = Neudrucke Deutscher Literaturwerke NF 77f.), S. 33–35 sowie der Kommentar ebd., S. 528–530.

mitteldeutschen Lyriker pflegen etwas, das Max von Waldberg in seinem 1888 erschienenen Buch *Die deutsche Renaissance-Lyrik* pointiert als „litterarische[n] Kommunismus" bezeichnet hat.[25] Dichtung erscheint hier als Geschehen, das sich, in den Worten Waldbergs, als vielgestaltiges Spiel der „Anlehnung und Entlehnung" beschreiben lässt.[26] Der wissenschaftshistorische Seitenblick auf Waldberg lässt ein Dilemma angesichts der nach-opitzischen Lyrik des 17. Jahrhunderts sichtbar werden, das vielleicht noch unsere heutige Sichtweise tingiert: Waldberg ist erkennbar fasziniert von der Textwelt, die sich hier auftut und die er mit seinem Buch in staunenswerter Gründlichkeit und mit stupendem Kenntnisreichtum erschließt. Gleichzeitig zeigt er sich wenig begeistert von einer Dichtung, die so ganz anders ist als jene, als deren Gallionsfigur seit dem 19. Jahrhundert das Originalgenie Goethe fungierte. In den letzten Sätzen seines Buchs geißelt Waldberg die

> geringe eigene Kraft, die Anlehnung an fremde Leistungen, die kleinlichen Hülfsmittel des poetischen Schaffens, de[n] fehlende[n] Sinn für poetische Originalität, die lächerliche Übertreibung der Schäfer- und Liebeslyrik, das Unwesen der literarischen Gesellschaften, das Cliquenwesen, die Selbstvergötterung und das gegenseitige Anräuchern, kurz die ganze innere Unwahrheit, die den Auswüchsen der deutschen Renaissance-Lyrik eigen ist.[27]

Um hier zu einer angemesseneren literarhistorischen Bewertung zu gelangen, hilft es wohl am ehesten weiter, die Tätigkeit der Opitzianer im zweiten Drittel des 17. Jahrhunderts als Verfahren spielerischer, ‚experimenteller' Reihenbildung zu verstehen, innerhalb deren die Opitzischen Vorgaben immer aufs Neue imitiert und variiert werden.[28]

Ein weiteres Problem der Beschäftigung mit der mitteldeutschen Lyrik des 17. Jahrhunderts ist, dass es nicht leicht fällt, sich von in der Forschung etablierten Deutungsmustern zu lösen. Die einseitige Orientierung an diesen Mustern kann aber den Blick für weitere Besonderheiten der Texte verstellen. Dazu gehört das bereits erwähnte Konzept einer ‚Leipziger Schule' und seine Problematisierung; ein weiteres ist das Modell des Opitzianismus, wonach die mitteldeutschen Lyriker in ihrem Variations- und Imitationsverhalten im Wesentlichen auf Opitz

---

25 Max von Waldberg: Die Deutsche Renaissance-Lyrik. Berlin 1888, S. 205. Vgl. Dirk Werle: „Litterarischer Kommunismus". Lyrik und Enzyklopädik in poetischen Schatzkammern des Barock (Treuer, Bergmann, Männling). In: Euphorion 111 (2017), S. 1–25.
26 Waldberg (Anm. 25), S. 201–240.
27 Ebd., S. 239f.
28 Ähnlich Jörg Wesche: Literarische Diversität. Abweichungen, Lizenzen und Spielräume in der deutschen Poesie und Poetik der Barockzeit. Tübingen 2004 (Studien zur deutschen Literatur 173).

und seine Werke Bezug nehmen. Insbesondere das Deutungsmuster der ‚Leipziger Schule' und seine gleichzeitige Problematisierung wurden durch die bewundernswerten, eminent kenntnisreichen Forschungen Anthony J. Harpers in die literaturgeschichtliche Beschäftigung mit der mitteldeutschen Lyrik eingeführt. Harper, der einen bedeutenden Teil seines Lebenswerks der Erforschung dieses literaturhistorischen Gebiets widmete, hat die Frage nach einer ‚Leipziger Schule' in seinen 1985 als Sammelband zusammengefassten *Schriften zur Lyrik Leipzigs* aufgeworfen und diskutiert.[29] Nun bieten Harpers Forschungen vielfältige über dieses Deutungsmuster hinausgehende Anknüpfungsmöglichkeiten, aber gerade das Deutungsmuster der Schule und ihrer Problematisierung wurde in der Folge verschiedentlich aufgegriffen, etwa von Indra Frey in ihrer 2009 erschienenen Doktorarbeit *Paul Flemings deutsche Lyrik der Leipziger Zeit* oder auch im Leipzig-Kapitel von Volker Meids ebenfalls 2009 erschienener Literaturgeschichte *Die deutsche Literatur im Zeitalter des Barock*.[30] Beide Darstellungen orientieren sich erkennbar stark am Deutungsmuster ‚Leipziger Schule' und gehen in dieser Hinsicht nicht über Harpers Überlegungen hinaus, ja fallen sogar tendenziell dahinter zurück.

Demgegenüber scheinen andere Fragestellungen für die Forschung weiter zu führen. So ist noch relativ wenig bekannt über alternative Prätexte der mitteldeutschen Lyrik, etwa fremdsprachige Modelle, wie sie Volker Klostius mit Blick auf einen mit den mitteldeutschen Lyrikern vergleichbaren Autor, nämlich Johann Rist, ausschnittsweise rekonstruiert hat.[31] Eine besonders ergiebige Perspektive ist aber jene auf den musikalischen Charakter der mitteldeutschen Lyrik, insbesondere der *lyrica* im Sinne von Odendichtung, die fraglos als Imitation und Variation von Opitz' Konzeption von *lyrica* zu verstehen ist, aber gleichzeitig weit darüber hinausgeht und in einem größeren musikhistorischen Zusammenhang zu verstehen ist.[32] Die Forschungen zu diesem Gebiet scheinen noch ziemlich ausbaufähig, auch wenn der Musikhistoriker Werner Braun bereits bedeutende Beiträge geliefert hat.[33] Braun kann in mancher Hinsicht als musikhistorischer Gegenpart Harpers betrachtet werden, denn er entwirft in seinen Schriften ein

---

29 Vgl. Harper (Anm. 1).
30 Vgl. Frey (Anm. 19) sowie Meid (Anm. 21).
31 Volker Klostius: Fremdsprachige Modelle und Nachahmung in den weltlichen Liedern Johann Rists. In: Johann Rist (1607–1667). Profil und Netzwerke eines Pastors, Dichters und Gelehrten. Hg. von Johann Anselm Steiger und Bernhard Jahn. Berlin, Boston 2015 (Frühe Neuzeit 195), S. 109–136.
32 Zum aktuellen Stand der Barocklied-Forschung siehe Astrid Dröse: Georg Greflinger und das weltliche Lied im 17. Jahrhundert. Berlin u. a. 2015 (Frühe Neuzeit 191), S. 199–208.
33 Darunter Werner Braun: Die Musik des 17. Jahrhunderts. Mit 86 Notenbeispielen, 130 Abbildungen und 2 Farbtafeln. Wiesbaden 1981 (Neues Handbuch der Musikwissenschaft 4) sowie

reichhaltiges Panorama der mitteldeutschen Lyrik als Musik. Harper beschreibt dasselbe Feld als literaturhistorischen Zusammenhang, wenngleich mit hoher Sensibilität für den musikhistorischen Aspekt, wie seine große Monographie über *German Secular Song-Books of the Mid-Seventeenth Century* von 2003 eindrucksvoll belegt.[34] Aus musikhistorischer Sicht ergibt sich ein ähnliches Dilemma, wie es bereits hinsichtlich der literaturwissenschaftlichen Perspektive beschrieben wurde: Für nicht speziell an der Liederdichtung des 17. Jahrhunderts interessierte Musikhistoriker erscheint die mitteldeutsche Lyrik als randständig, weil es sich teils um „Lieder ohne Noten" handelt, so eine Formulierung Brauns mit Blick auf Christian Brehme,[35] teils um Generalbasslieder, die keine besondere Komplexität aufweisen und damit als musikalisch eher unoriginell gelten können – gerade auch im Vergleich mit Entwicklungen späterer Jahrhunderte. Gleichzeitig scheinen diese Lieder in ihrer Zeit sehr populär gewesen zu sein, und Braun konstatiert, „[m]indestens ein Vierteljahrhundert deutsche Literaturgeschichte" sei „maßgeblich" von Berufsmusikern „mitgestaltet" worden.[36] Etwas vorsichtiger formulieren Achim Aurnhammer und Dieter Martin in ihrem Überblicksartikel zur *Musikalischen Lyrik im Literatursystem des Barock* von 2004: „Der Anteil der musikalischen Lyrik an der deutschen Barockdichtung ist viel größer, als allgemein angenommen wird."[37] Ein faszinierendes Dokument des musikalischen Aspekts der Thematik ist etwa Constantin Christian Dedekinds 1657 in Dresden erschienene *Aelbianische Musen-Lust*, in der sich Vertonungen von Gedichten Flemings, Opitz' und verschiedener mitteldeutscher Dichter finden.[38]

Eine auf Harper aufbauende Erforschung der mitteldeutschen Lyrik nach Opitz wird die musikalischen Dimensionen des Feldes konsequent im Blick behalten müssen. Das ist aber vielleicht nicht das wichtigste Forschungsdeside-

---

ders.: Thöne und Melodeyen, Arien und Canzonetten. Zur Musik des deutschen Barockliedes. Tübingen 2004 (Frühe Neuzeit 100).
34 Anthony J. Harper: German Secular Song-Books of the Mid-Seventeenth Century. An examination of the texts in Collections of Songs published in the German-language area between 1624 and 1660. Aldershot, Burlington 2003.
35 Vgl. Werner Braun: Lieder ohne Noten. Christian Brehme (1637 und 1640). In: Festschrift. Walter Wiora zum 90. Geburtstag (30. Dezember 1996). Hg. von Christoph Hellmut Mahling und Ruth Seiberts. Tutzing 1997, S. 24–33.
36 Braun: Musik des 17. Jahrhunderts (Anm. 33), S. 171.
37 Achim Aurnhammer und Dieter Martin: Musikalische Lyrik im Literatursystem des Barock. In: Musikalische Lyrik. Teil 1: Von der Antike bis zum 18. Jahrhundert. Hg. von Hermann Danuser. Berlin 2004 (Handbuch der musikalischen Gattungen 8), S. 334–348, hier S. 347.
38 Constantin Christian Dedekind: Aelbianische Musen-Lust/ in unterschiedlicher berühmter Poeten auserlesenen/ mit ahnmutigen Melodeien beseelten/ Lust- Ehren- Zucht und Tugend-Liedern/ bestehende. Dresden 1657.

rat. Dieses wurde von Klaus Garber in seinem 2011 erschienenen Nachruf auf den 2004 verstorbenen Harper benannt:

> Wer wird sich der weiteren Liederbücher annehmen, die wir planten? Das lyrische Werk von Finckelthaus harrt der Edition [...]. Johann Georg Schochs *Poetischer Lust- und Blumengarten* (1660) [...] sollte editorisch erschlossen wieder zugänglich werden. Nämliches war für Gabriel Voigtländers wiederholt aufgelegte *Oden und Lieder* geplant. [...] Vielfache Vorarbeiten sind allemal vorhanden. So bleibt die Hoffnung, daß jüngere Kräfte das von Harper so eindrucksvoll Begonnene eines Tages in die Hand nehmen und fortführen.[39]

Mit diesen Worten ist eine Folge von buchförmigen Editionen als Desiderat angezeigt. Man könnte fragen, ob der Netzwerkcharakter des Feldes der mitteldeutschen Liederdichtung mittlerweile nicht angemessener mit Hilfe digitaler Netzwerkforschungen abgebildet werden könnte. Hierfür mangelt es bislang jedoch an guten, digital nutzbaren Datensätzen, in erster Linie: an Texten. Erst in einem zweiten Schritt könnte dann aus Briefen, Widmungen oder Zitierungen nicht nur das Netzwerk der Liederdichter rekonstruiert werden, sondern auch die Beziehungen zu den Kreisen der professionellen Musik oder auch zur mitteldeutschen protestantischen Geistlichkeit näher untersucht werden, etwa in Person Johann Georg Albinus' (genannt der Ältere), der Schoch Gedichte widmete und von diesem im Gegenzug bedacht wurde. Daher scheint uns der Weg zum Verständnis des ‚Netzwerks mitteldeutsche Lyrik' vorläufig noch am effektivsten über Text-Editionen möglich zu sein, und hier harrt insbesondere, wie von Garber betont, ein Autor der Erschließung, der als Zentralfigur der ersten Generation der Leipziger gilt: Gottfried Finckelthaus.

3 Finckelthaus edieren

Sieht man sich Finckelthaus' Œuvre an, dann zeigen sich einige Besonderheiten, die bei einer Edition zu berücksichtigen sind. Zunächst ist festzuhalten, dass im Zentrum des Gesamtwerks vier Sammlungen weltlicher Lyrik stehen: die 1638 in Leipzig erschienenen *Deutschen Oden und Gesänge*, die 1640 in Hamburg veröffentlichten *Deutschen Gesänge*, die 1642 in Leipzig publizierten *XXX. Teutschen Gesänge* sowie die 1645 und 1648 in zwei Auflagen herausgegebenen *Lus-*

---

[39] Klaus Garber: Zum Gedenken an Anthony J. Harper. In: Daphnis 40 (2011), S. 715–719, hier S. 719.

tigen Lieder.⁴⁰ Zu dieser Gruppe von Sammlungen ist auch, wie Harper plausibel gemacht hat, die anonym erschienene, aber höchstwahrscheinlich von Finckelthaus verfasste Prosaekloge *Floridans Lob- und Liebesgedichte* zu zählen, die bereits 1635 gedruckt worden war.⁴¹ Daneben hat Finckelthaus eine Sammlung geistlicher Lyrik veröffentlicht.⁴² Hinzu kommen Gelegenheitsdichtungen und Prosabetrachtungen, einige Übersetzungen sowie eine Reihe weiterer lyrischer Dichtungen.⁴³ Das Œuvre ließe sich in einer zwei- bis dreibändigen Ausgabe edieren, etwa – *mutatis mutandis* – nach dem Vorbild der 2013 in der Bibliothek des literarischen Vereins in Stuttgart als kritische Edition erschienenen *Schimpff- und ernshafften Clio* Ernst Christoph Homburgs oder auch, um einen historisch etwas ferner stehenden, aber hinsichtlich der Struktur des Werkes verwandten Autor heranzuziehen, der bereits vor längerer Zeit erschienenen Edition der *Gesammelten Werke und Briefe* Ludwig Christoph Heinrich Höltys.⁴⁴ Eine Edition im angedeuteten Rahmen wird vielleicht nicht sämtliche Prosawerke und Übersetzungen bieten können, sondern sich auf die Lyrik konzentrieren und mit Blick auf die übrigen Werke eine begründete Auswahl treffen.

Eine Frage, über die sich ein Finckelthaus-Editor Rechenschaft ablegen muss, ist jene, wie mit den vier zentralen Lyriksammlungen nebst der vorangehenden Prosaekloge umzugehen ist. Es ist nämlich so, dass viele von Finckelthaus' Gedichten in den verschiedenen Sammlungen immer wieder auftauchen, zum Teil auch in derselben Reihenfolge. Dieser Befund könnte die Vermutung laut werden lassen, es handele sich um verschiedene Ausgaben, Auflagen oder Versionen eines und desselben Opus. Diese Vermutung wird gestützt durch den Umstand, dass die dritte Finckelthaus-Sammlung, die *XXX. Deutschen Gesänge*, den Untertitel trägt: „Zum dritten mahl übersehen und auffgelegt". Gleichzeitig ist es so, dass sich vor allem die beiden späteren Sammlungen voneinander

---

40 Finckelthaus: Deutsche Oden oder Gesänge (Anm. 8); ders.: Deutsche Gesänge (Anm. 4); ders.: XXX. Teutsche Gesänge, Zum dritten mahl übersehen und auffgelegt. Leipzig 1642; ders.: Lustige Lieder. Lübeck 1645 (zweite Auflage Lübeck 1648). Vgl. allgemein Anthony J. Harper: The Song-Books of Gottfried Finckelthaus. Glasgow 1988 (Scottish Papers in Germanic Studies 8).
41 [Gottfried Finckelthaus]: Floridans Lob- und Liebesgedichte/ Bey Besprächung Seiner beyden Wolbekanten Am Ersten Tag gesungen/ Und nachmals zu Pappir gebracht. Leipzig 1635. Vgl. dazu Anthony J. Harper: Ein neu aufgefundenes Frühwerk von Gottfried Finckelthaus? In: Daphnis 7 (1978), S. 689–696.
42 M. G. F. L. [d. i. Gottfried Finckelthaus]: Des weisen Salomons Hohes Lied/ Sampt andern Geistlichen Andachten. Leipzig 1638.
43 Vgl. Gerhard Dünnhaupt: Personalbibliographien zu den Drucken des Barock. 2. Aufl. Bd. 2. Stuttgart 1990, S. 1478–1483.
44 Homburg: Schimpff- und ernshaffte Clio (Anm. 9); Ludwig Christoph Heinrich Hölty: Gesammelte Werke und Briefe. Kritische Studienausgabe. Hg. von Walter Hettche. Göttingen ²2008.

doch auch beträchtlich unterscheiden. Sollte man die Sammlungen in einer Edition als Volltexte präsentieren oder eine Sammlung als Leittext wählen, alle in diesem Leittext nicht auftauchenden Gedichte und sonstigen Texte gesondert präsentieren und die Zugehörigkeit der Texte zu den verschiedenen Sammlungen mit den jeweiligen Varianten im Apparat darstellen? Beide Lösungen haben Vor- und Nachteile; für die Präsentation der vier Sammlungen als Volltext spricht der Umstand, dass die Sammlungen jeweils ganz oder teilweise als Gedichtzyklen angelegt zu sein scheinen[45] und man nicht ohne Verluste Gedichte aus diesen Werkzusammenhängen herausgetrennt präsentieren kann. Doch auch unter Absehung vom Prinzip der Zyklizität besitzen die Texte gerade durch ihren Sammlungscharakter Individualität und Unverwechselbarkeit. Die verbreitetste Finckelthaus'sche Sammlung etwa, die *Deutschen Gesänge* von 1640, weist nur in ihrem ersten, umfangreichsten Teil zyklusähnliche Eigenschaften auf. Der zweite Teil versammelt hingegen bunt gemischt Rätselgedichte, Epigramme, Gelegenheitsgedichte und zum Schluss eine Prosabetrachtung im Anschluss an Senecas *De brevitate vitae*. Diese Eigenart des Textes würde man verschleiern, wenn man den Sammlungszusammenhang nicht abbildete. Eine digitale Edition würde *dieses* Darstellungsproblem lösen. Sie müsste darüber hinaus nicht entscheiden, ob Texte buchgenau oder textzentriert, gedichtgebunden oder materialgebunden präsentiert werden, ob Lesbarkeit oder historische Treue primäres Editionsprinzip wäre, weil sie alles zugleich leisten könnte.[46] Doch Finckelthaus' Œuvre ist, wie gesagt, relativ überschaubar und unserer Ansicht nach auch für Leser zugänglich, die keine Experten für Literatur der Frühen Neuzeit sind. Dementsprechend wäre auch eine Kommentierung eher knapp zu halten und der Fokus stärker auf eine literaturgeschichtlich einordnende Einleitung zu legen. Die Texte eignen sich also auch für eine buchförmige Neuedition, die ohne eine digitale Infrastruktur und ohne das Einarbeiten in technische Komplexitäten zugänglich ist und die eine nachhaltige Verfügbarkeit der Texte sicher gewährleistet. Gegen eine Edition in Form eines faksimilierten Neudrucks mit anschließendem Kommentar, wie sie jeweils etwa für die Werke Christian Brehmes und David Schir-

---

[45] Vgl. zum Konzept des Zyklus lexikographisch verknappt Claus-Michael Ort: Zyklus. In: Reallexikon der deutschen Literaturwissenschaft. Hg. von Jan-Dirk Müller u. a. Bd. 3. Berlin, New York 2003, S. 899–901; ausführlicher Wolfgang Braungart: Zur Poetik literarischer Zyklen. Mit Anmerkungen zur Lyrik Georg Trakls. In: Zyklische Kompositionsformen in Georg Trakls Dichtung. Szegeder Symposion. Hg. von Károly Csúri. Tübingen 1996, S. 1–27 sowie als ‚Klassiker' Joachim Müller: Das zyklische Prinzip in der Lyrik. In: Germanisch-Romanische Monatsschrift 20 (1932), S. 1–20.
[46] Vgl. als Beispiel das 2018 angelaufene, in Tübingen ansässige DFG-Projekt *Hybrid-Edition der deutschsprachigen Werke des Martin Opitz (1630–1639)*.

mers vorliegt, spricht, dass diese Form der Edition in Zeiten, in denen immer mehr alte Drucke als Digitalisate im Internet verfügbar sind, nicht mehr zeitgemäß erscheint.[47] Was ist nun aber das Besondere an Finckelthaus' Œuvre, das eine Neuedition gerade dieses Autors als vordringlich erscheinen lässt? Diese Frage möchten wir im letzten Teil des Beitrags beantworten.

4 Finckelthaus' Poetik des Netzwerks und der Wiederholung

Die mitteldeutschen Lyriker besitzen, wie oben schon gesagt, eine Affinität zu musikalischer Dichtung, zur Textsorte der *lyrica*, der Ode, wie sie Opitz im *Buch von der Deutschen Poeterey* herausgehoben beschreibt,[48] und zur Dichtung von Liedern, die man sich ganz buchstäblich als Text-Melodie-Zusammenhänge vorstellen muss. Das Verhältnis von Lyrik und Musik und die damit verwandte Relation von Textualität und Mündlichkeit spielen nun bei Finckelthaus eine ganz besondere Rolle; viele der Gedichte reflektieren geradezu auf diese Zusammenhänge. Ein Beispiel hierfür ist das schon erwähnte Gedicht von der „Mertens-Ganß".[49]

>Die Mertens-Ganß. Nach dem Rundadinella.
>WEil nun Sanct Merten bricht herein/
>Rundadinellula:
>Muß seine Ganß besungen seyn/
>Rundadinellula.
>Zwo breite Füß vnd kurtzer Schwantz
>Rundadinellula.
>Muß haben vnsre Mertens-Gans.
>Rundad.
>Das Leder schmeckt vns wohl zu Tisch/
>Rundad.
>Die Flügel geben Flederwisch.
>Rundad.
>Sie dadadadert mit geschrey/

---

[47] Christian Brehme: Allerhandt lustige, trawrige vnd nach gelegenheit der Zeit vorgekommene Gedichte (1637). Hg. von Anthony J. Harper. Tübingen 1994; David Schirmer: Singende Rosen oder Liebes- und Tugend-Lieder (1654). Hg. von Anthony J. Harper. Tübingen 2003; ders.: Poetische Rosen-Gepüsche (1657). Hg. von Anthony J. Harper. Tübingen 2003.
[48] Poeterey, Bl. D3vf.
[49] Finckelthaus: Deutsche Oden oder Gesänge (Anm. 8), Bl. C6rf.

Dadadadadada.
Gick-gack/ gick-gack rufft sie dabey.
Rundad.
Drumb rupfft vnd zupffet diese wohl/
Rundad.
Sanct Martin eine haben soll.
Rundad/
Sanct Martin bleibt bey seinem Recht/
Rundad.
Weh dir du armes Ganß-Geschlecht.
Rundadinellula.

Das Gedicht wird strukturiert durch den in jedem zweiten Vers wiederholten Kehrvers „Rundadinellula". Gleichzeitig fehlt, wie fast immer in Finckelthaus' *Deutschen Oden oder Gesängen* und *Deutschen Gesängen*, ein Hinweis auf eine konkrete Melodie. Immerhin scheint mit dem Zusatz „Nach dem Rundadinellula" ein in der zeitgenössischen Kommunikationssituation allgemein bekannter Gesang oder Tanz angesprochen zu sein. Schlägt man in Grimms Wörterbuch nach, was es mit dem „Rundadinellula" auf sich hat, so wird man auf Finckelthaus selbst zurückverwiesen,[50] insbesondere auf ein weiteres Gedicht des Autors, das „Saufflied", in dem der Sprecher seine Rezipienten ganz explizit auffordert: „[S]timmt das Runda mit mir an".[51] Diese Aufforderung legt die Imagination einer realen Sprech- oder genauer: Singsituation nahe. Sucht man weiter, was „Rundadinellula" bedeuten könnte und wie es um seine Herkunft bestellt ist, so stößt man in Norbert Haas' *Trinkliedern des Spätmittelalters* auf den Hinweis, dass der Ausdruck sich schon Ende des 16. Jahrhunderts verschiedentlich findet und auf das französische Rondeau verweist, den Rundtrunk oder Rundgesang.[52] Ein ähnlicher bei Finckelthaus vorkommender französischer Refrain ist „Lentrelu".[53] Diese Refrains verweisen also auf eine französische Liedtradition;[54] ihrer Funktion nach handelt es sich um Signale für Musikalität und Mündlichkeit in Texten, die sich als Lieder ausgeben, aber in der Präsentation im Rahmen einer Lyrik-Sammlung ‚reine' Texte sind. Interessant ist in diesem Zusammenhang auch das Verspaar im Mertens-Ganß-Gedicht, in dem an die Stelle des „Rundadinellula"

---

50 Jacob und Wilhelm Grimm: Deutsches Wörterbuch. Bd. 8. Bearbeitet von und unter Leitung von Moriz Heyne. Leipzig 1893, Sp. 1505f.
51 Finckelthaus: Deutsche Oden oder Gesänge (Anm. 8), Bl. C6vf.
52 Norbert Haas: Trinklieder des deutschen Spätmittelalters. Philologische Studien an Hand ausgewählter Beispiele. Göppingen 1991 (Göppinger Arbeiten zur Germanistik 533), S. 238f.
53 Finckelthaus: Deutsche Gesänge (Anm. 4), Bl. J4vf.: „An eine vber glauben schöne Nymphe".
54 Vgl. William Jervis Jones: A Lexicon of French Borrowings in the German Vocabulary (1575–1648). Berlin, New York 1976, S. 391.

das onomatopoetisch nachgeahmte Gackern der Gans tritt: „Sie dadadadert mit geschrey/ Dadadadadada." Hier wird eine Schwundform von Sprache vorgeführt, die eigentlich nichts anderes ist als ein Taktschlagen, ein Verweisen auf nichts als Rhythmus. Ähnliches findet sich dann auch in Birkens bereits erwähnter „Märtens-Gans", wo der Kehrvers in der ersten Strophe lautet „Fa, la, la", in allen weiteren Strophen „Fa, la, la, la" und in der letzten Strophe schließlich „Fa, fa, la, la, la, la, la". Und auch in dem eingangs beschriebenen *Des Hylas auß Latusia Lustiger Schau-Platz* findet sich ein „Schmaus-Lied" genannter Rundgesang, der zum Ronda-Ruf auffordert: „Daß man juch holla von weitem erhört/ | Ronda ronda ronda/ ronda di nellula." Gleichzeitig gibt es im selben Lied ebenfalls mehrfach das einfachere „Juch holla/ fa/ la/ ra/ fa/ la/ la/ la".[55]

Auch im Gedicht „Silenus und Daphne singen einander" inszeniert Finckelthaus die Spannung zwischen schriftlicher Fixierung und mündlichem Vortrag: Da es als Wechselgesang konzipiert ist, drängt es wie ein Theatertext zur Aufführung, zum Lesen mit verteilten Rollen und stellt eine Reflexion des Gesangs als Vortragsmedium dar.

> *Silenus* vnd *Daphne* Singen gegen einander.[56]
> *Silenus.*
> VErzeihet dem/ der sich/ mein Leben/
> Mit euch zu reden vntersteht?
> *Daphne.*
> Ein gutes Wort kan ich wol geben/
> Ob mirs gleich nicht von Hertzen geht.
> Wer liebt/ vnd vngeliebt muß stehn/
> Mag nur der Liebe müssig gehn.
> *Silenus.*
> Wolt jhr denn noch beständig bleiben/
> Vnd nimmermehr geliebet seyn?
> *Daphne.*
> Warumb denn nicht? Jch muß ja gläuben/
> Daß Liebe nie sey ausser Pein.
> Wer liebt/ vnd vngeliebt muß stehn/
> Mag nur der Liebe müssig gehn.
> *Silenus.*
> Es ist ja niemand noch verblieben/
> Von Lieb'/ vnd Amors-List befreyt.
> *Daphne.*
> Es ist ja niemand noch verblieben
> Den lieben hette nicht gerewt.

---

55 Anonym: Des Hylas auß Latusia Lustiger Schau-Platz (Anm. 5), S. 83f.
56 Finckelthaus: Deutsche Oden oder Gesänge (Anm. 8), Bl. C3rf.

> Wer liebt/ vnd vngeliebt muß stehn/
> Mag nur der Liebe müssig gehn.
> *Silenus.*
> Wie mögt jhr doch zurücke sehen
> Vnd tragt vor mir so grossen Schew?
> *Daphne.*
> Das Auge mus bey seite gehen/
> Daß nicht das Hertz' getroffen sey.
> Wer liebt/ vnd vngeliebt muß stehn/
> Mag nur der Liebe müssig gehn.
> *Silenus.*
> Wolt jhr stetz vnbeküsset bleiben?
> Jhr seyd noch lieblich/ jung vnd schön.
> *Daphne.*
> Juckt euch das Maul/ so mögt jhrs reiben
> Wo scharffe Stein vnd Ecken stehen.
> Wer liebt/ vnd vngeliebt muß stehn/
> Wag [sic!] nur der Liebe müssig gehn.
> *Silenus.*
> Ach dämpffet doch des Liebes-Fewer!
> Ertheilt ein Tröpfflein ewrer Gunst!
> *Daphne.*
> Das Wasser ist ja nicht zu thewer/
> Geht waschet euch/ vnd lescht die Brunst.
> Wer liebt/ vnd vngeliebt muß stehn/
> Mag nur der Liebe müssig gehn.
> *Silenus.*
> So kan ich keinen Trost erwerben?
> Gewißlich morgen bin ich todt.
> *Daphne.*
> Wer heute/ darff nicht morgen sterben:
> So seyd jhr frey von ewrer Noth.
> Wer liebt/ vnd vngeliebt muß stehn/
> Mag nur der Liebe müssig gehn.

Mit dem Besingen einer Frau wird hier ein Topos *in praxi* vorgeführt, und es wird gezeigt, was geschieht, wenn die Besungene den Gesang nicht positiv aufnimmt. Insofern Daphne immer auch den Kehrvers mitsingt – „Wer liebt/ vnd vngeliebt muß stehn/ | Mag nur der Liebe müssig gehn" –, soll man sich das Ganze aber nun auch nicht als reinen Wortvortrag vorstellen, sondern als ein gesungenes Duett. Auch hier fehlt jedoch jeder Hinweis auf eine mögliche Melodie. Braun hatte die Gedichte Christian Brehmes, wie gesagt, als „Lieder ohne Noten" beschrieben. Finckelthaus' Gedichte funktionieren etwas anders, indem sie changieren zwischen liedhafter Lyrik und reiner „Buchlyrik", ein Ausdruck, den Ferdinand van Ingen in anderem Kontext für die Opitz'schen Lieder verwandt hat.[57]

Neben dem programmatischen Changieren zwischen Textualität und Musikalität, Schriftlichkeit und Mündlichkeit zeichnet sich Finckelthaus' Lyrik noch durch eine weitere Besonderheit aus: Das Prinzip der Wiederholung, das vielen Texten der Zeit zugrunde liegt, ist hier ziemlich weit getrieben. In den verschiedenen Sammlungen wiederholen sich die Gedichte; in vielen Gedichten wiederholen sich Verse in Gestalt von Kehrversen; und in der Opitz-*imitatio* wiederholen sich in variierter Form Themen und semantische Einheiten, die Opitz in die Odendichtung eingeführt hatte. Dass Finckelthaus das Prinzip der Wiederholung auf unterschiedlichen Ebenen immer wieder durchexerziert, macht ihn aus einer modernen Perspektive schwer greifbar, die in der Literaturgeschichte grundsätzlich das sucht, was neu ist und sich damit dem Prinzip der Wiederholung entzieht. Darüber hinaus war zumindest die ältere Barockforschung stets an etwas interessiert, was sie die ‚Welthaltigkeit' der Dichtung nannte: Wo man einem Dichter diese ‚Welthaltigkeit' nachweisen konnte, da konnte man ihn als modern und zukunftsweisend beschreiben, so, wie es etwa Friedrich Gundolf für Grimmelshausen und Richard Alewyn gerade in Abgrenzung von Grimmelshausen für Johann Beer getan hat[58] und wie man es auch für Paul Fleming, in Grenzen auch für Opitz tun konnte. Bei Finckelthaus findet sich nun programmatisch keine ‚Welthaltigkeit'. Zwar hat der frühe Finckelthaus-Forscher Heinrich Pröhle die Vermutung geäußert, Finckelthaus' Lobgedicht einer ‚Schwarzen' sei ein Reflex seiner Brasilien-Reise und beziehe sich auf eine schöne Brasilianerin, aber vermutlich handelt es sich doch ganz konventionell um die Bezeichnung einer dunkelhaarigen Frau.[59]

---

57 Ferdinand van Ingen: Der Stand der Barocklied-Forschung in Deutschland. In: Weltliches und Geistliches Lied im Barock. Studien zur Liedkultur in Deutschland und Skandinavien. Hg. von Dieter Lohmeier und Bernd Olsson. Amsterdam 1979 (Chloe 2), S. 3–28, hier S. 6. Freilich ist die mit dem Schlagwort ‚Buchlyrik' konnotierte ältere Vorstellung, wonach die Opitz'sche Reform die ‚lebendige' Liedkultur des 16. und beginnenden 17. Jahrhunderts beendet habe, obsolet. Dass aber die Liedersammlungen des 17. Jahrhunderts neben der konzeptionellen Liedhaftigkeit der in ihnen versammelten Texte auch die Dimension der konzeptionellen Buchförmigkeit aufweisen, lässt sich durch das Schlagwort ‚Buchlyrik' gut erfassen.
58 Friedrich Gundolf: Grimmelshausen und der Simplicissimus. In: Deutsche Vierteljahrsschrift für Literaturwissenschaft und Geistesgeschichte 1 (1923), S. 339–358; Richard Alewyn: Johann Beer. Studien zum Roman des 17. Jahrhunderts. Zweite, verbesserte Auflage. Aus dem Nachlass hg. von Klaus Garber und Michael Schroeter. Heidelberg 2012 [¹1932]. Vgl. Manfred Kremer: Wirklichkeitsnähe in der Barockliteratur. Zur Gestaltung der Realität bei Grimmelshausen und Beer. In: Simpliciana 13 (1991), S. 143–156.
59 Vgl. hierzu den mit rassistischem Dünkel urteilenden Heinrich Pröhle: Der sächsische Dichter Gottfried Finckelthaus. In: Archiv für Literaturgeschichte 3 (1874), S. 66–108, v. a. S. 73: „Offenbar mischte er seit dieser Reise [d. i. derjenigen nach Brasilien] auf eine in moralischer und ästheti-

Finckelthaus referiert, vielleicht radikaler als Opitz, mit seinen Gedichten auf eine reine Kunstwelt, unterstützt durch Wohlklang und Rhythmus. Wenn man danach fragt, was das literaturhistorisch Besondere daran sei, dann hat man fast schon die falsche Frage gestellt: Finckelthaus überbietet Opitz gewissermaßen in der Radikalität des ‚Unbesonderen'. Ein Teil dieses Projekts scheint es zu sein, in den Lyriksammlungen über weite Strecken keine Mischung unterschiedlicher Gedichtarten und Themen anzustreben, wie zum Beispiel sein Kompagnon Brehme, sondern sich – zumindest in großen Teilen der Sammlungen – als reiner Odendichter zu präsentieren.

Finckelthaus' Autorschaft beruht also erstens auf einem programmatischen Changieren zwischen Mündlichkeit und Schriftlichkeit sowie von Musikalität und Textualität und zweitens auf einer Poetik der Wiederholung, die dadurch, dass die Imitation von Opitz und anderen Opitzianern eine zentrale Rolle spielt, auch eine Poetik des Netzwerks ist. In ingeniöser Weise hat Finckelthaus diesen zweiten Aspekt seiner Poetik in der Opitz-Parodie „Er entsaget der Liebe" zum Ausdruck gebracht.[60]

> JCh empfinde fast ein Grawen/
> Daß ich/ liebe/ für vnd für
> Bin gewesen eigen Dir.
> Es ist zeit einmahl zu schawen
> Was doch meine Bücher machen/
> Die ich lange nicht gesehn:
> Alles soll bey seite gehn
> Von den süssen Liebes Sachen.
>
> Wozu dienet doch das Lieben/
> Als zu lauter Vngemach:
> Vnterdeß verschiest die Bach
> Vnsers Leben mit betrüben.
> Keiner wird es erstlich innen
> Biß der süsse Seelengifft

---

scher Hinsicht gleich abscheuliche Art die afrikanische und die amerikanische Menschenrace in seine deutschen Liebesgedichte ein. Woher kommt dies? Diese Lieder von den Negerinnen und den Indianerinnen, gewiss, er ‚Holte sie sich nicht von der leipziger Messen,' wie die Litterarhistoriker bisher geglaubt zu haben scheinen. Oder sollten dieselben, nachdem sie selbst mit ihren Scherzen über Finckelthaussens unschuldige Liedchen auf die deutschen ‚Schwarzköpfchen', den Teufel gewissermaßen an die Wand gemalt, ganz übersehen haben, dass er da, wo er salva venia von Schwarzen und Braunen spricht, nicht vom dunkeln und nussbraunen Haare seiner Landsmänninnen redet, sondern horribile dictu von Geliebten mit schwarzen oder kupferbraunen Gesichtern? Aber Spass bei Seite!"

60 Finckelthaus: Er entsaget der Liebe (Anm. 8).

Vnser junges Hertze trifft:
Welcher wird jhr denn entrinnen?

Hola/ Junger/ geh vnd siehe
Wo die Federn mögen seyn.
Hole Dinten vor den Wein.
Morgen will ich auffseyn frühe.
Jch will aller Lieb in dessen/
Aller schönen Damen Gunst/
Vnd der bitter süssen Brunst
Der verdammten Lust vergessen.

Jch will mich jtzt setzen nieder.
Lasse niemandt ein zu mir/
Vnd verschliesse fest die Thür:
Alle meine Buhlenlieder
Sollen gäntzlich sich verliehren.
Dieser Tag vnd diese Nacht
Soll von mir seyn zugebracht
Nur mit Lesen vnd Studieren.

Hierbei handelt es sich zunächst einmal um eine variierende Wiederholung von Opitz' Modell-Ode „Ich empfinde fast ein Grawen",[61] die ihre Komik dadurch gewinnt, dass Finckelthaus in der formalen und teilweise semantischen Wiederholung der Sache nach mehr oder weniger das Gegenteil von dem schreibt, was Opitz geäußert hatte. Bei Opitz besteht das Modellhafte der Ode im anti-gelehrten Gestus: Der Dichter geht, des Studierens überdrüssig, in die Natur hinaus und labt sich am Wein und an anderen sinnlichen Genüssen. Finckelthaus' Dichter-Ich hingegen kehrt zu den Büchern zurück und benutzt das „Lesen und Studieren" als Antidot gegen Liebespein. Diese parodistische Struktur hat aber auch eine poetologische Dimension: Wo Opitz die Ode als eine Form naturnahen, einfachen, ungelehrten, musikalischen Dichtens inszeniert, da übernimmt Finckelthaus einerseits diese Vorstellung, weist aber andererseits durch seine Umkehrung darauf hin, dass es sich lediglich um die Prätention von Naturnähe, Einfachheit, Ungelehrtheit und Musikalität in einer Umgebung von Literarizität, Schriftlichkeit, Künstlichkeit und Gelehrsamkeit handelt. Zu dieser Prätention von Einfachheit in einem schriftkulturellen Gewand gehört auch der Umstand, dass die Lyriksammlungen nicht den für die Zeit typischen, umfangreichen paratextuellen Vorbau aus Titelkupfer, Widmungs- und Leservorrede sowie Widmungsgedichten enthalten. Sie sind buchgestalterisch und werkkonzeptionell betont schlicht gehalten. Die Ode wird in Finckelthaus' Œuvre als eine Form

---

61 GW II,1, S. 370.

lesend zu erschließender Buchlyrik programmatisch affirmiert. Diese Affirmation impliziert eine Poetik des Netzwerks, die vielleicht bei allen Opitzianern des zweiten Jahrhundertdrittels und bei vielen mitteldeutschen Lyrikern der Zeit zu finden ist. Zeitgenössisch trägt diese Poetik zu Finckelthaus' besonderer literaturhistorischer Stellung ebenso bei, wie sie in neuerer Zeit die Rezeption hemmt. Bis in das 18. Jahrhundert hinein freilich konnte Finckelthaus mit seinem hier analysierten Lyrikmodell neben Schoch und Schirmer als Referenzautor gelungener Odendichtung gelten. So schreibt Friedrich von Hagedorn in der Vorrede zu seinen „Oden und Liedern":

> [...] in den neuesten Sammlungen deutscher Oden und Lieder finden sich nicht wenige Stücke zum Theil noch lebender Dichter, die, in dieser beliebten Schreibart, den zu seiner Zeit berühmten Schoch, dessen Schäfer-Hirten-Liebes- und Tugendlieder bekannt sind, seinen Freund Schirmer, den ehrlichen Finckelthaus und andere gewiß weit übertroffen haben.[62]

Hagedorn artikuliert hier die Überbietung der Odendichtung des 17. Jahrhunderts, aber im Gestus der Überbietung hält er sie präsent und erkennt sie als Richtmaß für die Odendichtung seiner Zeit, nicht zuletzt für seine eigene Odendichtung, an. Womöglich zeigt dieses Beispiel einer spezifischen Form von Traditionsverhalten des 18. Jahrhunderts mit Blick auf das 17. eine Linie an, die sich weiterverfolgen ließe: Die mitteldeutsche Lyrik des 17. Jahrhunderts lässt sich vielleicht als Vorläuferbewegung bestimmter lyrischer Strömungen im 18. Jahrhundert beschreiben, etwa der Anakreontik. Damit käme der mitteldeutschen Lyrik des 17. Jahrhunderts und mit ihr Finckelthaus als einem ihrer wichtigsten Vertreter eine bedeutendere Rolle innerhalb der Geschichte der deutschen Lyrik zu, als es bislang weitenteils gesehen wurde.

---

[62] Friedrich von Hagedorn: Poetische Werke. Dritter Theil: Oden und Lieder. Hamburg 1800, S. XXII. Vgl. den Hinweis bei Günther Müller: Geschichte des deutschen Liedes vom Zeitalter des Barock bis zur Gegenwart. München 1925, S. 167.

Gudrun Bamberger
Netzwerk und Werkpolitik

Martin Opitz und der Zürcher Literaturstreit
(Gottsched – Bodmer/Breitinger – Triller)

1 Opitz zwischen Zürich und Leipzig

Dass im deutsch-schweizerischen Literaturstreit im 18. Jahrhundert an vielen Fronten gekämpft wurde,[1] bezeugt nicht nur die Vielfalt der hier angesprochenen Themen, sondern auch die Editionstätigkeit, die die Protagonisten des Streits entfalteten. Insbesondere die Paratexte zu diesen Editionsprojekten wurden zur Diskurs- und Streitfläche für unterschiedliche Konflikt- und Themenbereiche. Neben den zahlreichen philosophisch-theologischen Differenzen bildete ein Zentrum der Auseinandersetzung der ‚Leipziger Sprachimperialismus', der von den Schweizern Johann Jakob Bodmer und Johann Jakob Breitinger abgelehnt wurde.[2] Die Leipziger Bemühungen um Sprachnormierung zugunsten des Obersächsischen widersprachen der Auffassung einer aus der Tradition gewachsenen und damit legitimen Literatursprache der Schweizer. In diesen Kontext fiel die Beschäftigung mit Martin Opitz, dem Urheber der wichtigsten Sprach- und Dichtungsreform des 17. Jahrhunderts, der erstmals explizit auf die Eignung der deutschen Sprache als Dichtungssprache verwiesen hatte.[3] Auf die Beliebtheit des ersten Sprachreformers nach Luther gehen die Schweizer in der Vorrede zu ihrer Opitz-Ausgabe von 1745 ein:

---

[1] „1741 berichtete die Leipziger Zeitschrift *Belustigungen des Verstandes und des Witzes* in drei Fortsetzungen von einem Dichterkrieg", der „als ‚Literaturstreit zwischen Leipzig und Zürich', als ‚deutsch-schweizerischer' oder auch nur ‚Züricher Literaturstreit' in die Geschichtsschreibung der Aufklärung eingegangen ist: einem Konflikt, der so tiefgreifend war, der so energisch und heimtückisch geführt wurde, dass er für die nächsten Jahrzehnte die Koordinaten nicht allein im literarischen Feld definierte [...]." Steffen Martus: Aufklärung. Das deutsche 18. Jahrhundert – ein Epochenbild. Berlin 2015, S. 504 (Hervorhebung im Text).
[2] Vgl. Gerda Haßler: Sprachwissenschaftliche Konzepte bei Gottsched. In: Johann Christoph Gottsched (1700–1766). Philosophie, Poetik und Wissenschaft. Hg. von Eric Achermann. Berlin 2014, S. 251–268, hier S. 254; Martus (Anm. 1), S. 506.
[3] Allerdings gab es Vorbilder, auf die Opitz zurückgreifen konnte und die sich ebenfalls mit dem Problem der deutschen Sprache als Poesiesprache auseinander gesetzt haben. Vgl. Hans-Gert Roloff: Martin Opitz – 400 Jahre! Ein Festvortrag. In: Martin Opitz (1597–1639). Nachahmungspoetik und Lebenswelt. Hg. von Thomas Borgstedt und Walter Schmitz. Tübingen 2002, S. 7–30, hier S. 14.

> SEitdem zu unsern Zeiten Martin Opitzens Vortrefflichkeit in der deutschen Poesie von einigen Kennern so nachdrücklich gelobet worden, daß auch solche Leute, die allem Ansehen nach kein deutliches Erkenntnis davon haben, sich genöthiget gesehen, dieses Lob in gebundener und ungebundener Rede nachzusagen; hat man den Mangel an Exemplarien der Opitzischen Gedichte je länger je mehr wahrgenommen. (Bodmer/Breitinger: Vorrede, S. 1)[4]

Mit dieser Eröffnung des ersten und einzigen Bandes ihrer Opitz-Ausgabe machen Bodmer und Breitinger nicht nur auf die dringende Notwendigkeit einer bis dato fehlenden Ausgabe von Opitz' Werken aufmerksam, sondern richten noch vor der Kundgabe eines Desiderats ihre Kritik an diejenigen, die sich bislang eher beiläufig mit dem Lob des Dichters beschäftigt haben. Allein der Verweis auf die gebundene bzw. ungebundene Rede richtet sich nach Leipzig, wo nicht nur Johann Christoph Gottsched im Jahr 1739 zum 100. Gedenktag des Todes eine Lobrede auf Opitz hielt, sondern auch aus der Rezeption dieser Rede eine ganze Reihe an Publikationen, Reaktionen, Lobgedichten, eine Opitz-Biographie und mindestens zwei weitere Editionsvorhaben hervorgingen.

Ausgehend von diesem Festakt rückte für die folgenden Jahre das Vorhaben, eine Opitz-Werkausgabe auf den Weg zu bringen, in den Fokus des Interesses an beiden Hauptaustragungsorten des Literaturstreits. Es greift zwar zu kurz, zu Beginn der Auseinandersetzung in den 1720er Jahren von nur zwei Parteien zu sprechen;[5] vorliegender Beitrag konzentriert sich jedoch auf die Gottsched-Triller-Allianz auf der einen, Bodmer und Breitinger auf der anderen Seite. Noch in den 1730er Jahren pflegten Bodmer und Breitinger einen höflichen, anerkennenden Ton gegenüber Gottsched, was nicht zuletzt an den gemeinsamen Ideen und Vorlieben lag.[6] In den 1740er Jahren hingegen, in welche auch die Umsetzungen der Opitz-Unternehmungen fielen, verschärfte sich die Lage im Streit zunehmend.[7] Der Gegenstand ‚Opitz' lag bereits vor der Vorlesungsreihe und der Rede als deren Endpunkt in Gottscheds Interessengebiet; dieser plante schon seit

---

4 Im Folgenden stammen die Zitate aus: Martin Opitzens von Boberfeld Gedichte. Hg. von Johann Jakob Bodmer und Johann Jakob Breitinger. Zürich 1745; Martin Opizen von Boberfeld: Teutsche Gedichte, in vier Bände aufgetheilet. Hg. von Daniel Wilhelm Triller. Frankfurt a. M. 1746; [Johann Jakob Bodmer, Johann Jakob Breitinger:] Der gemißhandelte Opiz in der Trillerschen Ausfertigung seiner Gedichte. O. O. 1747. Zitiert werden diese Texte im laufenden Text.
5 Vgl. Martus (Anm. 1), S. 507.
6 Vgl. ebd., S. 510. Vgl. auch: Wolfgang Bender: Johann Jakob Bodmer und Johann Jakob Breitinger. Stuttgart 1973.
7 Vgl. Martus (Anm. 1), S. 515 sowie Detlef Döring: Der Literaturstreit zwischen Leipzig und Zürich in der Mitte des 18. Jahrhunderts. Neue Untersuchungen zu einem alten Thema. In: Bodmer und Breitinger im Netzwerk der europäischen Aufklärung. Hg. von Anett Lütteken und Barbara Mahlmann-Bauer. Göttingen 2009, S. 60–104.

1731 seine Opitz-Edition, wie er Bodmer in einem Brief vom 2.5.1739 mitteilte. Dass diese Ausgabe nie realisiert wurde, bemerken die Züricher Herausgeber in ihrem eigenen Vorwort nicht ohne Häme.[8] Den Vorsatz, „den Opitz rein und vollständig zu liefern, machen die Schweizer dann zum philologischen Nebenschauplatz des berühmten ersten Literaturstreits in der deutschen Kulturgeschichte."[9] Nicht nur aufgrund seiner Bemühungen, die deutsche Sprache zur Poesiesprache zu nobilitieren, erscheint Opitz in der Frühaufklärung als Idealfall eines deutschen Dichters und Dichtungstheoretikers, sondern auch wegen seiner anhaltenden Autorität in Fragen der Poesie und Sprachkunst.[10] Im Literaturstreit – so zeigt sich besonders an der Behandlung der Werke Opitzens – ging es weniger um die Profilierung einzelner Autoren, „sondern vielmehr um die Bildung von publizistischen Kräftekonstellationen oder (genauer) Netzwerken".[11] Zwar finden sich bei Gottsched auf der einen Seite und den Schweizern auf der anderen Leitfiguren für poetologische Auffassungen und Parteizugehörigkeiten. Die Streitigkeiten werden jedoch in erster Linie über Themen, philosophische Ideen und philologische Gegenstände geführt. Um diesen Aspekt des Literaturstreits näher zu kennzeichnen, bietet die Beobachtung des ‚Gegenstands Opitz' konkrete Anhaltspunkte über inhaltliche Differenzen.

Nicht nur aufgrund des Jubiläums rückte der Schlesier für die Frühaufklärer ins Zentrum des Interesses. Im Folgenden geht es darum, zu zeigen, wie Opitz' Autorität für die Sprachdebatte instrumentalisiert wurde und wie in den konkurrierenden Werkausgaben die Netzwerke des Literaturstreits erkennbar werden. Sie konstituierten sich durch den brieflichen Austausch der Akteure zum einen im privaten Bereich, wurden daneben aber in den publizierten Ausgaben auch vor der Öffentlichkeit entfaltet. Die Rede vom ‚Netzwerk' schließt sich dabei partiell an die von Bruno Latour entwickelte ‚Akteur-Netzwerk-Theorie' an, wenn ich

---

8 Vgl. Uwe Ketelsen: Auf den Flügeln des patriotischen Eifers über das Gestrüpp der Sätze. Gottsched rühmt Opitz. In: Opitz und seine Welt. Festschrift für George Schulz-Behrend zum 12. Februar 1988. Hg. von Barbara Becker-Cantarino. Amsterdam 1990, S. 267–287, hier S. 270.
9 Dirk Niefanger: „Vom Zustande der Poesie in Teutschland". Die Breslauer Anleitung (1725) als erste Aufklärungspoetik. In: Um 1700. Die Formierung der europäischen Aufklärung. Zwischen Öffnung und neuerlicher Schließung. Hg. von Daniel Fulda und Jörn Steigerwald. Berlin, Boston 2016, S. 237–263, hier S. 250.
10 Vgl. Wolfram Mauser: Opitz und der Beginn der deutschsprachigen Barockliteratur. Ein Versuch. In: Filologia e critica: studi in onori di Vittorio Santoli. Hg. von Paolo Chiarini. Rom 1976, S. 281–314, hier S. 287.
11 Christoph Deupmann: Der Leipzig-Zürcher Literaturstreit: G***d, die ‚Schweizer' und die Dichterkrönung Christoph Otto von Schönaichs. In: Schriftstellerische Inszenierungspraktiken. Typologie und Geschichte. Hg. von Christoph Jürgensen und Gerhard Kaiser. Heidelberg 2011, S. 69–88, hier S. 77.

postuliere, dass für die Auseinandersetzung zwischen Zürich und Leipzig nicht nur menschliche Akteure von Bedeutung waren.[12] Neben Bodmer, Breitinger, Gottsched und Triller kam nämlich Martin Opitz' Werk selbst als Akteur des Literaturstreits eine zentrale Rolle zu. Es generierte zahlreiche neuerliche Auseinandersetzungen und schriftliche Reaktionen, und bildete bei aller Differenz eine die Lager verbindende Gemeinsamkeit.

Der Beitrag untersucht zunächst die Ausgangspunkte für die Beschäftigung mit Opitz. Bereits zu Lebzeiten herrschte nicht uneingeschränkte Einigkeit über die Verbreitung des Werkes, die zunächst untersucht wird (2.). Auch hier zeigt sich die paratextuelle Präsentation als aufschlussreich für den zeitgenössischen Umgang und die spätere Nutzung der Ausgaben für die Frühaufklärer. Zudem gibt diese Konstellation um die Ausgabe der *Teutschen Poemata* Aufschluss über die historische Situierung des Werkes und die frühneuzeitliche Publikationspraxis, auf die auch um 1740 noch zurückgegriffen wird.[13] In einem zweiten Schritt wird die Ausgangslage um 1739 näher beleuchtet (3.), die Aufschlüsse über die folgenden Werk-Ausgaben und deren unterschiedliche Ziele und Ausführungen gibt (4.). Die Züricher Opitz-Edition von 1745 berücksichtigt den Autorwillen und folgt den Ausgaben letzter Hand, wo möglich und sinnvoll, während Triller in Leipzig einen leserorientierten Aneignungsprozess wählt und diesen in seiner Vorrede in Abgrenzung von den Schweizern verteidigt. Die Konkurrenz dieser beiden Ausgaben führt zu einer Rezension der Schweizer, in der sie die Triller'sche Ausgabe nicht nur kritisieren, sondern dekonstruieren (5.).

2 Ausgangspunkt 1: Opitz und Zincgref

Es ist bemerkenswert, dass Opitz' Werke bereits ab 1624 fremd herausgegeben, das heißt, nicht vom Autor selbst verantwortet wurden. Gerade Julius Wilhelm Zincgrefs erste Sammelausgabe der deutschen Gedichte ist bekanntlich durchaus problematisch. Zwar überließ der junge Opitz bei seinem Abschied aus Heidelberg 1620 Zincgref eine druckfertige Sammlung von Gedichten, diese wurden

---

[12] Vgl. die handbuchartige Darstellung von Bruno Latour: Eine neue Soziologie für eine neue Gesellschaft. Einführung in die Akteur-Netzwerk-Theorie. Aus dem Englischen von Gustav Roßbach. Frankfurt a. M. ⁴2017.
[13] Vgl. Charlotte Kurbjuhn, Steffen Martus und Carlos Spoerhase: Editoriale Aneignung literarischer Werke im 18. Jahrhundert. Vorwort. In: Zeitschrift für Germanistik 27 (2017), S. 7–16, hier S. 10.

jedoch um weitere Gedichte ergänzt.[14] Die Sammlung, die Opitz Zincgref übergab, berührt das 1619/20 in Heidelberg verfolgte „Projekt einer neuen deutschen Kunstdichtung" in der sogenannten Straßburger Edition (Sammlung A).[15] Über die finale Druckgestalt wurde Opitz allerdings nicht mehr informiert, weshalb zutreffenderweise immer wieder darauf hingewiesen wird, dass diese Ausgabe 1624 ohne die letzte Autorisierung des Autors erfolgte.[16] Es handelt sich bei der Sammlung A um eine komponierte Serie, die Zincgref im Umfang um mehr als das Doppelte an Material erweiterte, indem er den Gedichten umfangreichere Schriften aus Opitz' Feder wie den *Aristarchus sive de contemptu linguae Teutonicae*, den *Lobgesang Jesu Christi* und den *Lobgesang Bacchi*, die Opitz in Siebenbürgen übersetzt hatte,[17] sowie das *Gebet, dass Gott die Spanier widerumb vom Rheinstrom wolle treiben* und *Zlatna, Oder von ruhe des gemüthes* beigab. Darüber hinaus machte Zincgref bereits auf dem Titelblatt darauf aufmerksam, dass er dem Œuvre einen „Anhang vnterschiedlicher außgesuchter Getichten anderer mehr teutschen Poeten" hinzugefügt hatte.[18] Dieser Anhang besteht aus 55 Gedichten zum Teil schon verstorbener Autoren. Er sollte möglicherweise die verspätete Drucklegung kompensieren,[19] stieß jedoch nicht auf Opitz' Einverständnis.

Im Mai desselben Jahres ging ein Exemplar der Ausgabe an Opitz, der sich in einem Brief zunächst diplomatisch dazu äußerte, allerdings nicht für die editorische Arbeit dankte.[20] Indem er darauf hinwies, selbst eine Ausgabe besorgen zu wollen, lehnte er die Herausgabe einer weiteren Auflage ab. Opitz antwortete am 6.11.1624 auf einen Brief Zincgrefs, der wohl im Mai verfasst wurde, aber den Adressaten nicht vor dem 1.11.1624 erreichte:

---

14 Vgl. Achim Aurnhammer: Zincgref, Opitz und die sogenannte Zincgref'sche Gedichtsammlung. In: Julius Wilhelm Zincgref und der Heidelberger Späthumanismus. Zur Blüte- und Kampfzeit der calvinistischen Kurpfalz. Hg. von Wilhelm Kühlmann in Verbindung mit Hermann Wiegand. Ubstadt-Weiher 2011, S. 263–283, hier S. 263.
15 Volker Meid: Die deutsche Literatur im Zeitalter des Barock. Vom Späthumanismus zur Frühaufklärung. München 2009, S. 154; Jörg Robert: Vetus Poesis – nova ratio carminum. Martin Opitz und der Beginn der „Deutschen Poeterey". In: Maske und Mosaik. Poetik, Sprache, Wissen im 16. Jahrhundert. Hg. von Jan-Dirk Müller und Jörg Robert. Münster u. a. 2007, S. 397–440.
16 Abgedruckt in GW II,2, S. 524–748.
17 Vgl. Aurnhammer (Anm. 14), S. 263. Die Originale stammen von Daniel Heinsius.
18 Ebd., S. 264.
19 Vgl. ebd.
20 Vgl. Steffen Martus: Werkpolitik. Zur Literaturgeschichte kritischer Kommunikation vom 17. bis ins 20. Jahrhundert; mit Studien zu Klopstock, Tieck, Goethe und George. Berlin, New York 2007, S. 24.

> Poematum meorum editionem à Zeznero iterari nollem; cum ob errata plurima à me inibi commissa, tum ob ipsius etiam detrimentum, concinnante me jam opus prorsus novum, singulaque in certos silvarum, carminum et epigrammatum libros digerente [...].

> Ich möchte nicht, daß Zetzner die Ausgabe meiner Gedichte wiederveröffentlicht, einerseits wegen der vielen von mir darin gemachten Fehler, andererseits auch, weil er sich dadurch selbst schadet. Ich bin nämlich bereits daran, einem ganz und gar neuen Werk die Fassung zu geben, das die einzelnen Stücke in eigene Bücher mit Silvae, Gedichten und Epigrammen aufteilt.[21]

Es ist derselbe Brief, in dem Opitz die *Poeterey* ankündigt, die gerade im Druck sei und nach ihrem Erscheinen an den Freund geschickt werde. Allein dieses Parallelunternehmen der *Poeterey* machte es notwendig, die eigenen Gedichte an die poetologische Programmschrift anzupassen.[22] In der *Poeterey* selbst äußert Opitz zudem einige Kritik an der Straßburger Ausgabe, denn diese sei „vngeordnet vnd vnvbersehen zuesammen gelesen" und leide an „vielfältigen mängel vnd irrungen".[23] In der von ihm selbst überwachten Breslauer Ausgabe 1625 (Sammlung B) entfernte Opitz neben Zincgrefs Zugaben mit 33 Gedichten ein Fünftel der Texte in der 1624er Ausgabe der *Teutschen Poematum*.[24] Die editorischen Entscheidungen die Auswahl der Gedichte betreffend waren nicht nur poetologisch motiviert, denn mit der Herausgabe von politisch zugunsten des Winterkönigs lesbaren Texten steht Opitz' Werk „in einem äußerst komplexen und historisch spezifischen Zusammenhang von Politik, Gelehrtentum und Dichtkunst".[25] Dennoch unterscheiden sich die beiden Sammlungen formalästhetisch erheblich:

> Bei ihm [scil. Zincgref, G. B.] dominieren strophische Gesellschaftslieder, deren sangbare Einfachheit und reihendes Prinzip deutlich ins 16. Jahrhundert zurückweisen, repräsentiert etwa durch Paulus Melissus Schede und Christoph von Schallenberg, neben epigrammatisch-pointierten Gelegenheitsgedichten vor allem Hochzeitscarmina. Dazu zählen auch die sangbaren Oden von Georg Rodolf Weckherlin.[26]

Zudem setzt Opitz in der Sammlung B seine Sprach- und Dichtungsreform konsequent um, denn der ‚Anhang vnterschiedlicher außgesuchter Getichten anderer mehr teutschen Poeten', der auf die Verdienste der vorhergehenden Dichterge-

---

21 BW III, S. 356f.
22 Vgl. Martus (Anm. 20), S. 24.
23 GW II,1, S. 376.
24 Vgl. Aurnhammer (Anm. 14), S. 265; Martin Opitz: Teutsche Poemata. Hg. von Georg Witkowski. Halle/S. 1902, S. xliii–xlvi.
25 Martus (Anm. 20), S. 23.
26 Aurnhammer (Anm. 14), S. 277.

neration weist, steht dem Vorhaben eines deutschsprachigen Neuanfangs der Dichtung entgegen.[27]

Die unterschiedlichen Stoßrichtungen der beiden Verantwortlichen belegen auch die Paratexte. Mit der Widmung an Eberhard von Rappoltstein unterstützt Zincgref die „Nationalkonkurrenz nach außen", die „Steigerung von Selbstbewußtsein nach innen" und „die sprachpatriotische Einheit von Dichtung und Politik".[28] Opitz hingegen, der die deutsche Literatur an Beispielen anderer Nationalliteraturen orientieren und nach deren Vorbild reformieren möchte, verschiebt in seiner Vorrede entsprechend den Fokus auf diese Orientierungsfunktion. Auch in der *Poeterey* verläuft die Argumentation anhand dieser Orientierung und „betont den Aspekt der Gelehrsamkeit",[29] indem er die Notwendigkeit für den Dichter akzentuiert, diese Literaturen zu kennen:

> Will nichts sagen/ daß nit allein die Exempel der Edelsten Poeten von allen Zeiten her für Augen sein: sondern daß auch gemeiniglich die vnderrichtung von Weißheit/ Zucht vnd Höflichkeit vnder dem betrieglichen Bilde der Lieb verdeckt lieget.[30]

Für Opitz ergibt die Synthese aus sprachlicher Schönheit, rhetorischem Können und der Verwertung von Wissensbeständen ein Kunstwerk, das den Ansprüchen moralischer Lebensführung *und* höfischer Kultur genügt.[31] In der Breslauer Ausgabe vermerkt er auf dem Titelblatt, dass nun er allein für die Sammlung verantwortlich sei.

Beide – Zincgref wie Opitz – verfolgen Strategien der Selbstinszenierung. Opitz betont den eigenen Stellenwert für sein Vorhaben, nationalsprachliche Qualitäten herauszuarbeiten.[32] Zincgref hingegen tritt in eine ämulative Konkurrenz mit dem Dichter Opitz, indem er selbst die Sammlung durch zum Teil eigene Gedichte ergänzt, die sich thematisch und formal mit den Gedichten der eigentli-

---

27 Vgl. Jörg Robert: Heidelberger Konstellationen um 1600. Paul Schede Melissus, Martin Opitz und die Anfänge der „Deutschen Poeterey". In: Die Wittelsbacher und die Kurpfalz in der Neuzeit. Zwischen Reformation und Revolution. Hg. von Wilhelm Kreutz, Wilhelm Kühlmann und Hermann Wiegand. Regensburg 2013, S. 373–387. Vgl. außerdem Jörg Roberts Beitrag in vorliegendem Band.
28 Martus (Anm. 20), S. 25; vgl. GW II,1, S. 168f.
29 Vgl. Martus (Anm. 20), S. 25.
30 GW II,1, S. 175.
31 Vgl. ebd. Zur Bedeutung der Verbindung von Wissen und Poesie bei Martin Opitz vgl. Jörg Robert: Martin Opitz. Vesuvius. In: Literatur und Wissen. Ein interdisziplinäres Handbuch. Hg. von Roland Borgards u. a. Stuttgart 2013, S. 301–305; Wilhelm Kühlmann: Wissen als Poesie. Ein Grundriss zu Formen und Funktionen der frühneuzeitlichen Lehrdichtung im deutschen Kulturraum des 16. und 17. Jahrhunderts. Berlin, Boston 2016.
32 Vgl. Martus (Anm. 20), S. 25.

chen Sammlung beschäftigen.³³ Der raumzeitliche Abstand macht bei allen Unterschieden der Sammlungen deutlich, dass es sich um ein gleichzeitig gemeinsames und voneinander abgesetztes Weiterdenken am selben Problemkomplex der Wertung und Verbesserung der Dichtkunst handelt. Der gemeinsame Nenner ist das kulturpatriotische Sprachprogramm und eine neue deutsche Prosodie,³⁴ die Zincgref anhand der bereits vorhandenen deutschsprachigen Literaturtradition bezeugen will, Opitz aber mit Blick auf die anderen europäischen Nationalliteraturen als präzedenzlosen Neuansatz begreift.

Steffen Martus sieht in der Absicht, selbst als Herausgeber der eigenen Gedichte tätig zu werden, weniger das Missfallen an der Ausgabe des Freundes, als vielmehr politisches Kalkül, das mit der Bewerbung um die Aufnahme in die Fruchtbringende Gesellschaft zusammenhängen könnte. Eine „konfessionspolitische Renovierung der Sammlung" sei nach dem Sturz des ‚Winterkönigs' Friedrich V. (1621),³⁵ als dessen Anhänger sich Opitz in der Heidelberger Zeit dichterisch bekannt hatte, notwendig geworden.³⁶ In der überarbeiteten Ausgabe fehlen entsprechend „nicht nur die politisch, sondern auch die moralisch bedenklichen Gedichte [...] angesichts der allzu offenherzigen Amatoria".³⁷ Auch im Briefwechsel ist die „spätestens nach 1620 politisch und sozial höchst instabile Phase der deutschen Territorialgeschichte" bemerkbar.³⁸ Das Zeitgeschehen, so lässt sich auch anhand eines Briefes, den Opitz 1625 aus Breslau an Balthasar Venator schreibt, erkennen, hat unmittelbaren Einfluss auf die Werkproduktion:³⁹

> Zwar vermerkt er stolz den Abschluss der *Teutschen Poemata* sowie die Krönung zum *poeta laureatus*, spekuliert aber zugleich über das Für und Wider einer englisch-niederländisch-siebenbürgischen Fronde gegen den Kaiser. Wenn aber der gekrönte Dichter wohlgemut

---

33 Vgl. Aurnhammer (Anm. 14), S. 279.
34 Vgl. ebd., S. 266.
35 Der Böhmische Krieg (1618–21) endete mit der Absetzung Friedrichs V. Allerdings hörte das politische Debakel für den Kurpfälzer damit nicht auf. Noch bis zu seinem Tod 1632 blieb er im Exil und war für den Diplomaten Opitz damit nicht mehr relevant. Vgl. Wilhelm Schmidt-Biggemann: Besold und Andreae. Eine Konversions- und Dissoziationsgeschichte aus der Zeit des Dreißigjährigen Krieges. In: Literatur und praktische Vernunft. Hg. von Frieder von Ammon u. a. Berlin, Boston 2016, S. 101–146, hier S. 130.
36 Martus (Anm. 20), S. 24.
37 Ebd.
38 Jost Eickmeyer: Rezension: Martin Opitz: Briefwechsel und Lebenszeugnisse. Kritische Edition mit Übersetzung. An der Herzog August Bibliothek zu Wolfenbüttel hg. von Klaus Conermann unter Mitarbeit von Harald Bollbuck. 3 Bde. Berlin, New York 2009. In: Daphnis 40 (2011), S. 747–749, hier S. 748.
39 Vgl. BW I, S. 386–393.

sein auskömmliches Dasein auf den Landgütern schlesischer Mäzene andeutet, bleibt dies nicht ohne Pikanterie [...].[40]

Die hier behandelte Veröffentlichungspraxis des 17. Jahrhunderts unterscheidet sich an politischem und reflexivem Gehalt in den Paratexten insofern kaum von derjenigen des folgenden Jahrhunderts. Der Unterschied liegt in der nicht ausgetragenen Streitfrage. Opitz bemüht sich sichtlich um einen diplomatischen Umgangston mit dem Heidelberger Freund, auch wenn er in seinem Briefverkehr mit anderen und in der *Poeterey* explizit sein Missfallen an der Straßburger Ausgabe äußert.

3 Ausgangspunkt 2: Opitz als Gegenstand des Interesses nach 1739

Den Anstoß, eine neue Ausgabe der Opitz'schen Werke zu besorgen, lieferte Gottscheds *Lob- und Gedächtnißrede auf den Vater der deutschen Dichtkunst, Martin Opitzen von Boberfeld* anlässlich von dessen 100. Todestag im Jahr 1739.[41] Mit dieser Rede liefert Gottsched eine Bezeichnung, die sich für Opitz, den ‚Vater der deutschen Dichtung', fortan halten wird, und betont dessen „Verdienste um unsere Muttersprache, Dichtung und Beredsamkeit" (Lobrede, S. 168). Opitz habe die „wahren Schönheiten der Natur [...] glücklich nachgeahmt" (S. 161). Als Vertreter der Moderne in der deutschen Variante der *Querelle* rühmt Gottsched den Gefeierten als ‚deutschen Ennius' und ‚deutschen Petrarca', was die Züricher Gegenseite als Verteidigerin der ‚anciens' später aufgreifen und ablehnen wird.[42] Die Schweizer sehen in der Eingliederung Opitzens in diese Literaturtradition, die von den Zeitgenossen Gottscheds übertroffen werde, eine Beleidigung des Jubilars. Die Rede selbst war wiederum in einen größeren Zusammenhang eingebettet und beschloss, wie ihr Verfasser 1755 als Replik auf die Schweizer Kritik erläuterte, die *Preußischen Vorlesungen* des Jahres 1739, in deren Zentrum Opitz

---

40 Eickmeyer (Anm. 38), S. 748.
41 Vgl. Barbara Mahlmann-Bauer: Die Opitz-Edition Bodmers und Breitingers. In: Zeitschrift für Germanistik 27 (2017), S. 53–68, hier S. 54; Gottscheds Lobrede wird im folgenden im laufenden Text zitiert nach: Johann Christoph Gottsched: Lob- und Gedächtnißrede auf den Vater der deutschen Dichtkunst, Martin Opitzen von Boberfeld. Leipzig 1739, S. 156–192; im Neudruck: Ders.: Lob- und Gedächtnißrede auf den Vater der deutschen Dichtkunst, Martin Opitzen von Boberfeld. In: Ders.: Ausgewählte Werke. Bd. IX,1: Gesammelte Reden. Hg. von Rosemary Scholl. Berlin, New York 1976, S. 584–587.
42 Mahlmann-Bauer (Anm. 41), S. 54.

stand.[43] Gottsched hielt die Rede am 20. August 1739, dem Todestag Opitzens, auf dem Leipziger „Philosophischen Catheder" in der Absicht, „diesem Vater der verbesserten deutschen Sprache und Poesie nun ein Denkmal zu stiften".[44]

Doch nicht nur die Schweizer sahen sich aufgrund der Rede zur Kritik veranlasst, da sie Opitz' Bedeutsamkeit viel zu oberflächlich behandle. Von kirchlicher Seite wurde beanstandet, dass der Vortragende sich „zur unpassenden Stunde, nämlich während der Andachtszeit, öffentlich mit poetischen Dingen beschäftigt" habe.[45] Dieser Umstand brachte die Angelegenheit bis zum Dresdner Kirchenrat.[46] Die Rede steht allerdings im weiteren Bezugsfeld eines umfassenden Opitz-Interesses, das auch in der 1740/41 vom Arzt Kaspar Gottfried Lindner veröffentlichen zweibändigen Biographie *Umständliche Nachricht von des weltberühmten Schlesiers, Martin Opitz von Bobersfeld, Leben, Tode und Schriften, nebst alten und neuen Lobgedichten auf ihn* deutlich wird. Lindner stand im brieflichen Kontakt mit Gottsched und wurde wohl durch dessen Rede erst zur Abfassung seiner Opitz-Biographie angeregt, die auch neuere Lobgedichte auf Opitz aufnahm und somit ein dokumentarisches Rezeptionszeugnis darstellt. In diesen Jahren nach 1739 fand man zu einer neu auflebenden Beschäftigung mit Opitz' Werk in Form panegyrischer Dichtung und Ansätzen „einer bis dahin nicht gekannten historischen Betrachtungsweise",[47] die „Einzelereignisse in philosophische Konzeptionen einordnete" und für die Bewertung der zeitgenössischen Umstände funktionalisiert wurde.[48] Neben dem Vorhaben Gottscheds und den beiden erschienenen Editionen, wurde zur gleichen Zeit in Göttingen von Hofrat Georg Christian Gebauer eine Opitz-Ausgabe vorbereitet,[49] die jedoch nicht zur Veröffentlichung gelangte.

Gottscheds Lobrede und die an sie anknüpfende Produktion von Opitz-Lobdichtungen lehnen die Schweizer im Vorwort ihrer Ausgabe programmatisch ab; dabei betonen sie ihre Prämissen: „Wir wollten etwas genaueres geben, als allgemeine Anpreisungen und Aussprüche, womit die Kunstrichter sich sonst so breit machen, wir wollten Gründe bringen" (Vorrede, Bl. 4r). Ohne eine Streitschrift aus der Ausgabe machen zu wollen, weist die Vorrede doch in diese Richtung:

---

43 Vgl. Ketelsen (Anm. 8), S. 269.
44 Ebd.
45 Ebd.
46 Vgl. ebd.
47 Hermann Stauffer: Erfindung und Kritik. Rhetorik im Zeichen der Frühaufklärung bei Gottsched und seinen Zeitgenossen. Frankfurt a. M. u. a. 1997, S. 282.
48 Stauffer (Anm. 47), S. 282.
49 Vgl. ebd., S. 283; Vgl. Dieter Martin: Barock um 1800. Bearbeitung und Aneignung deutscher Literatur des 17. Jahrhunderts von 1770 bis 1830. Frankfurt a. M. 2000, S. 31.

Der Gegenstand selbst, wenn er sorgsam dargestellt werde, könne die Wirkung nicht verfehlen, stehe also für sich selbst als bestes Argument ein. Ziel der schweizerischen Ausgabe war es, die historische Differenz zwischen Leser und Gegenstand zu relativieren, dem zukünftigen Leser die Lektüre zu erleichtern, nicht aber unnötig die Gestalt des Textes zu verändern. Mithilfe von philologischen und ästhetischen Kommentaren sowie einem Variantenapparat wollten sie den unemendierten Sprachstand zur Zeit des Dichtens bewahren. Diese Edition wurde entsprechend zu einem „Musterfall einer kommentierten Ausgabe des frühen 18. Jahrhunderts".[50]

Dass damit auch die Sprachvielfalt der eigenen Gegenwart berührt wird, macht die folgende Passage deutlich:

> Und weil Kunstrichter von grosser Vermessenheit, aber kleinen Einsichten, die zwar dafür angesehen seyn wollen, daß sie mit dem allgemeinen Beyfall übereinstimmeten, die absonderlichen Stellen vielfältig tadelten, und ungeschickt auslegten, welches noch in unsern gegenwärtigen erleuchteten Tagen nichts ungewöhnliches ist, so düncke uns nothwendig, die kleinen Vorurtheile aus dem Wege zu räumen, und solche getadelten Stellen zu retten. (Bodmer/Breitinger: Vorrede, Bl. 4v)

Bereits in der 1743 erschienenen Schrift *Von dem Zustande der deutschen Poesie bey Ankunft Martin Opitzens* im neunten Teil ihrer *Sammlung Critischer, Poetischer und anderer geistvoller Schriften* verteidigen Bodmer und Breitinger die alemannische Mundart in Analogie zu Opitzens Bekräftigung, man könne in deutscher Sprache ebenso wohlklingend dichten wie in anderen Nationalsprachen.[51] Die Betonung ihrer Argumentation liegt auf der Anciennität des Dialekts, der noch mittelalterliche Begriffe einschließe, die in der meißnerischen Variante der Sprache getilgt seien.[52] Die ‚mittelalterliche Sprachnorm', die es zwar so nicht gab, den Zürchern aber als Diskussionspunkt diente, sei die voll ausgebildete Sprach- und Literaturgestalt der (schwäbischen) Minnesänger gewesen und markiere somit einen Höhepunkt der deutschsprachigen Literaturproduktion.[53]

---

50 Ketelsen (Anm. 8), S. 270.
51 Vgl. Mahlmann-Bauer (Anm. 41), S. 56.
52 Vgl. ebd., S. 56f. Vgl. auch Thomas Pago: Gottsched und die Rezeption der Querelle des Anciens et des Modernes in Deutschland. Untersuchungen zur Bedeutung des Vorzugsstreits für die Dichtungstheorie der Aufklärung. Frankfurt a. M. u. a. 1989.
53 Vgl. Gesine Lenore Schiewer: Bodmers Sprachtheorie. Kontroversen um die Standardisierung und pragmatische Fundierung des Deutschen. In: Bodmer und Breitinger im Netzwerk der europäischen Aufklärung. Hg. von Anett Lütteken und Barbara Mahlmann-Bauer. Göttingen 2009, S. 638–659, hier S. 642f.

Die Beschäftigung der beiden Parteien mit Opitz liegt ebenso in einer gemeinsamen Interessenlage begründet, die die erwähnte Sprachfrage berührt. Die gemeinsame Wertschätzung des Martin Opitz mündet in eine Kritik der zeitgenössischen Dichtung, die wiederum eine poetologische Auseinandersetzung motiviert. Verhandelt wird in zahlreichen Schriften, wie den Vorreden der Ausgaben, wer adäquater das Erbe des großen Erneuerers der deutschen Literatur sein könne.[54] Nach Martin Opitz seien sie, Bodmer und Breitinger, die ersten gewesen, die sich um die tief gesunkene deutsche Sprache bemüht hätten.[55] Sie sehen in Opitz daher ein wichtiges Vorbild im Umgang mit Sprachvarianten und dem tieferen Verständnis für die Herkunft und Berechtigung der deutschen Sprache, aber auch von deren Mundarten:

> Wir hatten wahrgenommen, daß Opitz der Erlernung der alten Sprache nicht aus einer blossen Neugierigkeit obgelegen war, sondern damit er durch die Kenntnis derselben der neuern forthälfe, nachdem die Ursprünge der jetzigen Sprache in jener enthalten sind. [...] Dieser Weg das Deutsche mit Reichtum und Stärcke zu vermehren, soferne das mit Opitzens Geschicklichkeit und Bescheidenheit vorgenommen wird, schien uns so übel versäumt, und doch so brauchbar zu seyn, daß wir ihm mit Opitzens Ansehen gerne Credit verschaffen wollten. Denn Opitz stuhnd nicht in den schädlichen Gedancken, daß er keine Wörter [...] brauchen dürfte, so deutsch sie an Herkunft, so mahlerisch, so begründet sie wären, woferne sie aber nicht [...] in einer besonderen Provintz Deutschlandes verstanden und geredet würden. (Bodmer/Breitinger: Vorrede, Bl. 7rf.)

Deshalb wird Gottscheds Rede auch in der später genauer untersuchten Rezensionsschrift *Der gemißhandelte Opiz* zum Ausgangspunkt der Kritik an der Triller'schen Ausgabe, die jene Vergleiche als unschmeichelhaft für den Autor herausstellt und den engeren Zusammenhang der Schülerschaft Trillers zu Gottsched betont.

4 Konkurrierende Ausgaben: Triller gegen Bodmer und Breitinger

Der Aufbau der Editionen von Triller bzw. Bodmer / Breitinger wurde erstmals von Helmut Henne und jüngst von Barbara Mahlmann-Bauer untersucht. Beide kommen – wie schon die Zeitgenossen der Herausgeber – zu dem Urteil, dass die Edition der Schweizer vorbildlich, die vierbändige Ausgabe Trillers dagegen feh-

---

54 Vgl. Niefanger (Anm. 9), S. 250.
55 Vgl. Döring (Anm. 7), S. 74.

lerhaft und misslungen zu nennen sei. Hier sei nur kurz die Gestalt der jeweiligen Edition rekapituliert, um dann die Vorredendebatte näher zu untersuchen.

In einem größer angelegten Projekt, das aus mehreren Bänden bestehen sollte und zu dessen Umsetzung es nicht mehr gekommen ist, legen Bodmer und Breitinger ihrer Edition als Leitvariante die dreibändige Ausgabe letzter Hand von 1638/1644 zugrunde und geben Varianten in den früheren Ausgaben an. Dieses Verfahren soll den Lesern ermöglichen, Opitz' Arbeit an seinen Dichtungen nachzuvollziehen und bisweilen die Entwicklung des Dichters zu beobachten. Eine Ausnahme bildet das Buch *Von der Deutschen Poeterey*, dessen Originaltext von 1624 noch immer die Grundlage für Dichtungslehre sei, während spätere Ausgaben „dieser wirkungsreichen Anleitung zum Dichten allenfalls Fehler hinzugefügt" hätten (Bodmer/Breitinger: Vorrede, S. 3f.).[56]

Die Entscheidung der Züricher, in Anmerkungen zu kommentieren, wo der Text für den zeitgenössischen Leser unverständlich ist, nicht aber emendierend einzugreifen, war zukunftsweisend und folgte konsequent der eigenen Maxime, den ‚reinen Opitz' zu bringen. Des Weiteren erläutern sie bestimmte Lesarten unter Verweis auf ihre eigene Theorie „und zeigen damit an, was sie selber Opitz' Poetik verdankten".[57] Dieses Vorgehen brachte den beiden Editoren das Lob Lessings ein,[58] der die philologische Präzision schätzte und Bedauern darüber äußerte, dass die Edition nach dem ersten Band nicht weitergeführt wurde.[59] Genau diese Sorgfalt der Schweizer wurde jedoch ebenso häufig getadelt wie gelobt. Gottsched – wie Triller in seiner Vorrede – ist der Kommentar zu umfangreich, die Varianten zu ausführlich. Man verliere durch den Reichtum an Anmerkungen „die Scribenten selbst aus den Augen und Händen".[60] Gerade die poetologischen Darlegungen und das Bestimmen rhetorischer Mittel sei kein Gegenstand für eine Edition, sondern habe einen anderen Ort, die „critische Monatsschrift".[61]

Die Schweizer hatten noch in der Vorrede zu ihrer eigenen Ausgabe bezweifelt, dass das Konkurrenzprojekt Trillers überhaupt erscheinen werde:

> Leipzig vertröstete die poetische Welt lange auf eine solche, die von Hrn. Prof. Gottsched besorget werden sollte. [...] Vorm Jahre hat man in dem Leipziger Meß-Verzeichniß eine

---

56 Mahlmann-Bauer (Anm. 41), S. 59.
57 Ebd., S. 60.
58 Vgl. ebd., S. 58f.
59 Vgl. Helmut Henne: Eine frühe kritische Edition neuerer Literatur. Zur Opitz-Ausgabe Bodmers und Breitingers von 1745. In: Zeitschrift für deutsche Philologie 87 (1968), S. 180–196, hier S. 183.
60 Johann Christoph Gottsched: Briefwechsel. Bd. 6. 1739–1740. Hg. von Detlef Döring und Manfred Rudersdorf. Berlin, Boston 2012, S. 168.
61 Ebd., S. 169.

> Auflage angekündiget gesehen, welche sich von Hr. Doctor Triller schrieb; allein seither hat man nichts weiteres davon gehöret, und es ist ziemlich vermuthlich, daß es bey dieser Präexistenz derselben sein Verbleiben haben werde. (Bodmer/Breitinger: Vorrede, Bl. 2f.)

Triller selbst nimmt diese Formulierung in seiner Vorrede auf, um nicht nur seine Leistung bei der Fertigstellung der Ausgabe zu betonen, sondern den Schweizern gezielt zu widersprechen:

> Dieses mag nun etliche hoch unteutsche Sprachhelden, wie ich vernehme, veranlasset haben, ziemlich vermuthlich zu schlüssen, daß diese unsere Opizische Ausgabe in einer unwesentlichen Präexistenz verbleiben würde. Alleine große Leute fehlen leicht, und kleine noch leichter; zumahl in solchen Dingen, die man aus einer nicht ungerechten Furcht einer nachtheiligen Vergleichung, nicht gerne wünschet, daß sie wahr werden möchten. (Triller: Vorrede, § VII)

Auch hier bezieht Triller wiederum die Sprachfrage mit ein, indem er zwar geographisch-nationalpolitisch richtig von der „unteutschen" Opposition spricht, diese aber als Sprachhelden in das Feld der Sprachdebatte führt. Dass die ‚richtige' Sprachnorm die seine ist, wird durch die Partikel un-‚teutsch' ebenso deutlich. Der ganze zitierte Passus ist insofern eine Ablehnung der Minderheitenmundart und deren Verfechter gleichermaßen.

Seine Ausgabe brachte der kursächsische Hofrat und Medizinprofessor Daniel Wilhelm Triller tatsächlich sehr schnell auf den Markt, obwohl er – wie er in der Vorrede betont – mit anderen Dingen beschäftigt gewesen sei (vgl. Triller: Vorrede, § 1). 1746 erscheinen alle vier Bände seiner weitgehend vollständigen Werkausgabe, die in der Folge den Markt bestimmen sollte. Triller bietet „eine weder chronologisch noch nach Gattungen sortierte Auswahl" des Werkes, die in erster Linie die 1690 von Esajas Fellgiebel herausgebrachte, sehr fehlerhafte Ausgabe reproduziert.[62] „Triller macht keinen Hehl daraus, wes Geistes Kind er ist."[63] Trotz der offenkundigen und durch Gottsched begründeten Bewunderung Opitzens scheint Trillers Hauptmotivation nicht das Versprechen an den Verleger zu sein, die Ausgabe zu besorgen, das er selbst anführt (vgl. Triller: Vorrede, § 1), sondern die Absicht, der eben begonnenen Ausgabe der Schweizer vorzugreifen.[64] Auch wenn die Ausführung der Aufgabe schon aufgrund der zweifelhaften

---

62 Vgl. Mahlmann-Bauer (Anm. 41), S. 58; die zugrundeliegende Ausgabe: Des berühmten Schlesiers Martini Opitii von Boberfeld/Bolesl. Opera Geist- und Weltlicher Gedichte. Breslau 1690.
63 Ferdinand van Ingen: Hugo Grotius' Tragoedia Christus patiens. Johann Klajs Bearbeitung (1645) und Daniel Wilhelm Trillers Übersetzung (1746). In: Regionaler Kulturraum und intellektuelle Kommunikation vom Humanismus bis ins Zeitalter des Internet. Festschrift für Klaus Garber. Hg. von Axel E. Walter. Amsterdam 2005, S. 873–911, hier S. 901.
64 Vgl. ebd., S. 901.

Textgrundlage durchaus als misslungen betrachtet werden muss, hat er doch im Streitfeld zunächst gewonnen. Die Schweizer geben nach dem ersten Band auf, und fortan bleibt Trillers Ausgabe die einzige annähernd vollständig vorliegende bis zu den modernen Editionen des 20. Jahrhunderts.

Nicht nur Trillers Textgestalt hebt sich von der schweizerischen Ausgabe ab. In seiner Vorrede wendet er sich an den „ungelehrten und unerfahrnen" Leser, der nicht in den Diskursen der Gelehrtenrepublik zu Hause ist (Triller: Vorrede, S. 1).[65] Dass aus dieser Ausrichtung Konsequenzen für die Kommentierung entstehen, wird später deutlich, wenn Triller die Quellen des Autors aufzeigen will und dabei förmlich über das Ziel hinausschießt, wie die Schweizer in ihrer Kritik bemerken (s. u.). Triller orientiert sich an der Sprachnorm seiner Zeit: Er wählt für seine Emendationen die meißnerische Mundart. Diese editorische Herangehensweise ist im 18. Jahrhundert üblich, denn Eingriffe in den Text sind erlaubt; wie auch die Textbeispiele in Gottscheds Rede belegen.[66] Bei der Textgestaltung habe er sich zwar an der Fellgiebel'schen Ausgabe orientiert, diese aber mit anderen Textzeugen kollationiert. Dabei sei es ihm wichtiger gewesen, einen ‚guten', verständlichen Text zu generieren als besonderes Augenmerk auf einen textkritischen Apparat zu legen. Die Begründung, die er hierfür gibt, zeigt jedoch, dass es auch hier in erster Linie um die Abgrenzung zum konkurrierenden Unternehmen der Schweizer geht:[67]

> Denn aus allen alten Auflagen die Druck-, Schreibe- und Jugend-Fehler mühsam zusammen zu tragen, und den Lesern zum Verdruß, Eckel und Gelächter, diese nichtswürdigen Schätze unter den Text zu setzen, wie heut zu Tage die grossen Critici in Engelland, Holland, und auch die kleinern anderswo, gewohnt sind, war kein Werck für einen Mann, der das kostbare Geschenck der unwiederbringlichen Zeit besser anzuwenden hat [...]. (Triller: Vorrede, § IV)

Mit dieser Vorrede reagiert Triller auf die von Bodmer und Breitinger als Vorzüge angeführten Entscheidungen für ihre eigene Edition, der Triller lediglich aufgrund der Abweichungen seiner eigenen Ausgabe kritisch begegnet. Er erkennt – das macht die Verteidigungshaltung deutlich – dass er „sich mit diesem Desin-

---

65 Vgl. Martus (Anm. 20), S. 27f. Wie schwer sich die Bestimmung des Zielpublikums auch für moderne Editionen gestaltet, zeigen einige editionswissenschaftliche Beiträge der letzten 30 Jahre. Radikal gegen die Ausrichtung auf den Leser wendet sich Heinrich Meyer: Editionen und Ausgabentypologie. Eine Untersuchung der editionswissenschaftlichen Literatur des 20. Jahrhunderts. Bern u. a. 1992, S. 62.
66 Vgl. Martus (Anm. 20), S. 28; Mahlmann-Bauer (Anm. 41), S. 58; zum Stellenwert des Meißnischen auch William Jervis Jones: Einleitung. In: Sprachhelden und Sprachverderber. Dokumente zur Erforschung des Fremdwortpurismus im Deutschen (1478–1750). Hg. von dems. Berlin, New York 1995, S. 3.
67 Vgl. Martus (Anm. 20), S. 28.

teresse für die ‚Kleinigkeiten' eines Werkes auf einem Rückzugsgefecht und in Verteidigungsposition befindet".[68] Tatsächlich ist dieser Eindruck Trillers, der seine Rechtfertigung in der Vorrede motiviert, keineswegs falsch. Auch wenn die konkurrierende Ausgabe von Bodmer und Breitinger abgebrochen wurde, so ist es doch ihre textkritische Methode, die sich langfristig durchsetzen wird. Das in der Generation dieser Herausgeber aufkommende Prinzip der zeitintensiven Beobachtung und der dokumentarischen Erfassung von Textstufen führt zu den historisch-kritischen Ansätzen in späteren Epochen. Trotz ihrer streng historisch-philologischen Editionsprinzipien sehen die Schweizer in Opitz das Muster eines verbindlichen und zeitlosen guten Geschmacks:

> Wir sind an unserm Orte nicht die letzten gewesen, welche durch diejenige Empfindung von Opitzens Schönheiten, die wir schon vor zwantzig Jahren in öffentlichen Schriften an den Tag geleget haben, angespornet, unsere Gedancken darauf gerichtet haben, daß wir durch eine wohleingerichtete Auflage für den Ruhm dieses verdienten Mannes und zugleich für das Aufnehmen des wahren Geschmackes sorgeten. Es dünckte uns, daß man dem Geschmacke nicht besser aufhelfen könnte, als wenn man die Opizische Poesie, in welcher der Geschmack der Griechen und der Römer herrschet, dem Alter und der Jugend mehr bekannt machete, und sie in dem Lichte zeigete, welches ihr gröstentheils eigen ist. (Bodmer/Breitinger: Vorrede, S. 2f.)

Diese Bewertung der Verdienste Opitz' und die Funktionalisierung derselben für sprachpolitische wie poetologisch-literaturwissenschaftliche Zwecke veranlasste die Schweizer entsprechend zu einer Reaktion auf die Ausgabe Trillers.

5 Die Kritik: *Der gemißhandelte Opiz* (1746)

Eine Reaktion auf die Herausgabe des Opitz'schen Werkes durch Triller ist die Rezension von Johann Jacob Bodmer und Johann Jacob Breitinger, die 1747 unter dem Titel *Der gemißhandelte Opiz in der Trillerischen Ausfertigung seiner Gedichte* erschien:

> Das Schiksal, welches die opizischen Verdienste in der Zeit eines Jahrhunderts beynahe ins Vergessen hat sinken lassen, hernach aber durch eine seltsame Rückkehr wieder zu ihrem ersten Glanz erhoben, ist ein solches Paradoxum, dergleichen wenige in der Geschichte der Gelehrten vorkommen. (*Der gemißhandelte Opiz*, S. 1)

---

68 Ebd.

Von der Klassizität zum Vergessen – Triller formuliert einen Topos der frühen Opitz-Philologie. Noch Friedrich Wilhelm Zachariä wird in seiner Sammlung *Auserlesener Stücke der besten deutschen Dichter von Martin Opitz bis auf die gegenwärtige Zeiten* schreiben: „Nach Opitz und Flemmingen entsteht bald wieder eine ziemliche Armuth an guten Stücken."[69] So denken auch die Schweizer. Zwar eifern die Zeitgenossen (Fleming, Tscherning u. a.) Opitz und dessen Regelwerk nach. Ab der Jahrhundertmitte sei er jedoch zu Unrecht in Vergessenheit geraten.[70] Die zweite Generation habe sich in Stil und Gehalt denkbar weit von dem Schlesier und damit dem Höhepunkt der Dichtung des 17. Jahrhunderts entfernt.[71] Die dekonstruierende Absicht hinter dieser Rezension wird bereits an den Überschriften der sechs Abschnitte deutlich, die sich aus der Wahl und Behandlung, d. h. der Einschätzung des Gegenstandes über philologische Fehler, hin zu Formalia und Layout-Fragen entwickeln, um im letzten Abschnitt den Herausgeber *in persona* als unfähig zu deklassieren. Der letztgenannte Punkt erstreckt sich zwar über die gesamte Schrift hinweg, wird jedoch im sechsten Abschnitt noch einmal gebündelt und durch Vergleiche und Fabeln gesteigert. Textbeispiel für Textbeispiel wird blattweise auf die einzelnen Fehler hingewiesen und betont, was Triller in der Vorrede als Vorhaben seiner Edition beschreibt. Um das Ausmaß der Fehler zu unterstreichen, heißt es am Ende eines Absatzes, der sich mit dem textkritischen Verfahren Trillers beschäftigt: „Dieses sind indessen nur kleine Proben, welche mir im flüchtigen durchlauffen dieser Stüke in die Augen gefallen sind" (*Der gemißhandelte Opiz*, S. 29).[72]

Dass dieses Vorgehen jedoch nicht allein auf Triller zurückzuführen ist, macht der erste Abschnitt deutlich:

> Wenn zum Exempel Hr. Prof. Gottsched [...] die Schönheiten der opizischen Gedichte eingesehen hat, wie war es immer möglich, daß er in den zwo ersten Ausgaben seiner critischen Dichtkunst für die Deutschen Deutschlande seine eigenen Reimgeburten zur Nachahmung angewiesen, und Opizens Exempel mit Stillschweigen übergangen hat? (*Der gemißhandelte Opiz*, S. 8)

---

69 Zit. nach Mauser (Anm. 10), S. 282f.
70 Dafür gibt es jedoch auch Gegenbeispiele. Immerhin erscheint 1690 bei Fellgiebel eine recht fehlerhafte Ausgabe der Werke, und Opitz wird in poetischen Lexika der Zeit sehr prominent als Belegexempel angeführt, wie beispielsweise in Michael Bergmanns *Aerarium Poeticum* (1662/1676), in dem auf weit über 1000 Seiten besonders gelungene Formulierungen gesammelt werden. Vgl. Mauser (Anm. 10), S. 287; oder auch Niefanger (Anm. 9), S. 250.
71 Von barockem Schwulst ist die Rede; vgl. Johann Christoph Gottsched: Versuch einer Critischen Dichtkunst. Leipzig 1730, S. 278ff.; Ingo Stöckmann: Vor der Literatur. Eine Evolutionstheorie der Poetik Alteuropas. Tübingen 2001, S. 143.
72 Bodmer/Breitinger: Der gemißhandelte Opiz (Anm. 4), S. 29.

Die Schweizer äußern ihre Verwunderung über die Tatsache, dass Gottsched auf Opitz als Vorbild gestoßen ist und beschäftigen sich zuerst mit dessen Interesse an Opitz, bevor sie sich der Triller-Ausgabe widmen. Anstatt der Kritik an der Edition folgt die Rezension einer anderen Leitlinie. Sie behandelt vorerst, wie dem Dichter und Sprachneuerer Opitz im Umfeld seines 100. Todesjahrs begegnet wurde und lehnt das philologisch-argumentativ ab. Zunächst wird entsprechend mit der Lobrede Gottscheds, dann mit der Lobdichtung auf Opitz und v. a. den Vergleichen, denen Opitz anheimgestellt wird, abgerechnet. Darunter befindet sich auch Material aus den vorangestellten Lobgedichten, die der Ausgabe 1746 beigegeben sind, unter denen sich auch Trillers Lobgedichte auf den unsterblichen Poeten Martin Opiz von Boberfeld befinden. Diese in der Tat recht uniformen Gedichte werden von den Schweizern in Gänze abgelehnt:

> Das Getümmel, das in den Winkeln Deutschlandes, und von den Stümpern selbst zum Lob des Poeten erhoben ward, hatte die Gewalt auf ihn [Triller, GB], daß er nicht nur seine Stimme mit den andern vereinigte, sondern Opizen seinen Beyfall auf eine noch ungehaltenere Art zu empfinden gab; indem er sich auf den verderblichen Entschluß verführen ließ, Hand an eine Ausgabe der opizischen Gedichte zu legen, und damit so starke Schritte zu machen, daß er allen denen vorkäme, welche ebenfalls den Opiz zu lifern versprochen hatten. Es wäre für diesen nüzlicher gewesen, daß Herr Triller niemals von ihm gehört, oder daß er ihn gar verachtet hätte. (*Der gemißhandelte Opiz*, S. 19)

Die schweizerischen Rezensenten widmen sich nach der Kritik an Gottsched buchchronologisch den Paratexten, indem sie die Geleitgedichte zu Trillers Edition behandeln und dann zu den editorischen Leitlinien übergehen, die in der Herausgebervorrede vorliegen. Während der weitere Fortgang der Ausgabe den Überschriften folgend behandelt wird, beziehen sich die Rezensenten durchgehend auf die Aussagen in der Vorrede Trillers, um ihm als Herausgeber seine editorischen Verfehlungen aufzuzeigen. Der erste Fehler die Textgestalt betreffend liege in der hauptsächlich benutzten Ausgabe (Fellgiebel, 1690), die selbst bereits fehlerhaft sei.

Neben der Beanstandung des Verfahrens, das Triller zur Anwendung brachte, eignet sich die Rezension auch als Einleitung in die zeitgenössische Editionspraxis. Dort lernt der Leser anhand der Fehler Trillers, wie eine Edition korrekt veranstaltet und geplant werden muss. So wird mit Verweis auf Fellgiebel als Leitdruck auf die Praxis „letzter Hand" im Wortsinn verwiesen: Man solle die Handschrift, nicht aber die vorhandenen Ausgaben zu einer Edition nutzen (ebd., S. 20f.), um dem Text gerecht zu werden. Das Verfahren des Aufzeigens von Lesefehlern, aufgrund des genannten Editionsprinzips, das die Autoren zur Einleitung der Fehlerschau zitieren, macht die falsche, d. h. nicht philologische Herangehensweise Trillers nur umso deutlicher. Die Ausgabe Trillers rückt so in den Hintergrund, da dem Leser vor Augen steht, dass hier sowohl Fellgiebel als auch Triller gemeint sind. Während die Fellgiebel'sche Ausgabe jedoch wegen ihres Anspruchs auf Vollständigkeit vorsichtig gelobt wird, wird Triller kritisiert, weil er die fehlerhaften Fellgiebel'schen Lesarten schlicht reproduziert und in der Vorrede noch den Versuch unternommen habe, diese Fehlerhaftigkeit zu rechtfertigen (vgl. ebd., S. 28 f.; vgl. Triller: Vorrede, § IV).

Bodmer und Breitinger nehmen auch die Legitimation des sächsischen Hofrats kritisch auf, der erklärt, ihm habe als Editor schlicht das Material nicht rechtzeitig vorgelegen. Die Schweizer sehen hinter diesem Argument die Absicht, möglichst schnell denjenigen zuvor zu kommen, die sich bekanntlich früher mit der Herausgabe der Werke beschäftigt haben. Auch die andere Zielsetzung Trillers zeigen die Schweizer in deren Inkonsequenz auf: Denn während auf die lateinischen Paratexte und größeren Gedichte bei Triller verzichtet wird, seien die Epigramme zu dem Zweck aufgenommen worden, dass die als unerfahren und nicht unbedingt gelehrt beschriebene Zielgruppe der Ausgabe einen Übersetzungsvergleich anstellen könne. Dieser Maßstab scheint den Schweizern nicht hinreichend und gleichermaßen verfehlt, stellt sich doch die Frage, ob Nicht-Gelehrte einen Übersetzungsvergleich anstellen können.

Zum Abschluss der ersten Fehlerschau, die sich vornehmlich gegen die Vorlage von 1690 richtet, wiederholen die Autoren dann – nicht ohne Sarkasmus – die anfänglich genannten Leitlinien Trillers: „Also lifert der Hr. Doctor die fellgiebelsche Ausfertigung von 1690. mit ihren Fehlern, und diese giebt er für Opizens, wenigstens, für die besten, sichersten, vernünftigsten, und wahrscheinlichsten Arten zu lesen" (*Der gemißhandelte Opiz*, S. 23). Mit dem Seitenhieb auf die „sichersten, vernünftigsten und wahrscheinlichsten" Lesarten wird auf zentrale poetologische Kategorien im Literaturstreit mit Gottsched angespielt (ebd.). Im zweiten Teil der Kritik der Schweizer wird dann auf die Abschreibfehler des Herausgebers Triller hingewiesen. Wie im ersten Teil werden Vers für Vers die Verlesungen und damit die mangelhafte Sorgfalt aufgezeigt. Das Ganze wird nicht ohne Süffisanz betrieben, die Überleitung zwischen den Fehlern Fellgiebels und Trillers lautet: „Wir müssen zufrieden sein, wenn er uns diese Ausgabe sorgfältig gegeben, und wenn er die Fehler derselben nicht mit neuen und eigenen vermehret hat" (ebd.). Schon drei Seiten später nehmen sich die Autoren genau diese eigenen Fehler „mit vielen Exempeln" vor (ebd., S. 26). Sogar die Papierqualität und die Typographie lassen den Schweizern zu wünschen übrig (vgl. ebd., S. 70).

Dabei sind die Autoren sich der Kritik, die Triller wiederum an ihrem Umgang mit den Originaltexten und dem editorischen Handwerk äußert, immer wieder bewusst, um ihm die Substanzlosigkeit seiner Vorwürfe aufzuzeigen:

> So viel Redens Hr. Dr. Triller von den wichtigen Geschäften macht [...], und so eine starke Abneigung er gegen die fleissigen Müssiggänger und Stumpf-Scharfsinnigen Anatomisten der Sylben § IV. der Vorrede bezeigt, so hat ers doch für keine Arbeit gehalten, die seiner unwürdig wäre [...]. (*Der gemißhandelte Opiz*, S. 30)

Der Unterschied, so macht die weitere Passage deutlich, liegt darin, dass die Schweizer selbst in Beibehaltung der originalen Orthographie richtiglagen, Triller aber seinen Versuch einer Modernisierung nachlässig betrieben habe und sich damit noch brüste (vgl. ebd., S. 30f.). An solcher wechselseitigen Kritik wird deutlich, dass diese Paratextpassagen wie die Rezension in einem größeren Kontext literarischer Kommunikation stehen und Teil des Literaturstreits sind.

Es handelt sich bei den sprachlichen Eingriffen Trillers, die die Schweizer als besonders entstellend beschreiben, jedoch nicht nur um orthographische Fragen, sondern auch um solche, die Silbenmaß und Reim betreffen. Damit tritt eine wichtige Intention Trillers in den Mittelpunkt – die Tendenz zur Aktualisierung und Modernisierung des Klassikers Opiz. So tauscht Triller beispielsweise in Opiz' Übertragung von Daniel Heinsius' *Lobgesang Jesu Christi* den Reim „gebohrn / erkohrn" durch „beseelt / erwählt" aus (ebd., S. 37). Dies verändere nicht den Sinn, entspreche jedoch mehr dem zeitgenössischen Sprachgebrauch und komme dem heutigen Leser entgegen (Vgl. Triller: Vorrede, § V).[73] Diese Eingriffe sind für die Schweizer ein indiskutabler Übergriff, der das Original nicht mehr in seiner Reinform zur Darstellung bringe, sondern den Herausgeber prominent einschreibe und den theologischen Gehalt der Wortwahl verkenne (vgl. *Der gemißhandelte Opiz*, S. 35–38).

Die Rolle des Editors wird hier ebenso virulent wie der Umgang mit der Dichtungstradition. Die Diskussion um die Genealogie der deutschen Dichter und deren Stellenwert für die neue Dichtergeneration schiebt sich in den Diskurs ein. Die Schweizer unterstellen insofern Triller, wie auch Gottsched, dass ihnen weniger daran liege, den Dichter Opiz in seiner ursprünglichen Gestalt zu würdigen als vielmehr mit ihm in einen Wettstreit zu treten, der letztlich dazu führe, dass die Ausgaben ‚mehr Gottsched (oder Triller) als Opiz bieten'.

Um diesen Vorwurf zu erhärten, wird am Ende der Rezension ein scheinbar parteiloses Urteil eingeführt. Ein Freund habe die Triller-Ausgabe auf dem Schreibpult (wahrscheinlich) Bodmers entdeckt, darin geblättert und nach jedem Abschnitt seinen Kommentar dazu gegeben. „Dieser Kunstlehrer hat trübe Augen, er nimmt die hellesten Schönheiten des Poeten nicht wahr" (ebd., S. 81), lautet nur die erste von vier derartigen Wertungen. Zuvor integrieren die Schweizer eine Fabel von einem Affen, der beobachtet hat, wie ein Mensch ein Pferd

---

73 Vgl. die Anmerkung Trillers zur „Unrecht-Schreibung": Vorrede (Anm. 4), § V.

reitet und beschließt, selbst das Pferd zu besteigen. Als der Reiter den Affen auf dem Pferd sieht, prügelt er ihn herunter, woraufhin der Affe anmerkt, er habe nichts Böses im Sinn gehabt und lediglich den Reiter nachgeahmt. Der Reiter wiederum entgegnet: „Die beste Absicht berechtigt dich nicht, etwas vorzunehmen, wozu du keine Geschicklichkeit hast" (ebd.). Der Rekurs auf die Gattung Fabel geschieht erneut nicht zufällig. Neben der Herausgabe der Edition profilierte sich Triller mit einer Fabelausgabe und -theorie und dem Eintreten für die Bedeutung dieser Gattung.[74] Die Rezensenten greifen eine Spezialität des Herausgebers auf, um ihn zu diffamieren, indem sie deutlich zu verstehen geben, wer an Stelle des Affen zu denken ist und wer für den Reiter steht. Sie kommen mit ihrem ersten Band der vierbändigen besprochenen Ausgabe zuvor und geben zu verstehen, dass sie neben der Konkurrenzsituation dennoch das Vorbild hätten sein können, das nachahmenswert gewesen wäre. Damit schließen sie an einen topischen Zusammenhang an, der in der Frühen Neuzeit wohl bekannt ist: der Affe in seiner Ähnlichkeitsrelation zum Menschen, der wiederum selbst *simia dei* ist.[75] Wie bereits zuvor, weist diese Fabel weit über sich hinaus auf den philosophisch-theologischen Hintergrund der ursprünglichen Debatte zwischen den Schweizern und den Leipzigern.

Die heftige, wenn auch berechtigte Kritik an der Ausgabe blieb nicht folgenlos: 1751 rächte sich der Geschmähte an den Schweizern, indem er einerseits *Der Wurmsamen*, eine Parodie auf Klopstocks *Messias* und Bodmers Milton-Übersetzung samt der darin enthaltenen Helvetismen sowie dessen „inaugurierten neuen poetischen Stil" verfasste und gleichzeitig im fünften Teil seiner *Poetischen Betrachtungen* das neu aufkommende Selbstverständnis des Dichtergenies – in Anspielung auf Trillers Arztberuf – als gesundheitsschädlich behandelte.[76] Es sei zu befürchten, daß sich „einige strenge Kunst- und Sittenrichter sodann alle mit hitzigen Fiebern behafteten und irre redenden, imgleichen alle schwermüthigen und wegen verwahrlosten Verstandes [...] in diese seltene Classe der schöpferischen Geister setzen möchten".[77] Die allzu intensive Beschäftigung mit

---

74 Gemeint ist: Herrn Daniel Wilhelm Trillers Neue Aesopische Fabeln, worinnen in gebundener Rede allerhand erbauliche Sittenlehren und nützliche Lebensregeln vorgetragen werden. Hamburg 1740.
75 Vgl. dazu Hartmut Böhme: Der Affe und die Magie in der „Historia von D. Johann Fausten". In: Thomas Mann: ‚Doktor Faustus', 1947–1997. Hg. von Werner Röcke. Bern u. a. 2001, S. 109–144. Roland Borgards: Die Tiere des „D. Johann Fausten" (1587). In: Deutsche Vierteljahrsschrift für Literaturwissenschaft und Geistesgeschichte (2010), S. 60–73.
76 Daniel Wilhelm Triller: Poetische Betrachtungen [...] fünfter Band. Hamburg 1751, Bl. b5r.
77 Ebd.

der eigenen Dichtung könne nicht nur im übertragenen Sinne zu Fieber führen, sondern in somatische Auswirkungen vom Geist auf den Körper ausschlagen.

Letztlich konnte der Vorwurf philologischer Nachlässigkeit und die Schmähung des Herausgebers die große Verbreitung der Triller'schen Ausgabe nicht verhindern.[78] Der nachhaltigere Erfolg liegt aber letztlich auf der Seite der schweizerischen Bemühungen.[79] Noch in jüngster Zeit setzen sich Opitz-Editoren mit dieser Ausgabe auseinander.[80] 1755 erscheint ein Nachdruck des vorliegenden ersten Bandes der schweizerischen Ausgabe mit identischem Titelbild und einer zweiten Vorrede der Herausgeber, in der sie noch einmal – nun mit der Gewissheit des zeitlichen Abstandes – konstatieren, dass die Ausgabe aus Trillers Hand Opitz' Ansehen eher geschadet als genutzt habe, zumindest aber die „beobachtbare Aufbruchsstimmung, in der seit den dreißiger Jahren eine Rückkehr zur Opitz'schen Reformbewegung propagiert wurde",[81] ein schnelles Ende gefunden habe. Damit endet der Streit um die Sprachenfrage (Meißnerische Mundart oder das Oberdeutsche) zwar nicht, die Bemühungen um eine philologisch einwandfreie Opitz-Ausgabe werden aber aufgegeben.[82] Sieht man von den philologischen Mängeln und den literarischen Differenzen im Hintergrund ab, zeichnet sich in den Vorreden eine Orientierung ab, die den klassischen Editionstypen der historisch-kritischen und Studien- und Leseausgaben entspricht.[83] Während Bodmer und Breitinger sich auf die Historizität der Texte einlassen und von ihrem Gegenstand aus denken, kann man – trotz der erdrückenden Kritiklast, die gegen Trillers Ausgabe spricht – auf Leipziger Seite den Versuch erkennen, Bedürfnissen

---

78 Vgl. Stauffer (Anm. 47), S. 284.
79 Darüber herrscht in der Forschung Einigkeit. Klaus Garber beispielsweise bezeichnete in seiner ersten großen Studie zu Opitz die schweizerische Edition als „die bedeutendste Opitz-Ausgabe, die vor Erscheinen der kritischen Edition hergestellt wurde". Klaus Garber: Martin Opitz, der „Vater der deutschen Dichtung". Eine kritische Studie zur Wissenschaftsgeschichte der Germanistik. Stuttgart 1976, S. 55; vgl. auch Klaus Garber: Der Reformator und Aufklärer Martin Opitz. Ein Humanist im Zeitalter der Krisis. Berlin, Boston 2018, S. 727–777.
80 Vgl. Erich Trunz: Nachwort. In: Martin Opitz: Geistliche Poemata. Hg. von Erich Trunz. 1975, S. 13–26, hier S. 25.
81 Mahlmann-Bauer (Anm. 41), S. 59.
82 Vgl. Wiebke Hemmerling: Schönaichs Schmähungen. Formen der Polemtik im deutsch-schweizerischen Literaturstreit. In: Gelehrte Polemik im 18. Jahrhundert. „Theologisch-polemisch-poetische Sachen". Hg. von Kai Bremer und Carlos Spoerhase. Frankfurt a. M. 2015, S. 135–148, hier S. 138.
83 Zur klassischen Einteilung vgl. Dirk Göttsche: Ausgabentypen und Ausgabenbenutzer. In: Text und Edition. Positionen und Perspektiven. Hg. von Rüdiger Nutt-Kofoth u. a. Berlin 2000, S. 37–63, v. a. S. 40f.

der zeitgenössischen Leser entgegenzukommen und Opitz für das 18. Jahrhundert zu aktualisieren.[84]

---

[84] Vgl. Holger Runow: Wem nützt was? Mediävistische Editionen (auch) vom Nutzer aus gedacht. In: editio 28 (2014), S. 50–67. Das gilt auch für die 1924 von Georg Wittkowski vorgeschlagene Einteilung in „wissenschaftliche" und „nichtwissenschaftliche" Ausgaben. Vgl. Georg Wittkowski: Textkritik und Editionstechnik neuerer Schriftwerke. Ein methodologischer Versuch. Leipzig 1924, S. 169.

Siglenliste

BW (I–III)	Martin Opitz: Briefwechsel und Lebenszeugnisse. Kritische Edition mit Übersetzung. An der Herzog August Bibliothek zu Wolfenbüttel hg. von Klaus Conermann unter Mitarbeit von Harald Bollbuck. 3 Bde. Berlin, New York 2009.
LW (I–III)	Martin Opitz: Lateinische Werke. In Zusammenarbeit mit Wilhelm Kühlmann, Hans-Gert Roloff und zahlreichen Fachgelehrten hg., übersetzt und kommentiert von Veronika Marschall und Robert Seidel. 3 Bde. Berlin, New York 2009–2015 (Ausgaben deutscher Literatur des XV. bis XVIII. Jahrhunderts).
GW (I–IV,2)	Martin Opitz: Gesammelte Werke. Kritische Ausgabe. 4 Bde. (7 Teilbde.). Hg. von George Schulz-Behrend. Stuttgart 1968–1990.
Gedichte	Martin Opitz: Gedichte. Eine Auswahl. Hg. von Jan-Dirk Müller. Stuttgart 1970.
Jugendschriften	Martin Opitz: Jugendschriften vor 1619. Hg. von Jörg-Ulrich Fechner. Stuttgart 1970.
Poeterey	Martin Opitz: Buch von der deutschen Poeterey. Studienausgabe. Mit dem *Aristarch* (1617) und den Opitzschen Vorreden zu seinen *Teutschen Poemata* (1624 und 1625) sowie der Vorrede zu seiner Übersetzung der *Trojanerinnen* (1625). Hg. von Herbert Jaumann. Stuttgart 2002.
WP I	Martin Opitz: Weltliche Poemata 1644. Erster Teil. Unter Mitwirkung von Christine Eisner hg. von Erich Trunz. 2., überarbeitete Auflage. Tübingen 1975 (Deutsche Neudrucke. Reihe Barock 2).
WP II	Martin Opitz: Weltliche Poemata 1644. Zweiter Teil. Mit einem Anhang. Florilegium variorum epigrammatum. Unter Mitwirkung von Irmgard Böttcher und Marian Szyrocki hg. von Erich Trunz. Tübingen 1975 (Deutsche Neudrucke. Reihe Barock 3).
Teutsche Poemata A	Martin Opitz. Teutsche Poemata. Abdruck der Ausgabe von 1624 mit den Varianten der Einzeldrucke und der späteren Ausgaben. Hg. von Georg Witkowski. Halle/S. 1902 (Neudrucke deutscher Literaturwerke des XVI. und XVII. Jahrhunderts 189–192).

Bildnachweise

Arend, Abb. 1: SUB Göttingen 8 P GERM II, 6612.

Aurnhammer, Abb. 1: SUB Göttingen 8 P GERM II, 5017. Abb. 2: BSB München Res/4 L. eleg. M. 28-2/3. Abb. 3: HAB Wolfenbüttel Xb 3970.

Gutsche, Abb. 1: HAB Wolfenbüttel T 1176.2° Helmst. (3).

Steiger, Abb. 1: Staatliche Bibliothek Passau S nv/Yge 280. Abb. 2: J. A. Steiger.

Dröse, Abb. 1–3: SLUB Dresden / Digitale Sammlungen / Mus.1499.G.1.

Namenverzeichnis

Adonis 248 f.
Albert, Heinrich 268–270, 280, 288 f., 292 f., 303 f., 306, 313–316
Albinus, Johann Georg 332
Alewyn, Richard 107, 132, 339
Alexander d. Gr. 21
Ali ibn Abi Talib (Kalif) 232
Alkaios (Alceus) 264
Allegri, Lorenzo 272
Amor 16, 26, 30, 32, 35, 276, 307 f., 337
Anakreon 30
Anhalt-Bernburg, Christian II. von 73, 81
Anhalt-Dessau, Johann Georg von 122
Anhalt-Dessau, Sophie Elisabeth von 122
Anhalt-Köthen, Ludwig von 21 f., 73, 77, 79, 81 f., 89, 147, 152, 183
Anna Wasa (Prinzessin von Schweden) 159
Antimachos von Kolophon 30
Apollon 20, 32, 34 f., 52, 225, 235, 263, 272, 280
Arend, Stefanie 203
Ariosto, Ludovico 50, 239
Armenius, Jacob 55
Arndt, Johann 220
Arnschwanger, Johann Christoph 318 f.
Asteris 277 f.
Aufidus 37
Aurnhammer, Achim 331

Bach, Johann Sebastian 217, 321
Bakchylides von Keos 30
Balde, Jacob 213
Banér, Johan 182 f., 187
Barberini, Francesco 179
Bartas, Guillaume de Saluste du 22, 50
Barth, Caspar von 288
Bartsch, Michael 151
Bataille, Gabriel 267, 288 f., 301, 315
Baudisius, Gottfried 146 f.
Becanus, Martin 91–93, 97, 205
Becker-Cantarino, Barbara 94, 101
Beer, Johann 339
Bellarmino, Roberto 179

Bembo, Pietro 239
Benedict, Ruth 255
Bergk, Christoph Georg von 154 f.
Bergk, Johann von 154 f.
Bernegger, Matthias 70, 177
Berns, Jörg Jochen 270
Bethlen, Gábor 161
Bion von Smyrna 30
Birken, Sigmund von 328, 337
Bodmer, Johann Jakob 343–346, 353–358, 361–364
Bogner, Ralf Georg 222
Bolesław II. (der Kühne), König von Polen 114
Bollbuck, Harald 63, 93, 199
Borgstedt, Thomas 248
Bossuta (Bozuta), Stefan 164 f.
Bourbon, Henri II. de, prince de Condé 70
Bourbon-La Marck, Françoise de 67
Brachet de la Milletière, Théophile 68
Brandenburg, Loysa Charlotte von 305
Braun, Werner 283, 285, 288, 299, 302 f., 305, 330 f., 338
Brehme, Christian 323, 331, 334, 338, 340
Breitinger, Johann Jakob 343 f., 346, 353–358, 361, 364
Brieg, Georg II. von 127
Brieg, Joachim Friedrich von 109, 119, 121, 127–129, 163
Brieg, Johann Christian von 109 f., 113, 115, 121, 132 f., 144, 149, 173, 182
Briegel, Wolfgang Carl 302 f., 321
Bronisław 164
Buchner, August 57, 59, 71, 80–82, 85, 88, 183, 188, 222, 229 f., 270
Buchwälder, Christoph 261
Bullock, Alan 245, 249

Caccini, Giulio 271, 274
Caesar, Gaius Julius 21, 176
Callot, Jacques 70
Camellis, Giovanni 272
Camerarius, Joachim 32 f.

Cameron, John 68
Castor 234
Catull (Gaius Valerius Catullus) 21, 248
Chloris 325
Christian IV., König von Dänemark 142, 168, 179
Chyträus, David 162
Cicero, Marcus Tullius 20, 176
Cifra, Antonio 274
Clajus, Johannes 24
Clodius, Christian 316
Clüver, Philipp 197f.
Coler, Christoph 64–66, 71, 91, 183, 188, 228, 230, 235
Colonna, Vittoria 237, 239, 246
Comenius, Johann Amos 183
Condé siehe Bourbon, Henri II. de
Conermann, Klaus 63, 92f.
Correggio, Gilberto X. von 238, 249
Corvin, Matthias 22
Cunrad, Caspar 84, 107, 120
Cupido 16, 26, 30
Czema, Fabian Freiherr von 160f., 168, 173–175, 178–180, 193f.
Czimmermann, Johannes 174

d'Annunzio, Gabriele 239
d'Aragona, Maria 249
d'Aragona, Tullia 237
d'Avalos, Alfonso 249
Dach, Simon 89, 269, 288, 290, 297, 310, 313, 316
Dammann, Günter 150
Daphne 337f.
Daphnis 56, 144f.
Dasypodius, Conrad 177
Dedekind, Constantin Christian 284, 307, 331
Diana 166, 294, 308
Dilherr, Johann Michael 319
Długosz, Jan 164f.
Dönhoff, Gerhard von 132, 134f., 182f.
Dönhoff, Sibylla Margaretha von 132, 134
Dohna, Christoph von 66, 81
Dohna, Karl Hannibal von 58f., 63, 71, 75, 85–88, 91–104, 109, 121, 143f., 146–148, 151, 154f., 165, 204, 213

Dornau, Caspar 84, 139, 177
Dorothea (Heilige) 113
Drallius, Joachim 296
Dretzel, Cornelius Heinrich 320–322
Drexel, Jeremias 213, 215, 217
Drux, Rudolf 94, 147, 149
Duch, Arno 93
Dupuy, Jacques 65
Dupuy, Pierre 65

Ehrhardt, Siegismund Justus 107
Elisabeth I., Königin von England 176
Emich, Birgit 98f.
Engerd, Johannes 24
Ennius, Quintus 351
Epiktet 58
Erasmus von Rotterdam 169
Erastus, Thomas 177
Evans, Robert J. 107
Exner, Balthasar 130

Fabricius, Johann 232–234
Fama 37
Fellgiebel, Esajas 356f., 360f.
Ferdinand II., röm.-dt. Kaiser 73–75, 84, 161, 187, 192
Ferdinand III., röm.-dt. Kaiser 187
Finckelthaus, Gottfried 297, 312, 323f., 326, 328, 332–342
Fischart, Johann 24, 258
Fischer, Kurt 315
Flavia 30
Fleischer, Joachim 208
Fleischer, Manfred P. 107
Fleming, Paul 64, 215, 220, 234, 243, 266, 323, 327, 331, 339, 359
Fortuna 191, 250f.
Francisci, Erasmus 319
Frank, Horst Joachim 287
Franz I., König von Frankreich 22, 239
Frey, Indra 330
Freylinghausen, Johann Anastasius 321
Friedrich I., König von Dänemark und Norwegen 178
Friedrich II., König von Preußen 108
Friedrich III., röm.-dt. Kaiser 164
Frischlin, Nicodemus 103

Gagliano, Marco da   269
Galilei, Galileo   175
Gambara, Brunoro   247
Gambara, Veronica   238–240, 242, 245–252, 254f., 257–259
Gambara, Virginia Pallavicina   247
Gambaro di Pratalboino, Gianfrancesco da   238
Garber, Klaus   65, 94, 332
Gassendi, Pierre   233
Gebauer, Georg Christian   352
Gehema, Renata Virginia von   290
Geisler, Andreas   152
Gellia   325
Gellinek, Janis Little   243, 248
Gerhardt, Paul   317
Germania   37
Göring, Johann Christoff   297, 304, 311
Goethe, Johann Wolfgang von   329
Goldast, Melchior   20
Golius, Jacob   232f.
Gothofredus, Dionysius   177f.
Gottsched, Johann Christoph   344–346, 351f., 354–357, 359–362
Greber, Erika   257
Greflinger, Georg   290, 297, 313–315
Gregersdorff, George Christian von   312
Greiffenberg, Catharina Regina von   280
Grimm, Gunter   93
Grimm, Jacob   258, 336
Grimm, Wilhelm   258, 336
Grimmelshausen, Hans Jakob Christoffel von   339
Grotius, Cornelius   60, 66
Grotius, Hugo   48, 55, 58–66, 68–71, 74f., 183, 185, 245
Grotius, Willem   59
Gründer, Augustin   206
Grünrade, Otto von   158f.
Gruter, Jan   51, 53, 86, 177, 245
Grynaeus, Johann Jakob   176f.
Gryphius, Andreas   91, 196, 213, 234
Guarini, Giovanni Battista   271
Guez de Balzac, Jean-Louis   57
Gundolf, Friedrich   339
Gustav II. Adolf, König von Schweden   57, 162

Haas, Norbert   336
Habrecht, Isaac   25
Hagedorn, Friedrich von   342
Hammerschmidt, Andreas   268, 303
Harper, Anthony J.   330–333
Harsdörffer, Georg Philipp   276, 308, 317–320
Hassler, Hans Leo   271
Hedwig (Heilige)   163
Hedwig von Andechs (Ehefrau Heinrichs I. von Polen)
Heermann, Johann   207, 222, 236, 261
Heinlein, Paul   320
Heinrich I. (der Bärtige), König von Polen   114
Heinrich II., röm.-dt. Kaiser   163f.
Heinrich IV., König von Frankreich und Navarra   65, 68
Heinsius, Daniel   17f., 22, 47f., 50–59, 61f., 183, 241, 261, 362
Henel, Nikolaus   107, 120, 183, 199
Henne, Helmut   354
Henrich, Dieter   326
Hermes   272
Hesiod   30
Hessen-Darmstadt, Georg von   272
Hindenberg, Andreas   261
Hippe, Max   107
Hölty, Ludwig Christoph Heinrich   333
Hoffmann von Hoffmannswaldau, Christian   183
Holstein, Ulrich von   160, 162, 167–174, 178, 189
Homburg, Ernst Christoph   317, 333
Homer   20f., 30, 224
Horaz (Quintus Horatius Flaccus)   15, 17, 19, 26, 30, 32, 37, 262, 283
Horst, Dirk Johannes Hendrik ter   56
Hotman, Jean   65, 68
Hoyers, Anna Ovena   290
Huber, Christian   303
Huchon, Mireille   238
Hübner, Tobias   25, 80–82
Hünefeldt, Andreas   133
Hylas   326

Im Hoff, Regina Clara   295, 319
Ingen, Ferdinand van   58, 285, 339

Ingolstätter, Andreas 319
Iolas 144

Jesus Christus 18, 118, 208, 211, 218, 300, 303
Joseph, Georg 321
Junius, Melchior 177
Jupiter 32, 35, 234

Kaminski, Nicola 82
Karl d. Gr. 197
Karl V., röm.-dt. Kaiser 239
Kasimir II. von Polen 114
Khuen, Johannes 299–301
Kindermann, Johann Erasmus 268, 284
Kirchner, Caspar 50f., 81, 84, 146
Kittel, Caspar 268, 284, 307
Klaj, Johann 324
Klipstein, Johann 266
Klopstock, Friedrich Gottlieb 363
Klose, Samuel Benjamin 107
Klostius, Volker 330
König, Johann Balthasar 303, 305, 321f.
Kretzer, Hartmut 66
Krieger, Adam 317, 321
Kuefstein, Hans Ludwig 275f.

Labé, Louise 237, 239
Landscron, Johannes von 29, 52
Lange, Joachim 322
Latour, Bruno 345
Lauremberg, Peter 226–229
Lessing, Gotthold Ephraim 49, 355
Leszczyński, Andrzej 175
Leszczyński, Bogusław 178f.
Leszczyński, Raphael V. 132, 160f., 164, 166, 168, 175–179, 194f.
Licinius (Gaius Licinius Macer Calvus) 21
Liegnitz, Georg Rudolf von 109, 118–122, 133, 142, 144, 147, 173, 182
Liegnitz und Brieg, Dorothea Sibylle von 113, 115
Liegnitz-Brieg-Wohlau, Georg Wilhelm I. von 121
Lindner, Kaspar Gottfried 352
Lingelsheim, Georg Michael 13, 51, 53, 64f., 68, 70, 87, 177, 230

Lipsius, Justus 175
Löwenstern, Apelles von 268
Lohenstein, Daniel Casper von 121
Lorraine, Henri I. de, duc de Guise 72
Lucae, Friedrich 107
Lucius, Ludwig 176f.
Ludwig I., König von Ungarn und Polen 164
Ludwig XIII., König von Frankreich und Navarra 65, 74
Ludwig XIV., König von Frankreich und Navarra 75
Lüder, Christian Friedrich von 7
Luther, Martin 92, 128, 210–212, 219f., 265, 343

Macrobius Ambrosius Theodosius 244
Magny, Olivier de 238
Mahlmann-Bauer, Barbara 354
Mannich, Johann 214
Mansfeld, Peter Ernst II. von 164
Marc Aurel 102
Marescot, Guillaume de 65
Marino, Giambattista 271
Markgraf, Hermann 107
Mars 52
Marschall, Veronika 93
Martin (Heiliger) 336
Martin, Dieter 331
Martin, Molly M. 245
Martus, Steffen 350
Max, Hugo 203
Medici, Lorenzo de' 247
Meid, Volker 330
Meier, Heinrich 296–301, 303
Melanchthon, Philipp 197f.
Melpomene 37
Merkur 52
Meter, Jan 56
Meyfart, Johann Matthäus 210
Michael, Christian 296
Mieszko I., Herzog von Polen (Micislaw) 114
Midas 272, 280
Milch, Werner 107
Milde, Jonas 139
Milton, John 363
Minerva 234, 272
Mochinger, Johann 183, 234

Mohammed 232
Molineus, Petrus 68
Monau, Jakob 107, 174
Montmorency, Henri II. de 72
Müller, Anna Magdalena 206
Müller, Carl Sigismund 207f.
Müller, David d. Ä. 205–207
Müller, David d. J. 207
Müller, Maria, geb. Rhenisch 205, 207f., 210–212, 215
Müller, Martha, geb. Heine 207
Münsterberg und Oels, Heinrich Wenzeslaus zu 71
Mulsow, Martin 326

Nauwach, Johann 262–264, 266f., 270–276, 278–280, 282, 284
Neukrantz, Johann 296, 301f.
Neumark, Georg 316, 318, 320–322
Niclas, A(da)lbert 175
Noah 215
Nonnos von Panopolis 57
Nüßler, Bernhard Wilhelm 30, 84, 122f., 146, 208, 228, 230

Oldenbarnevelt, Johan van 55
Opitz, Martin passim
Opitz, Sebastian 98
Orpheus 262f., 266, 270, 272, 280
Österreich, Caecilia Renata von 187
Ovid (Publius Ovidius Naso) 15f., 248
Oxenstierna, Axel 182f.

Pagenherdt, Johannes 24
Palm, Hermann 94, 107, 132
Pegasus 18, 32
Persius (Aulus Persius Flaccus) 171
Petrarca, Francesco 20, 22, 26f., 34, 50, 240, 242, 245, 254–256, 258, 351
Petrus Lotichius Secundus 248
Peucer, Caspar 158f.
Peuckert, Will-Erich 107
Pfalz, Friedrich V. von der (König von Böhmen) 67, 111, 141, 187–192, 242, 350
Philetas 30
Phyllis 286, 289

Piast 114
Piccolomini, Octavio 160
Pindar 30, 264
Platon 224f.
Plinius d. J. (Gaius Plinius Caecilius Secundus) 161
Polanus von Polansdorf, Amandus 177
Pollux 234
Posen, Philipp von 164f.
Preuß, Johannes 183
Pröhle, Heinrich 339
Properz (Sextus Aurelius Propertius) 248
Pyritz, Hans 243

Quintilianus, Marcus Fabius 162

Rantzau, Heinrich 158
Rappoltstein, Eberhard von 19, 349
Reckenberg, Melchior 154
Regaltius, Nikolaus 59
Reineccius, Reiner 197f.
Richel, Johann 233
Richelieu (Armand-Jean du Plessis, duc de Richelieu) 65, 70, 72
Rigault, Nicolas 65
Rilke, Rainer Maria 239
Rinuccini, Ottavio 271
Rist, Johann 150, 217–221, 265, 280, 284, 297f., 304, 311, 317, 319, 330
Robert, Jörg 11
Roberthin, Robert 70
Rohan, Benjamin de, duc de Soubise 73
Rohan-Gié, Henri II. de (Henri de Rohan) 70, 73
Roloff, Hans-Gert 91, 93
Rompler von Löwenhalt, Jesaias 25
Ronsard, Pierre de 22, 50, 241, 259
Rubert, Johann Martin 310
Ruscelli, Girolamo 246f., 254

Sachsen, Sophie Eleonore von 272
Sachsen-Weimar, Johann Ernst von 86
Sallust (Gaius Sallustius Crispus) 176
Salmasius, Claudius (Claude Saumaise) 57–59, 61, 65, 183
Salvadori, Andrea 269
Sannazaro, Jacopo 22

Sappho 30, 267
Scaliger, Julius Caesar 23, 57, 241, 277f.
Scève, Maurice 238
Schaffgotsch, Barbara Agnes von, geb. von Liegnitz-Brieg 142–145, 153, 160f., 163f., 166, 179
Schaffgotsch, Hans Ulrich von 142–144, 163, 165
Schallenberg, Christoph von 348
Schaumkell, Franz 296
Schede Melissus, Paul 158, 241, 348
Scheffler, Johann (Angelus Silesius) 302, 318
Schirmer, David 280, 284, 305, 323f., 334f., 342
Schmitz, Walter 131
Schoch, Johann Georg 316, 323–326, 332, 342
Schönaich, Georg von 50, 129, 204
Scholl, Andreas 280
Schütz, Heinrich 262, 266, 269f., 272, 280–282
Schütz, Magdalena 270
Schulz-Behrend, George 32, 74, 132, 139
Schwabe von der Heyde, Ernst 15, 24f.
Schwarz, Sibylle 257
Schweinitz, David von 52
Schwenckfeld von Ossig, Kaspar 121f.
Schwieger, Jacob 280
Scultetus, Tobias 84, 107, 142, 144, 155
Seidel, Robert 48, 93, 162
Seneca (Lucius Annaeus Seneca) 284
Senftleben, Valentin 137f., 222, 230
Sidney, Philip 22
Silenus 337f.
Simeon 212
Simonides von Keos 30
Simplikios 58
Sinapius, Johann 107
Stamm, Marcelo 326
Stampa, Gaspara 237, 239
Stesichoros 30
Stobaeus, Johannes 292
Stöberlein, Johann Leonhart 319
Strobel, Bartholomäus 261f., 265f.
Sturmberger, Hans 107

Szyrocki, Marian 58, 88, 94, 107, 130, 132, 197

Tasso, Torquato 50
Terkelsen, Søren 297, 301f., 308
Terracina, Laura 237
Thalia 263
Themistokles 170
Theokrit 245
Thommen, Johann 321f.
Thou, François-Auguste de 60
Thou, Jacques Auguste de 65, 177
Tibullus, Albius 248
Tilenus, Daniel 66–70, 72
Tilenus, Georg 67
Tilly, Johann T'Serclaes von 53, 74
Titius, Christoph 319
Tour d'Auvergne, Henri de la (Henri de Bouillon) 67
Traianus, Marcus Ulpius 161f.
Triller, Daniel Wilhelm 344, 346, 354–364
Trunz, Erich 107
Tscherning, Andreas 183, 221–236, 268, 359
Tscherning, David 222
Tyrtaios 264

Ugolini, Paola 245
Urban VIII. (Papst) 179
Ursinus, Zacharias 174

Venator, Balthasar 13, 79, 87, 99f., 148, 229, 261f., 350
Venediger, Georg von 120
Venus 16f., 26
Vergil (Publius Vergilius Maro) 20, 28, 35, 244
Verlingen, Wilhelm 155
Viader (Viadrus) 35
Voigtländer, Gabriel 296f., 304, 311, 315, 332
Vossius, Gerhard Johannes 163
Vratislav I. 197f.

Wagniart, Anne 188f.
Waldberg, Max von 329
Wallenstein (Albrecht Wenzel Eusebius von Waldstein) 73f., 160, 164

Warszewicki, Krzystof 201
Wechsel, Johannes 158
Weckherlin, Georg Rodolf 25, 183, 348
Weichmann, Johann 313, 316
Weise, Christian 140
Werder, Diederich von dem 81f., 146, 183, 261
Werlin, Johannes 300, 304–306
Weydt, Günther 242f., 248
Wieland, Christoph Martin 49
Wieniawa, Johannes 164f.
Wieniawa, Philipp 164
Witzendorff, Franz 296, 301f.
Władysław IV. Wasa, König von Polen 132, 146, 166, 182–192, 194, 199f.
Władysław, Rüdiger 164f.
Władysław, Werner 164f.
Wolder, Theodor 316
Wollgast, Siegfried 130

Xenophon 53

Zachariä, Friedrich Wilhelm 359
Zamojski, Jan 200f.
Zamojski, Tomasz 183, 199, 201
Zesen, Philipp von 280, 284, 310f.
Zierenberg, Johannes 183
Zincgref, Julius Wilhelm 13–15, 17, 19–26, 37f., 177, 229f., 241, 261, 285f., 346–350
Zwingli, Huldrych 258
Zygmunt III. Wasa, König von Polen und Schweden 160

www.ingramcontent.com/pod-product-compliance
Lightning Source LLC
Chambersburg PA
CBHW031421230426
43668CB00007B/381